产业数字化系列

企业数字化
实战指南

CIO 职业手册

高福春 ◎ 著

人民邮电出版社

北京

图书在版编目（CIP）数据

企业数字化实战指南：CIO职业手册 / 高福春著. -- 北京：人民邮电出版社，2023.2（2023.10重印）
（产业数字化系列）
ISBN 978-7-115-60060-8

Ⅰ．①企… Ⅱ．①高… Ⅲ．①企业管理－数字化－指南 Ⅳ．①F272.7-62

中国版本图书馆CIP数据核字(2022)第172621号

内 容 提 要

本书旨在为企业开展数字化提供参考。本书以企业的视角，从企业 IT 服务价值链出发，注重"实践到理论，再到实践"的过程演进，聚焦企业信息技术应用中的普遍与共性问题，基于场景目标与要求的分析，结合现有的 IT 应用方法框架与标准规范，研究提出具体场景的工作方法框架、应遵循的基本原则，基于对需求的分析，从而提出可供参考的解决方案与建议。

本书架构清晰、内容丰富、讲解翔实，适合"两化融合"关键用户、数字化规划与设计人员、数字化建设与实施人员、信息系统运行维护人员、IT 服务支持人员、信息安全人员等参考。

◆ 著　　　　高福春
　　责任编辑　秦　健
　　责任印制　王　郁　焦志炜

◆ 人民邮电出版社出版发行　北京市丰台区成寿寺路11号
　　邮编　100164　电子邮件　315@ptpress.com.cn
　　网址　https://www.ptpress.com.cn
　　固安县铭成印刷有限公司印刷

◆ 开本：787×1092　1/16
　　印张：29　　　　　　　　　　　2023年2月第1版
　　字数：725千字　　　　　　　　2023年10月河北第2次印刷

定价：129.80元

读者服务热线：(010)81055410　印装质量热线：(010)81055316
反盗版热线：(010)81055315
广告经营许可证：京东市监广登字 20170147 号

序　言

随着科学与技术的快速发展并相互影响，IT已成为影响经济社会发展的重要驱动力量之一。从云计算、大数据、物联网、移动互联网、智能化到区块链、元宇宙等，IT发展引发的经济社会变革深不可测。有些技术应用虽看似遥远，但一旦成熟普及，将给经济社会带来巨大的影响。

《上孝宗皇帝第三书》中的"天下大势之所趋，非人力之所能移也"强调要顺势而为。对企业来说，在数字时代，这个"势"就是——数字化转型。企业已经不再将全部精力都集中在企业内部的管理信息化之上，而是呈现出内外融合、多样发展的特征，尤其是数据作为新的生产要素之后，各行各业都开始探索基于数据综合使用的数字化创新场景，并尝试利用数据重塑企业商业模式。企业数字化转型已是大势所趋。

在这场数字化变革中，每家企业都面临着挑战，既有产品服务数字化、生产过程自动化、经营管控智能化等方面的转型困惑，也有业务模式、组织架构、人力资源等方面的挑战。有的企业高举高打，重兵投入；有的企业则拿出部分业务散点尝试。这有点像十几年前ITSS起步过程中遇到的。当时，众多IT企业在产业转型升级、企业服务能力提升、关键支撑工具和产品研发方面存在诸多疑虑，而政府侧也需要一套方法以辅助政策规划制定和行业统计管理，因此，政府、企业、科研院所的十几位专家一拍即合，在2009年拿出了第一稿《ITSS（信息技术服务标准）体系建设报告》。该报告至今经历6个版本的迭代升级，虽然标准体系覆盖越来越广，细分领域越挖越深，但核心思想没有变过——以IT服务标准库为核心，以"政、产、学、研、用"为主体，面向"标准"和"价值"的生态圈，促进在IT服务标准研发、试验验证、成果转化、应用推广和标准改进等环节各相关方的价值传递与增值。现在ITSS已得到业界广泛认可，成为电子信息产业标准化领域极具影响力的标准品牌之一，我们这些早期成员也都成为彼此的良师与挚友。

这本书试图阐述的正是数字化转型的本质与核心。本书以企业信息化、数字化为对象，依托企业IT服务价值链进行编写，系统涵盖了企业IT应用的规划设计、建设实施、运行服务、信息安全与信息化管理等重要领域。内容全面、系统、翔实。另外，作者不回避难点与问题，针对企业数字化转型与实施、项目立项与建设方案、需求分析与方案设计、信息模型与信息架构、信息分级分类与数据安全等IT应用的难点事项，详细论述了解决方案。为了便于读者理解，作者还结合IT应用各领域的特点，介绍了相关的实践与方法框架，并给出方法引用参考建议。同时，作者基于各领域面临的挑战和问题，提出了解决思路和目标，以及完成目标应遵从的原则。作者在需求分析的基础上给出解决问题的方案框架，注重方法的科学性和解决问题的有效性。

这是一本务实的IT应用指南，适合作为IT应用相关岗位人员的工作参考。同时，书中的许多主题，如项目建设方案、软件需求分析、总体方案设计、信息架构设计等，也是IT服务企业的服务交付的难点事项。这本书的总结分析有利于IT服务人员提升交付能力。

张帆

ITSS协会架构师

前　言

回望过往，信息技术（Information Technology，IT）已经从支撑经济社会发展的基石演变为推动经济社会变革的重要力量。展望未来，IT 对经济社会的影响将更为深远，经济社会数字化、产业互联化、数字经济崛起将成为不可逆转的大趋势，数字化转型已经成为经济社会中组织和个体必须面对的挑战。推进产品服务与生产经营的数字化转型已成为企业发展的重要事项。

当前 IT 发展迅猛、创新层出不穷，企业运用 IT 的广度正在逐步扩展，IT 与业务融合的深度正在逐步增加，IT 应用已经成为影响企业绩效与创新发展的重要因素。但企业运用 IT 并非一帆风顺，应用效果也千差万别，在 IT 应用的筹划规划、建设推进、运行与服务等各环节普遍存在着各种各样的问题。研究其原因，既有 IT 应用过程中的主观性和盲从性导致的 IT 应用规划、项目策划与方案设计不严谨等，带来的信息系统支持不到位、效果欠佳或投资有效性不高等问题，也有因 IT 系统运行与服务不到位等，带来的 IT 系统可用性不高、业务响应迟缓或用户满意度不高等情况。

IT 应用属于典型的应用学科，从数字化转型规划、建设实施、运行服务、信息安全到运营管理，IT 需要围绕企业战略与经营运作的需求与要求展开。虽然存在各种可供参考的方法框架与标准规范，但由于方法框架与标准规范的普适性，广大场景的过度抽象与具体场景需求之间通常存在较大的差异，导致方法框架与标准规范的落地存在困难，无法有效指导企业具体的信息化工作。加之方法框架、标准规范本身的局限性，导致在企业 IT 应用工作中，IT 应用从业人员需要不断总结、分析、提炼，方可形成能有效指导信息化实际工作的方法、框架、标准、规范、模板等。

企业信息化、数字化是企业业务与 IT 的融合应用，涉及企业战略、业务运作、经营管控、IT 架构、项目开发、系统运行、IT 服务管理等多种业务、技术、管理专业知识体系的融合与应用。IT 应用从业人员和 IT 服务提供人员普遍会有"看不清、道不明、做不好"的烦恼，而对信息化战略与架构等重点事项的认知局限会直接影响企业信息化的应用格局、支撑效果和投资绩效，并且项目立项这样的难点事项也会制约企业信息化的推进。同时，普遍存在的盲点事项会影响企业信息化的整体绩效。企业信息化中具有普遍共性的重点事项、难点事项、盲点事项如下。

重点事项：主要有企业信息化战略与架构、信息化建设与管理、IT 系统运行监控与维护、网络空间安全体系、IT 趋势把握与应用等事项。

难点事项：主要有企业数字化转型方案、项目立项与建设方案、需求分析与软件选型、信息模型与信息架构、信息分级分类与数据安全等事项。

盲点事项：主要有企业 IT 系统资产架构、IT 系统运行安全、移动与物联网安全、IT 服务运营体系、信息化项目后评估等事项。

企业信息化发展需要所有参与者对 IT 应用相关业务、技术、管理的全面认知以及系统理解与深刻把握。IT 应用人员和 IT 服务提供者需要通过学习、研究与探索，逐步提升自身对 IT

应用的认知、理解与把握能力。

本书诉求

本书旨在为企业 IT 应用相关人员提供实战参考，包括但不限于信息化、数字化、智能化等各类 IT 与业务的"两化融合"应用。本书以企业的视角，从企业 IT 服务价值链出发，聚焦企业 IT 应用中的普遍与共性问题，基于作者在 IT 领域 30 多年的研究、探索、发现、总结，以价值创造为导向，驱动企业信息化战略与 IT 服务价值链体系建设。本书依托企业 IT 应用场景，以结果为导向，研究提出具体场景的目标、方法、方案，形成以目标为导向的应用场景解决框架。

本书本着理论联系实践、实践完善理论的原则，注重思维方式、工作方法与方案框架的科学性与实用性，力求目标结构化、方法层级化、方案框架化，以期通过企业 IT 应用场景的层层衔接，实现企业 IT 应用的价值创造，进而为读者的岗位工作和能力提升提供思路引导、方法指导和工作参考。

内容组织

本书以企业信息化价值链为依托，基于 IT 服务价值链、IT 体系和 IT 管理体系组织全书内容。本书由"信息化战略""技术与方案""建设与管理""运行与服务""网络空间安全""信息化运营"共 6 篇组成。

本书的每一篇从相应篇的价值定位入手，简要介绍涉及的业务与技术、方法与框架及关注点，以期为相关领域要点的理解与把握、知识与技能的扩展提供引导。同时，结合相应领域的重点、难点和成长阶梯需求来组织内容。

第一篇 信息化战略：从企业战略的视角探讨信息化战略的"四大关系"，即"企业战略与 IT 战略""技术架构与技术平台体系""信息架构与信息模型体系""信息化治理与信息化管控"，阐述其内涵、挑战与核心要义，分析其驱动与支撑关系，提出解决相关问题的方法、框架与建议，为企业制定信息化战略提供参考。同时，该篇针对经济社会数字化发展带来的企业数字化转型的共性问题，给出可供参考的数字化转型建议。

第二篇 技术与方案：从技术体系的视角探讨企业 IT 应用中涉及的影响深远的关键事项，即"IT 基础设施规划与设计""应用软件需求分析方法""软件选型评估方法""移动应用与接入安全""物联网应用与互联安全"。该篇从发展趋势与挑战入手，基于目标定位与原则分析场景需求与扩展要求，基于解决方案参考框架阐述关键要点设计或建议，为读者理解、把握 IT 与方案提供参考。

第三篇 建设与管理：从信息化建设的视角探讨企业信息化建设中涉及的重点技术与管理事项，即"信息化项目策划与立项""信息化项目技术规格书""信息化项目实施方案设计""信息化项目实施过程管理""信息化项目验收管理""信息化项目后评估探讨"。以期为信息化建设环节中的管理事项提供管理原则、管理框架与管理要素参考，为关键技术事项提供目标、需求、方案等的框架和要素参考，为读者的项目立项文件编制、方案设计和项目实施管理提供参考与支持。

第四篇 运行与服务：从 IT 系统运行的视角探讨企业 IT 应用过程中涉及的系统运行维护与 IT 服务支持，即"IT 运行服务体系设计""企业 IT 架构与系统部署""IT 系统接产与生命周期""IT 系统运行监控与管理""IT 系统运行维护与管理""IT 系统运行安全与管理""IT 服务支持体系设计"。以期为企业的 IT 系统资产体系建设、IT 系统的运行监控、维护检修、运行安全，以及 IT 运行服务体系的持续改进提供参考。

第五篇　网络空间安全：从网络空间安全的视角探讨企业全局网络安全重点事项，即"网络空间安全体系设计""安全区域划分与边界防护""边界访问控制与策略措施""计算环境与应用系统安全""信息分级分类与数据安全""安全风险感知与事件处置""网络安全策略框架与编制"。该篇从网络安全纵深防御入手，探讨企业网络空间安全体系建设的方法、框架、关键技术与管理措施，以期为读者健全和完善企业网络安全体系提供参考。

第六篇　信息化运营：从信息化运营的视角探讨企业信息化工作运营涉及的全局重点事项，即"信息化年度规划与计划""信息化管理体系设计""信息化能力体系建设""信息化运营与管控体系""信息系统可持续发展探讨"。推荐以信息化年度规划与计划为依托，开展企业的信息化业务运营，逐步提升信息化管理体系和能力体系水平，以健全和完善企业信息化运营体系。

读者对象

本书以企业首席信息官（Chief Information Officer，CIO）的视角描述与企业信息化发展相关的业务、技术与管理等关键事项与活动的思维方式、做事方法与解决方案。预期读者为企业 IT 应用从业人员和 IT 产品服务供应商的相关人员等，具体如下。

企业 IT 应用从业人员：包括但不限于 IT 应用关键用户，信息化规划与设计人员，信息化建设与实施人员，IT 系统运行维护人员，IT 服务支持人员，信息安全人员，各级信息化、数字化管理人员等。

IT 产品服务供应商的相关人员：包括但不限于 IT 产品服务规划人员、售前技术支持人员、项目实施人员等。

其他读者：企业信息化战略、数字化转型、企业运营等方面的工作人员。

本书各篇章之间具有相对的独立性，读者可根据需求选择相关的内容进行阅读，当然也可以全面、系统地阅读全书。推荐按本书编排的篇章顺序阅读。

交流反馈

出于本书篇幅和内容均衡的考虑，部分 IT 应用事项未能纳入本书，一些章节内容也无法深入展开，欢迎大家就"两化融合"应用、数字化转型、IT 与管理等 IT 应用主题进行交流、探讨。同时，限于作者水平等，书中难免会存在不妥之处，恳请读者批评指正。

致谢

除封面署名编著者以外，参与本书编写的还有钱勍、任增朋、蔺旭冉、秦绪涛、吉梁、张磊、陈锐、李景阳、曹勇刚、常俊杰、王华哲，感谢他们的努力与奉献。

感谢中国核电工程有限公司为我提供的宝贵工作机会和平台，使我有机会带领信息化团队研究、探索、发现、总结企业 IT 应用的发展规律，让我拥有了十余年的企业信息化、数字化实践经验。

前言

感谢与我共同工作的同事和朋友，书中的总结不乏他们的真知灼见。感谢中核核信信息技术（北京）有限公司姜礼瑞同志在本书编写过程中提供的大力支持。

感谢人民邮电出版社的编辑团队，他们专业、高效的指导帮助我顺利完成书稿。

最后感谢我的家人，感谢他们的理解与支持，使我按时完成本书的编写。

高福春

术语解读

以下术语贯穿本书。读者准确理解这些术语，不但有利于理解本书内容的核心要义，而且有利于形成完整、系统、缜密的思维方式，以及发现问题、分析问题、解决问题的路径与方法，并最终提升解决实际问题的能力。

战略、规划、计划

战略：指实现远大目标的全局性规划。企业战略是企业形成核心竞争力、获取竞争优势的一系列全局性的约定和行动，这些约定和行动通常包括企业长远目标约定、发展途径约定、行动策略约定等。企业战略通常由一组业务发展战略加以支撑，如产品发展战略、投融资战略、人力资源战略、信息化战略等。

规划：指个人或组织制订的全面且长远的发展计划。规划侧重于行动方案和路径安排，是实现长远战略目标的支撑保障，通常也是企业未来整体性、长期性、基本性问题的思考和考量。

计划：指为实现目标所开展活动的预测、安排和应变处理。计划通常从属于目标而存在，是实现目标的行动计划与资源配置保证。

战略、规划、计划是密切相关的术语。战略为规划设定长远目标，规划为计划设定事项目标。通过战略、规划、计划的层层递进与衔接，可将长远战略逐步演变为具体事项的实现。

战略侧重于长远目标与路径的选择，通常由领导者的综合判断和分析论证确定。规划侧重于行动方案与保障措施。规划是分析论证的产物，通常包括需求分析、策略选择、阶段目标、行动方案、发展路径及保障措施等内容。计划一般为实现规划的具体行动安排。

信息化战略作为企业战略的支持战略，应保持与企业战略的一致性，这种一致性体现在对战略诉求和核心能力的支持上。信息化规划则应体现战略目标指导下的关键业务能力和经营绩效的支撑。只有落实相应的组织和资源保障后，规划方成为可执行的计划。计划则属于已纳入安排事项的任务分解安排。按计划行事是基本要求。

愿景、指导思想、目标、原则

愿景：指希望看到的情景。通常为领导者与成员共同形成、具有引导与激励作用的对未来情景的意象性描述。

指导思想：泛指实现愿景的思路和方式。指导思想主要用于统一前行的思路，明确前行的方向、路径。指导思想通常具有较强的抽象性、全局性、系统性、原则性。

目标：泛指指导思想下的路径阶段目标。目标定义应符合 SMART（S 表示具体，M 表示可衡量，A 表示可实现，R 表示绩效相关，T 表示时间明确）原则。

原则：指说话或行事依据的法则或标准。原则通常为实现预期目标应遵循的规则。

愿景、指导思想、目标、原则是信息化规划中广泛使用的 4 个术语，具有一定的递进关系。愿景为指导思想提供目标，目标为指导思想下的阶段目标产物，原则为实现目标应遵循的基本准则。

企业应勾画 IT 应用的愿景，以便为信息化指导思想提供方向指引。愿景、指导思想、目标、原则之间具有较强的递进性和层级系统性，不宜错位。

方式、方法、方案

方式：指人们言行举止所采用的方法和样式。而言行举止所采用的方法和样式通常是人们思维方式的结果。

方法：指为达到某种目的而采取的手段与行为方式。

方案：通常指满足特定目的与要求的功能组合。功能内部与功能组合之间呈现复杂的关联与支撑关系，通过功能组合的实施部署满足预期的目的与要求。方案通常由目的与目标、需求与要求、功能组合、架构方式、实施部署、实施组织计划、资源与预算等内容组成。

方式属于思维层级，方法属于行为层级，方案属于操作层级。思想决定行动，思路决定出路，每个信息化方案的背后都留有方案制定者内在的思维方式的印记。

应逐步形成自顶向下的目标导向与自底向上的行动力相结合的思维方式。基于自顶向下的目标导向，开展需求分析和全局解决方案设计；基于自底向上的行动力，制定阶段方案与实施组织计划。上下结合方法是思路与策略需要解决的问题，从而获得具有前瞻性的、与业务、技术相匹配的信息化解决方案。

业务、技术、管理

业务：泛指实现价值创造的一系列活动。这些活动通常以业务流程的形式加以组织、运转与管理。企业的业务流程通常可分为价值流程、支持流程和控制流程，一般以业务活动作为业务运作的基本单元。

技术：泛指完成业务活动所需开展的各项专业技术工作。通过技术工作可获得业务活动成果。业务与技术并非刚性分割，技术活动的细分往往可以形成更为细分的业务活动，即通常所说的管理精细化。

管理：泛指为实现目标所开展的组织、计划、协调、领导、控制活动。基于目标差异，管理可细分为目标范围管理、进度管理、成本管理、质量管理、风险管理、变更管理、信息管理等。与业务流程对应的为业务管理，与技术流程对应的为技术管理。

从业务视角看，可将企业运营分为 3 个层级：业务运作层、经营管理层、决策控制层。反映到企业信息化应用架构上，同样具有明显的 3 个层级，即业务运作应用、经营管理应用、决策控制应用。其中经营管理应用的共性较多，决策控制应用具有相似性。

业务运作体现为针对业务活动的运营管理，主体特征为组织计划驱动的资源配置、过程管控、成果管理，并伴随必要的经营管控交互。技术管理与企业的产品服务及生产技术活动密切相关。

体系、框架、架构

体系：也称系统，泛指按照一定秩序或联系形成的组合整体。系统可逐层细分，大系统可包含小系统。通常用于系统的组成关系表达。

框架：是"框"与"架"的组合，重在体现框中的内容及边界，以及框与框之间的关联。通常用于系统的构成关系表达。

架构：是"架"与"构"的组合，重在体现架与构的支撑构建关系，同时阐述架中内容与外部支撑的纽带关系。通常用于系统实现的构建关系表达。

体系体现的是细分系统之间的平行关系，框架体现的是细分系统之间的关联，架构体现的是细分系统之间的支撑关系。3个术语各有应用场景，不宜混淆。

场景、模型、对象

场景："场景"一词源自戏剧、电影中的场面，用于描述角色与活动。场景通常为特定目的的意愿表达，一般包括场景背景、角色、时间、地点、任务等要素。通过特定场景背景下角色活动的时空展现，实现特定的场景目的表达。场景广泛用于科研项目、IT应用等领域，通过特定场景的应用描述项目目的、需求与要求。

模型：是指对现实世界的事物、现象、过程和系统的抽象化描述。模型都有目标、属性和信息。模型属性体现模型特质和模型关联。模型信息体现模型承载的信息。模型可以有很多种，"从粗到细"可以划分为概念模型、逻辑模型和物理模型。

对象：是指对客观事物的抽象。对象通常分为业务对象和系统对象。业务对象为业务视角的业务逻辑对象表达，通常具有标识、状态和行为等特征，通过对象组合表达业务交互过程。系统对象通常以类表示，类是抽象的数据类型，对象是类的实例。对象具有属性、方法、事件这3类要素。

场景表达的好处是有利于描述场景范围内角色活动的时序性、完整性、准确性，以及场景之间的关系。场景可大可小，大到整个企业的IT应用、业务领域应用，小到具体的某一业务操作场景。通过应用场景的层层分解，有利于全面、系统、准确描述企业的IT应用需求。

模型则是场景角色活动的抽象表达。与场景的层层分解相对应，可形成对应的模型分解关系。通过模型的对象化抽象，可形成与模型匹配的对象关系模型。通过模型分解关系，便可形成对象之间的关联。

场景广泛应用于IT系统功能体系的分析与设计。模型则广泛应用于数据体系与数据架构的分析与设计。

资源与支持

本书由异步社区出品，社区（https://www.epubit.com）为您提供相关资源和后续服务。

提交勘误

作者、译者和编辑尽最大努力来确保书中内容的准确性，但难免会存在疏漏。欢迎您将发现的问题反馈给我们，帮助我们提升图书的质量。

当您发现错误时，请登录异步社区，按书名搜索，进入本书页面，单击"发表勘误"，输入错误信息，单击"提交勘误"按钮即可，如下图所示。本书的作者和编辑会对您提交的错误信息进行审核，确认并接受后，您将获赠异步社区的 100 积分。积分可用于在异步社区兑换优惠券、样书或奖品。

扫码关注本书

扫描下方二维码，您将会在异步社区微信服务号中看到本书信息及相关的服务提示。

与我们联系

我们的联系邮箱是 contact@epubit.com.cn。

如果您对本书有任何疑问或建议，请您发邮件给我们，并请在邮件标题中注明本书书名，

资源与支持

以便我们更高效地做出反馈。

如果您有兴趣出版图书、录制教学视频，或者参与图书翻译、技术审校等工作，可以发邮件给我们；有意出版图书的作者也可以到异步社区投稿（直接访问 www.epubit.com/contribute 即可）。

如果您所在的学校、培训机构或企业想批量购买本书或异步社区出版的其他图书，也可以发邮件给我们。

如果您在网上发现有针对异步社区出品图书的各种形式的盗版行为，包括对图书全部或部分内容的非授权传播，请您将怀疑有侵权行为的链接通过邮件发送给我们。您的这一举动是对作者权益的保护，也是我们持续为您提供有价值的内容的动力之源。

关于异步社区和异步图书

"**异步社区**"是人民邮电出版社旗下 IT 专业图书社区，致力于出版精品 IT 图书和相关学习产品，为作译者提供优质出版服务。异步社区创办于 2015 年 8 月，提供大量精品 IT 图书和电子书，以及高品质技术文章和视频课程。更多详情请访问异步社区官网 https://www.epubit.com。

"**异步图书**"是由异步社区编辑团队策划出版的精品 IT 图书的品牌，依托于人民邮电出版社几十年的计算机图书出版积累和专业编辑团队，相关图书在封面上印有异步图书的 LOGO。异步图书的出版领域包括软件开发、大数据、人工智能、测试、前端、网络技术等。

异步社区

微信服务号

目 录

第一篇　信息化战略

第1章　定位、方法与重点关注 ……2

1.1　信息化相关概念 …………………2
　1.1.1　信息化、数字化、智能化 ……2
　1.1.2　企业信息化价值定位 …………3
　1.1.3　企业信息化成熟度 ……………4
1.2　IT战略及定位 ……………………5
1.3　一般方法 …………………………6
　1.3.1　战略和流程分析方法 …………6
　1.3.2　信息化规划方法 ………………7
　1.3.3　信息化管控方法 ………………8
1.4　重点关注 …………………………9
　1.4.1　IT战略与企业战略的匹配性 …9
　1.4.2　信息化架构体系的可持续性 …9
　1.4.3　信息化管控体系的有效性 ……9

第2章　企业战略与IT战略 …………11

2.1　业务战略与IT战略的关系 ………11
　2.1.1　驱动与支撑的关系 ……………11
　2.1.2　融合与发展的关系 ……………12
　2.1.3　引领与变革的关系 ……………12
2.2　准确理解与把握业务战略 ………13
　2.2.1　理解企业战略与业务战略 ……13
　2.2.2　理解企业治理与管理者诉求 …14
　2.2.3　理解企业外部环境的影响 ……14
　2.2.4　理解战略执行的变与不变 ……15
　2.2.5　透过现象看本质 ………………15

2.3　IT战略、规划与计划 ……………16
　2.3.1　IT战略框架 ……………………16
　2.3.2　信息化规划方法 ………………17
　2.3.3　信息化工作计划 ………………19
2.4　应用架构规划与管理 ……………20
　2.4.1　业务架构分析 …………………20
　2.4.2　应用架构规划 …………………20
　2.4.3　应用架构重点关注 ……………21
2.5　信息化规划的重点关注 …………22
　2.5.1　关注规划目标与深度的设定 …22
　2.5.2　关注战略与业务的适配性 ……23
　2.5.3　关注架构的可持续性 …………23
　2.5.4　关注实施的可行性和经济性 …24

第3章　技术架构与技术平台体系 …25

3.1　使命与基本原则 …………………25
　3.1.1　技术架构的使命 ………………25
　3.1.2　技术架构的基本原则 …………26
3.2　技术架构规划设计 ………………27
　3.2.1　技术架构总体框架 ……………27
　3.2.2　IT基础设施规划 ………………28
　3.2.3　应用基础设施规划 ……………31
　3.2.4　业务应用平台规划 ……………31
3.3　技术平台体系构建 ………………32
　3.3.1　技术架构实现路径 ……………32
　3.3.2　IT平台选型 ……………………34
　3.3.3　平台迭代与架构管控 …………36

第4章　信息架构与信息模型体系 …38

4.1　使命与一般原则 …………………38

目录

- 4.1.1 信息架构相关概念 ……… 38
- 4.1.2 现状与挑战 ……………… 39
- 4.1.3 使命与定位 ……………… 40
- 4.1.4 一般性原则 ……………… 41
- 4.2 信息架构规划方法 …………… 41
  - 4.2.1 规划目标与方法确定 …… 42
  - 4.2.2 架构输入信息收集 ……… 42
  - 4.2.3 需求梳理分析 …………… 42
  - 4.2.4 架构体系设计 …………… 44
  - 4.2.5 成果评审与交付 ………… 45
- 4.3 信息架构需求 ………………… 45
  - 4.3.1 信息架构需求分析 ……… 45
  - 4.3.2 信息架构需求梳理分析 ………………………… 48
  - 4.3.3 产品服务与信息模型体系 …………………………… 51
- 4.4 信息架构体系设计 …………… 55
  - 4.4.1 核心诉求与目标筹划 …… 55
  - 4.4.2 信息分类与信息展现 …… 56
  - 4.4.3 数据分层与数据对象 …… 57
  - 4.4.4 数据生命周期应用 ……… 58
  - 4.4.5 产品服务数据体系规划 … 59

第5章 信息化治理与信息化管控 … 60

- 5.1 概述 …………………………… 60
  - 5.1.1 治理与管理的关系 ……… 60
  - 5.1.2 现状与挑战 ……………… 61
  - 5.1.3 使命与定位 ……………… 61
- 5.2 准确理解信息化治理与管理 … 62
  - 5.2.1 信息化治理和管理参考框架 …………………………… 62
  - 5.2.2 信息化管控影响因素 …… 63
- 5.3 信息化管控体系设计 ………… 63
  - 5.3.1 信息化组织模式及分析 … 64
  - 5.3.2 信息化组织体系筹划 …… 65
  - 5.3.3 信息化管控能力框架 …… 66
- 5.4 重点关注 ……………………… 68

第6章 数字化转型与策略选择 … 69

- 6.1 数字化发展的机遇与挑战 …… 69
  - 6.1.1 数字化发展趋势 ………… 69
  - 6.1.2 数字化发展机遇 ………… 70
  - 6.1.3 面临的挑战 ……………… 70
- 6.2 数字化发展的策划与规划 …… 70
  - 6.2.1 明确数字化发展对策 …… 71
  - 6.2.2 做好数字化顶层筹划 …… 71
  - 6.2.3 编制数字化转型方案 …… 72
- 6.3 数字化转型的组织与推进 …… 74
  - 6.3.1 做好与战略和管理的衔接 …………………………… 74
  - 6.3.2 做好实施组织与推进 …… 74
  - 6.3.3 重视过程评估与持续改进 …………………………… 75
- 6.4 相关建议 ……………………… 75

第二篇 技术与方案

第7章 定位、方法与重点关注 … 78

- 7.1 价值定位 ……………………… 78
  - 7.1.1 理解信息化 ……………… 78
  - 7.1.2 推进信息化 ……………… 79
- 7.2 业务驱动与技术引领 ………… 79
  - 7.2.1 发挥业务驱动作用 ……… 79
  - 7.2.2 发挥技术引领作用 ……… 80
- 7.3 IT 应用方法与框架 …………… 83
  - 7.3.1 需求分析方法 …………… 83
  - 7.3.2 解决方案构建 …………… 84
- 7.4 重点关注 ……………………… 85

第8章 IT 基础设施规划与设计 … 86

- 8.1 IT 基础设施技术与应用 ……… 86
  - 8.1.1 IT 基础设施发展趋势 …… 86
  - 8.1.2 IT 基础设施价值定位 …… 87
- 8.2 网络设施规划与设计 ………… 88
  - 8.2.1 网络设施发展趋势 ……… 88
  - 8.2.2 目标与原则 ……………… 89
  - 8.2.3 当期需求与扩展要求 …… 90
  - 8.2.4 方案规划与设计 ………… 91
  - 8.2.5 设备配备与选型 ………… 92
  - 8.2.6 生命周期管理 …………… 93

8.3 数据中心规划与设计 ………… 93
　8.3.1 数据中心发展趋势 ………… 93
　8.3.2 目标与原则 ………………… 95
　8.3.3 当期需求与扩展规划 ……… 95
　8.3.4 方案规划与设计 …………… 96
　8.3.5 生命周期管理 ……………… 97
8.4 应用基础设施探讨 ……………… 97
　8.4.1 透过现象看本质 …………… 98
　8.4.2 话说技术中台 ……………… 100
　8.4.3 话说数据中台 ……………… 100
8.5 相关建议 ………………………… 101

第9章 应用软件需求分析方法 … 103

9.1 需求分析的问题与难点 ………… 103
　9.1.1 软件需求分析的现状 ……… 103
　9.1.2 需求分析常见问题及
　　　　影响 ………………………… 104
　9.1.3 需求分析面临的挑战 ……… 104
9.2 需求分析模型与准则 …………… 105
　9.2.1 需求分析定位 ……………… 105
　9.2.2 需求分析模型 ……………… 106
　9.2.3 需求分析准则 ……………… 107
　9.2.4 需求模型应用 ……………… 108
9.3 业务需求分解与分析 …………… 109
　9.3.1 业务流程支持需求分解 …… 109
　9.3.2 能力提升支持需求分析 …… 111
　9.3.3 应用创新支持需求分析 …… 112
9.4 系统要求分解与分析 …………… 112
　9.4.1 应用配置维护要求 ………… 112
　9.4.2 系统配置维护要求 ………… 113
　9.4.3 技术与集成要求 …………… 113
　9.4.4 信息安全要求 ……………… 113
9.5 用户体验与交互设计 …………… 113
　9.5.1 用户体验层级模型 ………… 113
　9.5.2 用户体验设计框架 ………… 114
　9.5.3 用户交互体系设计 ………… 115

第10章 软件选型评估方法 …… 117

10.1 软件选型的定位 ……………… 117
　10.1.1 软件选型的常见问题 …… 117
　10.1.2 软件选型的目的与
　　　　　约束 ………………………… 118
10.2 软件选型评估模型 …………… 118
　10.2.1 软件选型评估模型
　　　　　分析 ………………………… 118
　10.2.2 软件选型评估要素 ……… 119
10.3 软件选型评估策略 …………… 121
　10.3.1 软件选型一般原则 ……… 122
　10.3.2 软件选型策略选择 ……… 122
10.4 确定评估指标体系 …………… 123
　10.4.1 业务需求满足度指标 …… 123
　10.4.2 技术要求满足度指标 …… 124
　10.4.3 经济性评价指标 ………… 125
10.5 软件选型评估实施 …………… 125
　10.5.1 软件选型评估组织 ……… 125
　10.5.2 候选软件推演验证 ……… 127
　10.5.3 相关建议 ………………… 128

第11章 移动应用与接入安全 … 129

11.1 影响因素与策略选择 ………… 129
　11.1.1 发展趋势 ………………… 129
　11.1.2 风险挑战 ………………… 130
　11.1.3 策略选择 ………………… 131
11.2 统筹移动应用需求 …………… 131
　11.2.1 移动应用场景 …………… 131
　11.2.2 移动应用需求统筹 ……… 132
　11.2.3 移动应用推进策略 ……… 132
11.3 移动应用安全规划 …………… 132
　11.3.1 移动应用建设框架 ……… 133
　11.3.2 移动应用安全框架 ……… 134
11.4 移动安全要求参考 …………… 135
　11.4.1 移动应用终端系统
　　　　　安全 ………………………… 135
　11.4.2 移动应用服务端安全 …… 136
　11.4.3 隔离、传输与认证
　　　　　安全 ………………………… 136
　11.4.4 企业后端业务系统集成
　　　　　安全 ………………………… 137

第12章 物联网应用与互联安全 … 138

12.1 物联网发展趋势 ……………… 138
　12.1.1 内涵与外延 ……………… 138

12.1.2　发展趋势……………139
　　12.1.3　面临的挑战……………139
12.2　物联网应用场景……………140
　　12.2.1　企业安防应用……………140
　　12.2.2　生产设施应用……………141
　　12.2.3　供应链应用……………141
12.3　物联网应用推进……………142
　　12.3.1　物联网推进策略……………142
　　12.3.2　物联网需求统筹……………142
　　12.3.3　物联网方案规划……………143
12.4　物联网应用安全……………144
　　12.4.1　物联网应用安全风险……144
　　12.4.2　物联网应用安全防护……………145

第三篇　建设与管理

第13章　定位、方法与重点关注……148

13.1　信息化建设流程……………148
　　13.1.1　项目定义流程……………148
　　13.1.2　产品服务采购流程……………149
　　13.1.3　项目实施流程……………149
13.2　信息化项目管控要素……………150
　　13.2.1　信息化项目管控要点……………150
　　13.2.2　信息化管控流程……………151
13.3　一般方法……………151
　　13.3.1　PMBOK 项目管理方法……………151
　　13.3.2　技术架构设计方法……………152
13.4　重点关注……………152

第14章　信息化项目策划与立项……154

14.1　项目立项的常见问题……………154
　　14.1.1　项目目标欠清晰……………154
　　14.1.2　项目建设内容不完整……………154
　　14.1.3　项目建设方案过粗……………155
　　14.1.4　项目预算依据不足……………155
14.2　项目立项过程与立项审查……………155
　　14.2.1　项目立项过程……………156
　　14.2.2　立项审查原则……………156
　　14.2.3　立项审查要点……………157
14.3　项目策划……………158
　　14.3.1　项目目标……………158
　　14.3.2　项目建设内容……………159
　　14.3.3　项目范围定义……………159
14.4　项目建议书编制……………160
　　14.4.1　项目建议书编制框架……………160
　　14.4.2　项目建议书编制要求……………161
14.5　项目建设方案编制……………161
　　14.5.1　项目建设方案编制框架……………162
　　14.5.2　项目建设方案编制要求……………163
14.6　相关建议……………164

第15章　信息化项目技术规格书……165

15.1　价值定位与一般原则……………165
　　15.1.1　技术规格书定位……………165
　　15.1.2　一般原则……………166
15.2　技术规格书参考框架……………166
　　15.2.1　参考框架……………166
　　15.2.2　编制要点……………167
15.3　项目技术规格书编制……………168
　　15.3.1　项目目标与交付……………168
　　15.3.2　项目需求与要求……………169
　　15.3.3　项目实施与管理要求……………170
　　15.3.4　项目投标与文件要求……………171
15.4　重点关注……………172

第16章　信息化项目实施方案设计……173

16.1　项目总体方案设计……………173
　　16.1.1　总体设计输入……………173
　　16.1.2　设计目标与设计原则……………174
　　16.1.3　总体架构设计要点……………175
　　16.1.4　总体方案文件编制……………177
16.2　项目详细方案设计……………178
　　16.2.1　详细设计输入……………178
　　16.2.2　详细设计基准……………178

        16.2.3 详细方案设计要点……178
        16.2.4 详细设计文件编制……181
    16.3 相关建议……181

第17章 信息化项目实施过程管理……182
    17.1 项目类型与常见问题……182
        17.1.1 信息化项目类型……182
        17.1.2 项目实施难度……183
        17.1.3 常见问题……183
    17.2 项目管理知识与方法……184
        17.2.1 项目管理知识与运用……184
        17.2.2 IT项目实施过程模型……185
    17.3 项目实施组织与计划……188
        17.3.1 项目组织与资源配置……188
        17.3.2 项目实施计划编制……189
        17.3.3 项目启动会……191
    17.4 项目过程管理与控制……192
        17.4.1 项目沟通与信息报告……192
        17.4.2 项目进度跟踪与调整……193
        17.4.3 项目质量与风险控制……194
        17.4.4 项目范围与变更管理……196
        17.4.5 项目文档与综合管理……196
    17.5 项目验收与关闭……197
        17.5.1 项目移交……197
        17.5.2 项目总结……198
        17.5.3 项目关闭……198
    17.6 相关建议……199

第18章 信息化项目验收管理……200
    18.1 项目验收方法……200
        18.1.1 项目验收参考模型……200
        18.1.2 项目验收的基本原则……202
    18.2 项目验收角色……202
        18.2.1 项目验收角色……203
        18.2.2 项目验收分工……203
    18.3 项目交付确认……204
        18.3.1 软件交付确认……204
        18.3.2 硬件交付确认……205
        18.3.3 系统交付确认……206
        18.3.4 服务交付确认……207
        18.3.5 文档交付确认……208
    18.4 项目范围验收……208
        18.4.1 项目初步验收……208
        18.4.2 项目最终验收……209
        18.4.3 项目质保验收……210
    18.5 相关建议……211

第19章 信息化项目后评估探讨……212
    19.1 后评估的必要性与难点……212
        19.1.1 后评估的必要性……212
        19.1.2 后评估的难点……212
    19.2 后评估模型与基本原则……213
        19.2.1 后评估参考模型……213
        19.2.2 后评估基本原则……214
    19.3 绩效目标与评估标准……215
        19.3.1 项目绩效目标……215
        19.3.2 项目后评估标准……216
        19.3.3 后评估指标权重……218
    19.4 后评估组织与实施……218
        19.4.1 项目后评估策划……218
        19.4.2 后评估组织与计划……219
        19.4.3 项目评估执行与管理……219
        19.4.4 评估结果审核与发布……219
    19.5 后评估结论与应用……220
        19.5.1 项目后评估结论……220
        19.5.2 后评估结果应用……220

第四篇 运行与服务

第20章 定位、方法与重点关注……222
    20.1 IT系统运行服务定位……222
        20.1.1 IT系统运行服务业务框架……222
        20.1.2 IT系统运行服务重点关注……223
    20.2 IT系统运行服务影响因素……223

20.2.1　IT 系统运行服务体系模型……223
20.2.2　绩效提升影响因素……224
20.3　IT 系统运行服务体系建设方法……225
20.3.1　ITIL……225
20.3.2　ITSS……226
20.3.3　关于方法引用……228
20.4　重点关注……228

第21章　IT 运行服务体系设计……230

21.1　IT 运行服务体系规划……230
21.1.1　SLA 与服务目标设定……230
21.1.2　IT 运行服务规划框架……231
21.1.3　成长路径与发展策略……232
21.2　IT 系统资产架构优化……235
21.2.1　IT 系统资产框架……235
21.2.2　IT 资产资源化……236
21.2.3　IT 资产架构化……237
21.2.4　IT 资产生命周期化……238
21.3　IT 运行服务管理制度……238
21.3.1　运行服务管理框架……238
21.3.2　运行服务管理程序……239
21.3.3　运行服务标准规范……240
21.4　IT 运行服务支撑保障……240
21.4.1　运行服务支撑保障框架……241
21.4.2　组织与人员能力……241
21.4.3　专有技术能力……241
21.4.4　支撑设施能力……242
21.4.5　资源支持保障……242

第22章　企业 IT 架构与系统部署……243

22.1　IT 架构与部署……243
22.1.1　IT 架构……243
22.1.2　IT 系统部署关注……244
22.2　部署原则与方法……245
22.2.1　IT 系统部署目标……245
22.2.2　IT 系统部署原则……245
22.2.3　IT 系统部署方法……246
22.3　IT 系统部署规划……246

22.3.1　安全区域布局……246
22.3.2　网络系统部署……248
22.3.3　计算资源部署……248
22.3.4　应用系统部署……249
22.4　IT 系统部署优化……250
22.4.1　IT 架构评估与优化……250
22.4.2　IT 系统部署优化……251
22.4.3　IT 系统部署管理……251

第23章　IT 系统接产与生命周期……252

23.1　IT 系统接产……252
23.1.1　项目系统配备检查……252
23.1.2　项目系统运行安全检查……253
23.1.3　项目文件与设备接收……254
23.2　IT 资产配置管理……254
23.2.1　IT 资产台账管理……254
23.2.2　IT 资产变更管理……255
23.2.3　IT 资产信息管理……255
23.3　IT 系统容量管理……256
23.3.1　IT 系统容量评估……256
23.3.2　IT 系统容量改进……257
23.4　IT 系统生命周期……258
23.4.1　IT 系统上线与下线……258
23.4.2　IT 系统资产价值保护……259
23.4.3　IT 系统生命周期迭代……259

第24章　IT 系统运行监控与管理……260

24.1　监控指标分类与方法……260
24.1.1　运行影响因素与指标分类……260
24.1.2　运行监控的原则与方法……261
24.2　主要系统运行监控指标……262
24.2.1　网络安全运行监控指标……263
24.2.2　计算资源运行监控指标……264
24.2.3　技术支撑运行监控指标……264
24.2.4　应用系统运行监控

　　　　指标 ·················· 265
24.3　系统运行状态监控 ·········· 266
　　24.3.1　运行监控工具与平台 ···· 266
　　24.3.2　典型系统的运行监控 ···· 266
　　24.3.3　风险监控与态势感知 ···· 268
24.4　系统运行监控管理 ·········· 269
　　24.4.1　事态与事件管理 ········ 269
　　24.4.2　运行问题管理 ·········· 269
　　24.4.3　运行风险管理 ·········· 270
　　24.4.4　运行信息报告 ·········· 270

第 25 章　IT 系统运行维护与管理 ··· 271

25.1　系统运行维护框架 ·········· 271
25.2　系统可用性维护 ············ 272
　　25.2.1　系统部署维护 ·········· 272
　　25.2.2　系统配置维护 ·········· 273
　　25.2.3　系统功能维护 ·········· 273
　　25.2.4　系统能力优化 ·········· 273
25.3　业务连续性维护 ············ 274
　　25.3.1　数据备份规划与
　　　　　　策略 ················ 274
　　25.3.2　数据备份执行与管理 ···· 275
　　25.3.3　数据备份有效性
　　　　　　验证 ················ 275
25.4　系统安全性维护 ············ 276
　　25.4.1　系统脆弱性管理 ········ 276
　　25.4.2　安全设备维护 ·········· 276
　　25.4.3　系统安全加固 ·········· 277
25.5　业务应用管控 ·············· 278
　　25.5.1　业务流程变更管理 ······ 278
　　25.5.2　系统数据变更控制 ······ 278
　　25.5.3　系统审计事项处理 ······ 278
25.6　资产完整性保障 ············ 279
　　25.6.1　IT 设备产品支持 ······· 279
　　25.6.2　IT 系统维护支持 ······· 279
25.7　系统运行维护管理 ·········· 280
　　25.7.1　资产管理 ·············· 280
　　25.7.2　配置管理 ·············· 281
　　25.7.3　发布管理 ·············· 281
　　25.7.4　变更管理 ·············· 281
　　25.7.5　可用性管理 ············ 282

第 26 章　IT 系统运行安全与管理 ··· 283

26.1　运行安全参考模型 ·········· 283
　　26.1.1　运行安全参考模型
　　　　　　分析 ················ 283
　　26.1.2　运行安全的基本原则 ···· 284
26.2　运行安全目标与计划 ········ 285
　　26.2.1　年度信息安全要求与
　　　　　　风险分析 ············ 285
　　26.2.2　年度运行安全目标
　　　　　　设定 ················ 286
　　26.2.3　年度运行安全计划
　　　　　　编制 ················ 286
26.3　IT 系统运行安全管控 ······· 287
　　26.3.1　安全产品运行状态
　　　　　　监控 ················ 287
　　26.3.2　系统脆弱性风险管理 ···· 288
　　26.3.3　集权系统规范化管理 ···· 288
　　26.3.4　信息安全监督检查 ······ 288
　　26.3.5　安全事件与应急处置 ···· 289
　　26.3.6　运行安全风险管理 ······ 289
26.4　安全加固与管理改进 ········ 289
　　26.4.1　IT 系统安全加固 ······· 289
　　26.4.2　IT 安全设施加固 ······· 290
　　26.4.3　安全管理制度完善 ······ 290
26.5　运行安全支撑能力提升 ······ 291
　　26.5.1　信息安全设施能力 ······ 291
　　26.5.2　信息安全人员能力 ······ 292
　　26.5.3　信息安全资源保障 ······ 292

第 27 章　IT 服务支持体系设计 ····· 293

27.1　IT 服务支持概览 ··········· 293
　　27.1.1　问题与挑战 ············ 293
　　27.1.2　IT 服务等级协议 ······· 293
　　27.1.3　IT 服务支持体系 ······· 294
　　27.1.4　转型思路与方法 ········ 295
27.2　IT 服务台 ················· 295
27.3　IT 服务目录 ··············· 295
27.4　IT 服务流程 ··············· 297
　　27.4.1　服务请求流程 ·········· 297
　　27.4.2　事件管理流程 ·········· 297

27.4.3 问题管理流程……298
27.4.4 IT 管理事项流程……298
27.5 IT 服务知识库……299
27.5.1 知识库用途……299
27.5.2 知识库分类……299
27.5.3 知识库来源与创建……299
27.6 IT 服务管理平台……300
27.6.1 主要功能要求……300
27.6.2 与相关系统的集成……300
27.7 组织机构与人员……300
27.7.1 IT 服务支持组织机构……300
27.7.2 IT 服务支持岗位……301
27.8 IT 服务的组织与改进……301
27.8.1 组织与计划管理……302
27.8.2 服务评价……302
27.8.3 持续改进……302

第五篇 网络空间安全

第28章 定位、方法与重点关注……304
28.1 网络安全面临的挑战……304
28.1.1 网络安全的现状……304
28.1.2 网络安全的挑战……304
28.2 网络安全纵深防御……305
28.2.1 技术视角的纵深防御……305
28.2.2 管理视角的纵深防御……306
28.2.3 运行视角的纵深防御……307
28.3 网络安全方法与框架……308
28.3.1 IATF……308
28.3.2 ISO/IEC 27000……308
28.3.3 网络安全等级保护标准……309
28.4 重点关注……310

第29章 网络空间安全体系设计……312
29.1 网络安全需求与要求……312
29.1.1 安全技术措施……312
29.1.2 安全管理要求……313
29.1.3 安全运行要求……313
29.2 网络安全参考框架……314
29.2.1 网络安全使命与方针……314
29.2.2 网络安全参考框架分析……315
29.3 网络安全体系建设……316
29.3.1 网络安全管理体系……316
29.3.2 网络安全技术体系……318
29.4 网络安全运行改进……320

第30章 安全区域划分与边界防护……321
30.1 网络安全区与域……321
30.1.1 网络安全区与网络安全域……321
30.1.2 安全区域划分的目的与原则……321
30.2 安全区、域规划……322
30.2.1 网络安全区规划……322
30.2.2 网络安全域规划……324
30.2.3 网络安全区域调整……326
30.3 安全域边界防护……327
30.3.1 安全域边界分类……327
30.3.2 边界防护基本原则……328
30.3.3 安全域边界防护设计……328

第31章 边界访问控制与策略措施……331
31.1 边界控制问题与难点……331
31.1.1 访问需求与边界控制……331
31.1.2 边界控制的常见问题……332
31.1.3 边界控制的难点……332
31.2 边界访问控制模型……333
31.2.1 IT 系统资源与访问需求……333
31.2.2 边界访问控制模型分析……335
31.3 IT 资源与用户分组……336

31.3.1　资源梳理与分组设计 …… 336
　　31.3.2　用户梳理与用户分组 …… 338
31.4　边界控制与管理 …………… 339
　　31.4.1　访问控制基本要求 …… 339
　　31.4.2　防火墙策略配置 ……… 339
　　31.4.3　访问控制策略管理 …… 340

第 32 章　计算环境与应用系统安全 …………………… 341

32.1　计算环境安全 ……………… 341
　　32.1.1　理解计算环境安全 …… 341
　　32.1.2　计算环境防护原则 …… 342
32.2　集权系统安全 ……………… 343
　　32.2.1　集权系统安全风险 …… 343
　　32.2.2　集权系统技术防护 …… 343
　　32.2.3　集权系统安全管理 …… 344
32.3　脆弱性管理 ………………… 344
　　32.3.1　脆弱性风险 …………… 344
　　32.3.2　漏洞管理 ……………… 345
　　32.3.3　弱口令防范 …………… 346
32.4　应用系统安全 ……………… 346
　　32.4.1　设计安全 ……………… 347
　　32.4.2　开发安全 ……………… 348
　　32.4.3　测试安全 ……………… 349
　　32.4.4　部署安全 ……………… 350

第 33 章　信息分级分类与数据安全 …………………… 351

33.1　信息分级分类 ……………… 351
　　33.1.1　目标与原则 …………… 351
　　33.1.2　信息分级 ……………… 352
　　33.1.3　信息分类 ……………… 353
33.2　数据安全框架 ……………… 354
　　33.2.1　数据安全框架分析 …… 354
　　33.2.2　数据安全目标与原则 … 355
　　33.2.3　数据安全分级与定级 … 355
33.3　数据生命周期安全 ………… 356
　　33.3.1　数据采集 ……………… 356
　　33.3.2　数据传输 ……………… 357
　　33.3.3　数据存储 ……………… 357

　　33.3.4　数据使用 ……………… 357
　　33.3.5　数据销毁 ……………… 359
33.4　数据安全管理 ……………… 359
　　33.4.1　数据安全组织保障 …… 359
　　33.4.2　信息系统运行保障 …… 360

第 34 章　安全风险感知与事件处置 …………………… 362

34.1　风险、事件、事态 ………… 362
　　34.1.1　信息化管理与信息安全 …………………… 362
　　34.1.2　事件分级与分类 ……… 363
34.2　风险感知与风险应对 ……… 365
　　34.2.1　风险管理策略 ………… 366
　　34.2.2　风险管理计划 ………… 366
　　34.2.3　安全风险应对 ………… 367
34.3　事件过程与分级管理 ……… 369
　　34.3.1　事件过程模型 ………… 369
　　34.3.2　事件分级管理 ………… 370
34.4　应急预案与应急响应 ……… 371
　　34.4.1　应急组织与应急准备 … 371
　　34.4.2　应急预案与应急演练 … 372
　　34.4.3　应急处置与持续改进 … 373

第 35 章　网络安全策略框架与编制 …………………… 374

35.1　定位、需求与要求 ………… 374
　　35.1.1　价值定位 ……………… 374
　　35.1.2　需求与要求 …………… 374
35.2　网络安全要素分析 ………… 375
　　35.2.1　ISO/IEC 27001 框架与管控要素 …………… 375
　　35.2.2　等级保护框架与管控要素 …………………… 378
　　35.2.3　网络安全标准运用 …… 380
35.3　网络安全策略框架 ………… 380
　　35.3.1　策略设计基本原则 …… 380
　　35.3.2　网络安全策略框架分析 …………………… 381
35.4　策略文件结构 ……………… 383

35.4.1 策略文件编制……383　　　35.4.2 策略文件结构参考……384

第六篇　信息化运营

第36章　定位、方法与重点关注……386

36.1 信息化运营定位……386
　36.1.1 信息化综合计划……386
　36.1.2 信息化工作推进……386
　36.1.3 信息化管控实施……387
　36.1.4 评价与改进……387
36.2 一般方法……387
　36.2.1 年度规划与计划方法……387
　36.2.2 管理体系构建方法……388
36.3 重点关注……388

第37章　信息化年度规划与计划……389

37.1 价值定位与重点关注……389
　37.1.1 价值定位……389
　37.1.2 重点关注……390
37.2 年度规划与计划框架……390
37.3 主要计划事项的编制……391
　37.3.1 编制思路……392
　37.3.2 年度信息化需求梳理……392
　37.3.3 内部信息化能力分析……393
　37.3.4 信息化工作思路与目标……394
　37.3.5 年度工作策略与措施……395
　37.3.6 里程碑计划与风险管理……396
　37.3.7 资源保障计划……397
37.4 编制过程与计划管理……397
　37.4.1 年度规划与计划启动……397
　37.4.2 上下双向迭代推进……398
　37.4.3 评估与评审……399
　37.4.4 宣贯与修订……400
37.5 相关建议……400

第38章　信息化管理体系设计……401

38.1 价值定位与一般规律……401
　38.1.1 管理层级与管理体系……401
　38.1.2 信息化管理的一般规律……402
38.2 信息化管理体系框架……403
　38.2.1 企业IT服务价值链……403
　38.2.2 信息化管控模型……404
　38.2.3 信息化管理体系参考框架……405
　38.2.4 管理制度编制的一般原则……407
38.3 主要信息化制度编制……407
　38.3.1 信息化总则的确立……407
　38.3.2 信息化管理制度建立……409
　38.3.3 信息化操作规程编制……410
　38.3.4 信息化标准与规范……411
38.4 管理评估与持续改进……411
　38.4.1 管理体系评估与改进……411
　38.4.2 管理文件评估与改进……411
38.5 相关建议……411

第39章　信息化能力体系建设……413

39.1 能力需求与重点关注……413
　39.1.1 企业核心能力及构件……413
　39.1.2 信息化支撑能力……414
39.2 信息化支撑能力框架……414
　39.2.1 信息化支撑能力框架分析……414
　39.2.2 支撑设施能力……415
　39.2.3 团队能力……416
39.3 支撑设施能力提升……416
　39.3.1 核心诉求与总体框架……417
　39.3.2 支撑设施推进建议……418
39.4 信息化团队能力提升……419
　39.4.1 组织架构与岗位设置……419
　39.4.2 关键岗位能力……420
39.5 相关建议……422

第40章　信息化运营与管控体系……423

40.1 信息化运营与运营管控……423
　40.1.1 信息化推进的常见

　　　　　　问题……423
　40.1.2　信息化运营管控及
　　　　　　框架……424
40.2　信息化组织与管理……424
　40.2.1　信息化组织体系建设……424
　40.2.2　信息化管理与制度
　　　　　　建设……426
40.3　信息化协调与沟通……427
　40.3.1　信息化协调……427
　40.3.2　信息化沟通……428
40.4　信息化控制与评估……429
　40.4.1　信息化战略一致性
　　　　　　控制……429
　40.4.2　网络安全与保密管控……430
　40.4.3　信息化评估……430
40.5　相关建议……431

第 41 章　信息系统可持续发展探讨……432

41.1　业务连续性与可持续发展……432
　41.1.1　业务连续性……432
　41.1.2　可持续发展……433
　41.1.3　生命周期管理……433
41.2　主要 IT 资产生命周期管理……434
　41.2.1　关键 IT 资产识别……434
　41.2.2　可持续性影响因素……434
　41.2.3　可持续改进对策……435
41.3　重要数据生命周期管理……436
　41.3.1　关键数据资产识别……436
　41.3.2　可持续性影响因素……436
　41.3.3　可持续发展对策……437

参考文献……438

第一篇

信息化战略

导读

本篇旨在为读者建立企业信息化战略全景视图,以企业战略的高度和企业首席信息官(Chief Information Officer,CIO)的视角探讨信息化战略的内涵与核心要义,分析信息化战略的起源、驱动与构成关系,重点研究信息化战略的"四大关系",即"企业战略与IT战略""技术架构与技术平台体系""信息架构与信息模型体系""信息化治理与信息化管控"。

企业信息化战略与企业的信息化成熟度密切相关,企业应结合自身的业务领域和信息化发展水平选择适合自身的信息化发展战略。本篇各章内容之间具有较强的关联性,建议读者按顺序阅读。其中,第 6 章为针对经济社会数字化发展带来的企业数字化转型的共性问题的参考建议,与企业信息化战略密切相关,但不是企业信息化战略的组成部分。

第1章

定位、方法与重点关注

无论哪个行业、哪个领域，在企业生产经营的方方面面都可以看到信息技术（Information Technology，IT）应用的身影。从企业的产品服务研发、生产运作、市场营销、客户服务到企业的经营管控，IT已经成为影响企业高质量发展的重要因素，并逐步演变为企业核心竞争力的重要组成部分。

为便于读者理解、把握IT战略，本章从信息化、数字化概念与信息化价值定位入手，循序渐进地介绍IT战略的内涵与外延，阐述与IT战略相关的理论与方法，以期为建立与企业战略相适配的IT战略提供方法参考与体系支持。

1.1 信息化相关概念

IT应用具有较强的时代发展特征，从早期的强调IT应用到当今的数字化转型和智能化应用，IT应用的称呼或叫法经历了多次变化。信息化、数字化、智能化是人们在谈及IT应用时经常提起的术语，不同的人对其有不同的理解，其也经常导致产生歧义、混乱与争议。从本质上讲，这3个术语可以理解为IT应用的不同视角表达。

1.1.1 信息化、数字化、智能化

首先，以IT应用业务的视角看，可以将IT应用表述为"信息化"。"信息化"强调的是实现目标的手段，企业通过推广应用信息技术，实现组织运作绩效提升与产品服务创新，最终达到企业核心竞争力与绩效提升的目的。所以，"信息化"可以理解为实现目标的过程，目的是通过运用IT提高企业经营绩效。

其次，以IT系统构成的视角看，可以表述为"数字化"。"数字化"强调的是IT系统中"数据"的存在状态，认为信息系统中的"数据"应该是结构化的且充分关联的。应该说，"数字化"是针对目前信息系统中的"数据"结构化不足、大量数据以文档形式存在这个主要矛盾提出的。应该讲，充分关联的、结构化的"数据"才是发挥数据价值的基本保障，这是"数字化"术语流行的大背景。

最后，以IT应用目的的视角看，可以将IT应用表述为"智能化"。"智能化"最初是从英文单词smart翻译过来的中文表述，smart一般可以理解为高级的自动化，而中文"智能化"的含义则更为"高深莫测"。应该讲，英文单词smart远比中文"智能化"来得"朴实"。抛开概念层面的解读，现在所谓的"智能化"是从IT应用的目标角度去讲的，希望通过应用IT提升企业产品服务和管理运作的智能化水平，至于"智能化"水平有多高可另当别论，至少人们希望通过引进、应用IT提高组织的业务运作和经营管理自动化水平。

因此，信息化、数字化、智能化，以及未来还会出现的各种新概念，每种概念都有其片面性，它们只是对人们在IT应用过程中面临的主要矛盾的表达。抛开这些概念层面的差异，企业实际的IT应用中确实存在诸多概念不清导致的混乱。例如，企业内部分属不同部门的数字化规划、智能化规划、信息化规划时有发生。也存在"概念炒作"的现象，如数字化、智能化以及智慧化等不同口径的宣传。

本书所称"信息化"是指通过将IT与企业业务运作和经营管理相融合，促进企业发展方式转变、提升运作效益和管理水平的过程，是数字化、智能化、信息化等体现"两化融合"[1]应用概念的总称。

1.1.2 企业信息化价值定位

企业的IT应用应该是一个客观、理性、务实的发展过程。不同企业的IT应用面临的挑战各不相同，既有信息化、数字化价值认知方面的问题，也有IT应用带来的业务变革难题，从而面临IT系统规划、建设、运行、服务与信息安全等诸多挑战。这些挑战背后的IT应用是实实在在的。

企业推进IT应用终究由企业内部的需求驱动。企业信息化驱动因素与价值如图1-1所示。

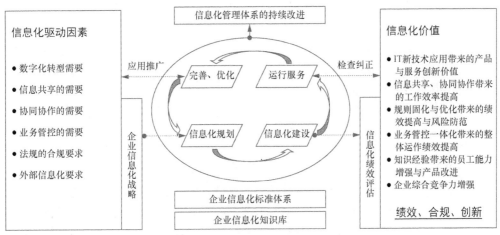

图1-1 企业信息化驱动因素与价值

不同企业的信息化需求动因多种多样，信息化的价值体现也因项目差异各不相同，研究其根本，信息化价值最终体现在如下方面。

➢ 支持企业经营绩效提升。
➢ 支持企业业务创新发展。
➢ 支持企业运作合法合规。

随着IT与企业业务的深度融合，信息化与业务运作的边界将越来越模糊，促使企业内部信息化管理与各管理职能边界的模糊与重构，首席信息官（CIO）、首席技术官（Chief Technology

---

[1] 两化融合是指IT广泛应用到工业生产的各个环节，信息化进程和工业化进程不再相互独立进行，两者在技术、产品、管理等各个层面相互交融，彼此不可分割，并催生工业电子、工业软件、工业信息服务业等新产业。两化融合是工业化和信息化发展到一定阶段的必然产物。——编辑注

Officer，CTO)、首席产品官(Chief Product Officer，CPO)等企业重要岗位职责也将发生变化。总体而言，IT 应用带给企业的影响将越发深远。

1.1.3 企业信息化成熟度

企业信息化是渐进发展的过程，基于信息技术的应用情况和对业务运营的支撑情况，企业信息化成熟度模型可粗略划分为 5 个发展阶段，如图 1-2 所示。

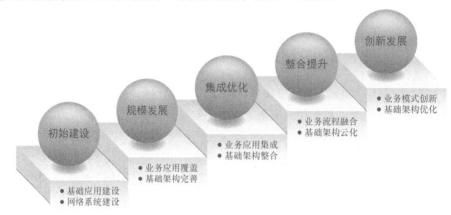

图 1-2　企业信息化成熟度模型

> **初始建设**：该阶段为企业 IT 应用导入期。企业运作需要基本的信息化条件支持。该阶段企业的信息化需求主要是解决基本的信息沟通和基本的办公自动化需求，具体应用一般包括邮件、即时通信、视频会议等信息沟通系统以及协同办公系统、财务系统等基础业务应用。为支撑上述系统运行，需要构建覆盖需求范围的网络设施、服务器存储及机房设施等。初始建设阶段的信息系统覆盖的业务范围有限、业务应用不深。信息化工作一般处于为企业业务运作和经营管理提供辅助支撑的地位。

> **规模发展**：该阶段为企业 IT 应用推广期。企业已经认识到 IT 应用对业务运营的支撑价值。该阶段企业的信息化目标是建立覆盖核心业务领域和经营管理环节的信息系统，具体应用一般包括产品研发管理系统，生产管理信息系统，物资供应、产品营销、客户服务等业务应用系统，以及财务、人力、质量、安全等经营管理信息系统。协同办公系统、即时通信系统、视频会议系统等基础应用得到进一步深化。为支撑上述系统运行，网络设施、数据中心设施、安全设施、机房设施和应用基础设施等 IT 基础设施得到进一步增强。IT 部门一般演变为企业运作管理与支持的一级部门。

> **集成优化**：该阶段为企业 IT 应用优化期。企业希望借助 IT 应用提高业务运作效率和经营管理水平。该阶段企业的信息化重点聚焦在业务流程贯通和管理要素一体化，希望建立"纵向到底""横向到边"的企业级信息系统。业务层面一般聚焦在业务流程标准化、集约化，业务数据标准化，数据生命周期管理等方面；系统层面一般聚焦在业务应用集成化、决策支持一体化、企业级数据资源中心等业务应用系统建设，以及 IT 基础设施的体系化、资源化建设。IT 服务等级管理成为企业信息化管理不可或缺的组成部分，IT 部门演变为推进企业业务变革的重要支撑力量之一。

> **整合提升**：该阶段为 IT 应用提升期。企业希望通过 IT 应用提升业务运作应变能力

和经营管控能力。该阶段企业的信息化重点聚焦在业务运作能力提升和经营管控一体化，希望建立"以用户为导向""以产品为中心"的敏捷、高效的企业级信息系统。业务层面一般聚焦在建立以产品服务为导向的业务流程体系和以数据为驱动的业务、技术与管理决策体系建设；系统层面一般聚焦在 IT 系统架构评估与优化、业务应用系统敏捷化改造、企业级数据资源体系建设，以及 IT 基础设施的敏捷化、高可用改进。信息系统成为企业重要的战略资产，IT 部门演变为推进企业变革的重要支撑力量。

- **创新发展**：该阶段为企业 IT 应用创新期，IT 与企业业务深度融合，成为企业创新发展的重要驱动力量。在该阶段企业信息技术应用达到"最高境界"。IT 应用融入企业产品服务开发、生产运作、产品营销与经营管理等各环节的业务创新、技术创新和管理创新中。信息化作为企业业务运作和经营管理的组成部分实行一体化的规划、建设、运营与管理，信息化管理与业务管理的融合带来的将是全新的 IT 应用推广、信息系统建设、IT 系统运行使用模式。信息化管理的组织形态、权责分工等企业信息化组织体系和信息化治理模式将是有待研究的全新课题。

上述信息化发展阶段划分是不同发展阶段的企业信息化主体特征的一般性表述，而处在不同信息化发展阶段的企业，应采取与其发展水平相适应的信息化对策与方法。

1.2 IT 战略及定位

有关 IT 战略的文字表述有多种，表述方式也各有侧重，有从战略形成视角描述的，有从战略构成视角描述的，也有从战略执行视角描述的，但基本的共识是：IT 战略是影响企业信息化全局、长远发展的信息化发展部署。

1. IT 战略的内涵

作为影响企业信息化全局、长远发展的信息化发展部署，IT 战略应具有作为企业发展战略的基本特质，主要包括以下企业战略的基本要素。

- 愿景、指导思想、发展目标和基本原则等的定义。
- 支撑发展目标的重大战略措施的定义。
- 发展路线与路径的定义。
- 相应的保障措施。

上述企业战略基本要素可以理解为 IT 战略的基本要素集，也可以理解为狭义的企业 IT 战略。同时，为使 IT 战略能够得到有效的贯彻落地，需要建立与之匹配的战略实施保障体系，IT 战略实施保障体系一般包括如下内容。

- 信息化组织机构保障（体制保障）。
- 信息化管理制度体系（机制保障）。
- 信息化人、财、物资源保障（资源保障）。

此外，还应将 IT 战略纳入企业战略的管理范畴，并建立与之对应的战略执行监督保障机制，即"IT 战略管控体系"。因此，完整的企业 IT 战略应包括如下内容。

- IT 战略基本要素体系。
- IT 战略实施保障体系。
- IT 战略管控体系。

2. IT 战略的演化过程

IT 战略与企业信息化发展的成熟度密切相关。如同企业战略一样，在企业成立的初期，企业发展的"未知"远大于"已知"，以有限的产品服务切入市场，先生存再发展是硬道理。企业发展思路通常仅存在于创业者的头脑中，没有时间、也没有必要编写成战略文件。

当信息化处于"初始建设"阶段时，信息化处于企业运营的辅助支持地位，一般不会有 IT 战略的说法。但企业出于信息化的有序发展，可以制定简化的信息化发展规划。

当信息化发展到"规模发展"阶段，随着企业信息化投资和信息化设施的逐步增加，企业有必要考虑制定企业 IT 战略，而信息化规划是必须开展的工作。

当信息化发展到"集成优化"阶段，制定信息化发展战略应该是企业发展战略的必需选项，通过 IT 战略的制定与执行，才能保证信息系统对企业业务运行和经营管控的一体化支撑。而且，随着企业信息化发展走向更高阶段，IT 应用对企业发展的影响也将越来越大，对 IT 战略有效性的要求也将更高。

3. IT 战略的核心关注

IT 战略作为企业发展战略的组成部分，应处理好以下 4 个方面的关系。

- 企业战略与 IT 战略。
- 技术架构与技术平台体系。
- 信息架构与信息模型体系。
- 信息化治理与信息化管控体系。

本篇将围绕以上四大主题，探讨如何制定、执行好企业的 IT 战略。

4. 首席信息官的价值定位

企业首席信息官是企业信息化全局体系的策划者、构建推进者和信息化工作的领导者。企业信息化全局体系包括 IT 战略体系、信息化技术体系、信息化管理体系和信息化保障体系。

1.3 一般方法

IT 战略涉及的一般方法主要包括与战略和流程分析相关的方法、与信息化规划相关的方法、与信息化管理和控制相关的方法。以下简要介绍相关方法，并提供相关方法索引，以尽可能帮助读者建立与 IT 战略相关的知识框架。

1.3.1 战略和流程分析方法

为做好 IT 战略工作，需要充分理解"战略"的内涵与外延，充分理解并把握企业战略的内涵与核心要义，并透过企业发展战略表象从中抽取、获得 IT 战略的核心输入。与战略和流程分析相关的方法如下。

- "企业战略管理"方面的图书：这类图书很多，读者可根据自身需要选择性阅读。这类图书作为理解战略管理的知识性读本，是理解企业战略的基础。读过这类图书并不一定具有制定企业战略的能力，参加战略管理类的专业培训是加深对"战略"的理解和把握的重要途径。同时，加强自身对战略的研究、分析必不可少。
- 参加"企业战略规划"项目实践：参加"企业战略规划"咨询项目，可能是提升对企业战略理解和把握能力的最佳途径，通过"企业战略规划"咨询项目的培训、指导、讨论、论证等实际规划过程，可以加深读者对战略制定过程、驱动关系和战略核心要素的理解和把握，以形成融会贯通的"企业战略"链条驱动关系和知识体系。

> "业务流程管理""产品规划""市场营销""经营管理"等类图书：这类图书很多，其中"业务流程管理"类是必读图书，可以帮助读者完成从战略到价值实现的落地；同时，"产品规划""市场营销""经营管理"等类别的图书可以帮助读者理解企业的价值创造与价值实现，为读者从企业战略抽取信息化核心需求提供帮助。
> 参加"业务流程规划"项目实践：参加"业务流程规划"咨询项目，是提升业务流程分析能力的最佳途径，通过这类实战型的"业务流程规划"咨询项目的实际规划过程，可以加深读者对从战略到目标、目标到能力、能力到流程的演进过程的理解和把握，以形成融会贯通的业务流程分析能力。

虽然市面上有大量可供选择的战略与流程分析知识读本，企业中也不乏商学院毕业生，但现实中的企业战略制定并非一项简单工作，主要原因在于掌握企业战略的知识体系与制定企业战略的能力体系之间存在较大的鸿沟。也正是因为这条鸿沟，管理咨询公司才有发展空间。

与制定企业战略的难易无关，若要保证企业 IT 战略与业务战略的一致性，准确理解、把握企业战略是基本要求。

1.3.2 信息化规划方法

有关信息化规划可参考的方法较多，业界影响较大的有 Zachman、TOGAF、FEA、Gartner等。在分类完整性、过程完整性、参考模型指导性、实施指导性、成熟度模型等评价指标，每种方法都各有所长，而且，随着时间的推移，各种方法也在相互借鉴、融合。常见信息化规划方法比较如图 1-3 所示。

评价指标 \ 方法	Zachman	TOGAF	FEA	Gartner
分类完整性	4	2	2	1
过程完整性	1	4	2	3
参考模型指导性	1	3	4	1
实施指导性	1	2	2	4
成熟度模型	1	1	3	2
业务聚焦	1	2	1	4
治理指导性	1	2	3	3
划分指导性	1	2	4	3
规范化的目录	1	2	4	2
供应商无关性	2	4	3	1
信息可用性	2	4	2	1
价值交付所需时间	1	3	1	4

评分规则：
1—很差；
2—不适合；
3—可接受；
4—很好。

来源：*Roger Sessions Comparison of the Top Four Enterprise Architecture Methodologies*。

图 1-3 信息化规划方法比较

目前，主流的信息化规划普遍采用 TOGAF 方法。

TOGAF（The Open Group Architecture Framework，开放组架构框架）由国际开放组织 The Open Group 制定。The Open Group 拥有遍布全球约 80 个国家和地区的近 400 家会员，包括 IT 用户、IT 供应商以及政府和高校，如 Capgemini、HP、IBM、Kingdee（金蝶）、Oracle、美国国防部、美国国家航空航天局等都是其会员。TOGAF 是基于一个迭代的过程模型，支持最佳实践和一套可重用的架构资产。TOGAF 构件包括架构开发方法、架构指引和技术、架构内容框架、企业连续统性与架构工具、架构能力框架。其中，架构开发方法（Architecture Development Method，ADM）是开展企业信息化规划可依托的行之有效的方法，可以帮助信息化规划团队和高层管理人员将企业战略和核心业务需求逐步演绎、推导，形成与企业战略匹配的信息化架构和信息化发展路径。

但 TOGAF 不能解决所有企业问题，TOGAF 使用者需要根据企业自身业务情况与核心诉求对 TOGAF 进行适应性裁剪，并补充完善，使其适应本企业的战略、业务、管理与 IT 系统架构现状，进而形成可有效支撑企业发展战略的信息化规划。

1.3.3 信息化管控方法

信息化管控通常可分为属于企业管理范畴的信息化管理体系和属于企业治理范围的信息化治理体系两个方面。信息化管理体系应符合国际标准化组织（International Organization for Standardization，ISO）质量管理体系通用要求，信息化业务相关管理可参考 ITIL 方法。对于有企业治理要求的企业，信息化治理体系可参照 COBIT 方法建立。

1. ITIL 方法

ITIL（Information Technology Infrastructure Library，信息技术基础架构库）是全球公认的信息技术服务管理的最佳实践。ITIL 由英国商务部（Office Government Commerce，OGC）发布并维护，旨在使信息技术更好地满足商业领域应用发展的需求。

ITIL 可以为组织提供统一、价值导向的企业 IT 服务框架，通过 ITIL 服务价值链向企业 IT 服务用户提供有价值的产品或服务，并通过价值交付实现 IT 服务提供方各价值环节的组合、集成与整合。

有关 ITIL 的更多内容可查询 ITIL 官方网站以及本书第 20 章相关内容。

2. COBIT 方法

COBIT（Control Objectives for Information and Related Technologies 信息及相关技术控制目标）是目前国际上通用的信息系统审计的标准，该标准体系已在世界 100 多个国家和地区的重要组织与企业中运用。COBIT 由国际信息系统审计协会（ISACA）在 1996 年公布。

COBIT 提供全面的框架，帮助企业实现效益、风险及资源利用之间的平衡。该框架的意义在于：COBIT 可实现企业目标与 IT 治理目标之间的衔接，使得信息技术目标和企业战略目标之间实现互动。

COBIT 5 产品系列包括 COBIT 5 框架、促成因素指南和 COBIT 5 专业指南三部分，同时提供在线支持环境。其中，COBIT 5 框架提供管理指南、治理与管理框架、控制目标、实施工具、审计指南等内容。促成因素指南讨论治理和管理促成因素，包括促成流程、促使信息等内容。COBIT 5 专业指南包括 COBIT 5 实施、信息安全、保障措施、风险管理及其他专业指南等内容。有关 COBIT 的更多内容可查询 COBIT 官方网站或网上搜索 COBIT 信息。

1.4 重点关注

IT 战略是影响企业信息化全局、长远发展的信息化发展部署。IT 战略是否满足企业全局发展需要、能否为企业发展提供有效的可持续性支持是企业 IT 战略优先考虑的事项。企业 IT 战略应重点关注以下事项。

1.4.1 IT 战略与企业战略的匹配性

总体而言，企业开展 IT 应用的目的是支持企业的业务运作和经营管控，而业务运作和经营管控的支撑手段是实现企业战略的重要保障，这使得 IT 应用的战略属性逐步凸显。这就要求企业的 IT 战略必须符合企业战略的发展要求，即必须保证 IT 战略与企业战略相匹配。这种 IT 战略匹配性至少包括一致性、适应性和经济性 3 个方面。

- 一致性。IT 战略的基本要素体系、实施保障体系、战略管控体系应保持与业务战略的一致性，确保 IT 战略与业务战略的匹配，并有效支撑业务战略。
- 适应性。IT 战略的基本要素体系包括的应用架构、信息架构、技术架构能够满足企业战略的发展需要，确保 IT 系统能够满足业务发展变化的要求。
- 经济性。遵从 IT 战略的信息化投资应具有良好的经济性。经济性是企业信息化投资应遵循的基本准则，应避免为技术而技术、盲目追求技术先进性。

1.4.2 信息化架构体系的可持续性

IT 战略与企业战略的匹配性通过信息化架构体系实现并加以保障，企业的信息化架构必须能够满足不断变化的业务应用需求，并提供有效的业务应用支持。同时，业务连续性和应用扩展性要求信息化架构体系具有良好的可持续性。

- 信息架构与信息模型体系的可持续性：指企业全局信息架构与信息模型体系应具有良好的稳定性，能够支撑企业信息化从初级向高级的演进发展。如果说信息架构对传统"管理信息化"的影响有限，那么在未来数字化环境下，其对企业信息化的影响将是巨大且深远的，应引起信息化从业者的充分关注。
- 技术架构与技术平台体系的适宜性：指企业技术架构与技术平台体系对业务需求与业务变化的适应能力。技术架构终将以技术平台软硬件加以支撑，并实现所赋予的价值使命，技术平台体系应满足业务连续性、平台扩展性和技术经济性的基本要求。

1.4.3 信息化管控体系的有效性

IT 战略需要与之匹配的管控体系才能保障 IT 战略的有效实施，而管控体系的有效性直接影响 IT 战略实施的效果。信息化管控体系应重点关注信息化组织职责的科学性、执行管控的有效性和评估改进的可行性 3 个方面。

- 组织职责的科学性：指企业信息化组织机构的权责体系既要符合企业管理架构的操作、管理、控制层级分工的一般原则，也要满足IT战略落地所必须遵从的思路与原则。同时，也应兼顾与企业信息化成熟度的匹配。
- 执行管控的有效性：指企业信息化管理体系应能够保证企业IT战略有效执行、用户导向的企业IT服务价值流程高效运行、IT系统和数据的安全保障。
- 评估改进的可行性：指企业信息化开展的评估改进活动，可以有效指导信息化工作的持续改进，包括技术体系、管理体系、IT服务流程等的评估改进。

企业信息化是一种投资行为，任何投资行为都会希望获得回报，只是信息化投资回报的呈现形态与方式有所不同。

第 2 章

企业战略与 IT 战略

企业战略是企业全局发展的战略布局,是企业各种战略的统称,通常包括竞争战略、产品战略、生产战略、客户服务战略等业务运作战略,也包括人才战略、IT 战略等经营支撑战略。为便于阐述企业战略与 IT 战略之间的关系,本书将企业战略中 IT 战略之外的其他战略统称为"业务战略"。

业务战略虽然有多种,但基本属性是类似的,都是解决企业整体性、长期性、基本性问题的谋略,而这些整体性、长期性、基本性问题的解决无不透露着 IT 应用的身影。

2.1 业务战略与 IT 战略的关系

信息技术发展日新月异,信息技术在各行各业都得到广泛应用,覆盖从产品研发、生产制造、物资供应、产品营销与服务,到企业经营管理的财务管理、人力资源、质量安全、日常办公等方方面面。IT 应用的深度也已从传统的信息共享、流程自动化等管理信息化发展到企业的生产计划管理、生产过程控制、产品服务交付等业务过程的自动化。而且,随着 IT 与业务融合的进一步深化,IT 应用带来的变革将更为深刻。业务战略与 IT 战略的关系如图 2-1 所示。

业务战略与 IT 战略之间的关系可以概括为驱动与支撑的关系、融合与发展的关系、引领与变革的关系。

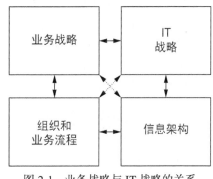

图 2-1　业务战略与 IT 战略的关系

2.1.1 驱动与支撑的关系

业务战略与 IT 战略之间的驱动与支撑关系表明:企业 IT 战略来源于业务战略的驱动,同时,IT 战略支撑业务战略的实施。业务战略与 IT 战略之间的这种驱动与支撑关系未来还会持续很长的一段时间。

> **业务战略驱动 IT 战略**:指 IT 战略应依托业务战略的需求与要求制定,保持 IT 战略与业务战略的一致性。这就意味着,企业信息化建设应坚持以业务战略为导向、以业务核心能力和经营绩效为目标推进信息化建设工作。业务应用系统建设应充分体现业务的目标导向和需求驱动,IT 基础设施建设应以有效支持上层应用系统高效运行为目标。应避免浓重的技术导向的信息系统建设。

业务战略驱动是指站在企业战略与全局发展的视角思考问题、梳理信息化需求与要求，而非站在本单位、本部门的局部视角推进业务应用系统建设。
- **IT 战略支撑业务战略实施**：指 IT 战略的目的是支撑业务战略的实施。业务战略支持的有效性是评估 IT 战略的重要标准，也意味着信息化建设与持续改进均应以业务战略为导向，以业务绩效目标为基础，推进信息化体系的建设与完善，基于业务改进需求推进信息系统的优化、完善与提高。

应基于业务战略确定的业务变革要求，推进信息系统的集成、整合，逐步提升信息系统的业务承载与支撑能力。

现实的企业信息化实践中，与业务核心能力割裂的业务应用系统建设和技术导向的信息系统建设项目广泛存在，虽然具体原因各不相同，但归纳起来，大多与业务战略驱动的信息化建设指导思路不明确有关。

2.1.2 融合与发展的关系

如果说业务战略与 IT 战略之间的驱动与支撑关系是传统的信息化视角，那么，业务战略与 IT 战略的融合与发展则可理解为面向未来的"两化融合"视角。

- **两化深度融合，支撑企业产品与运作的高效发展**：人工智能、大数据、5G 等新 IT 逐步被引入企业的业务运作和经营管理活动中，信息技术与业务融合不断深化，形成依托 IT 与产品的高效的经营运作模式与产品服务组合。
- **IT 战略深度适配，支持企业业务的可持续发展**：企业应加大新 IT 应用的跟踪与研究力度，准确把握 IT 发展趋势，及时推进 IT 在企业内部的试点应用。同时，开展 IT 系统架构体系变革研究，有序推进 IT 系统架构体系改进。

随着业务战略与 IT 战略的融合与发展，带给企业的不仅有"两化融合"的业务应用，还有更深层级的信息化管理与治理体系方面的调整与优化。企业应根据全局发展需要，及时做好 IT 战略保障体系的调整与完善。

2.1.3 引领与变革的关系

IT 战略与业务战略的引领与变革关系是 IT 应用的过程产物，它既体现在 IT 引领业务流程变革，也体现在 IT 引入导致的产品服务模式、生产模式、营销模式等的业务变革。企业应充分考虑 IT 应用带来的业务变革，做好 IT 战略与业务战略的衔接与配合。

- **IT 应用触发产品服务与业务变革**：IT 应用变革既有常规的业务流程变革，也有产品服务内容、形态的变化。而产品服务变化往往引发产品生产、营销与服务等一系列的变革，从而引发业务模式转变。企业应给予高度重视，并做好 IT 应用变革的分析与论证。
- **业务变革引发 IT 战略调整与变革**：伴随着业务变革的发展，企业的业务战略与 IT 战略均需重新评估，并根据企业全局发展需求，完成业务战略与 IT 战略的调整，且保持业务战略与 IT 战略的一致性。

随着信息技术的快速发展，以及"两化融合"的逐步深化，企业的信息系统将逐步从后台走向前台。如果说 IT 系统可持续发展触发 IT 战略管理，那么，信息技术与业务的深度融合将触发企业生存发展模式的变革，并促进业务战略与 IT 战略的深度融合。

2.2 准确理解与把握业务战略

IT 战略源于企业的业务战略,准确理解与把握企业的业务战略成为制定 IT 战略、推进信息化建设必须优先解决的问题。通过准确的业务战略理解,可获得企业信息化建设的关键需求,进而更好地支撑企业战略实施和业务运作。

2.2.1 理解企业战略与业务战略

若要理解与把握企业战略,就需要对企业战略要素构成以及战略要素之间的关系有清晰的认识。企业战略参考框架如图 2-2 所示。

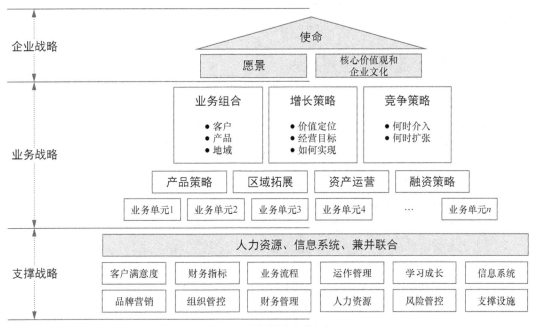

图 2-2 企业战略参考框架

企业战略一般可划分为 3 个层级——企业战略、业务战略和支撑战略。

> **企业战略**:企业战略一般包含使命、愿景、核心价值观和企业文化等内容。其中,使命为企业在经济社会发展中应承担的角色和责任,一般为企业社会形象的直观表达,即回答企业为什么存在;愿景是对企业前景和方向的高度概括,描述企业将成为什么样的企业;核心价值观为企业经营过程中所遵循的基本原则以及判断事物的标准,表述什么对企业最重要,一般表现为对不同利益的价值排序,核心价值观是企业文化的核心。
>
> **需求解读**:企业战略的使命与愿景为 IT 战略提供方向指引,同时,为信息系统规划提供边界与扩展约束;核心价值观与企业文化对信息系统应用架构功能布局与信息架构资源布局有潜在影响。从客观上讲,不论企业是否有文档化的企业战略文件存在,企业战略中的核心要义是客观存在的,在制定 IT 战略时应充分考虑企业战略的潜在影响。

- **业务战略**：业务战略一般包含业务组合、增长策略、竞争策略、产品策略、区域拓展、资产运营、融资策略等主要战略部署。业务战略要素首先通过产品服务落地到各业务单元，然后通过各业务单元的业务运作实现业务战略的执行与管控。

  需求解读：业务战略要素为 IT 战略提供框架需求和建设优先级排序输入。业务单位划分为应用系统布局提供输入、为信息资源体系规划提供约束。同时，通过对业务战略与组织架构的组合分析，可为技术架构设计提供约束。同样，不论企业是否有文档化的业务战略文件存在，业务战略本身是客观存在的，只是业务战略的完整性、系统性存在差异，在制定 IT 战略时应充分考虑业务战略带来的信息化输入。

- **支撑战略**：支撑战略为业务战略提供业务管理与经营管理支撑。支撑战略一般涉及客户满意度、品牌营销、财务指标、业务流程、运作管理、组织管控、财务管理、人力资源、风险管控、学习成长、信息系统、支撑设施等。

  需求解读：支撑战略基本可划分为业务管理类战略和经营管理类战略。支撑战略与企业组织架构的组合分析，可为企业全局总体架构设计提供重要的输入。从信息化视角看，企业信息化总体架构应与业务战略与支撑战略相匹配。

2.2.2 理解企业治理与管理者诉求

企业由出资人投资组建，出资人组成企业的董事会，通过董事会对企业战略和重大经营管控行使决策权。同时，企业运营管理者对企业的生产经营负有管理责任。

- **企业治理**：企业治理为企业投资方对企业战略管控和经营管控的统称，企业治理要求是企业经营管理的上层输入，企业经营管理需要满足企业治理的全部要求。企业所属的上级单位、国有企业背后的国有资产代表、企业董事会等的各种管控要求均属于企业治理范围内的要求。

  需求解读："治理"与"管理"是不同视角的管理要素，"治理"代表的是企业投资方的利益诉求，"管理"代表企业运营管理方的利益诉求。虽然"治理"滥用的例子很多，但准确的用语表达有利于需求阐述与功能处理。

  在开展信息系统需求分析时，应做好"治理"与"管理"需求的甄别，对于"企业治理"类要求，应不折不扣地落地执行；对于"管理"类需求，应做好需求的分析与设计折中。同时，做好"治理"与"管理"要求与需求的衔接。

- **管理者诉求**：企业运营最高管理者对企业生产运作、经营管控有重大影响。他的职业背景、管理风格等个人特质对企业的战略筹划、运营组织、组织架构均有较大影响。他一般对利用信息化手段提高企业运行绩效有独到的思考。同时，其他各级管理者对信息化建设一般均有各自的需求。

  需求解读：制定 IT 战略、开展信息化规划建设时应充分听取各级管理者诉求，将其诉求转变为 IT 战略的重要驱动和信息系统建设的重要输入。同时，也应客观分析各级管理者诉求的局限性，避免因视野、视角差异带来的 IT 战略和信息化建设的偏差。

2.2.3 理解企业外部环境的影响

企业的生存与发展离不开所属领域的市场环境、产业环境、政策法规及行业信息化发展等对企业 IT 应用均有重要影响。

> **产业环境的影响**：与 IT 战略相关的产业环境影响通常包括产品服务质量要求、行业产品服务发展趋势、行业标准化、行业上下游产业协作等。
> **需求解读**：企业 IT 战略制定应充分考虑企业所处的市场环境带来的信息化诉求，积极应对行业发展带来的挑战与机遇，这些需求包括但不限于产品服务质量要求带来的信息化需求、行业产品服务发展趋势带来的产品服务变革信息化需求、行业上下游产业互联和行业标准化带来的信息化需求。
> **政策法规的影响**：与 IT 战略相关的政策法规影响通常包括强制性法规遵从和政府的行业监管要求。
> **需求解读**：企业 IT 战略制定应充分考虑政府监管部门的政策法规带来的信息化诉求，积极应对法规遵从和行业监管带来的挑战与机遇，这些需求包括但不限于强制性法规遵从带来的产品服务或运作管理的变革挑战、政府对企业产品服务或企业运营的监管要求等。
> **行业信息化发展的影响**：不同行业、不同领域有其各自的信息化发展规律，行业信息化发展趋势可为企业信息化发展提供参考和借鉴。
> **需求解读**：企业制定 IT 战略、开展信息化规划建设时应充分调研行业信息化发展情况，积极借鉴行业内企业的最佳实践，吸取行业信息化发展的经验与教训，少走弯路。

2.2.4 理解战略执行的变与不变

与国家的五年发展规划类似，企业战略通常以 3～5 年为一个战略规划周期。规划周期过长导致不确定性过多，不利于战略落地；规划周期过短，不利于重大战略目标的规划与实施。不管规划周期或长或短，规划本身都具有不确定性。

> **战略执行的变**：但凡规划都有不确定性，意味着战略执行期间有规划调整需求，客观上也是如此，一般情况下，5 年周期的战略规划会有一次规划中期调整。
> **需求解读**：企业制定 IT 战略、开展信息化规划建设时应充分考虑业务战略调整所带来的不确定性，通过划分信息化分期发展目标、技术架构扩展的方式以适应业务战略执行带来的不确定性，确保以确定的业务需求驱动信息系统建设。
> **战略执行的不变**：如果说战略执行过程中的"变"是不可避免的，但总体而言，变化的规模一般是局部的，战略执行中不变的部分是主体。
> **需求解读**：企业制定 IT 战略、开展信息化规划建设时应坚持战略导向，以对业务战略的分析、分解推导出来的业务需求与要求驱动 IT 战略编制，以业务战略需求推进企业信息化各项建设工作。
> **企业战略的有与无**：不是每个企业都有文档化的企业战略，没有文档化企业战略的企业也不意味着没有企业战略。
> **需求解读**：企业战略文档化不能作为衡量企业有无企业战略的唯一标准，每个企业都有其自身生存、发展的思路与对策。对于没有文档化企业战略的企业，也不能说没有制定 IT 战略的必要。企业应基于信息化全局需求，客观、理性地制定 IT 战略，并有序推进信息化建设工作。

2.2.5 透过现象看本质

企业战略是旨在解决企业整体性、长期性、基本性问题的谋略，是站在经济社会视角、产业发展视角、政府监管视角和服务用户等多维度视角的对企业长期发展的谋划。可想而知，编制一份可有效执行的文档化企业战略的难度有多大。制定 IT 战略时应透过现象看本质。

> **企业战略的词不达意**：现有的企业战略的文字表达不能反映企业全局、长期发展的真实意图，导致的原因多种多样。
>
> **需求解读**：制定 IT 战略时应充分评估企业战略对企业发展的指导性。应结合企业发展的现状、已开展和未来计划开展的行动事项和在各种场合获得的工作思路，梳理、分析获得企业的发展思路、业务布局及关键信息化需求，为 IT 战略制定提供输入。

> **企业战略的脱离实际**：企业战略与企业当前的业务偏差较大，战略落地受过多的外部因素影响，导致企业战略脱离实际。
>
> **需求解读**：现实中，脱离实际的企业战略并不少见，有战略制定能力不到位导致的，也有应付差事、束之高阁的。制定 IT 战略时需要评估企业战略的指导性和有效性，基于企业的全局信息化需求，客观、理性地推进 IT 战略的制定。

> **没有文档化的企业战略**：没有文档化的企业战略并不少见，没有文档化的企业战略并不意味着企业没有战略。当然，也存在没有长远想法的企业。
>
> **需求解读**：针对没有文档化企业战略的企业，有必要开展简要的企业发展战略分析，基于企业发展战略的一般性分析，获得企业的发展思路、业务布局及关键信息化需求，为 IT 战略制定提供输入。

准确理解并把握企业的业务战略，充分发挥业务战略对 IT 战略的引领、指导和约束作用，有利于制定出有效支撑企业全局发展的 IT 战略，更好地发挥 IT 战略对企业信息化建设、运行、服务等各项信息化工作的指导价值。

2.3 IT 战略、规划与计划

IT 应用涉及面广，许多 IT 应用概念缺乏严谨的科学定义，对同一概念不同的人有不同的理解。本节简要介绍 IT 战略、规划与计划概念的内涵，不求绝对精准，但求内涵明确、边界清晰，符合人们对相关概念的理解和认知。

2.3.1 IT 战略框架

IT 战略属于经常提及的概念，IT 战略、IT 战略规划、信息化规划等概念经常被混用，人们对 IT 战略并没有统一的认识，其内涵比较模糊，认为 IT 战略和信息化规划等同的也不在少数。为保持"战略"概念的一致性，参考企业战略框架，企业 IT 战略框架如图 2-3 所示。

参考该企业 IT 战略框架，企业 IT 战略通常可划分为 3 个层级，即长远战略、总体战略、支撑战略。

> **长远战略**：长远战略包括使命、愿景、信息化价值观和指导思想。与企业战略类似，使命描述的是信息化在企业生存、发展中应承担的角色和责任，即回答信息化工作为什么存在；愿景是对企业信息化前景和方向的高度概括，描述企业信息化的理想状态；信息化价值观为企业信息化工作所遵循的基本原则以及判断事物的标准，一般应体现信息化的价值创造作用；指导思想是企业信息化发展的全局性思路与对策，应能够为总体战略与支撑战略的关键事项决策提供折中准则。

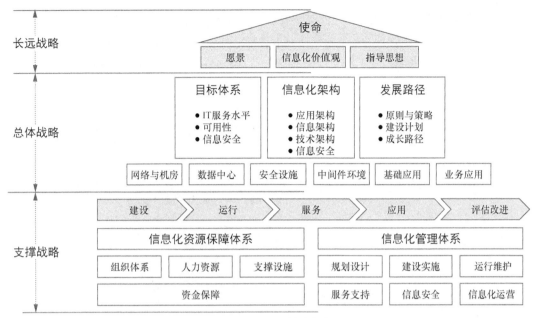

图 2-3　企业 IT 战略框架

长远战略是企业出于长远发展考虑的 IT 战略。长远战略应具有全局性和长远性，避免频繁调整。长远战略一般通过企业信息化章程或总则类的信息化顶层管理文件固化。

> **总体战略**：总体战略为信息化发展需求的重要承载，内容主要包括目标体系、信息化架构、发展路径等内容。其中，目标体系包括规划周期内的信息化总体目标与阶段目标，可细分形成 IT 服务水平、可用性、信息安全等分类目标，进而为企业信息化工作开展提供目标约定；信息化架构一般包括应用架构、信息架构、技术架构、信息安全等内容；发展路径主要包括原则与策略、建设计划和成长路径等内容。

总体战略属于"战术"层的内容，一般通过信息化规划类的项目形成。有关技术架构的细化内容详见第 3 章；有关信息架构的细化内容详见第 4 章。

> **支撑战略**：支撑战略包括信息化资源保障体系和信息化管控体系两部分内容。其中，信息化资源保障体系主要包括组织体系、人力资源、支撑设施和资金保障等内容；信息化管控体系主要包括覆盖规划设计、建设实施、运行维护、服务支持、信息安全和信息化运营等企业 IT 价值流程各环节的管理制度体系，一般分为信息化章程或总则、管理程序、管理细则、标准规范等 4 个层级。

有关信息化资源保障体系的更多内容详见第 39 章；有关信息化管控体系的更多内容详见第 38 章。

2.3.2　信息化规划方法

2.3.1 节简要介绍了 IT 战略中的信息化总体战略的内涵和主要内容，而信息化总体战略的制定既涉及繁复的需求分析和复杂的架构设计，也涉及业务、技术、管理等多种视角角色的沟通、协调与妥协，完全由企业内部团队编制难度较大。因此，大部分企业的信息化总体战略制定均通过信息化规划项目的实施获得。

信息化规划可参照 TOGAF 或类似的信息化规划方法。由于企业规模、信息化成熟度、管理者诉求等诸多方面的差异，不同企业对信息化规划的范围、目的、深度要求也不尽相同，任何标准的规划方法均需要结合具体项目要求进行适当的裁剪，以便更好地指导开展信息化规划。信息化规划框架如图2-4所示。

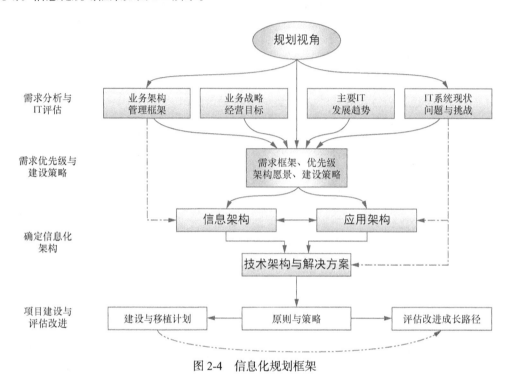

图 2-4 信息化规划框架

- 规划视角：规划视角一般包括业务视角、管理视角、技术视角和 IT 系统构建者视角。业务视角主要依托企业业务架构和管理框架提出企业信息化发展需求和要求；管理视角主要依托企业业务战略、经营目标和企业治理提出信息化目标与治理要求，审视信息化发展战略；技术视角基于对现有 IT 系统和主要 IT 发展趋势的评估，提出面向未来需解决的问题；IT 系统构建者视角基于前述视角的需求和要求，梳理形成企业信息化需求框架，分析、引导、讨论形成或完善企业架构愿景、信息化核心价值观、指导思想等信息化长远策略和信息化发展目标和需求优先级等建设策略，开展应用架构、信息架构、技术架构与技术解决方案等设计工作，形成企业信息化建设与评估改进计划。

- 规划过程：规划过程一般可划分为需求分析与 IT 评估、需求优先级与建设策略、确定信息化架构、项目建设与评估改进。

- 规划成果：规划成果一般包括"行业最佳实践报告""信息化愿景、目标和战略""业务能力及流程分析""应用架构蓝图""信息架构蓝图""技术架构蓝图""信息化治理建议""重要业务系统软件选型评估""重要信息系统建设解决方案""实施路线图、计划与投资估算"等类似的文件。同时，规划项目执行过程中的也会形成各种项目汇报材料及项目管理文档。

- 规划范围：规划范围的确定取决于企业信息化规划的目的，基于规划目的确定规划的业务范围以及规划成果的适用范围。

对于同一企业，初次开展信息化规划一般是针对企业全范围的信息化规划，以便为企业信息化发展提供全局性指导。而随着信息化工作的推进和信息化设施的形成，信息化发展过程中的不平衡通常会带来新的规划需求，但新的规划需求一般是局部的而非全局的，一般通过信息化专项规划的方式解决企业信息化发展中的局部问题。

每个企业都有其独特性，而企业的独特性决定了企业战略和信息化发展的独特性，IT战略可以借鉴，但不可以复制。能否有效支撑企业战略是衡量信息化总体战略是否有效的重要标准。

2.3.3 信息化工作计划

"计划"一词可以有多种理解，不同理解之间的差异较大。通常的理解是指为完成特定目标所编制的工作计划，这里所指的目标可以是几天、几周的目标，也可以是跨越年度的目标。以国家发展规划为例，前10个"五年发展"称"五年计划"，从第11个开始称为"五年规划"，应该讲，前面"五年计划"和后面"五年规划"的内容没有实质性变化，但其寓意还是有所不同的。"规划"强调的是需求与行动之间的衔接，"计划"强调的是目的与行动之间的衔接。

本书的信息化工作计划中的"计划"也是一样，企业需要制定一定周期（3或5年）范围内的信息化发展计划，信息化规划项目获得的信息化规划材料一般不适宜作为信息化总体战略直接发布。因为其中，有些材料是分析素材，有些材料是详细的执行层面的材料，有些是企业内部决策参考材料。为将信息化规划形成的成果转变为企业的信息化总体战略，需要一个转换过程，本书暂且称之为"信息化工作计划"，通过信息化工作计划过程形成企业特定周期的信息化总体战略，如企业信息化"十四"五年发展计划。

企业特定周期的信息化发展计划，一般是基于信息化规划成果或自行编制，提炼形成的反映企业信息化总体战略的规划性文件。信息化工作计划一般包括以下主要内容。

- 业务战略与信息化现状：主要包括企业价值定位与愿景、核心业务能力与关键需求（核心业务能力、数字化转型、产业协作等关键要求）、信息化现状（IT基础设施、业务应用、网络安全、运行与服务等主要问题与对策）、上级单位与产业环境信息化要求等内容。
- 主要信息化需求与要求：主要包括主要IT发展与影响、主要能力提升与转型需求（核心业务能力、经营管控能力、协同协作等关键需求）、IT基础设施需求与要求（网络设施、数据中心、机房设施、终端管理、应用基础设施等主要需求）、网络安全要求（安全技术体系、安全管理体系等完善与优化要求）等内容。
- 信息化发展战略：主要包括企业信息化愿景与目标、信息化指导思想与原则、信息化总体架构等内容。
- 信息化架构：主要包括部署架构、应用架构、信息架构、技术架构、网络安全体系等内容。
- 成长路径与建设安排：主要包括信息化推进策略、主要信息化建设内容、信息化建设安排、信息化投资估算等内容。
- 信息化保障体系：主要包括信息化管控体系、信息化能力建设，信息化能力建设具体包括人才队伍、管理体系、网络安全、信息化标准规范、绩效考核等内容。

企业信息化总体战略为体现企业信息化发展核心诉求和工作计划的战略指导性文件，通常以企业规划文件的形式发布，纳入企业战略管控范围管理，并遵循企业战略管控的要求定期修订。企业信息化总体战略文件一般由企业内部人员编制。

2.4 应用架构规划与管理

应用架构为 IT 战略中基于应用视角的产物，以应用的视角阐述企业各信息系统之间的关联。应用架构源自业务架构，服务于业务架构，是基于业务架构的梳理分析和共性抽象形成的覆盖业务架构的信息系统应用体系。同时，应用架构可以包括支撑业务应用系统运行的 IT 基础设施服务。

2.4.1 业务架构分析

业务架构是企业业务流程在企业组织架构上的映射。通常，企业业务流程分为价值流程、支持流程和控制流程 3 类。基于企业的产品服务发展规划，可以梳理获得企业的核心业务流程，基于价值流程、支持流程和控制流程的 3 层级业务流程划分，可以获得各流程之间的支撑与依赖关系和关键需求。通过各层级流程在企业组织架构上的映射便可形成初始的业务架构。需要特别关注如下两点。

- 组织架构的不稳定性：客观上，企业的产品服务是相对稳定的，但组织架构却是不稳定的。多数企业的组织架构调整属于常态，这种组织架构调整必然带来业务架构的变化。因此，开展业务架构分析时应特别关注这一点，提出针对业务架构挑战的对策和具有针对性的应对方案。
- 控制流程的多级分布：支持流程和控制流程都存在多层级组织架构的现象。支持流程一般表现为近距离支持价值流程的组织布局，而控制流程则不然，多层级的业务控制基本属于常态，所谓的"纵向到底"指的就是操作、管理、控制的信息链条贯通，应特别关注多层级的业务控制需求的满足。

2.4.2 应用架构规划

应用架构中的"应用"包含两方面含义——"功能需求"应用和"数据利用功能"应用。"功能需求"应用来自针对业务流程分析所形成的功能，而"数据利用功能"需求一部分属于核心能力分析形成的功能产物，另一部分则源自信息利用与信息架构分析带来的功能补充。

1. **功能需求分析与分类**

基于针对业务流程和核心能力分析所形成的功能，需要结合该业务流程承载的组织架构情况，将功能落实到组织架构上，形成业务流程功能到组织架构的映射，据此可以形成基于业务流程和组织架构的功能需求分类清单。

2. **功能需求合并与汇总**

每一业务流程和核心能力均需要与其对应的功能需求清单，按照业务相近性原则梳理业务流程归类原则，确定功能归类的范围，对类似的功能需求合并，形成针对一组流程的功能清单。同样，也可将其映射到组织架构维度。

3. **功能布局与应用系统划分**

基于业务流程和组织架构两个维度，开展针对业务领域的功能布局规划，同时形成针对组织架构的功能布局清单。参考业界解决方案和行业实践，开发应用系统布局划分。之后根据信息架构和技术架构规划情况修正应用系统划分方案。

4. 企业应用架构规划

基于企业业务架构和应用系统划分方案，参考行业实践，从 IT 基础设施、经营管理、业务运作、决策支持与控制、对外协作等领域和维度勾画企业应用架构。同时，通过适度分层的方式，细化应用架构设计，满足应用架构培训、项目定义和架构管控等多层级要求。

2.4.3 应用架构重点关注

1. **关注业务核心能力驱动**

业务应用系统的需求分析梳理一般基于业务流程开展，普遍缺乏对业务核心能力带来的需求的梳理分析，获得的软件系统需求大多为具体事务性的需求，导致对业务核心能力的支持普遍偏弱，自然会影响项目系统上线后的使用效果，只能依靠后续的系统改进逐步解决。信息化规划中的应用架构需求分析同样普遍存在上述情况。

应用架构规划应坚持以业务核心能力为驱动，以业务流程为依托开展业务功能的需求分析。以业务流程为主线，建立围绕业务流程的核心能力框架，并分解、细化到每个业务流程环节。业务核心能力带来的需求基本可以划分为 3 个层级：一是基础数据、业务标准数据、规范化数据以及标准化的部件、组件、零件等级的基础支撑需求；二是多维度的数据关联、利用等中级数据利用的需求；三是数据分析、挖掘等数据智能化高层级应用需求。

关注业务核心能力驱动带来的价值不仅体现在应用架构完整性、有效性的提升，还体现在信息化规划对后续信息化项目定义水平提升的支持，以及对企业信息化发展步伐加快和信息化投资有效性提高的支持。

2. **关注与业务架构的适配**

应用架构源于业务架构，服务于业务架构。应用架构应充分覆盖规划范围内的业务流程和组织机构并提供信息化需求支撑。这种覆盖体现在如下方面。

- 架构层级关系的对应。应用架构的应用层级划分与业务架构的业务层级划分体现为对应关系与覆盖关系。
- 架构层级结构的覆盖。应用架构层级与对应的业务架构层级的覆盖，即业务运作层的应用功能布局覆盖业务架构中的业务运作层架构，经营管理层的应用功能布局覆盖业务架构中的经营管理层架构，控制与决策的应用功能布局覆盖业务架构中的控制与决策架构等。

按对应与覆盖关系规划应用架构，不但可以清晰地体现应用对业务需求的覆盖，也可以更好地表达应用功能之间的依赖与支撑关系。

3. **关注应用架构应用模式**

信息化规划主要用于后续的信息化建设和信息化架构管控，但在企业信息化发展的不同阶段，应用架构规划的侧重点各不相同。应以目标为导向，做好对应用架构深度的把握。

- 处于信息化发展初始建设和规模发展期的企业。信息化规划主要基于信息化项目定义及技术平台框架确定。受限于信息化规划投资有限带来的深度制约，应用架构可侧重于关键业务功能需求和应用系统边界的确定，以及应用系统之间的主要数据交换需求。
- 处于信息化发展集成优化及更高水平的企业。信息化规划主要基于信息化建设和信息化架构管控来确定。由于信息化架构管控需要可评估的架构基准支持，因此，应用架构规划的深度应以满足应用架构管控为目标。

不同企业信息化发展面临的问题千差万别，对信息化规划的要求也各不相同，应用架构应基于与信息化规划相匹配的范围和深度来开展。

2.5 信息化规划的重点关注

由于涉及繁复的需求分析和复杂的架构设计，加之企业规模、信息化成熟度、管理者诉求等诸多方面的差异，得到恰到好处的信息化规划并非易事。因此，信息化规划项目策划与项目执行过程中，应有所专注，需重点关注的事项包括规划目标与深度的设定、战略与业务的适配性、架构的可持续性、实施的可行性和经济性。

2.5.1 关注规划目标与深度的设定

信息化规划是保证企业信息化可持续发展和信息化投资有效性的重要手段，因此，开展信息化规划对企业来说是必要的，也是必需的。但由于企业的业务特点、发展规模、管理成熟度等众多因素均影响企业的信息化发展，这也决定了不同企业信息化规划的目标、范围、深度均可以不相同。企业应遵循这些具有本源性的业务诉求，确定信息化规划项目的目标、范围与深度，避免盲目地照搬其他企业的信息化规划实践。

1. 对于初始建设期的企业

对于初始建设期的企业，重点是保护企业信息化投资的有效性。通过信息化规划项目，梳理企业全局信息化诉求与短期信息化建设需求，基于短期信息化建设需求，明确信息化建设的指导思想、目标、原则和产品选型策略等重点事项，编制满足短期信息化建设要求的 IT 基础设施方案和业务应用系统建设方案，为信息系统扩展留有余地。结合信息系统运行与服务要求，提出基本的信息化组织和人力资源保障方案，保证基本的信息系统安全。

信息化规划项目费用估算可参考未来 3~5 年信息化总投资的 3%~5%。应该说，初始建设期的企业信息化规划的范围、深度应以满足已明确的信息化建设需求为主，规划范围应与拟建信息系统覆盖的业务范围相一致，应避免盲目地扩大规划范围，并做好规划的深度控制。

2. 对于规模发展期的企业

对于规模发展期的企业，企业开始启动大规模的信息化建设，该发展阶段的企业信息化规划的目标是支持并保证企业信息化的可持续发展，同时兼顾信息化投资有效性。信息化规划的范围应该覆盖约定的业务范围，应该站在企业战略高度，全面、系统地梳理企业信息化发展需求，编制符合企业战略需要的信息化规划。

应该说，规模发展期的企业信息化规划的范围、深度属于标准的信息化规划项目，信息化规划作为业务战略的重要支撑手段，应做好信息化规划项目的组织、协调与过程管控，确保信息化总体战略符合业务战略，并能有效指导企业信息化工作的开展。

3. 对于集成优化期及以后阶段的企业

对于集成优化期及以后阶段的企业，信息化规划需求与企业信息化存在的问题和面临的挑战密切相关，信息化规划需求呈现多样性。处于这个发展阶段的企业，信息化规划多以专项规划的方式提出，通过信息化专项规划解决和应对企业信息化发展过程中存在的问题和面临的挑战。

基于信息化问题与需求导向，驱动信息化专项规划的开展，并据此完善企业的信息化总体战略。

无论企业规模是大还是小、信息化成熟度是高还是低，开展与之匹配的信息化规划都是必要的。通过有针对性的信息化规划，为企业信息化工作有序推进和信息系统可持续发展提供有效支持。因此，无论是从投资有效性的视角，还是从信息化可持续发展的视角，开展信息化规划工作都是必要的，只是要把握好信息化规划的目标、范围与深度。

2.5.2 关注战略与业务的适配性

信息化规划是支撑企业战略与业务发展的重要举措，因此，必须保证IT战略与企业战略的一致性，并有效支持企业战略的实施。

- 关注信息化总体战略与企业战略的匹配：信息化长远战略中的信息化愿景应保持与企业愿景的匹配；信息化价值观应充分体现企业的价值排序与投资理念；信息化指导思想应体现企业在信息化项目建设、技术体系、运行与服务、网络安全和IT系统运营等各环节的管理诉求。
- 关注信息化发展目标与企业需求的匹配：信息化发展目标应充分体现核心业务能力和需求优先级，信息化需求应体现企业业务流程和核心能力的需求与要求。信息化基本原则可有效指导信息化项目建设、技术体系设计、信息系统运行维护、IT服务支持和网络安全管理等各项工作的开展，并与企业管理风格和模式相吻合。
- 关注信息化总体架构与业务架构的匹配：IT战略与业务战略的一致性要求信息化总体架构应保持与业务架构一致。信息化总体架构应能够体现对业务发展与变化的适应与支持，IT基础架构能够支持各类信息系统用户对信息系统的访问和交互，并符合IT发展趋势。

2.5.3 关注架构的可持续性

信息化的可持续发展源于信息化架构的可持续发展支持，信息化规划过程中应特别关注信息化架构的规划设计，确保信息化架构具有良好的业务适应性、系统扩展性、运行可靠性、管理便捷性和技术经济性。

- 应用架构的可持续性：应用架构应该能够实现企业业务架构的全覆盖，能够适应规划周期内可预测的业务架构变革，适应并满足业务发展变化可能带来的应用架构调整。
- 信息架构的可持续性：信息架构应能够充分反映企业业务信息分级分类管理和多维度的信息分析与利用的业务需要，信息架构的基础数据体系、业务对象体系、数据分析模型应可满足可预见的数据管理与数据利用的要求，且可通过技术平台体系获得有效支持。
- 技术架构的可持续性：技术架构应覆盖规划约定范围内的核心业务能力支持需求，技术架构采用的相关IT应符合当前主流IT发展趋势，具有良好的技术先进性、架构稳定性和系统扩展性。
- 技术平台的可扩展性：产品选型策略应有利于技术平台的扩展，确定的技术平台应具有良好的业务适应性，可有效支持业务的可持续发展，符合技术发展趋势，并具有良好的系统扩展性。

2.5.4 关注实施的可行性和经济性

企业信息化系统通常采用统一规划、分期建设的方式，应注重信息化建设项目的有效衔接、资源保障和组织保障规划。

- ➢ 信息化项目建设的有效衔接：信息化建设项目需求梳理应充分体现需求优先级，以确保信息化建设项目能够满足企业核心业务能力的支撑要求。同时，应充分考虑业务成熟度对信息化建设的影响，确保信息化建设成果能够及时得到有效应用。
- ➢ 信息化投资与资源保障：企业信息化建设需要较大的资金投入，应结合企业全局发展与自身能力建设需要，协调落实信息化建设所需资金，将信息化投资纳入企业预算管理范畴，基于企业投资安排，编制企业信息化建设计划。
- ➢ 信息化组织体系支持：企业应建立与企业信息化成熟度和信息化发展需求相适应的信息化组织体系，逐步建立并完善业务部门与IT部门的协作机制，充分发挥业务驱动和技术引领的双重作用，以及形成IT部门"搭台"、业务部门"唱戏"的信息化建设组合模式。
- ➢ 信息化投资有效性：应关注与信息化建设的软硬件产品选型相关的选择策略、选型指标设计和设备选型决策，做好信息化解决方案的技术经济性评审，确保信息化投资的有效性。

第 3 章

技术架构与技术平台体系

技术架构为企业信息系统多层级技术支撑体系的技术视角描述,包括形成与多层级技术支撑体系相关的技术路线、架构方式、使用方法、标准规范等相关内容。技术平台体系为承接并支持技术架构的软硬件平台及技术整合体系。

3.1 使命与基本原则

业务架构、应用架构、信息架构、技术架构为企业信息化规划的四大重要架构。四大架构相互关联、互为支撑,进而支撑企业信息化的可持续发展。

3.1.1 技术架构的使命

技术架构透过应用架构实现对业务架构的支持,进而为企业的业务运作和经营管控提供符合其功能、性能、安全要求的信息系统服务。技术架构对企业战略和业务架构的支撑如图 3-1 所示。

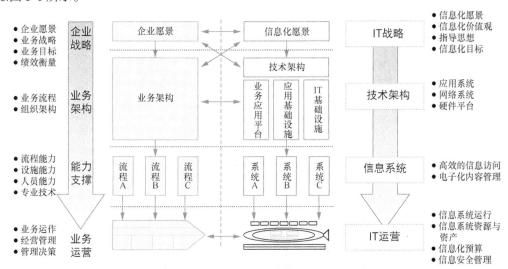

图 3-1 技术架构对企业战略和业务架构的支撑

以下从业务和 IT 两个方面解读图 3-1 所示的支撑关系。

➢ 业务方面:可基本将企业的业务划分为 4 个层级,即企业战略、业务架构、能力支撑和业务运营。企业战略一般包括企业愿景、业务战略、业务目标、绩效衡量;业务架构一般包括业务流程、组织架构等,实现企业战略目标到组织机构的目标分解;能力支撑一般包括流程能力、设施能力、人员能力和专业技术等业务能力;业务运营包括企业日常的业务运作、经营管理和管理决策。

> IT 方面:也可将 IT 对应地分为 4 个层级,即 IT 战略、技术架构、信息系统、IT 运营。IT 战略一般包括信息化愿景、信息化价值观、指导思想及信息化目标;技术架构包括支撑信息系统交互的应用系统、网络系统和硬件平台等多层级技术支撑体系;信息系统为面向各类用户提供的信息系统服务,如高效的信息访问和电子化内容管理等;IT 运营包括信息系统运行、信息系统资源与资产、信息化预算、信息安全管理等内容。

上述业务与 IT 的 4 个层级之间存在对应的支撑关系。IT 战略通过信息化愿景、信息化价值观、指导思想、信息化目标支撑企业战略;技术架构通过多层级的技术设施体系支撑业务架构;信息系统通过各类信息系统的高效信息访问和电子化内容管理提升能力支撑;IT 运营通过信息系统运行、信息系统资源与资产、信息化预算和信息安全管理等支撑业务运营。其中,技术架构在企业信息化体系中发挥重要的承上启下作用。技术架构的业务适应性、扩展性、安全性、可管理性和技术经济性直接影响企业信息化的可持续发展和信息化投资绩效。

3.1.2 技术架构的基本原则

技术架构在企业信息系统的承载与支撑性地位决定了企业必须重视并做好技术架构的规划设计与技术实现,做好技术架构管理和变革控制。技术架构规划设计应遵循如图 3-2 所示的基本原则。

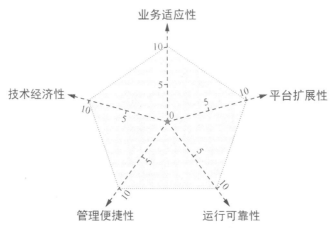

图 3-2 技术架构规划设计应遵循的基本原则

这些基本原则包括业务适应性、平台扩展性、运行可靠性、管理便捷性、技术经济性,简称技术架构规划设计的"五要素"基本原则。以下简要介绍各项基本原则的内涵和要求。

> **业务适应性原则**:业务适应性原则是指各层级技术架构设施应满足其上层级技术设施和业务应用对技术设施的功能要求。该功能要求包括显性的交互功能要求和非显性的用户交互风格、习惯等的要求,包括当前可预见的功能要求和技术设施生命周期内未来发展潜在的扩展功能要求。

- **平台扩展性原则**：平台扩展性原则是指各层级技术架构设施应满足其上层级技术设施和业务应用对技术设施的性能要求。平台应满足当前可预见的性能要求和技术设施生命周期内未来发展潜在的扩展性能要求。平台扩展方式可以是产品级的纵向扩展、系统级的横向扩展、架构层面的架构扩展。
- **运行可靠性原则**：运行可靠性原则是指各层级技术架构设施应确保系统运行安全、性能稳定，并保障所承载数据的安全、保密。技术设施应具备系统运行安全所必需的安全等级划分、有效的用户认证、适宜的资源授权、完整的交易记录和审计支持、有效的数据完整性保护机制和数据保密措施，提供完善的系统漏洞处理和服务支持体系。产品研发、生产与产品交付应有健全的质量保障机制与措施。
- **管理便捷性原则**：管理便捷性原则是指各层级技术架构设施应提供完善、便捷的系统运行状态监控手段、丰富的系统事态分析工具、可靠的事故预测预警机制，以及运行事件管理能力。同时，应提供系统环境部署、系统参数配置、系统运行基础数据维护功能，系统运行维护方便、高效。
- **技术经济性原则**：技术经济性原则是指各层级技术架构设施应具有良好的性价比，采购成本有优势、维护成本可接受，综合拥有成本相对较低。

开展技术架构规划设计、产品选型评估等 IT 架构体系构建过程中应遵守上述技术架构基本原则。技术架构基本原则对技术决策的影响与技术设施的应用场景密切相关，可根据具体技术架构的应用场景，综合评估确定具体原则的使用方式与方法。

3.2 技术架构规划设计

技术架构的规划设计大多通过信息化规划的方式获得，并通过持续改进的方式不断改进、完善。对于未开展信息化规划的企业，企业信息化技术架构或多或少存在这样或那样的缺失。因此，开展完整的技术架构规划设计对企业信息化全局发展是非常必要的。

3.2.1 技术架构总体框架

技术架构的多层级技术设施之间不仅存在复杂的功能与性能方面的支撑关系，随着信息技术的发展和信息技术产品的发展与演进，技术架构的内容和形式均有不同程度的变化。基于当今 IT 应用情况和主流企业信息化总体架构实践，企业信息化技术架构总体框架如图 3-3 所示。

企业信息化技术架构可划分为 3 个层级，即 IT 基础设施、应用基础设施、业务应用平台。

- **IT 基础设施**：IT 基础设施为企业信息化应用的基础支撑，主要包括机房、供电、空调等物理运行环境设施，网络设施，服务器存储备份等数据中心设施，安全设施，基础软件，计算机等终端设备与系统设施，以及运行环境设施。
- **应用基础设施**：应用基础设施为企业信息化上层应用的公共支撑。应用基础设施通常包括主数据与基础服务、应用集成平台、门户信息集成平台等公共服务设施。
- **业务应用平台**：业务应用平台为企业业务应用系统的具体承载平台，主要涉及业务流程交互和信息处理、存储等。从业务的视角看，业务应用平台主要提供业务流程服务、数据管理服务、检索分析服务和系统管理服务等。

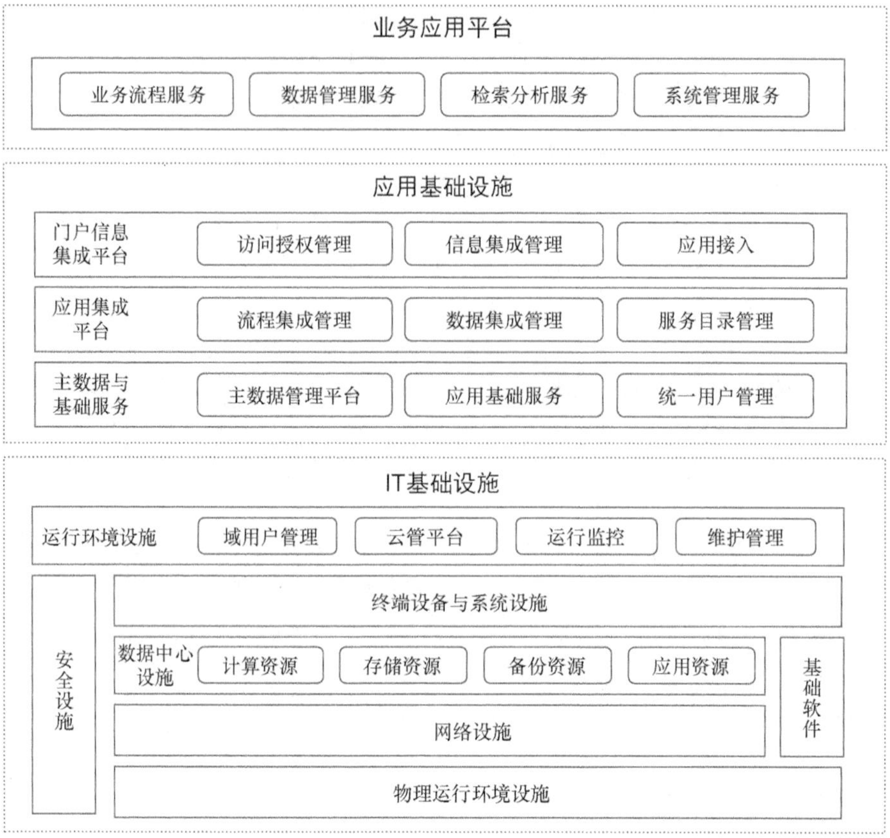

```
┌─────────────────────────────────────────────────────────────┐
│                      业务应用平台                              │
│  ┌──────────┐  ┌──────────┐  ┌──────────┐  ┌──────────┐    │
│  │业务流程服务│  │数据管理服务│  │检索分析服务│  │系统管理服务│    │
│  └──────────┘  └──────────┘  └──────────┘  └──────────┘    │
└─────────────────────────────────────────────────────────────┘

┌─────────────────────────────────────────────────────────────┐
│                      应用基础设施                              │
│  ┌────────┐ ┌──────────┐ ┌──────────┐ ┌──────────┐         │
│  │门户信息 │ │访问授权管理│ │信息集成管理│ │ 应用接入  │         │
│  │集成平台 │ └──────────┘ └──────────┘ └──────────┘         │
│  └────────┘                                                 │
│  ┌────────┐ ┌──────────┐ ┌──────────┐ ┌──────────┐         │
│  │应用集成 │ │流程集成管理│ │数据集成管理│ │服务目录管理│         │
│  │ 平台    │ └──────────┘ └──────────┘ └──────────┘         │
│  └────────┘                                                 │
│  ┌────────┐ ┌──────────┐ ┌──────────┐ ┌──────────┐         │
│  │主数据与 │ │主数据管理 │ │应用基础服务│ │统一用户管理│         │
│  │基础服务 │ │  平台     │ └──────────┘ └──────────┘         │
│  └────────┘ └──────────┘                                    │
└─────────────────────────────────────────────────────────────┘

┌─────────────────────────────────────────────────────────────┐
│                      IT 基础设施                              │
│  ┌────────┐ ┌────────┐ ┌────────┐ ┌────────┐ ┌────────┐    │
│  │运行环境 │ │域用户管理│ │ 云管平台│ │ 运行监控│ │ 维护管理│    │
│  │  设施   │ └────────┘ └────────┘ └────────┘ └────────┘    │
│  └────────┘                                                 │
│  ┌──┐ ┌─────────────────────────────────────────────┐ ┌──┐ │
│  │安│ │           终端设备与系统设施                   │ │基│ │
│  │全│ ├──────┬──────┬──────┬──────┬──────────────────┤ │础│ │
│  │设│ │数据中 │计算资│存储资│备份资│    应用资源      │ │软│ │
│  │施│ │心设施 │ 源   │ 源   │ 源   │                 │ │件│ │
│  │  │ ├──────┴──────┴──────┴──────┴──────────────────┤ │  │ │
│  │  │ │              网络设施                        │ │  │ │
│  │  │ ├─────────────────────────────────────────────┤ │  │ │
│  │  │ │           物理运行环境设施                    │ │  │ │
│  └──┘ └─────────────────────────────────────────────┘ └──┘ │
└─────────────────────────────────────────────────────────────┘
```

图 3-3　企业信息化技术架构总体框架

技术架构规划设计既要考虑本层级技术设施设计的一般需求与要求，也要考虑不同层级设施之间的功能、性能匹配。同时，应做好各层级技术设施在安全区域划分、访问控制、资源授权、安全管控等方面的协调与匹配。

3.2.2　IT 基础设施规划

以下对 IT 基础设施中影响全局发展的网络设施、计算资源设施、存储资源与备份资源设施、终端设备设施以及运行环境设施做简单介绍，旨在为读者开展上述设施规划提供参考。

1. 网络设施规划

基于技术架构规划的基本原则，网络设施规划主要包括网络安全区域规划、网络结构与架构规划等内容。

> **网络安全区域规划**：为了确保网络安全，需要基于企业网络覆盖的地域和工作区域，规划设立不同的网络安全区域，遵循"科学合理、安全有效"的原则做好网络安全区域规划。网络安全区域规划遵从以下原则。
>
> ● **安全等级区划原则**：根据企业信息资产安全等级划分和安全保护要求对企业网络进行安全区域划分，按安全等级由低到高划分网络安全区，如互联网外网区、内部网络区、高等级安全专网区等。不同安全等级的网络区域之间相互隔离，隔离设施可根据企业网络安全要求确定。
>
> ● **网络边界区划原则**：按企业组织机构的地域划分网络安全区域，每个地域都是独

立的网络安全区域，各地域网络安全区域遵循企业统一的边界防护要求和访问控制策略，区域之间通过企业内部传输网络或公共网络进行互联。
- **分类分级区划原则**：在网络安全区域内，按资源类别与安全等级细分安全域，遵循先分类再分级的方式划分安全域。基于 IATF（Information Assurance Technical Framework，信息保障技术框架）参考模型，划分资源类别，网络资源属性类别分为用户访问端、资源端、管理端。以资产价值、潜在风险、保护级别等要素对安全域进行细化，实现精准施策、差异化防护。
- **双向访问控制原则**：对网络安全域的访问端和资源端进行双向控制，对访问端的出站和资源端的入站实现一致的访问控制策略，对进出安全域边界的所有流量都需要进行策略过滤检查，对访问行为和流量进行记录和审计。根据安全等级要求部署相应的安全防护手段和配置统一的访问控制策略。

> **网络结构与架构规划**：网络结构是指多个网络安全区域的网络互联结构，网络架构是指单一网络安全区域内的网络组建模式，可按图 3-4 所示网络安全域模型规划网络结构与架构。
> 基于企业网络地域布局规划网络结构，基于地域网络接入需求规划地域网络架构，基于统一的边界访问控制策略规划区域网络互联与边界防护设计。同时做好与外部网络互联的边界安全防护与访问控制设计。

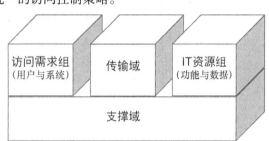

注：引自 *Information Assurance Technical Framework*，美国国家安全局编。

图 3-4　网络安全域模型规划网络结构与架构

有关网络设施规划的更多内容可参见第 8 章。

2. 计算资源设施规划

目前计算资源正处于从虚拟化架构向云架构的转型阶段，企业应结合自身发展需要，做好计算资源的技术选择评估与资源服务规划。

> **做好公有云计算资源的使用评估**：公有云计算资源能否在企业应用，需要评估以下 3 个方面的因素。一是信息安全要求，将企业关键业务数据存放在第三方的公有云上，存在较大的安全风险；二是企业计算资源应用模式对网络带宽的使用要求，有些应用需要较大的网络带宽支持；三是租赁公有云计算资源的综合拥有成本。即便不能将公有云计算资源作为企业计算资源的主体，但并不排除可以将公有云计算资源作为企业计算资源的补充，用于满足适合应用场景的计算资源要求。
> **计算资源的网络区域布局规划**：虽然虚拟化与云技术业已成熟，但受网络带宽以及企业管理模式等的影响，完全集中的计算资源部署模式未必适合每个企业。计算资源配置应考虑网络区域布局带来的计算资源分布式部署的需求。应基于网络区域的计算资源需求，做好计算资源的网络区域布局规划。
> **计算资源的安全区域部署**：需要结合上层信息系统的网络安全区域布局和访问控制要求，做好计算资源的安全区域布局规划，避免计算资源部署不当带来的安全隐患。如建立相对独立的开发计算资源设施，用以满足应用系统开发的安全管理要求。
> **计算资源运行管理和运行安全**：应做好计算资源设施的运行安全风险分析，针对计算资源集中管理运行风险，采取必要的安全防范技术与管理手段，确保计算资源设施的

安全、稳定、高效运行。

3. 存储资源与备份资源设施规划

存储设施是企业数据存储的重要承载设施，存储设施的容量、性能、可靠性对企业信息系统应用有重要影响。备份设施作为应对安全风险的手段应满足安全风险的应对要求。存储与备份设施规划应关注以下事项。

- **存储资源布局**：应结合计算资源设施布局情况，做好存储资源布局规划，满足企业各地域信息化数据存储的需要。
- **存储容量与性能规划**：综合企业全局及区域存储容量需求，做好存储容量年度增长测算，并根据不同应用场景的存储性能需求差异，做好高、中、低 3 类存储容量的测算与规划。由于单位存储成本逐年下降较快，存储系统建设周期以 2~3 年为宜，通过持续的系统扩展或新建满足数据存储需求。
- **存储技术选用**：目前，多种存储技术并存，有 NAS 网络附属存储技术、SAN 区域网络存储技术、DAS 直接附接存储技术、超融合存储技术等，不同存储技术所支持的存储系统组建模式和硬盘连接方式有所不同。存储设施规划应以性能需求兼顾拥有成本为导向，做好存储技术的选型。
- **备份策略**：备份策略是企业应对数据风险的重要举措，应形成文档化备份策略，通过备份策略明确不同备份措施应对的风险事项，基于风险事项确定备份内容清单及采用的备份措施和手段。基于备份策略形成企业的备份设施需求，据此开展备份系统规划。

随着企业对信息系统可用性要求的逐步提高，灾难备份方式也将由传统的数据级灾难备份发展为应用级的灾难备份，企业应结合自身需要，做好备份策略与措施的规划。

4. 终端设备设施规划

终端设备数量大、种类多，终端设备作为企业信息系统的接入端，其管理到位与否事关企业的网络是否安全。因此，终端设备管理应得到充分的重视。

- **终端设备准入管理**：对于企业内部网络的终端设备，应做到对终端设备实施准入管理，确保只有得到许可的设备才能接入网络，避免不可信设备接入带来的网络攻击和数据泄露风险。
- **终端设备数据安全**：不同企业对终端设备的数据安全要求的差异较大，企业可根据自身的数据安全管理需要，开展终端设备数据安全工作。终端设备数据安全重点关注两个方面，一是设备使用期间的数据输入输出管理，可利用终端设备准入管理软件实现终端设备数据输入输出的管控；二是设备残留数据管理，主要是指设备维修、报废时对硬盘中存储数据的管理，企业可根据自身需要确定设备残留数据管理模式。
- **终端设备资产管理**：由于信息系统中往往混杂各种攻击信息，需要及时分析、排查攻击源头，完整的终端设备管理台账和健全的属性是开展攻击溯源工作的重要支持内容，需要健全的终端设备资产信息加以支持。

5. 运行环境设施规划

运行环境设施与企业信息化发展水平密切相关，一般包括域控系统、云管平台等相关设施。

- **域控系统**：企业普遍采用域控系统作为全网用户管理的基础支撑，通过域控系统管理网络系统中的用户对象，大部分系统支持基于域控系统的用户认证和用户信息的集成。域控系统属于集权类系统，在做好域控系统部署规划的同时，必须做好域控系统的运行安全筹划和运维配置管理。

> **云管平台**：随着云技术的广泛应用，应结合企业计算资源云、存储云、备份云和应用云的具体情况，适时建立企业统一的云管平台，实现企业信息化云资源的统一管理。

同时，结合企业信息系统运行管理需要，适时建立信息系统运行监控平台、维护管理平台和IT服务平台。为企业信息系统运行和用户服务提供设施支持。

3.2.3 应用基础设施规划

应用基础设施一般包括主数据与基础服务、应用集成平台、门户信息集成平台3个层级的基础服务。

1. 主数据与基础服务

主数据与基础服务为面向上层系统提供的底层基础应用服务，一般包括企业主数据服务、应用基础服务和统一用户管理服务。

> **主数据服务**：主数据为企业跨业务应用系统的公共基础数据，常见的主数据包括组织机构和人员主数据、供应商与客户主数据、产品与服务主数据、合同与订单主数据、财务科目主数据等。随着企业业务标准化与精细化的发展，将有更多的跨系统的业务基础数据纳入主数据管理范畴。

> **应用基础服务**：为面向企业上层应用系统提供的通用、基础的功能服务与数据服务。基础功能服务包括通用的各种类别的流程引擎服务、表单服务、数据分析服务、加解密服务、编码服务等；基础数据服务包括各种通用的基础数据服务、公共的数据查询服务等，数据中台一般通过基础数据服务的方式对外提供中台数据服务。

> **统一用户管理服务**：统一用户管理服务为企业各信息系统提供统一的用户身份数据，以满足各信息系统对用户信息一致性和有效性的管理要求。同时，通过系统级的访问控制，提高企业对信息系统的全局掌控能力。

主数据与基础服务为企业信息化重要的基础设施，是企业信息化能力提升的重要支持手段，也是企业信息化水平的重要体现。

2. 应用集成平台

应用集成平台为面向各业务应用系统提供集成服务的平台，提供的集成服务一般包括流程集成服务、数据集成服务和目录管理服务等。通过建立统一的集成技术框架，实现各系统接口服务的集中统一管理，并通过应用集成平台的服务接口调用认证、监控、交易回滚等服务，以提高系统集成的安全性与可靠性。

3. 门户信息集成平台

门户信息集成平台为建立企业多层级信息门户提供技术支撑。主要提供用户授权访问管理、信息集成展现和应用系统接入等功能。通过信息门户为企业的内外部各类用户提供统一的信息渠道。

3.2.4 业务应用平台规划

业务应用平台是企业业务应用系统的具体承载平台，由于业务领域不同带来的功能体系和数据体系差异，很难由单一软件平台承载企业所有的业务应用需求，企业各业务环节大多选择不同供应商的软件产品以支撑其业务应用系统。由于应用软件通常需要较长的完善优化期，基于与业务应用场景相吻合的成熟软件平台构建业务应用系统已成为广泛的业界共识。企业业务应用系统多平台的这种格局会影响企业内部的信息共享、业务协同和一体化经营管理，为保证企业技术架构体系的贯通和可持续发展，需要特别关注业务应用系统平台规划和软件平台的选型。

企业业务应用可基本分为 4 个层级，即经营管理、业务运作、生产自动化、管理决策，每一层都有较为独特的应用特点。

> **经营管理**：经营管理以人、财、物为核心，同时兼具运营支持职责，如行政后勤管理、信息档案管理、质量安全管理等。业务应用平台一般以 ERP（Enterprise Resource Planning，企业资源计划）类平台为核心，以综合信息管理类平台为辅助。

> **业务运作**：业务运作以经营计划为驱动，并以计划管理、物质材料供应、生产计划、营销运作、客户服务为主。业务运作宜结合企业行业特点，选择适合的软件平台作为企业的业务应用平台。

> **生产自动化**：生产自动化应以行业信息化实践为参考，结合企业实际需求选择适合的生产自动化软件平台。

> **管理决策**：管理决策通常以数据分析类软件为主体。同时，应结合应用场景支撑要求配置必要的支持软件，通过配置开发的方式满足管理决策需要。

业务应用平台规划还应考虑软件使用环境、网络安全要求、软件系统部署等相关要求，基于企业全局应用要求，做好业务应用平台规划。

3.3 技术平台体系构建

技术平台体系是支撑技术架构实现的软硬件平台体系，是企业 IT 战略实施和技术架构使命的具体支撑手段。技术平台体系构建是企业信息化最具挑战的工作之一，既需要对企业战略和业务发展策略的准确把握，也需要对技术架构、产品技术和技术发展趋势的深刻理解。

3.3.1 技术架构实现路径

技术架构是实现企业 IT 战略的重要支撑和承载对象，技术平台体系的构建与企业战略和业务发展策略密切相关，需要密切结合业务需求，适时推进技术架构相关技术设施的建设，恰到好处地支持、支撑企业信息化的发展。

1. IT 基础设施建设路径

IT 基础设施主要包括机房等物理运行环境设施、网络设施、安全设施、计算资源设施、存储资源设施、备份资源设施、终端设备设施以及运行环境设施等内容。机房设施根据机房承载需要与要求构建，安全设施建设相关内容详见"第五篇 网络空间安全"。本节主要介绍网络设施、计算资源设施、存储资源与备份资源设施、终端设备设施和运行环境设施等技术平台体系的建设路径。

总体而言，企业 IT 基础设施建设路径可大致划分为 3 个发展阶段，即初始建设期、规模发展期、优化提升与持续改进期。基于上述的阶段划分和企业信息化成熟度模型，归纳后企业 IT 基础设施建设路径如图 3-5 所示。

IT 基础设施建设路径与企业信息化成熟度成正比发展，在企业信息化的初始建设期，启动 IT 基础设施建设。该阶段的 IT 基础设施建设的规模有限、完整性不够，需要在企业信息化规模发展阶段对其进行扩展完善，以便更好地满足上层系统与应用的要求。当企业信息化进入集成优化期以后，IT 基础设施建设便进入了优化与持续改进的稳定发展阶段，主要表现为根据上层需求、技术发展及设备生命周期迭代带来的基础设施优化与持续改进。与上述建设进程稍有不同的是运行环境设施，由于运行环境设施针对的是信息系统与设备的运行管理，信息化初始建设期的需求压力不大，运行环境设施初始建设一般起步于企业信息化的规模发展，并伴随 IT 设施的增加及系统运行管理要求的提高而快速发展。

建设内容	企业信息化成熟度				
	初始建设	规模发展	集成优化	整合优化	创新发展
网络设施	网络设施初始建设	网络设施扩展完善	网络设施优化与持续改进		
计算资源设施	计算资源设施初始建设	计算资源设施扩展完善	计算资源设施优化与持续改进		
存储资源设施	存储资源设施初始建设	存储资源设施扩展完善	存储资源设施优化与持续改进		
备份资源设施	备份资源设施初始建设	备份资源设施扩展完善	备份资源设施优化与持续改进		
终端设备设施	终端设备设施初始建设	终端设备设施扩展完善	终端设备设施优化与持续改进		
运行环境设施		运行环境设施初始建设	运行环境设施扩展完善	运行环境设施优化与持续改进	

图 3-5　企业 IT 基础设施建设路径

2. 应用基础设施建设路径

应用基础设施各层技术设施的建设路径的规律性不强，由于与上层应用密切相关，不同企业推进的力度各不相同，应用基础设施可遵循图 3-6 所示的参考路径推进建设。

上述的应用基础设施建设参考路径表明，大部分企业的主数据与应用基础服务设施建设起步于企业信息化的规模发展期。服务范围扩展与平台完善集中在集成优化期，之后伴随企业信息化水平的提升，主数据与应用基础服务设施得到进一步的优化与持续改进。应用集成平台的建设路径与主数据与应用基础服务设施的建设路径类似，但流程集成服务建设会更晚些，原因在于流程集成是企业信息化发展到高层级才会产生的需求。信息化初始建设，信息门户一般通过协同办公系统支持实现企业的综合信息展现，大部分企业的门户信息集成平台从信息化规模发展期起步，集成优化期完善，并在后续的信息化发展中进一步优化和持续改进。

3. 业务应用平台建设路径

业务应用平台为企业技术架构的顶层，同时也是相关各业务应用系统的具体承载平台，作为技术架构和应用架构的纽带，业务应用平台承载着技术架构落地与业务需求满足的双重使命。业务应用平台伴随业务应用系统的初始建设而形成，并基于业务应用需求，推进业务应用平台的完善与优化。

建设内容		企业信息化成熟度				
		初始建设	规模发展	集成优化	整合优化	创新发展
主数据与基础服务	主数据管理平台		主数据管理平台建设	主数据管理范围扩展	主数据管理平台优化与持续改进	
	应用基础服务		应用基础服务平台建设	应用基础服务范围扩展	应用基础服务平台优化与持续改进	
	统一用户管理		统一用户管理平台建设	统一用户管理完善与范围扩展	统一用户管理平台优化与持续改进	
应用集成平台	数据集成管理		数据集成管理平台初始建设	数据集成管理完善与范围扩展	数据集成管理平台优化与持续改进	
	服务目录管理		服务目录管理平台初始建设	服务目录管理完善与范围扩展	服务目录管理平台优化与持续改进	
	流程集成管理			流程集成管理平台初始建设	流程集成管理平台优化与持续改进	
门户信息集成平台	门户信息集成平台	办公系统门户	门户信息集成平台建设	门户信息集成平台完善与范围扩展	门户信息集成平台优化与持续改进	

图 3-6　企业应用基础设施建设参考路径

上述技术平台体系建设路径是企业信息化发展共性特征的表达，由于企业 IT 战略与业务需求差异带来信息化需求差异，必然影响其技术平台体系的建设。企业可根据自身信息化发展要求，有序推进技术平台体系建设，以便更好地支持企业信息化的可持续发展。

3.3.2　IT 平台选型

技术平台体系是支撑技术架构实现的软硬件平台体系，具体软硬件平台的选型直接影响相应技术设施的业务适应能力、平台扩展能力、运行可靠性、管理便捷性和技术经济性。而各层级技术设施平台的选型直接影响企业技术架构体系的承载力和可持续发展潜力。因此，重视并做好 IT 平台选型至关重要。

IT 平台选型遵从技术架构基本原则，应遵循业务适应性、平台扩展性、运行可靠性、管理便捷性、技术经济性 5 方面的基本要求，开展 IT 平台选型评估工作。由于 IT 平台选型与其软件、硬件和服务的构成密不可分，以下简要介绍各类 IT 平台选型评估的基本原则。

1. IT 基础设施平台选型

IT 基础设施中的网络设施、计算资源设施、存储资源设施、备份资源设施具有较强的硬件设备集成属性，这类技术设施的平台选型更多依赖对硬件设备的选型评估，建议以硬件选型评估作为该类技术设施选型评估的主体。同时，考虑配套的系统管理软件评估。主要评估要素建议如下：

- ➢ **平台支撑能力**：对应技术架构的业务适应性和运行可靠性原则。网络设备、服务器存储、备份等各类硬件设备应满足相应的技术架构、功能、性能和容量等的关键指标要求。这类设备大多为成熟的通用产品，产品同质化程度高，对于小众产品应关注产品技术架构差异。
- ➢ **平台扩展能力**：开展技术方案级和产品级的扩展能力评估，评价其系统横向扩展能力和设备级的纵向扩展能力。
- ➢ **管理便利性**：开展平台运行管理便利性评价，评价其系统运行状态监控、系统事态分析、事故预测预警和运行事件管理能力。同时，评价其系统环境部署、系统参数配置、系统运行基础数据维护功能的便利性。
- ➢ **技术经济性**：评估生命周期内的综合拥有成本。

IT 基础设施中的终端设备设施、运行环境设施一般基于软件平台构建，其平台选型评估可参考应用基础设施的平台选型评估。有关安全设施的选型评估内容详见"第五篇 网络空间安全"。

2. 应用基础设施平台选型

应用基础设施一般基于较为成熟的软件平台构建，其平台选型评估依赖对软件的选型评估，建议以软件选型评估为主体，辅以配套的技术方案评估。主要评估要素建议如下。

- ➢ **平台支撑能力**：对应技术架构的业务适应性和运行可靠性原则。软件应满足对应的技术设施对软件技术架构、功能、性能和容量等的关键指标要求。同时，运行可靠性评价包括系统运行安全性、稳定性、数据安全以及用户身份认证、授权、审计等关键指标，以及必要服务支持能力评价。
- ➢ **平台扩展能力**：开展与软件架构相关的功能体系、技术实现组件与服务体系、数据对象体系的可扩展性评估，评估其提供的技术扩展方案的有效性和可行性，并对软件运行的稳定性做出预判。
- ➢ **管理便利性**：开展平台运行管理便利性评价，评价其系统运行状态监控、系统事态分析、事故预测预警和运行事件管理能力。同时，评价其系统环境部署、系统参数配置、系统运行基础数据维护功能等的便利性。
- ➢ **技术经济性**：在满足前述评估要素的前提下，考虑综合拥有成本。

3. 业务应用平台选型

虽然企业千差万别，但从企业运作的视角看，企业信息化应用可基本划分为 4 个层级，即经营管理层应用、业务运作层应用、生产自动化层应用、管理决策层应用。相同层级应用系统普遍具有一定的共性。也正是这种应用特点，软件企业开发出了针对不同层级应用的通用性产品和面向行业的解决方案。业界形成共识的做法是：基于特定业务领域的业务应用平台软件，通过项目实施服务的系统配置调整、功能扩展增强和按需定制开发的方式满足企业的业务应用需求，进而形成业务应用系统。

而随着软件技术与产品的成熟，企业的业务应用平台通常由一组平台软件构成。业务应用平台选型评估遵从技术架构基本原则，从业务适应性、平台扩展性、运行可靠性、管理便捷性、技术经济性 5 个方面开展业务应用平台选型评估。

- ➢ **业务适应性评估**：业务应用平台选型的业务适应性评估应覆盖当期功能需求的支撑程度和未来发展潜在的扩展功能支持程度。功能评估方式可以产品演示、关键功能模拟、软件底层技术组件架构和数据架构的原理实现的可行性评估；数据管理与应用评价应侧重针对数据架构的评估分析，据此判断其数据管理和应用的支持和扩展情况。

> **平台扩展性评估**：平台扩展性是指业务应用平台对软件技术架构扩展和性能扩展的要求。软件技术架构扩展要求应满足业务发展带来的功能和数据管理利用需求，以及与其他系统集成整合等带来的异构架构集成要求；性能扩展要求应满足当前可预见的性能要求和技术设施生命周期内未来发展潜在的扩展性能要求。

> **运行可靠性评估**：运行可靠性是指业务应用平台应确保系统运行安全、性能稳定，并保证业务应用平台承载的数据安全。业务应用平台应支持数据安全等级划分、有效的用户认证、适宜的资源授权、完整的交易记录和审计支持、有效的数据完整性保障机制和数据保密措施，提供完善的系统漏洞处理和服务支持体系。

> **管理便捷性评估**：管理便捷性是指业务应用平台应提供完善、便捷的系统运行状态监控手段、丰富的系统事态分析工具、可靠的事故预测预警机制，以及运行事件管理能力。

> **技术经济性评估**：技术经济性是指业务应用平台的技术设施应有良好的性价比，采购成本有优势，维护成本可接受。

选型评估的目的是在可选范围内做出恰当的选择。选型评估只是手段。因此，应结合选型场景特点，做好业务应用平台选型评估的指标体系设计，通过科学、高效的选型评估指标评价，获得符合企业信息化发展的选型结论。

3.3.3 平台迭代与架构管控

企业的业务需求驱动信息系统不断地发展变化，推动 IT 平台的不断演进，这种演进既有业务驱动带来的功能体系和数据架构的变化，也有因平台产品技术更迭带来的架构递进。IT 平台迭代是难以阻挡的发展规律，应做好 IT 平台生命周期管理，适时推进企业技术架构和技术平台体系迭代升级。

1. 技术平台生命周期管理

所有产品都有其产品形成、产品使用、维护变更、报废销毁的生命周期发展规律，IT 硬件产品、软件产品遵循同样的生命周期规律，企业的业务应用系统同样遵从生命周期发展规律。通常，企业 IT 资产生命周期如下。

> 计算机、打印机等终端设备的生命周期一般为 5~7 年。
> 网络设备、服务器、存储备份等 IT 基础设施设备的生命周期一般为 7~8 年。
> 网络安全设备的生命周期一般为 5 年。
> 应用基础设施等相关软件的生命周期一般为 6~8 年。
> 业务应用平台和业务应用系统的生命周期一般为 8~10 年。

企业应建立基于生命周期理念的 IT 系统资产获取、运行服务、维护变更和报废销毁的 IT 资产管理制度，引入 IT 架构和技术平台体系生命周期管理机制，在做好 IT 平台配置管理、变更管理、事件管理、问题管理等的基础上，做好技术平台迭代与升级和 IT 架构管理。

2. 技术平台迭代与升级

技术架构与技术平台迭代升级是企业信息化发展的必然结果，应积极应对技术平台迭代升级，做好迭代升级方案的技术论证，避免颠覆性的技术升级。技术平台迭代升级应关注以下事项。

> 关注技术平台迭代升级的技术架构衔接。做好技术平台迭代升级解决方案的分析与论证。尽量保证现有系统功能体系与未来系统功能体系的有序过渡，并保证历史数据可

全部迁移到新建系统或历史数据有可接受的处理方案。
- ➢ 关注技术平台迭代升级的选型评估，做好选定的技术平台产品与解决方案的一致性分析，确保技术平台迭代升级可达到预期的目标。
- ➢ 关注现有技术平台的外部集成情况，做好技术平台迭代升级后的系统之间集成接口的切换和组织协同，避免影响不同业务系统之间的信息共享和业务协同。

技术平台迭代升级是复杂的系统工程，应充分理解技术平台迭代升级本身的技术复杂性和由此带来项目实施风险，积极应对做好技术平台迭代升级工作。

3. IT 架构管控

IT 架构管控说来容易，实则很难。这里既有其技术复杂带来的理解与把握问题，也有企业信息化组织架构和企业内部职责分工带来的技术架构相关内容的管理割裂与协调难度。为了技术架构和技术平台的可持续发展，开展 IT 架构管控是必要的，也是必需的。

- ➢ 确保技术架构规划能够满足 IT 架构管控对管控颗粒度的要求，以便为 IT 架构管控提供清晰的架构基准，支持架构管控工作的开展。
- ➢ 细化技术架构管控职责界面分工，明确技术架构相关各方的权责，明确架构变化事项的管理控制流程，为架构管控提供体制和机制支持。
- ➢ 定期或不定期开展技术架构的梳理评估，通过梳理评估及时发现技术架构中存在的问题，并大力推动技术架构改进。

IT 架构管控是保证技术架构可持续发展的重要手段。同时，推进企业架构管控系统平台建设也是做好技术架构管理的重要手段，通过构建架构管控平台，可以更好地支持并促进企业架构管控工作的开展。

第 4 章

信息架构与信息模型体系

信息架构也称"数据架构",是以信息模型为基础,通过对企业经营运作中各类业务对象的对象化抽象,以及对不同层级信息对象和数据对象属性和关系的梳理,形成的体现相同层级对象关联和不同层级对象支撑关系的多层级数据架构。信息架构是企业信息化架构的重要组成部分,是企业数据资源体系建设和信息系统互联互通的重要基础。

4.1 使命与一般原则

信息架构源于业务架构,服务于应用架构,体现在技术架构体系构建。信息架构在企业信息化"四大架构"中的特殊位置,决定了信息架构在企业信息化发展中具有特殊地位。

4.1.1 信息架构相关概念

为方便读者理解、把握信息架构方法和框架,以下简要介绍与信息架构规划有关的概念或术语。

1. 视点

以特定的时空位置看事务,形成基于特定视点的应用场景描述,可以是功能需求场景、数据应用场景,也可以是技术构建场景。视点因其所处的位置高低、时序等的差异,会有不同的场景描述表达。

2. 视角

基于特定视点位置的不同维度看事务,可形成不同维度的事务描述。与信息架构相关的视角一般包括业务视角、管理视角、能力视角、应用视角、生命周期管理视角等。

- ➢ 业务视角:以价值链流程的视角看企业的业务运营,可形成与业务流程相关的信息系统应用功能需求和信息管理利用等需求。基于业务流程的分级与细化,对应的 IT 应用需求同样是分层级、相关联的。
- ➢ 管理视角:以企业管理的视角看企业的经营运作,一般可细分为业务管理和经营管理。业务管理包括与业务运行相关的目标设定、组织、计划、过程控制和成果管理;经营管理包括围绕企业运行支持和管控展开,一般包括目标管理、组织计划预算、过程控制和绩效管理等内容。管理视角以要素化为特征,这些要素包括但不限于目标(含预算)、工作分解、进度、成本、质量、安全、风险、信息、变更等。管理要素通过工作分解与业务相关联,并通过工作分解与组织机构、人力资源、设备设施形成关联。
- ➢ 能力视角:业务流程为价值交付的增值通道,管理手段满足价值交付要求,核心能力保证企业的价值创造到客户交付的实现。核心能力是以市场竞争的视角看企业运营,能力视角的 IT 应用需求是企业信息化的核心诉求,不容也不该忽视。

- 应用视角：以用户应用的视角看信息系统的用户交互，包括交互风格、功能交互、信息展现、数据分析利用、性能需求等。
- 生命周期管理视角：从系统与数据的视角，看系统生命周期及数据产生方、管理方、利用方等对数据的产生、存储、传递、利用、报废等环节的应用与管理需求。

3. 模型

模型是对现实世界的事物、现象、过程和系统的抽象化描述。任何模型都有其目标、属性和信息，模型属性体现模型特质和模型关联，模型信息体现模型承载信息内涵。

模型有很多种，如概念模型、逻辑模型、物理模型等。信息架构规划用到的模型有业务信息模型、数据实体模型、数据元模型等。

- 业务信息模型：业务信息模型是以业务视角对业务对象的抽象表达，阐述业务信息组成、结构和关联。业务信息模型可细分为业务流程信息模型、管理信息模型、应用信息模型等。
- 数据实体模型：数据实体模型是对企业运营过程中各类业务数据实体的模型抽象，为同类业务数据实体的模型表达。
- 数据元模型：元模型是关于模型的模型，数据元模型可以理解为对数据模型的抽象，关注数据模型本身的属性，由数据模型的共性属性抽象形成。

4. 对象

对象是客观事物的抽象，类是对象的抽象，类是抽象的数据类型。对象是类的实例。对象具有属性、方法、事件3个方面的要素。

- 业务对象：业务对象是对业务逻辑的对象表达，具有标识、状态和行为特征。通过业务对象组合可表达业务交互过程。
- 数据对象：数据对象为特定数据的承载对象，通过数据对象划分可形成数据关联体系。

4.1.2 现状与挑战

信息架构一般通过信息化规划项目获得，通过全面、系统的信息化需求梳理，形成较为完整的企业信息架构。传统的信息架构大多遵循问题导向，重点解决企业信息化主数据管理和不同系统之间的数据共享与数据交换等问题。受信息化规划深度等的制约，规划获得的企业主数据方案通常难以满足主数据系统建设的完整性和深度要求。总体而言，企业实际的信息架构与"架构"的理想差距较大，尚未形成企业级的信息架构。导致信息架构这种局面的原因很多，有主观方面的原因，也有客观方面的原因。

- 主观方面的原因：企业对信息架构的价值定位和重要性的认知不够，对信息架构的目标与要求欠清晰，也普遍缺乏对信息架构需求和规划深度的把握能力。同时，现有可参考的信息架构规划方法的指导性普遍较差，导致信息架构规划缺乏基本的方法支撑，加之信息架构规划人才缺乏，这些均会制约信息架构规划的效果。
- 客观方面的原因：企业主数据管理系统和系统之间数据交换标准化一般属于高层级的企业信息化需求，有无信息架构规划对企业信息化初期建设的影响不够显著。同时，信息架构中系统级的数据对象体系设计大多属于企业IT部门和软件开发商应考虑的事项，不属于业务部门的关注事项。

遵循问题导向的信息架构规划，由于问题驱动的不足，信息架构对企业全局性数据利用普遍存在支持不足的现象，这种现象应引起企业信息化工作者的重视。

信息架构对企业信息化可持续发展的影响巨大，但信息架构规划的推进与落实却举步维艰、挑战重重。

> 需求驱动不足带来的挑战：传统的信息架构规划大多遵循问题导向原则，基于企业信息架构方面存在的问题，开展信息架构规划，通过以问题为着眼点，分析问题、解决问题，形成信息架构方案。由于信息架构的需求不足，往往导致信息架构的完整性、系统性和规划深度难以有效支撑企业信息化的可持续发展，信息架构流于形式的现象普遍存在。

> 数字化转型带来的挑战：传统的信息架构主要用于解决企业信息化中的经营管理类系统、业务运营类系统、管理决策类系统和综合办公类系统等各类系统的公共主数据、系统之间的数据交换等问题。那么数字化环境下，如要建立具有"数字双胞胎"能力的数字化系统，传统的问题导向的信息架构规划方法很难满足数字化环境下的新要求，需要转变规划思路，遵循"数字双胞胎"要求开展信息架构规划工作。

> 信息架构落地实施的挑战：信息架构事关企业信息化全局发展。从理论上讲，企业信息架构既涉及企业级数据对象体系和信息资源体系等全局问题，也涉及各个信息系统层面的数据架构问题。需要在应用功能层、数据架构层、技术架构层等各个层级解决信息架构落地实施中的数据标准化、对象化和架构化等方面的问题，涉及大量的业务、技术与管理协调，推进企业信息架构落地实施面临诸多的挑战。

信息架构需要全面的分析、系统的梳理、科学的分层设计、可行的实施解决对策和方案，这样才能有序推进企业信息架构的规划和建设，以解决需求不足、需求不清、难以落地等问题，进而更好地支持企业信息化全局发展。

4.1.3 使命与定位

信息架构肩负企业信息体系与数据体系构建的双重使命。信息架构是否科学、高效直接影响企业信息化能否健康和可持续发展，因此信息架构责任重大、使命光荣。

1. 信息架构使命

信息架构的使命在于为企业的全局数据资源体系、IT系统数据架构、系统之间的集成整合和主要数据的生命周期管理提供支撑，进而有效支撑企业信息化的健康和可持续发展。基本使命如下。

> 数据资源利用：基于企业业务运作、经营管理、控制决策等各类信息全面、系统的梳理、分析，形成覆盖企业全局的信息资源体系，满足企业各类数据资源利用和数据生命周期管理等需求。

> 数据架构层面：基于企业各类数据的支撑关系，建立基于基础数据、业务标准数据、业务数据、分析数据的数据分层与关联支撑的数据架构体系，简洁、高效地支撑企业数据与信息的管理与利用。

> 系统集成层面：基于企业应用架构的信息系统布局和跨系统的业务协同协作和数据共享需求，建立企业信息系统之间的数据交换需求与标准，有效支持企业信息系统之间的数据集成和应用集成。

> 数据生命周期：基于企业价值流程和产业定位，建立企业主要数据生命周期阶段划分和数据交付规范，明确数据质量控制规则和数据传递规范、标准，有效支撑企业全周期数据管理和数据利用。

2. 信息架构价值定位

基于上述的信息架构使命，结合企业应用架构需求和技术架构体系结构，可将信息架构的价值定位分解为以下 6 点。

- ➢ 为企业信息化可持续发展提供企业数据层级体系支持、基础数据规范支持、标准业务数据支持、业务数据规范支持、主要数据分解结构支持。
- ➢ 为企业信息资源体系提供全局信息分类支持、信息展现分类支持、信息对象准则支持、主要信息关联规则支持，支持企业信息资源体系建设。
- ➢ 为企业信息系统集成提供数据交换需求规格支持、数据交换标准支持，支持企业信息系统的集成协作，为系统整合和迭代提供数据资源参考。
- ➢ 为企业产品服务数据体系提供分解结构和部件组件元件数据的一体化支持，提供系统逻辑演进、功能性能仿真、产品服务数据交付等的支持。
- ➢ 为数据全周期管理提供数据生命周期各阶段的数据分类与信息展现的支持，提供数据传递需求规格和数据标准支持，提供数据质量准则支持。
- ➢ 为企业信息化的系统级建设提供企业数据架构分层规则、数据关联与引用规则、主数据与基础数据支持、标准业务数据支持和信息展现参考。

4.1.4 一般性原则

信息架构作为企业全局数据架构和信息体系的重要承载对象，涉及面广、技术较深，为保证信息架构规划恰到好处达成规划约定的目标，应遵循以下原则。

- ➢ 目标导向的需求分析原则：明确信息架构规划应达成的目标，分析达成目标所面临的问题，遵循问题导向性，做好问题分析与分解，据此开展信息架构需求分析，关注解决重点问题。对于数字化转型带来的信息架构需求，基于数字化转型目标带来的数据与信息管理要求确定规划目标，开展信息架构需求分析。
- ➢ 应用导向的分期规划原则：以业务信息应用为导向，开展信息需求的梳理分析，基于应用场景优先级，做好信息架构的分期推进计划，做好信息架构的范围梳理和深度规划，以全局信息架构规划和系统级数据架构深化设计为分期，推进企业信息架构规划。
- ➢ 架构导向的模型设计原则：基于信息架构分层原则梳理信息模型，基于模型划分和数据关联需求开展信息模型体系梳理，规划模型体系设计，完善信息架构，修正各层级信息资源体系。

4.2 信息架构规划方法

信息架构源于业务架构，服务于应用架构，体现在技术架构体系构建。如何在 3 种架构之间建立符合企业信息化发展要求的信息架构，需要准确的定位把握、充分的业务理解、科学的分析方法和系统的规划框架引领，从而制定出符合企业 IT 战略的信息架构。

信息架构规划属于典型的规划型项目，遵循规划型项目的一般过程。信息架构规划参考框架如图 4-1 所示。主要包括规划目标与方法确定、架构输入信息收集、需求梳理分析、架构体系设计、成果评审与交付等环节。

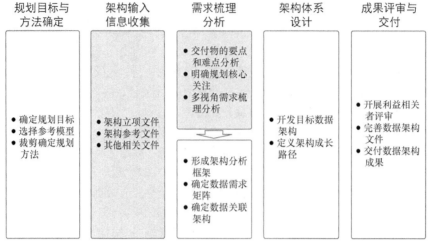

图 4-1　信息架构规划参考框架

4.2.1　规划目标与方法确定

企业需要明确信息架构规划的核心诉求与要求，明确信息架构规划项目的目标、范围、主要内容与交付要求。规划项目承担方完成以下工作。

- 讨论确认信息架构规划的核心诉求与目标。基于达成一致的信息架构核心诉求和规划目标，编制信息架构愿景文件，并与相关方达成一致。
- 选择与规划项目相匹配的规划参考模型。根据项目需求、要求与特点，对拟采用的规划参考模型进行裁剪，形成本项目的信息架构规划方法。

4.2.2　架构输入信息收集

收集与信息架构规划相关的项目立项文件、架构参考文件及其他有关的文件。架构参考文件一般包括如下内容。

- 企业架构的组织模式。如企业组织架构、管理模式与分工、管理成熟度、企业治理政策、预算要求等相关内容。
- 可能的架构愿景、目标、数据原则、架构工作说明、架构资源库。如可重用的构建模块、数据定义、公共参考模型、相关数据标准、架构约束等内容。
- 当前的架构定义。包括当前业务架构、目标业务架构、当前数据架构、目标数据架构、当前应用架构、目标应用架构、当前技术架构、目标技术架构文件等。
- 架构需求规格书。包括差距分析、技术需求、架构发展路径等内容。

4.2.3　需求梳理分析

基于架构规划目标和交付要求，梳理分析架构规划交付物的要点和难点，明确架构规划核心关注，梳理分析多视角需求，形成架构分析框架，确定数据需求矩阵和数据关联架构。

1. 基于参考模型确定分析视角

基于裁剪后的架构规划方法，确定需求分析视角和架构规划工具。信息架构规划涉及的主要视角包括但不限于业务视角、管理视角、应用视角、数据生命周期视角、能力视角等。

- 业务视角：以业务流程为依托，分析业务流程信息和数据关联。
- 管理视角：以管理流程为依托，分析管理要素信息和数据关联。
- 应用视角：以场景应用为依托，分析信息展现需求和检索分析需求。
- 数据生命周期视角：以数据生命周期阶段为依托，分析数据管理与应用需求。
- 能力视角：以业务能力为依托，分析不同能力等级对应的数据需求与要求。

每个视角均需选定特定的模型，通过模型实现针对其特定视角的需求表达，模型应能够覆盖各方的需求与诉求，参考流程如下。

- 从现有的业务架构和应用架构中收集数据关系模型。
- 梳理现有信息分类和数据模型，形成信息分类、业务对象和数据对象清单，建立信息分类与数据对象的关系表。
- 开发或更新数据对象与业务场景、业务功能、应用系统和数据权限的关系矩阵。
- 编写信息架构中的数据对象创建、分发、迁移、安全与备份方式描述。

2. 明确数据分类要求，确定架构分析框架

数据资产通常以企业信息资源库目录的方式组织与管理。

遵循"概念信息模型→逻辑信息模型→物理信息模型→数据实体对象"的分解关系，梳理、建立数据实体模型和元实体模型，形成数据矩阵的初始材料。基于业务架构创建的业务场景与数据对象图，明确主要业务场景的关键数据实体需求，确定架构分析框架。

利用从应用系统、业务功能到数据实体的内在关联，创建信息资产目录，并逐步完善、消除歧义。信息架构目录结构基于元实体模型属性展开，体现数据实体/数据对象的对应关系。

3. 确定需求矩阵

需求矩阵应体现模型实体之间的主要关系，模型实体与应用系统的关系矩阵可以验证数据产生、维护、传输以及到其他应用系统的传递或使用方式。梳理后的信息资产清单可用于更新和完善架构中的数据与架构其他方面的关系。基于元模型实体属性构建以下信息架构相关矩阵。

- 业务场景/信息类别。
- 业务功能/数据实体。
- 应用系统/数据对象。

4. 确定数据关系架构

不同的利益相关者有其各自不同的架构关注维度，对信息的颗粒度要求也有所差异，需要仔细斟酌模型颗粒度。而企业现有的数据模型的颗粒度差异也较大，有些很细，有些比较粗，应做好模型颗粒度的平衡。信息架构开发时应考虑以下图。

- 概念信息模型图。
- 逻辑信息模型图。
- 数据分解图。
- 数据生命周期图。
- 数据安全图。
- 数据移植图。

5. 明确信息架构要求

基于信息架构资源目录、矩阵、图表，通过对关键数据需求的规范化分析，可形成达成预期的数据架构需求，一般包括如下内容。
- 有关的数据域。
- 应用架构和技术架构的需求输入。
- 架构设计与实施较为详细的参考指南。

需求梳理分析形成的成果包括但不限于如下内容。
- 架构需求分析框架。
- 数据需求矩阵：业务场景/信息类别、业务功能/数据实体、应用系统/数据对象。
- 数据关联架构：数据层级划分、基础数据/主数据、数据对象关联主线。

4.2.4 架构体系设计

架构体系设计主要包括目标数据架构开发和架构成长路径定义，具体包括定义数据架构基线、开发目标数据架构、开发架构差异性分析、定义架构发展路径、解决架构冲击与影响等内容。

1. 定义数据架构基线

编制现有数据架构描述文件，形成数据架构基线。数据架构覆盖的范围和深度与现有数据架构向目标数据架构的延展方案有关。数据架构基线应明确对信息架构资源库中拟构建数据模块的要求。

2. 开发目标数据架构

基于信息架构愿景和目标业务架构情况，开发目标信息架构的数据对象描述，描述的范围和深度与目标信息架构相关联的数据元素情况有关。同时，应尽可能保持与现有信息架构的一致性。对于可能的信息架构扩展，应明确相关信息架构资源库中的构建模块。

目标信息架构开发一般包括信息分类与目录设计、信息模型体系设计、数据分层架构及关联设计、基础数据与主数据设计、主要数据实体及属性设计、系统集成与数据接口设计等内容。

3. 开展架构差异性分析

开展信息架构的一致性和精确度评估分析。
- 分析架构各层级之间以及相同层级数据对象之间的一致性，以分析因不同视角分析带来的数据对象一致性差异，折中解决存在的问题。
- 验证信息模型与架构目标、原则和约束的一致性和支持度。
- 检查信息架构和信息模型对各类视角需求支持的完整性。

4. 定义架构发展路径

遵从基线架构、目标架构、差距分析、数据发展路径的顺序开展信息架构规划。信息架构发展路径应体现业务活动优先级。

定义架构成长路径：基于差距分析，明确架构成长策略，定义架构成长路径，做好关键事项行动计划。

5. 解决架构冲击与影响

必须深刻理解信息架构带来的广泛冲击和潜在影响，开展全局架构的检查确认，主要包括如下内容。
- 对已存在的数据架构是否有影响。
- 是否存在对数据架构有影响的变更。
- 是否利用了企业已有的数据架构成果。
- 数据架构对其他项目是否有影响，以及本架构是否受其他项目的影响。

4.2.5 成果评审与交付

1. 架构成果评审与完善

架构规划成果应通过信息架构利益相关方的评审，并根据评审要求，完成数据架构相关文件的修改和完善。

2. 信息架构规划成果交付

信息架构规划项目将形成包括但不限于以下成果内容。

- 信息架构说明文件：架构愿景、目标、原则及其他必要的架构工作说明。
- 信息架构定义文件：业务数据模型、逻辑数据模型、数据管理流程模型、数据实体/业务功能矩阵等。
- 信息架构发展路径：信息架构成长策略、架构成长路径、关键事项行动计划等。
- 架构应用指导文件：差距分析结果、数据互操作需求、架构开发与评估指南、对技术架构的约束条件、业务需求与应用需求更新等。

架构成果可能包括以下全部或部分内容。

- 目录：数据实体/数据组件目录。
- 矩阵：数据实体/业务功能矩阵、应用/数据矩阵。
- 图：概念数据图、逻辑数据图、数据分解图、数据安全图、数据迁移图、数据生命周期图。

4.3 信息架构需求

信息架构主体需求来自企业的业务架构，大部分的信息需求源自业务架构的业务流程和管理流程。同时，企业的应用架构和技术架构对信息架构体系也有一定的影响。

4.3.1 信息架构需求分析

根据信息架构规划参考框架，应基于不同的信息需求视角开展信息架构的需求梳理分析。

1. 信息架构需求分析视角框架

基于信息产生、存储、利用及信息管控、能力提升和生命周期特征，信息架构需求梳理分析通常包括业务视角、管理视角、应用视角、能力视角、生命周期视角和技术视角 6 个视角，如图 4-2 所示。

- 业务视角：以业务流程为依托，基于对业务领域和领域内的产品服务构成、价值流程和业务场景、作业场景及作业等的业务流程分析，形成业务信息分类和业务数据对象。基于业务流程各环节关系和各要素内在关系，形成业务数据对象的关联。
- 管理视角：基于业务流程工作，以管理要素流程为依托，分析管理要素流程各环节和各环节信息需求，形成管理要素信息分类和流程环节信息分类；基于管理流程环节的业务数据对象的属性关系形成数据对象关联。
- 应用视角：以场景应用为依托，分析信息展现需求和检索分析需求。

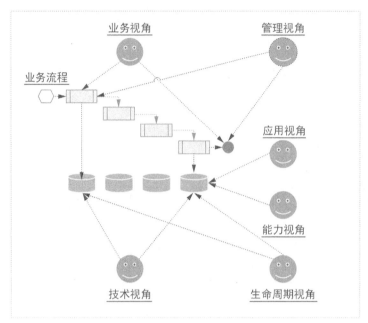

图 4-2　信息架构需求分析视角框架

- 能力视角：以业务能力为依托，分析不同能力等级对应的数据需求与要求。
- 生命周期视角：以数据生命周期阶段为依托，分析数据产生、传递与利用的数据标准化和管理要求。
- 技术视角：以 IT 系统构建的视角审视业务数据需求，提出数据分层架构、数据展现利用和生命周期管理等的需求与要求。

2. 信息架构核心能力框架

信息架构需求梳理分析的业务视角、管理视角、应用视角、能力视角、生命周期视角 5 个视角并不能直接支撑信息架构使命的实现。而信息架构使命一般通过其核心能力框架支撑加以实现。信息架构核心能力框架如图 4-3 所示。

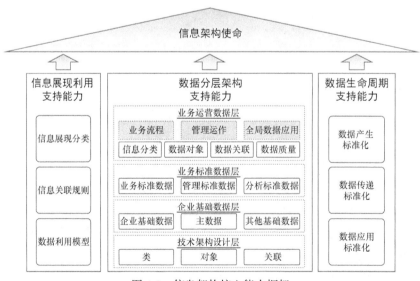

图 4-3　信息架构核心能力框架

信息架构核心能力主要由 3 个部分组成，即信息展现利用支持能力、数据分层架构支持能力、数据生命周期支持能力。

➢ 信息展现利用支持能力：主要包括信息展现分类、信息关联规则和数据利用模型 3 个方面。其中信息展现分类包括来自业务流程与管理流程的信息分类展现和不同用户视角的信息分类展现；信息关联规则包括数据关联的规则化和信息关联展现的有效性；数据利用模型是指由此带来的可能的数据关联分析要求。

➢ 数据分层架构支持能力：主要包括业务视角的业务运营数据层、业务标准数据层、企业基础数据层和技术视角的技术架构设计层。业务运营数据层一般包括业务和管理中的信息分类、数据对象、数据关联和数据质量等内容；业务标准数据层一般包括业务标准数据、管理标准数据、分析标准数据等内容；企业基础数据层一般包括企业基础数据、主数据以及其他基础数据等内容；技术架构设计层一般包括类、对象、关联等内容。

➢ 数据生命周期支持能力：主要包括数据产生标准化、数据传递标准化、数据应用标准化 3 个方面的能力。其中，企业各信息系统之间的系统集成涉及的数据交换需求标准化和数据规格标准化属于数据传递标准化的范畴。

3. 信息架构需求分析框架

信息架构的需求分析视角和信息架构核心能力通过信息架构需求分析框架实现衔接，如图 4-4 所示，通过需求分析框架实现需求分析视角对信息架构核心能力的支撑。

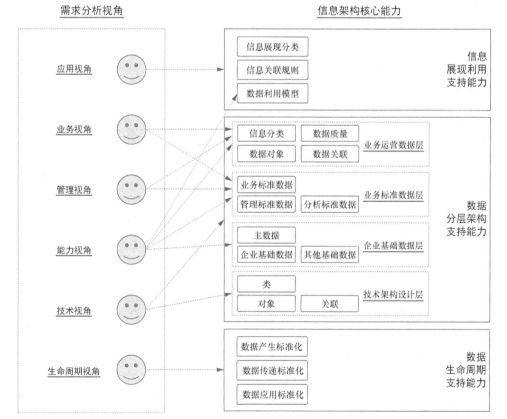

图 4-4　信息架构需求分析框架

信息架构的需求分析视角与信息架构核心能力之间的关系简述如下。

- 应用视角与信息架构核心能力的关系：应用视角通过形成企业全局信息展现分类、规则化的信息关联规则和数据利用模型支持信息架构核心能力。
- 业务视角与信息架构核心能力的关系：业务视角通过其形成的信息分类、数据质量、数据对象、数据关联以及标准化的业务数据需求支持信息架构核心能力。
- 管理视角与信息架构核心能力的关系：与业务视角与信息架构核心能力的关系类似，管理视角通过其形成的管理信息分类、数据质量、数据对象、数据关联以及标准化的管理数据和数据质量保证支持信息架构核心能力。
- 能力视角与信息架构核心能力的关系：能力视角是数据分层架构的重要推动力量，通过企业基础数据、业务标准数据、业务运营数据等的数据分层布局，更好地支持信息架构使命实现，是信息架构核心能力的重要体现。
- 技术视角与信息架构核心能力的关系：技术视角以 IT 系统构建的维度审视业务数据需求，提出数据类、对象与关联规划，通过科学、合理的数据对象体系设计支持信息架构核心能力。
- 生命周期视角与信息架构核心能力的关系：生命周期视角通过数据产生标准化、数据传递标准化和数据应用标准化支持信息架构核心能力。

4.3.2 信息架构需求梳理分析

本节基于信息架构的需求分析视角，简要介绍业务视角、管理视角、应用视角、能力视角和生命周期视角的分析过程与方法。

1. 业务视角的需求分析

以业务流程为依托，基于对业务领域和领域内的产品服务构成，形成企业高层级的概念信息模型和高层级的信息分类。基于价值流程及业务场景的分析，形成逻辑信息模型和对应的信息分类。基于作业场景和工作，形成物理信息模型和业务对象。据此形成业务信息分类和业务数据对象。业务视角的信息架构需求分析过程如图 4-5 所示。

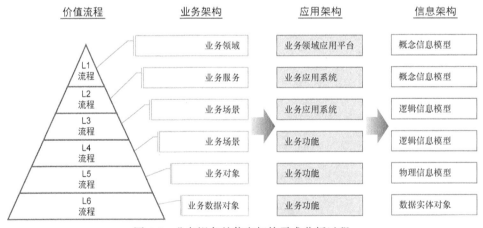

图 4-5 业务视角的信息架构需求分析过程

业务视角的需求分析依托企业的价值链和业务流程展开，以企业的产品服务为起点，基于企业的产品服务品类划分，形成不同的业务领域或业务群组，每个业务领域或业务群组内划分为不同产品品类，并通过具体产品价值流程实现企业的价值创造。

> L1 和 L2 流程对应企业业务架构的业务领域和业务服务；对应用架构的各业务领域应用平台和业务应用系统；对应信息架构的概念信息模型和企业一级、二级业务信息分类。
> L3 流程为企业产品服务的价值创造流程，流程交付品为预定义的产品。对应业务架构的业务场景；对应应用架构的业务应用系统；对应信息架构的逻辑信息模型、企业三级业务信息分类、业务对象和产品数据对象。
> L4 流程为产品所需的部件生产流程，流程交付品为预定义的部件。对应业务架构的业务场景；对应应用架构的业务功能；对应信息架构的逻辑信息模型、企业四级业务信息分类、业务对象和部件数据对象。
> L5 流程为产品所需的组件生产流程，流程交付品为预定义的组件。对应业务架构的业务对象；对应应用架构的业务功能；对应信息架构的物理信息模型、企业五级业务信息分类、业务对象和组件数据对象。
> L6 流程为产品所需的零件生产流程，流程交付品为预定义的零件。对应业务架构的业务数据对象；对应应用架构的业务功能；对应信息架构的数据实体对象、企业六级业务信息分类、业务对象和零件数据对象。

上述的业务流程分级与企业规模和产品服务复杂度相关，L1 和 L2 流程仅影响信息架构的信息分类级别和信息资源体系展现。产品服务价值创造的流程细分等级与产品构成和生产流程分解有关，实际开展需求分析时可结合企业实际开展。

上述的应用架构的层级划分来自应用架构的应用系统布局规划。企业应用系统布局规划通常受多种因素影响，与业务特点有关，也与企业信息化成熟度有关。信息发展初期，表现为信息系统分散、各自为政，随着企业信息化成熟度的提高，企业信息系统逐步向集中、统一的大平台发展。对应的应用系统和业务功能会有不同的表现，实际开展需求分析时应根据应用架构规划情况确定。

上述的信息架构的信息模型也应结合企业实际确定信息模型属性。物理信息模型的信息组成、结构和关联是具体的、明确的；逻辑信息模型可以由多个物理信息模型或逻辑信息模型组成，其特点是模型组成明确，模型结构和关联具有不确定性；概念信息模型通常由逻辑信息模型构成，其特点是模型的组成具有不确定性，一般只是概念的抽象表达。以工程数字化交付为例，用信息模型表达，工程数字化交付为概念信息模型；工程数字化交付一般包含设计数字化交付、设备材料采购数字化交付、工程建造数字化交付、工程调试移交数字化交付、项目管理数字化交付等内容，其中，设计数字化交付以信息模型表达也应属于概念信息模型，顺着向下，工艺系统设计数字化交付的信息模型应该属于逻辑信息模型，而具体的设备数字化交付的信息模型应为物理信息模型。

业务视角需求分析的另一产物是业务对象。业务对象是业务信息的重要承载对象，其包含业务逻辑，具有明确的业务标识、业务状态和业务行为等特征，通过业务对象组合表达业务交互过程。基于业务流程，存在多种业务对象，有作业对象、资源对象、设施对象、操作对策、成果对象等。每类业务对象有其自身的分类与关联，各类业务对象与业务流程均有关联。业务对象的关联构成了信息架构的对象关联。

业务视角需求分析的交付品为信息分类、数据质量、数据对象和数据关联。

2. 管理视角的需求分析

对信息架构规划而言，管理属于广义上的业务范畴，只是由于业务流程的信息需求分析方法和管理要素的信息需求分析方法的差异较大，无法通过一种分析方法获得两类信息的分析结果，进而将管理视角独立出来，分析企业管理带来的信息架构需求。

按照企业运作的业务流程、支持流程和控制流程这3类流程划分，支持类流程和控制类流程一般属于企业经营管理的范畴，业务流程属于通常的企业业务运作范畴。企业经营管理一般围绕管理目标展开，通过对管理要素的通盘管理，进而达成企业管理目标。

上述的企业经营管理范畴内的人力、财务、资产、后勤、信息、文档等支持流程的信息架构分析可参照业务视角的分析方法开展。针对业务运作的控制流程的需求分析按管理视角的分析方法进行。

管理要素一般包含目标、资源、工作分解、进度、成本、质量、风险、交付、变更等关键要素。管理要素一般体现为以目标为驱动，以交付为终结，以其中的工作分解、进度、成本、质量、风险、变更等为手段，以资源为保障。连接目标和交付的纽带是工作分解。同时，工作分解也是业务流程的承载对象，通过工作分解实现业务流程和管理要素的关联。

管理视角的需求分析就是以管理要素为依托，基于业务管理要素的分布形成"横向到边"的管理要素横向信息分类。基于每类要素的管理流程和操作、管理、控制的管理要素层级划分，形成"纵向到底"的管理要素纵向信息分类。

基于管理要素分类形成管理要素内部的分类关联；基于管理要素流程形成管理要素的纵向分类关联；同时，建立基于工作分解的管理要素关联模型。对与业务运作相关的人力资源层、资源设施层等纵向支持层，分析各层的信息分类、数据质量、数据对象和数据关联，满足相关领域的信息利用需要。

管理视角的业务对象一般以管理要素的形式出现。同时，与管理要素相关的业务流程对象和支持对象也将出现在管理视角的需求分析成果清单中。此外，应做好跨层级、跨维度的信息关联体系规划。

3. 应用视角的需求分析

应用视角以场景应用为依托，分析信息展现需求和检索分析需求。应用视角的需求分析成果为企业的全局信息资源利用提供完善的信息展现分类支持和高层级的信息关联要求。同时，应能够为具体信息系统的系统级的信息分类展现提供指引和参考。

应用视角的需求分析源于业务视角和管理视角的需求分析结果。同时，基于全局信息展现要求，对相关视角的需求分析提出需求改进与完善要求。应用视角的需求分析主要包括信息展现分类、信息关联规则和数据利用模型。

> 信息展现分类：信息展现分类可细分为两类，一类是基于信息构成的信息展现分类，另一类是基于信息使用维度的信息展现分类（可以理解为逻辑的信息分类）。
>
> 基于数据生命周期规律，数据利用一般涉及数据产生方、数据管理方、数据使用方等多个数据利用的主体。各方对同一组数据的管理、利用方式可能存在较大的差异，数据产生方可能以产生过程的视角管理、利用数据，数据管理方可能以构成的视角管理数据，数据使用方则可能以应用场景的维度管理、使用数据。这样一来，不同应用视角要求同一组数据不同的信息展现分类。
>
> 企业全局信息资源体系应满足不同类别用户的信息分类展现要求。同时，产品服务数据既要满足企业内部的信息利用分类要求，又要充分考虑产品服务交付客户后的数据展现利用要求。

> 信息关联规则：信息展现分类一般基于数据对象属性的分门别类实现，对数据对象属性应充分考虑不同应用视角带来的分类属性要求。同时，对数据对象属性还应考虑其他视角维度对象关联的属性要求。数据对象属性一般划分为基础属性、面向不同视角

的分类属性、对象关联属性和其他扩展属性。
> 数据利用模型：分析常用的数据利用模型，将重要数据纳入数据对象属性范畴，通过数据对象属性定义，提高信息应用效率。

4. **能力视角的需求分析**

能力视角以业务能力为依托，分析不同能力等级对应的数据需求与要求。能力视角是企业数据分层架构的重要驱动因素，通过数据分层带来的数据标准化、关联化、扩展性，更好地支持企业信息化的可持续发展。

基于能力视角对企业基础数据层、业务标准数据层、业务运营数据层的分层要求，需要在业务视角需求分析的基础上，对企业的业务数据进行扩展分析，形成企业基础数据层和业务标准数据层。

企业基础数据层一般包括企业基础数据、主数据和其他基础数据等。企业基础数据是指企业信息系统中的全局性、稳定的基础支撑性数据，如企业注册信息、产品服务等经营性基础数据；主数据为跨系统的公共基础数据，与企业基础数据的差异在于，主数据并不要求稳定，但要求各系统必须统一；其他基础数据为企业需要采用的外部基础数据，如法规数据等。业务标准数据层一般包括业务标准数据、管理标准数据和分析标准数据等。业务标准数据为业务运营提供公共的标准化数据，如多个应用系统共同引用的业务标准数据库等。

数据质量要求也是能力视角的产物，应结合企业数据能力提升要求，基于业务视角形成的业务对象和数据对象，提出数据质量补充要求。同时，基于数据分析模型要求，提出数据对象属性和关联要求。

5. **生命周期视角的需求分析**

数据有其生命周期发展规律，有些数据在企业内部终其一生，有些数据扩展到企业外部，成为其他组织的数据组成部分。其中，以产品服务数据最具代表性，产品研发设计、产品制造等相关数据在企业内部，产品使用数据在企业外部。生命周期视角需求分析以数据生命周期阶段为依托，分析数据产生、传递与利用的数据标准化和管理要求。主要包括数据产生标准化、数据传递标准化、数据应用标准化要求以及应遵循的数据质量要求。

数据产生标准化不仅包括数据产生的原始系统应遵循的标准，而且包括其他系统引用数据应遵从的标准。数据传递标准化不仅包括企业内部各信息系统之间的系统集成涉及的数据交换需求标准化和数据规格标准化，而且包括产品服务数据对外交付应遵循的标准。数据应用标准化为数据应用各环节应遵循的通用要求和质量要求。

需求分析时可根据信息架构目标与要求，有侧重地开展生命周期视角的需求分析。

企业应坚持数据一致性原则，以单一数据源和生命周期应用为指导，推进企业数据生命周期应用。数据产生方对数据负有质量管理责任，应鼓励数据共享、合规应用。

4.3.3 产品服务与信息模型体系

前面介绍的信息架构规划方法主要基于企业的业务架构展开，基于业务运作的不同视角开展信息架构的需求分析。应该说对企业产品服务数字化的考虑较少，无法据此建立企业产品服务的信息架构体系。本节简要介绍产品服务信息架构体系重点关注事项。

1. **产品服务信息模型**

产品服务是企业价值创造的承载对象，此处的"产品"是一个宽泛的概念，可以是大型复杂设备，也可以是简单的小物件。而服务也是一样，泛指通过服务交付的各种服务产品。以下以产品为例阐述产品服务信息模型。

> 产品分解结构：如果要描述一件产品，除基本的产品标识、属性、容量等描述性信息以外，产品的构成信息是产品信息描述最为复杂部分。而描述产品构成一般以产品分解结构的方法描述。通过产品的部件、组件、零件的层层分解，实现产品信息的完整描述。在信息系统中，产品分解结构通常以物料清单（Bill of Material，BOM）的形式存储管理，通过BOM配置信息的管理，实现对产品配置的有效管理。
> 产品信息模型与数据对象：如果用信息模型来描述产品，顶级的产品信息模型包含产品标识、属性、容量等信息；产品信息模型向下连接若干个部件信息模型或组件信息模型。同样，部件信息模型包含部件标识、属性、容量等信息，部件信息模型向下连接若干个组件信息模型或零件信息模型。以此类推，可以实现产品构成信息的完整描述，而上述的部件、组件、零件则为上级信息模型的数据对象。

上述的产品服务信息模型为传统信息化模式的产品数据管理方法，其数据是静态的，通常不能反映部件、组件、零件等对产品性能等的动态影响。动态的产品服务信息模型未来如何发展还有待研究。

2. 工厂信息模型

通常工厂信息模型要比产品服务信息模型复杂，这是因为工厂种类繁多，且差异较大。以下以核电厂为例，简要介绍工厂信息模型表达，以便为数字工厂信息架构规划提供参考。

> 工厂分解结构：工厂为位于特定坐标地块的一个地理区域的实体对象，工厂构成体现为构筑物、各类工厂系统和各类设备设施，即工厂由构筑物、系统和设备构成。因此，常常以SSC（Structure、System、Component）为主轴展现工厂的分解构成，这在工厂数字化发展的初期，是比较切实可行的工厂信息模型表达方式。
> 核电工程信息模型：根据核电厂信息需求模型，参考建筑信息模型（Building Information Model，BIM）的数据模型框架，可以勾画出面向交付的核电工程信息模型，如图4-6所示。

基于核电工程价值链，核电设计、设备采购、土建、安装、系统调试等业务领域和工程管理具有各自的信息模型。各业务领域交付满足核电厂运行要求的构筑物、系统和设备数据。

> 核电设计领域：设备设计信息模型、系统设计信息模型、构筑物设计信息模型、总体设计信息模型和相关数据。
> 设备采购领域：采购信息模型、设备制造信息模型和相关数据。
> 土建安装领域：土建信息模型、安装信息模型和相关数据。
> 系统调试领域：系统调试信息模型和相关数据。
> 工程管理领域：工程管理信息模型和相关数据。

各领域信息模型的信息组合形成核电工程数据交付全集，满足核电厂运营对核电工程数据交付的要求。同时，上述的核电工程信息模型中也包括专业模型元素、基础模型元素和资源数据3个层级的内容，此处不展开描述。

3. 数字工厂信息模型

数字工厂信息模型应该是立体的，既有工厂基础数据层，也有构筑物、系统、设备的不同数据层，还应有工厂全局数据资源层。同时，跨层的数据关联与支撑同样重要。数字核电厂全局信息模型如图4-7所示。

第4章 信息架构与信息模型体系

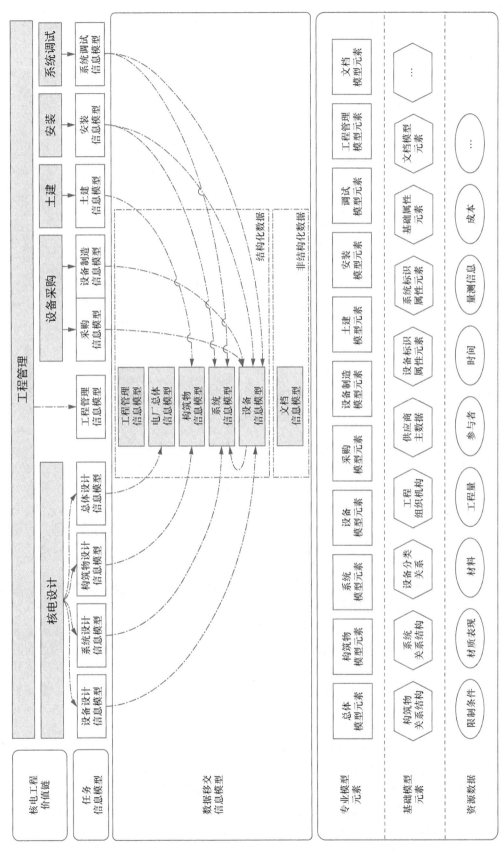

图 4-6 核电工程信息模型

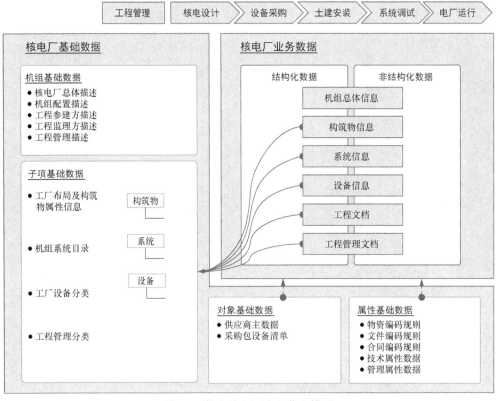

图 4-7 数字核电厂全局信息模型

数字核电厂全局信息模型包括核电厂基础数据和核电厂业务数据两类。其中核电厂基础数据包括机组基础数据、子项基础数据、对象基础数据和属性基础数据。

> 机组基础数据：主要包括核电厂总体描述、机组配置描述、工程参建方描述、工程监理方描述，以及工程管理描述等。
> 子项基础数据：主要包括工厂分解结构描述和工程管理分类结构描述，其中工厂分解结构描述具体包括工厂布局及构筑物属性信息、机组系统目录、工厂设备分类和工程管理分类等内容。子项基础数据为核电厂业务数据提供基础关联架构支持。
> 对象基础数据：主要指各类公共对象描述，如供应商主数据、采购包设备清单等。对象基础数据为工程数据移交提供基础数据支持。
> 属性基础数据：主要指工程数据移交中的各类通用的属性数据，如各类编码规则、通用技术属性数据、通用管理属性数据等。属性基础数据为工程数据移交提供标准化的属性支持。

核电厂业务数据可分为结构化数据和非结构化数据，数据类型有机组总体信息、构筑物信息、系统信息、设备信息、工程文档、工程管理文档等。核电厂业务数据通过核电厂基础数据中的分解结构的关联，实现业务数据的系统化与关联化；通过对象基础数据和属性基础数据的引用，实现业务数据的标准化和多维度的信息利用。

4. 数字工厂信息模型体系

上述的核电厂全局信息模型属于工厂顶层信息模型，而要实现数字工厂信息的全面、系统、充分的关联和信息驱动，需要按领域、分层级逐步细化，建立覆盖工厂全范围构筑物、系统和设备的信息模型体系，包括但不限于以下信息模型。

- 数字工厂构筑物信息模型：构筑物信息模型描述构筑的属性和构成信息，构成信息可以按楼层、区域、房间等表示，以便为系统和设备提供安装位置信息。同时，构筑物的钢筋、混凝土等量的信息也可能是设计环节应考虑的需求之一。
- 数字工厂系统信息模型：工厂系统一般包括主工艺系统、电气系统、仪控系统及其他必要的辅助支撑系统。系统信息模型应覆盖工厂中的所有类别的系统，且每个系统信息模型均应按系统层级展开，进行细分的信息模型分解，进而实现针对特定系统的信息模型层层覆盖。各分类、各层级系统的信息模型组成工厂系统信息模型体系。
- 数字工厂设备信息模型：设备信息模型与设备类型和属性特性相关，应基于设备分类规划设备信息模型。通过设备信息模型中的系统属性实现与相关系统的关联。同时，通过设备的连接属性可实现与不同分类系统的关联。如通过定义"泵"设备的连接属性中的工艺系统、供电系统、仪控系统，便可实现其与工艺系统、供电系统、仪控系统的连接。

前面提到的数字工厂信息模型体系尚属于数字工厂应用初期的需求，虽然"数字双胞胎"工厂距离现实还有很远的路要走，但作为具有愿景引领意义的概念，将具有工厂运行逻辑的"数字双胞胎"作为数字工厂愿景比较恰当。数字工厂信息模型体系也应该朝着这个方向递进，以便更好地支持工厂数字化转型和智能化提升。

4.4 信息架构体系设计

信息架构源于业务架构，服务于应用架构，体现在技术架构体系构建。"服务"体现在信息系统面向用户的信息应用，以信息架构目标的形式呈现，并通过信息需求与要求的方式表达。"体现"表现为技术架构的数据分层架构关系，以分层架构支持信息应用的形式体现，并以数据分层架构支撑的方式表达。以下探讨信息架构目标筹划、信息分类与信息展现、数据分层与数据对象、数据生命周期应用和产品服务数据体系规划等内容。

4.4.1 核心诉求与目标筹划

信息架构的支撑作用与价值体现与企业信息化成熟度密切相关，而企业信息化成熟度与产品服务市场竞争、企业发展规模、管理成熟度和IT价值认知等多种因素有关。企业应结合信息化成熟度和信息架构需求，综合评估做好信息架构筹划。

1. **信息架构应用场景**

基于企业信息架构核心能力框架，信息架构在以下场景发挥作用。
- 信息应用层：企业各领域业务应用系统管理、维护各自覆盖的业务信息资源，并对外提供信息利用服务。随着IT应用的深化，企业迫切需要建立覆盖企业全局的统一信息资源服务体系，为此需要制定企业统一的信息分类与信息对象规范，并为各业务系统的信息资源组织和利用提供参考。
- 分层架构层：数据标准化应作为管理提升的重要手段得到重视，梳理建立分层级的企业数据规范体系成为必然，企业需要建立基于数据分层的企业基础数据、业务标准数据、业务逻辑数据、分析应用数据的企业数据体系，通过统一的基础数据和标准数据为各业务应用系统提供统一的基准数据。
- 能力提升层：基于企业内外的协同协作和信息共享需要，数据在企业内部不同系统之间的传递以及企业与外部的交互是企业信息化的基本需求，且随着信息化水平的提高，对数据生命周期的标准化要求也将逐步提高。

信息架构筹划应聚焦于上述的应用场景，基于信息架构关键问题和需求，做好企业信息架构的筹划、规划与推进。

2. 信息架构价值定位

信息架构应定位于为企业提供全方位的信息分类、数据对象、数据关联规范和数据架构标准，通常包括以下几方面。

- 基于企业信息需求和数据生命周期应用要求，建立企业信息分类展现标准，定义业务对象多维属性参考规范，提出信息关联多维度展现要求，为企业全局信息资源展现提供支持，为各业务应用系统信息资源展现提供参考。
- 基于企业业务标准化和数据分层架构要求，定义企业数据分层架构规范，明确数据分层标准和数据分类规范，提供数据对象定义参考模板和规范，提出数据关联主线及主要数据关联展现要求，为技术架构设计与技术体系建立提供数据对象定义、数据属性关联和数据管理准则等输入。
- 基于生命周期管理应用和数据标准化要求，推进数据生命周期环节的标准化衔接、生命周期数据安全和数据封装技术标准化，支持企业各信息系统集成的交换需求标准化和数据规格标准化，为企业信息系统的数据产生、分发、传递、利用的标准化和数据安全提供标准与规范的支持。

信息架构规划应紧密围绕企业IT战略和信息架构核心诉求，围绕信息架构的主要应用场景，基于应用场景中存在的主要问题和关键信息要求，聚焦信息架构的价值定位，梳理、分析、明确信息架构的核心诉求，据此定义信息架构目标。

4.4.2 信息分类与信息展现

信息分类与信息展现是信息架构重要的外在表现之一。信息分类为全局性信息遍历和系统性信息查找提供支撑，信息展现为不同视角的用户提供多维度的信息展现支持。

1. 信息分类规划

信息分类一般可按企业的业务运作和经营管理两个维度展开。

- 业务运作维度：业务运作维度的信息分类一般依托企业价值链，基于企业的价值流程进行信息分类展开。一级信息分类对应一级业务流程、二级信息分类对应二级流程，以此类推可以形成企业完整的业务信息分类。有关信息分类方法可参见本章前述的"业务视角的需求分析"中的分析方法开展。

  需要关注的是：实际的企业业务运作涉及的信息不仅有业务信息，还会有各类业务运作支持信息，这类支持信息的分类同样重要，也应纳入业务信息分类中。从理论上讲，业务信息分类应基于业务核心能力模型开展，通过核心能力的信息需求分析，获得较为完整的业务运作信息分类。相关内容因超出本书范围，此处不展开说明。

- 经营管理维度：经营管理维度的信息分类基于企业的经营支持和企业管控展开，经营管理的信息分类影响因素较多，信息主体分类应基于支持要素和管控要素展开，在要素体系内，按要素管理层级展开，具体可结合企业实际和管理风格等折中确定信息分类。

2. 信息展现规划

信息展现涉及信息分类展现和业务对象信息展现。信息分类展现既涉及按业务与管理维度展开的信息分类（暂称为物理信息分类）展现，也涉及按不同视角的逻辑信息分类展现。

> 物理信息分类展现：按梳理分析形成的信息分类展现，通过信息分类的层层展开，实现各类信息的分门别类展现，进而满足目标用户的信息遍历需求。通过业务对象信息的展现实现对具体对象信息的管理和应用。

> 逻辑信息分类展现：按信息利用的不同视角组织企业信息的分类展现，一般通过信息的逻辑分类体现。逻辑信息分类一般通过业务对象的属性构建，通过业务对象属性的分门别类来满足不同维度的逻辑信息分类应用要求。

为满足多维度的信息分类要求，一般对业务对象属性实行分类管理，可将属性分为基本属性、分类属性和扩展属性3类。基本属性为业务弱关联的基础属性，分类属性为各不同视角的基本属性，扩展属性为表现业务特质的属性。属性定义应遵循的基本原则包括基本属性规则化、分类属性最小化、扩展属性业务化。

> 业务对象信息展现：业务对象是业务运作和经营管控活动的承载对象，通过将业务对象解析、分解可形成数据对象，通过数据对象定义、属性、数据可实现业务信息的展现表达。应做好关键业务对象的识别和信息展现要求梳理，提出关键业务对象展现要求。

在开展信息展现时应关注全局展现设计，基于全局展现要求，驱动信息分类梳理和业务对象展现设计，以便更好地支持企业全局信息资源体系的建设。

4.4.3　数据分层与数据对象

如果说信息分类与信息展现是信息架构重要的外在表现，那么数据分层与数据对象则是实现信息架构价值承载的重要支撑。通过数据分层架构和数据对象来保证企业信息系统的优质、高效。

1. **数据分层规划**

数据分层是体现不同层级数据之间相互支撑的重要技术手段，通过基础数据、业务标准数据、业务数据、分析数据的分层设计，打通企业内部的数据壁垒，充分发挥数据对企业业务标准化和企业战略的支持与支撑作用。

> 数据分层：按企业数据分层架构要求，开展企业基础数据、业务标准数据、业务逻辑数据、分析应用数据的企业数据体系规划，梳理定义企业基础数据范围和应遵循的基础数据管理原则，梳理业务标准数据的适用准则、参考范畴及推进策略，提出业务数据生命周期要求，以及关键数据分析应用提升方向与要求。

> 数据关联：基于数据分层和数据关联要求，遵循"业务对象信息模型→物理数据对象模型→数据对象实体"的分解关系，规划数据关联主线，明确针对数据关联的数据对象属性要求，明确数据对象定义、数据属性关联、数据展现等数据管理要求。

2. **基础数据规划**

基于数据分层规划确定的基础数据范畴和管理要求，开展企业全局基础数据需求梳理，规划确定基础数据项、数据对象定义。明确基础数据产生机制、基础数据引用机制、基础数据维护更新机制，发布基础数据管理制度。做好基础数据服务接口规划，定义服务请求接口，明确数据接口服务安全要求。

3. **主数据规划**

基于数据分层规划确定的主数据范畴和管理要求梳理明确企业主数据全局发展规划；基于主数据的阶段目标开展主数据需求梳理分析，明确主数据产生的宿主系统以及主数据维护管理机制；基于主数据规划确定的主数据应用模式提出主数据系统需求与要求，发布主数据管理制度。

数据分层与数据对象涉及的范围广、内容多，数据分层架构体系构建的难度也较大，需要综合考虑企业信息化成熟度和信息架构目标，密切结合企业信息架构的主要矛盾和突出问题，积极、稳妥推进数据分层体系的建设工作。

4.4.4 数据生命周期应用

数据生命周期应用是信息架构规划中不容忽视的重要维度之一，以生命周期的视角审视信息架构需求，针对数据产生、存储、传递和利用等关键环节，提出数据产生标准化、数据传递标准化、数据应用标准化和应遵循的数据管理要求。

1. 数据标准化规划

在业务视角和管理视角需求分析的基础上，基于数据生命周期相关各领域对数据的管理和应用需要，梳理分析数据标准化需求。

- 针对企业内部数据应用，围绕重要数据的各领域需求，梳理形成企业数据标准化清单，基于现有数据规范情况，形成数据标准化提升方案，并结合业务实践，制定切实可行的数据标准化推进计划。
- 针对企业外部的业务协作和产品服务数字化交付等带来的数据标准化，应站在数字化转型的高度，全面分析企业未来面对的产业协作环境和产品服务数字化交付要求，统筹协调，做好数据标准化梳理分析，制定数据标准化提升应对方案。

数据标准化并非一朝一夕可以解决的事情，企业需要从长计议，做好数据标准化推进工作。

2. 系统集成标准化

企业内部存在大量的跨应用系统的数据共享需求，需要统筹规划做好跨系统的数据共享的系统集成标准化工作。系统集成标准化主要包括数据共享需求标准化和数据共享内容标准化。

- 数据共享需求标准化。梳理分析各系统对其他系统的数据共享需求，形成应用系统/数据的需求清单。据此形成每个系统对外提供的数据清单，基于数据的对象构成形成数据对象清单。基于各个系统的数据共享清单，可形成企业各系统集成的标准化数据清单。
- 数据共享内容标准化。根据上述各系统的数据对象清单，基于业务对象的数据对象构成，梳理数据对象属性和数据，定义数据对象属性和数据结构化表达，形成标准化的数据内容，据此形成企业信息系统之间数据共享内容的标准化。

依托企业信息系统的系统集成标准化，可以制定企业内部信息系统集成的技术标准，基于业务和技术标准推进企业信息系统集成工作。

3. 数据治理与数据安全

企业需要建立与企业管理模式相匹配的数据治理体制、机制，数据治理应考虑以下因素。

- 数据治理原则：企业应坚持数据一致性原则，基于单一数据源和数据生命周期指导推进企业数据生命周期应用，数据产生方对数据负有质量管理责任，鼓励数据共享合规应用。
- 体制、机制保障：企业应建立与数据管理和利用相一致的组织架构，确保数据管理与利用权责清晰、接口明确，确保数据管理重要决策得到有效执行。建立与企业组织架构和管理体系相一致的管理制度体系，确保数据管理要求得到有效落实。
- 质量安全保障：将数据质量安全措施落实到数据产生、存储、传递、利用的每个环节，可以保障数据完整、有效、安全。数据质量安全保障可以有效支持企业信息系统的数据产生、存储、传递、利用等环节的数据生命周期安全。
- 设施资源保障：提供信息架构工作所需的设施资源保障。

4.4.5 产品服务数据体系规划

经济社会数字化变革愈演愈烈,产品服务数字化是不可逆转的趋势,企业应重视产品服务数据体系的建设,通过产品服务数据体系规划,促进企业的数字化转型逐步走向深入。

1. 数字化目标与策略筹划

企业数字化转型的核心是产品服务的数字化,通过产品服务的数字化转型,带动并促进产品服务生产过程的数字化转型。同时,也会带动企业经营管理各领域的数字化变革。因此,企业应围绕产品服务、生产运作、经营管理,全面、系统地梳理数字化转型的需求和要求,统筹协调,做好数字化转型目标与策略的筹划,为数字化转型推进奠定基础。

2. 数字化框架体系规划

在做好企业数字化转型目标与策略的筹划的基础上,基于形成共识的数字化转型目标与策略,制定企业数字化转型工作规划。基于产品服务数字化愿景与发展目标,以智能化为导向,梳理产品服务数字化转型需求和智能化提升要求,结合经营绩效提升与能力提升,开展企业数字化框架体系规划,以支持企业数字化、智能化协调发展。

3. 数字化发展路径筹划

结合企业业务数字化实际,做好企业数字化转型发展路径的分析与论证,做好数字化转型行动事项的需求分析与方案设计,确保各项数字化转型工作方向清晰、目标明确、措施可行。同时,应结合企业实际,提出有针对性的实施保障方案与保障计划。

第 5 章

信息化治理与信息化管控

从企业 IT 战略、IT 系统建设、IT 系统运行服务到网络安全，无不需要与之配套的信息化管控体系的支撑，通过信息化管控体系保障企业信息化各项工作有序、健康开展，更好地发挥 IT 应用对企业战略和经营运作的支撑作用。

5.1 概述

信息化管控覆盖面广，涉及企业不同的利益主体，不同利益主体因其视角不同，对信息化管控的认知、理解也有所差异，导致理念、概念、认知均有所不同。

5.1.1 治理与管理的关系

关于治理，存在一定程度的混淆，一些人将"IT 治理"和"IT 管理"混为一谈，"治理"概念使用不当的情况时有发生。

治理是企业运作的一种制度构架，其目的是实现企业权责的合理安排与制衡，通过设定企业目标与行动方向、优先次序与决策事项，监控企业的运营绩效和合规性。管理是一种以责任为基础、以绩效为导向的行为，通过规划计划、组织构建、运营协调和监督控制等活动保持与治理目标和行动方向的一致性，并实现企业的经营目标。

企业治理的主体是利益相关者，主要包括股东、债权人、政府、员工、社区等。企业治理一般包括两个层级，一是股东及其他利益相关者对董事会的治理，二是董事会对经理层的治理。

企业管理的主体是企业经营者，主要是指企业的高层管理者、基层管理者和员工，他们负责企业的供应、生产、营销、人事等生产经营事项的管理决策。

"治理"是企业所有者的视角产物，"管理"是企业经营者的视角产物。

1. 信息化治理

基于上述的"治理"和"管理"的概念解读，信息化治理应该属于企业所有者视角的有关企业信息化发展的权责安排、IT 应用方向和目标等方面的部署要求。即纳入企业董事会审议范围的信息化事项才应归属于信息化治理的范畴。

2. 信息化管理

信息化管理是企业经营者视角的产物，即管理学概念，通过目标、计划、组织、领导、协调、控制等管理手段对企业信息化工作进行的管理与控制。信息化管理通常依托企业 IT 服务价值链，结合企业管控和 IT 系统管理要求建立。

以自上而下的视角看：企业信息化的治理与管理是分层支撑关系，信息化治理代表的是企业利益相关者的高层级的信息化总体要求，如信息化组织、信息化愿景、指导思想、发展目标等信息化长远战略要求。信息化管理为贯彻落实信息化治理要求的信息化支撑层面的管理制度体系、支撑保障体系等内容。企业IT治理和IT管理的总体目标是一致的。

从客观上讲，对于信息化处在业务运作和经营管理支持地位的企业，其信息化事项一般不会纳入企业董事会的审议范围，也很难称为严格意义上的信息化治理。但类似的IT治理、数据治理等概念却广为流传，分析其产生的原因，主要是IT服务商以第三方视角探讨企业内部的业务部门和IT部门在信息化管理方面的权责安排时，常常用"治理"来表达企业信息化事项的权责划分。虽然这一过程貌似合理，但却带来了"治理"概念的混淆或误导。

3. 信息化管控体系

基于企业所有者和企业经营者的两个维度，企业需要建立与之对应的信息化治理体系和信息化管理体系。基于两者的依托与支撑关系，将信息化治理和信息化管理统称为企业信息化管控体系。对未将信息化事项纳入企业董事会议事范围的，信息化管控体系等同于企业信息化管理体系。

5.1.2 现状与挑战

抛开概念层面的问题，企业信息化治理和管理涉及企业战略、业务运营、管理体系和信息化体系等多个领域，涉及业务、技术和管理多个方面，建立与企业融为一体的信息化管理体系绝非易事。

大部分企业的信息化管理体系伴随企业信息化发展逐步形成，信息化管理大多经过了从无到有、从事项管理到流程管理、从流程驱动到体系化运作这样的发展演变过程。随着信息化管理体系的逐步形成，信息化管理体系演变成了企业管理体系的重要管理域。

从客观上讲，信息化管控体系受企业内外部多种环境因素影响，企业的产品服务、规模、组织结构、管理模式、企业文化、管理者风格、人员知识技能等均会影响企业信息化管控体系的成熟度。同时，企业信息系统规模、布局及IT资产管理模式等也会影响信息化管控体系建设。同时，信息化管控体系作为企业管控的组成部分，信息化管理成熟度与企业管理的成熟度密切相关，应做好信息化管控体系与企业管理体系的协调，充分发挥企业管理体系对信息化管理体系改进与完善的驱动作用。

由于信息化治理和信息化管控涉及面广且较为复杂，如何提高信息化管控的有效性仍然困扰着许多企业，并产生诸多困难，如下所示。

- 缺乏高级管理层的认同、承诺和支持。
- IT应用价值创造认识不到位。
- 业务部门参与度不高。
- IT管理层对企业战略与业务认知偏弱。
- 企业管理较弱等。

因此，需要结合企业的业务与管理实际，因地制宜，根据信息化具体情况和管理需求来推进信息化管控相关工作。

5.1.3 使命与定位

全球企业，无论是国有企业还是私营企业，也无论其规模大小，都逐渐认识到，信息是一种关键资源，而IT系统是一种战略资产，两者对取得成功至关重要。

信息化管控体系是企业适应经济社会发展、参与市场竞争、保证企业价值创造实现与合规经营的重要支撑手段。同时，是提升 IT 系统服务支撑能力，提高 IT 投资有效性的重要保证。

信息化管控的使命是以最合理的信息化投入，创造最大的业务价值。通过最为经济有效地满足当前业务需求和未来战略发展需要，充分发挥 IT 应用支撑能力、促进业务变革、提升企业经营绩效和核心竞争力。信息化管控带给企业的价值通常包括效益实现、风险规避和资源优化。

> 效益实现：确保现有 IT 投资的效益实现，发挥 IT 资产对企业创造价值的支撑作用。
> 风险规避：增强 IT 资产安全风险的管控能力，降低 IT 系统风险对企业运行的影响。
> 资源优化：优化 IT 资产配置，发挥数据资产价值，保障关键技术与人力资源可有效支持企业战略与经营运作。

5.2 准确理解信息化治理与管理

企业 IT 应用需要与之匹配的信息化管理制度的支持保障，而建立与企业战略和业务实际相匹配的信息化管理体系并非易事，需要充分借鉴、利用业界的知识与经验积累，理解影响信息化管控体系的相关因素。

5.2.1 信息化治理和管理参考框架

谈企业信息化治理不得不提 COBIT 信息系统审计标准，该标准是国际上通用的信息系统审计标准，已在全球 100 多个国家和地区的重要组织与企业中运用。COBIT 是面向整个企业 IT 应用的治理和管理框架，COBIT 框架对治理和管理进行了明确区分，这两者各自涵盖不同的管控活动。COBIT 信息化治理和管理框架的核心模型如图 5-1 所示。

图 5-1　COBIT 信息化治理和管理框架的核心模型

COBIT 核心模型分为 5 个领域，包括 1 个治理目标域和 4 个管理目标域，其主要目的及目标涵盖的活动领域如下。

1. 治理目标

> 评估、指导和监控（Evaluate，Direct and Monitor，EDM）。主要包括评估战略方案、指导高级管理层执行所选的战略方案并监督战略的实施。

2. 管理目标
- 调整、规划和组织（Align，Plan and Organise，APO）。针对IT的整体组织、战略和支持活动。
- 构建、采购和实施（Build，Acquire and Implement，BAI）。针对IT解决方案的定义、采购和实施，以及业务流程整合。
- 交付、服务和支持（Deliver，Service and Support，DSS）。针对IT服务的运营交付、服务支持和网络安全。
- 监控、评估和评价（Monitor，Evaluate and Assess，MEA）。针对IT的性能监控及其与内部性能目标、内部控制目标和外部要求的一致程度。

COBIT明确了治理和管理的关键目标与影响因素，所有目标均有对应的流程和一系列组件，可以帮助企业建立与之匹配的IT治理和管理体系。

5.2.2 信息化管控影响因素

从前述的信息化治理和管理参考框架不难看出，信息化管控体系需要结合企业具体情况，综合考虑各种环境影响因素，尽可能做到与企业信息化实际相适配，进而更好地支持与支撑企业信息化的健康发展。

1. 治理环境、文化与管理者风格的影响

企业所有者治理要求、外部行业监管环境、国家法规要求等直接或间接对信息化管控有或明或暗的要求，制定信息化管控体系时应给予充分的重视。企业的文化氛围对企业管理氛围、管理模式也有不容忽视的影响，信息化管控的目标要素设计应尽可能保持与企业文化环境的友好，避免产生文化冲突。同时，企业高层管理者的管理诉求、风格也无疑会影响信息化管控框架的确定和目标要素的执行，应给予充分的重视。

2. 企业管理成熟度的影响

信息化管控体系是企业整体管控体系的组成部分之一，企业管理的成熟度水平直接影响信息化管控体系的体系结构和管控要素目标设置，信息化管控要素目标设置应充分考虑与企业管理成熟度的匹配，避免不切实际的管控要素目标设置。当然可以适度提高管理水平等级，但提高的管理水平等级应在一个等级为宜。

3. 企业信息化成熟度的影响

流程、技术、人员、资源是企业IT服务的核心要素，其中"流程"为信息化管控要素目标的重要承载对象，信息化管控流程必须兼顾与企业信息化相关的技术、人员、资源等配置的实际情况，确保管控要素目标的可行性，保障信息化管控体系与信息化成熟度的匹配。

总之，信息化管控体系设计是一项复杂的系统工程，既要考虑企业信息化战略一致性和企业IT服务管控需求，又要兼顾企业治理、文化、管理者风格及管理成熟度等的环境影响。

5.3 信息化管控体系设计

信息化治理和管理参考框架虽然为企业信息化管控体系设计提供了框架和管控要素参

考，但由于企业产品服务、业务模式、管理模式、信息化水平等的差异，不同企业信息化管控的焦点和要求差异较大，需要结合企业自身需求，开展信息化管控体系设计。

5.3.1 信息化组织模式及分析

信息化管控体系是企业信息化治理事项和管理事项的组合体，企业所有者的信息化治理事项通常属于高级别的控制需求，而信息化组织模式无疑对信息化管控要素布局有重要影响。

1. 组织模式

以下简要介绍企业信息化发展中常见的信息化建设组织模式，如图5-2所示。

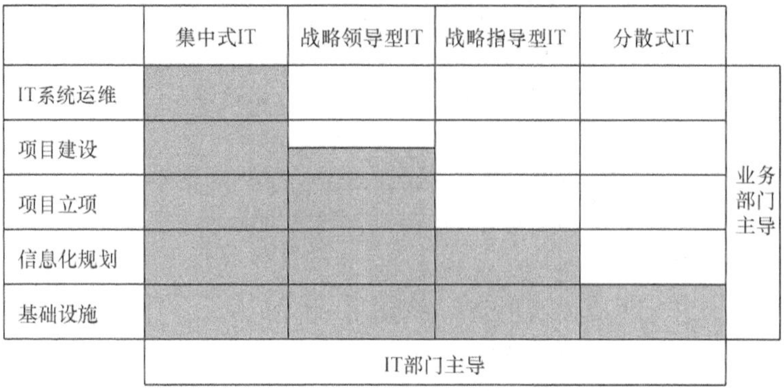

	集中式IT	战略领导型IT	战略指导型IT	分散式IT	
IT系统运维					业务部门主导
项目建设					
项目立项					
信息化规划					
基础设施					
	IT部门主导				

图 5-2 信息化建设组织模式

企业信息化建设组织模式基本可以分为 4 类——分散式 IT、战略指导型 IT、战略领导型 IT 和集中式 IT。

> 分散式 IT。业务部门独立负责 IT 项目立项、建设和运行，IT 部门提供必要的技术支持。各业务领域各自为政，按自身需求推进 IT 应用。很少有企业级协作，这种建设组织模式在企业信息化的初始建设期广泛存在，在信息化规模发展期也不少见。

> 战略指导型 IT。业务部门与 IT 部门具有初级的合作关系。业务部门是应用系统建设的主体部门，IT 部门通过信息化整体规划为业务部门提供指导，同时提供必要的技术层面支持。联合进行 IT 管控，相互之间的职责略有重叠。

> 战略领导型 IT。在企业信息化领导小组领导下，IT 部门与业务部门紧密合作进行信息化工作，共同确定未来企业信息化架构；IT 部门负责企业整体信息化建设规划，按信息化实施路线推进业务应用系统建设，业务部门聚焦项目建设目标与需求，参与项目建设管理。

> 集中式 IT。由 IT 部门统一管控和发起所有项目的立项、建设和维护；业务部门负责业务需求及相关需求确认、验证等工作。

2. 利弊分析

上述 4 种信息化建设组织模式可以概括为 3 种——分散式、联邦制和集中式，其中联邦制指的是战略指导型 IT 和战略领导型 IT。每种组织模式各有其利弊，也正是这种利弊共存，才有其各自存在的道理，正所谓"存在即合理"。

> 分散式。优点是业务部门专人关注业务需求和发展方向，对业务需求的反应比较直接，有利于提高创新能力；业务部门对系统实施负直接责任，从而容易实现业务变

革。缺点是不同业务部门的 IT 实施策略可能不一致，缺乏统一架构规划；容易造成重复投入；缺少跨部门的整合考虑，往往导致跨部门的应用系统整合非常困难；IT 资产不能共享。

- 联邦制。优点是由于是一种处于集中和分散之间的模式，可以克服分散式和集中式带来的一些缺陷；跨业务部门的协作相对容易。缺点是对人力资源的管理和协调困难，需要强有力的协商能力和机制；联邦制折中了分散式和集中式的某些特点，有时会导致职责不清，影响最终的执行效果。
- 集中式。优点是能够充分发挥集中模式下的规模效应和成本效应；对现有 IT 资产和系统的充分利用，可提高资产和系统使用效率。缺点是对业务需求的反应迟钝；通常效率低下，缺乏创新；业务部门不承担系统开发的直接责任；IT 部门通常具有决策的主动权；对业务需求和发展方向关注力度不够。

企业信息化的组织模式选择远不是利弊分析就能够解决的问题，在客观上是企业管理成熟度、企业文化、管理者风格以及企业信息化成熟度等诸多因素在信息化组织架构上的综合体现。

5.3.2 信息化组织体系筹划

企业信息化组织体系应覆盖信息化治理和管理关键要素对应的各层级。

1. 信息化管控的组织层级

信息化管控的组织层级应覆盖信息化事项"控制"层、"管理"层和"操作"层。

- 信息化"控制"层：信息化组织的"控制"层一般可划分为企业管理层面的"控制"和企业治理层面的"控制"。企业管理层面的"控制"一般由企业信息化领导小组承担。领导小组组长一般由企业"一把手"兼任，信息化领导小组可下设信息化专家组负责技术方面的"控制"职责，专家组组长一般由企业的首席信息官担任。企业治理层面的"控制"一般由企业的董事会或其授权的机构负责。
- 信息化"管理"层：企业信息化发展到一定规模，一般会设置专门负责信息化工作的"IT 部门"，由 IT 部门统一负责企业的信息化管理工作，负责企业信息化管控体系的建设与持续改进。对于规模较大的企业，可以根据信息化布局和层级划分，将企业信息化管理职责进一步分解，由授权部门承担授权范围内的信息化事项管理。
- 信息化"操作"层："操作"层是指各类信息化事项的执行层。大部分信息化事项通过流程启动，但也存在按规程、标准启动的工作事项。而且，随着信息化管理的逐步细化，纳入管理范围的事项将会逐步增加，进而逐步提高信息化工作的可控性。

2. 信息化组织应考虑的因素

企业信息化组织与信息化发展水平密切相关，不同的发展阶段需要与其匹配的最佳组合，虽然企业信息化组织设置受很多因素影响，但应在可变的范围积极推进企业信息化组织的优化和变革。

- 与企业组织架构的匹配：信息化管理是企业管理的重要组成部分，有些信息化管控事项离不开企业管理流程的支持，应尽可能保持与企业整体管理架构的一致性，发现问题并及时协调解决，积极推进信息化组织优化和管理变革。
- 与信息化成熟度匹配：信息化组织是企业信息化水平的重要支持和保障，而随着信息化水平的逐步提升，也要求信息化组织模式、管理制度等做出适当的改变，以便更好地适应企业信息化的发展，应建立必要的信息化组织适应性评估机制，及时推进信息化组织优化和变革。

> 与信息化能力的匹配：信息化管理需要与之匹配的信息化能力支撑，信息化组织与信息化能力需求的匹配既影响信息化工作事项的绩效，也不利于信息化能力体系建设。因此，应重视信息化能力对信息化组织的变革需求，及时进行信息化组织优化。

5.3.3 信息化管控能力框架

企业需要建立与其信息化发展水平相适应的信息化管控体系，通过信息化管控体系支撑企业信息化的健康和可持续发展。

1. 信息化管控总体框架

COBIT信息化治理和管理参考框架可为制定企业信息化管控框架提供重要参考。COBIT核心模型以管控要素为核心，可以适应不同规模、不同类型、不同信息化发展水平的组织的信息化管控，具有较强的普适性，需要结合企业IT服务价值链和管理模式，对其适当裁剪、补充。

从企业IT服务价值链的视角看，企业IT服务可以划分为信息化建设与实施、IT系统运维与服务支持；从运营管理的视角看，可划分为信息化战略管控、信息化运营管理规划与架构管理、信息与信息安全管理和人力及资源管理。基于上述两个视角，信息化管控总体框架如图5-3所示。

上述的信息化管控总体框架具有一定的通用性，企业需要根据自身的信息化发展水平，结合企业信息化重点关注进行适当裁剪、补充，以形成企业自身的信息化管控框架。

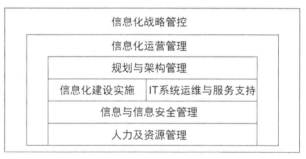

图5-3 信息化管控总体框架

2. 关键管控要素目标筹划

基于前述的信息化管控总体框架和COBIT核心模型定义的管控要素，可形成以下信息化管控能力要素，如图5-4所示。

企业信息化管控模型包含5个领域，可细分为10个战略管控目标和30个管理目标，信息化战略管控和事项管理目标简要说明如下。

> 信息化战略管控：由COBIT核心模型的治理目标要素"评估、指导和监控（EDM）"和管理目标要素"监控、评估和评价（MEA）"组成。用于达到企业信息化治理和企业信息化总体管控的双重目的。

> 信息化运营管理：由COBIT核心模型的管理目标要素"构建、采购和实施（BAI）"中的"BAI01：计划管理"、"调整、规划和组织（APO）"中的"APO05：项目组合管理""APO06：预算成本管理""APO08：关系管理""APO09：服务协议管理""APO10：供应商管理""APO11：质量管理"和补充的"GFC04：宣传管理"组成。

第 5 章 信息化治理与信息化管控

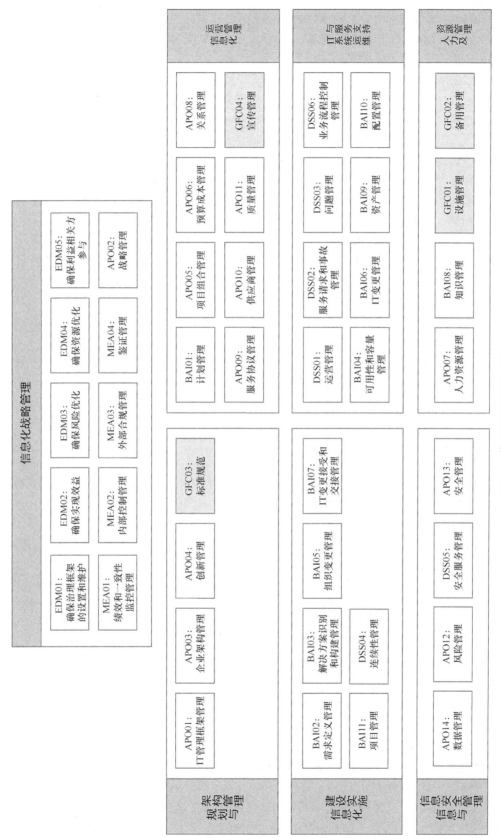

图 5-4 信息化管控能力要素

- 规划与架构管理：由COBIT核心模型的管理目标要素"调整、规划和组织（APO）"中的"APO01：IT管理框架管理""APO03：企业架构管理""APO04：创新管理"和补充的"GFC03：标准规范"组成。
- 信息化建设实施：由COBIT核心模型的管理目标要素"构建、采购和实施（BAI）"中的"BAI02：需求定义管理""BAI03：解决方案识别和构建管理""BAI05：组织变更管理""BAI07：IT变更接受和交接管理""BAI11：项目管理"和"交付、服务和支持（DSS）"中的"DSS04：连续性管理"组成。
- IT系统运维与服务支持：由COBIT核心模型的管理目标要素"交付、服务和支持（DSS）"中的"DSS01：运营管理""DSS02：服务请求和事故管理""DSS03：问题管理""DSS06：业务流程控制管理"和"构建、采购和实施（BAI）"中的"BAI04：可用性和容量管理""BAI06：IT变更管理""BAI09：资产管理""BAI10：配置管理"组成。
- 信息与信息安全管理：由COBIT核心模型的管理目标要素"调整、规划和组织（APO）"中的"APO14：数据管理""APO12：风险管理""APO13：安全管理"和"交付、服务和支持（DSS）"中的"DSS05：安全服务管理"组成。
- 人力及资源管理：由COBIT核心模型的管理目标要素"调整、规划和组织（APO）"中的"APO07：人力资源管理"、"构建、采购和实施（BAI）"中的"BAI08：知识管理"和补充的"GFC01：设施管理""GFC02：备用管理"组成。

其中"GFC01：设施管理""GFC02：备用管理""GFC03：标准规范""GFC04：宣传管理"为本书笔者根据企业信息化实践补充增加的信息化管控事项。

5.4 重点关注

企业信息化管控体系的目的是保证IT战略与企业战略的一致性，保证信息系统有效支撑业务运作和经营管理，支持信息化健康和可持续发展，并提高信息化投资的有效性。

1. 关注IT战略管控

首先，切实关注IT战略与企业战略的一致性，确保企业信息化愿景、信息化价值理念、指导思想符合企业战略要求和企业内外部监管要求，信息化发展目标能够有效支撑业务发展和经营管控。其次，信息化投资管理、内部管控、外部合规、安全审计、绩效评价等关键管控要素符合企业战略管控要求。此外，应密切关注企业战略和业务需求变化，及时调整信息化发展战略及配套的信息化管控体系和信息化资源保障体系，以确保信息系统能够适应并有效支撑企业的发展。

2. 关注信息化架构管控

首先，做好企业信息化全局规划和必要的专项发展规划，为信息系统建设、持续改进以及整合集成优化提供规划与方案支持。其次，结合企业信息化管控需求和管控优先级，基于影响、成本、效益与效率的综合评估，确定架构管控策略，明确管控范围和架构基准。此外，推进架构管控自动化，提高架构管控效率。

3. 关注信息化运行管理

首先，建立信息化资产台账和配置台账，实行配置管理制。重视信息系统运行监控指标体系的建立、健全、完善、优化，为开展信息系统运行监控提供基础支撑。其次，推进信息系统运行监控平台、运维管理平台、IT资产管理系统等信息化平台建设，提升信息系统运行状态感知、快速响应和应急处理能力。此外，注重信息系统运行态势感知系统建设，加强运行安全常态化管理。

第 6 章

数字化转型与策略选择

IT 已经从支撑经济社会发展演变为推动经济社会变革的重要力量。展望未来,新 IT 对经济社会的影响将更为深远,经济社会数字化、产业互联化、数字经济崛起已成为不可逆转的大趋势。

6.1 数字化发展的机遇与挑战

从企业的层面看,产品与服务、生产与经营、营销与服务等各环节均会受到经济社会数字化发展的冲击。产品开发设计将会经历从产品数字化、智能化提升到产品生命周期管理和生命周期智能化协作的发展过程。生产与经营会经历从数字化转型到生产设施智能化提升、从管理标准化到管理集约化的过程。营销与服务也会经历从初期的营销数字化与服务自动化逐步上升到营销智能化与服务智能化的过程。数字化转型、"两化融合"创新、产业融合发展将成为企业发展的新常态。

伴随经济社会的数字化转型,产品服务形态与产业模式等都将发生一系列的调整与变化,迎接挑战、抓住机会对任何企业都是至关重要的事项。

6.1.1 数字化发展趋势

随着以云计算、大数据、物联网、移动互联网、人工智能为带代表的新 IT 的快速发展,人与人、人与物、物与物的互联互通,人类社会生产生活中的数字化、智能化特征越来越显著。各行各业,未来将会经历"数字化转型·互联互通""智能应用·产业协作""融合创新·按需生产"的发展历程。

第一阶:数字化转型·互联互通。从企业层面看,企业具备产品服务数字化交付能力。体现为产品服务提供方可向客户交付完整的数字化产品,客户可基于交付的数字化产品开展基于数字化产品的运营应用,也意味着企业初步形成了端到端的数字化集成系统。从产业链层面看,产业链各方的信息共享与产业协作水平显著提高,产业大数据应用将逐步形成。

第二阶:智能应用·产业协作。从企业层面看,IT 与企业产品开发、生产经营、营销服务的深度融合,产品智能化水平与企业经营绩效显著提升。体现为模拟仿真广泛用于产品设计、产品制造和产品运营等各领域,产品自动化、智能化水平提升显著。从产业链层面看,初步形成基于互联网的更为紧密的产业协作关系,产业大数据驱动产业产品优化。

第三阶:融合创新·按需生产。从企业层面看,IT 驱动产品与技术创新,产品智能化水平显著提高。体现为产品功能、性能、安全性和经济性显著提升。从产业链层面看,产业深度融合并促进产业模式创新,大数据驱动产业产品与技术创新。

企业应充分认识所在领域的数字化发展趋势，审时度势，积极应对。

6.1.2　数字化发展机遇

数字化的普及和新 IT 与业务的深度融合，将会极大地促进企业的创新发展。同时，全新的数字化产品和服务将会带给企业新的发展契机和新的利润增长点。

1. 促进产品与服务智能化水平提升，增强企业竞争力

新 IT 与企业产品与服务、生产与经营、营销与支持的深度融合，将激发企业创新发展的活力，促进企业产品数字化转型和智能化提升，从根本上增强产品功能、性能和市场竞争力，进而增强企业市场竞争力。

2. 衍生全新的数字化产品与服务，增加企业盈利空间

伴随产品服务数字化以及智能应用的普及，会派生、衍生出一系列全新的产品与服务。如产品服务数字化成果交付带来的附加营收增长和设施数字化改造带来的全新产品与服务需求，以及大量的智能化支持系统与服务需求，如模拟仿真系统、系统智能化改造等全新的产品与服务需求。

6.1.3　面临的挑战

企业数字化转型已经不是转不转的问题，而是如何转型、怎么转型的问题。目前谈及数字化转型的文章很多，但对企业数字化转型具有实际指导意义的不多，可归纳为以下几种情况。

- 数字化转型宣传多，结合实际转型落地的少。
- 以点带面转型的多，全面、系统转型的企业少。
- 转型的技术方案多，转型的业务解决方案少。

企业数字化转型面临一些困难，概括起来有以下几方面。

- 深知数字化为大势所趋，但苦于无从下手。从数字化转型目标、转型需求到转型方案缺乏系统的方法和方案指导，导致数字化转型难以落地。
- 巨大的转型投入和不确定的收益的矛盾。数字化转型涉及企业的产品、生产、经营等各环节，需要较大的资源投入，而对数字化转型之后的效果则难于量化。对高度关注投入、产出的企业来说，当然也需要回答这个问题。
- 有序推进和恰到好处地回馈困难重重。由于缺乏完整、系统的转型方案支撑，开展、推进数字化转型工作困难重重。

基于上述企业数字化转型面临的难点，要推进企业的数字化转型工作需要系统的方法、明确的应对策略和可落地、可实施的应对方案，这样才具备推进企业数字化转型的基本条件。

6.2　数字化发展的策划与规划

为更好地迎接经济社会数字化变革，把握数字化发展机遇，企业需要有明确的数字化发展的应对策略，做好数字化发展的统筹规划，并通过与企业战略和管理的对接，将数字化转型工作纳入企业经营管理工作中。

6.2.1 明确数字化发展对策

数字化转型是因经济社会等外部因素变化而导致的需企业采取的调整行为，由于变化缓慢往往容易被企业所忽视。企业需要有敏锐的市场感知能力，及时采取措施并大力推进产品服务与生产经营的数字化转型。

1. 明确转型对策

结合本企业在产业链中的价值定位、产品服务和生产流程情况，梳理分析数字化发展的潜在需求，明确企业数字化转型的着眼点和愿景目标。可从以下视角审视数字化潜在需求。

- 站在数字化环境下的客户需求视角，看企业的产品与服务的数字化需求，以用户体验为驱动梳理产品与服务的数字化需求，规划产品与服务的数字化发展。
- 站在数字化环境下的"两化融合"视角，看企业的生产与经营的数字化需求，以核心能力和绩效提升为驱动梳理生产与经营的转型需求，规划生产与经营的数字化转型。
- 站在数字化环境下的产业协作视角，看产业链的信息共享与协作的数字化需求，以协作效率提升为驱动展望数字化产业协作，明确产业协作的数字化需求。

基于上述的数字化发展需求梳理，明确企业数字化发展的着眼点和愿景。再结合企业的具体情况，提出企业数字化转型的指导思想与阶段性目标。

2. 落实转型推进机构

在任何企业，数字化转型都是一项前所未有的工作，涉及面比较广、缺少参考和借鉴，因此，落实强有力的数字化转型的推进机构至关重要。同时，为有效支撑数字化转型各项工作扎实、高效地开展，数字化转型推进机构应具备以下基本能力。

- 领导协调能力。应具备企业范围内的业务、技术、管理工作的领导与协调能力，及时解决数字化转型推进中的资源配置、流程与管理体系优化和关键事项决策问题。
- 组织推进能力。应具备较强的数字化转型目标评估与制定、组织策划与计划、转型工作推进与问题协调处理能力。
- 业务分析能力。应具备企业战略分析、业务流程分析、核心能力分析与数字化转型需求的梳理、分析与判断能力。
- IT 把握能力。应具备 IT 发展趋势、IT 与业务融合应用和 IT 系统架构的全局把握和 IT 项目管理能力。

数字化转型推进机构是企业数字化转型推进的重要依托，而数字化转型推进机构的上述基本能力要求则是保障企业数字化转型达成预期效果的基本支撑和保障。

6.2.2 做好数字化顶层筹划

数字化转型是一项系统工程，既需要清晰的愿景引领，也需要明确的转型策略指导，同时，明确的阶段发展目标也尤为重要。

1. 数字化愿景

由于新 IT 发展引发的社会数字化、产业互联化、数字经济崛起已成为不可逆转的大趋势。无论是从企业层面看还是从产业层面看，本轮数字化革命的影响都将是深远的，但企业的数字化进程又是一个渐进的过程，将会经历从数字化转型、智能化提升到融合创新的发展过程。这就要求企业的数字化发展规划既要立足长远，又要脚踏实地。

应基于企业的价值定位和愿景，梳理、明确企业的数字化愿景，为企业数字化发展指明前进的方向。数字化愿景的表述应能够体现在数字化和智能化充分发达情况下的企业产品与服务的理想状态，为企业的产品与服务发展提升设定愿景。同时，也应体现"两化"深度融合后的企业生产要素能力的理想状态，为企业生产与经营数字化转型提供努力方向，最终实现对企业愿景市场目标的支撑。

2. 转型策略

前文提到的"转型对策"是数字化转型谋划阶段的大思路，属于指导思路和宏观目标类的内容，其目的主要是启动和推动数字化转型工作。

"转型策略"则属于数字化转型规划中的指导思想、目标设定、推进原则等的精确的文字表达。

- 指导思想。指导思想一般为实现愿景目标而选择的路线、采取的方案，用于为企业数字化发展指明路线、明确高层级行动方案。
- 目标设定。对于遥远的愿景，需要结合企业实际，由远及近设定分阶段目标，通过分阶段目标的实现，最终实现愿景目标。目标设定一般是指导思想的产物，即指导思想中的高层行动方案的阶段性产物。
- 推进原则。"原则"一般为实现目标应遵循的折中规则，离开目标谈原则是没有意义的。数字化转型的推进原则应保持与目标设定的一致性，确保为数字化转型推进提供清晰的折中指导。

3. 目标体系分解

目标体系与企业产品服务、生产经营、市场营销与服务等密切相关，通过目标体系分解将企业数字化愿景、阶段目标落实到与数字化转型相关的业务、技术和管理领域中，从而驱动企业各领域数字化转型工作的有序开展。

目标体系分解可分为如下两个层级的目标分解。

- 一是将数字化转型阶段目标分解到细分领域。基于企业核心能力模型开展目标分解，通过企业核心能力模型将阶段目标分解到细分的核心能力领域，进而明确各细分领域的数字化发展目标。企业各阶段目标分解方法基本相同。
- 二是将细分领域目标分解到关键能力事项。通过细分领域关键能力与关键需求的分析，可以将细分领域阶段目标分解到关键能力事项，并通过关键能力需求的分析，明确数字化转型突破的重点工作，形成数字化转型推进事项。

目标体系分解层级与企业业务范围和企业规模密切相关，企业规模越大，分解层级会越多。通过目标体系的层层分解，最终实现数字化目标与数字化关键需求的关联，并通过关键需求问题的解决达成数字化转型的标志性目标。

6.2.3 编制数字化转型方案

基于企业数字化愿景、转型策略及目标体系分解，结合企业业务管理实际，梳理企业核心能力与数字化需求，规划数字化应用架构、数据架构、技术体系，提出标准规范支撑需求，拟定数字化设计发展路径，据此形成企业数字化转型方案。

1. 基于核心能力，明确数字化发展需求

基于企业核心能力框架和规划范围约定，根据企业数字化发展目标，梳理、提炼数字化转型需求。数字化需求应体现为对业务目标和核心能力的支撑，包括但不限于以下几方面。

- 以客户为中心。为客户提供体验更好、更加安全、更有竞争力的产品与服务。
- 数字化核心业务体系。更好地支撑核心业务能力与绩效提升，支持创新发展。
- 数字化基础支撑体系。可有效支持企业数字化的健康和可持续发展。
- 数字化资源整合体系。形成数字化资源体系，发挥最佳的资源效益。
- 数字化产业协作体系。支持数字化的产业生态，提高产业协作效率。

通过企业数字化关键需求的梳理分析，形成以业务目标为导向、以数字化核心能力为主体、覆盖数字化基础支撑、资源整合和产业协作的创新、高效的数字化协作环境，支持企业数字化健康和可持续发展。

2. 结合企业实际，制定数字化转型方案

基于数字化目标与需求，规划企业数字化支撑信息系统，包括但不限于应用架构、数据架构、技术架构等。

- 应用架构是从业务应用的视角阐述企业各信息系统以及各系统之间的支撑关系。应用架构源自业务架构、服务于业务架构，是共性业务逻辑的抽象，体现企业的业务运作、业务管控与数据资源管理。
- 数据架构是业务运作中各类信息对象相互支撑与关联的抽象表示。数据架构以信息模型为基础，通过建立信息对象与关联主线的关系形成多维度关联的信息体系架构，以满足企业数据管理与利用需求。
- 技术架构是以技术的视角阐述支撑数字化各系统应用功能与数据利用的技术支撑与实现组合，旨在以最简化的产品支撑与技术架构满足企业的数字化系统建设以及与其他相关系统的应用集成与数据集成。

数字化转型方案优先遵从相关国家标准、行业标准与企业已有标准，对于现有标准无法覆盖的领域，应制定数字化本领域标准规范，包括但不限于业务标准、数据标准和技术标准。

3. 基于企业战略，分阶段推进数字化转型

基于企业发展战略，结合企业业务实际，明确各细分领域发展思路、制定成长阶段和明确关键节点标志、规划重点建设项目，形成企业数字化转型路线图。

- 明确建设思路。建设思路是实现企业数字化转型阶段目标拟采取的策略和手段，是企业数字化转型策略指导下的行动策略。建设思路应围绕数字化转型的阶段目标梳理。转型的初级阶段可以业务数字化"转型"和专项能力提升为着眼点，推进各领域数字化和技术创新、管理创新的相关项目建设。重视技术架构一致性、数据规范化和标准规范开发，从而达到有效支撑企业数字化系统的互联互通、信息共享和提高投资有效性的目的。
- 制定成长阶梯及关键标志。数字化转型是业务数字化变革的产物。从发展的视角看，数字化将会经历起步、发展与成熟的过程。数字化发展路径基本可分为以下3个阶段：第一阶段以互联共享为特征，第二阶段以协作共赢为特征，第三阶段以融合创新为特征。应结合企业的业务实际，制定切实可行的数字化发展路径和成长阶段计划，并明确不同发展阶段的标志性成果或成效。
- 规划重点建设项目。根据企业数字化转型的目标与建设思路，结合企业实际，规划数字化转型重点建设项目。重点建设项目应充分考虑与企业现有信息化、数字化设施的衔接，通过新建系统和对现有信息系统与设施的扩展、完善与优化，有效满足企业的数字化产品交付、管理精细化、能力提升与数据综合利用等要求，进而实现数字化转型阶段目标。

基于已明确的企业数字化发展路径和重点建设项目，编制企业数字化转型实施组织计划。

6.3 数字化转型的组织与推进

数字化转型涉及企业的产品服务数字化升级和业务运作与经营管理的数字化转型，点多、面广，推进难度大，应做好数字化转型的策划、组织与过程管理。

6.3.1 做好与战略和管理的衔接

在企业数字化发展规划编制和推进实施中，应特别关注数字化发展规划与企业战略规划和企业管理体系的衔接。

1. 与企业战略规划的衔接

数字化转型事关企业长远和全局发展，与企业战略相衔接是必要的，也是必然的，这就要求数字化发展战略应服务于企业战略，并纳入企业战略。

➢ 数字化发展规划服务于企业战略。这就要求数字化转型应依托企业战略，应基于企业战略确定的战略目标、核心能力与支撑保障要求，梳理明确数字化转型的愿景、目标与关键需求，确保数字化发展规划服务支撑企业战略的实现。

➢ 数字化发展规划纳入企业战略。数字化转型作为实现企业战略目标的重要保障措施，应在产品与服务、生产与经营、营销与服务等各关键领域体现数字化转型的价值支撑，将数字化转型工作纳入企业战略和业务运作中，确保"战略牵引""业务驱动""技术支撑"落到实处，为数字化转型推进提供战略与业务支持保障。

2. 与企业管理体系的衔接

通常讲，数字化转型中的"转型"指的是企业为满足数字化附加品要求而进行的"业务流程和管理模式转变"。也意味着，生产传统产品的流程没有办法满足数字化附加品的生产要求，需要对现有的流程与管理体系调整，以满足数字化交付品的要求，这是狭义"转型"概念。从普遍意义上讲，"转型"已突破了狭义的范畴，泛指企业为适应数字化发展需要采用的一系列的数字化推进举措。数字化转型与管理体系衔接有两个层面的含义。

➢ 一是数字化发展规划应基于企业现有的管理体系开展，并基于数字化环境下的业务运作和经营管理需要，扩展构建基于数字化环境下的业务流程和运作的数字化管理体系，形成适应未来发展的数字化管理体系。

➢ 二是将数字化流程、管理制度纳入企业管理体系中，并将数字化的业务流程与现有的流程与管理体系进行一体化融合，确保管理体系的一体化，以便更好地支持数字化转型后的业务运作。

6.3.2 做好实施组织与推进

组织保障是数字化转型得以起步、推进的重要支撑，组织保障直接影响数字化转型的成效与发展的可持续性。

1. 建立转型推进机构，有效支撑转型工作的开展

数字化转型既涉及"两化融合"带来的业务数字化转型，也存在"互联网+"可能带来的

业务模式变革。因此，组织保障既要支撑数字化转型推进过程中的常规问题解决，也要解决数字化转型带来的业务变革等挑战。为此有必要建立如下"二层级"数字化转型推进机构。

- 数字化转型领导小组。负责数字化转型的全局组织协调，协调、解决数字化转型过程中的重大事项和业务变革等挑战。
- 数字化实施管理小组。负责数字化转型事项的协调推进，以及与数字化转型相关的全局技术管理和所有项目的项目管控。

通过"二层级"组织机构密切配合，推进企业的数字化转型工作逐步深入。

2. 落实转型资源保障，支撑转型工作的有序开展

企业应为数字化转型推进机构配备必要的人力资源，为转型事项提供足够的资金支持，确保足以支持数字化转型各项工作的开展。

- 人力资源：可依托企业的信息技术部门，组建数字化转型推进机构，配备满足能力要求的关键业务人员和IT人员，确保能够有效支撑数字化转型工作的开展。
- 资金支持：根据数字化转型事项安排，合理配置资金资源，保障各项工作的正常开展。

3. 重视转型协调沟通，及时解决转型存在的问题

应重视数字化转型推进过程中的组织、协调与沟通，及时解决推进过程中的问题。

- 充分的转型需求与目标沟通。充分发挥业务主体的数字化转型驱动作用，确保数字化需求与目标充分反映业务诉求。
- 充分的转型方案与问题沟通。充分调动各方积极性，集思广益做好转型方案，及时解决转型推进过程中存在的问题。
- 定期的项目进展与事项报告。定期发布数字化转型推进状态报告，使相关人员保持对数字化转型工作的关注与积极性。

6.3.3 重视过程评估与持续改进

数字化转型覆盖面广，涉及复杂的业务数字化转型与技术整合，普遍存在较多的不确定性和风险，应注重数字化转型推进过程的整体风险管控和持续改进。

1. 开展数字化转型效果评估

企业可建立必要的数字化转型事项评估机制，根据数字化转型全局需要，适时开展数字化转型项目执行的效果评估，重视转型推进过程中的经验总结，及时完善、优化转型方案。建立重大问题收集、总结分析及预警机制，解决推进过程中存在的问题。

2. 及时完善转型方案与计划

数字化转型方案必然会经历由粗到细、逐步深化过程。在数字化转型推进过程中，应根据数字化转型推进需要，及时做好转型方案的深化细化，并根据专项推进需要，适时调整数字化转型实施的组织与计划，为数字化转型推进提供到位的方案支撑。

同时，应注重转型项目的方案评审和项目过程管控，规避项目建设风险。

6.4 相关建议

1. 聚焦关键能力，推进数字化转型

"价值创造"是企业永恒不变的主题，价值创造是通过用户的获取实现的，而任何用户的获取都是企业综合能力竞争的结果。企业数字化转型应聚焦于企业核心竞争力,通过数字化转型工程的实施促进企业核心能力的增强。

2. 做好数字化发展的统筹规划

数字化发展既涉及产品服务数字化升级,也涉及生产经营管理转型,需要全面的规划、统筹,通过全面的梳理、分析、规划与论证,确保企业数字化转型方案符合企业发展战略、符合企业管理实际,以保证数字化转型的投资有效性。

3. 将数字化转型纳入企业发展战略

将数字化转型纳入企业发展战略,充分发挥企业战略的牵引作用,更好地发挥业务部门的驱动作用和技术部门的支撑作用,全面推进企业数字化转型工作。通过战略融合促进业务与新IT的深度融合,促进企业可持续发展。

第二篇

技术与方案

导读

本篇从技术的视角探讨影响企业 IT 应用全局发展的关键事项，探讨 IT 应用的宗旨与目的、诉求与需求，以及业务驱动与技术引领的"双轮驱动"关系。基于 IT 发展趋势，尝试给出"IT 基础设施规划与设计"应遵循的方法与框架，以及可供参考的目标与原则、场景需求与扩展、方案规划与设计、设备配备与选型，以及生命周期管理等重点事项。

同时，针对应用系统需求分析和软件选型评估等难点事项，从问题与难点入手，给出解决问题的需求分析框架和软件选型模型，及其各自应遵从的基本准则，详细阐述开展具体工作的方法与方案。为更好地应对移动应用和物联网应用给企业网络安全带来的挑战，设置"移动应用与接入安全""物联网应用与互联安全"，探讨相关需求场景与安全解决方案，以期为读者理解、把握 IT 与方案提供参考。

第 7 章

定位、方法与重点关注

企业信息化是企业经营运作与信息技术相融合的具体体现，其中既涉及企业战略、经营运作等业务层面的应用需求，也涉及企业信息化战略、IT 解决方案等技术层面的策略选择。业务需求与 IT 解决方案的有效融合有利于驱动企业信息化的健康与可持续发展。

7.1 价值定位

站在不同视角，会有不同的 IT 应用认知与解读。但总体而言，企业 IT 应用是一种投资行为，以期通过 IT 应用投资提升企业市场竞争力和经营绩效。价值创造是企业 IT 应用永恒的主题。

7.1.1 理解信息化

有关 IT 应用，有多种不同视角，如宏观发展的视角、应用推进的视角、业务变革的视角、营销感知的视角的概念表达。

- 以宏观发展的视角看 IT 应用，表述为"两化融合"，即信息化和工业化高层级的深度结合，以信息化带动工业化，以工业化促进信息化。对企业而言，"两化融合"是指 IT 应用到企业的技术、产品、业务、经营管控的各环节，通过"两化融合"提升企业经营绩效和核心竞争力。
- 以应用推进的视角看 IT 应用，表述为"信息化"，强调的是通过推广应用信息技术，促进信息共享和业务协同，实现企业运作绩效提升与产品服务创新，最终达到经营绩效与核心竞争力提升的目的。
- 以业务变革的视角看 IT 应用，表述为"数字化"，是指 IT 系统中的"数据"应该是充分结构化且充分关联的，强调的是为满足经济社会数字化要求，企业必须进行产品服务与经营运作的数字化变革。
- 以营销感知的视角看 IT 应用，表述为"智能化"，强调的是通过信息技术应用，达到的企业产品服务和经营运作提升的智能化效果。

因此，"两化融合"、信息化、数字化、智能化以及未来还会出现的各种新的概念，每种概念背后都有其独特的审视视角和愿望表达，它们是 IT 应用过程中不同阶段的主要矛盾的体现。

抛开这些概念层面的差异，在企业实际的 IT 应用中，需要对 IT 应用的宗旨与目的、诉求与目标，以及需求与要求有深刻的理解和把握。

- 宗旨与目的：从本质上讲，企业 IT 应用是一种投资行为，通过 IT 应用投资，以期获得产品服务创新、经营绩效提升与核心能力的提升，所有 IT 应用工作均应围绕这个宗旨开展；以企业核心能力提升、产品服务创新、经营绩效提升和风险管控为目的，全面推进 IT 应用，提升企业价值创造能力。

> 诉求与目标：基于 IT 应用的上述目的，围绕企业业务运作和经营管控的绩效提升和核心能力提升，突出核心事项的有效支撑、侧重重要事项的系统支撑、关注一般事项的全面支撑；以支持业务运营和服务用户为目标，确定信息化建设目标和 IT 系统运行服务的关键指标，推进企业信息化的可持续发展。

> 需求与要求：围绕核心诉求与目标，梳理、分析信息化建设与改进的需求与要求，基于明确、完整的需求与要求，推进 IT 应用与改进；基于 IT 系统和数据的可用性和业务连续性要求，确定 IT 系统运行服务要求，开展 IT 系统运作服务工作。

企业的 IT 应用应该是一个客观、理性、务实的发展过程，其中既面临由于 IT 应用带来的业务变革挑战，也面临 IT 系统规划、建设、运行、服务与信息安全等诸多挑战。

7.1.2 推进信息化

信息化、数字化、智能化等企业 IT 应用的概念演进，折射出了企业信息化主要驱动因素的变化。企业信息化已从初期略显被动的信息化，逐步演变为当今的数字化转型。企业需要顺应时代发展，跟上经济社会对其产品服务的数字化要求，充分发挥 IT 在产品服务设计、制造、营销、服务与经营运作数字化中的支撑作用，加大信息化资源与资金投入，大力推进信息化发展，更好支持企业参与市场竞争和提升经营绩效。

7.2 业务驱动与技术引领

纵观信息化、数字化、智能化的演进历程，从初期略显被动的信息化到当今的数字化转型，以及面向未来的智能化提升，虽然企业 IT 应用的驱动因素有所不同，但业务驱动与技术引领的双轮驱动始终没变。

7.2.1 发挥业务驱动作用

应充分发挥企业信息化的业务驱动作用，通过业务驱动为企业信息化发展提供源源不断的发展动力，借助业务侧的 IT 应用、推广，实现企业信息化投资的价值回报。

企业是以营利为目的的社会组织，在遵守社会规则的前提下，实现持久的盈利最大化是每个企业的共同追求。而为实现上述诉求，企业需要具有持续的市场竞争优势、高效的经营运作效率、顺应时代发展的产品服务创新。应充分发挥 IT 在企业市场竞争、经营运作和产品服务创新中的支撑作用，利用业务驱动推动企业信息化的发展。

1. 市场竞争驱动

在充分竞争的市场，企业市场竞争力通常包括产品竞争力、营销竞争力、服务竞争力等主要影响因素，分析影响市场竞争力的核心能力要素，围绕企业核心能力，挖掘企业信息化需求，通过 IT 应用，保持并提升企业市场竞争优势。

以增强市场竞争力为导向，开展企业产品研发设计、计算、验证等核心能力提升的信息化、数字化、智能化建设需求，梳理分析市场营销数字化和产品服务支持数字化等的建设需求。以业务驱动,推进相关领域的信息系统建设和持续改进,更好地发挥 IT 应用对企业市场竞争的支持作用。

2. 绩效提升驱动

企业经营绩效为企业经营成效的概括性指标表达,影响经营绩效的因素多种多样,指标构成通常包括业务运作绩效和经营管控绩效等两大类。通常,绩效影响因素是一个逐步细分的过程,通过绩效关键影响因素分析,可以发现消除影响绩效的负面因素。

以经营绩效提升为导向,基于企业流程和业务架构,开展业务运作绩效和经营管控绩效提升的影响因素分析,基于关键影响因素分析,梳理信息化改进需求与要求,充分发挥业务驱动作用,推进相关领域的信息系统建设和持续改进,更好地发挥 IT 应用对企业经营绩效提升的支持作用。

3. 创新发展驱动

企业面对的是不断发展变化的市场环境,为保持持续的市场竞争优势,企业必须满足市场竞争对产品、营销、服务的新要求,企业需要持续推进其产品、营销与服务创新,以满足市场竞争的要求。同时,企业内部的生产运作和经营管控也并非一成不变,持续不断的业务变革和管理变革应是每个企业经营运作的常态。

以创新发展为动力,分析企业外部竞争与内部运作的创新需求,分析创新背后的驱动因素和创新发展带来的潜在影响,基于与企业现有信息系统的差异分析,梳理明确创新发展信息化改进需求与要求,充分发挥创新发展的驱动力,推进相关领域的信息系统建设和持续改进,更好地发挥 IT 应用对企业创新发展的支持作用。

市场竞争、绩效提升、创新发展是企业信息化宏观需求的缩影。立足企业战略与经营运作,发挥业务驱动作用,发掘信息化需求,推进企业两化融合发展,是企业信息化工作不变的法则。

7.2.2 发挥技术引领作用

信息技术种类繁多、快速发展,有些属于企业现有 IT 系统架构的支撑性技术,对企业 IT 系统的运行与应用起到承载与支撑的作用。有些则属于新兴技术,这些技术的应用普及,可能会带来应用模式、IT 系统架构及服务供给模式等方面的变化,对企业信息化的影响将是广泛、深刻的。

以云计算、大数据、物联网、移动互联网、智能化为代表的新一代信息技术的发展与应用深化,在引发经济社会变革的同时,也会影响企业战略和企业信息化的发展,企业应给予必要的关注,充分发挥技术引领作用,适时推进相关技术的企业应用,促使企业跟上时代发展的步伐。

1. 云计算及影响

云计算(Cloud Computing)将计算从用户终端转移到"云端",以网络服务的形式提供灵活、个性化的资源与服务。云计算通常包括 3 个层级的服务:基础设施即服务(Infrastructure as a Service,IaaS)、平台即服务(Platform as a Service,PaaS)和软件即服务(Software as a Service,SaaS),通过层层的平台化服务支持与互联网络,实现面向需求访问端的按需供给服务。

目前,公有云服务商大量涌现,国内的基础设施公有云市场已初具规模,阿里云、腾讯云、华为云等均提供类似的公有云服务。移动用户认证、支付结算、图像识别、算法计算等平台即服务已得到越来越广泛的应用。软件即服务已从早期的互联网邮箱、即时通信、视频会议等传统软件即服务逐步向文件编辑、文件转换、翻译等个人应用延伸，面向企业提供的 ERP、客户关系管理（Customer Relationship Management，CRM）软件服务正逐步兴起。云计算正在从传统的游戏、电商、社交等互联网应用向金融、交通、医疗健康、制造等传统行业延伸。

对企业信息化而言，云计算意味着更大范围的服务提供网络化、资源供给服务化、资源管理平台化。意味着企业需要跟上技术发展趋势，适时推进企业 IT 架构转型升级。

> 推进 IT 基础设施架构升级（IaaS）。以资源服务的形式为上层平台和应用提供计算资源、存储资源、备份资源等基础设施服务。同时，适时引入公有云资源。建立经济、高效、安全的 IT 基础设施架构和资源服务体系。
> 推进支持服务平台化转型（PaaS）。以标准化和可扩展为导向梳理企业 IT 架构的公共技术组件和基础数据服务需求，以互联网架构为依托做好企业技术架构平台化转型规划，推进企业 IT 架构的支持服务平台化转型。
> 推进软件应用服务化转型（SaaS）。以价值创造为导向，注重企业信息化建设中的应用服务化梳理，重视 IT 系统架构的应用服务交付设计，做好企业 IT 系统的应用服务全局规划，有序推进软件应用服务化转型建设。

云计算模式下的服务供给和服务获取模式直接导致企业计算资源组织建设模式的变化，云计算技术与应用的逐步深化，不但影响企业信息化的应用模式，也会带来企业 IT 架构构建和信息化管控模式的变革，企业应给予足够的重视。

2. 大数据及影响

大数据（Big Data）技术就是指从各种各样的数据中，快速获得有价值信息的技术。大数据应用通常涉及数据应用场景和支撑技术两个方面，数据应用场景通常是无限的。而大数据技术虽然宽泛，但还算具体，通常包括大规模分布式数据库、分布式文件系统、数据挖掘、数据分析、并行处理等技术。

随着经济社会的数字化发展，大数据分析应用变得越来越重要。利用大数据技术可帮助企业更准确地了解客户需求、研发设计更符合用户要求的产品、优化产品设计和生产制造、减少产品缺陷、更好地拓展市场、优化企业管理与运营效率等。大数据分析与利用能力将成为企业核心竞争力的关键因素。

大数据应用虽然前景"美丽"，但企业现实的数据应用却很"骨感"，企业应结合自身的业务与数据情况，推进大数据应用。

> 转变思维方式，重视数据积累。转变企业经营运作的思维模式，将定性的管理决策逐步转变为基于关键绩效指标（Key Performance Indicator，KPI）等数据指标的管理决策模式，将数据指标决策应用于产品开发、生产制造、营销服务与经营管理决策的各环节、各层级。
> 关注数据质量，重视数据分析。关注业务数据质量，开展基于业务流程和管理流程的数据标准化梳理，建立企业数据标准，逐步提升数据体系化应用能力。重视数据分析应用，基于数据分析应用场景，推进数据应用实践。
> 重视智能创新，开展大数据试点。重视数据分析的创新价值，基于典型的创新应用场景，开展企业大数据应用试点，掌握大数据应用相关技术，构建大数据应用技术平台，基于大数据应用试点经验，推进大数据分析应用。

由于数据蕴含价值的无限可能性，人们普遍对大数据应用寄予厚望，这也导致有关大数据宣传中的"泡沫"成分较高。企业现实中的大数据应用，应密切结合企业数据分析利用需求，基于数据分析应用场景，有条不紊地推进大数据应用，避免概念炒作或熟视无睹。

3. 物联网及影响

物联网（Internet of Things，IoT）即万物相连的互联网，可以理解为互联网概念的延伸和扩展，将联网终端从 IT 设备扩展到了任何物品，将各种设备与网络相结合而形成的巨大网络，实现人、机、物的互联互通。物联网通常包括感知、可靠传输和智能处理 3 个部分。感知通过利用射频识别（Radio Frequency Identification，RFID）、二维码、智能传感器等感知设备获取物体信息，可靠传输为通过无线或有线联网形成的信息传输通道，智能处理提供数据处理分析，进而实现物联网的智能化设备监测与控制等应用目的。

典型的物联网应用如城市智能交通系统，通过将道路交通车辆信息的实时采集、传输、处理，将路况信息及时传递给驾驶人，方便驾驶人做出出行调整，可有效缓解交通压力；高速路口的电子收费（Electronic Toll Collection，ETC）系统，通过车辆进出高速路口的信息采集，实现自动化的高速计费结算，能提升高速公路的通行效率等；此外，智能停车场系统、路边停车系统等都是物联网技术的典型应用。同时，物联网技术在家居中也得到了广泛的应用，实现了手机、摄像头、智能门铃、智能报警器等联网应用，方便了人们的日常生活。物联网应用领域涉及方方面面，在工业、农业、环境、交通、物流、安保等设施领域均有应用，有效地推动相关领域的智能化发展。

物联网应用具有较为明显的场景化特征，通常基于物联网接入设备的感知与信息采集，通过可靠的网络传输将信息传递到数据处理端，通过集中的数据处理分析，达到特定物联网应用目的和系统功效。企业物联网技术应用同样遵循场景化规律，基于企业潜在的物联网应用场景研究相关业务应用场景、分析用户交互模式，基于应用场景和用户交互模式设计物联网应用的信息感知、可靠传输和数据处理方案，进而达成物联网应用的业务与技术目标。

循序渐进是企业物联网应用普遍采用的推进策略。基于同类应用场景的参考借鉴，推进企业物联网相关场景的应用。同时，应注意企业 IT 选择策略的影响，对于技术引领型企业，可以先行先试、探索建立物联网应用场景；而对于技术跟随型企业，只需参考已有的物联网应用场景实践，推进企业内部的物联网应用。

随着企业物联网技术的引入，通常会带来物联网与企业其他网络互联的问题，进而带来的物联网接入安全应引起企业足够的重视。

4. 移动互联网及影响

移动互联网是指移动通信终端与互联网相结合，而形成的一种移动应用模式。移动互联网使得手机、平板电脑或其他无线终端设备通过移动网络，实现随时随地的互联网访问，满足各种不同的交互目的与需求。移动互联网通常包括移动通信网络、移动终端、移动应用 3 个组成部分。移动通信网络通常包括公共移动通信网络和企业私有的 Wi-Fi 无线网络，Wi-Fi 无线网络通常作为移动通信网络的补充。利用移动通信网络的特点，实现随时随地的移动终端接入和移动应用服务。移动互联网发展到今天，移动终端和移动应用均得到了突飞猛进的发展，不但助推了互联网行业的繁荣，也大大推动了整个经济社会的数字化发展。

移动互联网带给企业的突出特点是便捷性，随时随地的应用服务访问是企业推进移动互联网应用的主要动因，通过便捷的信息交互与处理，可极大地满足企业对业务协同和信息共享的及时性要求。同时，相对于台式计算机设备，移动终端由于小巧轻便、可随身携带的特点，为信息交互处理的便利性提供了更好的支持，更激发了企业推进移动应用的热情。

移动互联网颠覆了传统的 IT 系统架构，将传统的部署在企业特定空间的网络扩展到无限的网络空间中，网络终端也从物理受控的固定终端扩展到不受控的移动终端，带给企业的 IT 系统架构、应用模式的影响是巨大的，如此产生的 IT 系统安全和数据安全不可低估。

移动互联网是大势所趋，企业移动互联是企业信息化发展的未来趋势，符合企业需求，也是技术发展的必然结果。企业应做好 IT 系统架构移动化转型，重视纵深防御安全体系建设，在确保有效支持移动化应用的同时，确保企业 IT 系统和数据安全。

5．智能化及影响

智能化一词虽然"很火"，医院智能化系统、智能化建筑、智能化家居等各种智能化称呼遍地开花，但是人们对智能化内涵和外延的理解千差万别。IT 界普遍将以人工智能技术为基础的、具有一定辨识能力的应用呈现定义为智能化。目前较为流行的人工智能技术主要包括计算机视觉、语音识别、自然语言处理、机器学习、大数据等。

> 计算机视觉是指让计算机具备类似人眼的观察和识别的能力，目前主要停留在图像信息表达和物体识别阶段，主要应用在摄像头、无人驾驶、无人机、医疗影像等方面。
> 语音识别技术是指让机器通过识别和理解把语音信号转变为相应的文本或命令的高新技术，主要包括特征提取、模式匹配及模型训练等 3 个方面，是目前应用较成熟的人工智能技术，广泛应用于地图导航等各类人机交互场景。
> 自然语言处理包括自然语言理解和自然语言生成两个部分，具有相当自然语言处理能力的实用系统已经出现，典型的例子是各种机器翻译系统等。
> 机器学习是指让机器具备与人类似的学习能力，已有广泛的实际应用，如计算机视觉、自然语言处理、生物特征识别、医学诊断、数据挖掘、语音和手写识别等应用。
> 大数据是指从各种各样的数据中快速获得有价值信息的技术。大数据是人工智能智能化程度升级和进化的基础，拥有大数据，人工智能才能够不断模拟演练。

人工智能技术对企业产品服务创新的支持不可忽视。人工智能技术通常为点状突破，应密切关注与企业创新发展和信息化相关的人工智能技术发展，及时推进相关技术的试点应用。

7.3 IT 应用方法与框架

企业信息化重在企业业务与 IT 的两化融合应用，侧重于业务需求的挖掘分析与 IT 解决方案的构建。

7.3.1 需求分析方法

企业信息化服务于企业的发展战略，以支持企业的经营运作。企业信息化需求分析方法应遵循上述信息化发展理念，站在企业战略的高度，挖掘信息化着力点，通过系统化的业务需求分析和一体化的管控协作梳理，为企业 IT 解决方案提供完整信息化需求输入，驱动企业信息化发展。

1．要点需求挖掘

以价值流程或管理职责为出发点，挖掘提出信息化要点需求，据此明确信息化发展目标。评估信息化发展目标与领域职责、关键绩效、核心能力的匹配度。循环往复，直至达到信息化目标与领域要求的匹配。

以企业战略和核心竞争能力为出发点，基于价值领域与价值流程，梳理、分析企业业务运作的 IT 系统需求布局，审视企业信息化全面目标和领域目标与企业战略、关键绩效、核心能力的匹配性，据此推进企业信息化规划的迭代改进。

2. 系统化需求分析

以业务流程和管控要素为依托，基于要点需求确定的信息化定位与目标，开展功能需求、数据检索与分析需求、信息展现与用户交互等的需求分析，提出系统扩展要求。

基于业务核心能力和数据生命周期要求，梳理数据标准化与数据分析利用要求，分析数据生命周期管理和数据安全要求。基于企业IT架构中的系统定位和安全等级，提出系统技术与安全相关的要求。基于上述的系统需求分析，完善项目系统目标，确定项目范围与交付要求。

3. 一体化协作扩展

基于业务定位，分析企业内外部信息共享、业务协同、经营管控，以及数据分析、利用等要求，提出与本项目系统相关的功能与数据协作扩展要求。基于系统定位，分析项目系统的集成需求与接口数据规格要求，以及其他需考虑的需求与要求等内容。

7.3.2 解决方案构建

基于需求分析形成的信息化需求与要求，制定IT解决方案。IT解决方案通常包括IT策略选择、IT可行性评估和项目建设方案编制等内容。

1. IT策略选择

IT策略选择通常包括技术成熟度选择、IT路线选择、IT架构选择、技术实现方式选择、支撑IT产品与组件选择等内容。

企业信息化战略中通常会明确IT选择应遵从的基本原则。IT解决方案应遵从已确定的IT选择原则，基于已确定的基本原则，明确IT解决方案拟采用的IT架构、关键技术实现方式，明确主要支撑产品与组件的选择要求或范围。

2. IT可行性评估

基于确定的IT策略选择，制定满足需求的IT解决方案。评估技术解决方案的技术可行性，包括但不限于技术原理可行性、支持环境与产品可行性、技术实施可行性。同时，应满足企业信息化项目评估的技术经济性要求。

IT可行性评估应覆盖主要业务功能和关键技术实现、数据架构和数据管理等重点关注领域，应能够满足企业IT系统和数据生命周期发展的要求。

3. 项目建设方案编制

基于已确认可行的技术解决方案，完成项目建设方案编制。项目建设方案应满足项目建设实施对IT解决方案的广度和深度要求。项目建设方案通常包括以下几个方面。

- ➢ 完整的系统需求描述，包括但不限于系统功能需求、数据检索与分析需求、信息展现与用户交互要求等应用层面的需求，系统集成、系统运维和信息安全等系统层面的需求，以及面向未来的系统扩展需求等。
- ➢ 建设思路、原则、策略等内容。
- ➢ 总体技术方案。
- ➢ 关键业务与技术原理实现。
- ➢ 项目所需的支撑产品与服务清单。
- ➢ 实施组织计划、费用预算等内容。

同时，在项目建设方案编制过程中，可能涉及项目建设目标、内容和项目交付等内容的完善。

企业信息化属于典型的跨学科实践，需求分析方法和解决方案框架主要来自信息化实践的经验总结，通常需要结合具体项目情况，适当调整、裁剪、完善，以便更好反映企业信息化需求，提高 IT 解决方案编制的有效性。

7.4 重点关注

信息技术快速发展，引发经济社会数字化转型，企业抓住数字化、智能化转型机会，实现自我超越，对企业的生存、发展至关重要。

- 关注信息技术趋势与价值创造：IT 快速发展，新技术不断涌现，这些技术进步带给企业的既有机会，也有挑战，只有跟上时代发展的步伐，企业才有成长发展的机会。因此，企业应关注 IT 的发展趋势，审时度势，适时引入新技术应用，推进企业变革，才能争取主动，推动企业发展。同时，以价值创造为导向，充分发挥 IT 应用对企业绩效提升和创新发展的支持与驱动潜力，大力推动企业业务与 IT 的"两化融合"应用。
- 重视 IT 应用解决方案有效性：选择与企业业务相匹配的技术路线和发展战略，以业务为导向，基于全面的业务梳理和系统的需求分析驱动 IT 应用与产品解决方案设计，重视解决方案的业务适宜性、功能有效性、数据可用性。关注 IT 系统综合拥有成本。同时，关注 IT 应用解决方案的可持续，确保 IT 系统生命周期的可持续发展和数据生命周期安全，有效支持业务发展与变革。
- 重视企业 IT 架构的一致性：重视企业 IT 架构的一致性，重视企业 IT 系统各层级系统相互支持的匹配性与可用性，以及同层级系统的协调性与集成性。重视 IT 系统中的数据完整性和一致性，逐步提高企业数据一体化分析应用水平。重视 IT 系统和数据安全。同时，关注企业 IT 系统架构生命周期演进，适时推动企业 IT 架构变革，确保企业 IT 架构与 IT 发展状况的匹配性和企业业务架构的一致性。

第 8 章

IT 基础设施规划与设计

IT 基础设施通常包括网络设施、数据中心和应用基础设施等基础和具有共性的 IT 支撑设施，负责为上层应用系统提供连接、算力、存储等基础和公共服务支撑。由于 IT 基础设施的基础支撑性特点，不同企业的 IT 基础设施具有较强的共性和相似性。本章简要探讨 IT 基础设施规划与设计应关注的事项、应遵循的方法和可参考的技术框架。

8.1 IT 基础设施技术与应用

IT 基础设施的生命周期通常为 7～8 年，也有部分基础设施如机房、布线等的生命周期会更长一些。IT 快速发展带来的技术升级和产品迭代，往往会导致现有 IT 基础设施无法满足上层应用系统的支撑需求，致使 IT 基础设施生命周期缩短，影响 IT 基础设施的投资有效性。

物联网、云计算、人工智能、移动通信等信息技术正在改变传统的 IT 应用场景，并引发企业 IT 系统架构的变革。IT 基础设施规划与设计应充分考虑技术发展带来的应用场景变化，在满足企业可预见 IT 基础设施建设需求的基础上，充分考虑应用模式变化和技术架构演进等潜在因素，遵循技术发展规律并基于适度超前的 IT 策略，开展 IT 基础设施的规划、设计与建设。

8.1.1 IT 基础设施发展趋势

普遍的观点认为混合云将是 IT 应用发展的大势所趋。企业的 IT 系统部署将面临从基于数据中心的集中式部署向基于混合云的分布式部署的模式转变，随之而来的，IT 基础设施也将面临巨大的变革，这种变革既涉及其价值定位的变化，也涉及 IT 基础设施构成与技术架构方面的变革，还涉及 IT 基础设施建设和运行管理方面的变化。这些发展趋势体现在如下几方面。

1. 网络设施互联、统一

"云、大、物、移、智"等新 IT 发展的叠加效应远大于单一技术发展的影响。纵观 IT 发展，网络设施的发展趋势主要体现在网络互联和统一管理两个方面。

> **网络互联**：随着软件定义网络等技术的成熟与发展，以服务的方式提供网络传输将逐步普及，网络连接的灵活性和安全性将更有保障。网络互联体现为多种技术的互联、多种设备的互联和跨安全区域的互联。公共电信专线、基于互联网的软件定义局域网（Software Defined Wide Area Network，SD-WAN）链路、无线通信链路等多种通信技术将成为企业网络互联主体，网络互联设备也将逐步扩展到各类移动设备和物联网设备，IT 系统云部署在带来企业传统网络边界重构的同时，也要求企业内部不同安全区

域之间的互联互通。
- **统一管理**：为满足多种设备、多种方式的接入需求，保障 IT 系统安全和数据安全，需要建立与接入模式和应用模式相匹配的统一的用户、设备与资源管理机制，尽量实现统一和集中的系统运行维护管理，以降低安全风险。

企业应结合网络技术发展趋势，以连接、安全、成本为导向，做好网络设施的架构转型规划与设计，更好地支撑 IT 应用开发、部署和应用。

2. 数据中心云化与资源融合

企业数据中心大多经历了从单主机资源向集群主机资源、从物理主机资源向虚拟主机服务的演进过程，目前正处在从资源虚拟化服务向资源云供给的变革中。展望未来发展，新一代数据中心的发展趋势主要体现在数据中心云化和资源融合两个方面。

- **数据中心云化**：体现在现有数据中心的架构云化、资源云化、管理云化。为保证数据中心设施与云应用的一致性，应在考虑新建应用、已有应用移植等的基础上，规划数据中心的云技术架构、云资源配置和云运行管理的转型方案，以满足计算存储资源按需供给、自动获取、服务导向、策略驱动等的关键能力要求。
- **资源融合**：混合云部署将是企业数据中心发展的大势所趋，应基于私有云和公有云构建企业的数据中心资源体系，实现私有云和公有云的平台布局、资源部署和资源管理的有机融合。

面向未来，企业需要适时启动数据中心云化工作，及时引进云平台技术，以更好地适应业务与应用的创新发展。

3. 应用设施平台化、社会化

随着 IT 应用的逐步深化以及经济社会数字化发展带来的日渐深化的企业间协作，IT 应用基础设施已呈现出平台化和社会化的发展趋势。

- **平台化**：应用基础设施为企业应用系统的公共技术基础设施。由于公共与基础支撑的定位特点，随着企业信息化水平的逐步提高，业务标准化与集约化迫切需要建立统一、标准化的应用基础支撑平台，解决系统集成接口、基础数据、公共组件服务等的标准化问题。同时，技术架构微服化、支持功能服务化、公共数据服务化均为应用基础设施应满足的基本要求。
- **社会化**：企业 IT 架构体现为社会服务一体化。使用社会化 IT 服务资源将逐步显现，并迅速发展。以电子发票验证为例，基于税务机构提供的发票验证服务，企业的业务应用系统通过调用税务机构的发票验证服务，便可随时验证发票信息的真伪。目前已有众多的人工智能服务，如在线识别、分析等智能化服务通过互联网提供。未来将有更多的企业外部交易通过社会化服务解决。同时，企业对外服务接口也将呈现社会化特征，通过外部服务的社会化可以更好地满足客户服务、供应链协作与政府监管等方面的应用需求。

企业应加大应用基础设施平台化的建设力度，大力推进一体化的应用基础设施建设，以更好地支持企业信息化的转型升级。

8.1.2 IT 基础设施价值定位

IT 基础设施旨在为企业的各类业务应用系统运行提供所需的 IT 硬件基础支撑环境和应用软件基础支撑环境。IT 基础设施参考框架如图 8-1 所示。

图 8-1　IT 基础设施参考框架

基于上述的 IT 基础设施参考框架，可将 IT 基础设施划分为两类，即 IT 硬件基础设施和应用基础设施。

> IT 硬件基础设施：IT 硬件基础设施为企业信息化提供基础运行环境支撑，主要包括机房、供电、空调及必要的安防、环境检测等物理运行环境设施，为信息化应用提供连接服务的网络设施，提供计算资源、存储资源、备份资源等的数据中心设施。

> 应用基础设施：应用基础设施为企业信息化上层业务应用系统的协作与共享提供公共基础支撑，通常包括主数据与基础服务、应用集成平台、门户信息集成平台。应用基础设施通常与业务特点密切相关，即便是同类型企业，应用基础设施建设也有较强的个性化特征。

8.2　网络设施规划与设计

网络设施为企业信息化应用提供必需的网络连接服务，其规划与设计应兼顾安全、可靠、性能及成本等的基本需求，并同时考虑网络的敏捷性和全周期扩展需要。

8.2.1　网络设施发展趋势

回顾过往数十年的网络技术发展史，仅从网络传输速率的维度看，就经历了 10Mbit/s、100Mbit/s、1000Mbit/s 到 10 000Mbit/s 等里程碑性的技术变革，其相应的网络传输协议、介质、接口等都发生了根本性变化。在这样技术快速演进的网络技术领域内，如何更好地满足数字化环境下的应用与内容访问需要，首先应了解网络设施技术的发展趋势。

> 业务敏捷性：为响应业务数字化转型需要，网络需要具有足够的敏捷性，以便快速、动态地保持与业务目标的一致性。

> 技术复杂性：网络互联结构日趋复杂，网络规模日渐增长，网络设施应更加易于配置、运行和维护管理。

> 网络可视化：为确保网络设施可以提供满足预期的连接支持、用户体验和个性化服务，需要全面的网络可视化支持。

- 零信任安全：在物联网、移动互联网和云计算的应用模式下，需要引用零信任模型，强化资源端的保护，降低安全风险。

其次，企业应确保可持续获得网络设施生命周期所需的知识与技能，以便为上层应用提供更好的网络连接、安全防护和访问控制等支撑服务，以满足企业混合云应用的安全需求。

8.2.2 目标与原则

网络设施是企业信息化的重要基础支撑设施，其网络区域部署、互联结构与架构、边界防护与访问控制等直接影响信息化应用格局与用户体验。

1. 目标规划

企业应基于自身业务应用接入和数据传输范围确定网络连通需求，基于企业业务、技术、经济与安全的需求与要求，确定网络的安全、可靠、性能及成本目标，同时应充分考虑企业中长期发展对网络扩展、调整等方面的要求。网络设施的规划目标参考如下。

- 连接范围：确认满足应用接入的覆盖范围、接入类型、接入地域分布和接入阶段划分等的连接范围目标。
- 业务支撑：确认满足连接访问、业务协同、数据传输、网络监控等的连接性能、可用性、可靠性和敏捷性等方面的规划目标。
- 安全合规：基于国家、行业和企业信息安全管理等合规要求，兼顾安全和效率，确认网络安全的规划目标。
- 运维管理：基于企业网络管理、安全管理和 IT 系统运维等的管理要求，确认网络设施运行维护的规划目标。
- 扩展目标：基于企业的中长期发展规划，预测潜在的网络扩展需求和要求，确认网络设施扩展与变革的规划目标。

网络设施规划目标可以是项目式的，也可以是具有规划性的，还可以是在企业信息化发展中逐步形成的。企业需要一个全面、系统的网络设施规划目标，用以引领、指导、约束企业的网络设施建设与持续改进工作。

2. 基本原则

网络设施规划设计通常涉及网络连接需求规划、网络结构与架构设计、网络设备配备与选型、网络运行维护管理、网络安全设计等方面。基于上述的网络规划目标，网络设施规划通常应遵从以下基本原则。

- 安全与可靠性原则：网络连接需求规划应遵从安全与可靠原则。在确保网络连接安全的前提下开展网络连接规划。基于可靠原则，开展用户访问连接、网络节点连接、外部网络连接以及网络传输等的连接设计，确保网络连接链路的安全、可靠。
- 简单与可扩展原则：网络结构与架构设计应遵从简单与可扩展原则。网络结构应尽量简单，网络互联节点尽可能遵循统一的区域划分、访问控制、IP 规划等规划标准；网络节点架构应具有良好的扩展性，确保网络架构具有良好的横向扩展和纵向扩展能力，以更好地支持网络设施扩展和调整。
- 成本与先进性原则：网络设备配备与选型应遵从成本与技术先进性原则。网络设备配备应充分考虑不同档次、配置等的成本因素，基于最佳的拥有成本配置网络设备。应关注配备设备类型的技术先进性，更好发挥先进技术的价值回报，尽量延长设备的技术生命周期，降低网络设施的综合拥有成本。

- 可视化与自动化原则：网络运行维护管理应遵循可视化与自动化的原则。应提供网络拓扑发现、故障报警、流量监测报告等可视化网络运行监控手段，提升问题快速响应能力。配备自动化工具，提高网络配置变更的自动化水平和运行维护管理效率。
- 技术与管理适配原则：网络安全设计应遵循技术与管理适配的原则。遵循网络安全法规标准或安全风险防控要求配备安全技术措施，充分发挥安全技术措施的网络安全防护作用。同时，建立与之匹配的安全管理制度和运行安全保障措施，保证网络设施的运行安全。

由于网络设施目标各不相同，企业可根据自身网络设施发展要求，结合上述的基本原则，定义本企业的网络设施规划设计原则。

8.2.3 当期需求与扩展要求

企业通常基于网络设施确定的网络区域布局、网络架构、IP 地址分配等网络环境部署 IT 系统资产，网络设施的规划直接影响后续的企业信息化应用。因此，网络设施建设在考虑当期建设需求的同时，必须考虑未来的扩展要求。

1. 当期需求分析

网络设施建设需求通常可分为业务需求和系统需求两类。业务需求主要包括业务部门的网络连接范围、性能需求和管理部门的安全约束要求等。系统需求则是通过需求评审后确定的作为网络设施设计的正式输入信息，但并非所有的业务需求都会转化为系统需求。网络设施当期系统需求通常包括以下可供参考的内容分类。

- 网络连接需求：主要包括业务部门的网络连接需求和 IT 部门的局端接入要求。业务部门的网络连接需求主要包括接入设备、地点、性能、安全及可靠性等要求，同时应包括连接使用频率、数据流量等评估数据；IT 部门的局端接入要求主要包括拟接入的设备、接入带宽及安全区域部署等要求。网络连接需求应能够为网络带宽与网络容量设计提供足够的设计输入。
- 网络可用性要求：主要包括网络连接承载能力、数据传输能力等要求。网络连接承载能力主要包括主要设备的连接需求和连接扩展、路由处理和防火墙连接及处理等能力；数据传输能力主要包括关键网络设施如核心交换机、汇聚交换机、路由器、防火墙等的数据处理能力。网络可用性要求应有明确的业务预测依据，避免不切实际的指标要求。
- 网络安全要求：依据企业安全保密、网络安全管理和网络安全监管等要求，提出的网络安全区域划分、边界防护、设备准入、传输安全、访问控制、安全审计等方面的网络安全要求。网络安全要求应有充分的业务或管理依据。
- 网络运行管理要求：基于企业网络管理、安全管理和 IT 系统运行维护等的管理要求，提出网络设施资源管理、配置管理、运行监控、维护检修与安全应急等方面的需求或要求，以便为网络设施的运行维护设计提供输入。
- 其他需求与要求：其他与网络设施规划设计、建设实施和运行管理等相关的需求和要求。

2. 网络扩展需求

网络设备平均使用寿命为 8 年，网络设施生命周期通常会更长。网络设施一旦建成交付，其安全区域划分、IP 地址规划等对 IT 系统部署、应用访问与运行维护均有重要影响。因此，应结合企业发展战略，尽可能对未来的网络发展给出预测，提出网络设施扩展要求。

第 8 章　IT 基础设施规划与设计

- 网络安全区域扩展要求：潜在的不同类别的网络区域节点的接入扩展，以及精细化访问控制带来的网络区域节点内的安全域细分等的扩展要求。
- 网络连接接入扩展要求：因业务变化、调整等带来的网络覆盖范围内接入数量剧增，以及新增接入点等的扩展要求。
- 数据中心接入扩展要求：展望未来，数据中心设备剧增后带来的设备接入、连接带宽、安全管控等方面的扩展要求。
- IP 地址应用的扩展要求：纵观企业全局发展，当企业内网、互联网外网、核心商密网等多种网络安全区域并存，以及在上级单位、监管机构网络互联的格局下，IP 地址的扩展要求。

应重视并做好网络设施扩展的梳理、分析与预测，尽可能明确网络设施的扩展要求，以便为网络设施规划设计提供充分的条件约束，确保网络设施规划设计在满足当期建设需求的同时，能够更好地适应企业信息化的长远发展。

8.2.4　方案规划与设计

网络设施规划与设计通常包括网络结构规划、网络架构设计、网络运维设计等内容。

1. 网络结构规划

对于覆盖多个地域的网络系统，首先应完成网络区域节点之间连接关系的规划，即网络结构规划。网络结构通常可分为物理网络结构和逻辑网络结构。物理网络结构是指网络区域节点之间的物理链路连接形式（如星形、环形、总线型、树形等网络结构），影响网络节点的连接设备和 IP 路由。逻辑网络结构是指 IP 传输层级的网络连接结构，影响网络数据传输、访问控制等事项。从逻辑网络结构的视角看，企业网络结构可理解为各网络区域节点通过网络互联域，实现网络全域的互联互通，如图 8-2 所示。

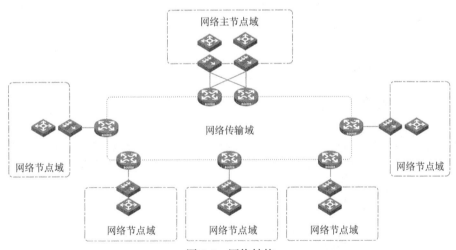

图 8-2　网络结构

基于物理网络结构，确定企业网络区域节点之间的链路连接方式，配备网络节点互联设备。对于星形网络，主节点需配备路由器设备，没有区域汇聚需要的节点可直接使用防火墙作为节点互联设备。后续可基于网络节点设备配置和网络结构，开展网络 IP 地址和路由策略的规划；基于逻辑网络结构，开展与网络区域边界防护、访问控制、网络传输等相关的方案设计。

2. 网络架构设计

网络架构设计为针对网络区域节点的终端系统连接、局端设备接入，以及网络安全区划的设计。终端系统连接通常体现为连接接入、接入汇聚、核心交换这样的层层互联的构架模式，这也是网络架构一词最初的由来。

由于近年来 IT 系统局端设备的应用与运行管理模式发生了重大变化，IT 系统局端设备已从早期的单一物理设备管理演变为平台化虚拟管理，以及软件定义网络的全新网络架构类型，对 IP 接口密度、IP 动态绑定等均提出了更高的要求。应结合数据中心设备接入需求，开展针对数据中心的网络架构设计。

网络安全区划应以保证企业 IT 系统资产安全为导向，合理划分满足网络区域节点中的应用服务接入、计算服务提供和 IT 运行管控的需要，并尽量保持各网络区域节点安全区域划分的一致性。

3. 网络运维设计

网络运维设计以网络设施部署、状态监控、故障定位和网络设备的生命周期管理为主线，充分利用自动化、可视化的运维管理技术，建立与网络规模相匹配的网络运维支撑设施，提高网络设施运行维护效率，确保网络运行安全运行。主要参考要点如下。

- 网络拓扑管理：物理拓扑和虚拟网络拓扑均能实现可视化管理，包括虚拟网络和物理网络互视。可根据网络实际部署，展示全网设备的物理连接关系和虚拟网络映射关系，支持拓扑对象通过子网进行分层展示，并提供事态、事件告警状态等功能。
- 流量可视管理：可以基于 SDN 控制器或流量监测管理设备等，实现物理网络和虚拟网络的业务流量可视化集中管理，实时显示负载和转发路径，能够支持及时感知、定位和分析处置如网络中断、延时和抖动的异常情况。
- 网络监控告警：可以通过网络监控工具和 SDN 控制器分别对物理层和虚拟层网络告警进行实时监测和报警，能够针对告警、事件的紧急程度，定义告警级别，通过手机短信及 E-mail、即时通信工具等进行远程提示。
- 网络配置管理：通过网管平台对网络设备进行配置管理，包括配置文件的备份、恢复以及批量更新，实现设备配置的基线化版本管理，提高全网维护的自动化水平。
- IP 地址管理：可将 IP 地址按照网络设备互联 IP 地址、设备管理 IP 地址、loopback 地址、终端 IP 地址等类别进行自动收集和配置管理。

8.2.5 设备配备与选型

设备配备是指基于设计方案的功能要求，确定对应的设备技术指标的过程，通常决定了拟定设备类型在产品序列中所处的规格档次。设备规格档次越高，其综合采购成本就会越高。设备配备是网络设施建设性能价格比的关键因素之一。

1. 设备配备原则

现实企业网络设施中的设备配备普遍偏高，设备性能普遍得不到充分利用，往往导致投资的浪费。建议进行网络设施设计时遵循以下设备配备原则。

- 基于方案刚性技术指标，确定设备配备的关键技术指标。如基于方案需要的端口类型、数量、带宽等数据确定方案的设备配备关键技术要求。
- 基于设计计算并留有余量，确定设备配备的关键技术指标。根据设计理论推算与结合类似设备的实际运行数据，充分考虑未来发展的潜在余量，确定设备配备的关键技术要求，如交换机背板交换容量、路由器转发流量、防火墙连接等难以衡量的技术指标。

> 基于行业实践数据的比对分析，确定设备配备的关键技术指标。参考业界同类场景的设备配备实践，听取同业者的经验反馈，分析其运行数据，确定设备配备的关键技术要求。

配置过高的网络设备通常会占用更多的机房机柜空间、消耗更多的电能、产生更大的噪声、带来更为复杂的维护管理，基本上属于"百害而无一利"，在企业网络设施建设中应尽量避免。

2. 设备选型原则

网络设备属于高度成熟的产品，不同网络设备供应商之间的产品系列高度同质化，同类产品之间的产品功能、性能差异较小，品牌之间的差异更多地体现在产品服务支持体系和产品可靠性等方面。建议进行网络设施设计时遵循以下设备选型原则。

> 性价比优先的原则：在满足产品功能和性能指标要求的前提下，应优先考虑产品生命周期的综合拥有成本因素，选择性能价格比高的产品，尽量降低网络设施成本。
> 可靠性原则：设备可靠性与设备厂商的生产设施和生产工艺密切相关，通常，市场占有率越高、生产规模越大，其产品可靠性会越好。同时，产品售后服务支持体系对网络设施故障恢复具有较大的影响。
> 品牌一致性的原则：在网络设施的改建、扩建与产品迭代过程中，为降低网络运行维护和设备保修等难度，应避免网络设备品牌过多，同类设备不宜超过 3 种品牌。

8.2.6 生命周期管理

网络设施通常会伴随企业的发展变化而动态调整，从小规模的终端系统接入调整、稍大规模的网络区域节点增加和撤除，到较大规模的网络结构与架构调整都时有发生。而网络设备的更新迭代更是常态化的，应考虑保护网络设施生命周期的一致性和安全性。

> 网络设施扩展：关注网络设施扩展方案的一致性，网络设施扩展方案应通过架构评审，确保终端系统接入调整、网络区域节点增减等的扩展行为遵从已确定的网络设施规划，包括但不限于 IP 地址划分、安全区域划分、边界访问控制等。
> 设备迭代更新：根据企业 IT 资产使用寿期管理办法，网络设备达到使用寿期或设备可靠性无法满足运行要求的，应及时启动设备更换工作。对于核心网络交换机、重要路由器、防火墙等的设备更换，应编制设备更新技术方案，确保更换后的设备能够满足网络未来发展的要求，确保方案合理可行。
> 网络设备维保：做好网络设备维保管理，确保关键网络设备能够随时获得设备保修和技术支持服务，包括设备维修或备品配件替换的应急支持。

8.3 数据中心规划与设计

数据中心主要负责为企业信息化上层应用提供所需计算资源、存储资源和备份资源支持服务。

8.3.1 数据中心发展趋势

随着云计算技术、容器技术以及互联网架构等相关技术的发展和相互促进，应用系统的部署模式和资源使用模式发生了巨大的变化，也促进了数据中心架构体系与运行模式的变革。其发展趋势具有以下特点，如图 8-3 所示。

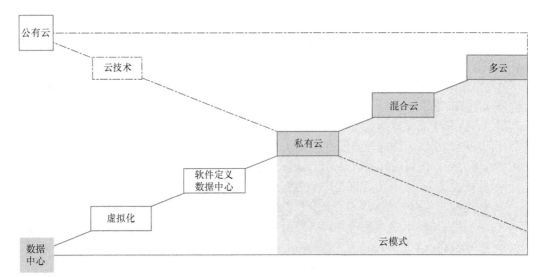

图 8-3 企业数据中心发展趋势

> 阶段一：虚拟化。虚拟化是指将数据中心硬件资源通过虚拟化软件的抽象表达，将单一硬件服务器资源虚拟为多个虚拟机，通过虚拟机为上层应用系统提供计算资源、存储资源服务，从而降低整体使用成本，并可实现快速交付。虚拟化可归为数据中心架构的第一代变革，大大提高了硬件设备的资源利用率和计算资源交付速度。

> 阶段二：软件定义数据中心。软件定义数据中心是指实现数据中心所有基础设施的虚拟化。数据中心完全由软件控制来完成数据中心各类计算、存储、网络等硬件的配置维护，以所需即所得的方式提供自动化的资源交付服务。软件定义数据中心来自 VMware 的定义，可将其理解为虚拟化向云计算进化的一个阶段。

> 阶段三：私有云。Rackspace 和 NASA 发起的 OpenStack 开源项目，助推了全球公有云技术与市场的迅猛发展，经过多年的发展，公有云技术带来的基础设施即服务（IaaS）、平台即服务（PaaS）、软件即服务（SaaS），以及开发、测试、发布、部署、应用等优势，为企业数据中心树立了典范。企业引进公有云技术，通过建立私有云，可实现将 IT 资源以预先定义的组合，按需、按比例和以自动化方式提供服务。

> 阶段四：混合云。随着移动应用与广泛的企业互联，加之应用服务社会化与微服务化，必然带来企业内外部广泛的应用部署，单一的私有云很难满足日渐深化的企业应用需求，基于企业私有云和公有云组合的混合云模式，将是企业未来信息化发展的必经之路。混合云技术将是云技术发展的下一个热点，也将带来企业 IT 数据中心资源服务、应用开发、部署等诸多挑战。

> 阶段五：多云。多云是一种面向未来的概念。IT 应用的发展是无止境的，对承载企业应用的数据中心设施很难在有限的混合云范畴解决，通常需要更为广泛的多云环境支持，所有的应用在所有的云上都能一致并可靠地运行。相信随着时间的推移，多云模式终将到来。

私有云、混合云、多云代表全新的 IT 运作模式，IT 服务交付更能体现业务需求，能更好保持与业务的一致性，也代表着从聚焦硬件基础设施交付，转向能更好体现数字化驱动的资源服务交付。

8.3.2 目标与原则

数据中心规划设计遵循目标导向原则，基于确定的数据中心建设目标开展数据中心建设的需求分析与方案设计等工作。

1. 目标规划

基于数据中心发展趋势的分析，应在业务发展和 IT 应用预测的基础上，勾画数据中心的阶段发展目标，在满足应用需求的前提下，保证数据中心技术架构的连续性。

基于企业应用系统的计算资源当期需求和未来发展需求，预测不同年度节点所需的计算能力、存储能力和备份能力，形成数据中心年度资源需求曲线。数据中心建设目标通常包括以下几点。

- 容量与性能目标：是指基于资源需求预测，确定的计算资源、存储资源、备份资源等的容量目标和性能指标。如计算资源的 CPU 核数、主频、缓存等指标，存储资源的存储架构、存储容量、速度等指标。
- 服务能力目标：是指数据中心提供的服务种类、方式，以及服务响应时间等关键服务能力目标。如提供虚拟服务器的种类、性能等级、交付时间等。
- 运维管理目标：是指数据中心运行维护管理拟达到的目标，如资源配置、配置变更、服务交付管理等目标，以及运行监控、事态事件处置、服务响应等效率目标。

2. 基本原则

数据中心规划设计通常涉及资源需求规划、架构设计、设备配备与选型、运行维护管理等方面，通常应遵循以下基本原则。

- 可持续发展原则：数据中心计算资源容量规划应具有良好的可持续发展性，确保分阶段建设实施的数据中心资源能够恰到好处地满足预期的上层应用需求。各阶段建设之间具有良好的技术架构可持续性，确保数据中心资源服务的一致性和延续性。
- 业务匹配性原则：数据中心部署格局应保持与企业业务布局的匹配性，确保各项业务应用能得到充分的资源支持，并依据数据的重要性级别设计匹配的数据备份、灾难恢复等差异化的数据安全保护措施。
- 技术引领性原则：发挥 IT 对数据中心的支撑与驱动作用，构建与应用需求相匹配的一体化资源服务供给体系。通过合理、适用、够用、经济的数据中心资源服务支持上层应用的发展。同时，把握软件定义数据中心的发展脉络，适时推动数据中心的架构和服务变革。
- 运维智能化原则：以运行维护智能化为导向，持续推进数据中心服务提供、运行监控、维护检修的智能化水平提升，通过实现服务申请自主化、服务交付自动化和配置增减智能化，更好地支持上层应用的发展。

由于数据中心发展阶段和规模等的差异，企业可根据自身数据中心发展要求，参考上述的基本原则，定义本企业的数据中心规划设计目标与原则。

8.3.3 当期需求与扩展规划

为保证数据中心资源服务的一致性和可持续性，数据中心建设通常既要考虑满足企业当期的资源需求，也要兼顾未来发展的要求。

1. 当期基本需求

数据中心当期需求主要包括服务器的计算能力需求、数据存储空间需求和数据备份需求等内容。由于与数据中心相关的服务器、存储等设备价格的单位成本逐年下降，企业通常采用分阶段建设的方式满足日渐增加的计算资源需求，分段建设周期一般在2~3年为宜。当期需求通常是指每个建设阶段的资源需求，主要参考如下。

> 服务器计算需求：基于项目建设周期内的上层应用的计算需求，通过需求调查、汇总统计、综合分析，并留有适当余量，确定服务器计算资源需求数量。根据计算需求的CPU指令集及主频特征，按需配置高主频CPU资源和一般主频CPU资源。基于CPU与内存的经验配比和推荐配比，配置服务器内存资源。

> 存储容量需求：存储容量需求主要来自现有系统存储的自然增长和新增应用带来的存储需求。系统存储的自然增长通常由IT系统管理部门提供自然增长的增量数据，新增应用带来的存储需求通常由新增应用业务部门提供。存储容量需求通常包括存储容量信息、性能要求等信息，应充分考虑存储备份策略调整等带来的潜在需求。

> 备份需求：备份需求主要包括备份容量需求和备份设备需求。备份容量需求来自现有系统备份的自然增长和新增的备份需求，备份容量应充分考虑备份策略调整带来的备份容量增长。备份设备需求应包括新增备份需求带来的备份能力增加要求和备份设备老化等带来的设备升级、更换要求。

> 运维管理要求：为满足数据中心资源管理、服务交付、运行监控、维护检修等的运维管理水平提升相关要求。

2. 数据中心扩展需求

数据中心扩展需求主要需要考虑两个方面，一是数据中心的需求供给分析，二是解决数据中心的技术发展适应性。通过需求供给分析，提高数据中心应对需求不确定性的能力；通过技术发展适应性研究，提升数据中心技术架构的扩展能力。

> 需求供给分析：准确的容量估算通常需要相关历史运行数据的分析支持，可通过例行的年度数据中心运行数据分析来预测未来容量需求。

> 发展适应性研究：可通过研究相关技术发展趋势，开展行业应用与实践情况调研，结合企业数据中心建设规划实际，提出数据中心技术与技术改进要求。

按照私有云、混合云和多云的发展趋势，适时推进从虚拟化架构向数据中心云架构转型。

8.3.4 方案规划与设计

数据中心规划与设计通常包括计算资源布局规划、数据中心架构设计、资源配置设计等内容。

1. 计算资源布局规划

计算资源布局为企业数据中心设施的地理空间布局。对拥有多地域业务运营的企业而言，虽然网络与通信技术足够发达，但是因为有跨地域的长途专线成本和应用响应等的考虑，在未来很长的时间内，基于多地域的应用系统部署仍将普遍存在。而为满足上层应用的计算资源支持需求，企业的数据中心通常会采取与企业地域分布类似的分布式部署格局，以便更好地满足上层应用的资源服务需求。

数据中心计算资源布局应充分考虑企业各地域的计算资源、存储资源和备份资源的需求，合理配置计算资源、存储资源和备份资源，形成层级分明、配置合理的数据中心布局结构，形成满足企业各地域业务应用的计算支持、数据存储、本地备份、异地备份的数据中心基础架构格局，并基于企业的应用系统容灾要求，构建满足业务连续性要求的分布式数据中心架构。

计算资源布局规划应充分考虑数据集中存储、高效访问使用、安全保护等的需求，综合考虑企业数据存储、备份需要对容量、功能、性能的要求，在满足企业数据增长和访问效率的同时，又要兼顾阶段建设的总体拥有成本。

2. 数据中心架构设计

数据中心架构设计通常包括数据中心物理层、虚拟化层和应用部署层的设计。

- 物理层设计：物理层设计主要包括数据中心网络与企业网络的连接设计和数据中心内部的物理设备网络连接和设备连接设计。数据中心网络设计要充分考虑连接带宽、安全区域划分、访问控制和应用系统部署等方面的问题，确保应用访问性能、访问控制和运行安全能得到保证，并为后续的数据中心扩展留有充分的余量。
- 虚拟化层设计：对硬件服务器资源进行虚拟化设计，形成虚拟机资源供应用程序分配使用，保证计算资源池的稳定性和灵活性。通常包括服务器资源池设计、虚拟网络设计、虚拟存储设计和运营管理设计。
- 应用部署层设计：以虚拟化计算资源池为基础，以为应用程序提供标准化的部署能力为目标进行设计。

3. 资源配置设计

根据计算资源需求，结合业务应用部署和网络区域划分设计，规划计算资源、存储资源和备份资源的配置规格要求。

- 计算资源配置：对轻量级、分布式的应用，如 Web 和轻量级数据库应用，基于 CPU 指令集及主频特征，制定统一的物理服务器的配置规格、接口类型和网络带宽要求，根据业务应用的计算能力需求，确定服务器配置规格和数量。对于高并发、强浮点计算、并行计算、桌面虚拟化等场景，结合计算特点配置计算资源。对于不支持虚拟化场景的应用，提供"裸金属"计算资源池。
- 存储资源配置：数据中心可以根据数据存储性能和可靠性需求，通过存储分级，构建合理、适用和经济的存储资源池。可考虑将存储性能按高、中、低划分为 3 个性能级别，分别对核心业务系统、一般应用系统和简单系统进行承载。按不同级别的存储性能需求合理配置容量资源，尽量降低存储资源的综合拥有成本。
- 备份资源配置：可基于企业的数据备份和恢复需求制定备份策略。根据应用系统的业务连续性需求差异，备份体系级别通常可分为数据级、应用级和业务级等不同的备份等级。

8.3.5 生命周期管理

为保持数据中心各类资源服务的可持续性，需要结合资源使用情况定期推进数据中心的扩容建设。同时，应关注数据中心相关技术的发展，做好拟用技术的研究分析与可行性评估，适时推进新技术的引入，以便更好地发挥新技术对企业数据中心的支撑价值。

8.4 应用基础设施探讨

应用基础设施作为企业上层应用系统的公共基础支撑设施，由于它的公共性与支撑性属性，往往在企业信息化建设初期被忽略，而只有到了信息化设施需要提质增效的时候，才被提到信息化建设的议事日程上来。由于涉及企业整体 IT 架构布局和较多的 IT 细节，应用基层设施建设往往充满较多的不确定因素。

8.4.1 透过现象看本质

IT 行业为了将 IT 相关的产品和技术推销给各行各业不理解其产品与技术的客户，创造了很多"光怪陆离"的便于客户理解的概念，从元宇宙、数字孪生、云计算、物联网、互联网架构、IaaS、PaaS、SaaS 到中台等，他们用这些概念宣传、解读其产品。由于这些概念通常是某些应用场景的形象性表达，并没有准确的内涵，不同的人会有不同的理解，也时常存在误解、误用的情况。也有一些人试图对其进行解读和规范，但其实际效果也通常难达预期。

1. "雾里看花"

国际知名咨询公司 Gartner 提出颇具代表性的技术成熟度曲线，将新技术发展历程概括为技术萌芽期、期望过高期、泡沫幻灭期、缓慢爬升期、稳步增长期。一些新技术历尽艰难，发展成为有竞争力的产品，而另一些新技术则中途夭折，消失在技术发展的洪流中。IT 领域的新技术、新架构、新理念不断涌现，每种新事物都会经历概念提出、完善、成熟与退出的过程。能够成为或影响企业 IT 架构的新技术、新架构、新产品与理念大多需要 5~10 年的成长期。

应用基层设施这个主题也同样存在这些概念的困扰。与此相关的概念很多，比较密切相关的有 PaaS、SaaS、工业互联网架构等概念，每个软件产品厂商或应用开发商都会宣传自家的互联网架构，自家的 PaaS、SaaS 和微服务架构，似乎其产品已完全实现了互联网架构转型，而实际情况或许仅是规划构想或刚刚起步。

企业需要透过这些概念"迷雾"，看清概念背后的 IT 成熟度，以及潜在供方的产品架构转型程度和新技术开发实施能力。通过广泛的技术与产品交流，掌握信息技术、产品与架构发展趋势，了解潜在供方 IT 项目建设交付能力，为企业信息化建设和 IT 架构改进决策提供信息支持。

2. 相关技术与影响

当然也并非所有新技术、新架构、新产品都是概念，一些实实在在的相关技术正在影响企业的 IT 系统架构和应用基础设施，这些技术有 Docker 容器技术、Kubernetes 技术、微服务技术等。

（1）Docker 容器技术

类似于虚拟化技术将传统的基于物理服务器的应用部署带到了基于虚拟服务器的应用部署的历史性变迁，Docker 容器技术将传统的基于操作系统的应用部署带到了基于虚拟容器的应用部署的历史性变迁。Docker 技术的出现，将虚拟化应用从服务器层提升到了应用层，对企业 IT 架构的影响是具有颠覆性的。

Docker 是一个开源的应用容器引擎，方便开发者打包他们的应用以及依赖包到一个可移植的镜像中，然后发布到任何安装了 Linux 或 Windows 等操作系统的机器上，实现虚拟化部署。容器采用沙箱机制，相互之间不会有任何接口。2014 年发布 Docker 1.0 版本，2017 年发布 1.13 版本，Docker 现已成为云计算市场的主流技术。一个完整的 Docker 包括 Docker Client（客户端）、Docker Daemon（守护进程）、Docker Image（镜像）、Docker Container（容器）。

Docker 容器技术可实现不同云计算平台之间应用系统的可移植性，并提供将应用系统拆分为分布式组件的方法。加之 Docker 容器集群管理技术和微服务技术的助推，基于 Docker 容器技术的微服务架构将成为未来 IT 系统架构的主流。

（2）Kubernetes 技术

Kubernetes 简称 K8s，是用 8 代替名字中间的 8 个字符 "ubernete" 而成的缩写。K8s 是 Google 公司的开源项目，用于管理云平台中的容器化应用。K8s 提供了应用部署、规划、更新、维护的一体化管理机制，其目标是让容器化应用部署简单、高效。

容器部署占用资源少、部署快，每个应用可以被打包成一个容器镜像。可在开发或发布阶段，为应用创建容器镜像。由于每个应用不需要与其他应用组合，也不依赖于生产环境，这使得从研发、测试、生产能够提供一致的应用环境，便于监控和管理。K8s 能够对容器的创建、扩展等进行自动编排。目前 K8s 市场占有率超过 70%，已经成为容器管理的主流工具。

K8s 能够实现应用部署、容器扩展、维护管理的自动化。这意味着无论应用有多么复杂，它都能够在多云环境中进行统一运维管理。K8s 技术与 Docker 容器技术的相互配合，为云计算应用和企业 IT 系统架构提供丰富的想象空间。

（3）微服务技术

微服务架构是面向服务的体系结构（Service-Oriented Architecture，SOA）的扩展，按照业务拆分服务形成一系列更小的服务，服务独立部署、独立运行。微服务按照不同的业务功能单元进行垂直拆分，垂直拆分后进行水平方向的拆分。典型的微服务架构如图 8-4 所示。

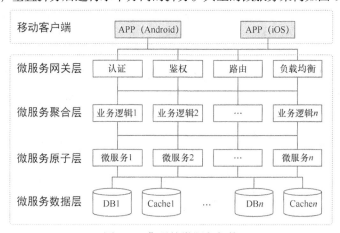

图 8-4 典型的微服务架构

典型的微服务架构通常包括微服务网关层、微服务聚合层、微服务原子层、微服务数据层等。微服务网关层负责服务请求接入；微服务聚合层用于各种业务逻辑的处理；微服务原子层用作数据访问代理，提供数据访问并屏蔽底层存储的差异性；微服务数据层用于微服务的数据存储。

采用微服务架构后，开发实施能够做到快速迭代、持续交付。但微服务架构也存在明显的弊端，开发人员除需要关注业务逻辑的技术实现以外，还需要关注微服务的部署管理问题，比如服务注册、服务发现、服务通信、负载均衡、服务熔断、请求超时重试等的微服务运行管理事项。同时，服务的微化拆分，也要求开发团队要有更强的业务理解把握能力。

3. 发展趋势与关注

Docker 容器技术、Kubernetes 技术以及微服务技术带来的 IT 系统架构变革已在公有云领域得到了广泛的应用验证。企业未来的 IT 系统架构必将逐步向以容器技术为支撑、以微服务架构为特征的互联网架构转型，只是这个过程可能会比较漫长。毕竟，企业的 IT 系统架构更多的是依托于第三方软件产品构成，依赖于第三方软件产品的架构转型成功。

企业应密切关注以容器技术及微服务技术为代表的技术与产品发展，开展必要的 IT 系统架构转型研究，以企业战略支持为导向，适时推进企业技术架构转型试点，同时避免陷入"为架构而架构"的转型误区。

8.4.2 话说技术中台

"中台"是一种业务化的场景描述，"技术中台"以场景的方式描述技术架构。由于场景的局限性，不同人员、不同视角会有不同的中台解读。中台尚属于概念，而不属于架构。

1. 起源

有人将中台的起源追溯到东汉时期的尚书台，即中台为政府机构的中枢，因此可以确定中台属于中国人提出的概念。中台起源于阿里巴巴在2016年提出的"大中台、小前台"战略，阿里巴巴将中台定义为"支持多个前台业务且具备业务属性的共性能力组织"，并强调了中台支持多个前台业务的业务属性。而技术中台是指使用云或其他基础设施的能力以及应用各种技术中间件的能力，进行整合和包装，过滤掉技术细节，提供简单一致、易于使用的应用技术基础设施。

"大中台、小前台"战略是阿里巴巴的重大战略部署，希望构建符合数字时代的创新的、灵活的"大中台、小前台"组织机制和业务机制，包括组织中台、业务中台、数据中台、研发中台等中台体系。以"大中台、小前台"战略，解决企业存在的问题，有效应对外界变化与挑战。

虽然中台属于概念，但它从业务场景的视角描述技术及技术架构，通过可感知的表现形式，体现快速响应业务需求，实现IT系统价值创造，得到IT服务商和企业业务人员的广泛响应。至此，IT服务商结合自身业务需求，纷纷打造适合自己的中台产品和解决方案。传统企业也逐渐意识到技术中台的重要性，希望通过技术中台来助推自身的数字化转型。虽然不同的人有着不同的中台认知，但其在前台与后台、技术与业务场景之间的桥梁与纽带作用得到广泛认可，加之阿里巴巴的影响力，中台概念一经提出，中台思想便得到广泛认同，中台理念渐渐渗透到各类组织的信息化建设中。

2. 从架构视角看技术中台

技术中台是企业IT系统架构的组成部分，单纯的业务场景导向的技术中台描述会带来IT架构的潜在冲突与矛盾，需要解决技术中台与企业架构的一致性问题。

企业信息化架构通常分为业务架构、应用架构、信息架构和技术架构共四大架构，其中业务架构属于企业信息化的输入，其他三大架构用以支持与服务于业务架构。技术中台通常属于技术架构的组成部分，通过IT系统的前台、后台与中台的密切协同，支持企业的业务战略和承载业务价值的业务架构。应综合分析企业业务架构、应用架构和信息架构需求，明确IT架构要求。基于IT架构的各层级定位与服务分工，确定技术中台的功能组件、接口关系与支撑要求。基于协调一致的技术中台定义，开展企业的信息化建设与架构管理工作。

通常，企业信息化的应用基础设施属于技术中台的范畴，通过便于理解的技术中台概念，便于业务、技术、管理等各方面人员的沟通与交流，有利于推进企业的信息化建设。

8.4.3 话说数据中台

数据中台是中台概念的重要组成部分。相较于技术中台，数据中台的"演绎成分"更多。

1. 起源

数据中台与技术中台属于"同族同宗",均来自阿里巴巴。阿里巴巴提出的是"业务、数据双中台",其中"业务中台"是指将后台资源进行抽象包装整合,转化为前台友好的、可重用的、共享的能力,实现了后端业务资源到前台易用的转化。"数据中台"是指从后台及业务中台将数据流入,完成海量数据的存储、计算、产品化包装,形成企业的核心数据能力,为前台基于数据的定制化创新和业务中台基于数据反馈的持续演进提供支撑。

以上是阿里巴巴基于自身发展战略的"数据中台"解读,但很多接触数据中台概念的从业人员,更愿意以自己的理解阐述数据中台的构想、思路与策划。有人将企业的数据应用冠以"数据中台",有人将数据中台定义为"一套可持续'让企业的数据用起来'的机制"等。

由于数据中台是没有框架、没有方法的概念,有关数据中台的话题中充斥着五彩斑斓的色彩,似乎光鲜亮丽,但又有些让人不知所云,缺乏头绪。

2. 从架构视角看数据中台

如果从企业架构的视角看,数据中台通常属于企业信息架构的范畴,需要结合企业的业务架构、应用布局与最新的数据分析应用发展,重新界定数据中台的价值定位、数据范围与数据架构边界,基于梳理明确的数据中台定义,开展、推进数据中台相关工作。

以信息架构的视角看,数据中台通常是指为企业上层应用提供基准数据、标准数据、公共数据支持的数据。基准数据是指包括主数据、元数据、基础数据等企业公共的基准数据;标准数据是指企业范围内的业务标准化数据,用以确保各业务应用系统引用数据的标准化;公共数据是指企业多个业务应用系统引用的公共业务数据。上述的中台数据通常需要统一规划、统一建设,用以满足企业各业务应用系统的基准数据、标准数据、公共数据的引用需要。

另一类中台数据是指企业信息架构的应用层数据,这类数据通常需要业务中台的支持,即业务架构中的中台业务需要对应的中台数据支持,同样遵从企业架构的一致性原则。

数据中台形象地表达了数据在企业架构中所处的位置,便于业务、技术、管理等各方面人员的沟通与交流,应利用好数据中台这个概念,结合企业信息架构,"讲好数据中台的故事"。

8.5 相关建议

IT基础设施作为企业信息化的重要基础支撑设施,既面临IT快速发展带来的技术变革冲击,也面临着企业信息化投资的成本压力。同时,日益复杂的网络安全环境,对IT基础设施提出了更高的网络安全要求。

> 关注基础架构技术发展:移动互联网、物联网、大数据、云计算等新IT快速发展,将企业带进更为宽广的移动互联网络世界。IT应用的快速普及与发展,给企业的IT基础设施提出了更高的能力支撑与快速响应要求。同时IaaS、PaaS等技术与产品的发展,也会促使IT基础设施的技术更迭。因此,应密切关注IT发展趋势,做好IT基础设施相关技术与产品的跟踪与应用研究,结合企业信息化实际,适时推动企业IT基础设施的产品技术迭代与运行模式调整,以便更好地满足企业信息化的应用支撑需要。

➢ 关注基础架构整体安全：IT 基础设施是企业落实网络安全纵深防御的重要环节，网络边界防护控制、安全区域访问控制、系统边界访问控制以及网络传输安全均与 IT 基础设施密切相关。移动互联网、物联网应用的普及以及企业之间更广泛的业务互联，均给企业带来巨大的网络安全挑战。这种发展趋势无法逆转，企业只有顺应时代发展，关注 IT 基础设施整体安全，从整体安全出发，将安全防护与控制措施落实到各个层级、各个环节，健全安全运行管理制度体系，合理配置运行资源，确保 IT 基础设施运行安全。

➢ 基于实际需求配备设备：IT 基础设施投资在企业信息化建设中通常占有较大比重，而 IT 基础设施所用的设备大多属于成熟的 IT 产品，不同厂家的同类产品的同质化程度高，产品功能与性能差异不大。应特别关注 IT 基础设施设计中的设备配备的合理性，基于业务应用的处理能力需求配备设备。在设备品牌选择方面，建议优先考虑产品设备的性能价格比的影响因素，避免过度追求品牌效应。同时，应充分关注 IT 基础设施建设中的其他成本影响要素，尽可能降低 IT 基础设施的综合拥有成本。

第 9 章

应用软件需求分析方法

现实世界中,软件提供的功能、性能、用户交互与用户期望之间总是存在一定的差距,相关问题无法得到很好的解决。究其原因,这既与软件本身的成熟度有关,也与软件需求分析不到位等原因有关。本章以企业应用系统类的软件需求分析为对象,梳理软件需求分析中存在的问题、分析问题背后的原因,研究提出解决问题的方式与方法。

9.1 需求分析的问题与难点

软件行业虽然有关于需求的术语定义,但由于软件涉及的应用领域、角色、人员背景等的差异,不同的人会有不同的需求理解与描述。客户定义的需求,在开发人员看来可能只是高度抽象的概念。需求理解的多样性为后续的软件设计与开发留下了巨大的不确定性,也为软件交付后的使用留下了巨大的隐患和风险。

9.1.1 软件需求分析的现状

电气电子工程师学会(Institute of Electrical and Electronics Engineers,IEEE)软件标准术语表(1990)将需求定义为"为解决某个问题或达到某个目标而需具备的条件或能力"。IEEE 的需求定义很宽泛、适应面广,但歧义也很多,导致对现实的软件需求分析起不到概念界定的作用。

1. 需求分析标准情况

与需求分析有关的国家标准是《计算机软件需求规格说明规范》(GB/T 9385—2008),可参考借鉴的行业标准有国家军用标准《军用软件需求分析》(GTB 1091—1991)。

> 《计算机软件需求规格说明规范》主要内容包括引言、总体描述(产品描述、产品功能、用户特点、约束等)、具体需求(外部接口、功能、性能需求、数据库逻辑需求、设计约束等)和附录。

> 《军用软件需求分析》主要内容包括范围、引用文件、定义、需求分析总体说明(基本要求、依据、方法)、需求分析详细说明(功能需求、性能需求、接口需求、数据需求、环境需求、安全和保密要求等)、软件需求评审、软件需求说明的修改。

上述两个标准的共同特征是需求高度抽象,与实际需求分析的需求场景距离较大,导致对现实中的软件需求分析缺乏实际的指导意义。

2. 软件类型及软件需求

软件需求分析与软件类型密切相关,基于《软件产品分类》(GB/T 36475—2018),软件分为系统软件、支撑软件、应用软件、嵌入软件、信息安全软件、工业软件和其他软件共 7 类,其中应用软件包括通用应用软件、行业应用软件和其他应用软件。从软件成熟度的视角看，上述的 7 类软件可分为如下两大类。
- 产品目标导向型软件：产品目标导向型软件以解决特定共性事项或问题为目标，包括系统软件、支撑软件、嵌入软件、信息安全软件，以及应用软件中的通用应用软件。其需求分析围绕共性事项或问题展开，同类软件产品具有较强的相似性，主要需求表现为同质化。
- 业务目标导向型软件：业务目标导向型软件又可细分为两类。一类以解决行业共性需求为软件产品目标，通过配置、配置增强及客户化开发解决特定的业务需求；另一类以解决特定业务领域的特定问题为目标，通常基于具有行业特性的软件开发平台构建满足目标需求的业务应用系统。

应用软件中的行业应用软件如 ERP 系统、CRM 系统、SRM 系统、PLM 系统等是具有较多共性需求的应用软件，一般按软件产品方式开发，通过配置、增强及开发的方式满足特定用户的需求，需求分析的方法一般以行业最佳实践为参照开展项目的软件需求分析，但也面临着能否很好地满足企业需求的问题。对于缺少应用参照的行业应用软件，则必须建立一套能够体现企业业务特色和能力需求的分析方法开展需求分析工作，需求分析的难度通常很大。

9.1.2 需求分析常见问题及影响

纵观不同企业实施业务应用系统的经验与教训，虽然每个项目的问题与表现各不相同，但需求分析不到位几乎是共性问题。归纳起来，常见问题可分为以下 3 类。
- 需求分析不全面：缺乏系统的需求梳理和分析，导致需求分析不能体现待开发软件的全部功能、性能、约束及可能的预期，用户诉求反映得不够全面。
- 分析挖掘不到位：站在用户视角的需求挖掘与分析的深度不足，或者软件需求描述不准确，导致需求理解存在歧义或无法准确反映用户潜在的真实需求。
- 需求表达不到位：站在设计视角的需求表达不到位，缺乏全场景的用户交互表达，或者用户界面（User Interface，UI）设计不能充分表达用户交互需求，导致系统设计的需求分析输入不足。

上述的需求分析不到位带来的影响不尽相同，表现在以下几个方面。
- 信息化效果打折：需求分析不全面导致交付系统的业务需求满足度低，信息化效果打折，需要额外的持续改进投资支持。情况严重时可能导致系统上线困难或无法上线。
- 影响可持续发展：需求挖掘不充分导致系统对业务支持深度不足或业务扩展支持不充分。同时也会导致技术架构与信息架构的扩展性不足，直接影响系统的可持续发展。
- 用户体验欠佳：用户交互设计欠佳直接影响系统的易用性和用户体验，需要额外的用户培训投入，也会影响系统上线应用与后续的应用推广。

需求分析不到位，会导致必须通过不断的迭代才能满足业务需求，不仅周期长、成本高，对信息化效果评估、用户体验均有负面的影响。

9.1.3 需求分析面临的挑战

软件需求应为目标系统设计提供全面的需求输入信息，软件需求分析的内容应全面、系统、准确地反映用户诉求，并为后续的软件设计、验证、确认提供分解、追踪支持。不同项目软件需求分析不到位的原因可能各不相同，概括起来，软件需求分析面临以下 3 个方面的挑战。

> 分析方法不足的挑战：业界虽然有一些可参考的信息系统规划和需求分析方法，但这些方法与实际的项目落地存在较大差距，不足以指导具体项目的需求分析。需要结合具体项目实际，裁剪、修正、完善以形成项目需求分析方案，据此开展需求分析工作，但这一过程充满挑战。

> 标准指导性不足的挑战：需求分析需要有业务流程表达、信息数据表达、界面设计表达等标准规范的支持。上述标准规范的形成需要通过积累、改进与成熟的过程，大部分企业缺乏行之有效的标准规范与最佳实践的支持，在需求分析中独树一帜、各自为政的现象普遍存在。

> 分析能力要求高的挑战：需求分析通常要求具有企业战略、业务流程到经营管控的梳理、分析和判断的能力，基于企业战略与全局出发，梳理、分析软件系统需求。同时，有关系统技术要求与信息安全要求通常涉及与 IT 系统架构相关的知识与技能，导致需求分析的综合能力要求普遍偏高，而绝大部分项目普遍缺少具备上述综合能力的需求分析人员。

除上述挑战以外，需求分析还受企业业务与管理成熟度的影响。因此，需求分析的主客观因素的叠加，常常导致需求分析结果不够理想。

9.2 需求分析模型与准则

需求分析是实现软件系统预期目标的重要输入，是从项目目标、内容向具体需求与要求的分解与延伸。因此，需求分析需要清晰、明确的应用系统目标引领，以目标为引领，开展应用系统的需求分析工作。同时，需求分析必须有完整的需求分析模型加以指导，以便为完整、系统的需求梳理、分析提供框架支持。最后，需求分析还应遵循相应的需求分析规则，以确保需求表达准确、效果可衡量。

9.2.1 需求分析定位

从软件生命周期视角看，需求分析处于软件系统的项目定义和系统方案设计之间，需求分析形成的需求规格书作为拟开发软件需求的全面描述和应用诉求的充分表达，为软件方案设计提供输入。需求规格书对软件需求的描述应该是明确的、完整的、可跟踪的、相互协调的，并得到软件系统主要相关方的认可和确认。

同时，需求规格书作为软件需求方和开发方之间的对软件预期效果的共识表达，由于各方的专业背景差异，如同硬币的两面，对同一软件需求的理解与描述并不相同，有些甚至差异较大。为解决这种理解差异问题，在现实的软件系统项目实施中，一般将面向使用方的需求规格书定义为业务需求分析报告，将面向软件开发方的需求规格书定义为系统需求分析报告。业务需求与系统需求的关系如图 9-1 所示。

业务需求分析报告为软件应用视角的"需求与要求"的精确表达，系统需求分析报告为软件设计

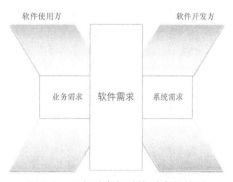

图 9-1 业务需求与系统需求的关系

视角的"用户交互"的完整呈现。业务需求分析报告为系统需求分析报告的完整性、系统性、准确性提供参考基准。

业务需求分析报告为基于项目目标与范围的业务需求的完整、系统、准确表达，体现在如下几方面。

> 完整性：项目目标、范围对应的业务流程、数据信息等业务场景的全面阐述和关键核心能力等诉求要求，可充分体现项目目标与内容对应的业务需求与诉求。
> 系统性：业务层级交互清晰，业务流程与信息分类描述科学、合理，业务作业描述与作业信息交互清晰、完整，涉及的业务变革具备可行性。
> 准确性：业务运作基础支撑信息、业务输入信息、业务输出信息、数据分析利用、业务相关对象与业务操作等的信息描述完整、准确。
> 有效性：业务需求分析报告经相关人员审核确认。

系统需求分析报告为基于项目目标与范围的业务需求与系统要求的全面体现，体现在如下几方面。

> 功能完整性：具有全面的业务需求功能和完整的系统要求功能。功能描述完整、界面表达清晰、用户交互可行。
> 信息扩展性：信息分类合理、信息展现具体、表单数据完整、基础数据与业务对象清晰且可扩展。
> 系统可用性：界面交互友好、性能指标明确、安全措施可靠，接口及扩展需求明确。
> 需求有效性：需求分析报告应通过评审检查，评审通过后方可作为正式的方案设计输入。

软件需求分析应同时具备面向应用视角的"需求与要求"的精确表达和面向开发设计视角的"用户交互"的完整呈现。软件需求分析报告宜采用需求评审的方式，确认需求分析报告的有效性，以便为后续的软件设计、开发、测试等工作提供有效的支持。

9.2.2 需求分析模型

以软件系统生命周期的视角看，软件需求分析不但要充分反映软件开发项目当期的业务需求与要求，还应兼顾业务应用深化对软件系统的扩展性要求。同时，软件系统运行使用期间的运行维护、信息系统集成，以及信息安全等方面的要求均应得到体现。

因此。基于应用软件的价值定位和企业全局要求，应用软件的需求分析模型可抽象为图 9-2 所示的 BSI 需求分析模型。

BSI 为 Business requirement、System requirement、user Interaction 的缩写，BSI 需求分析模型主要包括业务需求、系统要求、用户体验设计 3 个部分。业务需求体现为软件的业务运作支持能力，系统要求体现为软件的系统运行支持能力，用户体验设计体现为用户与软件系统的交互体验支持能力。

业务需求和系统要求体现的是软件使用方的需求与要求，用户体验设计体现的是软件开发方的软件系统需求设计。

1. 业务需求

业务需求通常体现为软件对业务运作和能力提升的全面与系统性支持，同时，应满足业务创新、技术创新和管理创新等方面对软件的要求。各细分分类应满足以下基本要求。

> 业务流程支持：应能够满足对目标领域的业务流程运作的交互操作功能支持。

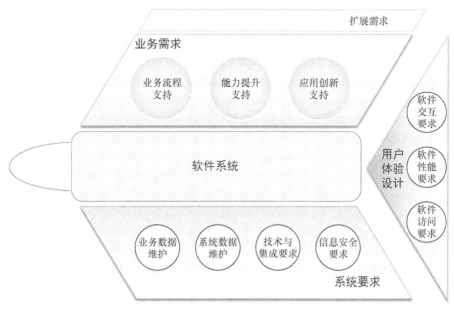

图 9-2　BSI 需求分析模型

- 能力提升支持：应能够满足对目标领域的数据管理与应用等的能力提升的支持。
- 应用创新支持：应能够满足特定的业务创新、技术创新和管理创新的支持。
- 扩展需求支持：应能够满足后续可能的业务扩展的支持。

2. 系统要求

系统要求通常体现为软件系统运行维护、系统集成和信息安全等 IT 系统层面对软件的要求，其中运维管理包括业务数据维护和系统数据维护。各细分分类应满足以下要求。

- 业务数据维护：包括业务基础数据、标准数据和业务流程变化等的维护管理要求。
- 系统数据维护：包括系统基础数据、用户数据和系统配置维护等方面的要求。
- 技术与集成要求：包括系统相关技术和与相关信息系统的接口集成等要求。
- 信息安全要求：包括应遵从的安全等级以及用户、数据、授权与审计等安全要求。

3. 用户体验设计

用户体验设计体现为用户与软件系统的交互要求，既包括软件与用户交互等的要求，也包括软件响应等方面的数据指标要求。各细分分类应满足以下要求。

- 软件交互要求：用户与系统交互的功能、信息、色彩等的布局要求，可实现简洁、高效的系统交互操作。
- 软件性能要求：既包括用户对系统操作响应时长要求，也包括系统并发用户和业务处理能力等的要求。
- 软件访问要求：用户对系统访问的便捷性等的要求。

9.2.3　需求分析准则

为保证软件需求分析需求表达准确、效果可衡量，需求分析应遵循以下基本原则。

1. 基于目标和战略导向的需求分解原则

软件需求分析应以项目目标为出发点，以企业战略和信息化战略为导向，保证软件需求服务于项目目标，并保证与信息化战略的一致性。
- 基于项目目标和可验证的分解目标，分析业务需求与要求，建立项目需求分解框架，确保项目需求与项目目标的一致性和可验证性。
- 基于企业战略和相关要求，梳理、概括本项目系统的未来发展需求，为系统扩展支持提出约束要求。

2. 基于业务和能力并重的业务需求原则

基于业务目标、战略与绩效衡量要求，梳理业务流程和核心能力要求，结合项目范围，开展业务流程和能力所需的软件需求分析。
- 基于业务运作流程，全面梳理、分析、记录业务流程的基础支持、业务流程作业、流程作业输入、输出和过程数据，明确影响业务流程绩效的关键要素，为功能设计和数据体系设计提供输入。
- 基于业务核心能力需求，全面梳理业务对象、对象模型、对象关联、数据展现与分析利用等方面的需求与要求。

3. 基于可持续发展的系统需求分析原则

基于可持续发展的原则，梳理软件系统运行维护要求、系统接口和信息安全要求，确保软件与企业IT架构的一致性和信息安全的一体化。
- 基于软件系统运行需要，梳理分析提出系统业务数据维护和系统运行配置维护要求，为系统运行管理提供支持。
- 基于业务发展和用户交互需要，梳理提出软件技术体系和可扩展性要求，结合安全保密要求提出信息安全要求。

4. 基于用户体验的系统交互设计原则

软件的使命是为企业提供高效的业务流程处理支持和充分的数据分析与利用支持，良好的用户交互体验是发挥软件价值的基本要求。
- 基于用户交互要求，做好软件系统的功能交互体系和信息交互体系规划。
- 基于用户体验需求，做好用户交互的视觉、功能布局和信息呈现设计。

9.2.4 需求模型应用

BSI需求分析模型明确了软件需求分析的分类构成及主要需求，软件需求分析应依托需求分析模型展开。为准确表达用户诉求，避免需求歧义，需要建立面向软件需求方和设计开发方的不同视角的需求分析报告，即业务需求分析报告和系统需求分析报告。

1. 业务需求分析报告

业务需求分析报告为面向软件使用者视角的"需求"与"要求"表达，包括面向前台的软件使用者和面向后台的软件系统运行维护者。"需求"来自业务流程或事项派生出的软件需求，需求与用途之间具有可追溯和可确认的关系；"要求"基于习惯、规则等提出的特别要求，要求与用途之间不一定具有刚性的因果关系。

业务需求追求的目标是完整、系统、准确地表达客观需要。

2. 系统需求分析报告

系统需求分析报告是软件设计视角的软件功能和用户交互的信息表达。系统需求为软件的方案设计提供输入。方案设计包括但不限于软件产品规划、软件技术路线与策略、技术架构、软件开发、软件交付与软件服务支持等内容。

系统需求追求的目标是设计视角的"用户交互"的完整展现。

系统需求分析实际上是一种设计行为，将其纳入需求范围是因为系统需求是软件系统设计、开发与交付应满足的具体要求。系统需求分析报告只有通过评审后，方可作为正式的软件需求为后续的软件方案设计提供输入。

9.3 业务需求分解与分析

基于 BSI 需求分析模型，业务需求可细分业务流程支持、能力提升支持和应用创新支持 3 个细分子类，以下分别介绍各细分子类的分解及其细分需求。

9.3.1 业务流程支持需求分解

业务流程支持需求以业务流程为主线，通过高层级的价值流程分解为低层级的作业流程，最终实现从价值流程到业务活动的转换，通过一系列相互关联的业务活动，实现企业的价值创造或价值增值。企业业务运作框架如图 9-3 所示。可基于业务运作的业务过程和管理过程开展业务流程支持需求分析。

业务流程支持需求可以分解为业务价值流程需求和业务管控需求两个细分子类。传统的信息化建设主要聚焦在业务管控需求，也称管理信息化。随着数字化的逐步深入，业务价值流程成果数字化、智能化变得越发重要。

1. 业务价值流程需求

业务价值流程是指企业直接创造业务价值的流程，业务价值流程直接输出形成业务成果，主要需求包括以下几方面。

- 价值流程通过业务分解方案实现向作业流程的分解转换，作业流程通过作业方案分解为作业事项，每个环节都涉及数据对象管理、对象关联及业务数据表现等需求与要求。建立横向关联、纵向贯通的数据体系是业务价值流程需求梳理的关键。
- 业务流程各环节的输入数据、输出数据、过程数据，以及最终的成果数据，数据关系体现为流程输入数据通过业务工作方案逻辑转化为流程输出数据，其间伴随各种过程数据。需求分析时应关注业务对象识别、信息模型抽象、工作方案表示，以及信息关联体系的建立。

2. 业务管控需求

业务管控需求围绕业务管理要素展开，业务管控与业务性质密切相关，对于项目型业务，其管理要素一般包括进度、费用、质量、安全、风险、变更、信息等，具体可结合企业的业务管理需求开展，主要需求分析包括以下几方面。

- 基于企业的业务架构，明确业务管理要素的操作、管理、控制的层级分布，明确各层级的管理定位和目标。
- 基于业务管理要求，以满足基于业务工作的一体化管理要素为目标，梳理、明确业务管理要素体系需求。
- 基于业务控制需要，参考计划控制、关键绩效指标（KPI）控制和风险控制，结合企业业务管控实际，梳理、明确业务控制需求。

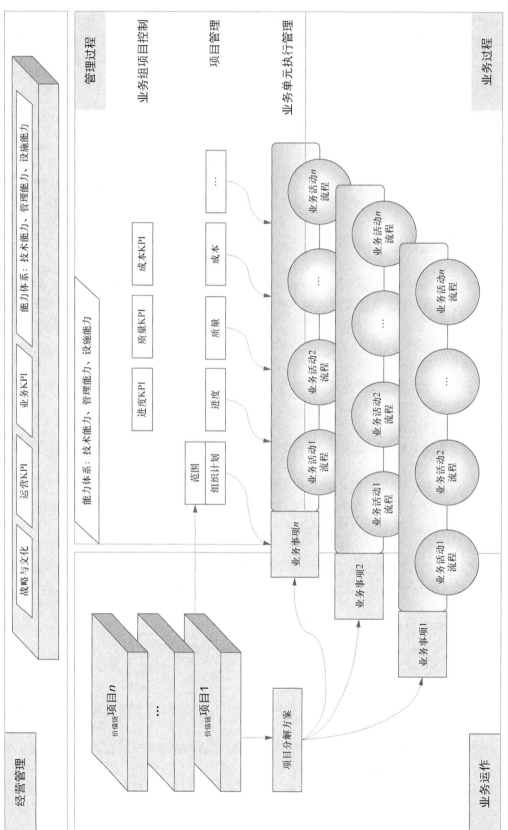

图 9-3 企业业务运作框架

9.3.2 能力提升支持需求分析

在以往的企业信息化、数字化建设中，能力提升支持需求一般没有作为独立的需求维度开展需求分析，能力提升支持需求往往不明确。普遍的感知是能力提升支持需求分析无从下手。

开展能力提升支持需求分析的前提是建立能力提升支持需求分析框架，而建立能力提升支持需求分析框架的前提是建立业务能力与业务绩效，以及业务绩效与需求之间的关系模型。基于笔者的研究与分析，能力提升支持需求模型如图 9-4 所示。

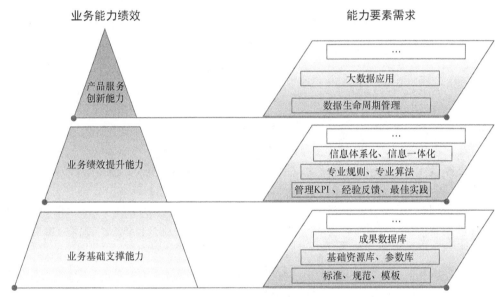

图 9-4 能力提升支持需求模型

1. 业务能力绩效

从业务绩效的视角看，业务能力对业务绩效的支撑基本可以分为 3 个层级。

- 第一层为业务基础支撑能力。一般体现在对业务运行规则、标准、模板等的基本支持。业务基础支撑能力是企业业务运作的基本能力要求。
- 第二层为业务绩效提升能力。一般体现在对业务运行的质量提高、效率提高、成本降低等影响业务绩效的指标提升。业务绩效提升无疑是企业所追求的目标。
- 第三层为产品服务创新能力。一般体现在为客户提供更先进、有竞争力的产品、更智能化的服务等，也包括组织运行管理创新。创新是企业发展的重要支撑。

2. 能力要素需求

从业务能力绩效的视角梳理、分析能力要素需求，对应业务能力绩效的 3 个层级，业务能力的软件需求也可以分为 3 个对应的层级。

- 第一层为基础支持能力需求。可细分为 3 个层级的软件需求，一是业务运行标准、规范、模板等的基本业务规则固化，通过规则固化，支持业务运作标准化；二是建立必要的业务基础资源库、参数库，通过数据资源统一，规范业务运行，减少常见问题；三是建立较为完善的业务成果数据库，提供高效的数据统计、分析与查询工具。
- 第二层为绩效提升能力需求。可细分为 3 个方面的软件需求，一是运行管理 KPI、经验反馈、最佳实践等类的需求，该类需求与企业业务管理成熟度密切相关，需要从业务管理入手，渐进推进；二是专业规则、专业算法固化等需求，该类需求体现的是业务技术能力提升需求，需要从业务技术入手，梳理、发现技术能力提升点，并有序推进落实；三是信息体系化、信息一体化等类的需求，该类需求以提高数据利用效果与效率为目标，从本软件范畴内的数据利用入手，梳理、分析软件数据利用。

> 第三层为创新能力支持需求。可细分两个方面，一是引入数据生命周期管理概念，以产品服务为主线，启动产品服务全周期数据管理规划，根据规划安排，推进数据生命周期管理需求分析与建设；二是引入大数据技术，从企业全局数据管理与利用的视角，梳理、发现、发掘企业大数据应用。具体可结合软件范畴约定，开展软件范围内的创新应用需求分析。

9.3.3 应用创新支持需求分析

在数字化变革快速演进的今天，"创新"支持是软件需求分析时不能忽视的重要部分。创新支持需求可围绕以下内容展开。

> 业务创新需求：通常意义上的"数字化转型"主要是指企业提供的产品服务的形态转变，由传统的产品形态转变为数字化形态的产品或服务。可以围绕产品服务数字化、支撑运作系统数字化等方面的创新展开业务创新需求分析。具体可结合软件范围约定开展业务创新需求分析。

> 技术创新需求：技术创新为形成产品服务过程中涉及的设备、设施、技术等变化带来的新需求，技术创新涉及的范围广、差别也较大，应结合具体软件范围有针对性地开展技术创新需求分析。

> 管理创新需求：管理创新的概念容易混淆，通常意义上的管理创新应该有别于常规的管理手段或管理活动。一项管理改进是属于管理的持续改进还是属于管理创新，可能见仁见智。应以创新的视角看管理，站在业务绩效最佳的高度重新审视业务管理工作，不被司空见惯的低效管理规则牵着走，促进管理变革与提升，并通过软件固化管理规则，更好地支持企业的管理水平提升。

9.4 系统要求分解与分析

基于 BSI 需求分析模型，系统要求体现为业务数据维护、系统数据维护、技术与集成以及信息安全等系统层面对软件提出的要求，具体可以分解为应用配置维护要求、系统配置维护要求、技术与集成要求、信息安全要求 4 个细分分类。

9.4.1 应用配置维护要求

软件系统投入使用后，在软件使用过程中一般涉及两类系统维护工作，一是与业务流程有关的应用数据配置维护，二是与系统配置有关的系统配置数据维护。两类数据的维护一般由业务部门和 IT 部门各自负责。应用数据配置维护需求一般可细分为 3 类。

> 业务基础数据维护：包括业务基础数据维护和对业务主数据等的管理维护。

> 业务流程数据维护：包括根据组织调整和职责调整带来的业务流程配置逻辑的调整、

根据岗位人员调整带来的业务流程节点人员配置的调整维护等。
- 业务数据修改：从理论上讲，软件系统中的业务数据不可以修改，但客观事实是，偶发的数据录入错误是不可避免的，软件系统中应留有必要的业务数据修改等功能。同时，为满足管理合规要求，需要对业务数据修改做好记录，以满足事后审计要求。

9.4.2 系统配置维护要求

系统配置维护要求可分为两个层级，一是系统数据维护的要求，二是系统运行维护的要求。随着企业信息化的发展，信息系统运行维护专业化、平台化逐步成为主流，系统运行监控与维护处理通常纳入 IT 部门的统一管理范围，交付运行的软件系统应满足企业 IT 系统运行管理的全局要求。
- 系统数据维护：包括系统基础数据和系统配置数据的维护。系统基础数据是指业务基础数据以外的与系统运行有关的基础数据，系统配置数据是指与系统运行环境相关的配置数据。
- 系统运行维护：包括系统配置维护要求和用户信息维护、授权信息维护等要求。

9.4.3 技术与集成要求

技术与集成要求主要包括系统集成要求和架构扩展要求。
- 系统集成要求：包括软件导入、导出要求，及与其他系统的集成和接口等方面的要求。
- 架构扩展要求：基于业务可持续发展要求，对软件提出的功能扩展、性能扩展、部署扩展等方面的技术要求。

9.4.4 信息安全要求

信息安全要求包括应遵从的网络安全等级、数据安全及系统安全等要求。
- 安全等级要求：明确软件应遵从的国家网络安全等级保护标准。
- 数据安全要求：根据业务要求，提出软件对数据存储、处理、传输、备份、恢复等的安全要求。
- 系统安全要求：除遵从约定的法规标准以外，有关系统架构、部署、运行、审计等方面的安全要求。

9.5 用户体验与交互设计

ISO 9241-210 标准将用户体验定义为"人们对于使用或期望使用的产品、系统或者服务的认知印象和回应"。用户体验既是体验感知，也是交互过程，用户体验应可分解、可感知。

9.5.1 用户体验层级模型

基于笔者的用户交互设计经验与分析，用户体验要素可基本分解为 4 个层面，即视觉风格、用户交互、交互支持和性能支撑，如图 9-5 所示。

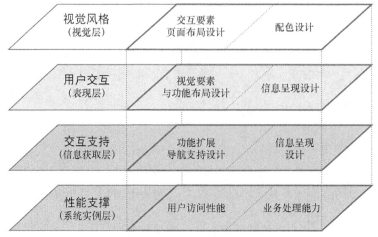

图 9-5　用户体验层级模型

- 视觉风格（视觉层）：结合软件系统对应的业务特征与用户特征，设计与之匹配的系统交互视觉风格，包括交互要素页面布局设计和配色设计，为表现层的用户交互提供系统视觉风格指引。
- 用户交互（表现层）：表现层为信息系统与用户交互的界面，包括视觉要素与功能布局设计、信息呈现设计。无论是信息系统还是软件产品，表现层都需要为用户提供全方位的功能交互与信息展现。
- 交互支持（信息获取层）：为表现层的用户交互提供深入的交互扩展支持，包括功能扩展导航支持设计和信息呈现支持设计。功能扩展导航支持为面向具体功能的点击扩展或漫游。信息呈现支持为用户提供灵活的信息获取或展现支持。
- 性能支撑（系统实例层）：用户体验离不开系统的性能支持。性能支撑包括用户访问性能和大并发交易的业务处理能力。

9.5.2　用户体验设计框架

基于上述的用户体验层级模型，结合实际的软件系统交互设计，视觉风格通过系统用户交互得以体现，鉴于此，用户体验分析模型可以简化为 3 个层级，如图 9-6 所示。

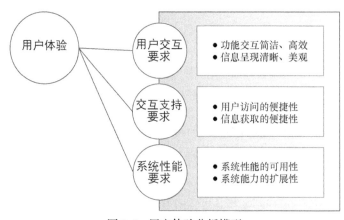

图 9-6　用户体验分析模型

1. 用户交互要求
   - 功能交互简洁、高效：视觉要素与功能布局简洁友好，功能导航系统、明了，符合业务应用场景和用户交互习惯，学习成本低。
   - 信息呈现清晰、美观：信息布局层级清晰、信息呈现简明有序，展现格式规范、美观，字体和配色适合用户阅读，视觉感受好。
2. 交互支持要求
   - 用户访问的便捷性：提供多种便捷的功能扩展导航和功能交互的信息获取支持，提供交互回滚、检索定位、错误提示与在线帮助。
   - 信息获取的便捷性：信息展现简明、扼要、系统、完整，提供多种高效的信息检索和分析利用渠道，支持信息关联、钻取与再检索。
3. 系统性能要求
   - 系统性能的可用性：系统响应快速、交互流畅、性能稳定。
   - 系统能力的扩展性：提供预期的并发用户交互支持和业务处理能力支持。

9.5.3 用户交互体系设计

业务需求分析报告为软件使用者视角的"需求"与"要求"的表达，系统需求分析报告是软件设计视角的软件功能和用户信息交互的表达，而用户交互体系设计是实现业务视角向设计视角转换最重要的手段和切实可行的方法。

传统的软件需求一般为"文字+表格"描述，用户可感知性比较差，在软件测试前，无法感知软件样子，往往导致软件的业务满足度差、用户体验差、使用效果差。采用软件用户交互体系设计的方式，可在软件设计、开发前，将软件所有业务需求转化为用户可交互、可评估的系统，供软件用户评估业务需求满足度。同时，充分的用户体验考虑，可有效提高交付后的软件目标满足度和用户满意度。用户交互体系设计模型如图9-7所示。

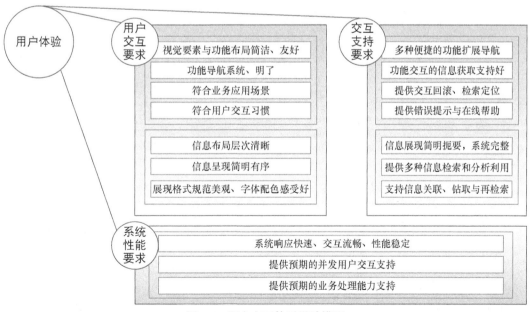

图 9-7 用户交互体系设计模型

用户体验设计体现为用户与软件系统的交互，既包括软件与用户交互等的感性指标，也包括软件响应性能等方面的数据指标。各细分分类应满足以下要求。

> 用户交互要求：符合用户交互习惯和业务应用场景，功能导航系统、明了，视觉要素与功能布局简洁、友好；信息布局层级清晰，信息呈现简明有序，展现格式规范美观、字体配色感受好。可实现简洁、高效的系统交互操作。

> 交互支持要求：提供多种便捷的功能扩展导航，功能交互的信息获取支持好，提供交互回滚、检索定位，提供错误提示与在线帮助。同时，信息展现简明扼要，系统完整，提供多种信息检索和分析利用，支持信息关联、钻取与再检索。满足用户对系统访问的便捷性要求。

> 系统性能要求：既包括用户对系统操作响应时长要求，也包括系统并发用户和业务处理能力等的要求。系统响应快速、交互流畅、性能稳定，提供预期的并发用户交互支持和预期的业务处理能力支持。

第10章

软件选型评估方法

企业信息系统的可持续发展能力很大程度上取决于底层软件平台的支撑能力,软件选型不仅影响信息系统的功能实现和用户体验,而且直接影响企业信息化的可持续发展,进而影响企业的业务运作和业务连续性。

10.1 软件选型的定位

随着信息系统的应用规模越来越大,技术架构也变得越发复杂,选择一款适合企业业务发展的软件平台变得更加的困难。现实中,软件选型不当导致的信息系统项目达不到预期效果的案例比比皆是。究其原因,既与不重视软件选型有关,也与不知如何开展软件选型有关。

人们经常讲的"信息系统是一个持续改进过程"是指基于选定"软件平台"的成长历程,如果更换"软件平台",一切都得"推倒重来",很难继承发展。从客观上讲,没有哪个企业愿意承受频繁的"推倒重来"。因此,选择一款适合业务可持续发展的软件平台对企业来说至关重要。

软件选型的意义就在于基于企业业务发展的全局性需求与要求,选择可以有效支撑业务可持续发展、与周边系统有机融合、综合拥有成本最佳的软件平台,用以支撑业务应用系统的开发实施和可持续发展,确保企业的业务可持续性,支持核心业务能力提升。

10.1.1 软件选型的常见问题

不同类型软件的选型方法、评估内容虽然类似,但选型考虑的侧重点还是有所差异。概括而言,软件选型存在的常见问题主要有如下几个。

➤ 对软件选型的认知不足,带来的应选不选问题。以企业信息化视角看,绝大部分信息系统应是基于相对较为成熟的软件平台开发实现的。企业应优先选择与项目业务相近的"软件产品",基于软件产品平台,通过配置、开发的方式实现满足期望的业务应用系统。基于纯粹的软件"开发平台"开发现实特定的业务需求,无论是从短期功能实现,还是从长期的可持续发展,都不应该作为首选。

➤ 缺乏有效的选型方法指导,带来的选型困难问题。很多时候,软件选型的组织方和参与人员既没有软件选型的经验,也缺乏对软件选型方法的把握,导致软件选型目标不明确、评价没方法、指标不具体,基本上是"跟着感觉走",很难达到软件选型的目的。

➤ 软件选型指标细化不够,带来的选型评估不到位问题。软件选型一般是发生在项目立项批准后和项目建设启动前,在此阶段,业务需求一般处在功能框架层面,功能需求描述比较粗；技术架构一般停留在框架层面，对底层技术的要求不够具体。这样导致软件选型的评估指标难于细化和量化，较难满足软件选型评估的要求。

由于缺乏完整、系统化的选型方法指导，许多软件选型更多关注的是当前需求，对业务可持续发展的考虑普遍较少，导致软件选型具有一定的片面性，潜在的风险较多。

10.1.2 软件选型的目的与约束

由于受业务应用场景、软件产品和企业 IT 架构环境等差异的影响，不同项目的软件选型会有不同的侧重，有些软件选型侧重项目当期需求的满足，有些软件选型则侧重技术架构的一致性，也有些软件选型侧重对数据体系和数据架构的支持。因此，首先应明确软件选型的目的以及软件选型的核心诉求。

软件选型目的应充分考虑以下事项。

- ➢ 核心需求与关注。每个软件选型都有其特定的业务应用场景，都有其必须满足的核心需求与关注。不同类型的核心需求与关注需要底层软件平台特定的基础支撑环境、功能组件与技术组件加以支撑实现，在开展软件选型前应明确项目的核心需求与关注。
- ➢ 潜在供方的产品与解决方案情况。不同的供方有其各自不同的软件产品与服务策略，这些策略差异既体现在产品规划与技术体系上，也体现在产品配置与服务策略上。有些供应商只提供套装产品，有些供应商则提供通用产品和面向不同行业的解决方案。应关注潜在供方的产品与技术发展策略。
- ➢ 未来的技术趋势。虽然预测未来的发展趋势很难，但软件选型是一项长期投资，预判未来的技术发展走势很重要，应关注供应商软件产品和技术体系与发展趋势的匹配性。

软件选型是特定应用场景、应用环境、企业环境及背景下的折中选择，离开上述的选型目的评价软件选型结果的好与坏、正确与否是没有意义的。开展软件选型工作时还应明确相应的约束条件，扫清软件选型的不确定性因素。常见的软件选型约束有以下几个。

- ➢ 场景边界说明。包括当期应用场景边界和未来可能变化的应用场景边界，为软件选型提供清晰的软件适应范畴的说明。
- ➢ 技术约定说明。明确已确定的技术约定及具有限制性的技术条件。
- ➢ 其他约束。其他与软件选型评估有关的约定性因素。

10.2 软件选型评估模型

开展软件选型工作需要有明确的目标指引、科学的评估模型支撑、明确的要素指标评价，从而确保最终的软件选型评估结果可以有效支撑相关业务的健康和可持续发展。

10.2.1 软件选型评估模型分析

业务应用类的软件选型评估通常包括业务需求满足度评估、技术要求满足度评估和综合拥有成本评估。软件选型评估模型如图 10-1 所示。

第 10 章 软件选型评估方法

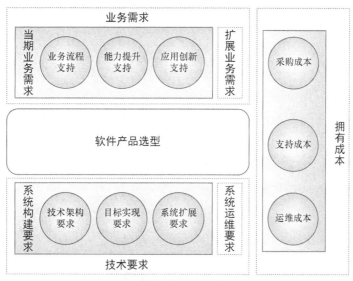

图 10-1 软件选型评估模型

软件选型评估分类指标解读如下。
- 业务需求。业务需求包括当期业务需求和扩展业务需求。当期业务需求一般包括业务流程支持需求、能力提升支持需求和应用创新支持需求。
- 技术要求。技术要求包括系统构建要求和系统运维要求，系统构建要求一般包括技术架构要求、目标实现要求和系统扩展要求。
- 拥有成本。拥有成本包括采购成本、支持成本和运维成本，运维成本包括与系统完善优化、系统扩展和持续改进等相关的成本。

软件选型结果应是基于上述软件选型评估模型的分类指标评估后的综合结果。

10.2.2 软件选型评估要素

基于软件选型评估模型和评估指标分类，分解细化软件评估分类指标，形成业务需求评估要素、技术要求评估要素和拥有成本评估要素。

1. 业务需求评估要素

业务需求评估要素基于项目目标和关键需求与要求展开，形成以项目目标为导向、关键需求与要求为依托的业务需求评估要素体系，业务需求评估要素体系如图 10-2 所示。
- 业务流程支持评估。以满足软件拟支撑的业务领域的业务操作、管理、控制为目标，评估软件业务流程支持水平。通过对拟支撑业务领域的功能梳理，形成系统功能框架。通过对系统功能的梳理，形成有代表性的评估功能作为指标，汇总形成业务流程支持评估指标。
- 能力提升支持评估。以满足软件对目标领域的数据管理与分析利用能力的支持为目标，评估软件能力提升支持水平。通过对目标领域数据对象、信息模型和数据架构支持要求和数据分类展现、数据属性检索、数据分析模型等的数据分析利用的梳理，形成具有代表性的能力提升支持评估指标。
- 应用创新支持评估。以满足特定的业务创新、技术创新和管理创新的支持为目标，评估软件应用创新支持水平。由于应用创新的动态性特点，应结合业务应用场景特点形成具有概括性的评估指标。

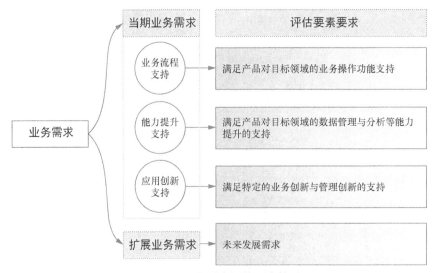

图 10-2　业务需求评估要素体系

➢ 扩展需求支持评估。应对软件支持的业务领域的中长期发展需求加以梳理，形成具有代表性的未来发展关键评估指标。

2. 技术要求评估要素

技术要求评估要素基于已确定的项目系统技术方案展开，形成以项目技术方案为依托、以技术架构要求、目标实现和系统扩展为支撑的技术要求评估要素体系，技术要求评估要素体系如图 10-3 所示。

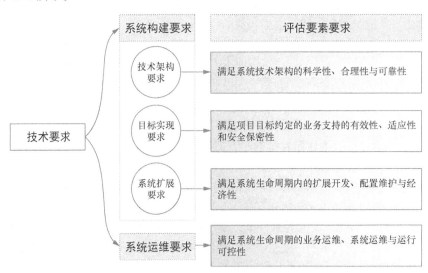

图 10-3　技术要求评估要素体系

➢ 技术架构要求评估。以满足项目系统技术架构的科学性、合理性与可靠性为目标，通过对功能体系设计、技术架构设计、数据架构设计、系统部署设计等方面的指标梳理，形成有代表性的技术架构评估指标。

➢ 目标实现要求评估。以满足项目目标约定的业务支持的有效性、适应性和安全保密性为目标，通过对主要技术实现、主要功能实现、数据管理利用、用户交互实现等方面的指标梳理，形成有代表性的目标实现评估指标。

- 系统扩展要求评估。以满足系统生命周期内的扩展开发、配置维护与经济性为目标，通过对配置维护设计、扩展开发设计、接口扩展设计、技术经济设计等方面的指标梳理，形成有代表性的系统扩展评估指标。
- 系统运维要求评估。以满足系统生命周期的业务运维、系统运维与运行可控性为目标，通过对配置维护设计、系统性能设计、系统容量和安全设计等方面的指标梳理，形成有代表性的运维支持评估指标。

3. **拥有成本评估要素**

以项目视角进行软件的拥有成本评估，采用不同的软件平台会形成特定软件平台不同的解决方案，采用综合拥有成本作为软件拥有成本的评估依据。拥有成本评估要素基于成本构成分类展开，拥有成本评估要素体系如图10-4所示。

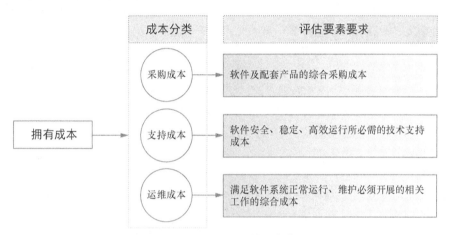

图10-4 拥有成本评估要素体系

- 采购成本评估。采购成本包括项目与软件选型相关的所有费用的总和，一般包括软件评估周期内的软件及相关配套产品、与项目系统交付相关的开发实施、培训支持咨询等相关费用。采购成本评估务求客观、合理。
- 支持成本评估。支持成本主要是指在软件系统投入使用运行后，为保证软件安全、可靠运行，需向软件供应商支付的年度技术支持费用及必要专业服务费。软件年度技术支持费一般为软件采购金额的15%～25%。
- 运维成本评估。运维成本是指为保证软件系统的业务适应性和系统可用性等产生的相关费用。满足业务适应性要求需要根据业务变化及时对系统做出调整，包括但不限于系统完善、优化、扩展和与其他系统的集成等事项；系统可用性是指为保证系统安全、稳定、高效运行所开展的运行监控、系统维护等工作。不同软件的运维成本差异较大，应纳入拥有成本评估中。

10.3 软件选型评估策略

软件选型是一项不确定性较高的工作，无论是初次业务应用系统建设所开展的软件选型，还是已有应用系统迭代升级带来的选型需求，由于软件选型的影响因素较多，为避免选型偏颇，软件选型需要遵从一定的规则。同时，软件选型作为事关企业IT架构的重要技术决策，应体现企业信息化指导思想与原则的要求，并符合企业管理决策流程。

10.3.1 软件选型一般原则

软件平台为所承载业务高效运作和可持续发展的重要支撑，同时，作为企业 IT 架构的重要组成部分，软件选型应遵从以下基本原则。

- 业务适应性原则：软件选型的终极目标是找到一款可以有效支持业务发展的软件，软件的业务适应能力是软件选型应优先考虑的事项。软件选型的评估指标体系定义、选型评估的权重分配均需体现软件的业务适应性评价，使经过软件选型评估后确定的软件能够有效地满足特定业务应用场景的当期需求和可预测的未来发展需求。
- 架构一致性原则：随着企业信息化、数字化进程的逐步深入，以及业务标准化、精细化和集约化的发展，企业的信息系统面临着从整合、集成到逐步一体化的过程，这就要求软件平台需要保持良好的架构一致性。在软件选型评估评价时，备选软件必须满足企业 IT 架构一致性的基本要求，确保选定的软件能够融合到企业已有的 IT 架构中。
- 经济适宜性原则："投资回报"永远是企业信息化项目评价的重要衡量指标，只是信息化投资回报的周期较长，投资回报的计算方法与传统项目投资回报的有所差异罢了。因此，软件选型的经济性应作为独立的评估维度加以考虑，避免不计成本的软件选型。

10.3.2 软件选型策略选择

软件选型既是指标评价过程，也是管理决策过程。从指标评价的视角看，应通过指标符合度评价获得备选软件的评价结果；从管理过程的视角看，软件选型应遵从已有的管理规则。因此，软件选型策略是指标评价和管理规则的综合体现。

- 评估指标权重策略：评估指标体系应体现软件选型应遵循的基本原则。同时，应体现分类指标的重要性和差异化聚焦。分类指标重要性是指按分类指标权重应反映该类评价指标对软件选型的影响。差异化聚焦是指应聚焦潜在供方产品的差异部分，适当放大差异部分的指标权重，缩小无差异部分的指标权重，以便更好地体现潜在供方产品与企业需求的差异程度，便于软件选型决策。
- 评估指标评价策略：采取定量与定性相结合、以定量评价优先的评估指标评价策略。受制于软件选型评估人员对业务需求把握、软件产品掌握和技术架构要求等的认知局限，加之软件评价时间限制，完全的定量评价很难做到，需要依靠参评人员的判断，给出评价结论和意见。同时，对于能够给出定量评价结果的评估指标定，应优先以定量指标为准。确保选型结果的科学性。
- 管理规则与策略：评价指标体系应体现公开、公平、公正的"三公"管理原则。同时，应体现管理合规性和管理禁忌。管理合规性是指软件选型评估方法、要素、过程、结果的确定，应符合企业治理与管理规定。管理禁忌是指软件选型结果的确定应体现企业 IT 相关的技术体系与管理要求禁忌事项，将不符合要求的软件排除在候选软件范围之外。

软件选型是一个指标评价与综合研判的过程，在科学评估、理性分析的基础上，也应充分认识软件选型评估本身的局限性，做好软件选型评估过程中的折中把握与合规管理。

10.4 确定评估指标体系

根据业务应用场景和软件评估诉求,明确软件选型的核心关注与评估策略,参考软件选型评估模型,编制软件评估指标体系,为软件评估活动提供指标评价支持。

10.4.1 业务需求满足度指标

业务需求满足度指标包括当期业务流程满足度、能力需求满足度、创新需求满足度和可持续发展适应性4个方面的评估指标。以下软件选型评估指标可供参考。

1. 当期业务流程满足度

当期业务流程满足度评估指标围绕项目目标展开,包括业务流程类和业务管理类需求满足评估,通常包括针对组织计划、业务流程数据、业务流程协作、业务成果管理、关键管理要素、数据资源与模板、数据分析利用等内容的支持程度评价。

- 组织计划。主要包括组织与人员管理、计划管理、成本管理等。
- 业务流程数据。主要包括业务输入数据、过程数据、结果数据等的组织与管理。
- 业务流程协作。主要包括以流程为导向的业务全过程管理评估,体现为以工作量引擎为支撑的流程实现可用性评价、以表单定义能力为代表的自定义与用户友好性评价。
- 业务成果管理。主要包括以交付为导向的成果管理、交付相关事项的管理等。
- 关键管理要素。主要包括以管理导向的全过程管理要素管理,如进度、成本、质量、安全、风险、经验反馈等业务管理要素。
- 数据资源与模板。主要包括业务相关数据资源、基础数据库、标准与规范、业务表单与数据模板、数据架构等内容。
- 数据分析利用。主要包括数据展现与检索、数据模型与统计分析、客户化报表等。

业务流程满足度评估应结合企业的业务管理实际与习惯,设置评估分类与指标、开展业务需求满足度评估。同时,要明确核心关注与评估重点,以便从众多需求中抽取评估重点,并结合技术实现机制,确定业务流程满足度的关键评估指标。

2. 能力需求满足度

能力需求满足度评估以能力提升模型为参照,评估软件对业务基础支撑能力、业务绩效提升能力、产品服务创新能力的支持水平。可参考以下能力需求确定评估指标。

- 业务基础支撑能力需求。可细分为3个层级的软件需求,一是业务运行标准、规范、模板等的基本业务规则固化等需求;二是业务基础数据库、参数库等需求;三是业务成果数据库及数据分析等需求。
- 业务绩效提升能力需求。可细分为3个方面的软件需求,一是运营管理KPI、经验反馈、最佳实践等类的需求;二是专业规则、专业算法固化等业务技术能力提升需求;三是信息一体化、信息体系化等类的需求。
- 产品服务创新能力需求。可细分为两个方面的软件需求,一是数据生命周期管理需求分析与建设需求;二是企业全局数据管理与利用需求。可结合项目范畴约定,开展软件范围内的创新能力需求分析。

3. 创新需求满足度

从本质上讲，应用创新是有别于传统应用系统需求梳理的一种方法，具有较强的动态性特点，应结合软件对应的业务应用场景特点形成具有概括性的指标要素，纳入软件选型评估指标体系。

4. 可持续发展适应性

针对软件支持的业务应用场景的中长期发展规划，梳理、分析形成代表未来发展的关键性指标，并将此纳入软件选型评估指标体系。

10.4.2 技术要求满足度指标

技术要求满足度指标包括技术架构、系统扩展支持、运行维护要求和软件供应商可持续发展潜力 4 个方面的评估指标。

1. 技术架构满足度

软件产品技术架构评估可参考的指标包括但不限于以下几个。

- 基于客户-服务器（Client/Sever，C/S）、浏览器-服务器（Browser/Sever，B/S）、微服务等开放式体系架构，所有功能模块基于统一的技术架构构建，支持单一数据源管理。
- 提供丰富的组件库和程序库等，满足系统扩展需要。
- 支持各类主流企业级数据库、操作系统和硬件基础设施。
- 支持多货币、时区、语种、字符集的处理、存储、显示、打印与转换。
- 数据建模及管理。提供数据模型创建及管理，数据对象关联与搜索。具有数据变更及版本管理能力。
- 支持集中与分布式部署方式，具有完善的数据同步机制，保证对业务规模扩展的支持。

2. 系统扩展支持满足度

系统扩展支持评估可参考的指标包括但不限于以下几个。

- 配置与定制化开发。提供完善的功能配置能力，能够快速响应企业架构和业务的变化；提供友好易用的开发环境实现对程序、接口、报表、工作流的定制化开发；提供友好易用的用户界面，能对系统风格和布局等进行自定义配置等。
- 开放度与集成能力。采用业界标准的开放集成架构，支持与主流企业应用集成（Enterprise Application Integration，EAI）和企业服务总线（Enterprise Service Bus，ESB）产品的配置集成与开发集成。提供项目需要的可扩展的 SOA 服务库；提供完善的数据导入/转换工具；能够提供与主流数据仓库软件产品的集成等。
- 性能可扩展性。支持负载均衡，可通过增强硬件处理能力提高系统性能，支持不断增长的用户并发访问需求；提供性能分析和优化工具等。

3. 运行维护要求满足度

运行维护支持评估可参考的指标包括但不限于以下几个。

- 可管理性。提供完善的系统配置管理功能，保证配置的准确性、可追溯性和可回滚性；提供系统运行监控功能，包括运行日志、报警、审计、性能报告等；可与主流商用专业监控软件进行集成；提供完善的安装、补丁与升级服务等。
- 可靠性和可用性。提供基于技术架构各层级（访问层、展现层、应用层、数据层等）的高可用性措施，保证没有单点故障；具备恢复至系统故障前的最后一次成功事务处理的数据恢复能力；具备系统组件、服务、流程的故障隔离与动态部署能力；具备自动报警功能等。

> 备份与恢复。支持应用级和数据级的灵活备份策略；支持数据归档及归档数据查询；支持通过主流备份软件的集中备份与恢复等。

4. 软件供应商可持续发展潜力

在软件生命周期内，需要软件供应商提供持续的技术支持服务，软件供应商的可持续服务能力直接影响业务应用系统的可持续发展。因此，需要将软件供应商可持续发展潜力纳入技术满足度评估范围，根据项目情况设置必要的评估权重，参与软件选型评估。

10.4.3 经济性评价指标

软件选型的经济性指标主要通过对软件生命周期内的综合成本的评估获得，一般情况下，业务应用系统的生命周期可按 8~10 年计算，测算 8 年内软件采购、支持与维护相关的综合成本。

1. 软件产品及配套产品费用

以与软件产品及直接相关的配套产品采购费用作为计算基准，确保不同的软件解决方案采购成本的可比性。软件采购成本可以包括配套的安装及培训等相关费用。

2. 技术支持费用

技术支持费按年度技术支持费乘以生命周期年限获得评估周期内的软件技术支持费用总和。

3. 运行维护费用

运行维护费用按年度估算系统运行维护可能发生的费用。运行维护费用应包括业务应用系统完善、优化与扩展，以及系统运维所需的技术支持和专业服务等发生的费用。

基于软件生命周期内的所有费用总和作为综合拥有成本，评价软件的经济性。

10.5 软件选型评估实施

软件选型是一个从软件入围初选、软件选型评估、产品验证到软件定型的过程，软件选型评估实施包括软件选型评估组织、候选软件推演验证等内容。

10.5.1 软件选型评估组织

本节简要介绍软件选型过程、软件选型组织、评估指标体系确定和选型结果确定相关的内容。

1. 软件选型过程

软件选型是一个渐进的过程，一般会经历从项目策划阶段的框架方案中的软件类别选择、项目立项阶段的建设方案中的软件架构选择、到项目实施前的实施方案中的软件产品支持体系设计，对软件的要求也会经历从软件类型、软件架构到软件产品支持体系的逐步深化的过程。

> 软件入围初选：软件入围选择一般基于项目策划阶段的框架方案开展，基于框架方案中确定的支撑软件产品类别和项目目标，在市场中寻找潜在供方，进行初步的产品及使用情况交流，为项目立项阶段的建设方案规划提供底层软件产品支撑。软件入围初选可通过软件评价的方式确定入围名单，也可由项目相关人员讨论确定。

> 软件选型评估：软件选型评估一般是正式的、规范的过程。在软件入围初选的基础上，开展软件选型评估工作。软件选型基于项目实施方案开展，在软件入围初选和前期调研交流的基础上，基于项目目标与需求，通过对业务需求满足度、技术要求满足度和

经济性等综合性评估，得出软件选型的初步结论。
- 软件产品验证：软件产品验证（Proof of Concept，POC）是软件选型过程中广泛采用的手段，不同于一般的产品测试，软件产品验证主要用于验证软件产品满足项目典型或关键需求的能力，其特点是验证目标明确、需求具体、评价方式透明。

软件产品验证可以作为软件选型评估的一部分，纳入软件选型评估中开展。也可以作为软件选型评估的后续工作开展，作为进一步验证的手段。实际软件选型操作中，可以由软件选型组织者自由裁量。

软件选型的组织形式与项目涉及的业务领域、覆盖范围、项目规模和对应的软件产品成熟度等多种因素有关。项目规模越大，软件选型过程的规范程度就会越高。软件入围初选一般不涉及具体的商务事项，一般由与项目相关的业务单位和IT部门共同组织软件入围初选工作。软件入围初选条件主要围绕项目目标支持和技术架构要求设定，基于入围初选条件邀请潜在软件产品供应商开展软件入围初选评价。根据入围初选评价结果确定入围名单。对于大型项目的软件入围初选，软件入围初选的组织计划、入围评估标准定义、入围评估评价和入围结果确定会更为规范。总体而言，软件入围初选应根据企业的管理规程和项目实施需求等综合因素，确定软件入围初的组织与过程管理。

2. 软件选型组织

相较于软件入围初选，软件选型评估是一项更为正式的活动。软件选型评估涉及企业的业务、技术、商务等方面，相关各方都应参与选型工作，这样才能确保软件选型的结果在后续工作中得到落地。各参与方的主要分工如下。
- 业务部门。负责软件选型评估中的业务相关评估指标的审定，参与软件选型评估过程，重点对业务指标响应情况做出评价。
- IT部门。负责软件选型评估中的技术相关评估指标的审定，参与软件选型评估过程，重点对技术指标响应情况做出评价。
- 商务部门。负责软件选型评估中的经济性相关评估指标的审定，参与软件选型评估过程，重点对经济性指标响应情况做出评价。
- 选型评估组。负责软件选型评估的评价组织，对评估方案做最后的审核和确认，依据软件选型评估方案完成选型评估工作，提出选型评估结论。

3. 评估指标体系确定

为使软件选型评估工作有效开展，需要清晰、明确、可量化的评估指标体系价值支撑。软件选型的评估指标体系应满足以下基本要求。
- 评估指标分类管理：为便于软件选型的比选分析和软件选型决策，软件选型评估指标应按分类进行管理，一级分类按前述软件评估模型定义的评估类别划分，也可结合具体情况适当扩展。二级分类可结合实际细分。对于评估指标较少的软件选型评估，也可简化至一级分类。
- 评估指标定义：根据软件选型评估的具体评估事项的内容特点，定义评估指标名称。评估指标名称尽可能简单、明了，最好具有一定的规则性或规律性，便于理解，避免产生歧义。
- 评价标准定义：基于具体评估事项的内容，定义针对该评估指标的评价标准，评价标准可以基于定量的或定性的，遵从定量评价优先的原则定义评价标准。评价符合度可按1到10的10个等级划分。对于企业软件选型中明确的禁忌事项，在软件评估指标的评估标准中应明确标识，以便为软件选型决策提供依据。
- 评价指导说明：为每项评估指标提供评价指导说明，便于为所有软件选型评估人员提供尽可能一致的评价标准和评价方法，确保选型评价结果的客观性、公平性。
➢ 评价结论及说明：为每项评估指标提供评价结果填写位置，评价结果一般为前述评价标准定义的"数字"表达。同时，留有文字表达的填表空间。

基于软件选型分类和评估指标，分别为其设定软件评估权重。
➢ 评估分类权重：评估分类权重按百分制设定，即各分类权重总和为 100 分。评估分类权重的分配应充分反映各类评估指标对软件选用的最终影响，应体现"软件搭台、业务唱戏"的主旋律，避免过浓的技术导向导致业务支持有效性和用户体验问题。而综合拥有成本的权重占比一般与企业的投资导向有关，不建议过高，但也不能忽视。
➢ 评估指标权重：具体的评估指标权重的确定是一个平衡的过程，评估指标权重的依据主要是该项指标在所在分类指标中的重要性。基于各评估指标的重要性和综合权衡，确定各项评估指标权重。
➢ 评估权重分配方案验证：软件选型评估指标权重分配方案确定后，应开展小范围的软件选型评估权重分配方案演练验证，验证该权重分配方案的合理性和有效性，验证其能否反映企业软件选型的本质诉求。如有必要，及时调整软件评估指标权重分配方案。

软件选型评估的专家评价打分完成后，若要对评估指标权重进行调整，一般应通过企业管理的合规授权，方可进行评估指标权重调整。

4. 选型结果确定

基于软件选型评估方案的评价得分，计算得出各参评软件的综合评分，将综合评分从高到低排列，形成软件选型评估综合得分。对于综合得分相同的，按价格由低到高顺序排列；对于存在单项否决的候选软件，在评价结果中单列。最后，选型评估组给出推荐意见及推荐说明。

10.5.2 候选软件推演验证

软件选型评估后，还可以根据软件选型深化需要，开展进一步的软件产品验证，通过实际的业务应用场景进一步验证软件与目标需求的匹配度。软件选型评估作为软件产品验证的前置环节，可以大大缩小软件产品验证范围，缩短软件选型周期，降低软件选型成本。

从软件选型定型到软件产品使用一般还需经历采购商务过程。为最大限度地规避软件选型风险，如果条件允许，开展基于选定软件的推演也是必要的。

1. 项目系统构建推演

项目系统构建推演是指基于选型确定的软件开展项目整体解决方案和关键系统深化设计，验证关键技术与典型业务实现方案与途径的可靠性和有效性，进一步了解发现软件的技术体系局限、用户交互局限和潜在风险。

项目系统构建推演可以结合软件测试或软件验证开展，也可以基于深入的方案细化论证开展，尽量避免因软件选型局限带来项目系统建设的不确定性风险。

2. 系统运行维护推演

研究落实基于选型确定的软件的项目系统部署方案，深入了解软件运行环境、评估影响系统安全、稳定、高效运行的影响因素，分析项目系统交付后的运行维护与技术支持的关键要点。进一步了解发现软件的运行维护局限和潜在风险。

通过系统运行维护推演，进一步明确项目系统运行维护要求，并将其纳入后续项目系统建设的需求分析中。

10.5.3 相关建议

软件选型并不是简单的基于直觉的选择，成功的软件选型既需要科学、完整的评估与评价指标体系支持，也需要规范、有效的软件选型评估机制支持。概括起来，有以下软件选型建议。

- 绝大部分的应用系统均应基于较为成熟的"软件平台"构建，包括类似"办公自动化"这类的底层软件产品成熟度不高的应用系统。"软件平台"应作为应用系统建设项目的独立交付事项加以管理。
- 大部分应用系统的底层支持软件是主体软件与配套组件的组合，在主体软件纳入软件选型评估的同时，配套组件也应经过恰当评估确定。将主体软件与配套组件的适配性纳入技术架构范围加以评估。
- 坚持"业务驱动、技术支撑"的原则导向，应注重软件选型中业务需求评估指标的梳理和确定，明确评估标准定义。在满足业务需求的情况下，关注技术架构一致性等约束性评估指标的确定和权重。
- 关注软件产品和技术的成熟度，根据软件产品成熟度确定软件选型评估的侧重点。同时，充分发挥软件试用和产品演示验证等的辅助支持作用。

第 11 章

移动应用与接入安全

移动应用已成为社交、电子商务、公共服务等公众应用的主旋律,同时,也深刻影响企业 IT 应用模式的转变。顺应移动技术发展趋势,积极有序地推进移动技术应用和企业 IT 架构移动化变革,变得至关重要。

11.1 影响因素与策略选择

基于多年的移动技术演进与产品迭代发展,当前主流移动设备已拥有相当于个人计算机的计算能力,可为移动应用提供良好的运行环境和人机交互支撑,可提供丰富的人机交换、环境感知等交互能力,具有传统 IT 应用无法达到的应用效果和业务承载能力。加之无可比拟的便捷性,移动应用对企业信息化具有难以抗拒的吸引力。

11.1.1 发展趋势

从技术层面上讲,支撑移动应用的技术可分为 3 类:一是移动终端设备技术,二是移动通信技术,三是应用开发类技术。3 类技术快速发展,推动移动应用的普及与深化。

- 移动终端设备技术:移动终端已形成完整的产业链生态,从终端整机到中央处理器、存储器、输入输出设备、屏幕、语音设备、摄像头等核心部件遵循摩尔定律高速迭代发展,促使终端设备的计算、感知、处理能力一代更比一代强,可为移动应用提供优异的硬件环境支撑。移动终端操作系统已形成以 Android、iOS 为主的市场格局,Android 的开源属性,为移动设备市场竞争提供了很好的操作系统支持。借助于操作系统的版本迭代升级,如通信簿、日程表、记事本、计算器、音频、视频、照相、图片等系统级应用软件功能更加强大。
- 移动通信技术:移动通信技术与无线技术并驾齐驱,快速发展。移动通信技术正在从 3G、4G 向 5G 过渡。按照国际电信联盟的定义,4G 网络的最大理论传输速率为 1Gbit/s,实际传输速率可达 100Mbit/s;5G 网络的最大理论传输速率为 10Gbit/s,实际传输速率在 3~5Gbit/s。4G 网络的传输速率已远超绝大部分应用场景的网络传输速率要求。基于 Wi-Fi 技术的无线通信也在快速发展,无线通信协议包括 802.11a、802.11b、802.11g、802.11n、802.11ac、802.11ax 等。当前市场主流 Wi-Fi 产品为 802.11ax,俗称 Wi-Fi6。Wi-Fi6 产品的最大理论传输速率为单天线 1200Mbit/s,8 天线最高 9.6Gbit/s。下一代 Wi-Fi7(802.11be)产品也将很快进入市场。未来 Wi-Fi 技术趋势是提供更强的无线组网能力。
- 应用开发类技术:包括移动应用开发技术和企业应用开发技术。基于 Android 和 iOS 的移动开发技术也已成熟,移动应用开发平台、开发工具日趋完善,移动应用所需的运行环境、用户认证、支付结算等公共组件服务已形成较为完善的公共组件服务体系，为移动应用开发、交付提供了强有力的支持。在企业应用开发方面，移动应用支持已成为企业应用软件开发技术的重要组成部分，企业应用开发平台与移动技术的有机结合，无疑可大大降低企业 IT 系统架构移动化转型的难度和代价。

从应用层面上讲，企业移动应用将从初期的移动应用实现，转向对价值创造的关注。从技术层面上讲，将从移动应用技术实现，转向对 IT 架构移动化转型的关注。

> 从移动应用实现到价值创造的转变：移动应用导入期，表现为较强的参考借鉴和技术导向，通常关注选定的移动应用功能的实现与实施。随着移动应用的广泛使用与人们对之认识的深化，逐步转向对业务价值的挖掘，充分利用移动应用的便捷性，挖掘移动应用建设或改进需求，逐步提高移动应用对企业运作的支撑水平。

> 从移动技术实现到 IT 架构移动化转型：移动应用导入期，表现为较多的技术实现可行性关注，以实现移动应用目标为重点，关注移动技术实现和移动应用平台技术体系建设。伴随企业内部协同、外部协作和客户服务等需求，迫切需要引入用户认证、支付结算、地图服务等社会化的公共服务组件，原有的企业 IT 架构很难满足移动应用的发展要求，企业 IT 架构移动化转型逐渐浮出水面。

移动应用为大势所趋，顺应移动技术发展趋势，推进企业 IT 应用模式转变，符合企业信息化发展规律，也有利于支持企业战略和业务运作。

11.1.2　风险挑战

移动应用将封闭于企业物理环境范围的 IT 系统开放到广阔的互联网空间，它在带给企业移动应用便捷性的同时，也将移动应用风险带给了企业。这些风险既有业务层面的，也有技术层面的。

业务层面的风险主要有以下几个。

> 网络攻击带来的信息泄露风险。移动应用访问通常需要将企业内部网络连接到公共互联网，这就将企业内部网络暴露在公共的互联网空间，各种网络攻击接踵而来。虽然有网络安全设备的隔离保护，但企业网络安全攻防能力有限，导致企业 IT 系统安全风险大增，一旦企业网络被攻陷，通常会导致企业敏感信息泄露，如企业经营战略信息、专有技术信息、经营信息、客户信息等敏感信息泄露，这些信息的泄露无疑会影响企业品牌、客户忠诚度和市场竞争力等。

> 移动设备丢失带来的信息泄露风险。移动设备便于携带，但也容易丢失。移动设备丢失常常会带来设备中存在的企业信息的泄露，而这些敏感信息的泄露无疑会对企业经营运作产生影响。

> 移动应用带来的业务数据泄露风险。移动应用意味着信息处理与利用环境不受控，敏感信息处理与利用的管理面临挑战，而有些敏感数据的暴露对企业发展甚至是致命的。

技术层面的风险主要有以下几个。

> 移动应用缺陷带来的信息泄露。移动应用通常存在各种安全隐患，既有应用设计逻辑缺陷、软件代码缺陷，也存在服务组件缺陷等风险隐患，且随着投入运行时间的延长，被发掘的漏洞越来越多。移动应用的自身缺陷导致在开放的移动终端环境中，变得险象环生，危险无处不在。而一旦移动应用被攻破，将导致信息泄露或更严重的损失。

> 移动应用平台的网络攻击风险。移动应用平台同样存在移动应用类似的缺陷，加之暴

露在公共互联网空间中，面临各式各样的网络攻击，一旦被攻陷，在影响移动应用访问服务的同时，有可能导致移动应用平台存储数据的泄露。
- 网络开放带来的运行安全风险。移动应用要求企业内部网络连接公共互联网。内部网络开放导致来自互联网的网络攻击风险大增，传统的 IT 系统运维团队通常难以应对网络开放带来的网络攻击风险。企业需要满足移动应用环境下的 IT 系统运行维护要求，及时有效地应对网络开放带来的网络攻击挑战。

凡事都有两面性，移动应用也是一样。在享受移动应用带来的便捷性的同时，也应积极有效地应对移动应用带给企业的风险挑战。

11.1.3 策略选择

移动技术发展迅猛，移动应用为大势所趋。企业应积极应对，做好移动应用推进的策划与谋划，有序推进移动技术应用。
- 做好企业移动应用的规划，统一移动应用平台和移动门户入口，分阶段有序推进企业的移动应用平台和移动应用项目建设。
- 把好移动应用平台选型关，结合热点移动应用业务，开展移动应用试点示范项目建设，打好移动应用基础、积累推广经验。
- 注重移动应用运行安全，基于移动应用运行风险，加大 IT 系统运行维护能力建设和运行资源保证，做好移动应用运行管理。

11.2 统筹移动应用需求

人们对移动应用的认知是一个逐步深化的过程，这就决定了企业移动应用需求是一个逐步涌现并逐步深化的过程。为协调、有序推进企业移动应用发展，需要统筹移动应用需求，基于全局移动应用需求，确定企业移动应用推进策略，进而有序推进企业移动应用发展。

11.2.1 移动应用场景

基于移动应用的便捷性特点，企业移动应用通常聚焦在个人办公辅助、任务协作支持和即时业务处理等应用场景。
- 个人办公移动应用：个人办公移动应用主要包括企业通讯录、企业邮箱、考勤打卡、日程安排等应用场景。通过移动应用，为企业员工提供便捷、高效的信息化手段支持。
- 任务协作移动应用：企业运作中存在大量的任务协作场景，同一任务需要多人协作完成，其中任务处理信息的发布与反馈直接影响任务完成的绩效。任务协作移动应用场景通常包括通知公告、工作报告、项目管理等移动应用，通过信息交互与共享，支持任务协作的开展。
- 业务处理移动应用：业务处理移动化是企业移动应用的主场，梳理分析各业务领域、各业务环节的业务处理及时性要求，充分发挥移动应用的便捷性特点，推动业务处理移动化转型。目前，与经营管理相关的人力、财务、差旅、报销等各类审批流程移动化应用已得到广泛采用，业务领域的客户管理、采购管理、质量管理等也有广泛的移动化应用需求。

移动应用为大势所趋，企业应重视 IT 系统的移动化转型，梳理移动应用场景、分析移动应用需求，有序推进移动应用建设和企业 IT 架构移动化转型。

11.2.2 移动应用需求统筹

移动应用需求多种多样，需要统筹考虑移动应用推进中的应用场景组合、移动应用管理、移动设备管理、移动系统运行维护等相关工作。

- 应用场景组合：移动应用场景通常为企业业务流程中的一个或几个环节，分散的应用场景组织既涉及后续的移动应用开展，也牵涉到未来的移动应用整合。需要综合考量做好应用场景组织策划。
- 移动应用管理：企业的移动应用会越来越多，要做好移动应用的组织管理、发布管理事关企业移动应用的全局发展，需要做好移动应用管理的统筹规划。
- 移动设备管理：移动应用需要移动终端设备的支持，无论是企业提供移动设备，还是员工自行提供终端设备（Bring Your Own Device，BYOD），需要解决移动应用使用过程中的移动设备安全问题。
- 移动系统运行维护：移动应用投入后，会带来相关 IT 系统的运行维护和移动应用的应用改进要求，需要妥善管理相关事项。

除上述需求以外，移动应用通常也会带来现有 IT 系统的配套调整要求，使之能够适应不同前端处理系统对数量处理逻辑与处理实现的变化。

11.2.3 移动应用推进策略

企业信息化面临着从传统的 C/S、B/S 的 IT 系统架构，向开放的互联网架构的转变。IT 系统应用移动化带来的既有业务层面的变革，也有技术层面的变革，更有信息安全方面的挑战。应做好移动应用的策划与规划，明确移动应用推进策略。

- 业务策略：以业务绩效为导向，挖掘移动应用场景，统筹移动应用需求，循序渐进，有序推进移动化应用进程，坚持问题导向，推进移动应用的改进与应用整合。
- 技术策略：以主流技术移动平台为支撑，构建企业一体化的移动应用平台，做好与现有 IT 系统的衔接、集成与整合，持续推进企业 IT 系统架构的移动化转型。
- 安全策略：以企业 IT 资产安全为导向，做好 IT 系统安全区域隔离和移动应用安全措施保护，保证企业数据资产安全，重视移动应用运行安全和资产安全。

基于明确的移动应用推进策略，积极、有序推进企业移动应用工作。充分发挥移动应用推进过程中业务部门的业务牵引作用，挖掘移动应用需求，推动移动应用建设立项。同时，IT 部门应充分发挥 IT 引领与支持作用，做好移动应用场景引领，做好移动应用建设方案的组织与编制工作，业务部门与 IT 部门密切配置，共同推进移动应用建设。

11.3 移动应用安全规划

企业移动应用通常体现为对现有 IT 系统架构的移动化扩展，由于事关企业 IT 系统对互联网访问的开放与交互，直接影响企业的信息安全技术体系，也会改变信息安全管理格局，开展移动应用安全规划是保证移动应用安全的重要手段。

11.3.1 移动应用建设框架

从建设的视角看，移动应用系统建设通常包括移动应用终端系统建设、移动应用服务器端建设、移动应用服务器端与企业后端业务系统集成整合 3 个部分。移动应用建设框架如图 11-1 所示。

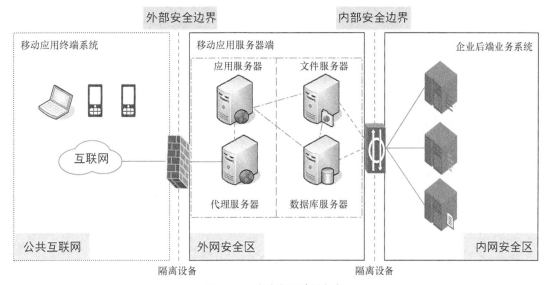

图 11-1　移动应用建设框架

- 移动应用终端系统建设：移动应用终端系统应用于公共互联网，移动应用终端系统建设主要包括移动应用开发和移动设备配备。移动应用开发包括移动应用功能开发、用户认证开发、设备安全认证、数据安全保护等的开发实现。
- 移动应用服务器端建设：移动应用服务器端通常部署在外网安全区，主要内容包括支撑移动应用运行的生产环境设施，以及必要的开发、测试环境设施。移动应用服务器端主要包括代理服务器、应用服务器、数据库服务器、文件服务器等设备，各服务器之上运行移动应用平台的移动应用服务、移动设备管理服务、移动门户服务等移动平台服务。
- 移动应用服务器端与企业后端业务系统集成整合：移动应用与后端业务系统的数据交互通常通过移动应用服务器端与企业后端业务系统集成实现。移动应用服务器端承担移动应用所需的与企业后端业务系统的数据交互与数据处理服务，向移动应用提供来自企业后端业务系统的数据交互与数据处理支持，并向企业后端业务系统提供移动应用的数据请求和结果数据反馈的服务。同时，为适应移动应用需求，企业后端业务系统的改造与整合等相关内容也属于本部分的内容。

上述移动应用系统建设框架是移动应用建设内容的抽象和概括，企业具体的移动应用系统建设，由于 IT 系统和移动应用需求等的差异，项目目标、范围、内容均存在差异，需要结合项目情况，确定移动应用建设框架。

11.3.2 移动应用安全框架

基于纵深防御的网络安全理念,移动应用安全与其系统建设布局密切相关。基于移动应用建设框架,移动应用安全框架如图 11-2 所示。

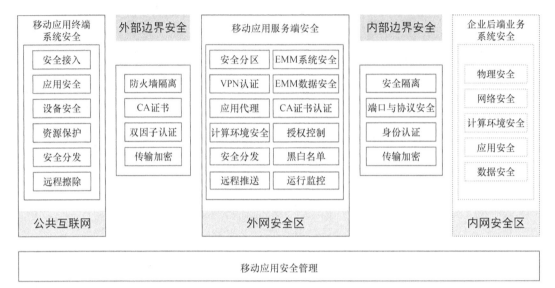

图 11-2 移动应用安全框架

移动应用安全框架通常包括移动应用终端系统安全、移动应用服务端安全、企业后端业务系统安全、外部边界安全、内部边界安全和移动应用安全管理等内容。

- 移动应用终端系统安全:移动端安全主要包括移动应用安全和移动设备安全。移动应用安全措施与企业的安全要求密切相关,通常包括应用接入安全、应用资源保护、远程擦除、分发安全等内容,也涉及代码混淆、防篡改等的安全要求。
- 移动应用服务端安全:移动服务端安全主要包括与移动应用系统部署有关的安全分区隔离、用于建立移动端和服务端加密隧道的 VPN 接入认证、应用代理机制及其他计算环境安全要求等内容,以及与移动应用平台相关的系统安全、数据安全、CA 证书认证、授权控制、安全分发、远程推送、黑白名单等安全措施。
- 企业后端业务系统安全:企业后端业务系统安全在满足企业内网安全区相关物理安全、网络安全、计算环境安全、应用安全和数据安全要求的同时,应结合移动应用访问带来的安全风险,制定针对性的安全防护措施,确保业务系统和数据安全。
- 外部边界安全:外部边界为企业互联网外网与公共互联网的边界,其安全要求通常包括防火墙隔离、CA 证书、双因子认证、传输加密等与移动应用相关的安全要求。同时,作为企业外网安全区域,应满足企业对物理安全、边界安全、计算环境安全和数据安全等的网络安全管理要求。
- 内部边界安全:内部边界为企业外网与企业内部网络互联的边界,其安全要求通常包括安全隔离设施、端口与协议控制、身份认证、传输加密等与移动应用相关的安全要求。同时,作为企业内网安全区域边界,其内网安全区域应满足企业对物理安全、边界安全、计算环境安全和数据安全等的网络安全管理要求。

> 移动应用安全管理：应针对移动应用面临的风险，提出有针对性的移动应用安全管理要求，并做好移动应用的安全运行管理。

上述移动应用安全框架是移动应用安全要素的示意性表达。不同企业所面临的移动应用风险各不相应，应基于企业移动应用安全风险分析，制定移动应用安全解决对策，过于严格或过于宽松的移动应用安全防护都是不合时宜的。

11.4 移动安全要求参考

如前所述，移动应用将企业内部网络开放到无限的公共互联网空间，带给企业网络安全的挑战既有移动终端本身的安全风险，也有移动服务端的安全风险，同时也面临网络隔离、传输、认证等方面的安全挑战。不同企业由于移动终端承载内容的差异，网络安全要求各不相同。

移动应用安全的要求，主要取决于其承载的业务等级和数据安全等级。对于无足轻重的企业移动应用，只需部署在公共互联网空间，稍做安全防护即可投入使用。而对于承载重要业务的移动应用，则必须做好周密的安全防护，以确保企业移动应用安全。

企业需要结合当前移动应用需求和未来发展的要求，明确移动应用安全策略。基于移动应用安全策略，梳理、分析并确定与移动应用相关的业务安全、技术安全和管理安全要求。本节简要介绍移动应用终端系统安全，移动应用服务端安全，隔离、传输与认证安全，企业后端业务系统集成安全等移动安全要求，可供参考。

11.4.1 移动应用终端系统安全

移动应用终端系统安全主要包括移动应用安全和移动设备安全。移动应用安全措施与企业的安全要求密切相关。以下移动应用终端系统安全要求供参考。

> 客户端程序应采取措施对密码复杂度进行校验，保证用户密码设置达到一定的强度，禁止明文显示密码。登录后一段时间内无任何操作，应自动退出。程序退出时，应清除无须保留的业务数据。

> 客户端程序应提供敏感信息的即时防护功能，不以任何形式在本地存储敏感信息，存储位置包括但不限于Cookie、本地临时文件和移动数据库文件等。

> 客户端程序应采取代码混淆、加壳等安全机制，防止客户端程序被逆向分析，确保客户端的敏感逻辑及数据的机密性、完整性。

> 客户端程序应保证自身的安全性，避免代码注入、缓冲区溢出、非法提权等漏洞产业。应采取进程保护措施，防止非法程序获取进程的访问权限、扫描内存中的敏感数据或替换客户端页面等。

> 注意规避客户端程序开发中的系统组件、第三方组件、软件开发包（Software Developmet Kit，SDK）存在的安全风险，必要时应进行安全测试。应采取有效措施保证所用密钥的机密性和完整性。

> 客户端程序应具有明确的应用标识符和版本序号，每次更新、升级，应进行源代码审计。采用安全的方式对客户端程序进行签名，保证客户端程序可信性。客户端程序在启动和更新时应进行真实性、完整性校验，防范程序被篡改或替换。

> 以最小权限原则配置系统权限，禁止访问终端中非必需的文件和数据。

11.4.2 移动应用服务端安全

移动应用服务端安全主要包括移动平台部署安全、平台系统安全、交易逻辑安全、数据安全、应用安全和平台运行安全等内容。以下移动应用服务端安全要求供参考。

> 平台部署安全：移动应用平台部署所在的公共互联网应满足企业相应的网络安全等级保护要求，其外部网络边界防护、计算环境安全及物理环境可为移动应用平台提供基本的计算环境安全保障。移动应用平台部署应体现安全分域原则，设置移动服务隔离区（Demilitarized Zone，DMZ）、配置移动服务代理服务器，将代理服务器和移动应用服务器部署在外网 DMZ，将不对移动终端直接提供服务的其他服务器部署在外网安全区域，缩小外网 IT 资产暴露面。移动应用服务端接入应采取虚拟专用网络（Virtual Private Network，VPN）接入认证、应用代理机制及其他必要的网络安全手段。

> 平台系统安全：完成所有软件、组件的补丁安装，确保不存在系统漏洞。检查系统配置，关闭不使用的服务和系统账户，确保不存在系统配置隐患。启用服务器本地防火墙，基于最小访问控制原则，配置各服务器允许访问的 IP 地址、端口、协议，关闭不必要的端口和服务。合理配置服务器访问控制权限，严格控制系统运行、维护和管理的 IP 地址来源，仅允许指定的 IP 地址和许可协议管理、维护移动应用平台设施。

> 交易逻辑安全：重视业务逻辑完整性检查，确保交易逻辑完整性。在系统上线前，应对程序代码进行代码复审，识别可能的后门程序、恶意代码、逻辑缺陷和安全漏洞，确保敏感逻辑及数据的机密性、完整性。

> 数据安全：制定敏感信息采集、展示、传输、存储、使用等环节的数据安全保护策略，确保存储数据的机密性、完整性和可靠性。应提供数据输入防护功能，防止密码等敏感数据明文显示。支持数据访问控制功能，仅供授权用户或组件访问。提供数据存储安全保护功能，敏感数据使用后应及时清除。提供数据传输安全保护功能和接口。

> 应用安全：防范结构查询语言（Structured Query Language，SQL）注入攻击，服务器应用程序应对客户提交的所有表单、参数进行有效的合法性判断和非法字符过滤，防止攻击者恶意构造 SQL 语句实施注入攻击。防范跨站点的脚本攻击，应严格限制客户端可提交的数据类型、对数据进行有效性检查、对输出信息进行编码等。对 Web 页面提供的链接和内容进行控制，定期检查外部链接和引用内容的安全性。

> 平台运行安全：制定平台服务器端安全分发、远程推送、黑白名单等安全措施。对开放的应用程序接口（Application Programming Interface，API）进行安全评估与测试，保证接口的安全性和可靠性。应具备对 Web 后门进行检测和报警的能力。应对条码中的网址等进行校验，对非法地址和恶意请求进行拦截。应对文件的上传和下载进行访问控制，避免出现恶意文件攻击或未授权访问。

11.4.3 隔离、传输与认证安全

隔离、传输与认证安全基本要求参考如下。

> 隔离安全：移动应用终端系统和移动应用服务端之间应建立有效的安全隔离措施，确保移动应用交互时移动应用服务端的系统和数据安全。仅移动服务代理服务器对公共互联网开放，通过代理服务器的引导，完成移动应用终端系统和 VPN 设备之间的接

入认证和安全传输隧道建立。通过用户认证后，开展移动应用终端系统的系统交互操作。对于新用户，代理服务器引导其完成用户注册、证书发放等操作。
- 传输安全：在移动应用终端系统与服务器之间应建立安全的信息传输通道，采用的安全协议应及时更新至安全、稳定的可靠版本。若通信数据中包含敏感信息，应对敏感信息加密，防止数据被窃或被篡改。对开放的 API 应实现统一管理。
- 身份认证：采取有效、可靠的身份认证手段，确保认证强度与交易强度相匹配。采用数字证书、电子签名作为验证要素的，数字证书及生成电子签名的过程应符合有关规定，确保数字证书的唯一性、完整性及交易的抗抵赖性；采用一次性密码作为交易验证要素的，应将一次性密码有效期严格限制在最短的必要时间内。设置身份认证连续失败的次数限制，应在短时间内锁定客户账户使用权限，并引导客户的后期登录、密码重置等措施解锁操作。
- 动态口令：采用动态口令的，应优先选用符合 GM/T 0021—2012 标准的产品。使用的动态口令设备及后台支持系统应通过认可的第三方专业测评机构的安全检测。动态口令生成算法、密钥长度和密钥管理方式应符合国家密码主管部门的要求。动态口令的长度不应少于 6 位。对于基于时间机制的动态口令，应结合应用实践，设置尽可能小的理论生存期，以防范攻击。
- 短信验证码：采用短信验证码的，应使用可靠手段验证客户身份并登记手机号码。更改手机号码时，应对客户的身份进行有效性验证。交易的关键信息应与短信验证码一起发送给客户，并提示客户确认。短信验证码应随机产生，长度不应少于 6 位，有效时长建议不超过 6 分钟。应基于终端特性采取有效措施防止验证码被分析、窃取、篡改，保证短信验证码的机密性和完整性。

11.4.4 企业后端业务系统集成安全

移动应用服务端与企业后端业务系统的集成通常有如下两种技术实现方式。
- 一是移动应用服务端通过服务接口调用，透过企业内部边界防火墙，直接访问企业后端业务系统服务器，进而实现移动应用服务端与企业后端业务系统之间的数据交互，并通过移动应用服务端实现移动应用终端的系统应用交互。移动应用服务端与企业后端业务系统之间的服务调用应进行双向认证、加密传输。对敏感数据应加密处理。
- 二是利用企业内部边界网络隔离设备的数据摆渡功能，将需要交互的数据摆渡到对方侧，通过接口服务程序实现两侧系统之间的数据交互。

很显然，第一种技术实现方式，技术实现简单、高效、成本低，但安全性较低，第二种技术实现方式，技术实现复杂、低效、成本高，但安全性高，可大大降低企业后端业务系统面临的来自互联网的网络攻击风险。

对于安全要求高或网络攻防能力偏弱的企业，推荐采用第二种技术实现方式。对于安全要求不高或网络攻防能力很强的企业，可以采用第一种技术实现方式。但对于信息敏感级别高或有法规要求的，通常采用第二种技术实现方式。

第 12 章

物联网应用与互联安全

物联网已从充满想象的概念逐步走向了现实的物理世界,其应用场景正在从简单的物联感知向复杂的智能应用发展,应用范围也正在从单一物联应用向更大范围的复合型应用发展。物联网已成为实实在在的企业应用。

12.1 物联网发展趋势

咨询公司 Gartner 将 IT 生命周期归纳为技术诞生期、期望过高期、泡沫幻灭期、缓慢爬坡期、稳步增长期共 5 个发展阶段。目前,物联网技术应该处在"缓慢爬坡期"。当"喧嚣的云雾"散去,唯有实实在在的价值创造才能推动物联网的应用与普及。

12.1.1 内涵与外延

物联网(IoT)即"万物相连的互联网",是将各种设备与网络相结合而形成的巨大网络,以实现人、机、物的互联互通,可理解为互联网的延伸和扩展。

物联网通常由感知、可靠传输和智能处理 3 个部分组成,通过感知技术获取物体的各类信息,依托可靠传输实现物体信息和处理信息实时、准确传送,利用各种 IT 实现对感知信息和数据的智能化分析处理。通过感知、传输、处理 3 个部分的协调配置,达成物联网应用的预期目标。物联网是一种应用模式,其涉及的关键技术主要有以下几个。

- ➢ 传感器技术:传感器是指能够感知物体的测量指标并按照一定规律转变成可用信号的装置,传感器通常由感知元件和转换元件组成。传感器类型多种多样,常见的传感器有位置传感器、速度传感器、振动传感器、温度传感器、压力传感器、液面传感器等。传感器技术直接影响感知能力,进而影响物联网应用场景。
- ➢ RFID 技术:RFID 技术为非接触模式下的信号自动识别技术。RFID 系统通常由电子标签和阅读器两个部分构成,通过阅读器对电子标签的扫描阅读,实现对物体的跟踪与处置。
- ➢ 网络传输技术:物联网依托已广泛应用的有线、无线等通信网络技术构建。这就要求物联网终端设备必须具备网络连接能力,物联网终端的网络化、智能化水平直接影响物联网应用水平。
- ➢ 物联网平台技术:大量的物联网终端感知数据的获得需要与之对应的强有力的物联网平台对数据进行加工处理,以达成预期的物联网应用目的。其中既涉及软件平台技术,也涉及针对应用场景的智能处理技术,以及支撑物联网应用的 IT 基础设施、安全设施等支撑设施。

物联网概念提出虽有多年的历史，现今人们对物联网的认知也各不相同，不同站位的人对之有不同的解读，这也导致各种说法漫天飞舞，有务实也有浮夸，但可以肯定的是万物互联是网络世界的大势所趋。物联网作为企业IT应用的扩展，应引起信息化从业者的高度重视，明辨真伪、去伪存真，有序推进企业的物联网应用。

12.1.2 发展趋势

我国物联网产业规模及多样性持续扩大，行业生态体系逐步完善。未来，物联网产业将遵循开放、共享的发展理念，逐步从点状、垂直应用向更大范围的物联协作发展。

- 物联网应用蓬勃发展。物联网已初步具备了一定的产业、技术和应用基础。各领域、各行业积极开展物联网应用的试点和示范，物联网在智能电网、智能交通、智能物流、智能工业、智能家居、环境保护、医疗卫生、智能农业、公共安全等领域已取得了重要进展。
- 呈现"烟囱式"发展。当前，物联网还处在以垂直应用为主的"烟囱式"发展阶段，以行业应用、闭环应用为主，在一定程度上属于内联网、专用网。这种应用模式也导致信息共享受限、应用系统间协作困难，难以发挥物联网的潜在价值。
- 共性支撑技术推进物联网发展。物联网应用和共性支撑技术相互促进、滚动发展。一方面，物联网应用能够促进共性支撑技术的开发。另一方面，共性支撑技术又反过来推动物联网的建设与发展。目前共性支撑技术正在逐步成熟，有助于推动物联网更快地发展。
- 开放是解决问题的关键。构建开放、灵活的物联网体系架构，提供开放、普适的物联网应用支撑平台，有助于联网设备的数据共享和物联网功能体系的构建，进而促进物联网产业的规模发展和企业的物联网应用。

物联网应用前景广阔，但任重道远，需要充分发挥产业引导与物联网应用场景试点的示范作用，进而促进物联网应用的发展。

12.1.3 面临的挑战

虽然物联网发展已经渐成规模，但在标准、技术、成本、安全等方面仍然存在许多需要攻克的难题，如下所示。

- 技术标准的统一问题：物联网感知层的数据多源异构，不同的设备有不同的接口和不同的技术标准。网络层、应用层也由于所使用的网络类型和行业应用的差异，尚未建立统一的物联网体系架构。物联网应用发展面临着技术标准方面的难题。
- 物联网应用平台问题：物联网本身是一个涉及物联网终端、网络传输和服务端处理的复杂的网络体系，由于物联网应用遍及各行各业，每个行业都有各自的应用特点，导致物联网应用平台各自为政、规模小且散，应用平台成熟度普遍偏低，直接影响物联网的应用推广。
- 成本问题：物联网看似繁荣发展，但真正投入大规模使用的物联网应用项目并不多见，这就导致RFID电子标签及读卡器等的成本一直居高不下，导致物联网建设的投入产出性价比不高。加之传感网络易受环境或人为因素影响，也导致物联网维护成本较高。
- 安全问题：物联网作为新兴的IT应用，其技术标准化、产业化程度较低，加之传感器等终端设备普遍部署在开放的自然环境或不受控的物理环境下，容易遭受各种网络攻击，导致企业的网络安全风险增加，把握好物联网应用和网络安全之间的平衡同样至关重要。

12.2 物联网应用场景

经过多年的发展，已形成了覆盖智能交通、智能物流、智能工业、公共安全等众多领域的典型物联网应用，并已形成一定的应用规模。在企业物联网应用方面，常见的物联网应用主要有企业安防、生产设施、供应链应用。

12.2.1 企业安防应用

物联网安防是物联网的典型应用之一，借助于物联网前端设备的感知与信息采集，利用信息网络和后端的物联网应用平台，为企业安全防护管理提供智能化辅助支撑。目前，企业物联网安防应用主要有闸机门禁系统、视频监控应用、报警系统应用等物联网应用场景。

➢ 闸机门禁系统：闸机门禁系统可细分为闸机系统和门禁系统。闸机系统主要用于企业生产区域或办公场所的大门出入口，用于企业特定区域的出入管理。门禁系统的应用场所一般小于闸机系统的，一般用于楼房特定区域的出入口管理。闸机系统的感知终端设备一般为人脸识别终端或卡片识别设备，通过传输网络将识别的人员信息传输到闸机系统服务端，通过服务端的人员信息匹配识别，将识别结果信息反馈到闸机设备，实现对人员的放行或禁止通行。门禁系统与闸机系统类似，门禁系统的感知终端设备一般为卡片识别、指纹识别或人脸识别等的感知终端，网络传输与闸机系统类似。闸机门禁系统在各类企业中已得到广泛应用，由于闸机门禁系统一般部署在企业物理安全的环境中，网络安全风险相对并不突出。

➢ 视频监控应用：视频监控在企业中的应用比较广泛，可用于企业周边的实体保卫，也可用于企业工作场所的监控，还可用于企业停车场的停车管理应用等场所。视频监控虽然属于大家司空见惯的物联网应用，但不同年代的视频监控提供给企业的应用效果还是有较大差别的。基于最新的人工智能技术，可以将人脸识别、标识识别等识别技术与行为规则、管理规则等相结合，实现基于视频监控信息的智能化应用，如智能停车管理、区域边界管理、人员识别管理等物联网应用。视频监控可满足企业对全厂保护、厂区道路、关键区域、车库出入口等 24 小时的全程监视要求，大大提高企业安全防护管理等工作的效率与质量。目前，视频监控在各类企业已得到广泛应用，应用效果得到了广泛的认同。

➢ 报警系统应用：报警系统一般涉及声音报警、视频报警、入侵感应报警、紧急按钮报警、周界报警等诸多报警方式，采用的报警技术有视频运动轨迹报警、RFID 轨迹偏离报警、红外多光束报警等。由于报警种类多、数量大，通过引入物联网报警技术，将报警信息的点、面结合，可大大提高各类警情信息感知和报警处理的工作效率和管理水平。报警系统通常包括报警感知终端设备、报警传输网络和报警管理主机等部分，通过分级管理、综合报警显示，以及各类报警事件信息的分析处理与有效融合，实现报警信息上报、报警信息分析、报警处理的一体化，缩短报警响应时间，提升企业应急事件处置能力。

随着安全防护技术和人工智能技术的发展，物联网安全应用范围将进一步扩大，安全防护能力也将进一步提升，值得企业关注。

12.2.2 生产设施应用

物联网技术与企业生产制造技术相结合，将物联网感知能力融入企业的生产环节中，可以帮助企业提高生产效率、降低生产成本。企业生产设施物联网应用场景主要有以下几个。

- 生产设施管理应用：利用生产设施提供的数字化接口，将生产设施连接形成完整的生产设施网络。基于生产设施网络，管理维护生产设施的配置参数、实时获取生产数据，实现对生产设施、生产过程、生产成品之间的数据进行融合。通过合理的生产设施资源配置与调度，可大大提升企业的生产效率。
- 生产设施状态监控：采用各种传感技术，利用生产设备提供的数字接口获取生产设施的运行参数信息，监控、记录生产设施运行状态信息。通过生产设施故障信息的差异性比较分析，研究确定设备故障诊断模板。基于生产设施运行状态信息的监控，可以预测生产设施的健康状态，据此开展有针对性的生产设施预防性维护与维修，无疑有助于提高生产设施的利用率和有效性。
- 物品识别定位应用：利用 RFID 等识别定位技术来标识生产过程中使用的原材料、半成品和成品，通过将生产现场的各种信息实时传输至各级企业管理人员，实现对物品数量、所处位置、责任人员等信息的数字化管理，提高企业生产管理的实时性和有效性。

物联网技术在生产过程中的广泛应用，无疑有助于企业生产过程管理的实时性和有效性，有助于企业生产过程优化和生产绩效提升。

12.2.3 供应链应用

供应链应用也是企业物联网应用的重要场景之一。供应链应用主要包括运输监测应用、仓储管理应用等。

- 运输监测应用：将物联网感知技术与货物运输相结合，实时监测货物运输中的车辆行驶情况及货物运输情况，可将货物位置信息、状态环境等信息提供给整个供应链，使供应链实时掌握货物运输状态，使货物在途可见、可管。运输监测应用通常基于定位技术和 RFID 技术，收集车辆和货物运输数据，利用无线通信网络和运输监测应用平台，实现对车辆和货物的位置和环境信息等的动态监测和调度管理。
- 仓储管理应用：当贴了 RFID 电子标签的货物进入仓储中心时，入口处的 RFID 阅读器将自动识读标签，完成货物识别，并将货物信息传输到服务端系统中，根据货物规格和仓储货架情况，实现货物的自动运输与上架。同样，货物出库遵循同样的原理，从货物规格选择、货架确定、装卸货机到达指定货位，货物 RFID 电子标签验码，运货、交货完成。物联网技术在仓储管理中的应用，无疑可大大提高仓储中心的空间利用率，提高入库、出库的准确性与出入库效率。

企业物联网应用通常为物联网技术与企业业务场景的有机结合，应充分借鉴相应的物联网应用实践，分析、挖掘企业的物联网应用场景，进而推进企业的物联网应用。

12.3 物联网应用推进

物联网在企业中的应用，通常与企业的产品服务形态和生产过程密不可分。企业应根据自身生产经营特点，结合物联网技术特点，分析物联感知和数据处理需求，锁定物联网应用场景，进而推进物联网应用。

12.3.1 物联网推进策略

对于企业物联网技术应用，通常体现为企业 IT 应用的扩展，将 IT 应用领域由产品研发设计、生产制造、市场营销服务、经营管理等延伸至更广泛的物理空间，包含但不限于企业范围内的物资、产品、设备、重要卡口、空间等的物理空间对象，利用感知技术感知变化、预测发展、从而为企业的经营运作提供有价值的支持。

物联网发展为大势所趋，企业应充分关注物联网技术发展趋势，积极应对、有序推进物联网应用。

- 价值导向，积极推进：关注物联网应用发展，立足价值创造，定期分析、研判物联网应用实践及与企业业务的适配性，以市场竞争和经营绩效为驱动，规划、推进物联网应用。
- 场景导向，挖掘需求：参考典型应用场景实践，立足企业自身的业务应用场景，分析挖掘信息感知、数据处理和业务融合等方面的需求与要求，明确物联网应用的需求与要求。
- 充分借鉴，制订方案：充分借鉴同类场景行业实践的技术解决方案，基于企业自身物联网应用场景的需求与要求，制定物联网应用的技术解决方案，做好与现有 IT 系统的衔接。
- 安全保障，稳妥应用：做好物联网应用的安全风险分析，全面落实安全技术与安全管理措施，完善物联网安全制度，重视物联网应用的运行安全管理，稳步推进物联网应用。

物联网发展势不可挡，这就要求企业必须认真对待，明确企业物联网技术应用的策略与措施，积极、稳妥、有序地推进物联网技术在企业中的应用。

12.3.2 物联网需求统筹

以 IT 应用的视角看，物联网技术是 IT 的细分门类，物联网技术应用是企业 IT 应用的扩展和延伸。这意味着，物联网应用需求、技术方案、体系架构是企业现有 IT 系统需求、方案和技术体系的扩展。相信随着物联网技术应用的逐步发展，企业 IT 应用将从传统的以流程和数据为中心向更广阔的人、事、物互联协作的方向发展。

物联网应用作为企业 IT 应用的延伸和扩展，通常表现为以下 3 种模式。

1. 终端感知延伸

体现为物联网感知终端作为现有 IT 系统的前端存在，通常体现为现有 IT 系统覆盖范围或深度的延伸。如前述物联网应用场景中的生产设施应用和供应链应用的大多数场景均属类似的情况。以生产设施状态监控为例，其中的生产设施运行状态信息感知，通常为企业传统的生产设施运行监控系统的延伸，将以前静态的生产设施数据通过物联网感知技术的应用转变为动态的生产设施运行状态数据，无疑有助于提高生产设施运行监控的有效性。

2. 感知应用扩展

体现为物联网感知、数据处理等应用为较独立的应用场景，发挥独特的应用价值。但该类应用场景通常属于企业信息化分类场景中的细分场景，并为分类场景提供有效的数据支持，通常以 IT 系统应用扩展的形式存在，如图 12-1 所示。

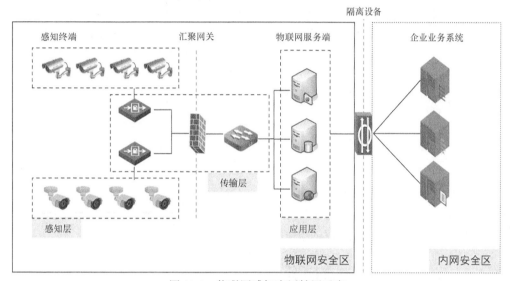

图 12-1　物联网感知应用扩展示意

如前述物联网应用场景中的企业安防应用的大多数场景均属类似的情况。以闸机门禁系统为例，闸机门禁系统通常为独立的物联网应用系统，但闸机系统的人员进出数据通常作为企业人员考勤的数据来源。闸机系统通常作为企业人力资源管理系统的下游系统，或作为企业实体保护的子系统存在。

3. 数据分析扩展

除上述两类物联网应用以外，可能存在与现有 IT 系统无关的物联网应用系统，其在满足自身物联网应用目的与需求的同时，为企业经营运作提供数据分析支持。随着物联网应用的普及，物联网数据对企业业务运作和经营管控的支持力度也将越来越大。应及时将物联网数据纳入企业数据分析利用的范畴。

总体而言，物联网应用作为企业 IT 应用的延伸和扩展，应重视物联网需求的挖掘、梳理与分析，做好物联网需求与企业 IT 应用需求的协调与统筹，在物联网应用有序推进的同时保证物联网应用系统与 IT 系统的协调与衔接。

12.3.3　物联网方案规划

物联网应用虽然同属于企业 IT 应用的范畴，但不要被"物联网"这个名称所迷惑，其在不同领域、不同场景所采用的物联网技术差异较大。由于物联网技术的独特性，有针对性地开展物联网方案规划是必要的，也是必需的。

物联网方案规划通常应关注物联网技术方案、物联网互联方案、物联网应用安全 3 个方面。

- 物联网技术方案：基于物联网应用的调研与分析，明确物联网应用的业务场景、核心诉求、应用目标，梳理、分析物联网应用的需求与要求，充分借鉴同类应用场景的行业技术解决方案，制定物联网应用建设方案。
- 物联网互联方案：分析物联网应用系统与现有 IT 系统互联互通的潜在需求，基于潜在的互联互通需求，制定互联互通技术实现方案。基于潜在的互联互通方案，提出潜在的业务变革、应用变革等的推进建议或方案。
- 物联网应用安全：基于物联网应用安全等级和网络安全等级保护要求，梳理、分析物联网终端感知、网络传输、数据分析处理及与其他 IT 系统互联互通的潜在安全风险，制定物联网应用安全技术解决方案。同时，提出物联网应用安全管理方案或建议。

全面、系统的物联网应用方案规划，不但有助于物联网应用项目的建设推进，也有利于物联网应用系统上线后的运行管理，还有利于企业 IT 系统的运行安全和全局安全。

12.4 物联网应用安全

物联网的万物互联特性，常常会导致物联网的感知终端超出企业的物理安全边界，而缺少物理环境的安全保护，通常会带来更多的安全隐患与更高的安全防护成本。企业在推进物联网应用过程中，应特别关注物联网应用安全。

12.4.1 物联网应用安全风险

物联网应用系统通常包括感知层、网络传输层和应用层 3 个层级，物联网应用安全风险通常可分为感知层安全风险、传输层安全风险、应用层安全风险。站在企业全局的视角看，还涉及物联网应用系统与企业其他 IT 系统的物联网互联安全风险。

1. 感知层安全风险

物联网感知层通常由传感器及传输网关组成，主要功能是实现对物体信息的采集、识别、传输与反馈控制，因此，感知层通常存在以下安全风险。

- 终端物理安全风险：由于感知终端物理环境安全带来的安全风险，存在感知终端人为破坏、被偷盗、非法移动，以及其他物理环境引发的安全风险。一旦感知终端被物理俘获，往往导致终端所存储信息的泄露，或成为网络攻击的起点。
- 终端自身安全风险：感知终端通常不具备完备的安全防护能力，使得感知终端容易遭受攻击和破坏。其次，感知终端本身软件存在的漏洞如不及时得到修补，也会导致感知终端安全风险的增加。
- 终端通信安全风险：终端联网通信存在安全隐患，如明文传输、软件版本升级或配置变更缺乏有效的认证或授权等安全保护，带来的设备非法访问等安全风险。
- 恶意软件感染风险：攻击者利用木马、病毒对终端实施网络攻击，导致终端不可用或服务中断的风险。或者攻击者利用终端实施更大范围的网络攻击，进而影响企业 IT 系统整体安全的风险。

2. 传输层安全风险

物联网传输层主要用于感知层与应用层之间的信息传递。由于物联网涉及的网络类型多种多样，不同网络类型的传输层安全风险各有不同，以下传输安全风险供参考。
- 无线传输风险：无线网络固有的脆弱性使系统很容易受到各种形式的攻击。攻击者可以发射干扰信号使读写器无法正常接收电子标签内的数据，或者使基站无法正常工作，造成通信中断。另外，无线网络信号传输容易被攻击者劫持、窃听甚至篡改。
- 拒绝服务攻击：攻击者可以利用俘获的终端节点向网络发送恶意数据包，发动拒绝服务攻击，造成网络拥塞、瘫痪、服务中断。
- 非授权网络接入：利用网络接入薄弱环节和漏洞，非授权接入网络，非法使用网络资源或发起网络攻击，获取网络内部数据。

3. 应用层安全风险

应用层为物联网应用的核心，与传统的 IT 业务应用系统类似，负责物联网前端感知数据的分析处理，并将数据处理结果反馈至感知终端。物联网应用层安全风险通常包括以下几个。

- 技术平台安全风险：物联网应用系统通常基于服务提供商自有的软件平台搭建，由于物联网应用的市场规模有限，物联网技术平台成熟度普遍偏低，技术平台设计漏洞、开发漏洞普遍较多，容易导致系统受到非法攻击。
- 设计开发安全风险：业务逻辑设计漏洞带来业务交互、身份认证、资源授权等缺陷，导致系统投用后的安全风险。系统开发缺陷带来的功能缺陷、数据管理缺陷，也会带来交付系统的应用安全风险。
- 云部署安全风险：大多数物联网应用系统基于云平台构建，在实现高效计算、弹性计算及业务扩展的同时，带来用户访问、数据边界的模糊，用户访问控制、数据安全保护存在不确定性的安全风险。

应用层事关物联网应用系统与数据的安全。由于物联网数据高度集中，容易成为攻击者的攻击目标，一旦遭受到攻击或入侵，直接导致物联网应用系统功能被控或物联网数据泄露。因此，应高度重视物联网应用系统的安全设计与数据安全保护。

4. 物联网互联安全风险

由于物联网应用与企业 IT 系统之间的延伸与扩展关系，物联网应用与 IT 系统互联通常有两种实现方式。一是作为 IT 系统的延伸，通过终端感知化，实现 IT 系统的物联应用；二是作为 IT 系统的应用扩展，通过将前端物联网应用系统与后端 IT 系统的集成，提高企业 IT 系统的业务承载能力。

- IT 系统延伸的互联风险：互联风险主要来自感知终端接入带来的安全风险，除前述提到的感知层安全风险以外，应重点考虑感知终端部署位置带来的风险。对于部署在企业物理安全范围内的感知终端，可参照通用 IT 设备安全要求，并结合感知终端的特别风险，确定互联安全风险。对于超出企业物理安全范围的感知终端，应全面分析感知终端失窃、失控等带来的安全风险，应基于综合评估确定互联安全风险。
- IT 系统应用扩展的互联风险：与上述的 IT 系统延伸的互联风险类似，对于部署在企业物理安全范围内的物联网应用系统，可参照通用 IT 系统集成的安全要求并结合物联网应用的特别风险确定互联安全风险。对于超出企业物理安全范围的感知终端，其物联网应用系统面临较高的来自感知终端的攻击风险，应基于全面评估确定互联安全风险。

12.4.2　物联网应用安全防护

物联网应用安全通常是物联网应用推进中的优先考虑事项，只有确保应用安全，才能推进物联网应用。因此，必须重视物联网应用系统的安全防护和与IT系统的互联互通安全防护。

1. 物联网应用系统安全

物联网应用系统安全防护通常包括以下几个方面。

- 感知终端安全：在感知终端的接入区部署物联网安全网关，实行终端准入控制，实时阻断非授权终端接入。同时，对感知终端进行实时状态监控、合规检测，在物联网平台中标记终端位置，实时显示感知终端分布及安全状态。
- 网络隔离与传输安全：在感知层与应用层之间部署网络隔离设备，严格管理感知终端与服务端的访问控制，防止终端入侵及非授权访问。根据数据传输安全要求，确定网络传输安全方案。
- 服务端安全：按网络安全定级要求，构建服务端安全的计算环境，保护服务端免受病毒、网络攻击等的侵扰。
- 应用系统安全：按网络安全定级要求，组织物联网应用系统的开发与实施，确保物联网应用系统的安全。
- 数据安全：结合物联网应用系统的数据敏感度与安全防护要求，制定数据安全保护方案。

除上述通用的安全措施以外，还应结合具体物联网应用的安全风险，制定有针对性的安全保护方案。

2. 物联网应用互联安全

针对物联网应用系统与企业现有IT系统的互联互通，应基于物联网应用系统互联的安全风险分析，制定互联安全方案。物联网应用互联安全方案通常包括安全技术措施和安全管理措施。

- 安全技术措施：在物联网安全区域和IT系统安全区域之间使用防火墙或网闸隔离网络通信，严格控制物联网应用安全区域与IT系统安全区域之间的系统互访的IP地址范围，实行严格的IP地址、端口、协议控制。
- 安全管理措施：由于物联网应用安全区域和IT系统安全区域的安全等级通常存在差异，因此，从安全策略层面上讲，物联网应用系统互联应以数据交换为主，应严格控制跨安全区域的系统访问。

应根据物联网应用系统和IT系统的互联需求，全面分析网络互联风险，基于企业网络安全管理要求制定物联网系统互联安全方案，基于互联安全方案推进物联网系统的互联应用。

第三篇

建设与管理

导读

本篇从信息化建设的视角探讨企业信息化建设中涉及的重点技术与管理事项。在信息化建设流程和管控要素分析的基础上，针对信息化项目立项、项目技术规格书、项目实施方案设计等难点技术事项，探讨相关事项的价值定位及应遵循的基本原则，提出解决问题的方案参考框架和参考要素，以期为读者的项目立项文件编制、方案设计提供参考与支持。

同时，针对信息化建设实施的过程管理、项目验收和项目后评估等重点管理事项，基于IT项目过程模型，探讨项目实施组织与计划、过程管理与控制、项目验收与关闭等各环节的关键要素管控方法；基于项目验收参考模型，探讨项目验收应遵从的基本原则，提出IT项目验收的一般方法；针对普遍忽视的项目后评估，探讨信息化项目后评估应遵从的原则、方法，提出可供参考的后评估实施组织建议。

第 13 章

定位、方法与重点关注

信息化建设是企业信息化工作的重要组成部分，是 IT 与企业业务相融合的重要环节。信息化建设既涉及对企业业务、技术、管理的理解与把握，也涉及企业 IT 架构体系构建和信息系统可持续发展，而建设管理能力无疑会影响 IT 的应用绩效与信息化投资的有效性。

13.1 信息化建设流程

以业务流程的视角看，信息化建设流程主要包括项目定义、产品服务采购、项目实施 3 个流程环节。信息化建设流程如图 13-1 所示。

图 13-1 信息化建设流程

- 项目定义：定义拟开展的信息化建设的项目范围，包括但不限于项目目标、内容、交付及项目需求与要求等相关约定。项目定义的前序流程通常是企业的信息化规划设计，基于信息化规划设计确定的应用架构、信息架构、技术架构及相关专项规划设计要求，定义项目范围、编制项目技术方案和实施管理方案。
- 产品服务采购：基于项目定义确定的项目范围、技术方案、实施管理方案，编制项目产品服务采购的技术规格书。基于企业采购与合同管理制度编制产品服务采购文件，通过招标与谈判等方式确定项目产品服务供应商，签订采购合同等。
- 项目实施：项目实施通常为企业主导的、项目产品服务供应商组织的依据拟订方案的实施过程，通过项目实施的软硬件供给、部署集成、配置开发、系统培训等实施服务，使企业获得满足自身需要的 IT 系统和服务。

13.1.1 项目定义流程

业界没有标准的项目定义流程之说，但从信息化项目立项过程的反复迭代中，不难发现项目定义细分的必要性。为高效推进项目定义过程，缩短项目立项周期，通常可将信息化项目定义细分为项目策划、项目建议书、项目建设方案 3 个环节。信息化项目定义流程如图 13-2 所示。

图 13-2 信息化项目定义流程

> 项目策划：项目策划通常是项目发起部门开展的工作，其目的是形成达成共识的、符合 SMART 原则的项目目标、范围及关键交付要求。清晰、明确的项目目标描述与达成共识是项目策划的关键，而项目目标不明确往往是导致项目立项周期过长的主要原因之一。
> 项目建议书：通常聚焦于项目必要性，通过问题和关键需求的项目解决以及项目费用投入和预期效益的分析，说明启动项目建设的必要性。即通过项目的需求可行性和经济可行性分析，说服企业决策者投资启动项目建设。
> 项目建设方案：上述的项目建议书通常无法满足项目建设实施对技术方案、管理方案的深度要求。应以项目目标为起点，基于完整的项目需求分析、系统的技术方案设计、全面的实施保障方案规划、客观的成本效益分析，形成可有效支撑项目实施的项目建设方案。

信息化项目定义流程通常与企业的信息化项目立项审批模式存在一定的关联。一些企业信息化项目立项需要通过较为严格的项目技术方案评审与费用立项审批，这就要求项目立项文件必须达到项目建设方案的深度才能启动项目立项流程。有些企业信息化项目立项较为宽松，只需要履行项目费用立项审批手续，项目建议书即可满足项目立项审批要求。项目立项获准后，应该启动项目建设方案编制工作，以便为项目产品服务采购的项目技术规格书提供充分的依据。

13.1.2 产品服务采购流程

采购流程通常属于企业运营的支持流程，信息化建设所需的产品服务采购一般由企业的专职采购部门负责。信息化产品服务采购应满足企业的采购管理制度要求，IT 部门提供采购所需的技术规格书，由采购职能部门履行信息化产品服务采购。

信息化产品服务采购技术规格书应依据项目建设方案编制，基于项目建设方案的需求与要求编制项目采购技术规格要求。基于 IT 部门提供的采购技术规格书，采购部门开展采购策划工作，形成采购商务文件，通过招标及谈判等方式确定供应商，完成采购合同签订。产品服务采购流程如图 13-3 所示。

图 13-3 产品服务采购流程

信息化项目采购技术规格书通常为企业对外公开发布的文件，在充分表达项目需求与要求的同时，应注意企业的商业信息保密和信息安全，避免企业内部信息外泄。

13.1.3 项目实施流程

与项目供应商签订合同后，通常具备了启动项目实施的条件。虽然不同类型的信息化项目实施各有特点，但以项目推进的视角看，信息化项目实施里程碑具有共性。项目实施里程碑参考如图 13-4 所示。

各类不同的信息化项目实施具有共同的里程碑节点，主要包括项目组织计划、需求分析、方案设计、配置开发、验证确认、上线运行和项目验收等环节。不同的里程碑节点有不同的项目交付要求和不同的信息化管控要求。

项目组织计划 > 需求分析 > 方案设计 > 配置开发 > 验证确认 > 上线运行 > 项目验收 > 持续改进

图 13-4　项目实施里程碑参考

13.2　信息化项目管控要素

信息化管控伴随企业信息化发展而逐步完善，信息化项目实施管理与控制也是一样，需要结合企业管控全局发展和信息化管理与控制要求，逐步建立、健全信息化项目管控体系。

13.2.1　信息化项目管控要点

信息化项目管控通常起于信息化项目定义、止于项目实施结项。信息化项目管控要点与信息化项目流程环节紧密相关，不同的项目流程环节有不同的信息化管理与控制要求。

1. **项目定义的管控要点**

项目定义环节的信息化管控要求通常包括以下几点。

- 战略一致性控制：拟建信息化项目符合企业的未来发展需要，有利于相关业务领域的绩效提升与创新发展，符合企业信息化总体发展规划要求。
- 信息化预算控制：拟建信息化项目已纳入企业信息化预算的清单范围，项目费用估算在预算金额范围内。预算外项目应事前获得企业预算管理的批准。
- 信息化需求管理：拟建项目系统与相关 IT 系统边界清晰、无交叉。项目需求与要求较为完整、业务成熟、目标可行，具备独立项目建设的条件。
- 信息化架构管理：拟建项目技术方案符合企业信息化总体架构要求，技术架构合理可行、平台软件选型可满足项目当期需要和未来扩展要求。

2. **产品服务采购的管控要求**

产品服务采购的信息化管理与控制要求通常包括以下几点。

- 技术规格书审查：技术规格书完整性审查，可以满足项目建设方案的约定要求；技术规格书的关键技术评价指标的客观性与公平性检查。
- 采购流程合规审查：采购流程与管理制度约定的一致性检查。
- 合同一致性检查：合同条款约定与技术规格书的一致性检查。

3. **项目实施的管控要求**

项目实施管控要求可细分为项目实施的控制要求和项目实施的管理要求，具体内容如下。

- 项目实施的控制要求：控制要求主要用于确保信息化建设项目成果符合企业信息化架构的约定要求。项目实施控制要求主要包括项目需求评审、项目技术方案评审和信息安全管控等内容。其中项目需求一般包括业务需求和系统需求，项目技术方案一般包括总体方案、详细方案、部署方案等内容。
- 项目实施的管理要求：管理要求主要用于满足信息化项目管理的要求。项目管理要求主要包括进度、质量、成本、变更、风险、问题、信息等的管理。同时，也涉及对项目过程涉及的相关业务、技术等关键环节的管理，如项目验收、移交等的管理。

13.2.2 信息化管控流程

信息化管理与控制流程与企业的信息化管控授权相关,归纳起来,通常可分为4种情况。

- ➢ 企业经营管控事项:属于企业经营管控范围的信息化事项,通常包括信息化预算控制、信息化项目立项审批。企业经营管控事项通常由企业领导办公会、专题会或指定授权人员的方式管理。
- ➢ 信息化架构控制事项:属于企业信息化架构管控的事项,通常包括信息化战略一致性控制、信息化架构管控。信息化架构管控事项通常由企业首席信息官或信息化领导小组管理。
- ➢ 信息化架构管理事项:属于信息化架构管理的事项,通常包括项目定义阶段的信息化需求管理和信息化架构管理,以及项目实施的控制要素,如项目需求评审、项目技术方案评审和信息安全管控。信息化架构管理事项通常由企业的 IT 部门负责管理。
- ➢ 项目管理要素事项:属于项目管理要素的事项,通常包括项目实施的管理要素,如项目进度、质量、成本、变更、风险、问题、信息等的管理,以及信息化建设工作中需要管理或规范的事项。项目管理要素事项通常按信息化项目的管理授权,由相关管理主体实施相关要素的管理。

信息化项目管控是企业信息化全局管控的重要组成部分,企业信息化发展水平越高,其信息化项目管控要素也会越多。企业需要结合自身全局发展需求,适时推进信息化项目管理的规范化、标准化与精细化,不断提高信息化项目管控水平,稳步提高信息化建设绩效与投资有效性。

13.3 一般方法

信息化建设与管理涉及的一般方法主要为与项目管理和技术体系构建相关的方法。以下简要介绍相关方法,为帮助读者建立信息化建设与管理知识框架提供参考。

13.3.1 PMBOK 项目管理方法

PMBOK 是 Project Management Body of Knowledge 的缩写,中文译为"项目管理知识体系",PMBOK 是美国项目管理协会(Project Management Institute,PMI)发布的有关项目管理所需的知识、技能和工具的概括性描述。PMBOK 自 1996 年第一版发布以来,已得到了项目管理业界广泛的接受和认同。在编写本书时,PMBOK 为第七版。ISO 以 PMBOK 为框架制定了 ISO 10006 标准(项目管理质量指南)。

PMBOK 把项目管理划分为十大知识领域,即项目整合管理、项目范围管理、项目时间管理、项目成本管理、项目质量管理、项目人力资源管理、项目沟通管理、项目风险管理、项目采购管理、项目相关方管理。同时,以项目生命周期的视角,PMBOK 将项目划分为五大过程,即启动过程、规划过程、执行过程、监控过程、收尾过程。

PMBOK 提供了信息化建设项目管理所需的知识、技能和工具参考。毕竟 PMBOK 只是知识体系,在现实的信息化项目管理实践中,需要结合企业自身项目管控需要,深刻理解、活学活用。

13.3.2 技术架构设计方法

企业信息化技术架构设计涉及的面很广,既涉及信息化规划层面的架构设计方法,也涉及系统层面的不同技术领域的技术方案设计的方法,还涉及具体事项解决的技术实现方法。通过各层级技术、方法、工具的组合运用,解决企业信息化建设中遇到的各类技术问题。正因为信息化技术架构设计涉及面广,没有单一方法可以解决企业信息化建设中不同层级的问题。以下简要介绍信息化建设所需的知识技能,以便为读者获取信息化建设相关技术知识提供参考。

> 信息化规划层面的架构设计方法:业界影响较大的有 Zachman、FEA、DoDAF、Gartner、TOGAF。在分类完整性、过程完整性、参考模型指导性、实施指导性、成熟度模型等方面,每种方法都各有所长。目前,主流信息化规划普遍采用 TOGAF 方法。在编写本书时 TOGAF 为 9.2 版。

> 系统级的技术方案设计的方法:从 IT 系统架构层级划分,企业信息化涉及的系统包括网络系统、计算资源系统、存储资源系统、基础应用系统、业务应用系统。不同层级的系统的技术方案设计有共同遵守的基本准则,也有与各自技术密切相关的架构设计相关方法。但基本的技术架构知识和相关产品选型把握至关重要,应给予充分的重视。

> 具体事项解决的技术实现方法:涉及相关具体技术原理、技术实现等技术内容,掌握相关技术知识和应用技能,以及发现问题、分析问题、解决问题的方式与方法最为重要。

掌握企业信息化建设与管理相关方法,无疑有助于满足业务运作需求和提供良好的用户体验,进而提升企业信息化建设绩效。

13.4 重点关注

信息化建设是企业 IT 系统服务获取的重要途径,信息化建设效果直接影响企业信息化的应用格局和可持续发展,应重视对信息化建设过程中关键环节的把握。

1. 项目需求的完整性

项目需求是信息化建设的重要输入。需求不完整常常导致项目系统无法满足业务运作的需要,项目系统上线困难或应用效果欠佳。对拟多期建设的系统,若对未来发展预期不充分,将直接影响项目系统的方案规划与架构设计,导致项目系统后续扩展困难,情况严重时可能导致项目系统推倒重来,既影响业务应用,也造成信息化投资的浪费。因此,应特别关注信息化建设项目的需求完整性,确保项目需求能够充分反映项目的当期需求和未来的发展要求。

2. 技术方案的扩展性

在项目系统的生命周期内,一般会经历数量不等的系统改扩建,而项目技术方案的可扩展性将直接影响后续的系统改扩建的实施开展。因此,在关注项目本期目标实现的同时,应特别关注项目系统技术方案的可扩展性,以生命周期的视角审视项目技术方案的可行性,做好项目未来扩展需求与技术实现方案的分析论证，确保项目技术方案可以满足系统可持续发展的要求。

3. 项目的技术经济性

投资有效性是企业信息化的重要衡量指标，信息化投资有效性是企业信息化发展中的技术与经济综合平衡的结果，既非一味追求技术先进性，也非一味追求经济性，应该以满足企业需求前提下的成本最优为原则。应特别关注影响信息化综合拥有成本的技术架构设计和软硬件设备配备与选型等关键环节，以满足信息系统生命周期的需求为目标，以综合拥有成本最优为原则把握影响项目技术经济性的业务、技术与管理决策。

4. 项目实施质量控制

项目质量控制是达成项目预期目标的重要保障手段，务必重视。业界 IT 服务厂商的质量管理意识普遍偏弱，质量保障体系和质量管理机制不够健全，在企业信息化建设中的体现主要是项目质量计划缺失或质量控制覆盖不够。应重视信息化建设中的项目质量控制，健全项目质量管理计划，在抓好项目关键里程碑成果质量控制的同时夯实项目实施各项分解工作的全局质量管理，确保信息化项目实施的全过程质量受控。

第 14 章

信息化项目策划与立项

信息化项目策划与立项属于企业信息化建设中的项目定义阶段。项目定义阶段通常可细分为项目策划、项目建议书、项目建设方案 3 个细分环节，不同的细分环节有不同的价值定位与工作重点。

14.1 项目立项的常见问题

信息化项目立项是一项极具挑战的工作，面临项目相关方不同视角的各种挑战，需要给出令人满意的答复与解决方案，这样才能通过不同维度的项目立项审查。由于项目立项内容各不相同，项目立项环节的具体问题也各不相同，但普遍存在以下共性问题。

14.1.1 项目目标欠清晰

项目目标不清晰是信息化项目立项普遍存在的问题。无论是业务层面、技术层面还是费用审批，项目目标不清晰常常导致项目立项搁浅。在这种情况下，较好的结果是补充、完善立项文件后再次评审，较差的结果是项目立项被彻底否决。究其原因，主要有 3 个方面。

- **对目标的内涵和作用理解不到位**：只是把"项目目标"当成一个标题，将一段与目标有关的文字放在标题之下，缺乏对目标内涵和作用的深刻理解。项目目标是信息化建设价值的重要体现，其对拟建项目具有引领和约束的双重作用。其引领作用体现在从项目目标分解、导出拟开展的项目工作，其约束作用体现在不能开展与项目目标无关的工作。
- **站位高度不够，看不清项目目标**：项目立项文件的起草者往往是基层工作人员，受其岗位职责所限，通常很难达到项目立项报告编制对相关业务、技术、管理的理解和把握的能力要求，导致无法清晰描述项目目标。
- **语言表达能力不足，表述不清楚**：由于项目目标的引领和约束作用，通常要求项目目标应该是精确的语言表达，而立项报告编制人员的语言表达能力不足，导致项目目标描述的抽象概括不到位、词不达意等现象较为普遍。

14.1.2 项目建设内容不完整

项目建设内容不完整也是项目立项过程中普遍存在的问题。项目建设内容不完整通常会导致重复的立项审查，导致立项周期变长。项目建设内容不完整的表现形式多种多样，有项目范围不完整，有需求分析不完整，也有建设方案不完整。

- **项目范围不完整**：项目范围是对项目边界和边界内的事项的定义。项目范围不完整一般可分为项目范围与项目目标不匹配，进而导致项目目标难以实现；项目范围内容描述不到位导致的项目范围不完整；项目需求组合划分欠妥，导致项目范围定义存在争议。
- **需求分析不完整**：从建设难度的视角看，信息化建设项目基本可分为基于成熟 IT 产品的部署实施类项目和基于平台软件的配置开发与实施类项目。第一类项目需求分析难度较低，而第二类项目的项目需求分析难度较大，项目需求分析不完整具有普遍性。
- **建设方案不完整**：建设方案不完整是指项目立项文件中的建设方案无法有效支撑项目建设内容的实现，进而影响项目目标的实现。对于大型复杂项目，项目建设方案的设计难度较大，出现项目建设方案不完整的情况也较常见。

14.1.3 项目建设方案过粗

项目立项文件的深浅度与企业信息化项目立项管理制度密切相关。如果项目立项审查过程中对需求可行性、技术可行性、实施可行性、技术经济性的要求不高，或仅关注项目必要性和项目投资，项目建设方案要求一般比较粗浅。如果项目立项审查过程中对上述提到的 4 个方面的要求不高，那么项目建设方案过粗的问题就会变得很常见。

企业信息化项目立项通常存在两种立项驱动模式，一是业务部门驱动的项目立项模式；二是 IT 部门驱动的项目立项模式。信息化项目立项文件既涉及与业务相关的内容（如项目业务需求与要求），也涉及与 IT 相关的内容（如 IT 系统技术方案），这就要求业务部门和 IT 部门密切协作完成信息化项目立项文件的编制。而现实中的业务部门和 IT 部门的合作往往存在间隙，导致项目建设方案深度不够。同时，业务分析能力不足和 IT 把握能力不足，同样会导致这样的问题。

14.1.4 项目预算依据不足

项目预算依据不足也是信息化项目立项中的常见问题。预算依据不足的表现多种多样，主要分为以下几种情况。

- 预算颗粒度过大，导致费用测算缺乏依据。
- 贵重设备选型依据不足，导致费用测算不可信。
- 产品与服务清单不完整，导致费用测算不完整。
- 预算科目、类别不完整，导致费用测算不完整。
- 费用测算标准存在争议，导致费用测算存在争议。

信息化项目立项中存在的各种问题无疑会影响项目立项进程，导致项目立项周期变长或项目被否决。项目建设内容不完整和建设方案过粗这样的问题如不及时解决，无疑也会增加后续的项目实施相关风险。把好项目策划与立项这道关口，对企业信息化发展来说至关重要。

14.2 项目立项过程与立项审查

企业通常依据信息化费用所属类别，确定信息化项目立项应满足的管理要求。IT 部门基于企业项目立项管理和信息化管控要求，建立信息化项目立项管理制度。信息化项目立项一般会经历项目技术方案审查和项目费用立项审查两类审查。项目技术方案审查通常属于企业信息化管控的范围，项目费用立项审查则属于企业经营管控的范畴。

14.2.1 项目立项过程

从客观上讲，项目立项申请通过与否，与项目立项审查相关方的认知、内外部机遇等因素密切相关，并不完全取决于项目立项文件的到位与否。因此，及早获取立项否决信息、避免不必要的立项资源投入也是立项管理应充分考虑的因素。与"项目定义"中的项目策划、项目建议书、项目建设方案相对应，项目立项过程包括项目必要性审查、项目立项费用审查和项目技术方案审查。

> 项目必要性审查：基于项目策划文件，侧重于项目目标、内容、交付要求等的项目范围描述，审查项目建设的必要性。通常为项目责任部门的内部管理行为。

> 项目费用立项审查：基于项目建议书，侧重于项目需求可行性和经济性的审查，从投资有效性出发，审查项目立项是否符合企业投资要求，属于企业经营管控的范畴。

> 项目技术方案审查：基于项目建设方案，侧重于项目技术方案可行性和实施管理可行性的审查，以技术和管理可行性导向审查项目立项，属于企业信息化管控的范畴。

信息化项目通常是企业内部项目立项审批的一个分类，其项目立项过程需要满足企业项目立项的统一管理要求。应密切关注企业项目立项审批模式对信息化项目立项的影响，对于项目费用立项审查不强制前置项目技术方案审查的，或项目立项文件审查深度较浅的，应考虑增加项目建设方案方面的信息化管控约束，使之满足项目技术规格书对项目建设方案的深度要求。应避免在项目技术规格书中开展方案细化设计。

14.2.2 立项审查原则

信息化项目立项管理应该做到严格的项目立项技术方案评审和有效的项目立项费用审批。同时，企业也应根据项目规模、复杂度、重复性等项目特征，建立针对不同类型项目的项目立项审批简化流程，以便在满足信息化管控和经营管控的基础上，提高信息化项目立项效率。信息化建设项目立项审查应遵从以下基本原则。

> 战略一致性原则：拟建信息化项目应符合战略一致性原则，即符合信息化战略一致性、业务需求一致性和应用架构一致性的原则。信息化战略一致性是指项目定位与目标应符合信息化战略重点工作要求，项目方案应符合企业信息化指导思想和原则的要求；业务需求一致性是指项目建设内容与需求符合并可有效满足相关业务的可持续发展要求；应用架构一致性是指项目的功能架构应符合企业应用架构或IT基础设施架构要求。

> 架构匹配性原则：拟建信息化项目应符合架构匹配性原则，即符合技术架构匹配、功能架构匹配、支撑产品匹配的原则。技术架构匹配是指项目确定的技术架构应符合企业总体技术架构要求，可满足项目系统与其他系统的集成整合要求；功能架构匹配是指项目技术架构与项目当期功能和扩展功能匹配；支撑产品匹配是指项目拟定的支撑产品选型，可有效支持技术架构落地与业务功能的实现。

> 实施可行性原则：拟建信息化项目应符合实施可行性原则，即满足实施组织可行、潜

在供方可行、实施管理可行的要求。实施组织可行是指项目建设实施的组织保障体系可为项目实施推进提供有效的支持与支撑保障；潜在供方可行是指潜在供方的能力与资格要求可以为供方选择提供充分输入要求，供方选择和合同条款合规、有效；实施管理可行是指项目实施管理方案可以保证项目执行过程的管理可控。

- 拥有经济性原则：拟建信息化项目应符合拥有经济性原则，即满足选型经济、预算标准经济、综合成本经济的要求。选型经济是指项目确定的架构选型、产品选型、供方选择具有良好的技术经济性；预算标准经济是指项目预算颗粒度适中、颗粒预算标准合理；综合成本经济是指项目建设成本和项目系统全周期运行维护等综合拥有成本经济、合理。

14.2.3 立项审查要点

基于上述的立项审查原则，信息化建设项目立项审查通常围绕需求可行性、技术可行性、实施可行性、经济可行性4个方面开展项目立项审查评估。

1. 需求可行性评估

需求可行性评估一般包括项目立项必要性、项目目标与内容、项目需求与要求及项目预期效果等的评估。需求可行性评估一般围绕战略一致性原则展开。

- 项目立项必要性评估：评价项目定位与企业发展战略的一致性。项目立项应遵从企业战略与发展规划、重点工作安排、业务运作需求等关键驱动因素；申请外部专项，项目立项应符合对应的专项立项指引，确保符合专项立项选择要求。
- 项目目标与内容评估：评价项目目标对核心业务能力支撑的充分性。应保证项目目标对核心业务能力的支撑，同时关注项目建设内容与目标的一致性和对目标支持的充分性。
- 项目需求与要求评估：评价项目需求分析对所承载业务需求与要求的完整性和有效性、扩展需求预测与业务发展的一致性以及项目功能架构与企业应用架构的一致性。
- 项目预期效果评估：评价项目预期效果与业务核心诉求的一致性。务求结合实际，将项目预期效果分门别类、分析到位。

2. 技术可行性评估

技术可行性评估一般包括项目建设思路、项目整体方案、项目方案构成要件及项目配置事项等的评估。技术可行性评估一般围绕架构匹配性原则展开。

- 项目建设思路评估：评价项目建设思路、原则与企业信息化指导思想与原则的一致性。项目建设思路务求遵从企业信息化发展整体要求，思路清晰、路径可行、方法得当、措施有力。
- 项目整体方案评估：评价项目技术架构与企业全局技术架构的一致性、项目技术架构与功能需求和要求的匹配性，以及对未来扩展的适应性和与其他系统集成、整合的可行性。
- 项目方案构成要件评估：评价项目支撑产品架构与配置选型对项目落地支持的有效性，项目关键事项技术实现方案的科学性与可行性。
- 项目配置事项评估：评价项目建设所需的软硬件设备与服务采购清单完整性，及配置描述的有效性。

3. 实施可行性评估

实施可行性评估一般包括项目实施组织、产品服务规格要求、采购与合同、项目实施管理等的评估。实施可行性评估一般围绕实施可行性原则展开。
- ➢ 项目实施组织评估：项目建设实施的组织保障体系应覆盖企业层面的项目领导决策者、项目主责单位、项目参与单位、协作支持单位，确保可为项目实施推进提供有效的组织保障。
- ➢ 产品服务规格要求评估：项目所需的产品规格与配套服务要求可为产品采购提供充分的输入要求，服务供方的能力与资格要求可以为供方选择提供充分输入要求。
- ➢ 采购与合同评估：供方选择流程与管理应符合相关法规和企业管理要求，项目合同条款可以有效约定供方责任。
- ➢ 项目实施管理评估：项目实施管理方案确定的项目组织计划、进度、质量、费用、沟通、变更、风险与成果交付、信息安全等措施应合理、可行，可以保证项目执行过程的可管可控。

4. 经济可行性评估

经济可行性评估一般包括架构设计经济性、产品配置经济性、服务要求合理性、费用事项合理性和综合拥有成本等的评估。经济可行性评估围绕拥有经济性原则展开。
- ➢ 架构设计经济性评估：项目技术架构设计应遵循简单、高效的原则，具有良好的技术经济性。
- ➢ 产品配置经济性评估：项目支撑产品的选型应以适应、经济为原则，产品配置依据充分、得当。
- ➢ 服务要求合理性评估：项目服务供方选择的能力要求务求匹配、具体，资格要求应体现项目风险控制要求，确保可有效支持项目实施工作。
- ➢ 费用事项合理性评估：项目预算事项应颗粒度适中、事项预算标准合理。
- ➢ 综合拥有成本评估：项目建设成本和项目系统全周期运行维护等综合拥有成本应经济、合理。

14.3 项目策划

虽然项目策划客观存在，但企业现实中的项目立项管理大多没有"项目策划"的阶段划分。究其原因，这主要与立项管理的目标导向有关。通常，立项管理的目的是解决项目"立"与"不立"的问题，并不关心项目立项过程的效率高低。而从大量的企业信息化项目立项实践看，项目策划不到位导致的目标不明确、范围不清晰导致的项目立项周期延长的情况比比皆是，甚至一些通过立项批准的项目同样存在项目目标不明确的问题，无疑会为项目实施埋下隐患。

项目策划的价值体现在项目立项的初期，项目立项责任方能够就项目拟实现的目标达成一致，并在项目目标确定的条件下，讨论并确定项目范围。项目策划一般属于项目立项责任方的管理范畴，目的是提高项目立项效率、缩短立项周期。

14.3.1 项目目标

项目目标不清晰是信息化项目立项普遍存在的问题，正如前述项目立项的常见问题中所述，既有站位高度不够、看不清项目目标的原因，也有对目标抽象、概括能力不足的原因，还有对目标理解不到位的原因等。

1. 理解"目的"与"目标"

"项目目标"通常有两个层面的含义，其一是"目的"，其二是"目标"。"目标"是"目的"的分解，也是实现"目的"的承载对象。其中"目的"通常是企业绩效视角的文字描述表达，描述拟立项项目对企业绩效的支持作用。正是由于"目的"与"目标"的这种分解关系，完整的项目目标应该是"项目目的"+"项目目标"。

- 项目目的：高度概括的、与拟立项项目相关联的企业绩效提升的文字表达。企业信息化的终极目的是支持企业绩效提升和创新发展，而"绩效"提升的途径多种多样，既有运作效率提升、质量提升、成本降低，也有核心能力提升等方面。创新发展可以是技术创新、业务创新、管理创新等。
- 项目目标：通常为与建设内容分类相对应的若干分项效果的表达。完整的目标表达通常为"做什么事情""解决什么问题""达到什么效果"，简略的表达可以是"达到什么效果"。

2. 项目目标定义

依据上述的项目目标描述框架，基于项目策划的建设内容，提炼、概括形成文字化的项目目的与目标描述。需要强调的是必须是文字化的目标表达，只有文字化的项目目标表达才具备较好的讨论、修改、完善的基础。

现实中的项目目标定义普遍存在重口头、轻文字的现象。究其原因，目标定义往往是中高层管理者确定的，而他们表达目标的方式通常是口头的，而由于未经周密的讨论与确认，口头表达的目标往往很难满足项目目标定义的要求。项目目标应符合目标定义的 SMART 原则。

3. 沟通与确认

项目通常涉及多个利益相关方，通常有项目立项负责人、项目立项责任方、项目用户方、项目协作方等，不同的项目利益相关方有不同的项目诉求。项目立项负责人完成项目目标定义的文字描述后，首先需征询本单位负责人意见，探讨、完善项目目标，之后征询其他项目利益相关方对项目目标的意见，基于形成共识的修改意见完善项目目标定义的文字描述。

项目目标讨论过程中通常也会涉及项目建设内容，但此阶段的重点是讨论项目目标而非建设内容，应避免过多的讨论建设内容而不讨论目标。

14.3.2 项目建设内容

项目目标确定后，基于项目目标，完善、确定项目建设内容。通常，项目目标与项目建设内容之间存在一对一或一对多的对应关系，但应避免出现项目目标与项目建设内容之间的多对一的对应关系。

14.3.3 项目范围定义

信息化建设项目立项的项目范围通常包括项目背景、项目目标与建设内容、项目实施范围、项目交付等内容。

- 项目背景：项目相关宏观背景、中观背景、微观背景，引出项目建设的必要性。
- 项目目标与建设内容：定义项目目标，描述建设内容。

- 项目实施范围：通常包括项目建设内容对应的业务范围、组织范围、地域范围以及可能涉及的系统范围等的描述。
- 项目交付：信息化项目交付通常分为软硬件设备交付、系统交付、服务交付和文件交付。项目交付应保持与项目建设内容的一致性。

14.4 项目建议书编制

在信息化项目定义流程中，项目建议书处于项目策划之后、项目建设方案之前。项目建议书通常聚焦在项目必要性上，通过问题和关键需求的解决以及项目费用投入和预期效益的分析，说明启动项目建设的必要性。通过项目的需求可行性和经济可行性分析，说服企业决策者投资，启动项目建设。

不同企业对项目立项文件有不同的要求，项目立项文件表现形式或模板也不完全相同。但项目立项关注的核心要素信息相差不大，基本都围绕项目必要性、目标与内容、项目建设方案、实施组织、项目费用估算和项目预期效益等内容。虽然立项要求各不相同，但项目立项审查规则的共同性，决定了项目立项文件编制框架的相似性，应围绕项目核心诉求与项目立项审查规则编制项目立项文件。

14.4.1 项目建议书编制框架

项目建议书文件通常包括以下内容。
- **项目概述**：为项目立项文件的概括性描述，主要用于满足项目利益相关者对项目情况的快速了解要求。一般包括项目名称、项目承担单位、项目建议书编制依据、建设内容概况、总投资及来源，简要的效益分析、结论与建议等内容。
- **项目背景与必要性**：项目建设背景一般包括与项目相关的业务、技术、管理的现状，存在的问题或差距，未来发展面临的挑战等。基于存在的问题和面临的挑战，提出项目建设要求，全面、系统地阐述项目建设的必要性。
- **项目目标与内容**：基于前述的项目必要性，梳理形成项目目标，基于建设目标梳理、固化项目建设内容。一般而言，项目目标与内容是逐步完善、迭代的，力求在问题与挑战、必要性、项目目标、项目内容之间形成贯通与闭环。
- **项目需求与要求**：基于项目目标与内容，开展高层级的项目需求梳理分析，形成高层级的项目需求与要求框架，并基于需求框架，对细分框架的需求内容进行简要阐述。项目需求与要求务求完整、系统、深浅适度，语言表述清晰、明了。
- **项目建设方案**：基于项目目标与需求，开展建设方案设计。项目建设方案一般包括项目建设的思路与原则、总体目标与分期目标、总体建设方案、项目本期建设方案、建设内容、建设规模等内容。其中项目建设内容包括项目主体建设内容，也包括项目配套工程相关内容。项目建设方案与项目特点密切相关，具体内容可根据建设方案设置。
- **实施组织与计划**：一般包括项目组织机构与人员配置、项目进度计划及项目风险管控。如果项目立项有其他特别管控要求，如环境保护、消防措施、职业安全卫生、节约能源，应对特别管控事项进行说明。

> **项目费用估算**：一般包括项目投资估算说明、项目投资估算、资金来源及资金使用计划等内容。
> **项目预期效益**：对项目预期的经济效益和社会效益进行分析和说明。

对于专项申请的项目立项，专项管理机构通常会发布其项目建议书编制要求和项目建议书模板，应按申请渠道指定的项目立项文件编制要求和立项文件模板编制项目立项文件，并将上述的项目建议书框架内容融入项目立项模板文件中。

14.4.2 项目建议书编制要求

项目建议书编制框架为项目建议书编制提供了内容编制的框架，但每个项目都有其独特性，应结合具体的项目特点、立项内容、立项审查核心关注来组织项目建议书的内容编制。

> **文字表达**。文字表达应力求言简意赅，术语定义清晰、明了，避免产生歧义，以简明扼要地阐述项目立项内容。
> **结构要求**。参考项目建议书编制框架，结合企业信息化项目立项管理要求，建立本单位的项目建议书模板及配套的项目建议书编制导则。对于常规的项目立项，可简化项目建议书结构为项目背景与目标（通过项目背景的问题阐述代替必要性、项目目标与交付）、项目需求与要求、项目建设方案、项目实施组织与计划、项目费用估算；对于大型、复杂项目，需要结合项目实际情况对项目建议书编制框架进行裁剪或补充。
> **深度要求**。项目建议书文件深度与项目立项管理要求紧密相关，不同费用渠道的项目建议书编制的深度差异较大，应以项目建议书编制要求为指引，按编制要求的深度编制项目建议书。原则上，项目需求与要求应能够为建设方案提供足够的输入；建设方案形成的方案构件应能够为费用估算提供充分依据，并能够以业界共识的专业技术基准评估技术可行性。
> **编制与发布**。项目建议书属于技术类文件，为保证文件内容的贯通与一致性，在通常的文件编制分工的基础上，项目建议书主编人员必须发挥其主导与统稿作用，进而形成从文件形式到内容的统一，确保项目建议书文件的科学性、准确性、完整性和一致性。项目建议书是项目立项审批的重要依据，项目建议书内容须经相关方审核、确认，所有对外发布的项目立项文件均应履行文件批准发布手续，即文件的编制、校对、审核、批准均应有相关责任人的签字确认，经授权人批准后发布。

在项目立项审查过程中，不同领域、不同层级的立项审查通常会形成各自的立项审查意见。项目立项责任方应做好项目立项审查意见的管理和问题整改记录，做好各类审查意见的修改完善。

14.5 项目建设方案编制

项目建设方案应满足项目立项评估审查相关方对项目立项的需求可行性、技术可行性、实施可行性和经济可行性等方面的评估审查要求。同时，项目建设方案应可以为项目产品服务采购的技术规格书编制和项目实施期间的总体方案设计提供足够的输入和约束。

项目建设方案的深度应能够满足各类专项机构对项目可行性研究和方案深化设计的深度

要求。项目建设方案与项目建议书的差异主要体现在：项目建设方案有完整的技术方案和实施方案，可有效支持技术可行性和实施可行性的评估审查分析；同时，在项目需求分析、经济性等方面较项目建议书有进一步的深化或细化。项目建设方案是对项目立项的全面、系统的阐述，是项目立项文件的完整版。

各类信息化项目立项的项目建设方案编制框架基本相同，但细节略有不同。本节以企业信息化建设中最具代表性、也最为复杂的应用系统项目立项为对象，简要介绍项目建设方案文件的编制框架，其他类型的项目建设方案编制可适当对之进行调整、裁剪。

14.5.1 项目建设方案编制框架

第一章 项目概述
项目立项文件的概括性描述，一般包括项目名称、项目承担单位、项目建议书编制依据、建设内容概况、总投资及来源，简要的效益分析、结论与建议等内容。

第二章 项目背景与目标
项目背景：与项目相关的宏观背景、中观背景、微观背景，通过背景蕴意来描述启动项目建设的重要意义。
项目建设的必要性：概括与建设项目相关的总体现状、主要问题与面临的挑战，提出项目建设的必要性。
项目目标：总体目标、一期目标、后续推进设想等。

第三章 项目范围、需求与要求
项目范围与内容：项目范围（业务范围、组织范围、地域范围、可能的系统范围等），项目内容（主要建设内容）。
主要业务需求：业务现状与改进需求、业务流程与应用场景需求、信息分类与信息体系需求、统计分析与决策支持需求、业务创新与变革需求等。
主要系统需求：由主要业务需求导出的业务功能需求、数据利用需求、系统运维需求、用户交互需求、系统性能与可用性需求等。
项目其他要求：信息安全要求、知识产权要求等。

第四章 项目总体建设方案
项目建设思路：项目建设指导思想、项目建设基本原则等。
技术路线与方案：技术路线、项目建设框架、项目设计框架、项目技术框架等。
关键技术与解决方案：项目关键技术、关键技术实现、重点功能实现、信息资源体系等。
项目部署与采购需求：项目系统产品支持框架、项目系统部署架构、项目产品服务框架、项目采购需求清单等。
项目建设招标方案：项目获取与采购组合、招标范围和内容、招标方式等。

第五章 关键支撑产品评价与选择
关键支撑产品调研情况：关键支撑产品市场供应情况、潜在供方产品符合度分析、初步的分析判断等。
可供选择的关键支撑产品：可供选择的产品情况，以及备选产品情况等。
支撑产品评价准则与评价指标：评价准则、关键评价指标等。
支撑产品关键评价指标对比分析。

> 支撑产品选型建议。
> **第六章 项目实施组织**
> 项目建设周期：项目建设周期安排。
> 项目组织机构职责：项目领导小组职责、项目管理小组职责、项目实施小组职责等。
> 项目实施计划：项目阶段划分、项目里程碑进度计划、质量计划等。
> 项目实施过程控制：项目进度与沟通管理、项目质量与问题管理、项目信息与文档管理、项目范围与变更管理、项目风险控制等。
> 项目交付与验收：项目交付物验收、项目验收。
> **第七章 项目费用估算**
> 编制依据。
> 编制说明。
> 费用估算表。
> 费用筹措。
> **第八章 项目效益分析**
> 经济效益。
> 社会效益。

项目立项要求的其他内容可在此基础上添加。

14.5.2 项目建设方案编制要求

项目建设方案编制和项目建议书编制具有共同之处，主要差别在于项目立项的技术可行性和实施可行性相关内容的编制。以下主要就项目建设方案中的技术方案和实施方案相关内容编制加以简要说明。

1. 总体建设方案编制

总体建设方案编制的要点简要介绍如下。

- 项目建设思路与原则：应力求清晰明了，能够充分反映项目建设的思路、策略与措施，避免空洞无物、不切实际。
- 技术路线：通常指的是技术方向、技术路径，点到为止。
- 项目建设框架：为建设视角的项目内容描述。指项目建设内容的时间与空间分布，目的是向各级管理者和出资方说明项目是什么，以及钱花在什么地方了。
- 项目设计框架：为设计视角的项目设计内容描述。阐述项目设计的内容框架，描述项目设计分块，每块的作用及块与块之间的关系，为后续的各块内部设计描述提供范围与边界。
- 项目技术框架：为技术视角的项目实现描述。阐述项目需求实现的技术支撑架构，通常以分层方式呈现，阐述层内组成和层与层之间的支撑关系。
- 关键技术实现：通常是技术架构的延续，阐述项目关键技术和解决方案，包括重点功能技术实现原理等内容。
- 产品支持框架：为实现视角的项目技术架构描述，通过相关的产品支撑实现预期的技术目的。通常通过产品支撑框架，可以确定项目所需采购的产品类目和开发服务清单。
- 系统部署架构：为部署视角的项目系统实现描述，通常包括网络空间部署和服务器应用部署。通过系统部署架构，可以确定采购的产品类目的产品或模块的采购数量。

- 项目软硬件和服务采购清单：通常通过上述的产品支撑框架和系统部署架构，可以形成项目需采购的软硬件产品和服务清单。
- 项目建设招标方案：通过项目软硬件和服务采购需求组合，提出采购获取方案和获取方式等。

2. 实施组织方案编制

实施组织方案包括编制项目实施组织和关键支撑产品评价与选择。关键支撑产品评价与选择对项目实施可行性的影响较大，以下简要介绍关键支撑产品评价与选择相关内容。

- 关键支撑产品调研：全面了解市场项目同类解决方案供应情况，分析确定潜在平台产品类型。
- 潜在供方产品分析：基于拟定的平台产品类型，调研潜在供方产品，分析其与项目的符合度，形成初步的分析判断。
- 潜在供方产品研究：开展可供选择的产品调研，了解、掌握产品架构及应用情况，分析各家潜在供方产品的优势与劣势。
- 编制支撑产品评价准则与评价指标。
- 开展支撑产品关键评价指标的对比评价与分析。
- 给出支撑产品选型建议。

项目建设方案通常应确定项目实施的总体技术框架、关键技术实现路径、支撑产品与模块组合等项目关键要素。通常需要较深的技术功底和广泛的架构知识与技能，需要充分运用项目建设方案编制者的智慧，才能达到预期的编制效果。

14.6 相关建议

信息化项目策划与立项直接决定企业信息化的应用格局和信息化发展进程，艰难而又辛苦。为提高项目立项成功率、缩短项目立项周期，给出以下建议供参考。

1. 目标明确、需求清晰

聚焦项目核心诉求，做好项目目标的分门别类，用清晰、准确、易于理解的语言表述项目目标。同时，建立项目目标与组织战略、绩效和重点工作事项的关联。

基于项目目标确定项目内容，基于项目内容分门别类阐述总体需求、分类需求和其他必要的需求与要求，力求语言描述清晰、需求要点表达准确，避免产生歧义与误解。

2. 前后呼应、互为支撑

注重立项文件各章节内容的前后驱动关系，形成前后呼应、环环相扣、互为支撑的格局。即形成从项目目标到项目内容、从项目内容到项目需求、从项目需求到项目总体方案、从项目总体方案到产品与部署框架、从产品与部署框架到项目产品服务采购清单，以及从项目产品服务采购清单到项目费用估算等的驱动与贯穿。

3. 方案可行、经济合理

项目建设思路清晰、方案逻辑清晰、架构层级分明、结构关系易懂，能够以业界通用的专业技术基准描述项目建设方案。语言表述易于理解、避免拖泥带水。

关键支撑产品评价与选择务求客观、公正，避免先入为主或主观性判断过多。

项目费用条目来源明确、配置科学、费用估算合理，避免费用条目预算金额差异过大。

第 15 章

信息化项目技术规格书

项目技术规格书作为信息化项目产品服务采购的依据文件，承载着项目定义信息传承和服务商选择标准的双重使命。项目技术规格书的需求完整性、规格有效性、评价合理性直接影响项目产品服务选择和潜在供方评价。

15.1 价值定位与一般原则

IT 产品服务采购通常属于企业经营运作采购事项，由企业的采购职能部门负责采购管理运作，采购部门负责 IT 产品服务采购的策划、组织和执行等工作。IT 部门通常负责提供 IT 产品服务采购所需的技术规格书。

IT 产品与服务采购应遵循的企业采购与合同管理制度通常包括以下几点。

- 合同管理规定：是指针对合同全生命周期过程中所有活动的管理，一般包括合同发包、合同条款、合同标准文本、合同谈判、合同签订、合同履行、合同监督检查、合同归档等企业合同全过程的管理。规定了合同管理领域涉及的各主体、各环节、各事项的管理原则和要求。
- 合同发包管理办法：为针对合同发包环节的细化管理，一般包括项目采购策划、发包、收包、评审、谈判、合同签订等活动细则。合同发包通常包括公开招标、邀请招标、询价、竞争性谈判、竞价、单一来源采购等形式。
- 合同支付管理办法：针对合同支付环节的细化管理，明确细化合同执行相关部门在合同支付流程中的相关责任、有关信息、文件交换，确保合同支付及时、准确、可控。

采购与合同管理是企业经营管理的重要组成部分，相关制度体系与企业领域、规模、组织及管理理念等因素密切相关，企业之间的管理制度差异较大。对 IT 产品服务采购而言，重要的是遵从企业的合同、采购、支付等相关管理制度要求，并将相关管理要求落实到 IT 产品服务采购的各个环节中。

15.1.1 技术规格书定位

IT 产品服务采购技术规格书是企业信息化项目定义和建设实施之间的桥梁和纽带，肩负着项目定义信息传承、IT 服务商选择标准，以及为项目建设实施铺路的使命。

- 项目定义信息传承：项目定义通常包括对项目目标、范围、交付的定义，同时也包括项目相关业务、技术、管理的需求与要求。项目技术规格书需要将项目定义以完整、系统、清晰的信息表达把项目的需求与要求传递给潜在供方，为潜在供方制定项目技术方案和实施服务方案提供充分的输入信息。同时，保证企业商业信息的安全。

- IT 服务商选择标准：选择符合项目建设实施能力要求的 IT 服务商是项目技术规格书肩负的重要使命。项目建设实施能力通常包括与项目实施相关的关键技术能力和实施组织能力。关键技术能力一般包括项目需求把握能力、技术架构能力、关键技术解决能力；实施组织能力包括项目资源支撑能力和项目组织管理能力。项目技术规格书应能够为 IT 服务商选择提供评价指标支持。
- 为项目建设实施铺路：为项目建设实施执行、验收、合同支付等项目建设实施工作提供基准与基础支持，明确项目实施组织、项目执行、项目控制、安全保密、项目验收等项目实施与管理要求。同时，项目技术规格书应能够为项目合同支付和项目验收提供支付依据和验收基准。

15.1.2 一般原则

项目技术规格书通常依据项目建设方案编制，基于项目建设方案确定项目目标、范围、交付、总体技术方案和实施组织要求，编制项目技术规格书。项目技术规格书一般应遵从以下一般原则。

- 需求完整性原则：技术规格书应有明确的项目目标、范围、交付要求。项目需求应能够反映项目目标、建设内容、主要需求的逐级分解，系统需求层、技术架构层、技术实现层、系统交互、性能规划、知识产权、保全保密等项目要求应能够反映项目的核心诉求与要求。项目采购需求应是项目需求与要求的完整表达。
- 规格有效性原则：技术规格书应能为潜在 IT 服务商制定项目解决方案提供信息输入。基于项目技术规格书输入和企业对外的公开信息，IT 服务商应有能力编制出针对项目的产品服务解决方案，针对项目关键技术指标的响应应该是可接受的。
- 供方可评价原则：基于技术规格书文件，可以形成项目采购供方评价所需的关键技术指标体系。所有关键技术指标在项目技术规格书中均应有对应的要求，可满足国家法规对项目招标文件的公开、公平、公正的要求。
- 验收支持性原则：项目技术规格书是项目实施执行和项目验收的重要依据文件。技术规格书文件对项目需求与要求的描述应能够满足项目验收的要求，可有效满足项目验收对验收事项的检"验"与查"收"的要求。

信息化项目采购技术规格书是企业 IT 产品服务采购的重要依据性文件，通常为企业对外公开发布的文件。在充分表达项目需求与要求的同时，应注意企业的商业信息保密和信息安全，避免企业内部信息外泄。

15.2 技术规格书参考框架

项目技术规格书作为 IT 产品服务采购的依据性文件，受采购内容差异影响，不同类型的 IT 产品服务技术规格书的内容结构各不相同。但从采购要素的视角看，项目技术规格书具有共性特征。

15.2.1 参考框架

大型复杂信息化项目的采购技术规格书通常依据项目建设方案编制，小型简单项目也存在将项目定义和技术规格书一体化的情况。无论是项目规模、项目性质，项目技术规格书应包括以下主体内容。

- **项目目标与交付**：通常包括项目背景、项目目标、项目范围和项目交付等要求。其中，项目背景为与本项目相关的宏观背景、中观背景和微观背景，简要介绍面临的挑战和项目的必要性；项目目标为本项目拟实现的具体目标；项目范围为本项目涉及的业务范围、组织范围、地域范围、系统范围等内容；项目交付为本项目的具体交付内容，信息化项目交付内容通常包括软硬件产品交付、系统交付、服务交付、文档交付等。项目目标与交付为潜在供方提供清晰的项目验收与交付要求。
- **项目需求与要求**：通常以项目交付为主线组织项目需求与要求的编制。"需求"泛指来源于与采购内容相关的业务工作的需求，"要求"则泛指来自企业内外部的与项目相关的业务、技术、管理等的约束性内容。项目需求与要求通常包括系统交付需求与要求、产品交付需求与要求、服务交付需求与要求、文档交付要求、知识产权要求、安全保密要求等内容。
  - 系统交付需求与要求：通常涉及业务层面的要求、系统层面的需求、技术架构层面的要求、关键技术实现与信息安全等方面的要求。具体的需求与要求内容与项目建设内容密切相关，可按照需求、架构、实现与应用等维度组织内容编制。
  - 产品交付需求与要求：通常按硬件和软件分类阐述产品交付要求。产品交付为产品清单级别的交付内容描述，需求与要求侧重于产品规格要求的描述。
  - 服务交付需求与要求：IT产品服务采购涉及的服务通常包括IT专业服务、系统支持服务、产品支持服务、现场支持服务、质量保证服务等内容。项目系统实施服务通常以系统交付的形式体现，不属于服务交付的范围。服务交付需求与要求应结合项目采购实际情况确定服务交付要求。
  - 文档交付要求：为项目交付的独立管理维度，通过文档交付要求，明确项目拟交付的项目工程文档和项目管理文档的交付清单、数量、质量等的要求。
  - 知识产权要求：对项目形成的知识资产、软件代码、软件系统等相关知识产权进行约定。
  - 安全保密要求：企业的安全保密要求以及供方需遵守的法规和企业管理约定等内容。
- **项目实施与管理要求**：通常包括项目实施的组织计划、过程管控、知识转移、项目验收等要求。其中，组织计划包括项目组织机构、人员、计划等要求；过程管控主要包括对项目沟通、质量控制、交付管理等的具体要求；知识转移主要包括各类培训、知识转移等的具体要求；项目验收要求主要为项目分项验收、初步验收、最终验收、质保验收提出明确的约定。
- **项目投标与文件要求**：通常包括潜在供应商的资格与能力要求、投标方案要求、投标报价要求等。明确投标方的企业资格要求和产品服务能力要求，并对项目投标方的应标技术方案和实施方案的项目关键要求响应做出规定。同时，为保证可能的项目变更和后续服务工作的有序开展，对投标报价提出有针对性的要求。

总体而言，项目技术规格书是项目采购内容与要求的承载对象。项目技术规格书应以突出项目采购的需求与要求为宗旨，既有利于采购方采购需求与要求的表达，也有利于潜在供方的应标与投标。

15.2.2 编制要点

项目技术规格书参考框架为项目技术规格书的编制提供了文件编制的框架，但每个项目都有其独特性，应结合项目的具体采购内容和采购规格要求，组织项目技术规格书内容的编制。
- ➢ **文件章节结构**。以项目技术规格书参考框架为参考，结合企业采购技术规格书编制要求，建立企业信息化项目技术规格书模板及配套的项目技术规格书编制指南。对于常规的信息化项目采购，以项目背景与目标、项目需求与要求、项目实施与管理、投标与文件要求为一级目录，根据项目采购内容组织二级、三级目录，按文件目录框架编制技术规格书内容。对有特别要求的采购项目，可另行增加一级目录以充分表达项目采购诉求。
- ➢ **需求规格描述**。项目技术规格书通常是采购方采购需求与要求的表达，需求与要求应该是具体的、可量化、可达的。为确保项目需求与要求的全面表达，需要解决需求表达的系统性，通过系统的、分门别类的需求与要求描述，体现采购需求的完整性。同时，关注规格要求的目标相关性，应避免出现与目标无关的技术规格要求。
- ➢ **商务文件匹配**。企业采购商务文件通常有不同的文件组织与分类方式，上述项目技术规格书所列内容未必都属于企业内部约定的项目技术规格书，有些内容可能会放到采购文件的不同部分。因此，IT 部门应做好与采购部门的沟通，做好项目采购技术规格书与采购商务文件的匹配工作，确保 IT 部门关注的项目采购需求与要求能够得到有效落实，为后期的项目实施奠定基础。

技术规格书是项目采购的重要依托，应以项目目标为导向，充分体现项目需求与要求，尽量规避或消除项目需求与要求不完整带来的项目实施风险和隐患。

15.3 项目技术规格书编制

对于大型复杂信息化建设项目，项目技术规格书通常以项目建设方案为输入，依托项目建设方案确定的项目目标与交付、项目需求与要求、总体技术方案、总体实施方案等内容编制项目技术规格书。对于小型简单的信息化建设项目，通常没有完整的项目定义文件，需要在项目技术规格书编制过程完成项目定义工作。

基于前述的技术规格书参考框架，以下简要介绍项目技术规格书各章节的内容编制。

15.3.1 项目目标与交付

项目目标与交付通常包括项目背景、项目目标、项目范围、项目交付、项目进度等要求。本节重点关注项目目标的准确性、项目内容的一致性和项目交付的完整性。

1. 项目目标的准确性

项目目标既是项目价值定位的体现，也是项目实施效果衡量的基准。项目目标对项目建设实施的引领和约束作用决定了项目目标必须是没有歧义的、精确的文字表达。由于项目技术规格书是企业对外的项目定义文件，项目目标的准确性不但影响项目的需求分析和实施方案，也会因项目理解差异影响合同的执行。因此项目技术规格书编制期间，需要重新审视项目目标的准确性，确保项目目标准确反映项目建设的宗旨和诉求。

对没有完整项目定义文件的信息化项目，需要补上项目目标定义这一课，确保项目目标描述与项目诉求和项目内容的一致性。

2. 项目内容的一致性

项目目标通常需要若干项目建设内容加以支撑，通过项目建设内容的实施，达到预期的项目目标。项目内容通常由项目的具体目标派生、分解而来，一个具体目标可以派生、分解为若干项目内容，应保证项目内容与项目目标的一致性，确保所有项目目标均得到项目内容的有效支持，并通过项目内容的实施支持项目目标的实现。

3. **项目交付的完整性**

项目交付通常是项目内容建设实施的成果呈现，应保持项目交付与项目内容的一致性，并保证项目交付的完整性。项目交付通常以项目成果分类的形式定义，对于信息化建设项目，项目交付通常包括产品交付、系统交付、服务交付和文档交付。在项目交付定义中应明确每类交付品的总体规范性要求。

> **产品交付**：产品交付主要分为软件产品交付和硬件产品交付，可以按软件产品和硬件产品分类描述产品交付要求。硬件产品交付一般包括硬件交付范围或清单约定及交付要求，软件产品交付一般包括软件交付范围或清单约定及交付要求。

> **系统交付**：项目实施形成的系统以系统形式交付，系统交付包括完整的开发、测试与生产环境的软件系统、与之配套的软件程序代码和系统配置及其说明等材料的交付。交付的系统应满足项目约定的业务运作和系统运行对系统功能、性能和安全等的要求，系统应满足"项目需求与要求"的约定。

> **服务交付**：信息化建设项目涉及的服务通常包括 IT 专业服务、系统支持服务、产品支持服务、现场支持服务、质量保证服务等内容。应根据项目服务内容要求确定服务交付要求。

> **文档交付**：项目文档交付通常包括项目管理文档和项目工程文档的交付，文档交付形式一般包括纸质文件交付和电子文件交付。项目管理类文档为项目实施期间产生的项目管理文件，包括但不限于项目计划文档、项目进展报告、会议纪要及报告、阶段验收报告、项目初验报告、项目终验报告等文档；项目工程类文档为项目实施期间产生的项目工程文件，包括但不限于业务需求报告、系统需求报告、系统总体设计报告、系统设计与配置报告、数据收集模板、用户接收测试用例与报告、系统切换与上线方案、用户培训文档、系统安装与配置说明书、系统运维手册等文件。

15.3.2 项目需求与要求

项目需求与要求通常是项目建设内容规格要求的全部，通常以项目交付为统领组织技术规格的内容编制。由于与项目内容和交付密切关联，需要结合项目内容和交付情况统筹确定相关内容。项目需求与要求通常包括总体要求、系统交付需求与要求、产品交付需求与要求、服务交付需求与要求、文档交付要求、知识产权要求等内容。

1. **总体要求**

总体要求通常是项目总体的概括要求，主要包括项目建设思路，项目相关业务、技术、管理等方面的总体要求，目的是为项目建设实施提供方向指引和约束等信息。

2. **系统交付需求与要求**

系统交付需求与要求通常包括与项目系统相关的主要业务及功能需求、主要技术要求、用户交互要求等内容。

主要业务及功能需求为业务视角的需求表述，一般包括业务层面的需求与要求、系统层面的功能要求等内容。可以以业务层面的需求与要求为主体表达项目需求，也可以以系统层面的功能需求为主体表达项目需求。从交付衡量的角度看，采用系统需求表达方式更好理解。

主要技术要求为技术视角的需求表达，一般包括项目采用的技术路线、技术架构、关键技术实现、支撑产品、系统部署、运行维护、信息安全等方面的要求。

用户交互要求为应用视角的需求表达，一般包括系统用户交互的用户友好性、系统响应性能、系统容量等方面的要求。

3. 产品交付需求与要求

产品交付通常包括硬件产品交付和软件产品交付，通常分类阐述各类产品的交付需求与要求。

硬件产品交付通常包括产品交付清单、每类产品的产品名称、产品型号、产品配置、技术指标参数等要求，以及产品服务支持及承诺等内容。

软件产品交付通常包括软件产品清单、软件产品名称、软件版本、模块配置、技术指标参数等要求，以及软件产品服务支持及承诺等内容。

4. 服务交付需求与要求

定义项目拟采购的服务，对服务内容、服务工作要求、服务交付成果提出具体需求与要求。

5. 文档交付要求

定义项目文档交付的完整性、有效性和及时性要求。明确项目需交付文档类型、文件清单及交付形式，提出文件命名、文件格式、模板要求，约定文件质量控制、文件传递规则等内容。

6. 知识产权与安全保密要求

明确项目知识产权归属与共享方案，对乙方的知识产权进行约定。同时明确与项目相关的安全保密要求。

15.3.3　项目实施与管理要求

项目实施与管理要求为针对项目实施期间的管理与控制的要求，通常包括项目组织计划、项目过程管控、项目知识转移、项目验收等内容。

1. 项目组织计划

服务商应建立与项目建设内容相匹配的项目组织机构，明确岗位职责与岗位工作交付成果，明确岗位之间的接口协作关系。建立项目工作流程与管理制度，保证工作流程与制度符合甲方的项目管理要求。

配备项目实施要求的、合格的项目管理人员、技术人员和后台支持人员，项目关键岗位人员的资格与能力应满足项目实施的知识与技能要求。乙方在投标文件中确定项目组成员名单，保证其与项目实施期间的一致，并附项目成员的简历。

提供项目实施的项目计划安排。

2. 项目过程管控

项目过程管控主要包括对项目实施期间的项目沟通、质量控制、交付管理等的具体要求。

> ➢ **项目沟通**：制定项目沟通计划，包括但不限于项目例会、信息报告、问题管理、事件管理和风险管理等的管理机制。
> ➢ **质量控制**：服务方应建立严格的质量保证体系，制定与项目建设内容相匹配的质量控制方案和质量控制计划，提出达成质量控制目标的措施和资源保障计划。
> ➢ **交付管理**：根据项目关键节点控制和项目交付要求，制定项目交付管理方案和计划，阐述交付管理的合理性。

3. 项目知识转移

项目知识转移主要包括各类培训、知识转移等的具体要求。

服务商应根据项目建设内容和培训需求，制定针对关键用户、系统用户、系统管理员等多层级的培训计划，明确培训目标，保障各类培训达到预期的培训目标。

培训内容应覆盖业务、管理、技术、系统功能、配置与开发、系统运维等方面，应包括但不限于以下内容：项目实施方法、业务梳理方法、行业最佳实践、软件产品、系统架构、配置与开发、系统管理与维护等培训，提供PPT介绍、系统原型、培训教程等材料和课程计划。

4. 项目验收

项目验收主要包括针对项目分项验收、项目初步验收、项目最终验收等的约定。

> 项目分项验收

项目分项验收通常为针对项目交付各分项的验收，通常包括软件验收、设备验收、系统验收、服务验收和文档验收等。

软件验收：软件验收须按照软件采购规格要求，完成软件名称、软件版本、软件模块、软件功能、软件数量，以及配套技术服务（含安装、培训、技术支持）的验收。同时，应提供所购软件原厂商授权证明文件。

设备验收：设备验收须按照设备采购规格要求，依据设备数量清单、技术规格、性能指标、安装调试等要求完成验收。所供设备一般应为全新、完整、未使用过的。设备验收报告包括设备到货数量验收报告和设备到货质量验收报告，数量验收报告反映对设备数量清单和技术规格的验收，质量验收报告反映对设备安装调试、性能指标、质保情况的验收。

系统验收：系统验收须按照项目合同要求，依据项目范围、系统功能需求、性能及易用性要求、系统方案、各类测试结果、问题解决结果、质量检查报告等，进行系统验收。测试包括单元测试、集成测试、性能测试、可靠性测试、安全性测试、用户接收测试等。系统验收报告须经甲方授权人员签字后生效，通过系统验收的成果可以作为正式的项目交付成果。

服务验收：按项目服务类别开展项目服务验收，针对服务内容制定服务验收流程。服务商完成服务成果交付后，可申请开展服务验收。所有服务均需通过相关单位责任人审核，由甲方授权人审核确认。

文档验收：项目文档验收主要检查文档是否齐备、格式是否规范、内容是否完整、文档签发手续是否齐全等。文档验收报告须经甲方授权人员签字后生效。

> 项目初步验收

项目初步验收简称项目初验。项目初验基于项目分项验收结果，根据验收标准对各类项目交付物进行核验。服务方根据项目初验结果与问题，制定整改方案和整改计划。完成初验问题整改后，起草项目初验报告，由相关责任单位对初验报告进行会签，由甲方授权人签署项目初验报告。

项目通过初验后，方可进入试运行阶段。

> 项目最终验收

项目最终验收简称项目终验。项目终验为基于合同标的的验收。项目初验完成、试运行结束后，乙方提出项目终验申请，甲方根据分项验收和项目初验结果、遗留问题解决情况、系统试运行情况和业务用户反馈，进行终验，并签署项目终验报告。

项目终验报告签署后，项目系统正式进入运行服务和质量保证阶段。

15.3.4 项目投标与文件要求

项目投标与文件要求通常包括潜在投标方资格与能力要求、投标方案要求、投标报价要求等内容。

1. 投标方资格与能力要求

明确投标方的企业资格要求和产品服务能力要求。企业资格通常表现为企业规模、与项目相关的资格认证（如 ISO 9001 质量体系认证、系统集成资质等）、产品服务授权等内容。可根据项目建设内容确定投标方的资格要求。产品服务能力通常表现为产品服务市场地位、同类项目实施案例、与项目相关的设施能力、关键岗位人员能力等。可根据项目建设内容确定投标方的能力要求。

2. 投标方案要求

项目投标方的应标技术方案和实施方案通常是项目评标的重要依据，需要投标方对项目关键要求给出实质性响应。投标方案响应要求通常包括对项目的理解、项目需求分析、技术解决方案、关键技术实现等技术方案响应要求，以及项目工作方法论、项目实施组织与人员、项目全周期计划、项目过程控制及项目人员资源保障等实施方案的相应要求。

3. 投标报价要求

通常，项目投标报价为完成项目建设内容的包干价，但考虑到项目实施过程中可能存在的变更，为保证后续项目商务工作的有序开展，有必要对投标报价提出有针对性的细分价格要求。投标报价要求通常与项目后续的报价应用有关，可根据项目报价需求，提出项目投标报价要求。

15.4 重点关注

项目技术规格书的需求完整性、规格有效性、评价合理性不但影响项目建设实施的供方选择和后续的项目建设实施，也会对企业的合规经营和信誉产生不同程度的影响。

1. 注重技术规格要求的有效性

注重项目技术规格书的有效性，确保项目技术规格要求的目标关联性、合理性和完整性。以项目目标为始点，分析、评估技术规格要求与项目目标的支持关系，确保规格要求符合目标要求；分析技术规格要求的合理性，尽量将期望要求规格化，消除不切实际的空洞指标，确保技术指标的可达性；重视技术规格要求的系统性和完整性，确保项目技术规格要求得到全面、系统的阐述。

2. 关注产品与技术要求的经济性

项目技术路线与技术架构设计直接影响项目系统的获取成本，产品配置的技术规格要求直接影响产品的档次选择和项目采购成本。应特别关注技术路线与技术架构对企业信息化综合拥有成本的影响，在满足项目目标的前提下，应优先选择成熟、稳定的产品与技术构建企业的信息化设施。应以需求为目标，确定产品配置规格要求，避免盲目追求技术先进、产品技术高档。

3. 重视充分竞争与法规遵从

项目技术规格书是项目潜在供方选择的重要依据，项目技术规格书应全面反映项目采购需求与要求，避免针对潜在供方的产品指标与技术架构差异化的规格要求，为项目潜在供方投标文件编制提供公平的采购需求输入。项目技术评价指标应客观、全面反映项目实施能力要求与风险控制的实际要求，应满足国家法规对项目招标文件的公开、公平、公正的要求。

第 16 章

信息化项目实施方案设计

通过供应商选择程序确定 IT 服务商后，签订项目实施合同，信息化项目便进入项目建设实施阶段。项目实施方案是引领信息化项目建设的重要依托，直接影响信息化建设的成效。项目实施方案通常包括项目总体方案和项目详细方案。

16.1 项目总体方案设计

总体方案是信息化项目建设的总体布局和整合框架，各类项目具有类似的总体方案设计要素和设计框架，但设计要素内容和设计重点关注与项目类型密切相关。本节以企业信息化建设中最具代表性也最为复杂的应用系统项目为对象，简要介绍项目实施方案设计相关内容，其他类型的项目实施方案设计可对之进行参考、裁剪。

项目总体方案设计应以项目系统生命周期的可持续发展为目标，在满足项目当期需求与要求的同时，应特别关注项目系统的未来发展需求，以便更好地满足项目系统对承载业务的可持续发展的支撑要求。

16.1.1 总体设计输入

总体设计输入为总体方案设计开展提供设计输入和交付约束。总体设计输入通常以项目需求与要求的形式呈现，通常包括以下内容。

- 业务需求与要求：业务需求与要求是来自客户和用户的业务需求或要求，有些是明确、具体的需求或要求，有些则是不具体的期望。由于业务需求与要求通常是概念化、样例化、点状化的描述，缺少完整的应用场景描述。因此，通常需要借助需求分析方法与工具，以项目目的为导向、以目标为起点，开展全面、系统的业务需求梳理分析，进而形成全面、系统、客观的业务需求与要求。业务需求与要求通常以"业务需求分析报告"的形式呈现。
- 系统需求分析：业务需求分析为系统需求分析提供全面、系统、客观的业务应用场景，基于各个应用场景的系统功能交互和信息交互的分析，获得项目系统的功能框架和信息展现要求。同步开展系统接口集成、系统维护、信息安全、容量与性能、用户交互等方面的需求分析，形成拟开发的项目系统需求。系统需求分析应包括完整的业务交互的功能需求、数据利用的功能需求、系统维护的功能需求、安全保密的需求与要求等。
- 用户交互设计：用户交互为用户与信息系统交互的窗口，所有的用户与系统交互均通过系统的交互界面来实现。对于基于成熟的平台产品实施的项目，由于大部分的用户交互已固化，用户交互设计对系统上线应用的影响较小；但对于按需定制开发较多的项目，用户交互设计直接影响系统的可用性和用户体验，对项目系统应用的影响变得举足轻重。
- 系统扩展需求：系统扩展需求为面向未来的需求，主要包括业务应用扩展带来的业务功能交互和数据利用等方面的需求，以及企业内部的信息系统集成整合带来的潜在需求。系统扩展需求的分析直接影响项目系统生命周期内的可持续发展。
- 设计约束：设计约束为来自项目外部的与项目方案设计有关的强制约束，通常包括国家强制的法规约束，如网络安全法、数据安全法，以及配套的必须遵守的标准、规范等的要求。与项目业务相关的法规约束应纳入业务需求与要求中的要求部分体现，一般不属于设计约束。
- 设计假设：设计假设为方案设计开展的输入假设。如基于特定技术路线与技术方案下的技术实现方案，受限于已确定的技术与方案，通常针对前期方案进行延续。

总体设计输入是总体方案设计的重要牵引和设计验证的重要依据。总体设计输入不充分，往往会导致总体方案缺陷，直接影响后续的项目系统上线应用。

上述的总体设计输入主要针对的是业务应用系统建设的总体方案设计。对于产品集成类项目实施的总体方案设计，也存在总体设计输入的问题，需要将项目前期没有提及或不明确的需要与要求确定下来，形成项目完整、系统、准确的总体方案设计输入，避免因设计输入不完整带来重复性工作。

16.1.2　设计目标与设计原则

设计目标为项目总体设计提供方向指引和目标指标约束，设计原则为达成设计目标应遵守的基本原则。

1. 设计目标

设计目标不同于项目目标。项目目标通常聚焦于业务问题解决，而设计目标既要解决业务需求问题，也要解决业务可持续发展和系统运行服务带来的技术架构问题。设计目标通常应包括以下 3 个方面的内容。
- 项目业务目标：满足项目对目标约定的业务支持有效性、业务变革的适应性和系统交互的用户体验等的要求。
- 系统技术目标：满足系统可持续发展对技术架构的科学性、组件配置的合理性、技术实现的可靠性等的要求。
- 运行服务目标：满足系统运行服务对维护的便利性、业务变更调整的可配置性、系统扩展的经济性等的要求。

应结合项目的系统定位与特点，确定总体方案设计拟达成的设计目标，为总体方案设计提供目标引领。

2. 设计原则

原则通常为实现目标应遵循的基本准则，设计原则是指方案设计中应遵循的折中准则。不同的设计目标有不同的设计原则，不同层级的方案有不同层级的设计原则。设计原则既是设计者的设计思路表达，通常也是设计者、项目管理者和用户达成共识的基础。通常，设计原则需要项目管理方的认可和确认。

基于上述的设计目标类别，可供参考的设计原则包括以下几个。

- ➤ 技术架构设计原则：基于分层分类的技术架构设计原则。体现在整体架构分层和层内分类的架构设计。整体架构分层体现在表现层、功能层、服务层、数据层与部署层等方面，层内分类体现在功能细化、服务细化、组件细化、数据对象化与业务适配等方面。
- ➤ 目标实现设计原则：基于组件与服务的目标实现设计原则。体现在主要技术实现、主要功能实现、数据检索利用、用户交互实现等方面。
- ➤ 系统扩展设计原则：基于配置与增强的系统扩展原则。体现在配置维护设计、扩展开发设计、接口扩展设计、技术经济设计等方面。

设计原则是实现方案设计目的的规则和约束方法，是实现设计目的的重要保障。设计原则是高层级的方案建立与折中规则，应关注方案设计中的关键问题和主要矛盾，而非面面俱到。同时，也应避免设计原则目标化。

在现实的企业信息化实践中，总体方案设计普遍缺少设计目的约定，没有设计目标的牵引，导致设计原则与方案的脱离，难以体现设计原则对重大方案设计的指导意义，也很难体现设计者的方案设计思路。

16.1.3　总体架构设计要点

总体架构设计通常包括系统架构设计、目标实现设计、系统扩展设计和基础支撑设计等内容。

1. 系统架构设计

系统架构设计通常包括技术架构设计、数据架构设计、系统部署设计等内容。

- ➤ 技术架构设计一般可细分为技术实现架构和产品支撑框架。技术实现架构属于通常的逻辑设计，主要用于阐述系统用户交互的技术实现机制；产品支撑框架则属于通常的物理设计，用于阐述与技术实现架构匹配的支撑产品覆盖，即通过选用特定的软硬件产品及进行必要的配置开发，满足拟定的用户交互需求。
- ➤ 数据架构设计为满足项目系统的数据体系设计，包括但不限于从数据展现层、数据架构层、数据对象层、对象关联、对象存储和利用等相关内容。数据架构设计是影响项目系统可持续发展的重要因素。
- ➤ 系统部署为部署视角的项目系统实现描述，通常包括网络空间部署和服务器应用部署。网络空间部署是指项目系统在企业网络空间中的服务器部署分布，表明用户终端获取项目系统服务的网络路径及可能接受的网络访问控制；服务器应用部署是指系统部署所在服务器的软硬件配置，包括但不限于服务器硬件配置、操作系统软件及版本、中间件软件、应用软件平台及系统模块等信息。

2. 目标实现设计

目标实现设计通常包括主要技术实现、主要功能实现、数据利用实现等。

- ➤ 主要技术实现主要是指影响项目系统实现涉及的关键技术的实现，进行总体架构设计时需要将影响项目系统实现的关键技术识别出来，分析关键技术对项目系统实现的影响，并详细阐述关键技术实现的技术逻辑和实现过程。
- ➤ 主要功能实现主要阐述项目系统承载的相关业务的实现路径与方法，一般可细分为关键业务实现和重要功能实现。企业的业务运作从线下向线上的转变一般会面临诸多困难，有些业务作业流程或数据表单会发生较大的变化，在进行目标实现设计时，需要就客户关注的关键业务流程的实现路径与方式加以简明扼要的阐述说明,并与客户达成共识。重要功能实现是目标实现设计中的重要设计事项,通常基于系统功能实现的逻辑分组,针对每类功能,阐述其功能实现的组件、服务组合及技术实现方法,并以客户可理解的用户交互方式呈现。主要功能实现在回答用户问题的同时,为后续的系统详细设计和配置开发实现提供依据。

> 数据利用实现是信息系统建设中较为容易被忽视的内容,普遍存在项目需求分析、设计期间的数据利用分析不足导致项目系统上线后的数据利用受到限制。数据利用实现主要包括项目系统的数据分类遍历、数据属性检索、全文检查和各类统计报表。数据利用实现与数据架构设计密切相关,通常是项目系统数据架构体系与用户交互的具体体现。数据分类遍历实现包括数据分类展现设计和信息展现设计,其中数据分类展现包括数据物理分类展现和用户利用视角的逻辑分类展现。数据属性检索是基于数据对象属性信息的数据检索方式,其高效、快捷,是数据利用的重要途径之一。同时,提供高效的全文检索服务也是总体方案设计应考虑的事项。数据利用实现的设计通常也有助于数据对象属性的完善。

3. 系统扩展设计

系统扩展设计的目的是满足项目系统的可持续发展要求,通常包括配置维护设计、扩展开发设计、接口扩展设计等内容。

> 配置维护设计主要针对项目系统上线后的生命周期内的系统运行维护管理需求。配置维护设计应充分考虑系统运行期间的用户信息维护、业务事项配置维护、审批流程维护、数据资产维护、信息安全管理等的事项维护、配置管理、事件追溯等要求,提供便捷、高效、安全的维护通道。

> 扩展开发设计主要针对项目系统后续的业务应用扩展。扩展开发设计应充分考虑后续业务应用扩展对技术架构扩展、数据对象扩展、事项处理扩展、业务流程扩展、数据分析利用扩展等的需求,基于对业务扩展需求的预测,做好扩展开发设计相关事项的设计。

> 接口扩展设计主要针对项目系统与其他系统的集成整合等需求。接口扩展设计既要满足本期项目系统的集成整合需要,同时也需要考虑项目系统全生命周期应用过程中的系统集成需要,以使系统接口设计既能满足本期的系统集成接口要求,也能够满足未来的系统集成要求。接口扩展应考虑接口调用的身份认证、调用失败的交易回滚、数据传输加密等接口安全措施。

4. 基础支撑设计

主要针对项目系统的系统安全设计、系统性能设计、系统容量设计等内容。

> 系统安全设计应基于项目系统的网络安全等级保护定级开展,根据网络安全等级保护要求开展系统安全设计。系统安全设计内容包括但不限于系统层面应考虑的安全措施有身份鉴别、访问控制、安全审计、数据完整性、数据保密性、数据备份恢复、剩余信息保护、个人信息保护;部署层面应考虑的安全措施有边界防护、访问控制、入侵防范、恶意代码防范、安全审计,以及与法规相关的系统管理、安全管理等的安全要求。

> 系统性能设计应考虑项目系统的用户响应要求。在项目应用场景分析的基础上,基于应用场景和应用频度确定项目系统性能设计场景,做好不同应用场景负载下的系统性能计算,开展系统配置和支撑环境设计,并做好不同负荷下的系统性能验证。系统性

能设计应充分考虑用户终端、网络链路、网络部署、应用部署、系统架构等各层级对性能的影响,确保项目系统性能与运行环境的匹配性。
- ➢ 系统容量通常包括项目系统的用户承载量、交易承载量和数据承载量。系统容量设计应考虑项目系统生命周期内的用户数量、业务交易和系统数据的发展变化,做好系统容量规划。基于系统容量规划,做好系统容量设计。通常,用户数量影响承载平台的许可采购数量,也会影响项目系统生产环境的软硬件配置规模。系统数据容量直接影响系统的存储容量,也会影响系统性能响应。应做好系统容量设计的横向扩展和纵向扩展的架构设计规划。

上述的总体架构设计要点针对的是业务应用系统项目建设实施的总体方案设计。对于产品集成类项目实施的总体架构设计,主要体现为对系统架构的设计,对目标实现、系统扩展和基础支撑的设计通常较少。对系统架构的设计也主要聚焦在技术架构和系统部署。

总体架构是项目建设内容的架构实现体现,通常与项目建设内容密切相关。即便是同类型项目,由于项目建设内容差异也会带来总体架构设计要点和表现形式的差异。因此,需要结合项目实际情况,做好上述总体设计要点的裁剪与适配调整。

16.1.4 总体方案文件编制

总体方案是企业信息化需求实现的重要承载对象。作为信息化需求和项目系统实现的承上启下的项目全局设计文件,总体方案设计文件的编制质量直接影响后续的详细设计和项目实施工作。以下以业务应用系统类的信息化建设项目为例,简要介绍总体方案设计文件通常的章节构成。

- ➢ 第 1 章 文件说明:通常包括文件用途、知识产权、安全保密,以及其他企业必要的信息说明等内容。
- ➢ 第 2 章 项目需求概述:定位为总体方案设计提供输入。通常为项目需求分析和其他项目前期成果的简要描述。主要包括项目目标与范围、业务功能需求、数据应用要求、系统运维要求、性能及其他要求。章节组织以突出需求分类为主。
- ➢ 第 3 章 系统总体设计:通常包括技术路线选择、设计目标与原则、总体技术架构、产品支撑框架、系统部署架构及其他项目重大关切等内容。对于大型复杂项目,可以设置独立的设计框架、信息安全设计等小节。
- ➢ 第 4 章 数据结构设计:通常包括数据架构(基础数据、业务对象、应用模式)、数据对象(类图、数据表)、对象关系图(静态关系、动态关系)、数据展现(遍历、检索、报表分析)等内容。对于基于成熟产品实施的项目系统,可适当简化数据结构设计。
- ➢ 第 5 章 关键技术实现:通常包括关键技术实现原理、资源组织(组、角色、组和角色)、认证权限(认证、功能权限、数据权限)、系统审计(目标、内容、实现)、流程设计(技术实现、流程实现)、接口设计(接口方式、接口安全)、性能设计(系统部署、性能设计、容量设计)、数据安全(签名、存储、传输、运行维护、备份)等。对信息安全要求较高的项目,可将信息安全体系设计独立成章展开阐述。
- ➢ 第 6 章 主要功能实现:通常包括关键业务实现原理、标准功能、配置增强功能实现、业务流程功能实现、数据展现实现(目录展现、查询)、典型运维场景实现(组织、人员、流程调整)、用户交互实现、扩展开发实现等内容。

总体而言，每个信息化项目都是独特的，这就决定了总体方案文件的独特性。总体方案文件应以反映总体方案设计的本质内涵为宗旨，基于总体方案的设计诉求表达，确定文件目录结构。基于文件各章节内容定位，组织总体方案设计文件的内容编制。

16.2 项目详细方案设计

详细设计通常依据项目总体方案设计、项目系统需求分析开展，定义每一个系统功能和组件服务的详细规格，指导后续的系统配置、开发等系统实施工作。

16.2.1 详细设计输入

详细设计向上衔接项目总体方案设计，向下服务于项目系统配置、开发与部署实施。因此，详细设计输入一般包括项目总体方案设计文件、项目系统需求分析文件、项目业务分析文件、企业信息化经验反馈及其他必要的参考文件。

16.2.2 详细设计基准

详细设计用于指导项目系统的配置、开发和部署实施。同时，详细设计文件也是项目系统上线后的系统运行维护和系统改进、扩展、完善的重要依据。因此，详细设计文件需要遵从与企业信息化相关的技术、业务、管理的标准、规范与要求。

详细设计基准通常包括系统详细设计技术标准或规范、信息系统集成接口设计规范、信息系统界面设计规范、网络安全等级保护及安全防护要素设计要求、项目详细设计规范、经验反馈对详细设计的要求及其他应遵从的标准或规范等。

16.2.3 详细方案设计要点

详细设计要点通常是总体方案设计关键要素内容的展开。以下以业务应用系统建设项目的详细设计为例，简要介绍常见的详细设计要素。

1. 数据模型设计

通常，总体方案中针对系统主要数据结构做了数据对象及对象关联层面的设计，详细设计需要在此基础上展开数据模型设计。

数据模型通常以数据分类为对象，基于数据类型定义类，基于数据类的子类分解和继承定义实体数据对象，形成针对特定数据分类的数据对象体系。通常，软件系统层面的数据结构影响软件系统自身的用户、资源、授权、审计等方面的技术实现，而业务层面的数据结构则直接影响系统的业务应用扩展。因此，应特别关注业务数据模型体系设计。以下对项目系统可持续发展影响较大的业务数据、管理数据、基础数据的数据模型设计做简要说明。

（1）业务数据、管理数据、基础数据的关系

业务数据通常为企业的业务流程运作在信息系统中形成的数据，如业务启动的初始数据、过程数据、结果数据等；管理数据通常为依托流程工作分解的管理要素数据，如进度、费用、质量、安全、风险等数据；基础数据通常为对业务流程与管理控制提供支持的公共数据，如

组织、人员、产品、供应商等数据。基础数据可以是项目系统内部的基础数据，也可以是跨系统的公共基础数据。

业务数据与管理数据一般通过流程工作相关联，流程工作向上关联各个管理要素类的数据，向下关联各类业务流程的数据，其间也存在基础数据的引用。因此，数据模型体系应体现三者之间的数据关联与支撑关系。

（2）业务数据模型设计

数据模型设计应满足业务数据的分类管理需求。基于业务数据分类规则确定业务数据分类，基于数据分类确定数据类和子类、定义数据对象，基于数据利用等数据应用和系统内部的数据关系确定数据对象的关联需求。

为满足数据全周期管理要求，业务数据对象通常应满足分类属性、对象关联、生命周期、对象授权、数据产生流程、数据对象查看等对数据属性、数据操作和数据约束的要求。数据对象属性如图 16-1 所示。

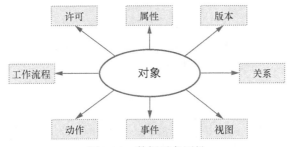

图 16-1　数据对象属性

（3）管理数据模型设计

管理数据模型设计应遵从管理要素分类规则，按管理分类进行数据分类，按要素细分规划类与子类、定义数据对象。管理数据对象的数据属性应满足分类管理、管理要素与业务流程工作及成果之间等的关联要求。

（4）基础数据模型设计

基础数据通常包括对象基础数据、属性基础数据。应结合基础数据构成、类型、与其他系统的关系等因素通盘考虑基础数据模型设计，在满足本项目系统对基础数据支撑要求的同时，满足企业信息化全局对基础数据和主数据等的要求。

总体而言，数据模型设计与项目系统所选用的平台软件密切相关，应在遵从平台软件配置开发规范的情况下，做好数据模型的设计，以便更好地满足所承载业务的可持续发展要求。

2. 组件与服务设计

无论是基于特定的平台软件还是基于开发平台构建业务应用系统，通常都会存在公共的软件应用支撑层，为应用层的功能交互和信息展现提供基础支撑。应用支撑层通常包括以下几类组件服务。

- 基础组件服务：面向系统后台的系统层服务（如连接服务、传输服务、内存管理服务等），以及面向系统前端的平台基础服务（如用户、资源、授权、审计等基础服务）。
- 公共组件服务：面向应用前端的公共组件服务，如数据建模、数据查询、消息服务、打印服务、文件服务、工作流引擎服务、报表分析服务等。
- 公共业务组件：特定业务领域的公共业务组件，面向多个业务应用功能的公共组件，如时间表组件、分类管理组件、项目定义组件、结构管理组件、可视化组件等。

> 业务组件服务：为满足特定业务应用而开发的组件服务，用以提高系统实施、改进等效率提升。

在业务应用系统建设项目实施中通常涉及公共业务组件和业务组件服务的开发。总体方案设计对上述组件进行了功能规划，在详细设计期间需要完成各个组件的技术实现设计。

3. 系统配置设计

企业信息化建设通常基于市场上与其项目应用相近的软件产品构建，通过基于选定产品的配置和开发的方式满足其项目应用需求。对于平台已提供的功能，通过系统配置的方式，即可满足项目应用需求。

系统配置设计通常包括与项目系统部署相关的系统参数配置、根据业务应用环境开展的系统应用环境配置，以及针对开箱即用功能的应用功能配置等设计。

> 系统参数配置：系统参数配置通常为系统部署方案实施的组成部分，其参数配置不仅影响系统的联调，同时对系统运行的稳定性和处理能力具有潜在影响，如系统文件存储配置参数直接影响系统容量和文件堆积后的系统响应性能。因此，系统参数配置设计应充分考虑项目系统生命周期运行、服务与管理的需求与要求。

> 应用环境配置：应用环境配置负责为项目系统的业务使用提供运行环境配置，应充分考虑业务应用环境配置的简便性和可复制性，以便于以业务运作为宗旨，做好应用环境配置设计和相关操作手册的编写。

> 应用功能配置：平台软件提供的"开箱即用"功能通常需要经过适当的功能配置，才能满足业务应用的需要。需要结合业务应用场景需求，做好应用功能配置，尽量简化用户交互操作，改善用户体验。

系统配置设计通常与选用的平台软件密切相关，应依据平台软件配置与开发指南，做好项目实施的系统配置设计与改进完善，在指导项目实施的同时，为项目系统的上线运行与维护提供详细设计文件支持。

4. 二次开发设计

业务应用系统建设项目大多涉及较多二次开发内容，二次开发设计在详细设计中通常占有较大的权重。二次开发通常包括组件开发、功能开发、接口开发等，应依据总体方案确定的设计内容和实现路径展开。

> 组件开发：组件是满足特定服务需求的数据与方法的封装，是信息系统中最基本的服务单元。在项目总体方案设计阶段，应做好项目系统的界面、表格、图表等公共组件和专用组件的规划。在详细设计阶段，应做好组件定义、数据、操作、封装等的标准化，以提升组件的适应能力。

> 功能开发：做好基于应用场景的功能逻辑和系统交互设计，注重代码开发的规范性和标准化，遵从已明确的开发规范开发；做好程序代码的注释说明，阐述清楚代码实现逻辑，避免产生歧义；做好代码走查和功能逻辑测算。

> 接口开发：遵从项目总体方案确定的接口方案和企业信息系统接口规范开发接口，注重接口调用安全、传输安全和异常处理的设计，确保接口安全。

同时，二次开发设计应做好开发目标、开发用例、功能用法、业务逻辑和设计验证的设计，以确保项目实施的二次开发有序、有效、优质开展。

详细设计是项目系统实现的具体体现，涉及范围广、内容种类多，项目之间的差异也较大。上述详细设计要点只是项目详细设计中的典型场景，具体项目的详细设计应结合项目建设实际情况和企业信息化建设要求开展。

16.2.4 详细设计文件编制

详细设计文件既是指导后续项目开发和实施的重要文件，同时也是项目系统生命周期运行维护管理的重要依据文件。因此，既要保证详细设计文件的完整性、系统性和准确性，使之能够反映项目系统开发的客观实际，也应保证详细设计文件发布的有效性，确保发布的详细设计文件经过有效的编制、校对、审核和批准的质量控制。

详细设计文件通常包含总体方案中需开展详细设计的内容，大致结构如下。
- 第 1 章　文件说明：通常包括文件用途、知识产权、安全保密等内容，以及其他企业必要的信息说明。
- 第 2 章　数据模型：定义系统中的数据类型、对象与属性。
- 第 3 章　系统配置：描述与项目系统实施相关的系统配置设计。
- 第 4 章　二次开发功能：描述项目需开发的功能列表。

详细设计文件结构组织通常以更好地体现项目详细设计内容为目标，以为文件预期读者提供清晰的详细设计分类和设计内容导航，文档内容清晰、表述到位即可。

16.3 相关建议

信息化项目方案设计是将企业信息化需求转变为信息系统服务的重要纽带，信息化方案设计直接影响项目系统的业务适应性和用户满意度。

1. 坚持项目需求导向

归根结底，企业信息化建设的目标是支撑企业的业务运作和经营管控。项目方案设计一定要坚持需求导向，以经营绩效提升和创新发展作为驱动项目方案设计的原动力，分析挖掘项目需求、开展项目系统方案设计，务求项目总体框架设计可有效支持项目目标与需求，并可有效支持业务的可持续发展。

2. 关注架构的科学性

关注项目架构方案的科学性，以预期功能与性能为目标，做好系统架构设计、目标实现设计、系统扩展设计和基础支撑设计。满足项目目标约定的业务支持的有效性与适应性，满足系统技术架构的科学性、合理性与可靠性，满足系统生命周期的可维护性、可扩展性与经济性。

3. 关注综合拥有成本

以项目系统生命周期应用为出发点，充分考虑项目系统运行维护、系统集成整合等生命周期需求，开展项目总体方案设计。遵循简单、高效的方案设计理念开展方案设计，关注方案设计的综合拥有成本，依据适配、够用、经济的原则选择方案适配产品。同时，应注重方案设计的基础组件和公共组件的共享与公用。

4. 做好问题与版本管理

项目实施方案是信息化建设项目的重要里程碑控制点。在项目实施方案设计过程中，无论方案意见征求还是方案评审，均会有各种各样的问题需要关注和处理，应做好总体方案编制的问题记录、问题关闭与跟踪管理，确保各方意见得到妥善处理。同时，以 1.0 版文件为项目交付基准，做好文件发布的版本管理，避免文件版本标号的混乱。

第 17 章

信息化项目实施过程管理

经历了信息化项目定义、产品服务采购，便进入信息化建设的项目实施阶段。项目实施是将信息化方案转变为可承载服务的 IT 系统的重要过程，其间的项目实施管理与控制直接影响项目系统的交付质量乃至项目系统的可持续发展。

17.1 项目类型与常见问题

信息化项目多种多样，不同类型的信息化项目的建设实施难度和管理挑战也不尽相同。

17.1.1 信息化项目类型

项目类型多种多样，不同的分类视角会形成不同的项目类型。以建设内容的维度划分，可以将企业信息化项目分为以下类型。

- ➢ IT 基础设施建设类项目：主要包括网络系统建设、服务器存储备份等数据中心系统建设、安全系统建设、机房建设等 IT 基础支撑类项目，邮件系统、即时通信、视频会议、域控系统等基础应用系统项目，以及 IT 系统门户、技术中台、IT 系统运行管理平台等 IT 系统支撑类项目。这类项目的主要特征表现为项目需求较为清晰，可基于成熟的 IT 软硬件产品的集成整合，形成满足目标要求的 IT 系统。
- ➢ 业务应用系统实施类项目：主要包括财务预算、资金资产、人力资源、经营计划、科研管理、文件档案、综合办公等经营管理类项目，物资供应、生产计划、生产制造、市场营销、客户服务等业务运作类项目，以及经营决策、业务决策、战略管理、数据挖掘等辅助支持类项目。这类项目的主要特征表现为项目需求不够明确，通常基于软件平台的配置开发，形成满足目标要求的 IT 系统。
- ➢ IT 系统运行支持类项目：主要包括 IT 系统运行期间的 IT 系统技术支持、IT 产品技术支持、业务应用系统扩展与持续改进、IT 产品保修、备品备件、IT 服务外包类 IT 系统运行支持类项目。这类项目的主要特征表现为项目需求明确、解决方案明确，希望通常 IT 系统运行支持类型项目解决企业 IT 系统运行中的技术支持与资源支持问题。
- ➢ IT 专业服务类项目：主要包括企业信息化总体规划、各类信息化专项规划、信息系统故障诊断与运行调优、各类技术专项咨询等专业服务类项目。这类项目的主要特征表现为项目需求不明确、解决方案不清晰，希望通常 IT 专业服务答疑解惑、提出针对问题的解决方案。

上述的信息化项目分类表明，不同类型的信息化项目由于其项目需求、建设方案及实施技术要求等的差异，其项目实施的难易程度各不相同。

17.1.2 项目实施难度

信息化项目管理的难度与项目规模和项目类型有关。通常，项目规模越大其项目管理的难度也会越大，项目实施难度越大其项目管理的难度也会越大。不同类型的信息化项目建设实施难度比较如表17-1所示。

表 17-1　　　　　　　　　　信息化项目建设实施难度比较

信息化项目类型	项目建设综合难度	能力要求			
		需求分析	架构设计	技术实现	项目管理
IT 基础设施建设类项目	★★	★★	★★★	★★★	★★
业务应用系统实施类项目	★★★★	★★★★	★★★★	★★★★	★★★★
IT 系统运行支持类项目	★	★★	★	★★	★
IT 专业服务类项目	★★★	★★★★★	★★★	★★	★★★

信息化项目实施难度通常可从需求分析、架构设计、技术实现和项目管理4个方面概括地描述。不同类型的信息化项目对上述4个方面的能力要求各不相同（如表17-1所示），如以项目建设综合难度表示项目实施难度，各类项目特征如下。

➢ IT 系统运行支持类项目难度最低。这类项目主要特征表现为项目需求明确，方案设计简单，技术实现为常规的技术支持性工作，项目管理为常规的业务事项与合同管理。

➢ IT 基础设施建设类项目难度中等偏下。这类项目主要特征表现为项目需求较为明确，需要少量的需求分析，中等难度的方案设计和中等难度的技术实现要求，项目管理为常规项目管理。

➢ IT 专业服务类项目难度中等。这类项目主要特征表现为项目需求分析要求高，需要企业级的全面系统的需求分析，中等难度的方案设计，中等偏下难度的技术实现要求，项目管理难度较常规项目管理略高。

➢ 业务应用系统实施类项目难度较高。这类项目主要特征表现为项目需求分析难度高，需要业务领域级的全面系统的需求分析，较高难度的方案设计和较高难度的技术实现要求，项目管理难度较高。

通常，项目管理难度与项目建设难度、建设规模成正向比例关系，项目建设的难点通常也是项目管理的质量管理、风险管理、人员管理乃至计划管理和信息沟通等的重点。上述的基于项目类别的信息化建设项目实施难度分析，从一个侧面反映出不同类型的信息化项目对项目管理的能力要求。企业信息化项目管理体系需要充分考虑项目特点，针对难点和弱项建立有针对性的管理措施和举措，逐步提高信息化项目管理能力和水平。

17.1.3 常见问题

不同的企业、不同的信息化发展阶段，在信息化建设项目实施管理方面存在的具体问题各有不同，但归纳起来，普遍存在以下问题。

1. 项目计划性不足

所有项目都会有项目计划，但计划什么、计划到哪个层级，以及计划要解决的问题并不清晰，导致项目计划的有效性普遍不足。主要表现有：忽视甲方的里程碑控制要求，以乙方的项目进度计划为项目进度计划，导致甲方的项目里程碑控制体现不够；项目分解工作不完整、项目内外部接口计划多有欠缺；质量控制计划不完整或缺失。项目计划性不足，无法为项目执行控制提供有效的支撑，往往导致项目执行"跟着感觉走"，计划形同虚设。

2. 项目管控不到位

信息化项目管控不到位同样具有普遍性。只知道项目进度和结果要求，不知道应该通过怎样的项目过程管控手段达到预期的项目成果，不知道项目过程该管什么、该控什么。导致这种情况的原因多种多样，有质量意识欠缺、质量管理知识不足方面的因素，也与企业信息化项目管理体系成熟度不高带来的信息化项目管控要素不明确有关，还与项目执行层面的项目管理人员的项目管理能力和制度执行力不足有关。

3. 项目验收欠规范

每个项目都有验收，但对"验"与"收"之间的制约关系的理解尚存在偏差。验什么、怎么验、如何收，不同企业做法不同，在项目验收事项定义、验收标准、验收流程和验收监督制约等方面普遍存在改进的空间。

17.2 项目管理知识与方法

项目管理领域有多个可供参考的项目管理知识体系，PMBOK 无疑是典型代表。信息化建设的项目管理者需要掌握相应的项目管理知识，并结合信息化项目特点，将其转变为实际的项目管理技能，以便更好地掌控项目实施过程、交付满足预期要求的项目成果。

17.2.1 项目管理知识与运用

PMBOK 把项目管理划分为十大知识领域，即项目整合管理、项目范围管理、项目时间管理、项目成本管理、项目质量管理、项目人力资源管理、项目沟通管理、项目风险管理、项目采购管理、项目相关方管理。

应该说十大知识领域都与信息化项目管理有关，但密切程度并不相同。信息化项目实施通常始于项目范围管理、止于项目范围管理，中间依托于项目时间管理驱动，借助于项目质量管理和项目风险管理，贯穿项目过程的沟通管理，进而达成项目范围约定的预期目标。站在企业的视角看，基于包干价的项目实施合同，其项目成本管理、项目采购管理、项目人力资源管理、项目相关方管理通常只是关注事项，并不是信息化项目的管控重点。这也意味着，信息化项目管理的承担者必须对项目范围管理、项目时间管理、项目质量管理、项目沟通管理、项目风险管理等五大领域知识有全面的掌握，并深刻理解项目范围管理、项目时间管理、项目质量管理知识体系。

1. 项目范围管理

项目范围为交付具有规定特性与功能的产品、服务或成果而必须完成的工作。项目范围管理包括完成项目范围的各个过程，具体包括以下几个。

> 规划范围管理：建立范围管理计划，包括项目范围的定义、确认和控制等的计划。
> 收集需求：为实现项目目标而确定、记录并管理相关方的需要和需求的过程。

> 定义范围：制定项目和产品详细描述的过程。
> 创建工作分解结构（Work Breakdown Structure，WBS）：将项目可交付成果和项目工作分解为较小的、更易于管理的组件的过程。
> 确认范围：正式验收已完成的项目可交付成果的过程。
> 控制范围：监督项目和产品的范围状态，管理范围基准变更的过程。

项目范围管理贯穿于信息化项目定义、项目产品服务采购和项目实施全过程。为实现项目目标所需开展的工作均属于项目范围管理；项目 WBS 为项目时间管理、质量管理的承载对象；确认范围等同于信息化项目验收。

2. 项目时间管理

项目时间管理包括为管理项目按时完成所需的各个过程。其过程包括以下几个。

> 规划进度管理：建立项目进度管理计划，包括进度规划、编制、管理、执行和控制等的政策、程序和文档。
> 定义活动：识别和记录为完成项目可交付成果而需采取的具体行动的过程。
> 排列活动顺序：识别和记录项目活动之间的关系的过程。
> 估算活动持续时间：根据资源估算的结果，估算完成单项活动所需工作时段数的过程。
> 制定进度计划：分析活动顺序、持续时间、资源需求和进度制约因素，建立项目进度模型，从而落实项目执行和监控的过程。
> 控制进度：监督项目状态，以更新项目进度和管理进度基准变更的过程。

项目进度计划应详尽并保持灵活性，可为项目沟通、事项管理、绩效分析提供依据，并能够适应计划调整。

3. 项目质量管理

项目质量管理通常包括企业层面的质量保证体系和项目层面的质量控制活动。项目质量管理过程包括以下几个。

> 规划质量管理：识别项目及其可交付成果的质量要求或标准，并书面描述项目将如何符合质量要求或标准的过程。
> 管理质量：管理质量是把企业的质量政策用于项目，并将质量管理计划转化为可执行的质量活动的过程。
> 控制质量：为了评估绩效，确保项目输出完整、正确，并满足客户期望，而监督和记录质量管理活动执行结果的过程。

项目质量管理需要兼顾项目管理与项目交付成果两个方面。任何质量缺陷都会给项目局部或全局带来负面后果。

17.2.2　IT 项目实施过程模型

项目管理是基于项目过程的管理，信息化项目实施的管理与控制和项目实施过程密切相关，不同的项目实施过程有不同的项目管控要素分布。基于前述的信息化项目分类，业务应用系统实施类项目实施过程最为复杂，以下以此类项目为例简要介绍信息化建设项目过程管理模型。

业务应用系统实施类项目实施通常包括项目组织计划与启动，需求分析，系统设计，配置、开发与测试，上线准备，上线运行和项目验收 7 个过程，如图 17-1 所示。

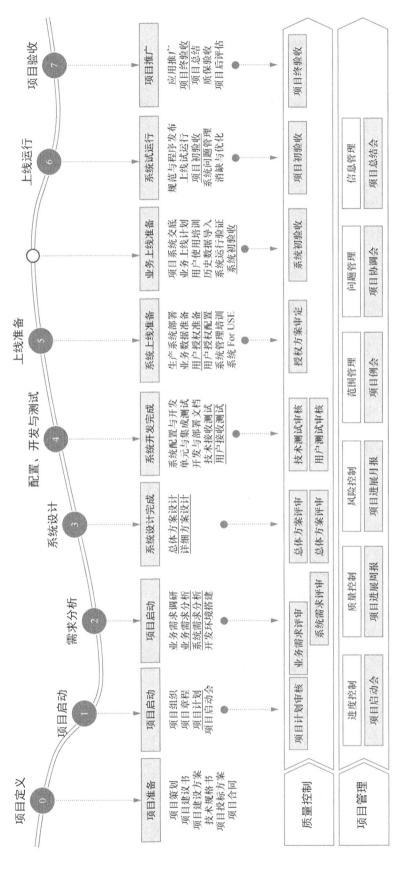

图 17-1 业务应用系统实施类项目实施过程

1. 项目组织计划与启动

项目组织计划与启动阶段通常包括成立甲乙双方的项目实施组织机构，确定项目组织机构成员、分派责任角色、协调落实项目实施所需的资源保障；编制项目章程及其他必要的项目管理工作制度，完成项目进度计划、质量计划、信息沟通计划等编制；召开项目启动会。通常以项目启动会作为本阶段工作结束的标志。

2. 需求分析

需求分析阶段的目标成果是形成项目的需求报告。需求报告通常以系统需求报告为最终成果，为保证需求评审对系统需求报告的完整性、系统性和准确性的要求，需要提供业务需求报告作为系统需求设计的依据。需求分析期间通常开展与项目相关的调研与访谈，为形成业务需求和系统需求提供支撑。期间也会搭建后续的系统开发环境。通常以系统需求通过评审作为本阶段工作结束的标志。

3. 系统设计

系统设计阶段主要包括总体方案设计和详细方案设计。总体方案设计以项目需求分析为输入，通常包括系统架构设计、关键技术实现设计、系统部署设计等内容，总体方案设计内容与项目建设内容密切相关；详细方案设计通常为主要技术实现的详细设计，通常是总体方案设计的设计事项细化。总体方案设计通常为信息化企业级的评审控制点，详细方案设计为IT部门级的评审控制点。

4. 配置、开发与测试

配置、开发与测试阶段主要包括系统部署、系统配置、系统开发等工作，针对部署、配置、开发成果开展单元测试、集成测试，针对拟开展用户接收测试的系统，先期开展技术接收性测试，之后开展用户接收性测试。同步完成部署、配置与开发文档编制。通常，通过用户接收性测试作为本阶段工作结束的标志。

5. 上线准备

上线准备阶段主要包括生产系统部署、业务数据准备、用户授权准备、用户授权配置、系统管理培训，完善上述工作后，项目承建部门宣布系统 For USE（具备使用条件）。之后，向系统相关使用部门和用户交代系统构成、使用方式、注意事项等内容。系统使用部门制定业务上线计划、开展用户培训、导入历史数据、开展系统运行验证等工作。通过系统验证后，可以开展系统初验收。通过系统初验收后，系统便可投入试运行。

6. 上线运行

上线运行阶段。通常业务运作从线下转到线上或系统改造升级后，均会涉及业务运作管理方面的调整，通常需要发布与之配套的业务管理制度或操作规程等文件，以便解决系统上线后的业务适配问题。同时，应做好系统上线运行中的系统问题管理和系统消缺与优化工作。

7. 项目验收

项目系统上线运行后，满足项目验收时间要求和试运行问题妥善解决的双重条件后，便可开展项目最终验收工作。并根据企业信息化管理要求，开展项目总结和项目后评估工作。质保期结束后，按时开展项目系统的质保验收工作。

上述的IT项目实施过程模型虽然是针对业务应用系统实施类项的，其他类信息化项目与此类似，只是略有简化。如：IT基础设施建设类项目与此相比，通常可将需求分析与系统设计环节合并，项目实施阶段划分类似，只是各环节的工作内容略有差异；IT专业服务类项目与此相比，缺少了上线准备和上线运行环节，其他项目实施阶段划分类似。因此，企业信息化建设项目通常可参照上述项目实施过程开展项目实施管控工作。

17.3　项目实施组织与计划

项目实施组织与计划是信息化项目实施合同签订后的第一阶段需开展的工作。项目实施组织与计划通常包括项目组织与资源配置、项目实施计划编制、项目启动会等工作。

17.3.1　项目组织与资源配置

应建立与项目复杂度、规模、范围相匹配的项目实施组织，项目组织机构包括甲乙双方的项目实施组织机构。

1. 甲方项目组织机构

甲方项目组织机构应涵盖项目相关部门。项目责任部门委派项目经理，项目经理作为项目负责人，全面负责项目实施的协调与组织。IT 部门可委派技术负责人协助项目经理管理项目技术工作。大型复杂项目应设立项目领导小组和专家组，领导小组组长通常由企业领导担任，聘任有 IT 专业技术能力的人员担任专家组组长。

2. 乙方项目组织机构

乙方应建立与项目复杂度、规模匹配的项目组织机构。项目组织的岗位角色设置应能够满足项目分析、设计、开发、测试、实施、支持、质控、支持等的项目实施工作要求。大型复杂项目应由企业经营机构负责人担当项目领导小组组长，负责乙方项目实施所需资源的组织与协调。乙方项目经理和关键岗位人员配备应符合项目合同约定要求，应具有从事项目岗位工作需要的知识、技能和经验。关键岗位人员更换应征得甲方的同意。

3. 项目角色与责任分解

明确项目甲乙双方的权责界面，定义项目岗位职责及相关角色的权责分工。建立项目岗位角色与项目工作分解的对应关系，形成项目责任矩阵图，明确每个项目角色的具体工作内容、工作成果交付和人员关键能力要求，描述需要投入的工作时间，形成基于项目角色的工作内容清单。

4. 配置项目人力资源

应根据项目实施对人力资源要求，配置项目所需的人力资源，并确保所配置的人力资源能够满足项目实施对人员岗位角色、关键能力、项目时间分配及工作汇报关系的要求。

甲方项目人力资源配置应满足项目实施管理、业务需求驱动、系统上线应用等关键领域对项目管理人员、技术架构人员、关键业务用户、系统运行服务等的人员配置要求。项目相关单位负责人对项目实施应负有协调组织责任。

乙方项目人力资源配置应满足项目实施管理、需求分析、方案设计、配置开发、系统上线、人员培训与服务等工作对人员知识、技能与经验的要求。做好人力资源配置计划，并保证人力资源配置的稳定性和连续性。

5. 落实其他资源需求

甲方落实项目实施所需的办公环境、网络环境、开发环境等资源需求和项目管理信息化环境。

- ➢ 办公环境：落实项目人员办公所需的办公场地、办公设备等基础办公环境，为项目实施提供稳定的办公环境支持。

> 网络环境：为项目人员提供必要的企业内外部网络访问服务。为保证企业网络安全，项目网络环境应保持与企业网络环境的适当隔离。
> 开发环境：为项目实施提供与之匹配的项目系统开发和测试环境。应注重开发环境的网络安全管理。

制定项目资源需求计划，跟踪落实资源，确保各项资源按时、保质、保量满足项目要求。

17.3.2 项目实施计划编制

项目实施计划编制主要包括项目进度计划、质量管理计划及其他计划和文件等的编制。

1. 项目进度计划分级

项目进度计划作为项目实施管理的重要抓手，为满足不同的项目管理诉求，通常划分为不同等级的项目进度计划。一般分为项目一级进度计划、二级进度计划、三级进度计划、专项进度计划、项目滚动进度计划等。

> 一级进度计划：一级进度计划为项目里程碑计划。通常体现为项目标志性节点进展的进度计划，即项目里程碑进度计划。项目一级进度计划是甲方项目管理和控制的重要抓手，一般由甲方批准发布。项目一级进度计划通常也用于合同进度条款约定。
> 二级进度计划：二级进度计划为项目接口进度计划。大型复杂的信息化建设项目通常涉及多个项目实施单位同步推进项目实施的问题，而不同服务商之间通常存在各种各样的设备供应衔接、系统功能衔接、系统集成衔接、实施作业衔接等项目分解工作衔接的问题。应高度重视项目实施中的接口进度管理。
> 三级进度计划：三级进度计划为服务商的项目全周期进度计划。这是信息化建设项目最常见的进度计划，项目三级进度计划深度应满足项目甲方、乙方、监管方等项目相关各方对项目进度管控和质量管控的双重要求。
> 专项进度计划：专项计划通常为针对三级进度计划工作的专项扩展计划。如在三级计划中，人员培训工作只是起止时间、交付品和责任人等的约定，而在专项计划中，则包括具体的培训课程、培训时间、地点、人员等更为详细的进度安排。专项计划通常在计划执行前的一段时间内编制、发布。
> 滚动进度计划：滚动进度计划通常为项目指定周期内的项目分解工作进度计划。项目计划滚动周期与项目实施周期有关。对于长周期项目，项目计划滚动周期可以是一年，也可以是一个季度；对于短周期项目，项目计划滚动周期可以是两周。滚动进度计划通常由甲乙双方协商确定。对于实施周期小于 3 个月的项目，可以不设置滚动进度计划。

上述项目进度计划中的项目里程碑进度计划和项目全周期进度计划应单独发布。如果项目范围接口不多，可将二级进度计划与三级进度计划合并，以项目全周期进度计划的形式发布。项目一级进度计划通常由甲方授权人批准发布，项目全周期计划可由甲乙双方的项目经理签发。

2. 项目进度计划编制

项目进度计划依托项目工作分解开展，基于项目实施过程中的工作分解约束关系编制。项目工作分解应该产生清晰明确、可量化的工作任务，而项目工作分解的颗粒度则与项目管控要求密切相关。项目进度计划编制应遵循以下基本原则。

- **管控节点应明确**：项目进度计划应体现企业的项目管控要求、项目的重要事项管理要求、服务商的质量控制要求，并将企业项目管控节点标记为项目里程碑。对于分阶段实施上线的项目，项目里程碑应包括对分阶段上线的时间节点的体现。
- **关键路径应清晰**：识别影响项目实施进度的关键路径，确定关键路径上的项目分解工作，形成关键路径任务清单列表，明确关键路径的活动序列与输入要求。
- **工作交付应具体**：明确项目分解工作的交付要求，以及项目工作交付的质量要求、质量保证方案和质量检查计划。明确项目岗位角色及关键能力要求。
- **资源配置应合理**：依据项目分解工作的交付要求和岗位关键能力要求，配置项目人力资源，应保证项目人力资源的岗位匹配性和资源可达性，确保项目人力资源配置合理可行。

做好项目工作分解与项目工作定义，落实人力资源配置和资源需要保障策划。

3. 项目质量计划编制

质量管理通常分为企业层面的质量保证体系和产品服务层面的质量控制体系。质量保证体系通常包括企业的质量方针、目标、原则，质量管理组织机构与职责，产品和过程的质量管理体系建设、实施、绩效评价、改进等内容。质量控制体系为针对产品和过程的质量要素管理和控制，通常包括质量计划管理、质量检查、质量控制等内容。质量保证为质量控制提供质量方针、目标、要素等约束要求，质量控制为质量保证提供质量数据并接受质量保证的检查和评估。

项目质量管理计划应满足项目利益相关方的质量管理诉求。通常，项目一级里程碑节点为甲方企业级的质量控制节点，如项目需求报告评审、总体方案设计评审、详细方案设计评审、用户接收测试、系统上线审查均应纳入企业级的质量控制范围；二级里程碑节点为甲方项目经理的质量控制节点；三级节点为乙方项目经理质量控制节点。

信息化项目质量管理应包括项目质量计划、质量计划执行、质量评估与不符合项控制等内容。质量管理范围应覆盖项目交付品和形成交付品的项目过程各环节。项目质量管理计划通常应包括以下主要内容。

- **里程碑质量控制**：所有项目里程碑交付成果应纳入项目质量控制的范围。明确项目里程碑交付成果形式、质量要求要点，以及成果预审办法。
- **重大事项质量管理**：依据项目建设内容和管控要求，甲乙方项目经理协商确定项目质量管理重大事项，将项目重大事项纳入项目质量管理计划范围，制定事项质量管理要求，明确质量审查机制。
- **项目过程质量管理**：针对项目里程碑交付要求和重大事项质量管控要求，做好相关项目工作的方案策划和质量审查，提高项目实施工作的"一次质量检查通过率"。
- **项目成果质量管理**：做好项目交付成果质量管理，包括乙方项目小组内的成果预审、甲方对项目交付成果的核验与接收。并根据项目交付成果审查要求，开展质量评审评定工作。
- **项目质量检查与改进**：结合项目实际，开展必要的项目质量监督检查工作，并将项目质量监督检查工作纳入项目质量计划。

同时，项目质量计划中应明确质量检查内容、质量检查方法、责任人、计划日期等内容。对项目质量计划执行中的问题、不符合项、质量信息记录等相关事项提出管理方案。

4. 其他计划与文件编制

结合项目实施管理需求，编制项目沟通、信息、问题、文档等的管理方案与计划。

- **项目沟通制度**：项目沟通通常包括项目周例会、双周例会、月度例会以及不确定的协调会等。应结合项目实施情况，明确例会类型，以及每类例会的目的、参与人员、议题及会前准备工作要求，并将例会形成的会议纪要及时发送至项目沟通计划中确定的项目利益相关人。
- **项目信息管理**：项目信息是指与项目相关的报告、数据、调研、计划、文件、记录等项目信息。应明确信息发布的范围、内容、形式、时间等内容，明确项目信息分类、分级控制条款，明确不同类别、不同分级信息的阅知范围，在确保项目信息及时发布、充分共享的前提下，避免项目信息外泄。
- **项目问题管理**：项目问题管理是指建立项目问题报告与问题跟踪管理机制。确保每个问题都有专人负责处理，并跟踪、检查问题处理过程，确保项目问题得到跟踪与解决。应建立与项目匹配的问题分类与优先级划分，提供有针对性的问题解决方案与处理流程。
- **项目文档管理**：项目文档管理应满足项目的文件管理要求和企业档案归档要求。应明确项目文档分类、文档命名、文档格式、文件版本以及项目文档批准发布流程等文档管理要求。

同时，在项目实施计划编制期间，还应完成项目章程及其他必要的项目管理工作制度编制。

17.3.3 项目启动会

项目启动会是企业信息化建设项目的动员会、通报会、培训会，应重视项目启动会的前期准备工作，选择合适的时间节点召开项目启动会。

1. 启动会会前准备

在项目启动准备期，可以准备一个项目启动会检查清单，以确保项目启动工作的有序，避免出现疏漏。会前准备工作主要包括以下几点。
- 启动会人员落实。
- 启动会时间、地点、主持人确定，启动会议程确定。
- 发言人员及发言内容准备，起草会议通知。
- 会议 PPT。
- 会议室预定，会议室环境布置等。

项目启动会通常由项目责任单位组织，启动会主持人通常为项目责任单位负责人。

2. 启动会主要议程

项目启动会的议题包括但不限于如下内容。

主持人开场白：甲乙方主要人员介绍及其与会目的介绍等。
- 甲方：阐述项目的背景、目标、范围、项目交付物，项目实施思路与要求。
- 乙方：项目实施方案与计划安排，项目近期工作的详细安排。
- 简短讨论。
- 领导动员。

启动会后，可召开项目工作方法和项目工作制度等的培训会。

3. 项目信息发布

项目启动后一周内形成会议纪要，主要包括项目启动会的会议纪要、项目章程、主要项目计划、项目人员通讯录等。

17.4 项目过程管理与控制

项目过程管理与控制是保证信息化项目按期、保质、保量交付的重要手段。项目过程管理与控制通常包括项目沟通与信息报告、项目进度跟踪与调整、项目质量与风险控制、项目范围与变更管理、项目文档与综合管理等内容。

17.4.1 项目沟通与信息报告

信息化项目实施过程中涉及大量的沟通协调，既有项目组内部的信息沟通，也涉及项目组与项目外部利益相关方的协调。同时，及时的项目信息报告也是助推项目顺利实施不可或缺的重要手段。

1. 项目内部沟通

基于项目沟通计划确定的沟通方式与沟通频度，本着目标导向、实事求是、简洁高效的原则定期开展项目沟通工作。同时，注重沟通诉求与冲突的表达。

- 目标导向：以项目目标与项目分解工作为依托，描述项目进展情况，提出存在的问题，讨论形成针对问题的解决方案及安排。
- 实事求是：以项目工作具体细节描述现状与问题，实事求是、客观分析，提出解决问题方案，以及可落地实施的计划与安排。
- 简洁高效：问题表述、问题分析、解决方案、计划安排以及后续的计划跟踪与反馈措施等，务求简洁高效，避免拖泥带水。

为达成预期的项目沟通效果，项目定期例会通常包括以下主要内容。

- 项目整体进展状况回顾：主要包括项目当前进展、主要成果、前期问题跟踪，以及项目实施差距的概要分析。
- 项目当前的问题与应对方案：项目当前存在的问题汇总，简要的影响分析，确定问题权重，提出相应的解决方案与计划，并将之纳入项目问题管理。
- 项目风险与变更情况：提出项目实施面临的风险，讨论形成项目风险报告，并将之纳入项目风险管理范畴管理；提出可能的范围变更需求，并将之纳入项目范围与变更管理范畴管理。
- 其他涉及项目的议题与问题讨论。
- 根据项目执行情况，确定与更新下一个例会的进度计划安排和总体进度计划安排。

项目例会需要对以上内容进行讨论、协调，以达成共识。必要时，可要求项目其他相关人员参加会议。以会议纪要的形式发布项目例会形成的会议结论。如相关事宜需有关领导审批，发布会议纪要前应征得相关领导的批准。

2. 项目外部协调

在信息化项目实施期间，除常规的项目组内部例会以外，还存在各种各样与项目利益相关方的沟通协调。项目外部协调的到位直接影响项目实施工作的开展。常见的项目外部协调有与相关业务部门的协调、与其他系统集成的协调、与实施服务商的协调、与监管机构的协调等。

项目外部协调通常以项目协调会的方式举行，应关注以下事项。

- 明确项目协调目标：明确项目协调拟解决的问题及拟达成的目标。同时，应开展与拟协调单位工作层面的沟通，做到对项目协调难度和目标达成有初步预判。应避免召开无效的项目协调会议。
- 做好项目协调准备：项目组应做好有关协调事宜的问题梳理、分析。同时，给出解决问题的具体方案建议。做好与相关领导与单位的沟通，并就项目协调会议题、时间、地点和与会者达成共识。
- 邀请相关领导参会：做好对相关领导的请示和汇报，邀请相关领导参加项目协调会。
- 形成协调会议纪要：将项目协调会的会议共识、结论及可能的工作安排形成会议纪要，经相关领导批准后发布。

将项目协调会会议纪要行动项纳入项目问题管理范畴。做好会议纪要行动项的跟踪管理，推进项目协调会行动项的落实工作。

3. 项目信息报告

项目信息报告通常包括项目例会会议纪要、项目进展报告、项目重大事项报告等内容。项目信息报告应严格按项目信息管理制度确定的信息类别、发布流程、发布范围执行。

- 项目例会会议纪要、项目进展报告：通常由项目组人员编制，乙方项目经理审核，甲方项目经理批准发布。
- 项目重大事项报告：通常由项目组甲方人员编制，甲方项目经理审核，甲方项目责任部门负责人批准发布。

项目信息报告应严格履行项目信息发布流程，在确保项目信息及时发布、充分共享的前提下，避免项目信息外泄。

17.4.2 项目进度跟踪与调整

毫无疑问，项目进度管理是信息化项目实施中的重要管理事项，其中包括项目进展状态跟踪、项目进度安排调整、项目进度执行分析，也包括可能涉及的项目进度计划变更。

1. 项目进展状态跟踪

项目进展状态跟踪是项目实施过程中的重要管理内容，是项目管理的重要抓手，通过项目进展状态跟踪通常可以达成以下项目管理目的。

- 项目工作完工百分比：通过项目已完成工作量的确认和项目全部工作量的对比分析，可以获得项目完工百分比，为项目绩效管理提供重要的项目进展基础数据。
- 项目费用完成百分比：通过项目已完成工作的人力资源投入和计划人力资源投入的对比分析，可以获得项目费用完成百分比，用于评估项目人力资源投入绩效。
- 项目风险分析与应对：通过项目工作完成情况和存在问题的记录与分析，有利于及早发现项目实施风险，采取有针对性的风险应对解决方案，进而降低项目实施风险。

项目进展状态跟踪以项目进度计划为依托，逐项核实每项项目分解工作的实际进展情况，记录每项工作已完成的情况、存在的问题和面临的困难。通过与项目整体工作量和总成本的比对分析，可以获得项目完工百分比、费用完成百分比等项目管理数据。同时，基于对项目问题和困难的分析，可为项目风险管理提供输入。

2. 项目进度安排调整

在实际的项目执行过程中，对于非关键路径上的项目分解工作执行通常有较大的自由度，由于这类项目工作的进度调整并不影响项目关键里程碑的时间节点实现，对这类项目工作进度普遍缺乏有效的管理。从项目全过程质量管理的视角看，这无疑存在质量控制风险。

因此，结合项目实施工作安排，做好项目推进过程中的进度安排调整记录是十分必要的。基于调整后的项目进度安排，做好相关项目分解工作的质量计划调整，确保每项项目工作均被纳入项目质量管理的受控范围中。

项目进度安排调整以项目进度计划为依托，依据项目实施的项目工作责任人、开始日期等项目执行信息，更新项目进度计划相关信息记录，做好项目进度计划的小版本管理。

3. 项目进度执行分析

结合项目进度管理需要，定期开展项目进度执行情况的分析。通过项目进度执行情况的分析，满足项目管理对项目按期交付风险和预期项目交付时间等的要求。

- ➢ 项目按期交付风险：通过项目当期已完工情况和计划工作的分析，可以获得项目关键节点延期情况，基于关键节点延期情况和项目交付延期情况评估项目实施相关风险，为项目风险管理提供输入。
- ➢ 预计项目交付时间：通过项目当期已完工情况和计划工作的分析，可以获得项目预计的交付时间节点，为项目进度赶工计划和项目进度计划调整提供输入。

4. 项目进度计划变更

通常，项目实际进度与计划进度存在偏差。当项目进度偏差较大，且无法通过追加资源等项目赶工方式解决项目进度偏差时，应启动项目进度计划变更管理流程，调整项目进度计划。

应做好与项目进度计划变更相关的进度计划调整影响评估，确保完成项目进度计划调整的协调工作后，方可启动项目进度计划变更工作。

项目进度计划变更管理流程通常与项目进度计划发布流程相同。项目里程碑进度计划变更一般须经甲方项目授权责任人批准发布，不涉及项目里程碑进度变更的项目全周期进度计划经甲乙双方项目经理批准即可。

对项目进度计划实行版本管理，批准发布后的项目进度计划为后续的项目管控提供项目进度计划基准。

17.4.3 项目质量与风险控制

项目质量控制是保证项目交付质量的重要手段，其中包括项目质量事项的管理，也包括项目工作方案的管理。同时做好项目风险控制。

1. 项目质量事项管理

项目执行过程中的质量管理活动通常基于项目质量管理计划开展，一般包括项目里程碑质量控制、项目重大事项质量控制、项目交付审查核验，以及必要的项目质量检查与改进等项目质量事项管理。

- ➢ 项目里程碑质量控制：基于质量管理体系通用要求，项目需求分析、项目方案设计一般应以评审的方式审核其是否满足预期要求；而配置开发、系统测试、上线应用，以及项目验收等里程碑节点的质量验证、确认则可通过审查、审核、审批的方法实现。应注重项目里程碑节点质量控制的规范化，做好对质量不符合项的整改。
- ➢ 项目重大事项质量控制：信息化项目实施中的详细方案设计、关键技术实现、系统测试质量审查、技术接收性测试等通常属于项目重大事项的质量控制，应做好项目重大事项的质量验证、确认的管理与控制。

- 项目交付审查核验：做好项目交付品的多层级的验证、确认与验收，建立有效的项目交付品验收监督制约机制，确保项目交付品可以满足目标用户和客户的需求。同时，应关注用户满意度。
- 项目质量检查与改进：结合项目实际，开展项目质量检查活动，推进项目质量改进。

2. 项目工作方案管理

成果质量与其源头的工作策划密不可分。大量信息化项目实践中的需求分析不到位、方案设计不满意等质量问题，究其根源均与工作策划不到位有关。因此，应重视项目工作方案的质量管理。应重点关注的项目工作方案包括但不限于以下几点。

- 需求分析策划：明确需求分析应达成的目标，建立完整的需求分析报告目标框架，确定三级目标及四级编制要点。通过文件目录框架与要点到目标的回溯，验证文件框架有效性。以文件目录框架驱动需求分析工作的开展，提高需求分析评审一次通过率。
- 方案设计策划：基于项目目标，明确方案设计目标，基于项目需求分析，建立方案设计框架报告文件目录框架，确定三级目标及四级编制要点。通过文件目录框架与要点到项目需求的回溯，验证文件框架有效性。以文件目录框架驱动方案设计工作的开展，提升方案设计的问题解决能力。
- 详细设计策划：聚焦总体方案关键技术，确立关键技术问题解决框架，形成关键技术详细设计文件目录框架。基于项目详细设计的重点关键技术，形成详细设计文档目录框架，以文档目录框架驱动详细设计工作的开展，提高详细设计与关键技术的一致性和详细设计效率。
- 配置开发策划：聚焦配置开发事项，分门别类规划配置开发事项，以典型事项为样例，开展事项内容梳理、确定解决方式、实现配置开发、测试实现效果，总结、改进形成样本案例描述文件，基于典型案例开展配置开发工作。提高配置开发的规范性、质量和效率。
- 系统测试策划：聚焦系统测试对象，基于测试等级和目标，明确测试目标、流程、边界、结果登记、问题记录、意见反馈，形成覆盖测试范围的测试方案和测试计划，依据测试计划和方案开展系统测试工作，提高系统测试的完整性和有效性。

事实上，在工程项目建设中，子项施工方案是重要的工程项目质量管理事项，信息化项目实施应充分借鉴其他行业项目管理的成功经验。

3. 项目风险控制

项目风险控制是信息化项目实施中的管理要素之一。通过项目实施过程中的风险控制，及时采取有效措施，可尽量降低风险对项目绩效的影响。项目风险分析通常是项目例会中的常规内容。通过定期的项目风险分析，把握项目当前风险情况、更新风险状态，并根据需要采用有效的风险防范措施。信息化项目实施应关注的风险一般包括以下几个。

- 项目需求分析不到位的风险。
- 项目方案设计不合理的风险。
- 关键技术实现不合理的风险。
- 系统测试不全面的风险。
- 项目执行方面的风险。

应注重项目实施期间的风险管控，以将风险对项目绩效的影响降到最小。

17.4.4　项目范围与变更管理

项目范围规定了项目的所有工作内容与交付物。项目范围管理是指对项目范围的定义与控制过程，项目范围管理贯穿项目生命周期过程，包括事前的项目范围定义、事中的项目范围管理、事后的项目范围确认。

1. 项目范围管理

基于前述的信息化项目分类，不同类型项目的项目范围清晰程度并不相同，在不同项目实施期间的范围管理难度和重点也各不相同。应结合项目特点，做好项目实施期间的项目范围界定与调整管理。

2. 项目变更管理

在项目实施过程中，对于确需进行项目范围变更的，应严格履行项目变更管理流程，启动项目变更管理。同时，应做好合同管理变更的沟通与协调，确保项目范围变更得到批准后，能够得到商务部门的合同变更支持。

项目范围变更后，通常会涉及项目进度和费用等的变更。按企业项目管理规定，启动项目进度计划变更和项目费用变更工作。在项目费用变更得到批准后，启动与项目实施方的合同变更。

项目变更通常涉及业务部门、IT 部门、商务部门等多个部门，应做好项目范围变更的协调与组织工作。

17.4.5　项目文档与综合管理

项目文档是项目成果的重要承载对象。同时，项目执行中的问题管理、成本管理也同样重要，应给予重视。

1. 项目文档管理

项目文档通常包括项目工程文档、项目管理文档、项目参考文件等。应做好项目实施期间的项目文档管理筹划与计划，安排专人负责项目文档的收集、整理与管理，以更好地支持项目实施过程中的文档利用和项目文件交付验收。

做好以下项目文档管理工作。

- ➢ 规范项目文档样式：发布项目文档命名规则、文档样式和文件模板，支持项目文档规范化编制要求。
- ➢ 实行文件本版管理：发布文档版本定义规则，实行项目文档版本管理。
- ➢ 规范文档发布管理：发布项目文档发布管理流程，明确乙方文件编制、校对、审核，以及甲方审核、批准等权责分工。
- ➢ 建立项目文档资源库：实行项目文档的集中存储、统一利用管理，做好关键文档下载的授权管理。

2. 项目问题管理

建立项目问题报告与问题跟踪管理机制，实施统一的项目问题管理，确保每个问题都有专人负责，每个问题都能得到跟踪，直到问题得到有效解决。

应做好以下项目问题管理事项。

- ➢ 做好问题分类与优先级的管理。建立项目常见问题分类，基于问题分类管理项目实施中出现的各种问题;定义项目问题优先级,确保重要问题优先得到关注并被有效解决。
- 明确项目问题报告机制、规范问题描述模板。发布问题报告模板,确定问题报告审核流程,做好项目问题管理记录。
- 明确问题负责人,开展问题分析。安排专人负责推进问题解决,及时开展问题分析讨论。
- 问题回顾与检查。结合项目例会,开展项目问题回顾,督促项目问题得到解决。

重视项目问题的持续改进与经验总结,逐步提升项目问题管理能力。

3. 项目成本管理

项目成本涉及范围较广,此处的项目成本为狭义的项目成本,特指项目实施期间与项目合同有关的成本。对于大型复杂的业务应用系统类项目,项目合同成本通常由较多的分项构成,随着项目实施工作的开展,时常发生项目范围的变化,由此不可避免地导致项目合同成本的变化,而跟踪、记录每一项范围调整带来的项目成本变化也是不容忽视的基础性工作。应做好项目成本与费用变更记录,以便更好地满足项目事后的合同审计等合规监管要求。

同时,项目合同费用支付、相关记录管理也是信息化项目实施管理部门的管控事项,应引起重视。

17.5 项目验收与关闭

项目验收与关闭是信息化项目实施的最后一个环节,该环节工作的结束意味着项目实施过程的结束。项目验收与关闭通常包括项目验收、项目移交、项目总结和项目关闭等内容。第 18 章对"项目验收"有完整、详细的介绍。本节重点介绍项目移交、项目总结和项目关闭等内容。

17.5.1 项目移交

信息化建设项目实施结束并通过项目验收后,通常会将项目交付物(包括但不限于软硬件设备、项目系统、项目文档、项目服务成果等)移交给企业内部相关部门。

1. 软硬件设备移交

信息化项目实施责任部门将项目交付的软硬件设备以固定资产或无形资产的形式移交给软硬件资产管理部门,软硬件使用部门以资产领用的方式将资产从资产管理部门领出,从而实现软硬件设备从采购方向资产管理方和从资产管理方向资产使用方的双重转移。为避免资产转移过程中的资产二次核验,通常需要将资产管理方纳入软硬件资产验收环节,通过软硬件资产的验收检查,满足资产管理部门的资产接收检查管理要求。

2. 项目系统移交

项目系统移交是指项目实施管理方向项目系统运行方的系统移交。项目系统移交涉及系统运行环境、部署配置、用户与数据、信息安全等多个方面的检查与核验,无法通过简单的会议或评审等方式解决,需要建立完备的信息系统移交与接产的管理办法,规范移交与接产过程,确保项目系统投运后安全、稳定、高效地持续运行。

- **项目系统移交条件**:项目系统移交通常应满足以下条件。
  - 完成所有必备文档准备,并通过审查。

- 完成源代码文件交接准备，并确认代码版本与线上版本一致。
- 完成应用系统应急方案测试。
- 系统备份策略明确，并确认备份数据可以正常恢复。
- 完成系统漏洞处理及补丁更新工作，不存在高危漏洞。
- 操作系统及应用系统使用的相关软件产品已更新至实施方案指定的版本。

➢ **系统接产检查要点**：系统接产检查通常包括以下内容。
- 部署检查：部署检查是对系统的实际部署等情况与部署方案的核对检查。部署检查主要包括系统部署方案核对、操作系统版本核对、中间件软件版本核对和应用软件版本核对等内容。
- 安全检查：安全检查是对系统的安全层面进行的检查。安全检查主要包括系统漏洞检查、用户检查、审计日志功能检查和密码交接检查等内容。
- 运行检查：运行检查是确保系统能正常运行、使用、备份、恢复的检查。运行检查主要包括系统运行情况检查、系统备份与恢复检查、应用层配置检查和数据检查等内容。
- 交付物检查：交付物检查是对系统建设过程中产生的交付物的检查。交付物检查主要包括源代码交接和文档交付物交接检查等内容。
- 人员培训：人员培训是建设方对系统运行方进行的关于系统的知识培训与技能转移。人员培训主要包括IT系统运行人员的培训和IT服务支持人员的培训。

➢ **系统交接完工确认**：系统交接检查完成后，项目建设方与系统运行方签署项目系统交接完工确认单，代表项目系统移交的完成。

3. **项目文档移交**

项目文档移交是指项目实施过程中形成的项目工程文档和项目管理文档等的移交，通过项目文档移交，将项目文档移交给企业档案部门或相关业务部门。

为保证项目文档符合企业文档管理要求，通常邀请企业档案部门参与项目文档分项验收。

4. **项目服务成果移交**

将项目服务形成的成果移交相关的成果使用部门。

17.5.2 项目总结

完成项目移交后，项目经理应牵头组织对项目实施情况进行总结，针对项目执行过程中存在的问题进行分析，形成经验，为后续项目提供参考。项目总结报告主要包括以下内容。

➢ 项目情况总结。
➢ 项目应用情况调查分析。
➢ 项目经验反馈。
➢ 知识资产积累。

完成项目总结报告后，召开项目总结会，总结、分享项目经验与体会。

17.5.3 项目关闭

完成项目总结后，归还项目实施期间的所有借用物品。
➢ 释放项目人员与技术环境。

> 配合商务部门完成项目费用支付等工作。

完成上述工作后,即可正式关闭项目。

17.6 相关建议

每个企业都在以自己的方式引进、推广 IT 应用,并在实践中改进、完善自身的信息化项目实施过程管理。基于企业信息化项目实施的共性问题,如下几条建议供参考。

1. 重视项目计划编制

依据信息化项目类别和项目建设内容与规模,基于企业信息化管控要求和项目管理要求明确项目计划编制的目标,全面、系统地梳理项目计划编制需求;基于目标与需求确定项目计划编制框架,包括但不限于项目范围管理计划、进度计划、质量计划、风险管理计划、项目沟通与信息计划,以及其他必要的计划;基于项目管控深度要求确定项目工作分解的颗粒度,打通项目范围工作分解、进度计划、质量控制、成果交付之间的关联与驱动关系,为项目过程管控提供项目计划基准。

2. 加强项目过程管控

明确项目过程管控的目标与管理要素,保证项目管控要素与项目计划的一致性,将项目管控要素落实到项目实施过程和管理对象,基于项目计划开展项目管理与控制。保持项目进度计划与实际执行的一致性,注重项目里程碑和重大事项的质量控制,重视项目工作方案的质量管理,把握好项目沟通协调,推进落实项目问题的一体化闭环管理,做好对项目文档、项目变更和项目风险等的管理。

3. 完善项目验收制度

建立健全信息化项目验收管理制度,逐步完善项目验收事项定义、验收标准、验收流程。注重项目交付品验收过程的制约关系建立,规范项目交付验收的检验与查收,开展针对项目验收的专项检查,总结经验与教训。

第 18 章

信息化项目验收管理

项目验收属于项目管理中的项目范围管理范畴，通过项目交付品与项目范围的一致性确认，得出是否达到项目范围约定要求的结论。项目验收通常包括项目分项交付确认和项目初验、终验等活动。其中，项目分项交付确认通常属于项目质量管理的范围，而项目初验、项目终验则属于项目范围管理的范畴。项目验收通常具有项目范围结束确认和项目实施合同责任完结确认的双重作用。

18.1 项目验收方法

信息化项目验收通常体现为针对项目交付品的验收，项目验收结论既可用于项目甲方的项目评价或关闭，也可用于项目乙方合同责任的完成确认。

18.1.1 项目验收参考模型

以项目管理的视角看，项目验收是对项目范围的一致性确认。信息化项目验收参考模型如图 18-1 所示。

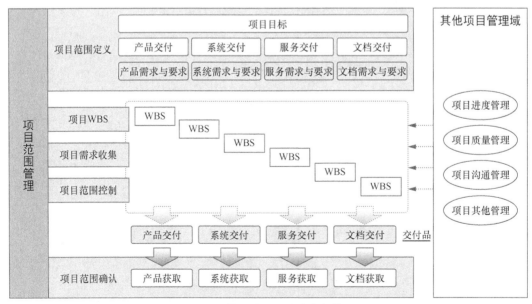

图 18-1 信息化项目验收参考模型

项目范围管理通常包括项目范围定义、项目 WBS、项目需求收集、项目范围控制和项目范围确认 5 个过程。项目范围定义对应信息化建设的项目定义，项目范围确认对应信息化建设的项目验收，其间的项目 WBS、项目需求收集、项目范围控制对应信息化建设的项目范围管理活动。

上述的项目验收参考模型给出了项目验收对象定义、对象形成、对象确认到验收对象核验、查收的项目生命周期过程，从中也揭示了项目范围管理与其他项目管理域之间的衔接与支撑关系。

1. 验收对象定义

信息化项目交付通常包括 4 类交付对象，即产品交付、系统交付、服务交付和文档交付，具体项目的交付对象与项目建设内容相关。项目验收对象起源于项目定义阶段，在信息化项目定义立项阶段便确定了项目目标、交付内容和交付的需求与要求，项目验收应基于项目定义阶段确定的交付对象的目的、需求与要求，开展项目交付对象的验收工作。

2. 项目交付对象形成

不同类型的项目交付对象有各不相同的形成过程。

- 产品交付对象的形成：产品通常为满足特定需求的、具有稳定功能和性能的完整设备或成品软件。信息化建设涉及的软硬件产品一般由原厂商生产制造，产品交付对象的形成通常在项目实施之前已完成，信息化项目通过产品技术规格要求约束服务商的产品选型与供给。
- 系统交付对象的形成：系统交付对象依托项目过程形成，其间经历项目需求分析、方案设计、配置开发、验证、确认等项目过程和管理控制，形成系统交付对象。
- 服务交付对象的形成：服务交付对象依托项目过程形成，其间经历项目需求分析、方案设计、服务实施、服务确认等项目过程和管理控制，形成服务交付对象。
- 文档交付对象的形成：文档交付对象为项目工程过程和管理过程形成的文档，所有项目文档应全面、系统、准确地反映相关过程，并通过项目管理控制，形成文档交付对象。

项目实施过程中，如发生影响项目验收对象定义的变更，应将项目变更对项目交付对象的实质性影响纳入对象交付验收范围。

3. 项目交付对象确认

项目交付对象确认为项目质量控制的产物，所有验收对象均应符合项目范围约定或项目预期，并通过评审、验证、确认等质量控制，证明能够满足项目预期要求。通常，项目验收中的交付对象确认包括针对技术规格要求的确认和交付对象与目标要求的一致性确认。

- 产品交付对象确认：通常包括产品交付对象与技术规格要求的指标一致性验证，及产品功能与性能等技术指标的实际测量确认。
- 系统交付对象确认：通常包括与系统相关的需求分析、方案设计、开发测试等的过程文件的有效性验证，以及系统功能与性能等技术指标的实际测量确认。
- 服务交付对象确认：通常包括与服务相关的需求分析、方案设计、服务实施等的过程文件的有效性验证，以及服务对象实际测量效果的确认。
- 文档交付对象确认：主要是针对文档完整性、系统性和有效性的验证与确认。

4. 交付对象核验查收

验收对象核验查收属于项目范围管理的项目范围确认过程。主要针对已通过交付确认的项目交付对象，开展项目交付对象的核验与查收工作。通常存在核验与查收两种角色。

> 核验:"核"是指"核验者"针对对象交付确认结果的核实,核实交付对象确认的有效性;"验"是指"核验者"对交付对象满足目标要求的验证和确认。
> 查收:"查"是指"查收者"针对交付对象的构成和数量的检查,检查其与接收清单规格和数量的一致性;"收"是指"查收者"对交付对象的接收确认,并将其纳入接收管理范畴。

18.1.2 项目验收的基本原则

项目验收是信息化项目实施的重要管理关口,既肩负着项目质量控制的重任,也肩负着企业合规管控的责任。项目验收应遵循以下基本准则。

1. 验收分离的原则

项目验收应体现"有验有收""验、收分离"的基本原则。"验收对象核验"与"验收对象查收"应由项目验收职责不同的两组角色分别独立承担。验收对象"核验者"负责验收对象的核验,验收对象"查收者"负责验收对象的查收与后续管理,形成项目验收的监督制约机制。

2. 范围约定的原则

依照项目范围约定,优先以技术规格要求核验交付对象的规格指标一致性。技术规格不完整的,以需求分析为基准,评价核验交付对象的需求满足度;需求分析不完整的,以项目目标为指导,评估对象交付的目标满足度。尽量避免背离项目范围约定的交付对象验收。

3. 分类管理的原则

依据项目交付品类别特点,有针对性地开展各类项目交付对象的核验和查收。以产品交付、系统交付、服务交付、文档交付为对象开展信息化项目的项目交付品验收。制定各类交付品验收的核验清单、确认事项、验收流程和签字确认等管理制度,依据项目验收管理制度开展项目验收工作。

4. 环环相扣的原则

依托项目工程过程和管理过程成果开展项目验收工作。以符合质量管理要求的项目技术规格书、需求分析、方案设计、配置实施、验证与确认等相关证据性文件为依托,开展项目交付对象的验证与确认。以项目过程交付和成果交付为基础,开展项目交付品的核验与查收。

5. 持续改进的原则

项目验收通常依托企业信息化项目管理体系开展,而与项目验收相关的管理程序与标准规范的制定工作远非一劳永逸的事情,需要持续改进与完善。在基于管理现状开展项目验收工作的同时,应注重项目验收管理制度的完善,通过项目管理优化逐步提升项目验收管理水平。

项目验收管理的科学、适用、有效不但影响信息化项目成果验收的有效性,同时,项目验收漏洞无疑也会影响企业的信息化投资绩效和合规管控。

18.2 项目验收角色

项目验收通常以项目交付品形成过程的评审、验证、确认等质量记录为基础,通过对项目交付品的核验与查收,完成项目验收工作。项目验收中的不同角色承担不同的项目验收责任,各种角色相互协作完成项目验收工作。

18.2.1 项目验收角色

项目验收通常包括项目交付品的一致性确认和项目交付品的核验查收两个过程,因此,项目验收角色通常可分为质控角色和验收角色,不同角色承担着不同的项目验收责任。

1. 质控角色

项目质控角色承担对项目交付品与项目技术规格要求的一致性确认责任,而为保证交付品确认的有效性,通常需要项目交付品形成过程的质量记录支持和针对项目交付品的测试结果支持,以验证项目交付品与技术规格要求的一致性。

项目交付品的质量确认记录为项目交付品的核验与查收提供基础支持。

2. 验收角色

基于项目验收参考模型,项目验收是对项目交付品对象的核验和查收的过程,其中涉及"核验"和"查收"两种角色。

- 核验角色:负责项目交付对象的质量确认结论的核查,核查其质量确认结论的有效性。同时,实测验证交付对象与技术规格要求的一致性。
- 查收角色:负责项目交付对象的构成和数量的检查,检查其与接收清单规格和数量的一致性。同时,接收确认项目交付对象,将其纳入交付对象管理范畴。

通过"核验"和"查收"两种角色的相互制约,规避项目验收风险。

18.2.2 项目验收分工

项目验收为涉及项目利益相关方的重要管理活动,应充分发挥项目相关方在信息化项目验收中的支撑与监督作用,调动项目相关方参与信息化项目验收的积极性与能动性,共同推动企业信息化的发展。

1. 验收责任

企业信息化项目通常涉及项目建设部门、IT系统使用的业务部门、IT系统运行管理的IT部门、软硬件资产管理的资产部门、项目合同管理的合同部门及项目档案管理的档案部门。其中,项目建设部门通常由业务部门或IT部门承担。上述各部门在项目交付确认和项目范围验收中承担的角色职责参考如下。

- 建设部门:总体负责项目分项交付的一致性确认,以及担任项目范围验收中的核验角色。
- 业务部门:负责项目系统交付的业务一致性确认,以及担任项目范围验收中的核验角色和系统验收的查收角色。
- IT部门:负责项目系统交付的技术一致性确认,以及担任项目范围验收中的核验角色和系统验收的查收角色。
- 资产部门:参与项目产品交付的一致性确认,负责担任项目范围验收中的资产验收的查收角色。
- 合同部门:负责项目范围验收中的合同范围的一致性确认。
- 档案部门:负责项目文档交付的合规确认,负责担任项目范围验收中的文档验收的查收角色。

2. 项目交付确认

项目交付确认是指针对项目分项交付品的验证和确认,主要包括产品交付、系统交付、服务交付、文档交付的验证和确认。
- ➢ 产品交付：建设部门负责项目产品交付与技术规格要求的一致性验证、确认；资产部门参与项目产品交付的一致性验证、确认。
- ➢ 系统交付：业务部门负责项目系统交付与业务需求和要求的一致性验证、确认；IT部门负责项目系统交付与技术规格要求的一致性验证、确认。
- ➢ 服务交付：建设部门负责项目服务交付与技术规格要求的一致性验证、确认；相关部门参与项目服务交付的一致性验证、确认。
- ➢ 文档交付：建设部门负责项目文档交付与技术规格要求的一致性验证、确认；文档部门参与项目文档交付的合规性确认。

信息化项目验收相关部门如资产、档案等职能管理部门，可以通过项目相关分项交付的验收，满足各自的职能管理要求，进而简化项目验收程序、提高项目验收效率。

3. 项目范围核验

项目范围核验简称项目验收。所有项目交付通过相关分项的交付确认后，通常可以申请项目验收。项目验收涉及"核验"和"查收"两种角色。项目验收组通常由项目利益相关部门的人员构成，一般由项目建设部门组织、业务应用部门和IT部门参加，组成项目验收小组。

- ➢ 建设部门：总体负责项目分项交付成果的核验。将项目产品交付移交资产管理部门，由资产部门负责查收；将项目文档交付移交文档管理部门，由文档部门负责查收。
- ➢ 业务部门：参与项目分项交付成果的核验，负责项目系统交付的系统上线使用查收。
- ➢ IT部门：参与项目分项交付成果的核验，负责项目系统交付的查收，以系统移交接收检查结果为依据，开展项目系统的接产。

项目验收通常分为项目初步验收、项目最终验收及项目质保验收等，不同类型项目的验收对象略有差异，但都是针对项目范围的验收。项目验收中涉及的建设部门、业务部门和IT部门分别站在项目管理、系统使用和技术管理的视角参与项目验收，各负其责，相互制约，共同完成项目验收工作。

18.3 项目交付确认

项目交付确认一般包括软件交付确认、硬件交付确认、系统交付确认、服务交付确认、文档交付确认。项目经理负责组织推进项目分项交付确认工作。项目服务商按规定提交项目分项交付成果后，方可提出项目分项交付确认申请。通过项目分项交付确认的成果可以作为正式的项目交付成果。

18.3.1 软件交付确认

软件交付确认包括软件接收检查、软件质量验收、软件资产管理核查和不符合项管理等。

1. 软件接收检查

项目建设部门按照合同条款对软件名称、版本、功能、数量、授权、配套服务等技术规格要求逐项进行核验，核验内容包括但不限于以下几项。

- ➢ 软件名称、软件版本。
- ➢ 软件包含的功能模块。

- 软件存储介质及软件数量。
- 软件原厂商或服务商出具的软件许可授权。
- 软件配套的使用文件。
- 约定的配套服务（如软件安装、培训与技术支持等）。

2. 软件质量验收

软件使用部门根据软件使用需求，对软件功能及性能进行接收性验证测试，并出具软件质量验收报告。软件质量验收内容包括但不限于以下几项。

- 软件存储介质是否可用。
- 软件功能模块是否齐全。
- 软件系统能否正常运行。
- 软件性能是否满足合同约定。

通用的工具软件可由项目建设部门代为执行软件质量验收工作。

3. 软件资产管理核查

软件资产管理部门根据合同要求逐项对软件产品、许可文件及配套文档资料进行核查，核验内容包括但不限于以下几项。

- 软件产品一致性检查。
- 软件授权许可文件检查。
- 软件配套的文档资料检查等。

软件资产管理部门检查后，填写软件资产台账。软件授权许可文件和配套的文档资料按信息化项目档案管理规定归档。

4. 不符合项管理

对于软件交付确认中存在不符合项的，项目建设部门应就不符合项整改方案与项目服务商达成一致，并签署验收不符合项备忘录。项目建设部门根据不符合项备忘录约定，敦促项目服务商及时关闭不符合项。

项目建设部门应建立部门信息化建设项目不符合项管理台账。

5. 软件验收报告签署

项目建设部门、软件使用部门、软件资产管理部门相关人员就软件验收事项达成一致后，相关各方签署软件交付确认报告。

18.3.2 硬件交付确认

硬件交付确认包括硬件设备接收检查、设备质量验收、设备资产管理核查和不符合项管理等。

1. 硬件设备接收检查

项目建设部门按照合同条款对硬件设备进行检查核对，确保交付的硬件设备与合同约定一致，检查核验内容包括但不限于以下几项。

- 设备标识信息（品牌、名称、型号）与合同约定的一致性。
- 设备是否为全新、未使用过。
- 设备配置信息（主要配置参数）与合同约定的一致性。
- 设备配件型号与数量是否准确、完整。
- 设备保修卡和说明书等资料是否完整。
- 记录设备到货时间是否符合约定要求。

2. 设备质量验收

基于项目合同标条款约定，设备使用部门需逐项对设备配置完整性、功能可用性和性能进行检查核验，确保设备质量满足合同约定要求，检查核验内容包括但不限于以下几项。

- 设备配备清单及配件检查。
- 设备开机后的设备配置参数检查。
- 设备主要功能可用性检查。
- 设备主要性能指标检测。
- 设备最终用户信息及设备原生产厂商出具的授权书和售后服务承诺函。
- 其他设备质量影响要素检查。

3. 设备资产管理核查

设备资产管理部门根据合同要求逐项对硬件设备、授权文件及配套文档资料进行核查，核验内容包括但不限于以下几项。

- 设备一致性检查。
- 设备授权文件检查。
- 设备配套的文档资料检查。

设备资产管理部门检查后，填写设备资产台账。设备授权文件和配套的文档资料按信息化项目档案管理规定归档。设备资产台账包括但不限于设备型号、数量、到货日期、测试验证等过程信息。

4. 不符合项管理

对于设备验收中存在不符合项的，项目建设部门应就不符合项整改方案与项目服务商达成一致，并签署验收不符合项备忘录。项目建设部门根据不符合项备忘录约定，敦促项目服务商及时关闭不符合项。

5. 设备验收报告签署

项目建设部门、设备使用部门、设备资产管理部门相关人员就设备验收事项达成一致后，相关各方签署设备交付确认报告。

18.3.3 系统交付确认

系统交付确认一般包括系统功能性检查、系统非功能性检查和不符合项管理等。

1. 前置条件

系统交付申请前应具备以下条件。

- 完成合同约定的系统开发实施工作，并通过用户接收性测试。
- 系统运行环境已部署就位，并通过项目建设部门组织的系统部署检查。
- 系统基础数据和前置业务数据配置到位，具备系统试运行条件。

2. 系统功能性检查

项目建设部门组织业务管理部门、系统使用部门和IT部门共同开展系统接收检查核验，检查核验要点包括但不限于以下几个。

- 系统功能完整性检查：通过系统测试报告检查与合同约定的系统功能符合度。
- 系统易用性检查：评估系统UI交互的易用性，可满足常规的用户交互需求。
- 系统合规性检查：如有界面设计规范，检查系统界面与界面设计规范的一致性。

- 系统用户使用手册、系统运维管理手册的可用性。
- 其他必要的系统功能验收检查核验事项。

3. 系统非功能性检查

项目建设部门组织 IT 部门、业务管理部门等相关部门开展系统非功能性检查核验。检查核验要点包括但不限于以下几点。

- 系统性能满足度检查：通过量化与非量化的方式评估系统主要性能指标满足度。
- 系统运行维护管理检查：检查系统配置管理方案、系统备份恢复方案、系统升级方案的可行性。
- 系统安全要素检查：检查是否满足项目设计方案约定的安全设计要求、系统部署是否符合公司信息安全策略要求、漏洞扫描系统发现的漏洞是否均已处理完毕、系统防病毒功能运行是否正常等。
- 必要时，可开展渗透测试检查系统安全性。

4. 不符合项管理

对于系统验收中存在不符合项的，项目建设部门应就不符合项整改方案与项目服务商达成一致，并签署验收不符合项备忘录。项目建设部门根据不符合项备忘录约定，敦促项目服务商及时关闭不符合项。整改完成后可再次申请系统交付确认。

5. 系统交付报告签署

项目建设部门、业务管理部门、使用部门、IT 部门相关人员就系统交付事项达成一致后，相关各方签署系统交付确认报告。

18.3.4 服务交付确认

项目服务主要分为咨询服务、培训服务、技术支持服务。

1. 咨询服务交付确认

咨询服务交付确认以服务目标为导向，以目标达成为确认依据，以咨询服务报告为作为衡量目标实现的承载对象。

- 咨询报告合理性与完整性。
- 咨询服务效果反馈。

项目建设部门和相关部门相关人员就咨询服务目标与成果进行确认，签署咨询服务交付确认报告。确认报告中应有咨询服务相关部门的执行管理人员和部门授权人签字确认。

2. 培训服务交付确认

依据合同约定的培训内容与服务标准开展培训服务验收。从培训内容合理性与完整性、培训效果检查核验培训服务，核验检查内容包括但不限于以下几项。

- 培训内容合理性与完整性。
- 培训效果反馈。

项目建设部门和参加培训的相关部门就培训服务目标与效果进行确认，签署培训服务交付确认报告。参加培训的相关部门可以通过签署培训满意度调查问卷的方式反馈培训意见。培训服务交付确认报告应经项目培训服务执行管理人员和部门授权人签字确认。

3. 技术支持服务交付确认

依据项目合同约定的技术支持服务内容与标准开展技术支持服务交付确认。从服务内容完整性、服务质量、服务满意度 3 个方面检查核验技术支持服务，核验检查内容包括但不限于以下几项。

- 服务内容完整性。检查服务内容是否全面执行完成。
- 服务质量检查。检查服务质量是否满足服务约定要求。
- 服务满意度评价。服务满意度应为"总体满意"以上。

项目建设部门和技术支持服务的相关部门应就技术支持服务验收相关内容达成一致性，共同签署技术支持服务交付确认报告。

4. 不符合项管理

对于服务交付确认中存在不符合项的，项目建设部门应就不符合项整改方案与项目服务商达成一致，并签署验收不符合项备忘录。项目建设部门根据不符合项备忘录约定，敦促项目服务商及时关闭不符合项。

18.3.5 文档交付确认

项目文档一般分为项目工程文档和项目管理文档，文档交付确认包括对文档完整性、准确性、有效性的检查核验等。

1. 文档完整性和准确性检查

项目交付的文档应符合项目合同约定和项目技术规格书约定要求，文档核验检查要点包括但不限于以下几项。

- 文档齐全。提交的项目文档种类符合合同条款和项目技术规格书约定要求，应能够满足项目交付后的使用与运行维护的要求。
- 内容完整准确。文档内容应完整、系统、准确，可满足文档使用要求。

2. 文档有效性检查

项目交付的文档应符合项目质量保证要求。

- 乙方文件发布：服务商提交的文件应符合质量管理要求，至少应有编制、校对、审核三级签字确认。
- 甲方文件审核：项目建设部门应安排对实施方提交的文件进行审核，并在文件适当位置体现审核信息。技术类文件应有技术管理部门的审核确认；业务类文件应有业务管理部门的审核确认；项目管理文件应有项目建设部门的审核确认。

3. 文档归档

项目经理应按照企业"信息化项目文件归档范围"要求，组织项目交付的纸质文件和电子文件的接收审核，适时邀请档案部门人员对项目交付文档进行归档审核。

4. 文档验收报告签署

项目文档相关各方就文档验收事项达成一致后，项目经理组织相关各方签署文档交付确认报告。

18.4 项目范围验收

信息化项目范围验收通常分为项目初步验收、项目最终验收及项目质保验收等。

18.4.1 项目初步验收

项目初步验收（简称项目初验）以项目范围为依托，基于项目范围条款约定开展项目建设内容全面、系统的检查、核验与接收。项目初验是在完成项目全部建设内容后的全局性验收，通过项目初验的成果可以作为正式的项目交付成果。

1. **前置条件**

项目初验申请前应具备以下条件。
- 项目范围涉及的各分项通过各自的分项交付确认。
- 项目分项交付确认中的遗留项已处理完毕，或同意将遗留项纳入项目初验遗留项范畴。
- 项目无变更或对已发生的变更事项达成一致意见。涉及合同条款变更的，已完成合同变更协议签订。

2. **验收事项核验**

依托项目范围约定确定项目初验收事项，通过对项目交付事项全面、系统的核验检查，确保项目范围执行的完整性。
- 项目范围检查：项目建设部门负责组织项目范围执行情况检查，形成项目范围执行情况检查报告，明确项目已发生的变更及存在的遗留项目。并就项目变更和遗留项与项目服务商达成一致。项目范围执行情况检查报告经项目建设部门授权人签字生效。如涉及项目变更或遗留项，需经服务商确认。
- 项目范围约定事项核验：基于项目范围条款约定，逐项检查项目分项交付确认证明材料。核验内容包括但不限于：分项交付内容与项目约定交付要求的一致性；事项相关责任单位是否参与了分项交付确认工作；分项交付确认报告是否经相关责任单位授权人签署。

项目分项交付确认不满足要求的，应补充完善分项交付确认手续或重新办理分项交付确认。

3. **签字确认**

"项目初步验收报告"是项目相关方对项目交付成果的验收确认，是项目通过初步验收的重要标志。项目相关方应各负其责，检查核验项目初步验收相关事项在本单位责任范围内的内容，项目初步验收责任人和单位授权人在项目初步验收报告中签字确认。

项目经理作为项目建设部门代表提出验收意见，推进项目初验报告签署工作。项目初验报告经项目相关责任方签字确认后，由项目建设管理方授权人完成项目初验报告签署。

4. **遗留项管理**

项目经理建立项目验收遗留清单。项目建设部门建立部门项目遗留项台账。项目经理推进项目遗留问题的解决，并及时更新项目遗留项台账信息。

18.4.2 项目最终验收

项目最终验收（简称项目终验）侧重在项目初验遗留项处理、系统试运行期间的问题处理、系统运行用户反馈及项目文件归档等验收事项。已通过项目初验收的事项，原则上项目终验阶段不再验收。通过项目终验意味着项目合同约定的除质保服务以外的所有项目交付已完毕，项目进入质量保证阶段。

1. **前置条件**

项目终验申请前应具备以下条件。
- 项目合同约定事项已经全部完成。
- 项目初验时的遗留项已经全部整改完成。

- 项目试运行阶段发现的问题已经全部整改完成。
- 项目试运行期满。

2. 验收事项核验

基于项目范围条款约定，逐项检查项目范围的分项交付确认和初步验收证明材料，核验内容包括但不限于以下几项。
- 项目初步验收报告合规性检查。
- 项目初步验收的遗留项关闭情况。
- 项目系统试运行期间问题处理。
- 项目系统运行用户反馈情况。
- 项目文件归档。
- 项目附加规定的其他验收条件。

3. 签字确认
- 项目经理作为项目建设部门代表推进项目终验报告签署工作。
- 因特殊原因导致的部分遗留项难以短期完成整改，由项目建设部门与服务商就整改意见达成一致，在项目质保验收中一并验收。
- 根据项目范围情况确定项目终验参与部门，项目最终验收报告经相关责任方签字确认后，由项目建设部门授权人完成项目最终验收报告签署。

18.4.3 项目质保验收

项目质保期通常始于项目最终验收通过之日，截止于合同约定的质保周期。质保期结束后应及时开展项目质保验收。

1. 前置条件

项目质保验收申请前应具备以下条件。
- 项目质量保证时间满足合同约定的质保周期。
- 质保约定的服务事项均已执行完毕。

2. 事项检验

项目质保验收核验检查内容包括但不限于以下几项。
- 项目质量保证时间是否满足合同约定。
- 项目合同遗留事项是否均已关闭，并经相关责任部门签字确认。
- 质保服务约定服务事项是否已执行完毕，是否有相关人员签字确认。
- 开展服务满意度调查，形成服务满意度调查报告。服务总体评价应为"满意"及以上。

3. 签字确认
- 项目经理作为项目建设部门代表推进项目质保验收报告签署工作。
- 项目系统的运行部门作为业务管理和技术管理角色参与项目质保验收工作，签署质保验收意见。
- 项目系统的用户意见通过服务满意度调查报告体现。
- 项目质保验收报告经项目相关责任方签字确认后，由项目建设部门授权人完成项目质保验收报告签署。

4. 项目结项

项目质量验收通过后，项目经理应同时完成以下工作。

- 开展项目文件归档情况检查，按企业信息化项目文件归档范围要求完成项目文件归档。
- 通知商务部门及相关人员完成项目合同支付相关工作。
- 组织开展项目全周期执行情况的经验总结。
- 推进项目关闭的其他相关工作。
- 根据企业项目后评估计划，适时推进项目后评估工作。

项目验收过程中形成的所有验收文档、原件由项目经理向企业档案部门归档，复印件或扫描件提交项目建设部门和 IT 部门备案。

18.5 相关建议

项目验收是企业信息化项目管理不可或缺的重要管理环节，由于项目验收涉及复杂的业务、技术、管理等验收基准问题，加之项目管理周期长，信息化项目验收普遍面临验收规范性和有效性方面的困扰。以下建议供读者参考。

1. 注重项目验收管理制度建设

项目验收通常依托企业信息化项目管理体系开展，而与项目验收相关的管理程序与标准规范的制定远非一劳永逸的事情，需要持续改进与完善。因此，在基于管理现状推进项目验收工作的同时，应注重项目验收管理制度的完善和与项目验收相关的标准规范的建立，通过项目验收管理制度和标准规范的完善和改进，支撑、规范信息化项目验收活动，逐步提高项目验收的有效性和规范性。

2. 严格项目验收制约机制管理

严格执行项目验收中的"验、收分离"原则，保证"项目交付品核验"与"交付品查收"工作的职责分离、人员分离乃至组织分离，确保项目验收的"验"与"收"由职责不同的两组角色分别承担。"核验者"负责项目交付品的核验，"查收者"负责项目交付品的检查、接收和后续管理，形成有效的项目验收监督制约机制。

3. 重视项目验收中的合规监管

信息化项目通常始于项目定义、止于项目验收。经过严格的业务、技术、管理等多维度的项目定义审查，项目目标、交付、费用都是清晰的。但信息化项目管理虎头蛇尾的现象普遍存在，项目验收管理普遍弱于项目立项审查。项目实施的效果如何、是否达到了预期目标，通常缺少可量化的评价体系。企业应开展针对信息化项目验收的合规监管，通过合规监管促进项目验收管理制度完善，以堵住项目验收漏洞、提高信息化投资有效性。

第 19 章

信息化项目后评估探讨

项目后评估通常是项目管理体系改进的重要抓手之一。通过项目后评估活动，可全面、系统地复盘项目过程和管理过程，通过项目成效与差距分析总结项目经验与教训，为后续的 IT 应用改进和项目管理改进提供输入。

19.1 后评估的必要性与难点

信息化建设过程通常分为项目定义、产品服务采购、项目实施 3 个流程环节，因此，完整的信息化项目后评估包括针对上述 3 个环节工作的评估。

19.1.1 后评估的必要性

项目后评估是对信息化项目定义、商务采购、建设实施和运行效果的全面评估。通过项目预期效果与实际效果的综合比对，以及项目执行过程的得失分析，不但可为信息化项目投资决策、项目管理提供经验反馈，也有利于企业信息化建设的业务创新和知识积累。

> **提升信息化投资决策水平**：进行已投用信息化项目的实际效益与预期目标之间的差异分析和业务绩效改进分析，有助于优化企业信息化项目立项评估办法，完善信息化投资决策机制。同时，有助于企业信息化战略的调整与优化。

> **有助于项目管理体系完善**：进行全面、系统的项目范围、进度、质量、沟通、验收和人员等项目管理关键要素的比对分析，有助于信息化项目管理体系的完善和优化。同时，也有利于企业信息化建设管理的模式改进和经验积累。

> **有利于应用创新和知识积累**：进行 IT 应用的业务创新与绩效改进分析，无疑会加深业务部门对 IT 应用的价值认识，有助于引导、推进企业的数字化转型与应用创新。同时，也会促进相关业务领域的流程梳理与管理提升。

19.1.2 后评估的难点

由于项目后评估通常以发现问题、推进后续改进为目标，虽然项目后评估看似好处多多，但实际执行起来却是困难重重。正如本章标题中的"探讨"所透露出来的，由于信息化建设项目通常为企业自主投资建设的项目，从项目立项发起、商务采购、建设实施均由企业自我主导，无论是 IT 部门主导项目建设还是业务部门主导项目建设，常态化开展项目后评估的企业并不多，即便开展也多流于形式。研究其原因，存在以下困难。

> **企业的管理氛围制约后评估活动的开展**：项目后评估的目的是推进信息化建设项目的

持续改进，通常也意味着企业的经营规模、组织规模和信息化投资均具有一定的规模，也意味着基本形成了各自为政的企业管理氛围。这意味着企业内部通常较难接受项目后评估发现问题的公开化，企业内部单位之间的互提改进要求通常不受欢迎。这种普遍存在的企业管理氛围在很大程度上制约了信息化项目后评估工作的开展。

- **后评估发现的问题带来的潜在矛盾冲突**：现实的企业信息化建设项目通常会存在各式各样的问题，从项目目标定义、需求分析、建设方案，到技术规格书编制、供应商选择，再到项目建设实施，其中既有主观原因导致的问题，也有客观原因导致的问题；既有人员能力不足带来的问题，也存在工作态度不严谨带来的问题。项目后评估的复盘分析，将所有问题公开化、透明化，带来的冲击力与影响力通常是较大的，存在抵触情绪也属正常。
- **缺乏刚性约束导致项目后评估可有可无**：信息化建设不是企业的主流业务，信息化建设项目后评估一般不会被列入企业治理的控制范畴。信息化建设通常属于企业信息化管理的范畴，IT部门出于减少矛盾的考虑，通常不会将项目后评估作为强制的控制项加以管理。由于没有企业管理制度的刚性约束，信息化建设项目后评估常常停留在管理理念层面，即便开展，往往形式多于实质。

虽然开展信息化建设项目后评估存在诸多制约因素，但作为企业信息化建设持续改进的重要抓手，开展项目后评估实属必要。企业需要结合自身具体情况，做好项目后评估的管理折中，聚焦关键改进需求，从项目局部后评估做起，之后逐步扩大项目后评估范围，充分发挥项目后评估对企业信息化建设的助推作用。

19.2　后评估模型与基本原则

项目后评估通常围绕项目目标与建设内容展开，通过项目立项内容与项目建成后所达到的实际效果的对比分析，找出差距及原因、总结经验教训，以不断提高信息化建设管理水平和信息化投资有效性。

19.2.1　后评估参考模型

企业信息化建设项目遵循项目管理的基本规律，其项目后评估方法与其他类型项目的后评估方法类似，包括项目后评估的效果分析、差异比较、经验教训总结和改进建议等内容。但企业信息化建设项目又有其独特之处。信息化项目后评估参考模型如图19-1所示。

企业信息化项目后评估通常可以划分为3个维度的评估，即合规评估、效果评估和过程评估。

- **合规评估**：合规评估包括与信息化规划的一致性评估与信息化管理的一致性评估。企业信息化建设通常为信息化规划下的具体项目的建设，合规评估的目的之一是评估启动建设的信息化项目是否符合企业信息化规划。评估内容既包括项目立项文件内容与企业信息化规划的一致性，也包括项目建设实施期间的项目应用架构、技术架构与信息化规划相关架构的一致性。合规评估的另一个目的是评估信息化项目建设过程的项目管理是否符合企业已发布的信息化管理制度，包括但不限于项目立项管理办法、商务采购管理办法、项目实施管理办法、信息安全管理等制度。
- **效果评估**：效果评估主要评估项目建成投产后的应用效果。效果评估通常以项目目标为指引，基于目标分解，评估分解目标的实现程度。或基于约定的建设内容，评估项目实际完成程度。无论是基于目标实现程度的评估还是基于建设内容的完成程度评估,最终的项目效果都应体现与投资有效性的关联。
- 过程评估:过程评估包括针对项目工程过程和项目管理过程的评估。信息化项目工程过程主要分为项目定义、商务采购、项目建设实施 3 个阶段,评估对象可细分为针对项目建设方案、技术规格书、需求分析、方案设计、配置开发、测试验证等方面的评估。项目管理过程评估可细分为针对项目立项管理、商务采购管理、项目范围管理、计划管理、执行控制、项目收尾等方面的评估。过程评估通常体现为针对差距的评估分析,通过针对项目过程的差距分析,发现影响项目效果的关键因素,获得项目过程改进的经验与教训。

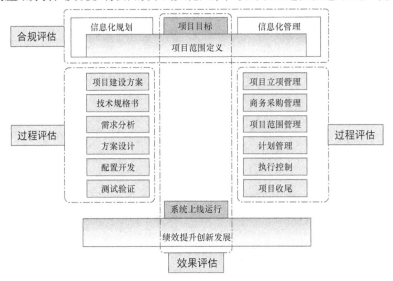

图 19-1　信息化项目后评估参考模型

基于上述的项目后评估参考模型,可以梳理、明确各评估过程的绩效目标,基于绩效目标和评估内容的逻辑和层级分解,便可形成细化的项目后评估指标体系。

19.2.2　后评估基本原则

信息化项目通常为企业自主投资的建设项目,其项目后评估通常为企业的自主管理行为。因此,信息化项目后评估应紧密结合企业自身的管理实际,基于企业管理需求,设定项目后评估目标。基于后评估目标,策划、组织、开展项目后评估工作。信息化项目后评估应遵循以下基本原则。

- **关注绩效的原则**:项目后评估应当关注项目系统上线后的业务绩效提升和应用创新。结合项目目标与内容,落实绩效提升的途径、方法与体现,评估项目绩效提升效果。同时,关注业务数字化转型、数据分析利用等应用创新的价值。
- **客观公正的原则**:项目后评估通常涉及业务部门、管理部门、IT 部门等多个部门,也涉及关键用户、技术人员、项目经理等项目干系人,后评估指标应基于客观实际合理设置,评估标准应基于客观可达设定,避免过高或过低。
- **科学规范的原则**:应科学、合理地设计项目后评估指标评价体系,合理分配指标权重,编制发布信息化项目后评估管理办法,严格执行项目后评估管理程序,采用定量与定性分析相结合的方法开展项目后评估工作。

同时,应重视项目后评估管理制度的持续改进,基于项目后评估管理实践大力推进项目后评估管理制度的改进与完善。

19.3 绩效目标与评估标准

项目后评估通常以项目目标绩效为引导，通过针对项目绩效关键指标与评估标准的比对分析项目执行的优劣得失，并基于评价者的经验给出项目后评估改进建议。

19.3.1 项目绩效目标

基于前述的项目后评估参考模型，项目后评估分为3个维度、5个评估域。3个维度分别是合规评估、效果评估和过程评估维度，5个评估域分别是信息化规划评估域、信息化管理评估域、项目效果评估域、项目工程过程评估域和项目管理过程评估域。信息化项目后评估以5个评估域的绩效目标为基准，评价项目关键绩效指标的实际执行情况，进而获得项目后评估结论。

项目后评估为典型的管理行为，不同的项目会有不同的后评估诉求。下面基于项目后评估参考模型确定的5个评估域，简要介绍各评估域的可供参考的绩效目标。

> 信息化规划评估域：企业信息化规划通常规划了与信息化相关的业务架构、应用架构、信息架构和技术架构等四大架构。其中业务架构通常属于信息化规划的输入，不属于信息化规划的管理范畴。属于信息化规划管理范畴的内容主要包括信息化战略、应用架构、信息架构、技术架构、信息化成长路径和信息化投资等方面的内容。信息化规划评估的目标主要是评价项目建设内容与信息化规划的一致性，具体包括项目立项内容和项目实施方案与规划确定的应用架构、信息架构、技术架构的一致性，及与成长路径和投资策略的一致性和技术经济性。

> 信息化管理评估域：信息化项目需要受到企业信息化建设管理制度的约束。信息化管理评估的目的主要是评价项目立项、商务采购、项目建设实施期间与相关管理制度要求的一致性，具体包括与项目立项管理办法、商务采购管理办法、项目建设管理办法等管理制度或程序的一致性。

> 项目效果评估域：通常以项目立项约定的项目目标为基准开展项目效果评估。基于项目目标及目标分解、项目内容，以项目投入使用后的实际应用效果为输入，开展项目效果评估。信息化项目投资回报期通常较长，项目效果评估应充分考虑项目系统全周期的价值贡献。对于业务应用系统类项目，除项目自身带来的业务绩效提升以外，还应将项目对创新发展和核心能力提升的支持纳入项目效果评估中。

> 项目工程过程评估域：通常为针对信息化建设过程的完整性、系统性、有效性和扩展性的评估，通过系统的分析、科学的评估，找出影响项目绩效的根本原因。同时，肯定、确认完美、到位之处。项目工程过程评估通常包括项目立项内容的完整性、有效性，项目建设方案的有效性、扩展性，需求分析的完整性、系统性，项目实施方案的有效性、扩展性，项目上线系统的可用性、可管理性等内容。

> 项目管理过程评估域：通常为针对信息化建设过程的管理要素评估，主要包括对范围管理、进度管理、质量管理、信息沟通、人员管理、项目验收等各项目管理要素的计划、执行和控制等情况的评估。通过项目管理要素的充分性、适宜性、有效性的评估，发现项目管理薄弱环节，给出项目管理改进建议。

企业可根据自身信息化建设项目后评估的管理诉求，划定信息化项目后评估的范围，确定项目后评估的目标；参考上述的各评估域目标，确定项目后评估的各评估域绩效目标。

19.3.2 项目后评估标准

依据项目目标与内容，基于项目后评估的各领域绩效目标，解析、分解形成项目后评估指标分类体系。结合企业当前信息化发展水平设定评估指标参考基准，进而形成项目后评估指标标准体系。

1. 信息化规划一致性评估标准

信息化规划一致性评估标准通常来自企业已发布的信息化规划文件，基于信息化规划文件要求，确定信息化规划一致性评估指标和评估标准。规划一致性评估通常包括以下内容。

- 信息化战略一致性评估：评价项目建设思路、总体方案等关键要素与企业信息化方针、原则等的一致性。
- 应用架构一致性评估：评价项目主体需求、功能框架与企业信息化规划确定的应用架构的一致性。
- 信息架构一致性评估：评价项目信息架构、信息集成与企业信息化规划确定的信息架构的一致性。
- 技术架构一致性评估：评价项目技术架构、平台选型、集成方案与企业信息化规划确定的技术架构的一致性。
- 信息化成长路径一致性评估：评价项目定位、项目内容等组合与企业信息化规划确定的成长路径的一致性。
- 信息化投资策略一致性评估：评价项目建设费用与企业信息化投资策略的一致性和项目费用的有效性。

企业信息化规划通常与企业信息化建设之间存在一定的差距，这就导致了信息化项目后评估的两面性，既会发现信息化建设项目本身的规划一致性问题，也会发现信息化规划本身的欠缺与不足之处。

2. 信息化管理一致性评估标准

信息化管理一致性评估标准通常来自企业已发布的信息化管理制度文件，基于信息化管理制度，确定信息化管理一致性评价指标和评价标准。管理一致性评估通常包括以下内容。

- 项目立项管理一致性评估：评价项目立项过程是否遵从企业已发布的信息化项目立项管理规定的相关要求。
- 商务采购管理一致性评估：评价项目商务采购过程是否遵从企业已发布的采购商务相关管理规定的相关要求。
- 项目实施管理一致性评估：评价项目建设实施过程是否遵从企业已发布的信息化建设项目实施管理规定的相关要求。
- 信息安全管理一致性评估：评价项目信息安全需求与信息安全方案是否遵从企业信息安全管理的相关要求。

通过信息化项目的管理一致性评估，评估信息化项目的管理合规情况。

3. 项目效果评估标准

项目效果评估通常以项目目标为指引，基于目标分解和内容分解，开展项目效果评估。项目效果评估通常可细分为基于目标的需求满足度评估、基于需求的应用效果评估和基于投资回报的投资有效性评估。
- ➢ 需求满足度评估：以项目目标为需求满足度的评估基准，基于项目目标及目标分解，评估项目需求分析的完整性、系统性和有效性，评估总体方案的有效性和扩展性。
- ➢ 应用效果评估：评估项目实际应用效果是否达到了项目预期目标和应用场景功能要求，用户交互、信息展现是否满足目标用户的要求。系统安全性、扩展性和可维护性能否满足项目系统生命周期运行、应用与管理等的要求。
- ➢ 投资有效性评估：评估项目费用构成的合理性和技术平台选型的技术经济性。评价项目信息化实施所产生的绩效提升、创新和能力提升效果，以及必要的经济性效果评估。

项目效果评估标准与项目目标与内容密切相关，需要结合项目具体情况，梳理、分析形成项目效果评估标准。对于目标欠清晰的项目，需要给出具有概括性的项目目标约定，以便为项目效果评估开展提供支持。

4. 项目工程过程有效性评估标准

项目工程过程有效性评估通常以项目目标和内容为起点，评估项目工程过程中的项目定义、技术规格书、项目需求分析、技术方案、配置开发、测试验证、项目上线验收等主要过程的对项目交付支持的有效性。项目工程过程有效性评估标准与项目目标与内容密切相关，需要结合项目具体情况，梳理、分析形成项目工程过程有效性评估标准。项目工程过程有效性评估通常包括以下内容。

- ➢ 项目定义有效性评估：以项目诉求为起点，评估项目目标、内容、需求、建设方案、实施组织、费用预算等的准确性和有效性。
- ➢ 技术规格书有效性评估：以项目建设方案为起点，评估项目技术规格书的完整性、有效性和合理性。
- ➢ 项目需求分析有效性评估：以项目目标和内容为起点，评估项目需求分析针对项目应用场景的需求满足度，包括但不限于需求的完整性、系统性和有效性。
- ➢ 技术方案有效性评估：以项目需求为起点，评估项目建设方案、实施方案等针对项目需求的满足度，包括但不限于对项目当期需求、扩展需求、技术要求等支持的有效性。
- ➢ 配置开发有效性评估：以项目方案为起点，评估项目实施配置、开发等的针对项目方案落地实现的满足度和有效性。
- ➢ 测试验证有效性评估：以项目需求和方案为起点，评估项目测试、验证等的针对项目应用场景支持的有效性。
- ➢ 项目上线验收有效性评估：以项目工程成功和管理成功为依托，评估项目系统上线和验收活动的有效性。

5. 项目管理过程有效性评估标准

项目管理过程评估通常以项目范围为起点，主要评价要素包括范围管理、进度管理、质量管理、信息沟通、人员管理、项目验收等事项。通过对各项目管理要素的计划、执行和控制等的充分性、适宜性、有效性的评估，发现项目管理薄弱环节，给出项目管理改进建议。

- ➢ 范围管理有效性评估：以项目目标和内容为起点，评估项目范围与项目交付成果的有效性，以及项目需求与变更管理的有效性。
- ➢ 进度管理有效性评估：评估项目工作分解对进度管理和质量控制支持的有效性，评估项目进度计划对项目进度执行支持的有效性，评估项目资源配置的有效性，评估进度控制措施的有效性。
- ➢ 质量管理有效性评估：评估项目质量计划对甲方、乙方等质量控制支持的有效性，评估项目关键环节的质量控制措施的有效性，评估项目不符合项管理的有效性，评估质量控制信息的有效性。
- ➢ 信息沟通有效性评估：评估沟通需求与计划的有效性，评估沟通信息报告的有效性、评估沟通与协调机制的有效性。
- ➢ 人员管理有效性评估：评估项目人力资源配置的有效性，评估人员能力与项目工作的有效性、评估人力资源配置对项目绩效的影响。
- ➢ 项目验收有效性评估：评估项目验收计划的有效性，评估验收过程的规范性、评估验收报告材料的有效性。

项目后评估标准是开展项目后评估工作的重要基础，应结合企业信息化项目后评估实际情况，制定项目后评估标准。

19.3.3 后评估指标权重

为满足项目绩效评价的横向比较，企业通常为项目后评估的各项指标赋予不同的权重，通过指标权重体现评价指标对项目绩效的影响，通过指标得分和权重乘积的数据汇总便可获得项目后评估的总得分。项目后评估得分的高低在很大程度上体现项目绩效的好与差。

项目后评估指标权重和后评估得分主要用于后评估项目之间的横向比较。从管理改进的视角看，项目后评估指标得分的高低表明该项目该项指标的差距大小；而不同项目之间的指标横向比较，不仅意味着项目之间的指标差距，也能体现出该指标的企业整体状况，可以为项目管理改进和企业全局管理改进提供参考。

项目后评估指标体系通常为多层级的树形指标框架体系，即一级指标下包含若干个二级指标，二级指标下又包含若干个三级指标等。遵循上、下层指标分解关系，指标层级之间有机结合、相辅相成，最终得出项目后评估的综合结果。

项目后评估指标权重按合计100%计算，根据评价指标的重要性，为一级指标分配权重，合计值为100%。将每个一级指标权重分解到对应的二级指标上，二级指标权重合计等于对应的一级指标权重。以此类推，将项目后评估指标权重分解到末端评估指标。

项目后评估得分计算是各层级评估指标得分从底层向上层的逐级汇总的计算过程。

从项目改进的视角看，实实在在的问题与改进建议，远比项目后评估的得分更有意义。

19.4 后评估组织与实施

项目后评估的问题发现、整改是企业管理的自我革命，其中涉及企业内部不同的利益相关方，应重视项目后评估的组织与协调。

19.4.1 项目后评估策划

项目后评估作为企业管理改进的重要手段，开展项目后评估的诉求、目标必须基于企业当前的业务、技术与管理现状，围绕企业信息化建设的弱项、短板，研究确定项目后评估的预期目标，并基于预期目标划定项目后评估的评估范围和评估重点，选择合适的信息化项目开展项目后评估活动。

项目后评估虽然好处多多，但也面临着企业管理氛围、后评估问题责任、管理刚性等方面的挑战，开展项目后评估通常会遇到各式各样的阻力或困难，因此做好项目后评估的前期策划与准备甚是重要。

19.4.2 后评估组织与计划

基于企业年度项目后评估安排，做好项目后评估活动的组织、计划与准备工作。
- 后评估组织机构：项目后评估活动通常由企业内部的主体责任部门组织，与信息化项目相关的业务归口部门、业务应用部门、IT 部门，以及商务、财务、投资、风控等相关部门和人员参与项目后评估活动。同时，项目后评估期间，可邀请少量外部行业专家，协作把握信息化管控相关指标的分析与评估。
- 确定后评估标准：基于项目后评估目标、项目目标与建设内容，编制项目后评估评价标准，明确项目后评估的指标评估体系和评价标准。同时，编制后评估评价指南，为评估专家评估打分和被评估方准备项目后评估材料提供指导。
- 编制后评估计划：基于项目后评估工作分解，编制项目后评估详细的计划安排，用于指导后评估活动的有序开展。

同时，做好项目后评估活动开展所需的场地、材料等资源准备和其他相关事项的准备工作。

19.4.3 项目评估执行与管理

项目后评估活动类似于通常的活动组织管理，有关项目后评估材料准备简要说明如下。
- 项目情况汇报：基于项目后评估范围，准备项目情况汇报材料。项目汇报材料务求全面、系统、简明、扼要，力求全面反映项目建设全貌和重点关注事项。
- 评估指标应答：基于后评估指标，准备点对点的应答说明文件。根据评估指标，事前收集指标相关说明材料和证据，在方便评估人员给出评估结论的同时，避免忙中出错。
- 后评估答辩：被评估方的后评估材料准备人员，应做好相关详细材料的准备和答辩准备，简明扼要地回答答辩问题。

19.4.4 评估结果审核与发布

与其他检查评估活动类似，项目后评估结论从问题提出到文件发布，通常会经历评估专家组讨论、结论沟通确认、征求意见、审核批准、正式发布的过程。
- 评估专家组讨论：评估专家各自评估意见汇总，评估专家组会议讨论形成项目后评估意见初稿。
- 结论沟通确认：与相关领域负责人沟通后评估意见，形成共识意见。
- 征求意见：基于评估方与被评估方形成的后评估共识意见，形成项目后评估意见稿。项目后评估意见稿征求项目后评估管理部门的意见后，形成项目后评估结论共识。
- 审核批准：基于项目后评估结论共识，履行文件审批流程，批准文件生效。
- 正式发布：以正式发文的方式，将项目后评估结论发给相关部门。

通过项目后评估的项目过程复盘演练，以及评估过程中的问题与事项的沟通与确认，不但有利于项目问题与经验的核实与确认，也有利于相关人员对问题与经验认识的深化。项目后评估不仅是管理改进活动，而且是重要的能力提升手段。

19.5 后评估结论与应用

项目后评估结论通常涉及企业的管理改进,同时也会涉及与项目业务相关的内容。

19.5.1 项目后评估结论

基于前述的信息化项目后评估的 5 个评估域,项目后评估结论通常也体现为与之对应的 5 个方面。其中,信息化规划一致性评估和信息化管理一致性评估通常体现为企业信息化规划改进和信息化管理改进的形式,为针对企业信息化全局的问题与改进建议。其余 3 个评估域为针对具体信息化项目的问题与改进建议。有关项目后评估结论说明如下。

- 企业信息化全局的问题与改进建议:项目后评估发现的规划一致性和管理一致问题,通常是由企业信息化管控不到位所导致。因此,后评估问题的提出和改进建议均应针对企业信息化全局,旨在通过企业信息化管理体系的改进,从根本上消除信息化建设过程中出现的不合规问题。
- 信息化建设项目的问题与改进建议:项目效果评估、项目工程过程和项目管理过程有效性评估属于与项目相关的评估内容。基于评估指标给出评估结论,评估结论应包括优势方面的肯定、弱点方面的问题和改进建议。虽然项目后评估发现的是项目层面的问题,实则也会涉及企业信息化治理结构、管理制度与信息化能力体系等方面问题,由于背后的全局性问题通常比较敏感,因此应适度表达。

信息化项目后评估是企业信息化项目建设过程的复盘推演,项目后评估结论应密切结合企业信息化当期主要矛盾和重点关注,确保项目后评估改进建议可有效促进信息化管理改进和信息化水平提升。

19.5.2 后评估结果应用

信息化项目后评估是企业信息化工作改进的重要驱动因素,应注重项目后评估结果的应用和经验总结。

- 重视项目后评估中发现的企业信息化管控方面存在的问题,深入剖析问题背后的根本原因,制定信息化管控改进方案,有序推进企业信息化管理体系的完善与优化。
- 基于项目后评估中发现的业务与技术问题,举一反三,梳理分析企业 IT 服务流程和技术体系构建、运行、使用中需改进的事项,有序推进 IT 服务改进和技术能力提升。
- 基于项目后评估中发现的项目管理问题,举一反三,梳理分析信息化项目的建设管理改进需求,有序推进项目管理制度完善和项目管理能力提升。
- 将信息化项目后评估纳入企业年度绩效考核范畴,将项目后评估成绩作为企业年度信息化先进单位和先进个人评选的重要依据。

信息化项目后评估是企业信息化绩效提升的重要抓手,应充分认识项目后评估对企业信息化绩效提升的促进作用,大力推进已建信息化项目的后评估工作,及时发现信息化建设过程中存在的问题,及时总结经验与教训,逐步提高信息化建设绩效和信息化投资有效性。

第四篇

运行与服务

导读

本篇从 IT 系统运行的视角探讨企业 IT 应用涉及与 IT 系统运行服务相关的重点事项。基于 IT 系统运行服务定位与 IT 服务框架的分析，探讨企业 IT 系统运行服务体系建设应遵循的方法框架与成长路径，提出 IT 系统资产架构化的路径与方法，以及为提高 IT 系统运行服务水平所需求的 IT 系统运行服务管理制度和 IT 系统运行服务支撑保障要求。

同时，针对"企业 IT 架构与系统部署""IT 系统接产与生命周期""IT 系统运行监控与管理""IT 系统运行维护与管理""IT 系统运行安全与管理""IT 服务支持体系设计"等 IT 系统运行服务重点事项，进行较为全面梳理分析，提出相关工作开展的方法与方案，以期为企业的 IT 系统资产体系建设，IT 系统运行监控、维护检修、运行安全，以及 IT 系统运行服务体系等的建设与持续改进提供参考。

第 20 章

定位、方法与重点关注

信息系统运行与服务是企业信息化价值实现的重要支撑，通过 IT 系统安全、稳定、高效的运行，承载、支撑企业的业务运作和经营管控。

20.1 IT 系统运行服务定位

IT 系统运行服务（简称 IT 运行服务）处于企业 IT 服务价值链的中心环节，通过 IT 系统运行服务将企业信息化规划设计、建设实施形成的信息化成果以在线服务的方式交付企业使用，并通过有效的 IT 服务支持及时解决 IT 系统使用中存在的问题。

20.1.1 IT 系统运行服务业务框架

IT 系统运行服务可以理解为基于 IT 系统资产的运行监控、维护检修和 IT 服务支持，以及贯穿始终的运行安全。IT 系统运行服务业务框架如图 20-1 所示。

图 20-1 IT 系统运行服务业务框架

- IT 系统资产：IT 系统通常以 IT 资产的形式存在于企业的数字网络空间中。IT 系统资产通常可分为机房设施、网络设施、安全设施、服务器存储备份设施等 IT 基础设施资产，以及应用中间件、数据库、基础应用系统、业务应用系统等应用设施和面向终端用户的终端系统等 IT 资产。
- 运行监控：为保障 IT 系统安全、稳定、高效运行，需要实时感知 IT 系统的运行状态，以便及时应对或处置各类事态、事件等运行风险。而开展针对各类 IT 系统的运行状态监控是获得 IT 系统运行状态的重要手段。
- 维护检修：为保障 IT 系统安全、稳定、高效运行，需要基于 IT 系统资产特性和运行状态，有计划地开展 IT 系统的维护、检修与调优，及时处置 IT 系统运行过程中的问题与故障，保证 IT 系统的可用性和业务承载能力。
- IT 服务支持：用户在使用 IT 系统和 IT 资产期间的各类问题，需要及时、高效地得到解决，为用户提供专业化的 IT 服务支持是 IT 系统运行服务的必要组成部分。
- 运行安全：保证 IT 系统运行安全是 IT 系统运行服务的首要目标，是 IT 系统运行服务的前提。与企业整体信息安全不同，运行安全聚焦于 IT 系统运行期间的安全事项管理与控制，从而确保 IT 系统使用和数据的安全。

上述的 IT 系统运行服务业务框架为企业 IT 系统运行服务规划和工作开展提供业务视图，企业可结合自身管理诉求和目标要求，开展 IT 系统运行服务体系规划。

20.1.2　IT 系统运行服务重点关注

IT 系统运行服务的宗旨是保证企业安全、高效和合规地使用信息系统。其中"安全""高效"通常为企业信息化的目的性要求；"合规"则通常是企业治理层面的要求，体现的是企业治理乃至国家治理对企业经营运作的合规性要求。IT 系统作为企业经营运作的承载对象，需要满足企业治理对 IT 系统运行管理和数据管理的合规要求。

可将 IT 系统运行服务分解为 IT 系统运行和 IT 服务支持两个业务环节，其目标各不相同。

> IT 系统运行的目标通常可概括为安全、稳定、高效。"安全"是指 IT 系统和数据的机密性、完整性、合规性；"稳定"是指 IT 系统配置受控、功能稳定、性能稳定；"高效"是指 IT 系统的有效性、可用性和高效率。

> IT 服务支持的目标通常可概括为便捷、高效、满意。"便捷"是指 IT 服务的获取应该是便捷的；"高效"是指 IT 服务的处置应该是高效的；"满意"是指 IT 服务后的用户应该是满意的。

上述的 IT 系统运行服务目标属于导向性目标，企业可根据自身 IT 系统运行服务特点定义本企业的 IT 系统运行服务目标。

参照 ITIL 4 的管理实践，IT 系统运行服务关注的管理实践主要包括以下几项。

> IT 系统运行重点关注：IT 资产管理、部署管理、基础架构和平台管理、软件开发和管理；可用性管理、容量和性能管理、变更控制、事件管理、监控与事态管理、问题管理、发布管理、供应商管理、信息安全管理、风险管理。

> IT 服务支持重点关注：服务目录管理、服务配置管理、服务连续性管理、服务设计、服务台、服务级别管理、服务请求管理、服务验证和测试。

当然，对管理要素的关注与企业信息化发展水平、IT 系统规模、IT 系统构成、管理模式等多种因素相关，需要结合企业信息化自身情况，确定 IT 系统运行服务的重点关注。同时，劳动力和人才管理、服务财务管理、度量和报告、持续改进等也是不容忽视的管理要素。

20.2　IT 系统运行服务影响因素

企业信息化价值通过其 IT 系统的运行服务得以实现。在 IT 系统运行服务环节，影响信息化价值实现的因素通常包括人员、过程、技术和资源方面（参见《信息技术服务 运行维护 第 1 部分：通用要求》（GB/T 28827.1—2012）），不同影响因素在信息化价值创造中的作用各不相同。

20.2.1　IT 系统运行服务体系模型

从业务的视角看，业务体系架构通常可划分为业务、管理、能力 3 个维度，业务维度肩负价值创造，管理维度提供业务运作管理保障，能力维度为业务运作和管理提供支撑支持。从业务规划的视角看，IT 系统运行服务体系模型如图 20-2 所示。

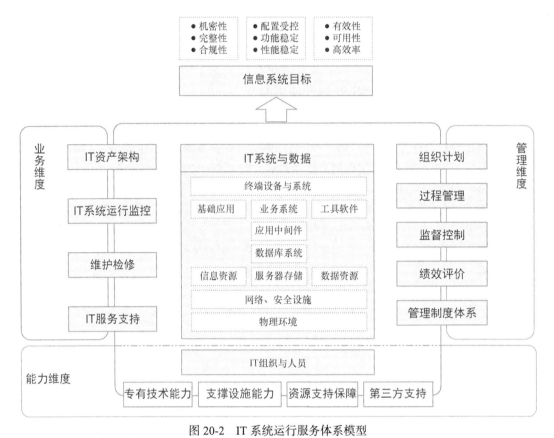

图 20-2　IT 系统运行服务体系模型

IT 系统运行服务体系各维度要素如下。

> 业务维度：主要包括 IT 资产架构的建立与持续改进、IT 系统运行监控、维护检修、IT 服务支持等内容。
> 管理维度：主要包括运营管理和管理制度体系，运营管理包括 IT 系统运行服务的组织计划、过程管理、监督控制与绩效评价。运行安全属于管理保障范畴。
> 能力维度：通常包括 IT 组织和人员能力，与企业 IT 系统架构有关的专有技术能力，IT 运行服务相关工具、平台、设施等设施能力，必要的资源支持保障和第三方支持等。

与 GB/T 28827.1—2012 中的运行维护服务能力模型的关系体现在：业务维度与 GB/T 28827.1—2012 中的技术维度具有相关性；管理维度对应 GB/T 28827.1—2012 中的过程维度；能力维度对应 GB/T 28827.1—2012 中的人员维度和资源维度。

与 GB/T 28827.1—2012 中的运行维护服务能力模型的差异体现在目标导向性和价值定位差异，即通过业务维度体现 IT 系统价值创造，进而支持信息系统目标的实现；而管理体系是运营保障；能力体系是运营支撑。

20.2.2　绩效提升影响因素

基于上述的 IT 系统运行服务体系模型，影响 IT 系统运行服务绩效的主要因素包括 IT 系统运行服务业务体系建设、管理体系建设和服务能力体系建设。应结合企业 IT 系统运行服务全局发展需求，做好 IT 系统运行服务体系规划，有序推进 IT 系统运行服务能力和水平提升。

20.3 IT系统运行服务体系建设方法

IT系统运行服务体系建设可参考的方法有ITIL和ITSS（Information Technology Service Standards，信息技术服务标准）。

20.3.1 ITIL

ITIL诞生于20世纪80年代，由英国商务部发布并维护，作为英国政府IT部门的最佳实践指南。ITIL经历了多次版本升级，在撰写本书时新版本为ITIL 4。ITIL是全球最具影响力的IT服务管理实践之一。

ITIL 4将服务管理置于组织的战略环境中，全面关注服务需求、开发、运营、治理和持续改进。ITIL基于服务价值系统（SVS）阐述组织的所有组件和活动的协作，并通过IT服务促进价值创造的实现。ITIL SVS的结构如图20-3所示。

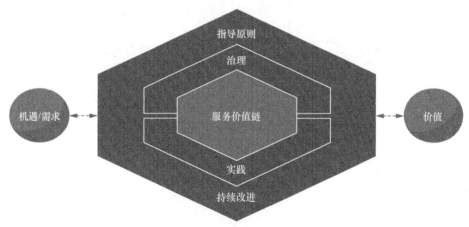

图20-3　ITIL SVS的结构

ITIL SVS的核心组件如下。

➢ **服务价值链**：ITIL服务价值链为服务的创建、交付和持续改进提供了灵活的模型支撑。它定义了6个可以多种方式组合的关键活动，用以形成不同的价值流，可以满足多种服务模式的管理，帮助组织快速满足不断变化的服务需求。
➢ **实践**：ITIL 4提供了34个管理实践，具体包括如下内容。
14个通用管理实践：架构管理、持续改进管理、信息安全管理、知识管理、度量和报告管理、组织变革管理、组合管理、项目管理、关系管理、风险管理、服务财务管理、战略管理、供应商管理、人力资源管理。
17个服务管理实践：可用性管理、业务分析管理、容量和性能管理、变更控制管理、事件管理、IT资产管理、监控和事态管理、问题管理、发布管理、服务目录管理、服务配置管理、服务连续性管理、服务设计管理、服务台管理、服务级别管理、服务请求管理、服务验证和测试管理。

3 个技术管理实践：部署管理、基础架构和平台管理、软件开发和维护管理。
- **指导原则**：用于指导组织的服务管理目标、行动和决策，确保组织服务管理执行的一致、高效。ITIL 4 指导原则有专注于价值（focus on value）、从你的位置开始（start where you are）、有反馈的迭代式前进（progress iteratively with feedback）、协作并提升可见性（collaborate and promote visibility）、全面思考和工作（think and work holistically）、保持简单实用（keep it simple and practical）、优化和自动化（optimize and automate）等。
- **治理**：使组织保持服务运营与组织战略方向的一致性。
- **持续改进**：ITIL 提供了简单实用的持续改进模型，ITIL SVS 的每个组件均支持持续改进，以保持其在不断变化的环境中的弹性和灵活性。

同时，为确保 IT 服务管理的整体性，ITIL 4 给出了服务管理的 4 个维度，如图 20-4 所示。

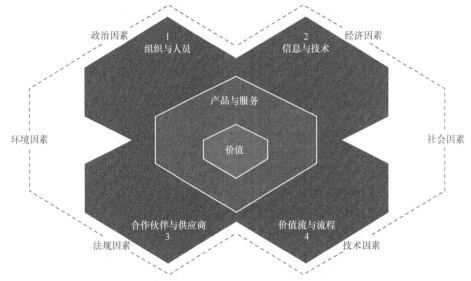

图 20-4　ITIL 服务管理的 4 个维度

- **组织与人员**：应确保组织结构、管理方式，以及其角色、职责、权限和信息沟通等得到系统化梳理和定义，并支持其整体战略和运营模式。
- **信息与技术**：信息和技术维度既适用于服务管理，也适用于所管理的服务。应充分考虑信息和技术维度带给服务管理和服务内容的影响。
- **合作伙伴与供应商**：应建立参与服务设计、开发、部署、交付和持续改进的合作伙伴和供应商的合作关系，各方共享结果和共担风险。
- **价值流与流程**：涉及组织活动及变革的事项，应确保有利于所有利益相关方高效、有效地工作和创造价值。

上述 ITIL SVS 的 4 个维度对客户的价值创造至关重要，SVS 的每个组成部分都应给予考虑，确保 SVS 的平衡和有效。同时，也应理解外部因素对 4 个维度的影响或约束。有关 ITIL 的详细内容可阅读 ITIL 4 原文材料。

20.3.2　ITSS

ITSS 是在工业和信息化部、国家标准化管理委员会的联合指导下，由国家信息技术服务标准工作组组织、研究、制定的标准。ITSS 由一套 IT 服务方法和一套 IT 服务标准库组成。

IT 服务方法规定了 IT 服务的组成要素和生命周期。ITSS 生命周期包含规划设计、部署实施、服务运营、持续改进、监督管理 5 个阶段。ITSS 定义的 IT 服务要素由人员、过程、技术和资源组成，并对这些 IT 服务要素进行标准化。ITSS 引用的 GB/T 28827.1—2012 中的运行维护服务核心要素模型如图 20-5 所示。

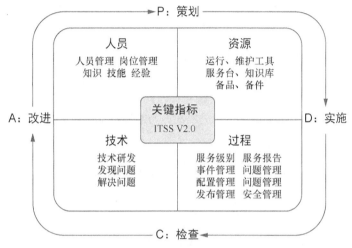

图 20-5　运行维护服务核心要素模型

- 人员：人员是指 IT 服务生命周期中各类满足要求的人才的总称。ITSS 规定了提供 IT 服务的各类人员应具备的知识、经验和技能要求。
- 资源：资源是指提供 IT 服务所依存和产生的有形及无形资产，包括必须具备的知识、经验和工具等。
- 过程：过程是通过合理利用必要的资源，将输入转化为输出的一组相互关联的活动。ITSS 规定了规划设计、集成实施、运行维护等各种流程实现的 KPI。
- 技术：技术是指交付满足质量要求的 IT 服务应使用的技术或应具备的技术能力，以及提供 IT 服务必需的分析方法、架构和步骤。

ITSS 服务标准库分为基础标准、服务管控标准、业务标准、服务外包标准、服务安全标准、行业应用标准 6 类。

- 基础标准：包括服务原理、服务质量评价、服务人员能力要求等。
- 服务管控标准：包括服务治理、管理和监理等标准。
- 业务标准：分为面向 IT 的服务标准和 IT 驱动的服务标准，具体分为通用要求、服务规范和实施指南。
- 服务外包标准：包括服务外包的通用要求及规范。
- 服务安全标准：包括服务安全、持续改进、服务安全治理等规范。
- 行业应用标准：为面向各行业的定制化应用的实施指南。

ITSS 服务标准库实现了从基础、治理、管理到行业应用的立体化体系融合。

ITSS 作为我国自行研制的行业标准，已有上千家企业应用。同时，政府主管机构也在积极推进 ITSS 的宣传培训和应用推广。

20.3.3 关于方法引用

除 ITIL、ITSS 以外，与 IT 系统运行服务相关的方法还有 COBIT、ISO 20000 服务管理体系要求。每种方法的出发点和侧重点各不相同，企业需要结合自身需求做好方法选择与匹配。

- ITIL 为遵从价值驱动的 IT 服务管理框架。经过多年多个版本的迭代发展，出于对多种应用场景适应和各种管理方法适配的考虑，形成了面面俱到、高度抽象的框架与要素格局，整体框架完整和系统，但同时也拉大了其与企业落地实施之间的距离。企业落地实施面临着要素选择折中和框架落地构建的考验。
- COBIT 为企业 IT 治理导向的 IT 服务管理框架，同样存在为追求适应性带来的面面俱到和高度抽象，同样面临着落地适配裁剪与框架落地构建的难题。虽然强调战略驱动与价值创造，相较 ITIL 而言，ITIL 与 IT 系统运行服务可能会更近一些。
- ITSS 为规则导向的 IT 服务管理框架，由于发展历史不长，目前重点聚焦在 IT 服务相关事项的标准化和规范化，距离企业 IT 服务管理的实际较近，落地实施相对较为容易。但由于战略导向和价值创造体现不足，落地实施过程中的框架搭建和关键要素组织需要解决 IT 服务绩效导向的问题。
- ISO 20000 为管理导向的 IT 服务框架，可参考的管理实践较少。

同时，企业 IT 服务管理体系构建还需要关注可能涉及的敏捷开发和 DevOps（开发与运维）等对 IT 系统运行服务体系的影响，应做好相关方法的融合。

企业 IT 系统运行服务体系构建是一个理论联系实际的过程，既要有方法的指导，又必须结合企业的 IT 系统运行服务实际，综合多种因素，规划建设企业的 IT 服务管理体系。

20.4 重点关注

企业信息化发展初期，IT 系统运行服务通常处于"跟着感觉走"的状态，缺少系统化的 IT 系统运行状态监控，仅有应急式的故障问题处理机制、救火式的 IT 服务支持机制。信息化发展到中、高级阶段，随着大量的 IT 系统上线运行，企业对 IT 系统可用性和 IT 服务支持的有效性提出了更高的要求，IT 系统运行服务部门必须建立有效的 IT 系统运行服务体系，才能满足企业发展对 IT 系统可用性和 IT 服务有效性的要求。

1. 注重 IT 系统资产架构体系建设

企业信息化价值是透过 IT 系统资产的持续、高效运行来实现的，IT 系统资产具有极强的系统属性和架构属性，任何 IT 资产的健康状况变化可能均会影响其所在系统的功能、性能及可用性，乃至影响相关系统的可靠运行。因此，必须注重 IT 系统资产的架构体系建设，确保与 IT 资产相关的部署环境、部署配置、系统配置、资产配置、运行参数等影响系统运行状态的参数处于受控的可管理状态。建立健全企业 IT 系统资产架构体系，为企业 IT 系统运行监控和维护检修提供健全的 IT 系统资产数据支撑。

2. 重视 IT 系统运行服务能力体系建设

IT 系统运行服务涉及复杂的 IT 系统架构与技术事项的处置，需要具备企业 IT 系统技术平台支撑产品和关键技术处置的相关知识和技能。企业需要建立覆盖 IT 系统架构、专业技术设计和专业技术问题解决 3 个层级的 IT 系统运行服务人力资源能力体系。同时，应重视与 IT 系统运行监控、维护检修、服务支持、运行管理相关的工具、系统、平台等设施建设。注重企业外部 IT 服务商的引入，充分发挥外部 IT 服务商的专业技术能力和资源优势，为企业 IT 系统运行服务提供专业技术能力和资源保障支持。

3. 加强 IT 系统运行服务管理体系建设

IT 系统运行服务可归纳为"七分技术、三分管理"，如果说企业信息化初期阶段的管理制度影响尚小，到了信息化发展的中、高级阶段，缺少有效的 IT 系统运行服务管理保障，带给企业信息化发展的将是具有灾难性的结果。应充分认识到管理制度对 IT 系统运行监控、维护检修、服务支持和信息安全等方面的约束、规范与保障作用，重视 IT 系统运行服务管理制度、操作规程、标准规范的编制与完善，结合具体业务活动作业和管理实际，大力推进管理制度的持续改进，逐步提高 IT 系统运行服务管理制度的规范化、标准化和集约化水平。

第 21 章

IT 运行服务体系设计

IT 系统运行服务体系（简称 IT 运行服务体系）是支撑企业 IT 系统安全、稳定、高效的运行和 IT 服务支持有效性的全局支撑保障体系。IT 运行服务体系通常包括 IT 运行服务业务体系、IT 运行服务管理体系和 IT 运行服务保障体系 3 部分。

21.1 IT 运行服务体系规划

IT 运行服务体系以高效支撑企业信息化价值实现为目标，以适宜、有效的管理体系为保障，通过匹配的专业技术能力和资源保障支持，充分发挥 IT 服务对企业价值创造的支持作用。

21.1.1 SLA 与服务目标设定

IT 运行服务通常可分解为 IT 系统运行和 IT 服务支持两个相互独立又有关联的业务。IT 系统运行负责 IT 系统所承载服务的交付，IT 服务支持负责 IT 系统使用期间的问题与需求的响应与支持。通常 IT 系统运行以面向 IT 系统资产为主，而 IT 服务支持以面向用户为主。两者相关联的部分便是 IT 系统资产。

IT 运行服务遵循目标导向原则，基于 IT 系统运行服务目标设定服务水平等级，据此分解确定 IT 系统运行和 IT 服务支持各自的业务目标。

1. 理解 SLA

SLA（Service Level Agreement，服务等级协议）是 IT 服务领域广泛使用的管理概念。SLA 通常是指服务提供商与用户之间就服务性能与可靠性达成的协议。SLA 规定了服务等级和服务所必须满足的一系列服务等级目标（Service Level Object，SLO）。SLA 协议规定了服务双方的服务内容、权利和义务，鼓励双方共同努力达到或超过事先约定的服务等级目标。

2. IT 运行服务引入 SLA

SLA 通常包括 IT 服务商与企业之间的服务水平等级约定，企业内部 IT 系统运行服务引入 SLA 的意义如下。

> 引导 IT 运行服务工作目标化，通过 IT 运行服务目标的逐步完善，引领、驱动企业 IT 运行服务水平的提高。

> 明确 IT 运行服务的业务目标，为企业 IT 运行服务的资源配置和人员、设施、专有技术等的能力提升提供依据。

> 为企业 IT 服务绩效评价和用户满意度提供重要抓手，有助于企业 IT 运行服务绩效提升和用户满意度的提高。

引入 SLA 的管理理念，不但有利于企业 IT 运行服务绩效与用户满意度的提升。同时，也有助于企业信息化的健康和可持续发展。

3. IT 运行服务目标设定

引入 SLA 理念，设定 IT 运行服务年度整体目标和分项目标，进而为 IT 运行服务各项工作开展提供目标引领。

- 整体目标：整体目标通常体现为 IT 系统的可用性目标和服务满意度目标。IT 系统的可用性目标通常由 IT 系统运行部门负责达成，IT 服务满意度目标通常由 IT 服务支持部门负责达成。
- 分项目标：基于企业 IT 系统整体可用性指标，将其分解到各领域应用系统和 IT 基础设施系统，可形成各自系统的可用性指标。由于 IT 基础设施的可用性影响上层应用系统的可用性，应用系统的可用性应包含 IT 基础设施可用性带来的影响。
- 工作目标：基于系统级的可用性指标，将其细分到相关系统的运行岗位，便可形成各岗位的系统运行可用性指标。结合岗位其他要求，可形成岗位年度工作目标。

IT 服务满意度的目标分解与 IT 系统可用性的目标分解略有差异。IT 服务满意度通常需要基于前序周期的满意度情况，通过 IT 服务改进措施确定服务满意度的目标分解。

通过 IT 运行服务目标的层层分解，驱动企业 IT 运行服务工作有条不紊地开展，进而促进企业 IT 运行服务的工作绩效和用户满意度提升。

21.1.2 IT 运行服务规划框架

正如 20.2 节所述，完整的 IT 运行服务体系通常包括业务、管理、能力 3 个维度。而为保证 IT 运行服务工作的有效开展，需要做好 IT 运行服务体系的统筹与规划。

1. 参考框架

IT 运行服务体系的筹划与规划可依照以下 IT 运行服务体系框架开展，如图 21-1 所示。

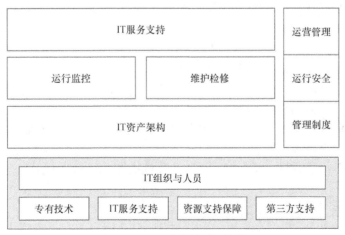

图 21-1 IT 运行服务体系框架

IT 运行服务体系包括 3 个组成部分：IT 运行服务业务流程体系、IT 运行服务管理体系和 IT 运行服务支撑保障体系。

- IT 运行服务业务流程体系：体现为以 IT 系统资产架构为基础，通过有效的 IT 系统运行监控和及时高效的维护检修，实现满足预期要求的 IT 系统服务交付。主要业务工作通常包括 IT 资产架构的建立与持续改进、IT 系统运行监控、IT 系统维护检修、IT

服务支持等内容。
- IT运行服务管理体系：体现为IT运行服务的运营管理、运行安全和IT运行服务管理制度体系建设。主要内容通常包括IT运行服务的组织与计划、过程管理、监督控制、绩效评价等运营管理工作，以及运行安全和管理制度建设等工作。并通过定期的PDCA即计划（Plan）、实施（Do）、检查（Check）、处置（Action）的顺序改进评估，逐步提高IT运行服务管理绩效。
- IT运行服务支撑保障体系：体现为IT运行服务能力支持和资源保障，为IT运行服务业务提供足够的专业技术能力支持和资源保障支撑。通常包括IT组织与人员能力、与企业IT系统架构相关的专有技术能力、IT运行服务相关工具、系统、平台等设施能力、必要的资源支持保障和第三方支持等内容。

IT运行服务体系规划应围绕企业IT运行服务核心业务开展，以企业IT系统价值承载为出发点，全面、系统地梳理分析IT系统运行监控、维护检修和IT服务支持需求，明确IT运行服务的业务流程与核心能力需求，统筹规划运行管理体系和支持保障体系。确保管理保障到位、能力和资源支援到位。

2. 主要绩效影响因素

基于上述的IT运行服务体系框架及其分析，可以得出影响企业IT运行服务绩效的关键因素主要有IT资产架构、管理制度体系和关键能力。

- IT资产架构：IT系统资产是企业信息化价值承载的主体，虽然IT系统主体形成于信息化建设实施阶段，但IT系统的资产化、架构化和可持续发展则更多地依赖IT系统运行服务期间的改进、优化与完善，IT资产架构的品质直接影响IT系统的可用性、安全性和用户满意度。
- 管理制度体系：无论是IT系统运行还是IT服务支持，均属于常态化的业务工作，只是业务执行中涉及复杂的技术交互。因此，需要建立与IT系统运行监控、维护检修、服务支持相匹配的工作流程、管理制度、规范与标准，以保证IT运行服务各项工作有序、规范、高效开展。
- 关键能力：IT运行服务涉及复杂的IT交互，需要具有符合岗位知识技能要求的专业技术人员加以支撑。IT系统监控工具、运行态势感知平台、运行管理平台和IT服务平台等设施能力也是不可或缺的核心能力。同时，与企业IT系统架构相关的专有技术能力也是必备的核心能力。

除上述主要影响因素以外，IT运行服务的组织架构、人员配置、内外部资源保障同样也会影响IT运行服务的工作绩效。企业应结合自身信息化发展需求，全面、系统地梳理IT运行服务的需求与要求，做好IT运行服务体系规划，并结合实际执行效果做好IT运行服务的评估改进。

21.1.3 成长路径与发展策略

企业信息化是一个渐进发展的过程，从企业层面看，这种渐进发展体现在IT系统承载价值的逐步增加和IT系统服务交付能力的逐步增强。而支撑这种"增加"与"增强"的背后，需要企业IT服务技术能力和管理能力的提升。

1. 技术能力提升路径

IT服务技术能力可以简单地理解为对企业IT系统的掌控能力，这种掌控能力通常体现为IT系统运行过程中的各类事态、事件等的发现、分析和解决的能力，以及应对业务需求扩展的能力。

IT 系统通常涉及不同层级的支撑系统、技术平台架构、IT 产品配置、产品技术架构及应用配置及开发等种类繁多的技术与产品，IT 运行服务团队对 IT 系统的掌控能力普遍有限。IT 运行服务技术能力通常可分为初始级、可监控级、可维护级、可优化级、可定制级共 5 级，如图 21-2 所示。

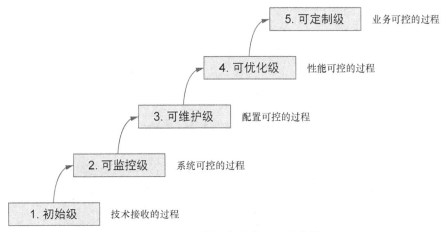

图 21-2　IT 运行服务技术能力成熟度模型

- **初始级**：表现为 IT 部门对 IT 系统设备与资产有所了解，但对相关技术的了解与掌握有限，缺乏对系统可用性的基本把握。具体体现为掌握系统平台部署环境、设备与系统配置设置能力，具备基本的运行监控指标定义能力，掌握基本的系统运行监控和初级的故障诊断能力。
- **可监控级**：表现为 IT 部门初步建立起系统运行监控指标体系，基于运行指标开展系统运行状态监控，可实现基本的系统可用性管理。具体体现为掌握设备与系统配置维护、安全检查与维护、中级故障诊断、初级代码维护能力。
- **可维护级**：表现为 IT 部门基本建立起系统配置数据库，可实现有效的系统配置管理。系统可用性、安全性和稳定性可以得到保障。具体体现为可开展系统性能监控，具有较高的故障诊断、中级代码维护、中高级系统优化能力。
- **可优化级**：表现为 IT 部门具备较强的问题诊断与系统优化能力，建立了问题分析与经验反馈数据库，系统性能、安全性和数据安全可以得到保障。
- **可定制级**：表现为 IT 部门建立了独立的优化与持续改进团队，具有系统重构、架构调整、代码配置及开发能力，系统业务适应可得到充分保障。

企业对 IT 系统掌控能力基本遵循从初期的技术接产的过程、系统可控的过程、配置可控的过程、性能可控的过程到最高阶段的业务可控的过程。并非每个企业都追求 IT 系统运行的"业务可控"。充分利用企业外部 IT 服务资源，以可接受的成本解决 IT 系统服务交付中的问题才是企业信息化应考量的策略。

实现的企业信息化实践中，大部分企业 IT 运行服务技术能力处于 2 级水平，能达到 3 级水平属于少数，达到 4 级、5 级技术能力水平的更少。

2. 管理能力提升路径

IT 运行服务的管理制度成熟度遵从行业通用的管理成熟度模型，管理成熟度等级通常分为初始级、可重复级、已定义级、已管理级、优化级共 5 级，如图 21-3 所示。

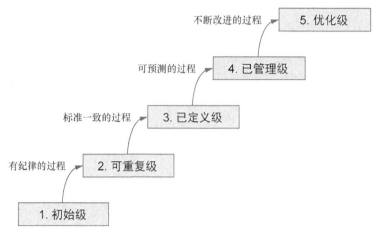

图 21-3 IT 运行服务管理成熟度模型

依据管理成熟度模型对应 IT 运行服务的业务内容，各层级管理成熟度体现如下。
- 初始级：表现为 IT 部门对 IT 运行服务流程有所了解，但对流程管理活动不够重视，流程角色和职责定义较为随意和松散。管理是被动的。
- 可重复级：表现为 IT 部门认可管理流程的价值，重点关注管理的有效性。但存在管理目标不够清晰、管理流程与业务活动结合不紧密、流程协调性欠缺等问题。管理资源投入较少。
- 已定义级：表现为 IT 运行服务管理流程已全部文档化，有明确的流程管理负责人、目标和资源保障，流程管理结果被适当保存。关注管理有效性，重视流程执行效率，但管理角色和作用尚未达成一致。
- 已管理级：表现为 IT 部门全面认可和接受管理流程，建立了基于业务战略的 IT 管理目标，管理流程与业务密切结合，流程接口明确。具体体现为持续监控、告警集中、工具集成化和统一的运行数据管理。
- 优化级：表现为 IT 部门建立了独立的管理流程持续改进体系，每个管理流程均已制度化。具体体现为 IT 系统开始支撑与驱动企业业务层面的决策，通过 IT 系统和工具为业务绩效提供数据支持。

IT 运行服务管理是企业信息化管理的组成部分，同时也是企业管理体系的组成部分。IT 运行服务管理制度遵从企业管理制度体系的统一要求。

与技术能力成熟度类似，大部分企业的 IT 运行服务管理制度成熟度为 2~3 级。

3. 发展策略

在企业信息化的发展进程中，一般会经历从初始阶段的日常办公辅助支撑，演变为企业运作中的重要管理平台，到逐步发展为企业经营运作不可或缺的支撑平台的过程。随着 IT 应用的逐步深化，人们对信息化的认知也在发生变化，作为企业信息化从业者，需要客观地看待人们对信息化认知的变化过程，以企业管理者可接受的方式和程度适时推进信息化能力提升。

- **技术能力提升**：基于企业信息化和 IT 部门的价值定位，统筹规划 IT 服务技术能力需求，明确企业内外部 IT 能力配置策略，基于企业 IT 能力配置策略确定企业内部 IT 能力发展目标，基于 IT 能力现状与目标制定企业 IT 能力提升策略和能力发展路径。有序推进企业 IT 专业技术能力的提升。
- **管理能力提升**：无论是企业 IT 服务管理流程，还是 IT 运行服务管理流程，均涉及与企业管理制度体系的对接。IT 运行服务管理能力提升在一定程度上会受企业文化和管理水平的影响，IT 部门应并密切结合 IT 运行服务管理实际情况，积极、有序地推进管理优化与能力提升。

能力提升是一项长期工作，无论是技术能力还是管理能力，均需要较长周期的不懈努力，才能显现能力提升带来的实效。而有效的计划、持续的推进以及不断总结，无疑是提升技术能力和管理能力的重要且有效的手段。

21.2 IT 系统资产架构优化

IT 系统资产是企业信息化价值的重要承载对象，而其价值承载能力与 IT 系统资产的资源化、架构化和生命周期管理水平等密切相关，IT 资产架构的质量直接影响 IT 系统的可用性、安全性和业务应用的满意度。

21.2.1 IT 系统资产框架

IT 系统资产通常泛指企业的 IT 系统和数据。IT 系统一般由软件、硬件、连接设施等组成，而数据按其形态通常可分为结构化数据和非结构化数据。基于 IT 系统在企业 IT 整体架构中的价值定位和构成，通常可将 IT 系统资产划分为物理环境设施、IT 基础设施、应用系统等不同层级的系统和设施。基于 IT 系统资产的层级关系，企业 IT 系统资产架构（简称 IT 系统架构或 IT 架构）参考框架如图 21-4 所示。

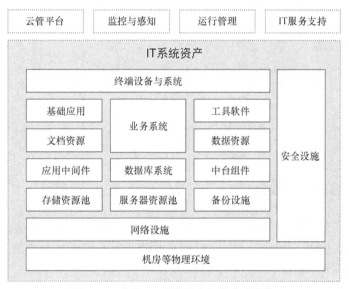

图 21-4 企业 IT 系统资产架构参考框架

在上述的 IT 系统资产架构参考框架中，从下向上体现如下的支撑关系。

- 机房等物理环境：机房等物理环境为 IT 系统提供物理环境支持。物理环境资产通常按企业的网络空间布局而建立，为 IT 系统提供适用、安全、经济的物理运行环境。
- 网络设施：网络设施为企业网络空间的重要支撑设施。网络设施覆盖和连通的范围决定了上层应用的覆盖范围，网络设施的结构、架构及与外部网络的连接扩展不但影响企业 IT 系统的可用性,更直接影响 IT 系统的架构部署和企业信息化应用格局。
- 服务器资源池、存储资源池、备份设施:服务器资源池、存储资源池、备份设施为用途不同且相关联的重要 IT 系统承载设施。服务器资源池通常以计算资源的形式为上层系统或应用提供计算资源支持;存储资源池、备份设施也以资源的形式为上层系统或应用提供存储或备份支持。由于服务器资源池、存储资源池、备份设施以资源形式存在,其对上层系统或应用的影响通常以资源单元的形式呈现。
- 应用中间件、数据库系统、中台组件:应用中间件、数据库系统、中台组件通常为上层系统或应用提供支撑服务。应用中间件为上层软件提供运行环境或基础组件/服务支持,数据库系统主要用于数据存储,中台组件通常为企业的公共支撑技术设施,为上层应用软件和系统提供软硬件支持服务,如工作流引擎服务、报表引擎服务、文件服务、加解密服务、应用集成服务等。随着 PaaS 等技术的发展,数据库、应用中间件、中台组件等的平台化是未来发展的大趋势。
- 文档资源、数据资源:文档资源、数据资源为 IT 系统中的数据,是企业重要的资源与资产。随着企业信息化的发展与数据资源的积累,其对企业的价值将变得更为重要。数据资源层通常由对应的 IT 系统所管理,负责数据的生命周期管理和数据应用授权。通常可将数据分为业务数据和分析数据,业务数据由对应的业务应用系统产生并管理;分析数据与分析应用的目的密切相关,企业可以有多种分析目的的分析数据集,但应保持分析数据与业务数据的一致性。
- 业务系统、基础应用、工具软件:业务系统、基础应用、工具软件为面向用户的软件系统。软件系统通常需要上述提到的各层级 IT 系统设施的支持。软件系统的可用性受其支持的各层级 IT 系统或设施的可用性影响。
- 终端设备与系统:终端设备与系统为用户与系统交互的前端 IT 设备和软件,其可用性影响范围较小,通常为终端设施的使用者。
- 安全设施:安全设施为企业 IT 系统中各类安全设备的统称,覆盖物理安全、网络安全、计算环境安全、应用安全、终端安全及运行管理安全等各类安全设备。安全设备属于保障类设施。

需要根据 IT 系统资产的价值定位和构成,建立企业的 IT 系统资产架构,以满足企业 IT 系统运行服务对 IT 资产资源化应用、架构化管控和生命周期可用性的要求。

21.2.2 IT 资产资源化

企业信息化无论有多么发达,IT 系统首先是服务于企业应用的,这就决定了 IT 系统的资源化属性。而为保证 IT 资产的可用性,建立 IT 资产清单、实现 IT 资产配置化管理是 IT 系统运行服务的基本要求。

1. IT 资产清单化

IT 运行服务应建立起以 IT 资产对象为主体的企业 IT 资产目录和清单,明确资产责任人和管理人。IT 资产要素通常包括资产标识信息、资产属性信息、应用属性信息、位置信息、生命周期信息、管理信息及必要的扩展性信息。
- 资产标识信息:IT 资产标识信息通常以编码的形式存在,资产标识信息应体现资产分类、资产关键属性和标识等方面的信息。IT 资产标识在企业 IT 系统中应具有唯一性。
- 资产属性信息:资产属性信息通常包括资产名称、型号、规格配置、品牌、产品序列号等表示特定资产构成的主体信息。
- ➢ 应用属性信息：应用属性信息通常包括资产所在系统的分类、承载的应用、用途、版本等信息。
- ➢ 位置信息：位置信息通常包括资产所处地域、地址、位置等位置信息和网络区域、IP地址、掩码等网络地址信息。
- ➢ 生命周期信息：生命周期信息通常包括资产接收时间、启用时间、维保起止时间、报废等生命周期信息。
- ➢ 管理信息：管理信息通常包括资产安全等级、相关管理要求、责任部门、责任人等信息。
- ➢ 扩展性信息：扩展性信息是指其他必要的资产属性信息，如存储介质、MAC地址等可能需要的属性等信息。

上述的资产信息发生变化时，应及时更新IT资产清单信息。

2. IT资产配置化

在IT资产清单化的基础上，针对重要IT资产实现配置化管理，建立重要资产的配置数据项清单，实现针对配置清单的管理。实施配置管理的IT资产通常包括关键网络设备、重要安全设备、重要资源平台、主要中间件软件、重要的应用系统等。

- ➢ 关键网络设备：核心交换机等关键网络设备的详细配置信息及与系统互联相关的端口配置信息等。
- ➢ 重要安全设备：防火墙、入侵检测、防病毒、态势感知等重要安全设备的详细配置信息及与互联访问相关的端口配置信息等。
- ➢ 重要资源平台：计算资源、存储资源、备份资源等重要资源平台的详细配置信息及与资源配置相关的端口配置信息等。
- ➢ 主要中间件软件：数据库、应用中间件、中台组件等主要软件的详细配置信息以及与相关服务调用的配置信息等。
- ➢ 重要的应用系统：应用系统、基础应用等重要应用系统的详细配置信息以及系统部署相关的配置信息等。

IT资产配置化为IT运行服务提供扩展的资产配置支持，为系统运行的事态、事件与问题的分析与快速诊断等需求提供扩展的资产信息支持。

21.2.3 IT资产架构化

IT资产架构化是在IT资产资源化的基础上，从系统维度对IT系统资产支撑关系的架构化表达，以便更好地支撑IT系统运行服务过程中的问题分析与追溯。基于前述的IT系统资产框架，IT资产架构化通常涉及网络设施、计算存储备份资源系统、应用系统。

- ➢ 网络设施：借助网络拓扑发现工具或系统，结合网络设施的信息组织，将网络拓扑连接、网络设备及端口、虚拟局域网（Virtual Local Area Network，VLAN）与网络边界、传输协议、网络带宽与网络流量等各类信息综合展现，为上层应用提供网络连接、数据传输、访问控制、性能分析等网络应用层的架构支持和问题诊断分析的支持。
- ➢ 计算存储备份资源系统：计算存储备份资源系统为上层应用提供计算、存储与备份资源服务。作为上层IT系统的中间支撑层，应面向前端系统，提供动态的资源使用情况跟踪、主要系统进程的资源消耗、问题诊断与应用分析支持。为此，需要构建资源系统的运行环境配置、系统参数配置及必要的客户化配置。

> 应用系统：为满足应用系统运行的事态、问题分析诊断及维护检修等的需要，应形成完整的系统部署方案说明，部署方案对应的系统运行环境配置、系统参数配置，及基于与应用相关的客户化配置与开发等信息。

IT资产架构化所需要的信息通常分为文档信息、结构化数据信息。应基于系统建设实施期间获得的相关信息，以运行应用为导向，将之进行适当加工形成相关IT资产的架构化信息。

21.2.4 IT资产生命周期化

生命周期管理既是一种管理理念，也是保证IT系统可用性和可持续发展的重要基础。IT资产生命周期管理通常包括IT资产可用性、IT资产技术支持、IT资产变更管理和IT资产生命周期迭代等方面的事项。

> IT资产可用性：IT资产可用性通常是指IT系统可以为用户提供系统访问或系统交互服务的能力，通常包括IT系统的系统功能可用性和系统容量的可用性。IT系统建设交付后，随着业务应用的扩展，若系统负荷逐步超出原有系统的设计容量或应用范畴，为保证IT系统的持续可用，必须及时推进IT系统的持续改进，以满足业务发展对IT系统容量的支撑要求。

> IT资产技术支持：IT系统通常由软硬件产品并配以适度的集成、配置与开发而形成。IT系统生命周期内的安全、稳定、高效运行，离不开相关IT产品与服务商的产品技术支持与系统服务支持。因此，应建立与IT系统相匹配的IT资产技术支持体系，确保在IT系统生命周期内，所需的第三方产品与技术支持能够得到及时服务响应支持。

> IT资产变更管理：无论是软件、硬件，还是应用系统，在其资产生命周期内均有可能发生变更。应做好IT资产的变更管理，确保所有的IT资产变更得到有效的管理、变更信息得到记录，以便能够为IT系统运行服务提供有效的、一致的资产信息。同时，IT资产变更管理应能够满足IT资产变更追溯和企业合规管理等的要求。

> IT资产生命周期迭代：无论是硬件、软件，还是应用系统，都有其特定的生命周期规律。应从生命周期的视角对待IT系统，做好IT系统的生命周期迭代与可持续发展管理，重视业务连续性和IT系统数据的可持续性，确保企业的数据资产得到有效保护。

21.3 IT运行服务管理制度

IT运行服务管理制度是企业IT运行服务业务运作的重要管理保障，通过规范、适用、高效的管理制度保障各项IT运行服务工作规范、高效地开展。

21.3.1 运行服务管理框架

从企业经营运作的视角看，企业IT服务价值链通常属于企业支持流程的组成部分，而IT运行服务是企业IT服务价值链的组成部分。从企业管理的视角看，信息化管理通常为企业的一个管理域。在企业管理文件的五层级架构中，信息化总则通常属于二层级文件，在信息化总则之下通常按IT服务价值链和管理域细分管理领域；IT系统运行管理和IT服务支持管理通常属于三层级文件，如图21-5所示。

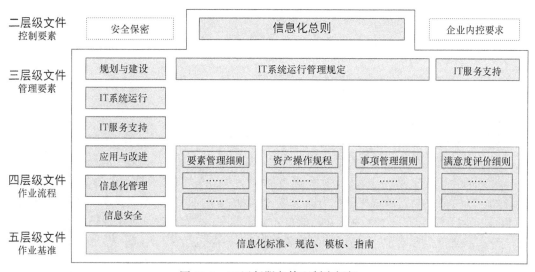

图 21-5 IT 运行服务管理制度框架

信息化管理制度体系与企业管理成熟度密切相关，通常伴随企业信息化规模的逐步发展和信息化管理的逐步细化，逐步从分散的管理要素文件演变为具有层级关系的信息化管理制度体系。

从信息化管理体系的视角看，信息化总则之下通常按企业 IT 服务价值链分为规划与建设、IT 系统运行、IT 服务支持、应用与改进等细分管理域。按管理域可细分为信息化管理和信息安全两个细分管理域，每个细分管理域可发布各自的三层级文件。

IT 系统运行管理规定之下可以编制四层级的管理细则文件，以便对具体作业工作流程给予规范。管理细则文件通常按要素管理细则、资产管理细则、事项管理细则分类。

> 要素管理细则：要素管理细则为针对 IT 系统运行中涉及的管理要素，如配置管理、变更管理、发布管理、问题管理、事件管理、监控和事态管理等细分管理域的要素管理细则，以便为相关管理要素的执行提供明确、细化的管理约定。
> 资产管理细则：资产管理细则为针对具体 IT 资产的管理细则，将 IT 系统运行管理规定及其管理要素细则落实到具体 IT 资产的运行管理工作中。
> 事项管理细则：事项管理细则为针对 IT 系统运行中的具体事项的管理细则，如数据备份管理细则、用户授权管理细则等。

IT 运行服务管理制度体系与企业信息化部门的职责定位、组织机构、职责分工及信息化成熟度等多种因素相关。在逐步完善、细化 IT 运行服务管理制度体系的同时，应重视管理制度文件的定期评估，通过持续的评估改进逐步提高 IT 运行服务管理制度体系的充分性、适宜性和有效性。

21.3.2 运行服务管理程序

IT 系统运行管理规定为 IT 系统运行领域的管理要素类顶层文件，IT 系统运行管理规定通常包括以下内容。

> IT 系统运行管理总体原则、保密安全等全局性要求及组织机构与职责分工等内容。
> IT 系统运行监控中涉及的事态管理、问题管理、事件管理、应急管理、运行安全管理、

机房管理等重要事项的管理要求。
- IT 系统维护检修中涉及的规程管理、配置管理、变更管理、发布管理等重要事项的管理要求。
- IT 系统中的数据管理、IT 系统割接管理等关键事项的管理要求。
- IT 系统运行涉及的备品备件管理、IT 外包商管理等管理要求，以及与 IT 系统运行相关的信息与报告等内容。

对涉及多层级 IT 系统运行维护的企业，IT 系统运行管理规定通常为相关的通用管理要素、服务管理要素、技术管理要素等的总体要求，一般不涉及具体的作业流程。而对单层级 IT 系统运行维护的企业，由于 IT 系统运行涉及的管理要素较多，随着 IT 系统运行管理的逐步深化，IT 系统运行管理逐步演变为以"通用管理要求"加"要素管理细则"的形式存在，即 IT 系统运行管理规定为 IT 系统运行的总体管理要求，要素管理细则单独成文。

IT 服务支持为面向用户的 IT 服务支持管理制度，通常包括以下内容。
- IT 服务支持总体原则，组织机构与人员。包括 IT 组织机构及分工、IT 服务机构与岗位职责、IT 服务与 IT 运维协作、服务人员管理等内容。
- IT 服务目录与服务内容。
- IT 服务流程管理，包括服务申请流程、事件管理流程、问题管理流程和服务台等内容。
- IT 服务响应管理，包括组织计划与响应管理、信息记录与流程关闭、服务总结与考核监控、应急服务响应措施等内容。
- IT 服务平台及 IT 服务知识库等的管理。
- 用户满意度考核。IT 服务用户满意度指标体系、测评方法、评价模型等。

IT 服务支持管理与企业规模和信息化成熟度密切。企业信息化发展初期，IT 服务支持通常是按地域各自为战，甚至是各部门/单位自行解决各自的 IT 服务支持。随着企业信息化的逐步发展，需要建立企业统一的 IT 服务支持体系，这就需要发布统一的 IT 服务支持管理制度。

21.3.3 运行服务标准规范

IT 运行服务标准规范通常包括标准、规范、模板、指南，旨在为 IT 运行服务提供基本遵循基础，尽量提高运行服务工作的标准化或规范化水平。同时，也有利于引导、支持、指导各项运行服务工作的开展。

标准、规范、模板通常为针对"事项"的基准。标准、规范、模板通常体现为"事项"统一化的程度，高度统一的通常可称为标准，中度统一的可称为规范，低度统一的可称为模板。只能作为参考的可以指南的形式发布。

无论是出于工作事项效率提升还是出于事项"统一化"的考虑，均有必要大力推进 IT 运行服务的标准规范工作，通过模板、规范、标准的逐步递进，逐步提供 IT 运行服务工作的规范化和标准化水平。

21.4　IT 运行服务支撑保障

IT 运行服务支撑保障是开展 IT 运行服务工作的重要支撑保障。IT 运行服务支撑保障体系通常包括 IT 组织和人员能力、专有技术能力、设施能力和必要的资源保障等内容。

21.4.1 运行服务支撑保障框架

依据图 21-1,结合 IT 运行服务支撑保障需求,IT 运行服务支撑保障框架如图 21-6 所示。

图 21-6　IT 运行服务支撑保障框架

在 IT 运行服务支撑保障框架中,IT 组织与人员能力、专有技术能力、支撑设施能力为 IT 运行服务的核心能力支撑。同时,IT 运行服务工作开展离不开资源支持保障和第三方支持。

21.4.2　组织与人员能力

普遍的说法是,影响 IT 服务交付的主要因素是人员、技术、过程、资源,似乎与组织机构无关。应该说,这是一个高度抽象的、客观的影响因素分析,排除了其他因素对关键因素的影响。现实的企业组织架构环境中,组织架构及企业治理架构等对 IT 服务交付的影响是不可忽视的,应密切关注 IT 服务组织机构的潜在影响,并将 IT 组织纳入人员能力的范畴一并考虑。

IT 人员能力最终体现为对企业 IT 系统的掌控能力,这种掌控能力通常体现为 IT 系统运行过程中的各类事态事件等的发现、分析和解决的能力,以及应对业务需求扩展的能力。

IT 运行服务人员能力建设通常需要基于 IT 系统构成、IT 运行服务需求、岗位专业化知识技能要求等维度的考虑,设置 IT 运行服务管理岗、技术岗、操作岗。基于岗位要求,明确岗位知识、技能与经验要求。并结合已有人员情况,做好岗位与人员的适配或人员招募。

应依据企业 IT 系统的掌控能力总体要求,基于对 IT 系统运行的可监测、可维护、可优化及可定制的能力等级要求,结合岗位人员知识技能现状,做好人员职业发展规划和人员能力提升计划,并大力推进人员能力提升。同时,关键岗位的外部招募几乎是不可或缺的选择。

21.4.3　专有技术能力

企业 IT 系统架构中的 IT 基础设施通常由通用的 IT 产品与技术构建。在应用层,通常选择具有行业领先优势的产品,基于选定的平台产品构建企业自身的业务应用系统。为提升对特定应用系统平台的技术掌控能力,需要构建与特定平台产品相关的专有技术能力。

专有技术能力通常包括系统监控能力、维护检修能力、诊断优化能力、系统配置优化能力、系统开发能力等。专有技术能力在IT运行服务能力中占有重要权重，应给予重视。

21.4.4 支撑设施能力

支撑设施能力通常包括系统管理、系统监控、态势感知，以及IT资产管理、运行管理维护管理和IT服务支持等能力要素。

➢ 系统管理：系统管理是主要指针对这类IT系统或设施的管理，通过系统管理设施实现针对各类IT系统和设施的高效管理。

➢ 系统监控：系统监控主要用于IT系统运行状态的信息采集、运行指标监控，提供事态预警、事件记录、诊断分析等功能。系统监控可以是针对单一系统的，也可以是针对多系统的。企业应优先实现针对关键系统的运行状态监控覆盖。

➢ 态势感知：态势感知为针对企业IT系统环境的动态、整体的安全风险洞悉能力，从全局视角提升对安全威胁的发现识别、理解分析、响应处置能力。态势感知是企业网络安全能力落地的重要支撑。

➢ IT资产管理：IT资产管理为针对企业IT系统架构中所有软硬件资产的统一管理平台，通过IT资产的生命周期管理，为IT系统运行服务提供快速、有效的IT资产数据支持，有助于提升IT系统问题分析、诊断的效率与能力。IT资产管理应满足IT资产资源化、架构化和生命周期管理等的要求。

➢ 运行管理：运行管理通常为针对IT运行服务的业务运营的整体管理，包括组织与计划管理、运行服务事项管理、运行安全管理等内容。

➢ 维护管理：维护管理通常为针对IT运行服务过程中开展的维护检修相关事项的管理。通常包括配置管理、变更管理、发布管理等运维事项的管理。通过维护管理的流程化、平台化管理，提高IT系统维护管理的规范化和运维绩效。

➢ IT服务支持：IT服务支持为面向企业用户的IT服务支持平台，通过IT服务支持平台为用户提供统一的服务获取、服务跟踪、服务反馈窗口。同时，IT服务支持平台也是IT服务部门服务管理、跟踪、评价、改进服务的重要支持平台。

上述提到的设施能力要素不意味着是各自独立的系统或平台，在推进设施能力建设时应通盘考虑IT运行服务设施能力需求，统一规划设施能力承载的技术平台，并基于统一的设施能力规划，有序推进设施能力平台建设。

21.4.5 资源支持保障

对企业IT运行服务而言，有些资源是可以争取的，有些资源是必须保障的，必须保障的资源不到位，可能直接影响IT运行服务的工作质量与整体绩效。从保障的视角看，应确保IT系统第三方产品与技术支持的到位和备品备件的到位，确保在IT系统出现问题时能够及时获取相关服务，保证相关问题及时得到处置。

第 22 章

企业 IT 架构与系统部署

企业 IT 架构通过系统部署得以落地生根,并基于各自系统的部署定位,发挥其架构支撑和价值承载的双重作用。IT 系统部署的科学性与有效性,直接影响其架构的使命担当和信息化价值的承载能力。

22.1 IT 架构与部署

IT 系统部署源于技术架构,服务于企业 IT 架构。本章以 IT 架构与部署的概念为始点,探讨企业 IT 架构和 IT 系统部署。

22.1.1 IT 架构

"架构"一词被广泛使用,但对"架构"的解读并不多见。结合中文"架构"含义和英文"Architecture"含义,可以将"架构"解读为源于分层的一种关系设计。其中有两层含义,其一架构必须是分层的,其二层与层之间存在支撑关系。同时,也意味着每层是由具有系统属性的、相互关联的对象组成的面,不是点也不是线;层与层之间的连接通常体现为支撑与承载的关系。

以上述的"架构"含义解读企业 IT 架构,可以清晰地展现企业 IT 架构中的各层级系统的价值定位以及各层级 IT 系统之间的支撑与承载关系。

依据图 21-4,结合各类 IT 资产在企业 IT 架构的价值定位与支撑关系,企业 IT 架构示意如图 22-1 所示。

图 22-1 企业 IT 架构示意

企业 IT 架构侧重于各层级 IT 系统的内容结构表达和不同层级 IT 系统的支撑关系表达。以架构视角看，IT 系统的安全设施为各层级系统提供安全支持保障，与网络系统设施属于相同的支撑层级。终端设备与系统为企业 IT 系统的前端设施，不在企业 IT 架构的范畴内。

> 物理环境层设施：主要包括机房等物理环境设施。
> 网络安全层设施：主要包括网络设施、安全设施。
> 计算资源层设施：主要包括服务器资源池、存储资源池、备份设施等。
> 技术支撑层设施：主要包括应用中间件、数据库系统、中台组件等技术支撑软件或系统。
> 数据资源层设施：特指独立于应用系统的满足各类分析利用需要的文档资源和数据资源等。由各应用系统管理的文档和数据从属于各自的应用系统，不属于数据资源层。
> 应用系统层设施：主要包括基于产品的基础应用、业务系统、工具软件等。

企业 IT 架构用以表达各层级 IT 系统的构成以及各层级之间的支撑关系，以系统部署的方式体现其系统构成及构成要素的分解与关联，以应用系统架构和应用系统部署的方式体现各层级系统之间的支撑关系。

企业 IT 架构全局部署通常以企业 IT 系统部署策略的方式表达。由于物理环境层设施具有明确的固定资产属性，不涉及复杂的部署调整与重构，一般不在系统部署的管理范畴，而数据资源层通常为企业信息化高阶段发展的产物，本书暂不讨论。IT 架构全局部署重点探讨网络安全层、计算资源层、技术支撑层、应用系统层等相关重要 IT 系统的部署，具体包括安全区域布局、网络系统部署、计算资源部署、技术支撑环境部署、应用系统部署等。

22.1.2 IT 系统部署关注

IT 架构中不同层级的 IT 系统具有不同的价值定位和使命担当，这种使命体现在对企业 IT 架构的有效支撑和系统自身的健壮性和有效性。因此，IT 系统部署通常应考虑对企业 IT 架构支撑的有效性和系统自身的安全性、完整性和扩展性。

> 有效性：有效性通常体现为对上层系统支持的可用性和高效性。IT 系统部署设计应充分考虑系统生命周期内的业务连续性、容量与性能扩展等的系统可用性需求与要求。系统架构设计与系统部署设计应遵从简单、高效的原则。
> 安全性：安全性是所有 IT 系统规划设计、建设实施、运行服务的基本要求，也是系统部署设计的优先管控事项。IT 系统部署应充分考虑部署环境安全、访问控制安全、运行使用安全和安全审计等方面的需求与要求，确保 IT 系统部署的安全性和稳定性，并能够适应不断变化的信息安全管控升级。
> 完整性：完整性通常体现为提供满足 IT 架构要求的完整的系统功能和性能。IT 系统部署设计应考虑 IT 架构对功能与性能等的需求与要求，确保 IT 系统部署方案可以为 IT 系统运行服务提供完善的系统功能、性能与资源支持等。
> 扩展性：企业信息化是一个渐进发展的过程，这就要求 IT 系统部署必须能够满足渐进发展对 IT 系统扩展的需求与要求，确保 IT 系统部署方案能够满足由于业务扩展、调整带来的系统部署扩展、调整的要求，并确保企业 IT 架构的稳定和 IT 系统的可持续发展。

22.2 部署原则与方法

IT 系统部署事关系统生命周期应用和企业 IT 架构的可持续发展，应做好 IT 系统部署的筹划、规划、设计与持续改进。应明确 IT 系统部署应达成的目标、应遵循的基本原则，及可供参考的系统部署方法。

22.2.1 IT 系统部署目标

企业 IT 架构相关网络系统、安全域布局、计算资源、技术支撑环境、应用系统等各层级系统的部署不但影响各自系统的价值实现，也影响企业 IT 架构的稳定性和扩展性。IT 系统部署应遵循信息化战略导向原则，以承载业务应用的业务适宜、利用高效、安全经济为目标开展 IT 系统部署设计。

- **业务适宜**：充分考虑用户访问与系统部署位置的适配性，做好传输性能和访问控制等的适配设计。同时，充分考虑业务扩展、调整等带来的系统部署适配。
- **利用高效**：充分考虑不同层级系统的资源利用或调用效率，做好资源利用、数据传输、访问控制等的影响因素分析，做好资源利用和接口调用的方案论证。
- **安全经济**：充分考虑 IT 系统部署的安全风险，做好安全风险分析与应对方案设计。同时，合理配备与配置 IT 资产，确保 IT 系统资产的生命周期经济性。

以目标为导向，开展 IT 系统部署规划设计，并确保企业 IT 架构稳定、高效、可扩展。

22.2.2 IT 系统部署原则

从 IT 系统部署目标、部署需求到部署方案，一般会经历多次迭代与折中，方案通常是折中与平衡后的结果。为便于部署目标的达成，IT 系统部署应遵从以下基本原则。

- **目标导向性原则**：目标导向性体现为对 IT 系统价值定位的支持。每类 IT 系统部署均应以其价值定位为出发点，梳理分析其部署需求，以目标为导向，规划系统部署方案，验证部署方案与需求的匹配度和部署目标的满足度，从而更好地体现系统部署的"业务适宜"。
- **可用可靠性原则**：IT 系统部署应能够满足上层系统的承载支持对 IT 系统的功能和性能等的要求，应能够满足系统运行、服务调用、数据传输等对系统部署的可用性和可靠性要求，支持 IT 系统的"利用高效"。
- **安全保密性原则**：IT 系统部署应符合企业安全保密和信息安全相关要求。IT 系统的部署环境、系统配置、边界访问控制、数据传输等的设计应符合企业网络安全管理和法规遵从的要求，可以为上层系统提供安全、受控的系统支撑环境。
- **经济扩展性原则**：遵循简单、标准、经济适用的原则开展 IT 系统部署设计，注重 IT 系统部署方案的经济性，确保 IT 系统部署方案的资产生命周期的经济性。

应遵循上述的目标导向、可用可靠、安全保密、经济扩展的设计原则，开展 IT 系统部署设计。以设计目标为导向、以设计原则为准绳，做好系统部署需求的梳理与分析，开展系统部署的方案设计与论证。

22.2.3 IT系统部署方法

如前所述，与企业IT架构相关的系统部署主要包括安全区域布局、网络系统部署、计算资源部署、技术支撑环境部署、应用系统部署等5个层级的系统部署。不同类型系统部署各有特点，部署方式与方法也各有不同。

- ➤ 安全区域布局：企业通常根据自身的业务信息安全等级，将网络空间划分为不同安全等级的网络安全区域，不同等级的安全区域承载处理不同安全等级的业务应用。企业网络的安全区域通常可分为内部网络安全区、外部网络安全区和专用网络安全区。内部网络安全区用于承载企业内部的业务运作信息，外部网络安全区用于承载企业的对外服务和企业间协作等信息，专用网络安全区用于承载企业的高度敏感信息。
- ➤ 网络系统部署：网络系统通常是基于企业安全区域的网络设施。在特定网络安全区域内，网络系统部署方案通常体现为较为完整的网络结构方案及针对网络节点的网络架构方案。网络系统部署通常以一次性的网络系统构建部署，加上后续的网络区域扩展和区域节点接入扩展为特征。
- ➤ 计算资源部署：计算资源包括服务器资源、存储资源和备份资源等。计算资源部署通常为一个较为完整的计算资源部署方案加上初始建设部署方案，及需求驱动的分期建设部署。
- ➤ 技术支撑环境部署：信息化发展初期，技术支撑环境通常作为应用系统建设的组成部分，由应用系统建设驱动并部署。随着信息化水平的发展，以及技术支持环境统一管理的需要，统一的技术支撑环境部署提到信息化的议事范畴。通常结合技术支撑环境目标、需求与要求，开展技术支撑环境部署设计。
- ➤ 应用系统部署：通常由应用系统建设项目驱动并实现应用系统的部署。随着企业信息化发展水平的提高，企业需要制定统一的应用系统部署规范，通过统一的应用系统部署规范，规范应用系统部署相关工作。

企业IT系统部署通常会经历部署规划、部署应用、部署改进这样的过程。重视并做好IT系统部署规划与持续优化，无疑有助于企业IT资产价值的充分发挥和信息化整体绩效的提升，也有利于提高企业信息化的用户满意度。

22.3 IT系统部署规划

以下针对企业IT架构常见的安全区域布局、网络系统部署、计算资源部署、应用系统部署进行简要介绍。

22.3.1 安全区域布局

以下从企业安全区域布局的影响因素、安全区域布局、边界访问控制等方面简要介绍企业安全区域布局设计。

1. 主要影响因素

企业安全区域布局的主要影响因素包括法规遵从要求、企业治理要求、商业信息保密要求、外部协作与信息共享等因素。

- 法规遵从要求：对于《中华人民共和国网络安全法》《信息安全等级保护管理办法》《关键信息基础设施安全保护条例》等法规涉及的业务领域，以及涉及国家秘密的信息，安全区域布局规划必须遵从国家法规要求，满足法律法规对安全区域布局的划分要求。
- 企业治理要求：企业治理要求通常是指来自企业投资方对企业网络安全等级以及安全区域布局的划分要求，安全区域布局设计应充分体现企业治理的安全区域布局要求。
- 商业信息保密要求：企业商业秘密保护是安全区域布局设计的主体需求。企业商业信息通常可划分为核心商密、普通商密、内部受控信息、内部公开信息、外部公开信息，应基于企业商业信息分级保护要求规划安全区域布局。
- 外部协作与信息共享：为客户提供产品服务以及企业之间的产业协作，需要适度的网络协同和信息共享。伴随经济社会数字化进程推进，这种外部协作与信息共享将进一步深化。

2. 安全区域布局

安全区区域布局应能够满足企业信息化、数字化进程深化带来的内外部协同协作和企业商业秘密保护等的双重要求。安全区域布局应具有前瞻性，尽量避免因安全区域布局调整带来企业 IT 架构的大规模调整。

企业网络通常可划分为 3 个安全等级的网络安全区——内部网络安全区、外部网络安全区和专用网络安全区。不同等级的安全区域承载不同安全等级的业务应用和信息。

- 内部网络安全区：主要用于承载企业内部的业务运作信息，对应企业的普通商密、内部受控信息、内部公开等级的信息处理。
- 外部网络安全区：主要用于承载企业的对外服务和企业间协作等的业务运作信息，对应企业的外部公开信息和部分内控信息。
- 专用网络安全区：主要用于承载企业内部高度敏感的业务运作与信息，对应企业的外核心商密信息。

不同安全保密等级的业务和信息处理通常要求不同安全等级的安全区域加以支撑，进而保证企业各类商业信息得到适度、有效、经济的保护。

3. 边界访问控制

通常，不同安全等级的网络安全区域之间存在业务协同和信息共享的需求，安全区域布局规划应在保证安全的情况下，解决不同等级安全区域之间的信息共享和业务协作。

- 内部网络安全区与外部网络安全区：通常可利用防火墙设备实现内、外部网络之间的网络隔离，也可采用网闸等物理隔离设备实现内、外部网络之间的网络隔离。选择防火墙还是网闸，主要与企业的安全保密要求有关，也与企业自身的网络攻防能力有关。保密要求高或攻防能力弱，则应优先选择网闸作为隔离设备；相反，可选择防火墙作为隔离设备。
- 专用网络安全区与内部网络安全区：通常可根据企业的安全保密要求，确定两网之间的网络隔离策略。可以采取从专有网络安全区向内部网络安全区的单向信息流出的策略，也可以采取信息宽进严出的策略。应根据企业商密保护和跨网信息交换要求，综合评估确定两网之间的互联方案。
- 外部网络安全区与专用网络安全区：通常不允许跨安全等级的网络安全区域的互联。

网络安全区域划分直接影响企业的 IT 资产布局和业务应用系统布局，有关安全区域的布局调整往往会带给企业 IT 架构具有颠覆性的影响，因此，应特别关注网络安全区域的布局规划。

22.3.2 网络系统部署

网络系统部署为针对特定网络安全区域的网络设备与系统的部署。网络系统部署通常应体现网络区域节点互联和区域网络节点架构设计两个方面。

1. **主要影响因素**

网络系统部署关注的主要因素包括网络连接与性能需求、网络安全需求和网络管理需求。

- 网络连接与性能需求：网络连接是网络系统的核心价值所在，同时性能要求也是网络系统部署应优先考虑的事项。基于网络连接需求规划网络结构，基于性能需求规划网络节点连接方式。
- 网络安全需求：从物理环境、网络传输、网络安全域边界都涉及网络安全，网络系统部署必须满足企业网络安全和国家网络安全法规的要求。
- 网络管理需求：为满足网络系统运行监控和维护检修的要求，需要建立与网络规模和管理水平相匹配的网络管理系统，网络管理要求应得到重视。

2. **网络系统部署设计**

网络系统部署设计主要包括网络安全域规划、网络结构规划、网络架构设计和边界访问控制。

- 网络安全域规划：网络安全域规划通常包括网络节点的安全域规划和网络传输主干的安全域规划。网络节点安全域规划应满足边界访问控制、IT资产部署安全、运行管理安全、测试开发安全等的分域管理要求，以便更好地保证IT系统和数据安全。
- 网络结构规划：做好网络区域节点互联的网络结构规划。网络节点连接应区分内部连接和外部连接。内部连接是指与企业其他网络节点的连接，外部连接是指与企业外部网络的连接。网络节点连接可结合网络节点地域布局、数量及发展预测，做好节点层级和节点互联规划。对于外部网络连接，宜采用集中外连的方式解决与外部企业的网络互联。网络节点之间应采取传输加密的方式确保网络传输安全。
- 网络架构设计：网络架构设计可根据网络节点端口规模，采用传统两层或三层网络架构方案的构建网络。企业应引入虚拟网络架构，实行扁平化的网络连接管理，这样更有利于精确地进行访问控制。
- 边界访问控制：网络节点之间的边界访问控制、节点内部各安全域之间的访问控制，以及与外部企业网络的访问控制等都是网络系统部署设计应重视考虑的事项。

22.3.3 计算资源部署

计算资源部署主要包括服务器资源、存储资源、备份资源等的部署。其中，备份资源部署既要考虑本地备份恢复需求，通常还需考虑灾难备份的需求。

1. **主要影响因素**

计算资源部署和存储资源部署主要影响因素如下。

- 资源需求的网络空间位置、需求容量和性能要求、安全等级、资源需求发展趋势等信息。
- 操作系统、数据库、应用中间件等的部署要求，以及资源管理平台及运行管理要求等内容。

备份资源部署应关注本地和异地备份的类别、空间、恢复时间、备份方式等备份需求。

2. 系统部署设计

计算资源部署设计重点关注部署模式、部署架构和云技术应用等内容。

- ➢ 部署模式：对于拥有多地分支机构的企业，由于计算资源的部署模式直接影响应用访问的效率与性能，应做好集中部署和分布式部署的分析论证，以及不同部署模式的发展路径转变。部署方案通常是部署技术、响应性能、运维管理、拥有成本、企业治理等多种因素综合平衡的结果。总体而言，发展趋势应该是集中部署，但发展过程可能是多种模式的组合。
- ➢ 部署架构：虚拟化技术早已成熟，目前正在经历从资源虚拟化向云化转型的发展中，引进云技术软件平台用于计算资源和存储资源的统一管理将是未来的发展趋势。基于选定技术的系统部署以及分期建设是计算资源部署和存储资源部署的主体特征。备份资源部署与计算资源和存储资源部署具有一定的关联性，应基于备份恢复需求，结合计算资源部署，统筹规划备份资源部署。
- ➢ 云技术应用：公有云技术已广泛应用，云管软件平台较为成熟，一些大型企业已开始引入云管软件用于企业私有云建设。未来几年，云管软件将取代虚拟化软件成为计算资源和存储资源的主流平台软件。

22.3.4 应用系统部署

应用系统部署主要包括业务应用系统、基础应用系统、工具软件等的部署。系统应用效果通常受应用系统部署模式的影响。

1. 主要影响因素

影响应用系统部署的主要因素一般包括用户分布与规模、信息安全等级。

- ➢ 用户分布与规模：用户分布影响应用系统的部署方案，用户规模影响应用系统部署的容量设计与配置。
- ➢ 信息安全等级：涉及系统的安全保护等级定级和数据安全。

2. 系统部署设计

应用系统部署通常可以分为集中式部署、集中分布式部署、分布式部署3种。

- ➢ 集中式部署：集中式部署通常体现为与应用系统相关的所有软件、硬件部署在局域网环境内，用户透过网络系统访问应用系统。大部分的应用系统通常以集中式部署方式部署。
- ➢ 集中分布式部署：集中分布式部署通常体现为与应用系统相关的软件、硬件主体部分部署在局域网环境内，部分辅助软件、硬件部署在其他地域的网络环境中，用户透过网络系统访问应用系统。如应用系统主体部署在本地网络，文件服务器部署在其他地域网络中，通过文件服务器为属地用户提供文件缓存服务，进而提高系统响应性能。
- ➢ 分布式部署：分布式部署通常体现为软件系统各自独立部署，通过系统之间的互联解决系统之间的系统通信和数据通信，满足各自区域的用户应用。如邮件系统采用分布式部署，通过邮件服务器协议通信，进行邮件收发。另一个典型场景是企业对外提供服务的信息系统和企业内部工作处理的信息系统之间的协作关系，可以理解为分布式的应用系统部署。此时，对外服务的应用系统部署在外部网络区域，对内服务的应用系统部署在内部网络安全区域。内、外部网络通过防火墙或网闸实现数据交换，进而支持企业内、外部的业务协作。

22.4 IT系统部署优化

随着企业信息化的渐进发展，IT系统部署可能会发生不同程度的变化。应密切关注IT系统应用需求变化，及时推进IT系统部署的调整和优化。

22.4.1 IT架构评估与优化

每个企业有其独特的企业IT架构形成历程。有些企业通过较为全面的企业信息化规划，明确了企业IT架构各层级系统的部署格局。有些企业则顺其自然，随着信息化建设的推进，逐步形成了其自身的企业IT架构，现实中的企业IT架构大多数属于"顺其自然型"。由于企业IT架构中不同层级系统的支撑与约束关系，某层级系统的部署局限会制约其上层系统的效能发挥。因此，有必要定期或不定期开展企业IT架构的适应性评估。

1. 企业IT架构评估

企业IT架构评估通常采用基于分层评估的方法进行，按照企业IT架构的层级结构，从底向上逐层评估，评估要素通常包括业务适应性、支撑有效性、架构扩展性。

- 安全区域布局：网络安全区等级布局应保持与企业商业信息保护的等级要求相匹配，确保不同等级的商业信息得到有效的网络安全分区的支持，并在细分的网络安全域中得到有效的边界防护保护。
- 网络系统部署：评估企业网络结构与业务架构的匹配性，评估节点网络架构对上层系统支撑的有效性，评估安全域布局对全局访问控制支持的有效性。同时，评估网络全局部署的可扩展性。
- 计算资源部署：评估计算资源（包含服务器资源、存储资源、备份资源）部署对上层系统需求支持的业务适应性，评估计算资源平台资源配置、供给、监控、管理等的支撑能力的有效性，以及应对计算资源扩展和技术扩展的适应性。
- 技术支撑环境部署：评估技术支撑环境（包含应用服务器、数据库、域控系统、中台组件等支撑软件或系统）平台化运行维护管理的适应性，评估技术支撑环境对上层系统运行监控、维护检修和诊断调优等支持的有效性，评估技术支撑环境的扩展支持能力。
- 应用系统部署：评估应用系统部署的业务适应性、支持有效性和部署扩展能力。

通过针对企业IT架构各层级布局与部署的评估，形成企业IT架构评估报告。

2. IT系统部署策略更新

基于企业IT架构评估和企业信息化发展需求或规划，编制企业IT架构改进方案和推进计划，更新企业IT架构和IT系统部署策略。

可将IT架构框架、框架解读、IT系统部署策略等信息合并，形成企业IT架构指南报告。

3. 新IT引入评估

IT与产品快速发展与迭代，有些IT与产品对企业信息化布局的影响是局部的，而有些IT与产品的影响则是全局的，甚至是具有颠覆性的。从过往的IT应用发展历史看，从主机应用、C/S模式、B/S模式到微服务架构，以及从服务器、虚拟化到云技术。通常每隔10年，IT架构技术会发生具有颠覆性的变化，而在快速演变的IT环境中，应保持企业IT架构能够适应技术发展的节奏。

企业应关注 IT 发展趋势，跟踪相关 IT 和产品发展与应用情况，结合企业自身需求，适时开展新 IT 引入评估。

22.4.2　IT 系统部署优化

IT 系统部署优化涉及的系统主要包括网络系统、计算资源系统、技术支持环境、应用系统。

- 网络系统：部署优化主要关注网络安全域布局对企业全局访问控制支持的有效性，网络接入覆盖、链路带宽、链路可靠性等对承载业务支持的可用性，以及网络接入、网络传输、网络边界、访问控制和计算环境等的网络安全保障能力。
- 计算资源系统：部署优化主要关注计算资源系统布局对上层系统需求支持的有效性，计算资源平台的资源管理、资源供给、运行维护管理等的业务连续性保障能力，以及资源平台技术安全和应用安全保障能力。
- 技术支持环境：部署优化主要关注应用服务器、数据库对上层系统支持的有效性，域控系统、中台组件等技术支撑软件的可用性，以及应用服务器、数据库、域控系统等技术支撑环境软件的安全性。
- 应用系统：部署优化主要关注应用系统对所承载业务支持的有效性、可用性、安全性。

通过针对主要 IT 系统的部署评估，形成各自系统的部署评估报告，基于评估改进建议制定各自系统的部署优化方案。应将企业 IT 架构和系统部署优化纳入企业信息化年度工作计划中，有条不紊地推进企业 IT 系统部署优化。

22.4.3　IT 系统部署管理

IT 系统部署管理是企业 IT 资产管理的重要管理事项，通常属于 IT 资产架构化管理的范畴。企业应重视 IT 系统部署管理，做好 IT 系统部署的配置管理。

遵从 IT 系统资产架构化管理办法，细化 IT 系统配置管理规范，明确 IT 系统配置数据项及数据项规范，并结合 IT 系统运行管理实践，逐步完善、细化 IT 系统配置管理规范，使其全面、系统、准确反映 IT 系统资产配置构成、运行状态、生命周期等特征，更好地发挥 IT 系统配置对企业信息系统安全、稳定、高效运行与服务的支撑价值。

企业信息化是个渐进发展的过程，这就决定了企业 IT 架构和系统部署必定是发展、变化的。企业应重视 IT 架构和系统部署的评估与改进工作，及时推进 IT 系统部署的调整和优化。

第 23 章

IT 系统接产与生命周期

IT 系统接产是企业信息化建设环节和信息化运行环节的价值交汇。经过 IT 系统的接产，将信息化建设形成的 IT 系统、设施和项目信息转变为 IT 系统运行服务所依托的 IT 系统资产，为 IT 系统运行服务支持提供基础和支撑。

23.1 IT 系统接产

IT 系统资产接收（简称接产）为 IT 系统运行视角的 IT 服务事项管理，以期通过 IT 系统资产的接收检查，确保项目交付的系统符合约定的 IT 系统架构与部署要求、系统运行环境符合企业的信息安全要求。并通过 IT 系统接产，形成健全的 IT 系统资产信息台账，为后续的 IT 系统运行服务提供充分、有效的资产信息支持。

IT 系统接产通常包括项目系统配备检查、项目系统运行安全检查、项目文件与设备接收等内容。

23.1.1 项目系统配备检查

项目系统配备检查为 IT 系统运行视角的检查，旨在通过 IT 系统配备检查，为后续的系统运行监控、维护检修、调整优化等 IT 运行服务提供全面、系统的文档、信息、数据、代码等的支持。同时，作为项目知识转移的检验，IT 系统运行单位需要掌握项目系统运行所需的相关知识与技能。

项目系统配备检查通常包括项目系统组成构件检查、系统配置检查、配置开发检查、系统部署检查、验证确认检查等。

- ➢ 系统组成构件检查：系统组成构件检查主要是指对项目系统主要功能组件的检查。通常依据项目系统总体方案，检查各功能组件的属性描述、组成、规格、功能、性能等关键指标，检查或核验功能组件的运行状态及质量。
- ➢ 系统配置检查：系统配置检查主要是指对功能构件的部件配置的检查。通常依据项目系统详细方案或其他说明文件，检查部件配置信息；依据配置信息，检查其部件的规格型号等指标信息。
- ➢ 配置开发检查：配置开发检查主要是指对项目系统的部件配置或开发成果构成的检查。通常依据项目系统详细设计或其他说明信息，检查部件配置的参数配置描述或开发代码及代码开发说明等信息。
- ➢ 系统部署检查：系统部署检查主要是指对项目系统部署的检查。通常依据项目系统部署方案，检查系统部署环境、环境配置参数、系统配置参数及相关软硬件产品的配置参数等内容，验证系统运行的有效性，检查系统运行状态及质量。

> 验证确认检查：检查项目系统需求、设计、开发、部署、测试等各环节可能影响项目系统运行质量的相关质量控制文件，检查其质量管理的有效性，核查、落实相关疑问和不符合项等。

以 IT 系统运行服务为导向，以信息化建设实施过程中形成的文件、信息、数据为基础，开展 IT 系统配备检查，做好检查过程的问题记录与跟踪管理，在积极推进检查问题落实的同时，尽量避免系统因检查带来应用延误。

23.1.2 项目系统运行安全检查

现实的企业信息化实践表明，信息化建设实施交付的项目系统的安全隐患普遍偏多，如不开展系统运行安全检查，必将导致项目系统"带病运行"，不但影响 IT 系统运行的可用性，也会给企业带来难以预测的信息安全风险。

拟交付项目系统的安全隐患多种多样，客观上与 IT 行业的专业化分工有关。通常，应用系统开发商在信息安全方面普遍不够专业，对信息安全等级保护和信息安全技术的理解和把握普遍不到位。加之应用系统开发商普遍缺乏 IT 系统运行方面的经验，缺少 IT 系统运行安全的体会与感受，往往导致系统开发、部署中的信息安全因素考虑不够周全，交付的项目系统存在较多的安全隐患。

常见的项目系统安全隐患有系统部署隐患、系统配置隐患、系统应用隐患。

1. 系统部署隐患

项目系统通常部署在企业特定的网络安全域环境中，出于系统性能和运行安全考虑，项目系统的不同组成部分通常部署在不同的安全域环境中。由于项目系统部署少则涉及几台服务器、多则涉及数十台服务器，部署在不同安全域中的 IT 资产安全和环境安全是不容忽视的。系统部署安全隐患主要包括项目系统中的 IT 资产防护隐患、系统漏洞隐患等。

> IT 资产防护隐患：应建立基于服务器系统层的安全防护策略，利用操作系统防火墙的入站、出站规则，建立起 IT 资产系统保护屏障。
> 系统漏洞隐患：项目系统部署涉及的操作系统、应用中间件、数据库软件、应用系统平台等软件均不同程度存在各种系统漏洞，应使交付的项目系统部署的所有软件的安全漏洞得到有效处理，确保系统环境安全。

2. 系统配置隐患

项目系统部署涉及的不同服务器系统之间的数据传输应该是安全的、可靠的。应确保系统之间或用户与系统之间的交互认证、数据传输、异常处理等的系统配置的安全，确保系统部署交互的安全。系统配置隐患主要包括系统用户认证隐患、数据传输隐患、集成接口隐患等。

> 用户认证隐患：系统之间的用户认证涉及的用户名、密码信息应该是可配置的，应避免用户信息和口令信息的代码化或固定化。
> 数据传输隐患：服务之间的数据传输应采取有效的传输安全手段，避免数据明文传输。
> 集成接口隐患：系统之间的数据集成除必要的接口认证、传输安全以外，应建立有效的接口数据传输异常处理机制，确保上层接口应用的业务连续性。

3. 系统应用隐患

项目系统的应用安全，系统身份鉴别、访问控制、安全审计、数据安全、剩余信息保护、个人信息保护等应该符合对应的国家信息安全等级保护的要求。应基于项目系统部署环境和应用环境，做好系统应用隐患的检查。

上述的系统部署隐患、系统配置隐患、系统应用隐患等相关内容是项目系统运行安全检查的参考事项，读者可结合企业自身信息化管理要求，做好IT系统运行安全检查的需求梳理，做好接产检查计划，按计划做好项目系统运行安全检查工作。同时，对于需要在项目建设实施期间解决的安全事项，应将相关安全事项检查纳入项目建设实施的管理范畴，应避免在项目系统接产期间产生导致项目系统重大调整的事项。

23.1.3　项目文件与设备接收

项目文件接收不同于项目文件验收，项目文件接收为针对IT系统运行服务所需的项目文件的接收。项目文件接收通常可以理解为属于项目知识转移的范畴，IT系统运行服务部门通过项目文件的接收确认，确认项目知识转移工作的完成。

项目文件接收通常应根据系统运行服务要求，核对项目文件清单和文件内容，确认文件内容的有效性。同时，对项目文件内容偏差提出补充要求，做好项目文件补充内容的检查接收。

项目设备到货后至系统移交前，设备管理责任通常由项目建设单位承担。通过IT系统运行服务部门的设备接收，实现项目设备的管理责任转移，即从项目建设部门转移到IT系统运行部门。项目设备通常由设备使用或管理部门接收，对于局端系统设备，通常由IT系统运行部门接收；对于终端设备或单体设备，通常由设备管理责任方负责接收。

设备接收通常按企业固定资产管理办法确定的固定资产领用流程办理。设备接收手续办理完成后，财务部门按规定开展资产核算分摊等工作。对于软件类无形资产，应参照企业软件管理办法，做好项目采购的软件产品的移交工作。

通过上述的IT系统运行部门的项目系统接收和设备相关管理部门的设备接收，项目建设管理单位可完成项目采购资产的移交。对于项目文档和可能涉及的服务成果，可按相关管理流程办理移交手续。

23.2　IT资产配置管理

IT资产配置管理是确保IT资产得到有效利用的支持手段。通过有效的资产配置管理，为IT系统运行服务提供充分的资产信息支持。IT资产配置管理通常包括IT资产台账管理、IT资产变更管理、IT资产信息管理等内容。

23.2.1　IT资产台账管理

依据图21-4，按照硬件和软件建立IT软硬件资产台账。IT硬件设备主要分为终端设备和局端设备两大类。终端设备是指用户端使用的计算机及其外围设备，局端设备是指部署在机房或会议室等场所的IT设备。IT硬件设备分类及细分品类参考如下。

- ➢ 终端设备：终端设备可分为计算机终端设备类、计算机外围设备类两种。终端设备类主要包括工作站、台式计算机、笔记本电脑、瘦终端、平板电脑、计算机显示器等；外围设备类主要包括多功能一体机、复印机、打印机、扫描仪、绘图仪、投影仪等。
- ➢ 局端设备：局端设备可分为网络及安全设备类、服务器及存储设备类、机房环境设备类、视频会议系统设备类等4种。网络及安全设备类主要包括网络交换机、存储交换机、路由器、网络集线器等网络设备，以及接入控制、身份鉴别、访问控制、漏洞扫描、网闸、密码机、防火墙、防病毒网关、邮件网关等安全产品；服务器及存储设备类主要包括服务器、存储设备及其附属产品、备份设备及其附属产品等；机房环境设备类主要包括机房精密空调、机房不间断电源设备、机柜、KVM 等；视频会议系统设备类主要包括视频会议多点控制器、视频会议显示设备、视频会议摄像头、视频会议视频矩阵、视频会议音频矩阵等。

软件通常可分为系统软件、支撑软件、应用软件三大类。软件分类及细分品类参考如下。

> 系统软件：操作系统、虚拟化软件、系统管理软件及其他系统软件等。
> 支撑软件：企业 IT 系统中常用支撑软件包括应用中间件、数据库软件、技术中台软件、开发测试软件及其他支持类软件等。
> 应用软件：业务应用系统、应用软件平台、安全类软件、IT 监控类软件、办公类软件、计算类软件、图形设计类软件、仿真模拟类软件、通信及网络服务类软件及其他应用软件等。

IT 资产属性通常包括资产标识信息、资产属性信息、应用属性信息、位置信息、生命周期信息、管理要素信息及必要的扩展性信息，涉及信息存储部件的应独立标识。按照资产类别、属性、应用及企业管理要求，定义资产属性。

基于 IT 资产属性和 IT 资产台账用途建立 IT 资产台账。IT 资产台账应满足 IT 系统运行监控、维护检查、运行管理、服务支持和 IT 资产管理等多种应用需求。IT 资产台账应保持与企业固定资产台账的信息一致性，可在企业固定资产台账信息的基础上扩展，形成 IT 资产信息，并约定 IT 资产台账与固定资产台账之间的信息同步关系。

23.2.2　IT 资产变更管理

企业应建立清晰的 IT 资产使用、管理和监督等的管理机制，明确 IT 资产生命周期管理责任，推行 IT 资产配置管理，确保所有引发资产配置变更的变化受到变更管理的约束。

IT 资产变更通常包括资产属性信息变更、资产应用信息变更、资产位置信息变更、资产管理责任变更及其他可能的变更。

> 资产属性信息变更：资产属性信息变更通常为针对资产物理配置的变更，如服务器内存扩展、硬盘更换、核心交换机板卡扩容等。应将资产属性信息变更纳入变更管理范畴，且变更记录应能够满足后续资产使用的问题分析以及与配置变更相关的合规管控的要求。软件的大版本升级、功能模块扩展等属于资产属性信息变更的范畴，软件系统的补丁更新和硬件设备的软件版本更新不属于资产变更管理的范畴。
> 资产应用信息变更：资产应用信息变更应加以记录，使其能够反映资产用途的变化。
> 资产位置信息变更：资产位置信息变更应加以记录，使其能够反映资产部署位置的变化。
> 资产管理责任变更：资产管理责任变更属于重大变更，应纳入资产变更管理的范畴，应确保资产管理责任清晰、准确。

IT 资产的损害、报废均属于资产变更管理的范畴。应建立资产启动、变更、维护、退出到资产报废的生命周期管理流程，确保所有 IT 资产变更得到有效管理，充分发挥 IT 资产价值，更好地发挥 IT 资产对企业信息化的支撑作用。

23.2.3　IT 资产信息管理

在 IT 资产台账信息的基础上，应逐步建立以 IT 系统和空间位置为主线的 IT 资产信息体系，即 SLC 信息体系，其中 S 代表 System（资产所属系统），L 代表 Location（资产所在位置），C 代表 Component（设备资产）。设备通常以端口连接形成特定的系统，系统之间通过关联支撑形成 IT 系统架构；通过网络空间位置的层级分解以及设备的资产位置信息，可以确定特定网络空间中的设备资产分布情况。通过 IT 资产 SLC 信息体系的建立，可以满足 IT 资产管理、IT 系统运行监控、维护检修、IT 服务支持等多个维度对 IT 资产信息的架构化要求。

以 IT 资产台账为基础，依据 21.2 节中的 IT 资产配置化和 IT 资产架构化要求，扩展 IT 资产信息，建立 IT 系统分解结构和空间分解结构。基于分解结构，建立基于 S、L、C 的分类信息展现主线。

> S 分解结构：按安全区布局、网络系统、计算资源、应用系统划分一级分类，基于一级分类进行二级分类。系统分解粒度应以满足地域、地址标识为原则。

> L 分解结构：按网络空间对应的地域、地址分解展开，确定位置分解结构。同时，做好对应网络区域、IP 地址、掩码等网络地址与地址位置的映射。

> C 分解结构：以 IT 资产分类作为设备分类分解结构，可按设备分类管理 IT 资产设备。

基于 SLC 信息体系健全、完善 IT 资产信息，结合 IT 系统运行服务需要，大力推进 IT 资产信息的持续改进，以便更好地支持企业的 IT 系统运行和 IT 服务支持工作。

同时，应密切关注 IT 资产信息的集成，将 IT 系统运行维护涉及的资产应用信息和位置信息变更、IT 运行管理涉及的资产属性信息变更，以及 IT 服务支持涉及的资产管理责任信息变更通盘考虑，做好各类资产变更信息与 IT 资产台账的无缝集成，在提高 IT 资产管理效率的同时，支持企业 IT 系统运行服务整体绩效的提升。

23.3　IT 系统容量管理

IT 系统容量通常包括系统承载容量和系统性能容量两个方面。系统承载容量一般以系统承载的数据容量为衡量标准，系统性能容量一般以系统对应用请求的响应时间为衡量标准。用户数量增加带来的系统交互压力通常会转变为系统性能响应要求。同时，用户数量增加带来的数据增加应并入系统容量评估的范围内。

IT 系统容量管理通常体现为定期开展的 IT 服务管理行为，一般以年度 IT 系统容量评估较为常见。同时，IT 系统容量评估也是信息化规划期间必须开展的一项工作。IT 系统容量管理一般包括 IT 系统容量评估和 IT 系统容量改进两个主要环节。

23.3.1　IT 系统容量评估

以企业 IT 服务的视角看，IT 系统容量评估通常包括系统可用性评估、系统部署容量评估和 IT 架构改进评估。

1. 系统可用性评估

以业务应用为导向，开展各类应用系统针对业务需求的满足度评估，包括业务覆盖满足度、应用功能满足度、系统性能满足度、数据承载容量满足度，全面评估企业 IT 系统的可行性水平。

> 业务覆盖满足度：评价针对各类业务的应用系统覆盖、针对不同等级商密信息的系统覆盖，评估企业安全区域布局与网络接入扩展需求。

> 应用功能满足度：评估各类应用系统针对业务需求的功能满足度。

- 系统性能满足度：评估各类应用系统针对应用交互的性能满足度。
- 数据容量满足度：评估各类应用系统针对数据存储需求等的容量满足度。

系统可用性是 IT 系统容量评估的重要输入，应在各类应用系统可用性评估的基础上，做好系统可用性评估数据的汇总和综合分析，为系统部署容量评估和 IT 架构改进评估提供输入和导向性建议与要求。

2. 系统部署容量评估

以 IT 系统服务为导向，开展各类应用系统的部署容量评估。基于系统可用性评估数据，结合 IT 系统运行监控数据，梳理、分析、确定影响应用系统性能的关键指标瓶颈。基于关键指标瓶颈和未来需求预测，确定系统性能指标需求，开展基于关键指标瓶颈的影响因素分析，分析确定系统部署改进事项或优化要求。

系统部署容量评估通常涉及针对应用系统架构各层级的评估，包括针对与系统部署相关的网络传输、应用支持环境、数据库系统及相关部署环境等的评估。系统部署容量评估中对相关层级系统改造的建议与要求，应纳入 IT 架构改进的范畴进行 IT 架构评估。

3. IT 架构改进评估

在 22.1 节所述的企业 IT 架构中，从理论上讲，每个层级均可能影响 IT 系统的系统容量，而影响较大的通常包括安全区域布局、网络系统层、计算资源层、技术支撑层、应用系统层等 5 个层级。

IT 架构改进评估以系统可行性评估和系统部署容量评估为输入，以企业全局应用为导向，评估各层级系统对应用交互的容量影响。IT 架构改进评估包括但不限于以下几个方面。

- 安全区域布局：是否存在超出现有安全区的应用需求存在？如针对企业高等级商业秘密保护的信息化应用需求。如果存在，核实并记录具体应用需求。
- 网络系统部署：开展针对现有网络系统安全域的风险分析，基于安全域风险分析，给出安全域改进要求或建议。分析、评估网络节点之间的连接带宽满足度和局域网带宽满足度，分析、评估网络接入覆盖与应用需求的满足度。
- 计算资源部署：开展针对服务器资源、存储资源、备份资源的容量和性能评估，评估其对上层应用需求的满足度。如果存在容量和性能扩展需求，核实并记录扩展需求。
- 技术支撑环境部署：开展针对应用中间件、数据库及其他技术中台的容量和性能评估，评估其对上层应用需求的满足度。如果存在容量和性能扩展需求，核实并记录扩展需求。

基于上述的系统可用性评估、系统部署容量评估和企业 IT 架构改进评估信息，形成企业 IT 系统容量评估报告，为后续的 IT 系统容量改进提供输入。

23.3.2　IT 系统容量改进

基于企业 IT 系统容量评估改进需求，制定 IT 系统容量改进方案。基于容量改进涉及的范围，IT 系统容量改进可分为局部的系统级容量改进和企业 IT 架构层面的容量改进。

1. 系统级容量改进

系统级容量改进是指系统架构或部署层面的针对关键影响瓶颈的改造措施。系统级容量改进方案通常只涉及与目标系统相关的技术架构或系统部署的改进优化。针对影响系统容量的关键设备、部件、组件等的部署方式、参数配置、代码等调整或优化等，进而提升系统承载能力。

系统级容量改进方案制定是一项复杂的技术性工作，通常涉及系统架构原理、部署配置技术实现及配置与代码优化等方面，需要较强的技术功底和相关系统的分析、诊断经验。通常会引入外部IT服务商的专业人员。

2. 企业IT架构层面的容量改进

对于涉及企业IT架构调整的系统级容量改进，应开展企业IT系统容量需求的综合分析，基于各层级系统的容量需求，梳理、分析、明确IT架构改进关键要点，基于改进关键要点制定IT架构相关系统的改进方案。

总体而言，应基于IT系统容量改进需求，基于需求驱动，做好IT系统容量改进方案研究与制定。将IT系统容量改进方案纳入企业信息化年度规划与计划中，按计划有条不紊地推进IT系统容量改进的各项工作。

23.4 IT系统生命周期

IT系统资产生命周期管理是针对IT资产从启用、变更、维修、退役到报废的IT资产生命周期的全过程管理。IT系统生命周期管理通常会伴随IT系统启用管理、配置管理、可用性管理、变更管理、系统退役等管理活动。在现实的企业IT系统运行管理实践中，通常将系统配置管理、变更管理等频繁发生的事项等纳入运行管理的范畴，而将发生频度不高的IT系统启动、系统退役、可用性等事项纳入IT系统生命周期的管理范畴。

IT系统生命周期不只是简单的形式管理，其中涉及的IT系统上、下线管理，IT系统资产价值保护，以及IT系统生命周期迭代等会直接影响企业IT资产价值发挥，信息安全和可持续发展。

23.4.1 IT系统上线与下线

IT系统上、下线管理对应IT系统生命周期过程中的IT系统启用管理和IT系统退役管理。现实的企业信息化实践中，IT系统上、下线管理普遍偏弱。导致这种现象的主要原因是企业信息化建设的项目管理水平普遍不高，缺乏对IT系统上线的管理约束。另一方面与企业信息化水平不高有关，由于信息系统对业务运作的支持程度有限，IT系统上、下线的规范与否对企业的影响不够明显，还在可忍受的范围内，但随着企业信息化水平越来越高，不规范的IT系统上、下线对承载业务的影响将越来越大，应引起足够重视。

1. IT系统上线管理

IT系统上线通常会经历较为复杂的上线准备过程。在上线准备过程中，除完成系统生产环境部署以外，应开展业务数据准备、用户授权准备等工作。

- 业务数据准备：涉及的范围与数据种类与业务密切相关。业务数据准备、系统加载测试、加载效果验证均涉及复杂的业务与系统之间的交互验证与确认。通常，为保证业务数据准备质量，需要制定业务数据准备方案，基于方案开展数据准备工作，并应做好相关工作的质量控制。
- 用户授权准备：需要根据业务运作和管理需求，开展针对业务组织机构和人员的系统用户授权。从系统资源清单、资源权限分配到具体用户授权，需要获得业务主管部门的审批确认。部分业务数据高度保密的系统，用户创建和系统授权可能由不同组织架构的人员完成。

基于上述的业务数据准备和用户授权准备，开展必要的系统初始化和用户授权配置工作。根据上述工作准备情况，结合项目系统技术接受测试和用户接受测试情况，以及项目系统培训、系统问题处理等情况，项目建设部门负责宣布系统 For USE（具备使用条件）。之后，项目建设部门向系统使用部门和用户交代系统构成、使用方式、注意事项等内容。系统使用部门制定业务上线计划、开展用户培训、导入历史数据、开展系统运行验证等工作。

IT 系统上线涉及复杂的业务准备和系统技术准备工作，因此，企业有必要发布 IT 系统上线管理细则，用以规范各类 IT 系统上线的管理，规定系统上线应具备的条件、上线检查事项，以及上线问题管理等约定机制。

2. IT 系统下线管理

不同 IT 系统有其不同的生命周期规律，IT 系统经历过一定的使用时间后，便会进入系统生命周期末端。IT 系统下线管理主要包括 IT 系统的数据处理、IT 系统的信息查询、IT 系统的部署调整等内容。

- ➤ IT 系统的数据处理：做好 IT 系统下线的组织协调，IT 系统运行部门与业务管理部门、用户部门应就 IT 系统中的数据处理方案达成一致，按数据处理方案做好 IT 系统中的数据处理。应确保 IT 系统中的数据得到恰当的处置。
- ➤ IT 系统的信息查询：对于已退役系统存在的偶尔的信息查询需求，应保证已退役 IT 系统在约定周期内的可用性。
- ➤ IT 系统的部署调整：根据系统利用或拆除要求，做好退役 IT 系统的部署调整。对于存在零星访问需求的系统，应最小化系统部署；对于需拆除的系统，应在做好系统剩余信息的擦除工作后，拆除系统部署。

23.4.2 IT 系统资产价值保护

企业 IT 系统通常由软硬件产品并配以适度的集成、配置与开发而形成，应确保在 IT 系统生命周期内，所需的第三方产品与技术能够得到及时服务响应支持。IT 系统资产保护通常包括 IT 硬件设备保修、软件产品技术支持和实施系统的技术服务。

- ➤ IT 硬件设备保修：应建立与硬件产品生命周期配套的设备维修、保修保障，确保设备故障得到及时处置，保证 IT 系统可行性。贵重设备应以设备原厂保修为主，通用设备可采用设备维修或备品备件的方式保证设备的可用性。
- ➤ 软件产品技术支持：应采购软件产品原厂商的技术支持服务。通过技术支持服务及时获取原厂商的软件补丁，为软件漏洞修补提供支撑。同时，软件技术支持也是软件使用过程中不可缺少的基本服务。
- ➤ 实施系统的技术服务：对于通过项目实施交付的系统，应建立必要的系统可用性保证机制。原则上，复杂系统应采购原服务商的技术支持服务，简单系统可以自行解决问题或以第三方技术支持的方式解决问题。

同时，应做好 IT 系统资产保护的合同策划、合同执行与管理，做好软件资产的许可管理和第三方技术支持人员名录的维护管理。

23.4.3 IT 系统生命周期迭代

重视 IT 系统生命周期迭代的管理，做好 IT 系统迭代的可持续发展规划，重视业务连续性和 IT 系统数据的可持续性，做好新、老 IT 系统之间的数据转移和转换，确保企业的数据资产得到有效保护。

第24章

IT 系统运行监控与管理

IT 系统运行监控是保障 IT 系统安全、稳定、高效运行的重要基础。通过对 IT 系统运行过程的功能性指标、可用性指标及可靠性指标的全面监控,可及时发现影响 IT 服务水平的潜在隐患并对之采取有针对性的维护、检修,充分发挥 IT 系统对承载业务的支撑作用。

24.1 监控指标分类与方法

IT 系统运行监控指标是开展 IT 系统运行监控的基础和前提,而运行监控指标体系的科学性和有效性直接影响 IT 系统运行监控的有效性。

24.1.1 运行影响因素与指标分类

企业 IT 服务由 IT 系统承载,通过持续的 IT 系统运行实现面向所承载业务的价值交付,IT 系统运行的效果直接影响企业的 IT 服务水平。

1. 运行影响因素

IT 系统通常由软硬设备或设施(以下统称为"设备")所构成,IT 系统的运行状态和运行效果直接受其组成设备的运行状态的影响。因此,IT 系统运行监控在很大程度上是对其组成设备进行监控,设备运行监控指标的确定通常应考虑如下两方面的因素。

- ➢ 设备的类型:不同的设备类型各有其不同的运行状态指标表达,应根据设备的功能特征与运行特征,确定不同类型设备的运行监控指标。应针对网络设备、安全设备、服务器存储、操作系统、中间件、应用软件等的细分分类,结合运行监控实际,确定设备的运行监控指标。
- ➢ 设备的重要性:设备对 IT 系统的影响程度与其在 IT 系统架构中所处的位置有关,应基于设备在 IT 系统架构中所处的位置和对 IT 系统运行效果的影响程度,确定设备的运行监控指标。对于重要的核心交换机、服务器等关键设备,设备的运行监控指标应齐全;对于终端设备、打印机、测试设备等非关键设备,可仅监控设备是否正常等指标。

除设备自身的影响因素以外,IT 系统运行监控指标还与企业的信息化水平、IT 系统运行团队配置、信息化管控等多种因素有关。

2. 监控指标分类

IT 系统运行指标通常可分解为功能性监控指标、可用性监控指标和可靠性监控指标。通过从 IT 系统运行指标向设备运行监控指标的分解,为 IT 系统运行监控提供运行指标支持。

- ➢ 功能性监控指标:功能性监控指标是指设备满足其在 IT 系统架构中约定的预期功能的能力。IT 系统运行期间,应保证设备的运行指标状态符合其功能定位要求。功能性监控指标通常包括设备定位信息、设备配置信息、功能清单信息、关键功能配置项等运行指标。
- 可用性监控指标：可用性监控指标是指设备满足 IT 系统性能交付对其容量可用性要求的能力。设备可用性指标与设备类型密切相关，不同设备可用性指标的正常值、预警值与限定值各不相同，需要结合系统运行环境和运行场景确定设备可用性指标的预设值。设备运行的 CPU 利用、内存利用等指标一般属于设备的可用性指标。
- 可靠性监控指标：可靠性监控指标是指设备满足 IT 系统运行的可持续和稳定性要求的能力。可靠性通常是指完成规定功能的能力。为保证设备可靠运行，需要将影响设备可靠运行的不确定性因素纳入设备运行监控的范畴，通过不确定性因素的监控与及时处置，提升设备可靠运行的能力。设备可靠性监控指标通常包括针对设备的运行日志、事态信息、报警信息等运行指标。

IT 系统运行监控通常体现为系统层面的监控和设备层面的监控，通过系统全局和设备对象的两层级的运行指标监控动态感知 IT 系统运行状态，基于运行状态信息开展 IT 系统维护、优化与持续改进工作。

24.1.2 运行监控的原则与方法

IT 系统运行监控的目标在于最大限度地实现 IT 资产价值，通过全面、系统、有效的 IT 系统运行状态监控，及时发现 IT 系统运行中的设备故障、系统瓶颈、安全隐患，及时排除故障、消除瓶颈、妥善处置隐患，有效支撑 IT 系统的价值实现。IT 系统运行监控的保障性特点，常常导致企业的 IT 系统运行监控得不到应有的重视，由此带来的 IT 系统绩效影响和安全隐患不容小视。

1. 运行监控原则

IT 系统涉及的设备种类繁多，过度监控与放任不管均不可取，需要有所取舍。企业 IT 系统运行监控通常遵从以下基本原则。
- 目标导向性原则：以 IT 服务等级交付为指引，分析影响 IT 服务交付的系统运行关键因素和面临的挑战，据此明确 IT 系统运行监控的总体目标、阶段目标和分解目标。基于监控目标，梳理、规划 IT 系统运行监控的指标监控体系、运行监控平台、管理事项及流程，明确岗位体系与能力要求，明确运行监控的发展策略与成长路径。
- 指标充分性原则：以运行监控目标为指引，分析、分解影响 IT 服务功能性、可用性和可靠性的关键 IT 资产及关键运行指标参数或因素，形成服务交付导向的 IT 资产和运行监控指标清单。以企业 IT 架构为依托，基于指标充分性的原则，按网络设施、安全设施、数据中心设施、应用系统设施，汇总形成 IT 系统运行监控指标体系。
- 监控有效性原则：以监控目标为导向，以监控有效性为原则，确定监控指标的指标构成和监控频度，明确指标预警和事故状态阈值。结合企业实际，在满足监控目标要求的前提下，量力而行，合理确定指标监控频度。同时，应做好监控指标数据的分析和事态信息的研判，及时消除运行状态信息的不确定性，逐步完善指标监控体系。
- 处置适时性原则：基于运行监控指标数据的研判，及时处置 IT 系统中的事态与事件，消除系统中的误报、偏差，调整不合理的预警阈值。对于疑难问题事项，应将之纳入问题管理范畴，做好问题追溯研究。对拟开展的系统配置优化和系统改造事项，应适时启动相关事项的改造方案或项目建议书的编制工作，并做好相关事项的后续推进。

基于上述 IT 系统运行监控指标原则，建立健全与企业信息化发展水平相适应的运行监控指标体系，并通过运行监控指标的持续改进，逐步提高 IT 系统运行监控的有效性。

2. 指标配置方法

IT 系统运行监控指标通常体现为以 IT 系统为中心，以 IT 系统架构为支撑，以系统部署为主线，通过确定监控的设备、确定监控的间隔、选择合适的协议和配置合适的阈值等环节，完成具体的运行监控指标配置。IT 系统运行监控指标配置遵循如图 24-1 所示的方法。

图 24-1　IT 系统运行监控指标方法

> 确定监控的设备：基于 IT 系统的设备构成，形成系统的设备监控清单。基于指标充分性原则，将设备按重要性从高到低的顺序划分为关键设备、重要设备、一般设备 3 个等级。按设备重要性确定运行监控指标，关键设备监控所有参数、重要设备监控必要的参数、一般设备仅监控基本参数。按功能性、可用性、可靠性分类确定监控指标。

> 确定监控的间隔：指标监控间隔决定了设备运行监控的频度，指标监控间隔通常与设备类型和具体的监控指标特征密切相关，应遵循监控有效性原则，确定指标的监控间隔。可参考的监控间隔有 1 分钟、5 分钟、15 分钟等。具体指标监控间隔应结合 IT 系统运行实际确定，并根据实际的 IT 系统运行监控效果，不断完善指标监控间隔。

> 选择合适的协议：不同类型设备的运行指标通常支持不同的通信协议组合，选择正确的监控协议，不但有利于运行指标数据的获得，也有利于监控范围的扩展和成本的降低。具体设备的监控协议可依据具体协议支持情况综合评估确定。当进行网络监控时，宜采用安全和低带宽的简单网络管理协议（Simple Network Management Protocol，SNMP），通过 SNMP 配置便可实现特定设备运行指标的监控。

> 配置合适的阈值：监控指标阈值是运行监控报警和故障报警的重要基准，应结合设备类型、指标特征和应用场景情况，遵循处置适时性原则合理配置监控指标的阈值，并结合 IT 系统运行监控的实际效果及时调整运行监控的预警和报警阈值。

IT 系统运行监控通常体现为系统层面的全局指标监控和设备层面的功能指标与可用性指标监控，通过系统全局指标和设备运行指标的确定，为 IT 系统运行状态监控和态势感知提供支撑。

24.2　主要系统运行监控指标

基于前述的企业 IT 架构描述，从 IT 系统运行的视角看，影响 IT 系统运行服务绩效的主要因素包括网络安全设施、计算资源设施、技术支撑设施、应用系统 4 个层面的 IT 系统资产，以下简要探讨相关系统的运行监控指标。

24.2.1 网络安全运行监控指标

网络安全设施主要包括交换机、路由器、防火墙、入侵检测、漏洞扫描、防病毒等软硬件设备。网络安全运行监控指标通常可分为系统层的运行监控指标和设备层的运行监控指标。

- 系统层的运行监控指标主要包括网络拓扑结构监控、网络连接监控、路由信息监控、链路带宽监控、丢包率监控、网络流量监控等。其中，网络拓扑结构监控、网络连接监控和路由信息监控属于网络系统的功能性监控；链路带宽监控、丢包率监控属于可用性监控；网络流量监控属于可靠性监控。安全设施大多以独立设备的形式存在，但对于分布式部署的安全设施，存在系统层面的监控指标需求。
- 设备层的运行监控指标与具体设备类型相关，由于设备功能性、可用性、可靠性等的影响因素与设备类型密切相关，应基于设备类型与设备在系统中的定位，明确设备运行的功能性、可用性、可靠性的监控指标。应重点关注区域网络的核心交换机、路由器、防火墙等关键设备的监控指标确定。

以下简要介绍网络安全设备的功能性、可用性、可靠性的运行指标监控情况。

- 功能性监控指标：功能性监控指标通常包括设备定位信息、设备配置信息、功能状态信息、关键功能配置项等。设备定位信息一般包括设备名称、编码、型号、IP 地址、MAC 地址等；设备配置信息一般包括设备组件、组件端口及描述等信息；功能状态信息为设备功能的具体呈现，包括可能的组件功能指标、功能组件运行状态等信息；关键功能配置项为设备特定的功能指标。
- 可用性监控指标：可用性监控指标为设备承载能力的表现。网络安全设备的 CPU 负载、内存利用率、网络端口流量等运行指标均属于可用性监控指标。应结合设备类型、所处位置及运行场景，梳理、细化、确定可用性监控指标。
- 可靠性监控指标：可靠性监控指标为设备可靠性能力的表现。网络安全设备的 CPU 温度、板卡温度、风扇运行指标，运行日志中的事态信息、报警信息均能在一定程度上反映出设备的可靠性状态。应结合具体设备情况，梳理、分析影响设备可靠性的因素，尽量将相关指标纳入设备运行监控的范畴。

明确了系统层和设备层的运行监控指标之后，需要结合运行监控要求，确定运行指标的监控间隔，并配置监控指标阈值。

- 指标监控间隔：指标监控间隔通常与企业 IT 服务可接受的故障被发现的时长有关。另外，也与指标监控方式有关。如果是人工监控，指标监控间隔通常以小时或天为单位设置。如果是系统自动监控，指标监控间隔通常以分钟为单位设置，如前述提到 1 分钟、5 分钟、15 分钟这样的监控指标采集间隔。需要说明的是：过于密集的监控指标采集不但会占用过多网络带宽，也会带来监控数据存储与分析方面问题，建议以可接受的最长采集间隔为宜。
- 监控指标阈值：监控指标阈值通常是比较复杂的事项，通常涉及预警规则和故障判断规则，其中既有经验积累的问题，有时也涉及复杂的技术问题。对于设备功能故障，可参考业界的通行做法设置，并注重 IT 系统运行过程中的阈值调整与规则的优化，逐步提升 IT 系统运行监控指标阈值的有效性。

在建立完善网络安全运行监控指标体系的同时，应重视系统运行监控指标体系的持续改进，逐步提高 IT 系统运行监控指标体系的完整性和有效性。

24.2.2 计算资源运行监控指标

计算资源运行监控主要包括针对服务器资源、存储资源、备份资源等设施的运行监控。随着虚拟化技术与云计算技术的发展，计算资源平台化已成为主流。计算资源运行监控通常体现为平台层的运行监控和物理层的设备监控。

计算资源平台主要分为服务器资源平台和存储资源平台。虽然服务器资源平台和存储资源平台的具体运行监控指标有所不同，但二者的分类指标要求基本相同，主要包括以下几类。

> 功能性监控指标：计算资源平台功能性监控指标主要包括资源组信息、资源组配置信息、资源服务信息、前端服务信息等运行监控指标。资源组信息主要包括计算资源平台中所有资源组，一般包括资源组名称、编码、描述、IP 地址、资源容量、已用资源容量等资源组信息；资源组配置信息一般包括资源组的物理设备构成、设备 IP 地址、设备配置及描述等信息；资源服务信息为已提供服务清单、服务配置、运行状态等信息；前端服务为针对服务前端的运行指标。

> 可用性监控指标：计算资源平台的可用性监控指标一般包括资源容量可用性信息和资源性能可用性信息。资源容量可用性信息通常包括各资源组总容量、已用容量、剩余容量等指标信息。资源性能可用性信息包括 CPU 利用率、内存资源利用率、磁盘 I/O 等运行性能指标信息。同时，资源平台出口带宽、物理机的 CPU、硬盘 I/O 也应纳入可用性监控的范畴。

> 可靠性监控指标：计算资源平台中物理设备的可靠性直接影响上层平台的可靠性，如物理设备的 CPU 温度、板卡温度、风扇运行指标，以及平台系统日志中的事态信息、报警信息均能在一定程度上反映出计算平台的可靠性状态。应结合具体计算资源平台情况，梳理、分析影响计算资源平台的可靠性因素，尽量将相关指标纳入设备运行监控的范畴。

基于计算资源平台层和物理设备层的运行监控指标，便可形成计算资源运行监控指标体系。同时，参考业界计算资源运行监控实践，结合企业自身 IT 系统运行监控要求，确定计算资源运行指标的监控间隔，定义相关指标的预警阈值和故障报警阈值。

24.2.3 技术支撑运行监控指标

技术支撑通常包括操作系统、应用服务器、数据库、中台组件等软件或系统。以下简要探讨操作系统、应用服务器、数据库的运行监控指标。

1. 操作系统运行监控

操作系统为上层中间件或应用系统提供系统运行环境支持，由于 Windows、Linux 等操作系统均为成熟、稳定的软件产品，其产品功能和性能已被广泛验证。因此，操作系统运行监控的重点一般聚焦在可靠性方面，以及可能影响上层系统功能或性能的特定因素。

操作系统运行监控重点聚焦于系统日志监控，主要包括针对系统日志、应用日志和服务日志的监控。通过日志中的预警信息与错误信息分析，发现系统运行中存在的问题，并通过有针对性的处理措施解决系统运行中的问题。同时，结合上层系统运行监控要求，补充操作系统运行监控指标事项。

2. 应用服务器运行监控

应用服务器运行监控为针对应用系统支撑环境的运行监控。常用的应用服务器有 IBM 的

WebSphere、Oracle 的 WebLogic、Apache 的 Tomcat 和 Microsoft 的 IIS 等。应用服务器运行监控一般包括应用服务器的功能性、可用性和可靠性运行指标监控。

> 功能性运行监控指标：功能性运行监控指标主要为针对应用服务器系统进程的监控。应用服务器系统进程组成通常与软件架构和部署方案有关，应结合具体应用服务器软件，确定需要监控的系统进程。监控系统进程的运行状态，及早发现系统进程的异常、挂起。

> 可用性运行监控指标：可用性运行监控指标通常包括应用服务器的平均响应时间、事务请求数量、活动 HTTP 会话数、Web 服务线程池数、数据库连接数、CPU 消耗、内存消耗、I/O 消耗等应用服务器运行状态数据，具体运行监控指标应结合体应用服务器软件和上层系统的运行监控要求确定。

> 可靠性运行监控指标：可靠性运行监控一般通过服务器日志信息监控实现。通过系统日志中的致命错误、严重错误、警告信息等的分析，获得系统运行的可靠性状态。

总体而言，应用服务器的运行监控指标应基于上层系统的运行监控要求和所选用的具体应用服务器品牌和版本确定，还应考虑运行监控依托的技术手段的支撑能力情况。

3. 数据库运行监控

数据库是应用系统数据承载的重要支撑，目前主流数据库有 Oracle、SQL Server、DB2、MySQL 等。与应用服务器运行监控类似，数据库运行监控主要包括针对数据库的功能性、可用性和可靠性的运行状态监控。

> 功能性运行监控指标：功能性运行监控主要为针对数据库系统进程的监控。数据库系统进程组成通常与软件架构和部署方案有关。以 Oracle 数据库为例，其后台进程主要有数据库写进程、日志写进程、系统监控、进程监控、检查点进程、归档进程等。应结合具体数据库品牌与版本，确定需要监控的系统进程。监控系统进程的运行状态，及早发现系统进程的异常、挂起。

> 可用性运行监控指标：可用性运行监控指标通常包括数据库的连接会话数、并发连接数、平均响应时间、数据库容量及表空间利用情况、缓存命中率、查询耗时最长 SQL、CPU 消耗、内存消耗、I/O 消耗等影响数据库性能的运行状态指标。具体运行监控指标应结合体数据库软件和上层系统的运行监控要求确定。

> 可靠性运行监控指标：可靠性运行监控一般通过数据库日志信息监控实现。通过系统日志中的致命错误、严重错误、警告信息等的分析，获得系统运行的可靠性状态。

技术支撑运行监控指标通常受软件架构、系统部署和上层系统运行要求等多种因素的影响，应结合企业信息化架构和 IT 系统运行维护实际情况，合理确定技术支撑环境运行监控指标。

24.2.4 应用系统运行监控指标

应用系统运行监控为 IT 服务交付视角的运行监控。基于应用系统的功能定位，全面监控系统的用户使用、业务处理、系统运行状态及关键绩效指标的运行情况。通过应用系统的功能性、可用性、可靠性监控，为 IT 服务交付提供支持保障。

> 功能性运行监控指标：基于应用系统部署构成，在服务器、操作系统、数据库、应用服务器及相关组件运行监控的基础上，监控应用系统平台及相关组件的运行状态。基于应用系统用户使用反馈和相关系统日志，梳理、分析系统应用功能欠缺，及时发现功能缺陷和改进需求。

> 可用性运行监控指标：主要用户登录情况（实时在线人数、平均在线人数）、业务交

易情况、用户登录响应时间、主要页面响应时间、主要流程响应时间、服务器 CPU、内存利用情况及主要系统性能瓶颈的关键指标监控。
➢ 可靠性运行监控指标：可靠性运行监控一般通过应用系统日志信息的监控实现。通过对系统日志中的致命错误、严重错误、警告信息等的分析，获得系统运行的可靠性状态。

企业 IT 系统服务通常涉及多领域的 IT 组合，若要从根本上把握 IT 系统运行，不仅需要对相关技术的透彻理解，也需要在技术架构、开发构建方面的知识与能力支持。而要诊断与调优，则需要相关系统运行经验的积累与积淀。IT 系统运行监控是看似简单、实则艰难的技术性很强的工作。IT 系统运行监控指标体系通常是一个逐步改进的过程，道阻且长，行则将至。

24.3 系统运行状态监控

IT 系统运行监控通常包括系统级的运行指标监控和物理设备的巡视检查，而由于 IT 设备的特殊性，外在的物理巡视很难发现 IT 系统运行层面的问题。因此，IT 系统运行状态监控主要通过设备内嵌的系统监控工具或外在的监控软件完成。

24.3.1 运行监控工具与平台

基于当前 IT 系统运行监控技术现状，IT 系统运行状态监控主要采用以下两种实现方式。
➢ 设备自带的系统监控工具：大型复杂软件通常提供系统运行监控模块，以满足软件系统自身的运行监控要求。如数据库软件、虚拟化软件、云计算平台等软件均有自己的运行状态监控功能模块。
➢ 第三方专用系统监控软件：IT 行业有为数不少的系统监控软件供应商，提供针对一种或多种设备的运行状态监控软件。如 Zabbix、Prometheus 等开源的实时监控系统，以及像 OpManager 这样的具有综合性的系统监控平台。

应该说，上述两种系统监控方案各有所长，设备自带的系统监控工具通常可以实现细粒度的运行状态监控，可为事态分析提供全面、系统的运行状态数据支持；不足之处是其针对具体设备，属于企业 IT 系统局部的运行指标监控工具。对于专用系统监控软件，其优势是可以监控多种不同类型设备的运行状态，通常可以满足系统级的运行状态监控要求，如网络拓扑发现、链路状态监控等；缺点是监控颗粒度往往偏粗。

企业需要建立统一的 IT 系统运行监控平台，通过 IT 系统运行平台实时感知 IT 系统的运行状态，及时发现系统运行的风险与隐患并采取纠正措施，更好地支持 IT 系统安全、稳定、高效运行。

24.3.2 典型系统的运行监控

IT 系统运行监控通常可分为日常的系统运行状态监控和定期的系统健康状态巡检。日常系统监控侧重于系统运行关键指标参数的状态检查，发现问题并及时处置。定期系统巡检则是针对系统运行状态的全面检查，以及事态、事件的系统分析，旨在发现影响系统性能的关键因素和影响系统可靠性的安全隐患，以便适时采取措施消除瓶颈因素和安全隐患。

本节以 IT 系统运行监控平台为主，结合设备专有监控工具，简要介绍典型系统的日常运行监控内容，以期为读者提供较为完整的 IT 系统运行监控的参考。

IT 系统运行监控平台是网络设施运行监控的主要手段，通过监控平台，可对网络系统进行全局洞察和对网络设备运行状态进行重点关注。IT 系统运行监控平台展示的网络拓扑实例如图 24-2 所示。该图展现的场景是一个总部网络节点和若干个区域网络节点的网络拓扑结构，总部与节点互联方式既有单链路互联，也有双链路互联。

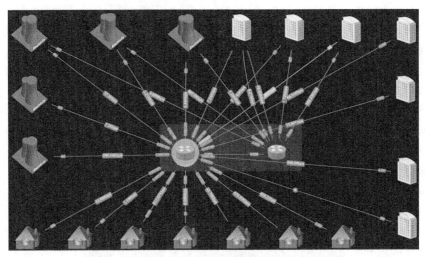

图 24-2　IT 系统运行监控平台展示的网络拓扑实例

点击节点互联链路可以看到两个节点之间的连接关系信息，连接关系信息包括两侧的节点名称、路由器 IP 地址、连接设备信息、网络接口等静态信息。同时，可以看到网络链路带宽使用的动态信息，如接收速率、发送速率的最大值、最小值、平均值数据。如出现链路故障，网络拓扑图将直接给予显示。

点击网络节点图标，将显示网络节点互联设备的详细信息，并可进行调整、跟踪及进一步的信息钻取和网络拓扑结构钻取。通过 IT 系统运行监控平台，通常可以满足网络设施系统层级运行监控的大部分需求，且通过有针对性地扩展、开发监控平台，可以比较好地满足网络设施运行监控要求。

IT 系统运行监控平台提供针对各类设备和系统的运行状态监控。

➢ 交换机监控：可列表展示纳入监控范围的交换机设备。交换机监控项分为机箱、电源、风扇、CPU、内存、接口、IP 地址等的功能指标和性能指标。通过 SNMP，可将交换机的各电源模块、机箱内的温度测点、各风扇等运行状态数据纳入交换机的运行监控中，满足交换机的功能性监控需要。同时，监控平台提供实时的设备 CPU、内存利用情况的数据，交换机的板卡接口监控内容包括所有板卡接口的接口状态、速率、带宽利用率、丢包率、组播包转发率、广播包转发率等可用性指标或特征指标，IP 地址监控内容包括成功率、响应时间、抖动等可用性指标。

➢ 路由器监控：可列表展示纳入监控范围的路由器设备。路由器监控项分为机箱、电源、风扇、CPU、内存、接口、路由表等的功能指标和性能指标。除路由表监控项以外，其他监控项与交换机的监控项类似。路由表监控内容主要包括所有的路由信息展示、每个路由的运行状态、路由容量等信息。路由运行信息包括目标地址、带宽利用率、流入流出速率、流入流出丢包数据，并提供路由跟踪检查和钻取。

- 防火墙监控：可列表展示纳入监控范围的防火墙设备。防火墙监控项分为机箱、电源、风扇、CPU、内存等的功能指标和性能指标。防火墙的运行监控可达到网络设备级的运行状态监控，但无法实现针对访问控制层面的运行状态监控。
- 服务器设备监控：可列表展示纳入监控范围的服务器设备。服务器监控项分为机箱、电源、风扇、CPU、内存、硬盘等的功能指标和性能指标。其中机箱、电源、风扇等的状态监控属于设备功能性监控的范畴，CPU、内存、硬盘相关信息属于服务器的可用性指标。监控平台提供硬盘读写率、扇区读写数、读写错误等数据。
- 存储设备监控：可列表展示纳入监控范围的存储设备。存储设备监控项分为机箱、电源、风扇、CPU、内存、硬盘、硬盘 I/O、IP 地址等的功能指标和性能指标。其中硬盘、硬盘 I/O 相关信息属于存储设备的特征性指标。监控平台提供硬盘状态、利用率、硬盘 I/O 等性能数据。
- 数据库监控：可列表展示纳入监控范围的数据库系统。数据库系统监控项分为表空间、数据库连接、数据文件、内存、用户作业、碎片、日志等的功能指标和性能指标。通常可依据数据库品牌和版本，配置各分类细分的监控项。通过监控项的运行数据，可满足针对数据库的运行监控要求。
- 应用系统监控：应用系统由于差异性较大，不同的应用系统的监控项及具体监控内容会有较大的差异。通常，可将相关的进程、服务、CPU、内存、存储空间等纳入监控平台范畴进行监控，也可以将其他影响应用系统服务交付的指标项纳入监控范围。但更多的功能模块级交易监控需要依赖应用系统平台本身解决。

以上简要介绍了基于 IT 系统运行监控平台可开展的 IT 系统运行监控内容。企业需要结合自身的 IT 系统情况，建立与企业 IT 系统运行监控工作相匹配的 IT 系统运行监控平台，以满足自身 IT 系统运行监控的需要。

24.3.3 风险监控与态势感知

安全风险监控是 IT 系统运行监控中的重要组成部分。由于网络空间安全涉及的范围较广，不同企业的安全风险监控的责任划分也不尽相同。本节仅探讨与计算环境相关的安全风险运行监控，简要介绍设备准入系统、防病毒系统、入侵检测系统、漏洞扫描系统和网络流量分析系统等的运行监控。

- 设备准入系统：设备准入系统在部署上通常体现为地域部署、集中管理的部署格局，在管理上采取集中管理、分级维护的管理策略，实行准入控制策略集中管理、设备准入注册分散维护。运行监控的重点通常聚焦在准入策略维护、设备跟踪监测、准入合规检查、隔离设备检查、预警与报警信息的检查与处理。应注意隔离保护区设备的安全检查评估，尽量减少隔离保护区内的设备安全风险，以及因此带来的全网安全风险。
- 防病毒系统：防病毒系统通常采用集中管理、分布式部署的模式，实行统一的防病毒策略管理和病毒特征库维护。运行监控的重点通常聚焦在防病毒服务器 CPU、内存、硬盘、网络等的利用率，病毒库更新推送，病毒安全动态，定期病毒扫描，信任区维护，病毒查杀日志，预警与报警信息的检查与处理。应关注各类主机、终端等的防病毒软件安装情况和高发病毒终端的监控处置。
- 入侵检测系统：运行监控的重点通常聚焦在事件库更新、威胁事件告警分析处置、告警事件综合分析等内容。应关注各类攻击事件的后续跟踪处置,尽量减少具有重复性的网络攻击事件发生。
- 漏洞扫描系统:运行监控的重点通常聚焦在漏洞库升级、漏洞风险统计分析、高危漏洞信息发布、系统预警信息处置。应关注高危漏洞的后续跟踪处置,尽量减少高危漏洞带来的潜在网络安全风险。
- 网络流量分析系统:网络流量分析系统并不属于传统的网络安全范畴,但随着网络安全环境的演变,许多传统的安全设备已很难应对新兴的网络攻击,如"永恒之蓝"病毒很难被防病毒软件所检测并查杀,需要借助网络流量分析手段发现异常流量,并借助其他分析手段,确定攻击类型与攻击特征,进而采取有效的安全防护手段加以处置。网络流量分析系统通过捕获网络全流量数据包,基于网络流量数据,分析网络数据流动态势,从多维度、多视角展示网络流量变化趋势、异常情况、安全预警。

安全风险监控通常聚焦于安全设备或系统的警告、异常等信息,基于综合分析研判,采取对应的安全措施及时消除 IT 系统运行中的各种安全隐患。

24.4 系统运行监控管理

IT 系统运行监控管理侧重于对与 IT 系统运行监控相关的要素管理。主要管理事项包括事态与事件管理、运行问题管理、运行风险管理、信息报告等内容。

24.4.1 事态与事件管理

事态为 IT 系统运行过程中产生的与预期状态或结果存在偏差的事项,通常以系统日志的形式记录。事件为 IT 服务质量降低或 IT 服务非计划中断。从严重程度上说,事态的严重程度较事件低,事态不一定对 IT 服务交付造成本质的影响。但由于事态与事件均为 IT 系统运行状态的负偏离,因此有必要将 IT 系统运行中的事态与事件纳入事件管理的范畴。

事态与事件管理包括针对事态与事件的记录管理、原因分析、处置跟踪与总结分析等主要环节。记录管理包括事态或事件名称、编码,关联的 IT 资产、描述、影响,以及事态或事件分类属性信息、相关责任信息等内容;原因分析包括原因描述、原因分类属性、原因分析依据等信息;处置跟踪主要包括处置方案描述、责任安排、时间节点、结果形式等内容;总结分析为事态或事件处理结束后的总结说明、经验教训及建议等内容。

事态与事件管理是企业 IT 系统运行监控经验积累的重要组成部分,事态或事件信息、原因分析、处置方案、处置成效、经验与教训的积累,无疑有助于 IT 系统运行中同类错误的减少与知识经验的传承。

24.4.2 运行问题管理

问题被定义为引发一个或多个故障的未知原因。问题管理的目的在于通过问题的全面管控,尽量降低问题带给 IT 系统的负面影响。问题管理通常包括问题识别、问题控制和错误控制。其中问题识别包括问题对应事件的趋势分析、问题重复性评估、事件再次发生的风险评估等内容;问题控制包括问题分析与解决方法;错误控制包括已知错误的管理、潜在的永久解决方案及风险管控等内容。

企业应建立 IT 系统运行的问题台账，做好问题记录、分析评估与问题解决的推进与跟踪，尽量降低问题的不确定性对 IT 系统运行服务的负面影响。

24.4.3　运行风险管理

网络安全风险贯穿于整个企业 IT 服务过程，运行风险仅是企业网络安全风险中的一个部分。应将 IT 系统运行监控中发现的潜在运行风险纳入企业网络安全风险管理的范围，按网络安全风险管理要求，做好 IT 系统运行风险的管理。

IT 系统运行风险主要来自 IT 系统的可用性风险和安全设备提示的安全性风险。应将影响系统可用性的高危漏洞与重大安全隐患纳入风险管理的范畴，按风险管理制度要求做好 IT 系统运行监控中的风险管理与控制。

24.4.4　运行信息报告

IT 系统运行监控工作中通常会涉及不同类别的信息报告。常见的 IT 系统运行报告包括定期的 IT 系统运行情况报告、信息安全事件报告、信息化事件报告、信息安全风险报告，以及其他必要的信息报告。

> IT 系统运行情况报告：该报告为 IT 系统运行部门定期发布的 IT 系统运行情况报告，通常按统一信息报告模板按月发布。
> 信息安全事件报告：如发生属于信息安全管理范畴的事件，需按信息安全事件报告模板填写信息安全事件报告，按信息安全事件报告流程上报事件报告。
> 信息化事件报告：如发生属于信息化事件管理范畴的事件，需按信息化事件报告模板填写信息化事件报告，按信息化事件报告流程上报事件报告。因信息安全事件同属于信息化事件，企业应保持信息安全事件和信息化事件模板和流程的相对一致性，避免冲突。
> 安全风险信息报告：如存在属于网络安全风险管理范畴内的潜在安全风险，需按风险管理的风险隐患报告模板填写安全风险信息报告，按风险管理流程上报安全风险信息。

信息报告是典型的企业管理行为，应遵从企业管理和 IT 服务管理要求，做好 IT 系统运行监控过程中的信息报告。

第 25 章

IT 系统运行维护与管理

IT 系统运行维护是 IT 服务交付的重要支撑保障，通过适时的系统可用性、连续性及安全性维护和有效的业务应用管控，保证 IT 系统安全、稳定、高效地运行，充分实现 IT 系统的业务支持价值。

25.1 系统运行维护框架

依据图 21-1，通过 IT 系统运行监控和维护检修的支持保障，实现 IT 系统资产对承载业务的支撑价值。而 IT 系统运行监控过程中发现的 IT 系统功能性、可用性、可靠性等事态、事件、问题等的待改进事项，可通过 IT 系统维护检修过程得以解决。基于企业 IT 服务价值链流程，IT 系统运行与管理框架如图 25-1 所示。

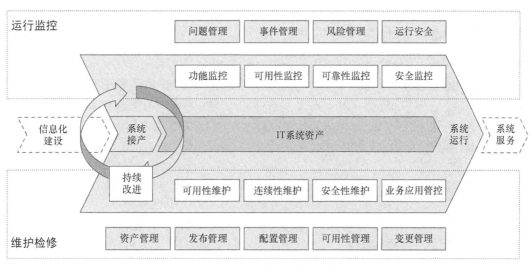

图 25-1 IT 系统运行与管理框架

从企业 IT 服务的视角看，项目系统从通过验收到正式投入运行前，一般会经历"系统接产"这样的环节，通过该环节完成以下各项工作。

➢ 完成项目系统资产的管理责任从项目建设方向系统运行方的管理责任转移。
➢ 完成系统上线所需的开发、测试、生产部署环境的检查、验证等准备。
➢ 完成项目系统资产化、配置化、平台化等的 IT 系统资产运行准备。
➢ 完成系统上线运行所需的监控维护管理制度、应急预案等的管理准备。
➢ 完成系统运行监控、维护检修所需的人员配置、技能培训等人员准备。

> 完成系统上线前的业务管理程序调整、应用培训等的业务准备。
> 其他必要的准备工作。

通过系统接产环节后，项目系统具备了提供 IT 系统服务的业务、技术、管理与资源条件，便可纳入企业 IT 系统运行的范围中，为企业用户提供 IT 系统运行服务。

IT 系统运行主要包括 IT 系统运行监控和 IT 系统运行维护两个方面。正如前面内容介绍的，IT 系统运行监控的业务事项主要包括针对 IT 系统资产的功能性监控、可用性监控、可靠性监控等工作，相应的管理要素包括问题管理、事态事件管理、风险管理和运行安全管理等内容。

IT 系统运行维护的业务事项主要包括针对 IT 系统资产的可用性维护、业务连续性维护、安全性维护和业务应用管控等工作，相应的管理要素包括资产管理、发布管理、配置管理、可用性管理和变更管理等内容。同时，系统优化和持续改进贯穿于 IT 系统运行全过程。小规模的系统优化通常以可用性维护的形式存在，较大规模的持续改进通常以独立信息化项目的形式开展。

IT 系统运行维护是企业 IT 服务交付的重要支撑保障，通过及时、有效的 IT 系统维护检修，及时消除 IT 系统中的安全隐患和系统瓶颈。而要消除 IT 系统的安全隐患和可能的系统瓶颈，通常需要极强的 IT 系统掌控能力，这种 IT 系统掌控能力通常是企业信息化能力的重要标志。企业应注重自身 IT 系统运行能力的培养，通过自身 IT 系统掌控能力的提升，快速满足 IT 系统维护需求，确保 IT 系统处于最佳的运行服务状态，更好地发挥其对企业经营运作的支撑价值。

25.2 系统可用性维护

系统可用性是指 IT 系统履行约定服务的能力。系统可用性维护是指为保证 IT 系统履行约定的可用性服务等级而开展的维护活动，这些维护活动包括但不限于与 IT 系统部署相关的维护、与系统配置相关的维护、与系统功能相关的维护以及系统能力优化等。

大部分企业的 IT 系统服务，并没有明确的 IT 系统可用性目标，但从目标导向的视角看，出于可用性维护需要，IT 系统运行部门应该明确 IT 系统运行的可用性等级，无论是公开承诺的可用性目标还是 IT 部门内部的自我约定目标。明确的可用性目标，有利于 IT 系统运行监控和维护检修工作的组织计划、执行管控与改进提高。

25.2.1 系统部署维护

IT 系统部署通常与企业的网络安全区域布局和用户访问布局相关，IT 系统中的应用服务器、数据库服务器、文件服务器、数据存储等应用系统的构件大多采用分布式或集中分布式的部署格局，以便为用户提供更好的服务体验。但随着 IT 系统应用的深化和业务数据的积累，IT 系统部署架构、构件布局、数据存储等系统部署要素的可用性瓶颈逐步显现，IT 系统部署成为影响 IT 系统可用性的重要因素，开展 IT 系统部署调整演变成 IT 系统运行维护的重要工作。

IT 系统部署是企业 IT 架构的重要组成部分，IT 系统部署调整通常应纳入企业 IT 架构的管理范畴。也意味着，开展 IT 系统部署调整需要制定完整的技术方案和实施管理方案，确保调整后的 IT 系统能够满足预期要求，并符合企业 IT 架构和网络安全等的全局发展要求。

IT 系统部署调整方案应包括完整的部署调整的必要性分析与论证，调整目标明确且可量化，调整内容实属必要，调整方案技术可行稳妥，实施组织计划可行、预算合理。IT 系统部署调整方案应报请企业信息化领导小组审核批准。对于 IT 系统部署的局部性调整，虽然可用省略复杂的方案编制和评估审批，但工作层面的技术方案论证与验证不可缺少，以确保 IT 系统部署维护工作一次到位、不出差错。

IT 系统部署调整完成后，应及时更新企业 IT 架构相关文件，以及 IT 系统架构相关内容，并做好系统部署调整的材料归档。

25.2.2 系统配置维护

IT 系统配置维护是指 IT 系统中特定构件的系统配置参数维护，该类配置参数的调整通常仅影响特定构件的功能和性能的发挥，一般不影响 IT 系统部署的完整性。对于影响 IT 系统部署完整性的构件参数，通常纳入 IT 系统部署的管理范畴。系统配置参数维护通常包括 IT 系统中的网页服务器、应用服务器、数据库服务器等的系统配置参数的维护，网络设施、安全设施、数据中心等设施中的设备、系统等的配置参数大多属于系统配置维护的范畴。

系统配置参数维护属于 IT 系统运行维护的常规性工作。系统配置维护通常会经历一个问题分析锁定的过程，通过充分的分析论证，锁定导致问题的根本原因，并通过系统模拟验证系统配置参数调整后的预期效果。系统配置调整通常是一个复杂的过程，不同类型的系统配置调整的影响范围和影响程度千差万别，应基于具体的系统配置调整要求全面分析系统配置调整的技术路径和潜在影响，形成系统配置调整方案，并做好系统配置调整的应急保障方案。

系统配置维护通常属于配置管理的范畴，应遵从配置管理要求做好系统配置维护的分析论证、技术方案与相关准备工作，在完成相关配置管理审批后开展系统配置维护工作。系统配置调整完成后，应及时更新 IT 系统的系统配置数据，并做好配置调整的材料归档。

25.2.3 系统功能维护

IT 系统功能维护是指针对系统功能层面的调整、完善等类型的维护，通常为面向用户的应用系统功能维护。系统功能维护体现为功能代码的调整完善或功能配置调整等方面的变化。

初次上线的应用系统，无论是系统功能性还是系统稳定性，均会经历迭代发展的成熟过程。这就导致在应用系统使用过程中，会出现各式各样的系统功能改进需求与要求，提供系统功能完善与优化服务属于 IT 部门的基本服务内容。IT 部门应做好 IT 系统功能改进的分析评估，编制 IT 系统功能改进方案，适时推进 IT 系统的功能改进。

系统功能维护通常属于变更管理的管理范围，应遵循 IT 系统变更管理要求，开展系统功能维护相关工作。同时，系统新功能上线应遵从 IT 系统发布管理要求，做好系统发布前的测试、验证等相关工作，规避系统发布风险。

做好系统功能维护的代码配置管理与相关材料的归档管理，做好系统功能维护完成后的系统开发环境、测试环境和生产环境的一致性管理。

25.2.4 系统能力优化

系统能力优化是指针对系统处理能力的改进、完善或扩展。通常体现为系统性能指标的改善，可以是系统用户响应速度的改进，也可以是系统并发用户数量的增加、业务交易容量或数据存储容量扩大等方面。

系统能力优化通常涉及复杂的技术组件架构、技术原理实现、开发配置等关键技术。从系统能力优化的需求提出、技术方案确定、配置开发实施、系统测试验证、上线准备与应用，通常需要反复分析与论证。鉴于系统能力优化的复杂性，通常会借助原系统实施单位的技术支持，共同研讨确定系统能力优化方案。

由于系统能力优化涉及的范围差异，系统能力优化涉及的 IT 管控要素也有所差异。对于局部的系统能力优化，可能只涉及局部的系统结构或功能配置代码的调整，可参照配置管理程序管理即可；对于较大规模的系统能力优化，由于涉及系统架构、系统结构或若干功能配置代码的调整，影响范围较大，应纳入企业 IT 架构管控的范畴加以管理。

鉴于系统能力优化对 IT 系统业务承载支持的重要性，IT 部门应充分重视系统能力优化的需求与要求，积极推进系统能力优化的技术方案论证，有序开展系统能力优化实施工作，充分实现 IT 系统对企业业务的支撑价值。

25.3 业务连续性维护

业务连续性是指企业应对风险、自动调整和快速反应的能力，以保证企业业务的连续运转。对 IT 系统服务而言，业务连续性是指在约定的时间内，将 IT 系统从灾难中恢复提供 IT 服务的能力。业务连续性通常包括高可用性、连续操作、灾难恢复 3 方面的能力。高可用性是指在当前应用系统故障情况下，继续提供应用访问的能力；连续操作是指当前应用系统保持无故障连续运行的能力；灾难恢复是指当前应用系统被破坏后，恢复应用系统和数据服务的能力。

IT 系统高可用性和连续性属于信息化规划和建设相关主题。以下简要介绍与 IT 系统运行维护相关的业务连续性内容，主要包括数据备份规划与策略、数据备份执行与管理、数据备份有效性验证等内容。

25.3.1 数据备份规划与策略

企业应基于应用系统部署和数据存储布局，依据本地备份与异地容灾需求，做好企业数据备份与异地容灾规划，制定数据备份策略，通过恰当的数据备份策略和适度的备份数据冗余，实现高效的数据备份恢复和有效的灾难数据安全。

数据备份对象通常包括虚拟机、应用系统、数据库系统、文档资源以及文件等各类 IT 系统资源，备份数据通常以磁带、存储系统等离线或在线的方式存储。数据备份实现方式有完全备份、增量备份、差异备份等。

> 完全备份：完全备份是指对备份对象的完整备份。优点是可大大节省备份数据的恢复时间，但因为数据量较大，导致备份时间过长，且重复的备份数据占用大量的磁带空间，增加了备份成本。因此，完全备份通常只用于特定周期的数据备份。

> 增量备份：增量备份是指对新增或有修改数据的备份。优点是需备份的数据量较少，备份时长短、备份资源占用少；缺点是数据恢复时需要在上一次完全备份的基础上，叠加增量数据才能完成，费时费力。因此，增量备份通常与完全备份配合使用。

> 差异备份：差异备份是指对上次备份后的差异数据的备份。优点是节省备份空间，缩短了备份时间。数据恢复时只需要完全备份数据加差异备份数据，就可以将数据恢复；缺点是数据恢复的时间长。

数据备份策略通常与备份对象的备份恢复要求和业务重要性等因素相关，数据备份策略应满足主要业务应用系统的灾难恢复要求和各类备份对象的恢复要求。在企业实际的数据备份应用中，数据备份通常是以上 3 种备份模式的组合。可参考的备份策略如下。

> 按数据重要程度分类备份管理，基于备份对象重要程度类别制定备份策略。关键业务数据采用在线备份、离线备份、异地灾备，保留 3 份数据备份；重要业务数据采用在线备份、备份离线保存，保留两份数据备份；一般业务数据采用离线备份保存，保留一份数据备份。备份数据不再提供备份存储。关键业务数据应建立定期完全备份和每日增量备份的备份机制，并确保每月至少成功完成一次所有数据的完全备份。

> 基于数据备份策略，建立数据备份清单。列明备份对象名称、备份内容、备份方式、备份用途及备份容量估算。指定备份数据责任人，只有授权人员方可访问备份数据。

> 定期（年度）开展备份策略评估，更新备份策略。检查数据备份覆盖的完整性，及时将应备未备的备份对象纳入数据备份的范畴。

25.3.2　数据备份执行与管理

数据备份是保证 IT 服务连续性的重要支撑，应确保每份备份数据的有效性和安全性。应重视数据备份的执行检查和备份数据的管理。

> 备份执行与检查：定期检查备份系统中备份任务的执行与完成情况。发现备份任务失败记录，应检查故障原因、排除故障，并做好备份数据的补救处理。做好磁带库备份数据的离线保存，离线保存地点应远离磁带备份设备，确保可应对火灾、水灾等自然灾害带来的影响。定期检查备份数据的有效性，确保备份数据完整、可用。定期评估、调整、优化备份系统的备份策略和计划任务，合理设置备份内容和备份时间。

> 备份介质管理：长期使用的备份介质，须按照原厂确定的存储寿命定期更新，磁盘、磁带等介质使用有效期一般为 4 年，达到使用期限后更换新介质进行备份。对替换下来的备份介质进行销毁处理，备份介质销毁必须经相关管理人员授权后方可执行，并做好备份介质销毁的记录。需要长期保存的数据，应在介质有效期内进行转存，防止存储介质过期失效。

> 备份恢复管理：需要恢复备份数据时，需求部门应填写数据恢复申请表，注明申请恢复的数据内容、恢复原因、计划恢复时间、恢复方案等内容，经申请部门与 IT 部门相关负责人审批后执行。数据备份管理员协助备份数据的恢复。数据恢复后，需求部门对恢复数据进行有效性验证，确认数据完整可用后，结束备份恢复工作。

25.3.3　数据备份有效性验证

企业应定期开展 IT 服务连续性演练，检验应急预案的完整性、可操作性和有效性，验证 IT 服务连续性资源的可用性，提升 IT 服务中断事件的综合处置能力。每年至少开展一次业务连续性专项演练，检验灾难情况下应急组织机构的协调性、应急预案的完备性和数据备份有效性。

> 演练前：演练系统数据负责人负责提出计划恢复的数据内容及恢复位置等信息，并填写数据恢复申请表；数据恢复申请获得批准后，数据备份负责人根据申请内容，准备备份数据，提交演练系统负责人。

> 演练中：演练系统负责人组织系统恢复和数据恢复。若恢复的数据总量较大（超过1TB 或 100 万个文件），可选取具有代表性的部分数据进行恢复演练。数据恢复过程中，应注意观察数据恢复进展，发现数据问题并及时处置，做好演练过程的记录。演练系统和数据恢复完成后，应当进行系统测试和数据验证。

> 演练后：根据应急演练中发现的数据备份问题，分析、总结数据备份策略、数备份执行、数据备份等方面存在的问题，针对存在的问题提出改进对策，并推进数据备份改进措施的落地执行。

数据备份是企业业务连续性和 IT 服务连续性中的重要环节，备份数据的有效性直接影响业务连续性和 IT 服务连续性，应对数据备份的有效性给予充分的重视。在年度应急演练的基础上，应开展多层级的备份数据有效验证，确保备份数据的完整性和有效性。

25.4 系统安全性维护

系统安全性聚焦于 IT 系统资产，应通过系统脆弱性管理、安全措施维护和系统安全加固，抵御 IT 系统运行面临的各种安全威胁，以保证 IT 系统运行安全。

25.4.1 系统脆弱性管理

脆弱性涉及系统中存在的可能被威胁利用造成损害的薄弱环节。从 IT 系统运行的视角看，影响系统脆弱性的因素主要有系统漏洞和弱口令，也是各类 IT 系统中普遍存在的脆弱项。

漏洞通常分为超危、高危、中危和低危 4 个等级，其中超危、高危漏洞直接影响企业的网络安全，必须给予处理。企业应建立超危、高危漏洞台账，制定漏洞修补计划，实行闭环管理，确保 IT 资产的脆弱性得到及时处置。

针对终端系统，可以利用桌面管理系统或防病毒系统推送漏洞补丁，解决终端系统的漏洞修补问题。但应注意，补丁推送前，应做好补丁的有效性、安全性验证，可以采取单台安装测试、小批量推送、大批量推广的方式进行安装，避免因补丁更新带来大规模的终端系统故障。针对服务器等局端设备，因系统环境差异较大，不宜采用补丁推送的方式修补漏洞，应由服务器或设备主管负责补丁修补的测试、验证，积极稳妥地修补系统漏洞。对暂时无法进行漏洞修补的设备，应纳入特别关注的安全管理范畴，通过管理手段或其他技术手段减少相关设备的暴露面，降低因漏洞带来的网络安全风险。

同样，针对发现的系统弱口令，应采取必要的跟进措施，及时消除 IT 系统存在的弱口令。

25.4.2 安全设备维护

安全设备维护也是 IT 系统运行维护的重要内容之一，维护内容主要包括安全设备特征库的维护、安全策略维护、安全事态事件处置及其他安全设备运行有关的事项。

1. 防病毒系统维护

防病毒系统维护通常包括病毒特征库和补丁库的定期升级。需要从供应商网站下载病毒特征库，检测后上载到防病毒系统中。对于分布式部署的防病毒系统，应检查分站点防病毒服务器与主站点的同步情况，确保病毒特征库和补丁库可靠分发到各分站点。

检查防病毒系统的配置策略，根据病毒实时监测情况，如需要调整，完成配置策略调整。

定期检查防病毒系统中的事态事件信息、病毒查杀日志和病毒查杀趋势。如需处理，完成相关事态事件的后续处理。

2. 漏洞扫描系统维护

漏洞扫描系统维护通常包括漏洞特征库的定期升级。需要从供应商网站下载漏洞特征库，检测后上载到漏洞扫描系统中，对于分布式部署的漏洞扫描系统，应检查分站点漏洞扫描服务器与主站点的同步情况，确保漏洞特征库可靠分发到各分站点。

检查漏洞扫描系统的配置策略，根据漏洞分级与分类需要，调整系统配置策略。

根据漏洞扫描系统结果，做好漏洞信息的台账记录与统计分析，提出漏洞修补要求，并做好漏洞修补情况的跟踪、记录与系统查验。

3. 入侵检测系统维护

入侵检测系统维护通常包括入侵检测特征库的定期升级。需要从供应商网站下载入侵检测特征库，检测后上载到入侵检测系统中，对于分布式部署的入侵检测系统，应检查分站点入侵检测服务器与主站点的同步情况，确保入侵检测特征库可靠分发到各分站点。

检查入侵检测系统的配置策略，如需调整，完成配置策略调整。

检查入侵检测系统中的攻击记录信息，做好攻击记录的分析研判。基于攻击记录分析处置，开展后续处置推进与状态跟踪。

4. 防火墙系统维护

检查防火墙的运行状态，检查通过防火墙的数据流量，比对分析数据流量与业务应用的一致性，评估潜在的安全风险与隐患。检查防火墙的配置策略，分析访问控制策略的有效性，结合数据流程分析，评估防火墙策略改进的可能性。访问控制如需改进，提出改进方案，经分析论证后实施。检查防火墙中的事态事件信息，如需处理，完成相关事态事件的后续处理。

安全设备维护是发挥网络安全设备保护价值的重要手段，通过特征库更新、策略调整和事态事件处置，及时消除安全风险隐患，充分发挥安全设备的安全防护作用。

25.4.3 系统安全加固

企业既面临来自外部的网络攻击，也面临内部的越权使用和 IT 资产生命周期安全挑战，适时的系统安全加固是应对这些安全风险的必要手段。系统安全加固主要包括安全设施加固和 IT 系统安全加固两个方面。

> 安全设施加固：基于企业 IT 系统内外部环境变化，定期或不定期开展安全技术体系有效性评估，基于安全技术体系改进需求，适时推进安全设施加固项目建设，弥补安全技术体系短板，以便更好地保护和支持 IT 系统运行和数据安全。

> IT 系统安全加固：从客观上讲，持续不断的系统安全加固，是提升 IT 系统安全防护能力的重要手段。通过 IT 系统安全加固需求的全面系统梳理，制定安全加固方案，通过 IT 系统加固项目的实施，逐步提升 IT 系统的安全防护能力。

25.5 业务应用管控

业务应用贯穿于 IT 系统运行的始终，与 IT 系统运行维护相关的业务应用管理事项主要包括业务流程变更管理、系统数据变更控制、系统审计事项处理等内容。

25.5.1 业务流程变更管理

业务流程化是 IT 系统价值的重要体现，IT 系统运行中的业务流程调整也时有发生。通过业务流程调整，可使 IT 系统更好地匹配企业当前的业务流程和组织人员分工。业务流程变更对 IT 系统的影响与流程变更的具体内容有关，有些涉及系统功能和数据项的调整，有些涉及流程表单、岗位角色或人员的调整。

涉及系统功能和数据项调整的，通常会导致软件系统版本的变化，通过以系统版本升级的方式落实业务流程变更需求；只涉及流程表单、岗位角色或人员调整的，一般可通过系统配置调整的方式解决，通过配置变更的方式满足业务部门的应用需求。

对于版本升级类业务流程变更需求，基于信息化建设、IT 系统运行、IT 服务支持之间的需求管理分工，IT 部门应做好业务流程变更的需求管理、全局统筹，有序推进落实业务流程变更带来的信息化需求。

对于配置调整类业务流程变更需求，IT 系统运行部门应在做好配置变更的需求细化与确认、配置调整方案的分析与论证的基础上，做好配置开发与验证等工作，并基于发布管理流程发布配置变更后的系统。

25.5.2 系统数据变更控制

系统数据变更是指针对 IT 系统中已存在的业务数据的人为变更。这种系统数据变更通常是人为的数据录入问题所导致的，也存在后期审核发现的错误修正而引起的。虽然系统数据变更并不常见，但也时有发生。通常，企业 IT 系统很难为每种可能的数据错误提供系统级的修正功能或工具，业务部门通常会将这种数据变更需求提交到 IT 系统运行部门，希望 IT 系统运行部门从系统后台进行处理。

由于系统数据变更涉及企业的合规管理，不同类型的系统数据变更带来的潜在后果也各不相同，IT 系统运行部门和人员应充分认识系统数据变更可能带来的潜在后果，应遵循企业管理制定要求，做好系统数据变更的业务部门审批以及监管部门的审核。IT 系统运行部门应做好系统数据变更的日志记录。

25.5.3 系统审计事项处理

企业组织机构和人员经常在发生变化，而随着 IT 系统的持续运行，系统中的组织、人员与授权与企业当前的组织机构和人员岗位均发生了不同程度的变化，及时清理 IT 系统中的无关人员授权，是 IT 系统运行维护中的工作之一。

IT 系统运行部门应定期开展系统审计工作，及时发现 IT 系统中存在的风险、隐患和问题事项，适时采取措施，清除系统安全隐患。

系统审计通常包括系统访问的人员适配性、授权合理性、数据安全性以及系统日志的安全检查等内容。其中人员适配性、授权合理性和日志安全检查均涉及系统对应的业务部门。IT 系统运行部门或信息安全部门应定期开展系统审计工作，并将系统审计中发现的整改事项及时通知相关业务部门，做好相关整改事项的跟踪和推进，配合业务部门完成系统中的用户和授权的清理，消除 IT 系统运行的安全隐患。

25.6 资产完整性保障

为保证 IT 资产生命周期的价值最大化，避免产生 IT 资产风险，需要采取适当的措施保证 IT 资产安全、可靠运行。IT 资产通常可分为系统和设备两类。而为保证 IT 系统和设备稳定、可靠地发挥其特定的功能作用，需要必要的保护措施，通常包括 IT 设备产品支持、IT 系统维护支持等内容。

25.6.1 IT 设备产品支持

IT 设备产品支持通常包括针对软硬件产品的可用性保修支持和产品特征库更新支持。IT 设备采购时通常提供 1~3 年不等的保修及支持服务，超过期限后，需要另行购买才能获得保修与支持服务。为保证 IT 设备稳定、可靠地运行，IT 系统运行部门应做好 IT 设备产品支持的采购统筹、协调与落实工作。

硬件设备保修支持内容通常包括以下几点。
- 设备保修服务，并可根据服务条款要求，提供上门维修服务。
- 产品技术支持，提供电话、邮件、网站等多种途径的技术支持。并可根据服务条款要求，提供上门技术支持服务。

软件产品技术支持内容通常包括以下几点。
- 软件补丁更新、升级等服务。
- 产品技术支持，提供电话、邮件、网站等多种途径的技术支持。并可根据服务条款要求，提供上门技术支持服务。

安全产品保修支持内容通常包括以下几点。
- 硬件设备保修及软件补丁更新、升级等服务。
- 产品技术支持，提供电话、邮件、网站等多种途径的技术支持。并可根据服务条款要求，提供上门技术支持服务。
- 产品特征库更新服务。

除此之外，软硬件和安全产品一般均提供与产品相关的主动推送等服务。

25.6.2 IT 系统维护支持

IT 系统通常基于 IT 服务商的整合、集成、配置、开发等服务而形成。IT 系统交付运行后，IT 服务商通常提供 1~3 年不等的维护支持服务。基于 IT 系统的复杂度和企业 IT 系统运行能力等的差异，对于自身难以解决的系统疑难问题和故障，企业应统筹谋划，采购第三方的 IT 系统维护支持服务以备使用。IT 系统维护支持通常可分为系统技术支持服务、系统优化服务和专业技术服务。

> 系统技术支持服务：系统技术支持服务通常包括针对系统问题的电话、邮件、网站等多种途径的技术支持服务。并可根据服务约定，提供上门技术支持。
> 系统优化服务：系统优化服务通常为针对已明确的系统疑难问题而采取的系统优化行为，有特定的优化目标与要求，多以项目实施的方式开展。
> 专业技术服务：专业技术服务主要针对 IT 系统运行中的"疑难杂症"，一般的系统技术支持服务通常无法解决，需要技术专家和产品厂商专业技术人员的技术支持，人员单价通常较高，通常属于专业技术服务范畴。

由于 IT 系统涉及的产品技术与设备范围较广，企业 IT 系统运行人员很难样样精通，通常需要购买部分软硬件原厂商或第三方 IT 服务商的专业技术支持服务，以便及时解决 IT 系统的困难问题。

无论是保险性质的软硬件设备保修支持，还是按量计价的 IT 系统维护支持，它们是保证 IT 系统和设备稳定、可靠运行的重要基础保障。IT 系统运行部门应做好年度的 IT 资产完整性保障规划，统筹推进各类支持、保障措施的需求统筹、立项采购和运行保障管理，解除 IT 系统运行的后顾之忧。

25.7 系统运行维护管理

如前所述，IT 系统运行维护管理主要包括资产管理、配置管理、发布管理、变更管理和可用性管理等内容。其中，资产管理是 IT 系统运行监控、IT 系统运行维护和 IT 服务支持的共同基础；配置管理是针对 IT 资产管理的扩展资产要素的管理；发布管理则属于针对配置事项的发布质量控制；变更管理是针对配置管理的配置项的变更管理。资产管理、配置管理、发布管理、变更管理和可用性管理均属于 ITIL 4 的服务管理实践。

25.7.1 资产管理

IT 资产管理的目的是规划和管理 IT 资产生命周期，以帮助企业实现 IT 资产价值最大化、成本控制、风险管理，支持资产购买、利用、处置、报废的管理，以及满足监管和合同要求等。

从 IT 系统运行服务的视角看，通过 IT 资产全周期、全要素的配置管理，可以为 IT 系统运行的事态事件分析、问题跟踪、溯源提供便捷的资产信息支持，形成以 IT 系统资产为支撑、以 IT 系统运行监控和维护检查为保障的 IT 服务支持格局。

IT 资产管理应覆盖 IT 系统的各类资产，包括所有软件、硬件、系统等 IT 资产。应包括完整的资产配置信息和资产属性信息，覆盖 IT 资产购买、利用、维修、保修、处置、报废等各个环节的信息，以及与 IT 资产相关的成本信息、合同信息、变更信息等管理要素信息，用以满足 IT 系统运行维护和资产管理等多维度的管理诉求。

企业应注重 IT 资产管理系统的建设，努力构建实现 IT 资产管理系统与 IT 系统运行监控、维护检修和 IT 服务支持之间的资产信息一体化。通过 IT 资产信息的一体化，更好地支持 IT 系统运行监控与维护检修相关工作的开展。

25.7.2　配置管理

配置管理的目的是确保 IT 系统资产的配置及配置项信息的准确、可靠。配置项为构成 IT 系统资产的对 IT 服务交付有影响的任何需要管理的事项。IT 资产配置信息应包括 IT 系统资产的构成要件、细分构件及其关联等的信息。构成要件及细分构件相互作用、关联和依赖，进而提供预期的 IT 系统服务价值。

注重 IT 系统资产配置信息的生命周期管理，大力推进 IT 系统资产信息与配置信息的一体化管理，打通配置信息从源头产生、配置变更、配置信息利用的信息通道，充分发挥配置信息对 IT 系统运行服务各环节的支撑价值，降低配置信息获取成本，提高 IT 系统资产信息的完整性和可用性。

企业应开展 IT 系统资产配置管理的专项规划，明确以 IT 系统资产为主线，以配置信息为扩展，以 IT 系统运行监控、维护检修为应用，以 IT 服务交付为目标的信息框架和信息利用关系。基于配置管理的专项规划，推进 IT 系统运行相关信息系统的整合与集成。同时，编制配置管理制度，积极有序地推进企业 IT 系统资产的配置化管理转型。

25.7.3　发布管理

发布管理的目的是规范 IT 系统的发布流程，确保系统发布和升级已通过检测、测试、验证等相关管控，避免出现系统发布风险。

无论是系统初次发布，还是系统升版发布，系统在发布前均需通过相应的检查、检测、测试和验证等质量控制，满足约定的发布标准方可发布到目标系统运行环境中。系统发布作为管理事项，应编制系统发布计划，将系统发布的质量控制纳入系统发布计划中，按系统发布计划开展系统发布相关工作。

对于拟发布到生产环境中的系统，必须先行发布到测试系统环境中，通过测试环境的检测验证后方可发布到系统的生产环境中。对于由企业第三方负责发布的系统，系统发布前必须经过企业 IT 人员的发布前的质量检查和安全检查，确保拟发布系统的可靠、安全。

企业应编制系统发布管理制度，并基于系统发布管理制度制定信息化建设、IT 系统运行等各环节的系统发布管理程序，依据发布管理程序要求管理规范系统发布作业。同时，应注重系统发布管理的持续改进，不断总结经验，逐步提高企业系统发布管理的效率与质量。

25.7.4　变更管理

变更管理的目的是通过有效的变更评估和变更处置管理，确保产品服务变更的规范化。变更管理通常可分为变更申请和变更执行两个阶段。

- 变更申请阶段：可细分为变更事项申请编制、变更事项检查、变更申请评估、变更批准 4 个环节。
- 变更执行阶段：可细分为变更执行、变更关闭。变更执行为基于变更方案和计划而开展的变更事项实施；变更关闭为对完成的变更事项的评估，通过评估后，变更事项便可以关闭。

根据变更事项的影响范畴和急迫程度，变更事项通常可分为 3 种类型。

- 标准变更：标准变更是指已文档化约定的变更事项，通常为不需要额外授权便可直接实施的变更。标准变更不需要变更申请，可按照拟变更事项的约定流程直接实施。
- 常规变更：常规变更是指需要遵循变更管理流程的所有常规性质的变更，其变更评估与授权模式与变更的类型有关。对于低风险的变更，通常将变更授权赋予某些基层人员，便于变更的快速决策；对于较大的变更，通常将变更授权赋予高层管理人员。
- 紧急变更：紧急变更是指必须尽快实施的变更，其变更评估与授权必须有利于变更快速实施。紧急变更的评估与授权可不受常规变更流程约束，但应尽可能遵循与常规变更相同的测试、评估和授权方法。

在 IT 系统运行维护过程中，有许多涉及配置变更的事项维护。应遵从变更管理制度，开展 IT 系统的运行维护工作，将 IT 系统配置变更的风险降到最低。

企业应基于自身的 IT 系统资产布局和信息化组织机构情况，结合信息化管理提升要求，建立健全 IT 系统的变更管理制度，细化变更分类和管理规则，明确变更评估和授权的责任分工，渐进有序地推进变更管理的开展，逐步提升 IT 系统变更管控的能力和水平。

25.7.5 可用性管理

系统可用性是指 IT 系统履行约定服务的能力。IT 系统服务交付履约能力通常包括系统可用性、业务连续性、系统安全性 3 个主要方面，而要保证这 3 方面的履约能力，通常需要信息化规划、建设、IT 系统运行维护、IT 服务支持、信息化管理和运营保障等方方面面的共同努力。

可用性管理主要包括以下几方面。
- 协商并确定可实现的 IT 服务可用性目标。
- 规划、设计、提供满足可用性级别要求的 IT 基础架构和应用系统程序。
- 确保 IT 系统组件和服务能够收集衡量可用性指标所需的数据。
- 监控、分析和报告可用性情况。
- 规划可用性的改进。

IT 服务的可用性以 IT 系统的稳定、可靠运行为基础，而 IT 系统的可用性取决于 IT 系统失败的频率以及失败后恢复的速度，通常用平均无故障工作时间（Mean Time Between Failures，MTBF）和恢复服务的平均时间（Mean Time to Restore Service，MTRS）来衡量。

IT 系统运行监控和维护检修应紧密围绕系统可用性开展，基于约定的 IT 服务可用性目标将之层层分解到 IT 架构的各个层级系统，并基于各类系统的可用性目标分解、规划 IT 系统运行监控和维护检修的重点工作，形成可用性目标驱动的 IT 系统运行维护体制与机制。

聚焦影响 IT 服务可用性的 IT 系统性能、容量、可靠性、安全性和业务连续性等关键要素，做好系统监控指标的规划与监控分析，开展预防性维护并逐步提高预防性维护的有效性，逐步提高 IT 系统整体平均无故障时间；健全完善应急预案体系，逐步提高快速反应与应急处置绩效，逐步缩短恢复服务的平均时间。

第 26 章

IT 系统运行安全与管理

运行安全是 IT 系统运行服务过程中重要的管理维度，保证 IT 系统运行安全是实现信息安全体系价值、保证 IT 系统和数据安全的重要手段。

26.1 运行安全参考模型

运行安全贯穿于 IT 系统运行服务全过程。应通过有效的运行安全组织与计划、运行过程管控、评估与改进，更好地支持 IT 系统运行安全和数据安全。

26.1.1 运行安全参考模型分析

IT 系统运行安全遵循安全风险驱动的信息安全管理理念，应基于 IT 系统运行安全风险分析驱动编制年度信息安全工作计划，并基于年度信息安全工作计划开展信息安全工作的执行、管理与控制。企业 IT 系统运行安全参考模型如图 26-1 所示。

- 信息安全使命：信息安全使命为企业信息安全价值定位的概括性描述。作为企业信息化战略的支撑和保障，信息安全使命通常聚焦在网络安全、系统可用、信息保密、应用高效等方面。为充分发挥信息安全使命的指导性作用，通常以企业信息安全指导思想、阶段发展目标和基本原则等的形式进一步落实信息安全使命。
- 信息安全风险：企业通常以年度为周期组织开展信息安全工作，遵循信息安全风险驱动的原则，基于信息安全风险分析驱动年度信息安全工作的开展。年度信息安全风险分析通常以政策法规要求、企业治理要求、信息安全体系风险、信息化体系风险及经验反馈等方面的信息为输入，经过综合分析、评估，形成年度信息安全需求与要求，为年度信息安全目标的制定提供输入。
- 年度信息安全目标：年度信息安全目标为年度信息安全工作的目标表达。年度信息安全目标应体现出针对安全合规要求与安全风险处置需求的响应，并基于风险损失与处置能力的综合评估，确定年度信息安全目标和信息安全重点任务。
- 年度信息安全计划：基于年度信息安全目标和信息安全重点任务，分解制定年度信息安全工作计划。年度信息安全工作通常应包括信息安全合规事项、IT 系统运行风险管理、信息安全加固与管理改进、安全支撑能力提升、信息安全监督检查等类工作。
- 运行安全风险管理：以 IT 系统运行服务为主线，做好年度信息安全工作计划的组织推进，确保各项工作按计划推进。做好各项工作的协调、组织，及时解决各项工作执行中的存在的问题。重视信息安全事项管理，做好各项工作的信息报送。

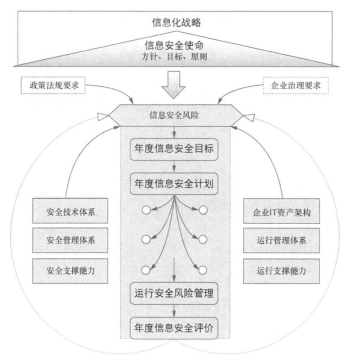

图 26-1　企业 IT 运行安全参考模型

> 年度信息安全评价：基于年度目标，做好信息安全年度工作的总结，开展年度信息安全绩效评估，树立信息安全优秀个人和集体，以先进事迹带动信息安全水平提升。

运行安全作为信息企业网络安全的管理抓手，遵循通行的组织、计划、执行、控制和收尾管理过程。同时，也遵循 PDCA 质量管理过程。

26.1.2　运行安全的基本原则

运行安全是企业 IT 系统运行服务绩效的重要组成部分，为保证 IT 系统安全、稳定、高效地运行，应遵循以下运行安全基本准则。

> **风险驱动的原则**：遵循安全风险驱动的原则，统筹规划网络安全合规要求与信息安全防护需求，基于 IT 系统运行服务的安全风险分析，确定信息安全工作目标与优先级排序，驱动各项信息安全工作的有序开展。

> **服务业务的原则**：遵循服务企业业务的原则，围绕业务应用和 IT 系统运行服务，结合业务、技术与管理的成熟度，做好信息安全工作的组织、协调与推进，把握好安全事项的管理折中，避免不切实际的管理刚性。

> **风险分级的原则**：遵循安全风险分级的原则，采取基于安全风险等级的网络安全管控策略，聚焦重大信息安全风险处置与管控，做好常规风险事项管理，重视信息安全管理体系和支撑能力与资源体系建设。

> **合规高效的原则**：遵循安全合规高效的原则，遵从国家网络安全法规、标准规范和监管机构要求。重视网络安全体系绩效提升与管理规范化、标准化建设。充分发挥绩效评估对网络安全管理作用提升的促进作用。

企业应重视 IT 系统运行安全，注重运行安全组织计划与运行管控，不断总结经验，逐步提升企业 IT 系统运行安全管理水平。

26.2 运行安全目标与计划

IT 系统运行安全年度目标通常基于年度信息安全要求与 IT 系统运行服务风险分析而确定，并基于年度目标编制年度信息安全工作计划。

26.2.1 年度信息安全要求与风险分析

年度信息安全要求与风险分析，主要包括年度信息安全要求和年度运行安全风险分析两部分。

1. 年度信息安全要求

年度信息安全要求主要包括国家网络安全法规及监管要求、企业治理要求及企业信息安全总体要求 3 个方面。

- 法规及监管要求：随着《中华人民共和国网络安全法》《中华人民共和国数据安全法》《中华人民共和国个人信息保护法》《网络安全等级保护条例（征求意见稿）》《关键信息基础设施网络安全保护条例》等网络安全法规的发布，政府机构对企业信息系统的安全监管在逐步深化。网络安全法规及监管要求是企业信息安全工作不可忽视的信息安全要求，应将法规及监管要求纳入企业年度信息安全工作的范畴。
- 企业治理要求：与信息安全相关的企业治理要求主要包括企业股东或上级单位的网络安全要求、企业监管机构的经营管理合规要求、产业协作或客户服务的网络安全要求，以及其他企业治理或管理等的信息安全要求。
- 信息安全总体要求：对于存在信息安全专项规划的企业，需要将企业信息安全专项规划中确定的信息安全重点任务纳入年度信息安全工作的范围。

基于上述的信息安全要求，将必须开展的信息安全事项纳入年度信息安全工作的范围。

2. 年度运行安全风险分析

通常，信息化体系包含信息安全体系。此处为突出运行安全管理与 IT 系统运行管理的分工，特将信息安全体系从信息化体系中分离出来。信息化体系安全风险侧重于 IT 系统资产的安全风险分析，信息安全体系风险侧重于安全技术设施的安全风险分析。

IT 系统可用性、业务连续性虽然属于广义的信息安全范畴，但基于通行的企业信息化管理和信息安全管理的分工，通常将 IT 系统可用性、业务连续性纳入业务管理的范畴，而将保密性和完整性纳入安全管理的范畴。

因此，从 IT 系统运行安全的视角看，年度运行安全风险主要分为企业安全技术体系风险和 IT 系统资产风险。

- 安全技术体系风险：安全技术体系风险主要是指现有 IT 系统各层级的安全防护设施的安全风险，分析其存在的安全防护风险，据此提出安全措施改进需求，为年度信息安全工作提供输入。
- IT 系统资产风险：IT 系统资产风险主要是指现有 IT 系统架构中的各层级系统的潜在安全风险，分析其存在的安全风险，据此提出 IT 系统加固改造需求，为年度信息安全工作提供输入。

除上述需求以外，与信息安全相关的管理体系与能力体系同为信息化体系的组成部分，可从支撑保障的维度提出改进要求，也可从安全风险的视角提出改进需求。同样，态势感知平台通常属于IT系统运行服务的业务范畴，也可纳入运行安全的管理范畴加以关注。企业可以根据自身的组织机构和权责界面，开展并推进与信息安全相关的各项工作。

26.2.2　年度运行安全目标设定

基于年度信息安全要求与运行安全风险分析，梳理、分析、明确年度信息安全目标和年度信息安全重点任务。

1. 年度信息安全目标

年度信息安全目标通常分为年度信息安全总体目标和信息安全具体目标。总体目标体现企业年度信息安全工作对企业信息化绩效的总体支撑效果，具体目标则是针对信息安全重点任务达成效果的描述。信息安全具体目标应保持与年度信息安全重点任务的呼应关系。

年度信息安全目标通常会经历上、下往复的多次迭代，形成最终的年度信息安全目标。应重视年度目标描述的精确表达，以清晰的目标引领年度信息安全工作的高效开展。

2. 年度信息安全重点任务

基于企业信息安全指导思想、原则和年度信息安全目标，结合年度信息安全要求与运行安全风险分析，确定年度信息安全重点任务内容。年度信息安全重点任务通常可分为信息安全事项推进、安全技术体系加固、IT系统资产安全加固、信息安全监督检查、信息安全管理体系完善、信息安全能力提升等方面。

- 信息安全事项推进：为落实法规及监管要求、企业治理要求、信息安全总体要求而需开展的信息安全重点工作事项。
- 安全技术体系加固：针对企业信息安全技术体系中的各类安全防护设施所进行的扩展、完善、优化等安全体系加固工作。
- IT系统资产安全加固：针对企业IT系统架构、IT资产安全防护、系统脆弱性等安全风险所开展的安全加固工作。
- 信息安全监督检查：针对企业IT系统运行服务、应用等相关单位的信息安全检查、监督等工作。
- 信息安全管理体系完善：针对信息安全管理体系制度文件应开展的扩展、完善与优化等工作。
- 信息安全能力提升：主要包括针对信息安全设施能力提升、专有安全技术能力提升，以及信息安全培训、宣传等内容。

此外，与信息安全相关的IT系统运行工作包括以下几方面。

- IT系统可用性：为提升IT系统的可用性而开展的工作。
- 业务连续性：为保证IT系统的业务连续性而开展的工作。

26.2.3　年度运行安全计划编制

基于年度信息安全目标和信息安全重点任务内容，编制年度信息安全工作计划。

1. 信息安全计划编制

信息安全工作计划编制主要包括重点任务事项分解、交付要求和任务分派。

- 事项分解：按企业信息安全组织机构与岗位分工，将年度信息安全重点任务分解为信息安全工作事项。

- 交付要求：定义信息安全工作事项的交付成果与交付时间要求。
- 任务分派：落实信息安全工作事项承担的部门和具体责任人，明确相应的支持部门和人员。

基于信息安全重点任务事项分解和人员安排，形成年度信息安全工作计划。

2. 计划协调与信息沟通

年度信息安全工作计划通常涉及企业内部多个部门，既有 IT 部门内部的运行部门、服务部门、信息化建设部门，通常也涉及部分业务部门。应重视年度信息安全工作计划编制过程中的沟通协调，通过沟通协调，在补充完善年度信息安全工作计划的同时，就信息安全工作安排达成共识。

年度信息安全工作计划通常为企业正式的计划文件，应征得相关部门和人员的书面确认。通过企业计划文件的编制、校对、审批的文件发布流程，正式发布年度信息安全工作计划。

3. 计划宣贯与资源配置

应重视年度信息安全工作计划的宣贯与资源配置落实，邀请相关部门和人员参加年度信息安全工作计划宣贯会，发布、解读年度信息安全工作计划。健全信息安全工作的沟通渠道与沟通机制，为年度信息安全工作的开展奠定基础。

同时，应协调落实年度信息安全工作计划所需的资源配置，做好资源配置协调，确保年度信息安全各项工作所需资源得到有效落实，为信息安全各项工作的开展提供资源保障。

26.3 IT 系统运行安全管控

IT 系统运行安全管控侧重于 IT 系统运行过程中的信息安全事项管理。主要包括安全产品运行状态监控、系统脆弱性风险管理、集权系统规范化管理、信息安全监督检查、安全事件与应急处置、运行安全风险管理等相关内容。

26.3.1 安全产品运行状态监控

安全产品运行状态监控是 IT 系统运行中必须特别关注的信息安全管理事项，应确保 IT 系统中的所有安全产品处于最佳的运行状态，能够发挥其应有的安全保障作用。

- 防火墙、网闸等安全域边界设施：定期检查设备运行情况，确保可满足运行性能要求。检查运行日志，分析可能存在的异常访问流量。定期评估访问控制策略的合理性，及时优化访问控制策略。
- 入侵检测、入侵防御等攻击检测设施：以较高的频次检查其入侵检测情况，及时处置发现的各种安全隐患。定期评估入侵检测部署覆盖的充分性和设备配置的有效性，及时改进设备的系统部署与配置。
- 漏洞扫描、防病毒等环境安全设施：定期和不定期开展针对目标对象的漏洞扫描检查，分析漏洞隐患，形成漏洞清单，跟踪漏洞处理情况。推进漏洞扫描的全覆盖；定期检查防病毒软件管理端的病毒报警信息，做好病毒处置的跟踪管理。
- 防篡改等安全防护设施：定期检查其运行状态、报警信息，发现隐患并及时分析处置。定期评估其部署与配置的有效性。

安全产品是保证 IT 系统运行安全的重要支撑设施，应做好安全产品的运行状态监控，确保安全产品运行稳定、状态受控。重视安全产品运行态势分析，大力推进安全风险隐患的处置。同时，做好安全产品升级和特征库维护，并确保能够及时获得产品厂商的技术支持服务。

26.3.2 系统脆弱性风险管理

IT 系统脆弱性主要表现为系统漏洞和弱口令。不法分子大多利用 IT 系统的脆弱性实施网络攻击行为，因此，应重视系统脆弱性的风险管理。

- **系统漏洞**：通过漏洞扫描系统，可以发现 IT 系统中已报告的系统漏洞，软件原厂商通常会发布已报告的系统漏洞补丁。漏洞风险等级通常可分为超危漏洞、高危漏洞、中危漏洞、低危漏洞。由于超危漏洞和高危漏洞的安全风险大，通常为必须处理的系统漏洞。如系统漏洞不能得到及时处置，将给 IT 系统运行带来潜在的安全隐患。因此，应特别关注 IT 系统中的漏洞发现，并及时、妥善处理。
- **弱口令**：从大量终端系统的设备登录、应用系统登录，到局端系统的操作系统登录、中间件软件登录、应用平台等登录，"用户名+口令"广泛应用于各类系统的登录身份验证，口令无处不在，导致弱口令广泛存在。攻击者则常常利用弱口令作为攻击点，掌控系统的操作权限，进而实施攻击行为。消除弱口令是 IT 系统运行管理者必须关注的重点事项，特别是针对企业 IT 架构中的关键系统、重要的集权系统，必须解决弱口令带来的安全隐患。同时，应推进基于数字证书等用户认证模式的变革。

除上述的系统脆弱性风险以外，不同系统之间的集成接口的用户认证安全也应引起重视。应及时消除系统漏洞和弱口令等脆弱性风险，确保 IT 系统资产健康安全。

26.3.3 集权系统规范化管理

企业 IT 系统架构中，存在不同程度的集权系统。典型的集权系统有域控系统、统一用户管理系统、堡垒机等。集权系统一旦被攻陷，将导致企业 IT 系统的全局性失陷。因此，应特别关注集权系统的规范化管理，以期通过规范化管理，规避或降低 IT 系统运行安全风险。

- **健全监控检修规范**：基于集权系统的具体情况，制定集权系统的运行监控规范，明确系统监控指标事项、监控周期和异常处置流程；细化集权系统检修分类，制定检修流程和检修方案，规范集权系统检修流程和验证标准；大力推进集权系统监控、检修的标准化与规范化，以期通过规范化和标准化的系统监控和维护检查，提升集权系统应对运行风险的能力。
- **定期评估集权系统的安全性**：由于集权系统影响面大，应定期开展集权系统的安全性评估，及时发现集权系统存在的安全隐患，并针对安全隐患采取有针对性的解决方案加以解决。

除上述的集权系统以外，对于企业 IT 架构中的资源管理系统，如服务器虚拟化系统、云管平台等资源集中系统，应特别关注其对企业 IT 系统全局安全的影响，做好该类资源管理系统的安全性评估和运行管理，确保资源管理平台的安全。

26.3.4 信息安全监督检查

对于稍具规模的企业，通常涉及 IT 系统的多地域部署，以及由此带来的 IT 系统运行服务属地化等问题。为保证企业范围内容的信息安全，开展信息安全监督检查便是普遍采用的管理手段。"监督"通常为具有控制权限的机构针对执行单位的监视和督促行为，体现在信息安全方面，通常为企业控制流程部门（如保密部门、内控部门）针对企业信息安全和内控管理的监督活动。检查则通常为管理机构针对执行单位的检测与查验，通常体现为信息化管理部门针对下属机构的信息安全检查和针对自身的信息安全自查。

应将信息安全监督检查作为企业信息安全常态化的工作事项，开展年度例行或特定目标的信息安全监督检查。通过信息安全监督检查，发现信息安全工作存在的问题，针对问题，举一反三，梳理、分析问题背后的深层级原因，提出信息安全改进方案，通过不断的迭代优化，逐步提升企业信息安全技术防护和安全管理能力。

26.3.5 安全事件与应急处置

按企业信息安全事件与应急管理要求，做好 IT 系统运行中的安全风险应急预案管理，基于 IT 系统运行中的安全风险等级，细化应急预案分类，实行企业级应急预案、IT 部门级应急方案、系统管理级应急程序、作业级应急规程 4 个级别安全风险应对机制，将运行安全风险应对落实到具体的 IT 系统运行工作中。

按年度工作计划，开展应急预案演练，做好演练过程中的信息记录、处置效果分析和应急演练的经验总结，逐步提升应对 IT 系统运行风险的能力。

重视 IT 系统运行中的事态与事件记录，做好事态事件的跟踪管理，及时总结经验，推进管理制度，逐步提升 IT 系统运行安全处置与管理能力。

26.3.6 运行安全风险管理

重视 IT 系统运行中的安全风险管理，建立 IT 系统运行的风险管理机制，尝试建立 IT 系统运行责任人下的"风险管理官"制度，应鼓励"风险管理官"牵头负责 IT 系统运行中的风险管理工作，通过其专责带动全体 IT 系统运行人员的风险管理意识与责任的落实。

注重风险分析模板的建立与持续改进。逐步实现安全风险隐患与企业 IT 架构事项或 IT 系统运行事项的联动，实现安全风险分析与 IT 系统架构、部署架构、系统配置等的关联，风险应对措施与配置管理和变更管理的关联。

结合 IT 系统运行中的问题管理、事件管理、态势分析，推进 IT 系统风险的信息化管理，通过信息化平台实现安全风险隐患排查、分析、应对举措的条目化与精细化管理，通过细化的风险管理支持 IT 系统运行知识体系的建立。

26.4 安全加固与管理改进

企业信息化是一个渐进发展的过程，在这渐进发展的演变中，从 IT 系统部署环境、运行环境到应用环境均会发生不同程度的变化。这就要求从 IT 系统资产防护、安全技术设施到安全管理体系均能应对这种演变带来的挑战，与时俱进，确保 IT 系统的运行安全。

26.4.1 IT 系统安全加固

IT 系统安全加固通常包括网络安全域布局优化、系统部署与配置安全、数据安全与业务连续性增强等内容。
- **网络安全域布局优化**：企业需要基于网络安全区域划分和边界访问控制要求，梳理、分析、重构网络安全域布局，有序推进网络安全域和边界防护控制的调整。
- **系统部署与配置安全**：基于安全域调整规划和边界访问控制策略，推进IT系统布局调整。开展IT系统部署调整规划，经分析论证后，有序推进IT系统部署方案的调整。同时，完善IT资产自身的安全防护，做好资产配置的安全检查与验证。
- **数据安全与业务连续增强**：及时将投用的信息系统纳入数据安全的管理范围，以确保企业关键数据得到有效的数据备份保护，包括但不限于本地在线备份、离线备份、异地备份等数据保护措施。同时，关注业务连续性，以业务连续性为驱动，大力推进基于数据级的连续性改进和基于系统级的业务连续性能力提升。

上述的网络安全域布局优化通常会带来复杂的网络结构调整和较大范围的IT系统部署调整，应做好网络安全域布局调整的方案规划和组织策划，确保安全域布局调整过程中的IT系统运行服务的连续性和稳定性。

26.4.2 IT安全设施加固

相较网络设备、服务器设备和终端计算机等IT产品，安全产品的成熟度偏低、生命周期迭代快，加之企业内外部网络安全环境的快速演变，为应对不断变化的IT系统安全风险，安全设施加固已经成为企业IT系统运行的常态化工作。IT系统安全设施加固通常包括安全设施完善、集权系统安全加固、访问控制策略优化等内容。

- **安全设施完善**：安全设施完善的主要驱动因素包括现有安全设备退役带来的安全产品迭代需求，现有安全设备无法满足新的安全技术要求带来的产品替换需求，安全管理细化带来的新需求等。安全设施完善主要包括防火墙、网闸等安全域边界设施，入侵检测、入侵防御等攻击检测设施，漏洞扫描、防病毒等环境安全设施，防篡改、安全审计等安全防护设施。
- **集权系统安全加固**：集权系统对企业IT系统运行安全的影响范围大、影响深，企业应大力推进域控系统、统一用户管理系统、堡垒机等集权系统的建设或安全改造，做好集权系统的安全方案论证和交付验证，确保集权系统安全。
- **访问控制策略优化**：企业的各个网络节点通常面临着外部连接和内部连接，在合法访问得到保障的同时，使非法访问得到有效的控制，对于大型网络的边界访问控制绝非简单之事。节点网络之间的内部访问以及与企业外部互联的访问需求均在不断变化中，应定期评估并不断优化边界访问控制策略。

26.4.3 安全管理制度完善

信息安全管理制度是IT系统运行安全的重要保障。与其他管理制度类似，通过管理持续改进，逐步完善信息安全管理要素，细化管理要素模板、规范与流程，逐步提高信息安全管理体系的充分性、适宜性和有效性。信息安全管理制度完善通常包括安全管理要素化、流程化，安全设施基线化管理，信息安全管理制度完善等方面的内容。

- **安全管理要素化、流程化**：参考行业信息安全管理最佳实践，结合企业信息安全的需求与要求，大力推进信息安全要素化管理，基于管理要素目标、指标，明确达成目标与指标的方法与方案，明确要素管理流程、标准和规范，逐步提高信息安全管理的可操作性和可评价性。
- **安全设施基线化管理**：大力推进 IT 系统的安全设施部署与配置的标准化，实行安全设施配置化管理，通过基线标准化减少安全设施自身的安全隐患。按安全设备分类、应用场景发布安全产品基线，做好安全产品基线的安全评估与持续改进。逐步健全企业安全产品基线数据库，更好地发挥安全产品基线对信息安全的基础支撑作用。
- **信息安全管理制度完善**：注重信息安全管理制度文件的完善。基于企业信息安全控制、管理、执行的层级关系和信息安全管理要素需求，梳理建立企业信息安全管理体系文件框架，基于信息安全管理体系中的文件定位有序推进各管理制度文件编制，并通过管理过程的持续改进逐步完善信息安全管理制度体系。

26.5 运行安全支撑能力提升

运行安全支撑能力是企业运行安全工作得以有效开展的重要支撑。企业 IT 系统运行安全能力通常包括信息安全设施能力、信息安全人员能力和信息安全资源保障。

26.5.1 信息安全设施能力

基于网络安全等级保护标准的网络安全指标分类，结合当前信息安全技术与产品发展情况，属于 IT 系统运行安全设施能力范围的主要包括态势感知系统和信息安全管理平台。"等级保护 2.0"中的管理中心的"集中管控"中的网络监控系统、日志审计系统、流程分析系统通常属于 IT 系统运行能力的范畴。

1. 重视态势感知系统建设

态势感知系统通常为集合主流安全设备、网络设备、操作系统等多种来源数据接入，通过实时的流量分析全面感知 IT 系统及资产的脆弱性（包括漏洞、配置不当、弱密码、端口风险等），帮助企业全面掌握 IT 系统资产风险，通过及时的安全加固降低业务系统遭受攻击的风险。

态势感知系统通常支持攻击溯源举证，可深度溯源攻击入口，帮助企业从根源分析安全风险。并通过可编排的自动化响应策略，支持无人值守的主动防御和安全事件处置。利用数据分析技术实现海量运行数据的挖掘分析，帮助企业实时掌握 IT 系统整体安全态势。

企业应重视并推进态势感知系统的建设，通过态势感知系统的支持提升企业应对信息安全的感知、响应和处理能力。

2. 推进安全管理信息化

信息安全管理通常为企业 IT 系统运行管理的组成部分之一，应做好信息安全与 IT 系统运行管理的信息化协同推进工作。大力推进企业信息安全事项的信息化管理，充分利用信息化手段支持信息安全管理能力提升。信息安全管理通常包括以下内容。
- **安全设施管理**：安全设施管理主要包括安全设施配置、安全基线、安全策略、生命周期事项、设施有效性等的管理。
- **IT 资产安全管理**：IT 资产安全管理主要包括安全风险、脆弱性、安全威胁、安全事件、安全审计等与 IT 资产相关的安全事项管理。
- **安全事项管理**：安全事项管理主要包括安全应急管理、重大事项安保、攻防演练等重大事项的管理。

- 制度体系管理：制度体系管理包括信息安全管理总则、管理规定、管理细则、规范标准等安全制度文件的管理。
- 安全信息报告管理：安全信息报告管理主要包括信息安全报告、信息安全评价总结、信息安全经验反馈等安全信息的管理。
- 安全信息库管理：安全信息库管理主要包括信息安全知识库、信息安全技术、信息安全方案、信息安全应用案例等的信息管理。
- 法规标准管理：法规标准管理主要包括网络安全法规、管理要素分解、要素基准要求等法规标准的结构化信息管理。
- 组织与人员管理：组织与人员管理主要包括信息安全组织、人员资历、能力与经验等的管理，以及信息安全外协人员数据库、安全培训等内容的管理。
- 信息安全计划管理：信息安全计划管理主要是指针对年度信息安全工作计划的创建、跟踪与交付结果等的管理，以及计划执行过程的事项管理。

"等级保护 2.0"中的"安全运维管理"的环境管理、资产管理、介质管理、设备维护管理、网络和系统安全管理、配置管理、变更管理、备份与恢复管理、外包运维管理通常属于企业 IT 系统运行管理的范畴。安全事件通常属于 IT 系统运行中的信息化事件的分类之一。

应做好信息安全管理与 IT 系统运行管理信息化平台建设的推进，通过信息化手段支持企业信息安全管理工作的开展。

26.5.2 信息安全人员能力

信息安全的本质是攻与防的对抗，这里有安全技术设施之间的对抗，也有人与人之间的对抗，但归根结底是信息安全人员与攻击人员之间的对抗。而信息安全人员的知识、技能与经验便是决定攻防之间对抗结果的关键。信息安全人员通常要求较宽的知识面，熟悉信息安全法规，掌握网络、操作系统、数据库、密码学等基础知识与应用技术。对计算机与网络的安全防护、检测与处理等技术具有深入的把握，熟悉各类网络攻防技术与脚本开发。同时，具备极强的发现问题、分析问题和解决问题的能力。

信息安全能力远非一朝一夕可以打造的，需要学习、实践、总结、积累的过程，企业应注重 IT 系统运行人员的信息安全技术能力培养。基于企业信息安全攻防能力需求，结合 IT 系统运行和信息安全岗位的人员配置，细化岗位信息安全知识与技能要求，做好信息安全技术能力提升计划，充分利用企业信息安全培训与信息安全交流，逐步提升企业信息安全攻防能力。

开展网络攻防模拟演练，透过网络攻防演练实战，形成信息安全意识，练就网络攻防基本技能，以攻防演练促进信息安全专业能力提升。

同时，注重企业全员信息安全意识培训，开展多种形式的信息安全培训，提升全员信息安全意识，逐步提升企业全员信息安全风险应对能力。

26.5.3 信息安全资源保障

应充分利用信息安全产品厂商和信息安全专业服务商的网络安全防护能力，重视信息安全资源保障体系的建设，建立与企业信息安全需求匹配的外部信息安全资源体系，形成以安全产品厂商、专业安全服务商为主的应急支持体系，确保在发生重大信息安全风险或重大信息安全事件时，能够及时获得外部相关安全产品厂商和专业服务商的技术与设施支持，及时处置信息安全风险。

第 27 章

IT 服务支持体系设计

IT 服务支持是企业 IT 服务价值链的重要组成部分。通过 IT 服务支持,可解决企业 IT 应用过程中遇到的各类问题、满足各类需求与关注。以下简要介绍 IT 服务支持体系相关概念、框架及主要 IT 服务支持流程,为企业建立完善 IT 服务支持体系提供参考。

27.1　IT 服务支持概览

企业的 IT 服务支持一般会经历从无到有的渐进发展过程。从最初效率低下的被动式服务,到初步建立流程化的服务支持,最终实现体系化的高效主动式服务,不同的发展阶段会面临不同的问题与挑战。企业应根据自身实际情况和所处阶段,有序推进 IT 服务支持体系建设,逐步提升 IT 服务支持水平。

27.1.1　问题与挑战

随着企业信息化建设规模的不断扩大,IT 系统日趋复杂,IT 服务支持提供与服务需求之间的偏差逐渐显现,往往导致用户抱怨越来越多、服务矛盾日益突出,通常表现为以下几点。

- 缺乏统一的 IT 服务入口,支持人员各自为战。一方面用户出现问题不知道该找谁解决;另一方面 IT 服务资源无法统一维护与管理,IT 服务支持处于无序状态。
- 缺乏对 IT 服务支持过程的规范性约束。日常的事件和问题处理,缺乏规范化的管理,也没有对事件和问题的跟踪监督,服务质量完全依赖于服务人员个人的职业素养。
- 缺乏对 IT 服务人员绩效考核,用户满意度不高。由于对 IT 服务人员的工作量、时效性、服务支持效果缺少量化考核,其服务主动性不高,导致用户的满意度普遍不高。

上述是 IT 服务支持初期普遍存在的共性问题。用户规模越大、服务支持内容越多,这类矛盾也就越突出,迫切需要建立有效的 IT 服务支持体系,以解决 IT 服务支持存在的问题。

27.1.2　IT 服务等级协议

服务等级协议(SLA)是企业 IT 服务领域广泛引用的 IT 服务管理实践,是 IT 服务提供者和用户之间就服务内容、质量、指标等达成的约定。协议指标通常包括服务质量指标、性能指标、投诉指标、服务保障等内容。

为建立与企业信息化发展相适应的 IT 服务支持体系,实现 IT 服务支持的规范、有序和可持续发展,提高服务支持效率和用户满意度,有必要引入 ITIL 服务管理最佳实践。

- 引入 ITIL 服务管理实践,建立企业统一的 IT 服务台和 IT 服务目录,有利于企业 IT

服务支持的规范统一，方便用户获取服务支持。
- 引入 ITIL 服务管理实践，建立流程化的 IT 服务支持体系，形成流程化、可衡量、可评价的 IT 服务支持管理格局，有助于 IT 服务支持的规范化与自动化，提高服务效率、降低服务成本。
- 引入 ITIL 服务管理实践，建立企业服务等级协议，规范业务部门与 IT 部门间的服务关系，缓解服务需求与 IT 服务供给之间的矛盾，有利于 IT 服务绩效和用户满意度的提高。

通过引入 ITIL 服务管理流程和服务等级协议，有利于 IT 服务支持的规范统一和服务效率提升，进而提高企业 IT 服务支持绩效和用户满意度。

27.1.3 IT 服务支持体系

IT 服务支持体系通常包括企业 IT 服务支持的流程体系、管理体系和支撑体系。其中管理体系和支撑体系与其他业务体系具有共通性，此处不展开介绍。以下简要介绍 IT 服务支持的流程体系。

IT 服务支持流程体系与业务成熟度密切相关，业务成熟度越高，其服务流程数量、层级、节点越多。以下以 IT 服务支持转型初期的企业为对象，简要介绍 IT 服务支持的主要流程构成。IT 服务支持流程体系如图 27-1 所示。

图 27-1　IT 服务支持流程体系

- 服务台：服务台是 IT 服务支持的核心枢纽，是用户服务请求和事件申告的统一入口，也是服务调度与服务跟踪反馈的平台。作为 IT 服务支持的入口，服务台应支持电话、邮件、即时通信等多种 IT 服务接入。
- IT 服务目录：IT 服务目录是服务支持部门为用户提供的服务清单及服务规格。IT 服务目录应分门别类、内容明确、清晰易懂，并明确必要的服务质量承诺。通过 IT 服务目录，用户可以直观感受到 IT 服务支持的全貌。
- IT 服务流程：IT 服务流程通常包括 IT 服务申请流程及后续的服务响应流程。IT 服务申请流程通常由用户发起，服务响应流程通常由服务部门服务派单形成。通过 IT 服务流程的规范化与自动化，使职责角色更清晰、服务要求更明确，有助于服务效率提升与用户满意度提高。
- IT 服务管理：IT 服务管理为面向 IT 服务支持部门的流程，通常包括事件管理、问题管理、变更管理、配置管理、质量管理等流程。
- IT 服务知识库：IT 服务知识库是 IT 服务支持经验的总结、维护和共享。通常包括企业内部 IT 服务知识库和外部知识库。
- IT 服务组织与人员：提供 IT 服务支持的相关组织和人员。

依据上述的 IT 服务支持流程体系，结合企业自身 IT 服务支持与管理需求，建立本企业的 IT 服务支持整体框架和流程体系。

27.1.4　转型思路与方法

从传统的被动式服务支持转变为"以用户为中心"的流程化 IT 服务支持，需要跨越从粗放管理到流程化管理的管理变革，面临服务意识、管理提升、能力支持等多方面的转变与考验，实施推进的难度不可小视。建议如下。

- 分析企业 IT 服务支持转型的目标和驱动力，结合企业 IT 服务实际情况，并参考 ITIL 最佳实践，通过基本概念的建立、服务目录的梳理、现状流程的分析，建立 IT 服务支持流程框架，明确 IT 服务支持转型的策略与发展路径。
- 以客户可感知的服务为出发点，梳理企业 IT 服务目录的分类，完成 IT 服务支持的内容定义，形成企业 IT 服务支持目录。
- 以企业当前 IT 服务实际情况为基础，结合 IT 服务扩展需求，梳理建立企业 IT 服务支持流程。结合 ITIL 最佳实践，明确流程关注要点，梳理、分析形成 IT 服务支持流程规范，明确流程目标、范围和原则，定义流程活动描述、角色和职责、主要 KPI、相关数据等。
- 编制 IT 服务支持转型方案，依据服务支持转型方案，组织推进 IT 服务支持转型工作。

IT 服务支持转型是企业信息化发展的必然结果，适时推进 IT 服务支持的转型升级不但可以更好地服务用户，也有利于企业信息化整体绩效的提升。

27.2　IT 服务台

IT 服务台是用户服务请求和事件申告的统一入口，也是 IT 服务支持部门对外服务的窗口。根据服务台定位，服务台可分为记录型服务台、技能型服务台、专家型服务台。考虑到服务请求响应的及时性，建议设立技能型的服务台，通过服务台与 IT 服务支持部门的联动，快速响应用户的 IT 服务支持申请。

服务台应确保用户的服务请求或事件申告能够被准确记录和跟踪，及时响应用户服务请求，并按时发布服务请求处理进展状态。服务台主要包括事件及服务请求记录，事件分类、排序及处理，事件监控及用户回访。

- 事件及服务请求记录：准确记录服务请求及事件信息，为服务请求处理、进展跟踪和流程控制提供充分的量化信息。
- 事件分类、排序及处理：对用户服务请求、事件申告提供初步的支持，并对用户申告的事件进行分类、确定优先级，启动事件管理流程。
- 过程监控及用户回访：及时通告用户服务请求或事件的进展情况。对无法按时完成的服务请求或事件，及时进行升级处理。在处理完成后，回访用户，关闭事项。

服务台发布的信息一般包括发布 IT 系统问题或故障信息，提供现有和最新的 IT 服务项目、服务等级协议，以及信息订阅等内容。

27.3　IT 服务目录

IT 服务目录为 IT 服务支持部门面向用户提供的所有服务的列表。IT 服务目录通常包含服务类别、服务内容、服务规格、服务承诺等内容。服务目录通常以用户便于获取方式和形式提供，如在线门户服务列表、文档等。

基于企业的 IT 服务支持应用场景，IT 服务支持一般可分为 IT 服务事项和 IT 管理事项。

1. IT 服务事项

IT 服务事项主要是指 IT 服务支持部门为处理影响用户正常工作的各类 IT 系统事件而提供的服务。IT 服务事项一级目录通常包括终端支持服务、系统支持服务、专业技术服务 3 类。

> 终端支持服务：终端支持服务是指 IT 服务支持部门为用户提供的各类信息化终端设备的技术支持服务，包括计算机终端和外围设备的安装、配置、调试以及故障处理等服务。终端支持服务通常下设二级目录，并可根据实际情况设三级目录。终端支持服务二级目录一般可分为以下几种。
>   - 硬件支持服务：为用户提供台式计算机主机、显示器、便携式计算机以及计算机外围设备等硬件的安装、调试、故障诊断、处理和更换等服务。
>   - 系统及办公软件服务：为用户提供计算机操作系统以及常用办公软件的安装、配置、升级、故障诊断、处理和卸载等服务。

> 系统支持服务：系统支持服务通常下设二级目录，并可根据实际情况下设三级目录。系统支持服务二级目录可分为以下几种。
>   - 服务器及存储资源服务：为用户提供服务器和存储资源的申请和变更服务。
>   - 网络支持服务：为用户提供网络端口的开通、变更以及网络故障的诊断、恢复等服务。
>   - 基础应用服务：为用户提供邮件、即时通信、视频会议系统等的调试、故障诊断及恢复等服务。
>   - 业务应用系统服务：为用户提供业务应用系统服务器端的数据维护、故障处理及客户端的安装、配置、升级、故障诊断、处理和卸载等服务。

> 专业技术服务：专业技术服务是指 IT 部门为用户提供的各类系统性能的升级优化、数据迁移、数据分析、用户培训、系统开发以及系统建设支持等服务。专业技术服务通常下设二级目录，并可根据实际情况下设三级目录。专业技术服务二级目录可分为以下几种。
>   - 性能优化服务：为用户提供计算机硬件升级及操作系统性能优化等服务。
>   - 用户培训服务：为用户提供应用系统安装、配置、使用以及日常维护等的培训服务。
>   - 应用系统开发及优化服务：为用户提供应用系统开发、测试、发布以及已有应用系统升级、优化和完善等服务。

2. IT 管理事项

IT 管理事项是指 IT 部门为确保 IT 系统安全而提供的受控服务事项。IT 管理事项一般包括用户提出的信息查询、信息变更、访问申请、投诉建议等需流程审批的 IT 管理事项。按照管理授权方式，IT 管理事项一级目录可划分授权管理事项和一般管理事项两类。

> 授权管理事项：授权管理事项是指用户提出的申请，需经过业务部门和 IT 部门的审批，才能获得执行权限的事项。
>   - 对员工 VPN 接入或外来人员接入企业内部网络等的管理与控制。
>   - 对员工或外来人员的移动存储介质接入企业计算机等的管理与控制。
>   - 对企业内部网络计算机的信息输入、输出等的管理与控制。

> 一般管理事项：一般管理事项是指用户提出的申请，已获得长期预授权或不需要审批就可以执行的事项。
  - 服务咨询：对用户提出的各类问题给出相关建议或者解决方案。
  - 服务需求：对用户提出的新的服务需求申请进行评估、设计和发布。
  - 信息变更：对员工的域控、邮件、即时通信、应用系统等的登录密码重置服务。
  - 投诉建议：对IT服务或者IT部门工作的建议和对所接受服务不满的投诉等。

上述的IT服务事项分类仅供参考，企业应结合自身的IT服务支持需求，做好IT服务支持的服务定义，明确服务内容、服务时限与服务标准，进而形成企业完整的IT服务目录。IT服务支持部门应根据服务需求变化情况，适时更新IT服务目录。

27.4 IT服务流程

IT服务流程是IT服务交付的承载对象，IT服务流程应当边界清晰、职责明确、简洁高效。同时，服务的响应、受理、处理、关闭、反馈与评价等环节应当环环相扣、信息贯通、透明高效。

IT服务流程主要包括服务请求流程、事件管理流程、问题管理流程和IT管理事项流程等。

27.4.1 服务请求流程

服务请求流程是由用户通过各种渠道（包括热线电话、邮件、即时通信、在线网页等）向服务台提出的服务请求或事件申告，由服务台进行记录、执行和关闭，同时向用户提供服务请求进展及状态跟踪。服务请求流程通常包括服务请求记录、服务请求审批、服务请求执行、服务请求关闭和服务请求监控及管理升级等环节。

> 服务请求记录：服务台人员对用户的服务请求进行及时、准确、详细的记录。
> 服务请求审批：用户的服务请求如需审批，应由业务部门和信息部门考虑必要性和合规性，通过审批后才能执行。
> 服务请求执行：由服务台或者支持人员完成服务请求的执行，并记录服务执行过程信息。
> 服务请求关闭：已经完成执行的服务请求，由服务台人员对用户进行回访，确认是否已经实现请求，如未实现服务请求则重新安排服务请求执行。
> 服务请求监控及管理升级：应对服务请求全过程进行监控，如无法在规定时间内完成服务请求，应及时进行管理升级和技术升级，并通知相关负责人。

所有服务请求都应得到正确的记录，确保用户服务请求处理过程得到端到端的监控。同时应通过不断优化流程，提高服务请求流程的效率和支持工具的有效性。

27.4.2 事件管理流程

事件管理流程是对导致业务中断或潜在中断的事件进行处置和管理，快速恢复其正常功能的流程。事件一般来自用户的申告和监控系统的转发，应确保事件按照一定的优先级，快速、有序地得到解决，从而减少系统中断造成的影响。事件管理流程通常包括事件记录、事件分类和排序、事件诊断与恢复、事件关闭和事件监控及管理升级等环节。

> 事件记录：服务台应对事件进行准确、详细的记录。应包括与事件相关联的配置项等信息，便于为后续的事件处理提供支撑。

- 事件分类与排序：服务台应根据事件的性质、影响范围和影响程度，对事件进行分类和优先级设定，保证事件能够按照优先级有序、快速进行处理，并根据事件分类启动不同的事件流程，将事件分派到一线、二线支持解决或者关闭。
- 事件诊断与恢复：事件支持人员应及时响应和处理事件，尽快恢复系统服务。事件处理引起配置变更的，应启动变更管理流程，确保 IT 资产配置信息得到及时更新。
- 事件关闭：事件处理完毕后，应及时关闭，必要时回访用户。如需进一步分析根本原因，则启动问题管理流程；如果事件处理有借鉴价值，则启动知识管理流程。
- 事件监控及管理升级：事件处理应进行全过程的监控。无法在限定时限内完成的，应进行管理升级和技术升级，并通知事件相关负责人。

事件管理流程的主要功能是尽快解决出现的事件，并通过不断优化流程，提高事件流程的效率和支持工具的有效性。

27.4.3 问题管理流程

问题管理流程是确定某一事件或具有相同症状的一组事件的根本原因，制定和实施解决方案，从而防止事件再次发生的管理流程。其目的是找出事件的根本原因，问题管理流程通常包括问题创建，问题核查与分派，问题分析、诊断与解决方案，问题处理监控，问题关闭等环节。

- 问题创建：问题通常来自 IT 系统运维、服务支持、问题分析人员，基于问题描述创建问题单。
- 问题核查与分派：问题负责人核查问题创建单的完整性、合理性、有效性、分类和优先级是否正确，通过核查的问题分派给相应的问题处理专家处理。
- 问题分析、诊断与解决方案：问题处理专家通过分析、诊断问题，给出问题解决方案并实施。无法找到根本原因的，应最小化问题的影响，并关闭问题。
- 问题处理监控：问题负责人监控问题处理全过程。对于无法解决的问题，将问题关闭并标识为无法解决。
- 问题关闭：问题关闭后，对于有借鉴意义的问题，须整理经验，提交到知识库。

问题相关责任人应定期举行问题管理会议，通报问题情况，分析典型问题及影响。评估问题管理流程效率和支持工具的有效性，推进问题管理流程的持续改进。

27.4.4 IT 管理事项流程

IT 管理事项流程是对用户访问信息系统的权限进行申请、审批、分配、回收和定期稽核的管理流程，其目的是确保只有经过授权的用户才可以访问 IT 系统或服务。IT 管理事项流程适用的范围包括服务咨询、信息查询、服务需求、授权访问、信息变更、投诉建议等事项。IT 管理事项流程通常包括事项申请、身份确认、事项审批、事项处理和事项关闭等环节。

- 事项申请：用户提交事项申请，确保申请过程留痕和可审计。
- 身份确认：对申请人身份的合法性进行鉴别，检查其是否具备相关事项的申请权限。
- 事项审批：业务部门对申请事项的必要性和合规性进行审批，IT 部门针对申请事项的资源情况或技术风险进行核查。
- 事项处理：事项处理人员按事项审批意见，完成申请事项处理。
- 事项关闭：服务台人员或申请人完成申请事项关闭。

IT 事项申请应首先得到归口管理部门的批准，所有 IT 管理事项申请处理过程应留有记录，可以满足事后审计的要求。

27.5 IT 服务知识库

IT 服务知识库主要用于保存 IT 服务支持过程中产生的各类知识和经验,知识库中的知识要能够被企业相关人员安全、便捷、可靠地访问。以下简要介绍知识库的相关内容。

27.5.1 知识库用途

知识库是 IT 服务支持体系的重要组成部分,IT 服务人员应注重日常工作中的知识和经验的积累,及时将有借鉴意义的知识与经验提交到知识库中。知识库通常具有以下功能。

- 实现知识共享,降低服务成本。知识库应便于员工获取常见问题的处理方法,实现部分问题的员工自助解决。
- 提高服务响应速度和服务质量。知识库应具有大量有价值的经验信息,具备快捷、匹配的搜索查询功能,通过知识库的经验分项值,可快速锁定并解决问题。
- 避免人员流动带来的知识流失。利用知识库的知识与经验积累,可有效避免由于人员流动造成的知识与经验流失,同时有助于服务人员的技术技能培养。
- 为管理者提供必要的数据分析支持。通过知识库的数据分析统计,能够迅速发现潜在问题与问题趋势,有助于企业信息化整体绩效提升。

27.5.2 知识库分类

知识库须具备快捷、高匹配、智能化的查询搜索功能。因此,知识库构建时应做好知识的分级分类,方便企业员工和服务支持人员的使用。IT 知识库一级分类可参考以下分类方法。

- 管理规定。
- 操作指南。
- 常见问题及解答。
- 培训资料。
- 用户手册。

27.5.3 知识库来源与创建

IT 服务知识库主要来源于事件管理流程、问题管理流程以及 IT 服务人员的日常经验积累。具体如下。

- 事件管理流程:在中断服务恢复后,记录事件处理过程,总结事件处理经验,将经验转化为知识。
- 问题管理流程:查找问题根本原因,将已确定根本原因的问题提交到知识库。通过解决方案实施成功解决问题的,将解决方案纳入知识库中。
- 发布与部署管理:通过发布与部署管理,将成功发布的解决方案纳入知识库中。
- 日常运维管理流程:将日常运维工作过程中总结的经验转化为知识。

形成知识库是一个持续扩充的过程,应通过对 IT 服务支持中问题的不断总结,不断扩展知识库。知识的发布必须经过相关负责人进行审核,审核通过后方可发布。

27.6 IT 服务管理平台

为对 IT 服务支持进行有效的管理,需要建立与之匹配的信息系统平台,即 IT 服务管理平台,用以满足用户和 IT 服务支持各种角色的信息提交、处理、跟踪、关闭、查询及评估等的需求与要求,并通过与企业运行监控系统、IT 资产管理等系统的集成,实现监控事件的自动转发和 IT 系统资产的配置、变更、发布等的一体化管理。

27.6.1 主要功能要求

IT 服务管理平台一般由服务台、事件管理、问题管理、变更管理、配置管理、IT 管理事项、知识库管理等功能模块组成,各模块满足各自流程对信息记录、跟踪、查询、分析等的要求。

- 服务台:服务台模块是 IT 服务管理平台的核心模块,与各个流程模块都关系密切。用于用户请求的统一接入和服务调度管理。
- 事件管理:事件管理模块主要用于事件的记录、处理、监控、关闭等的全过程管理。
- 问题管理:问题管理模块主要用于问题创建、诊断、实施、监控等的全过程管理。
- 变更管理:变更管理模块主要用于信息系统变更控制的全过程管理。
- 配置管理:配置管理模块主要用于配置项变更和记录等的全过程管理。
- IT 管理事项:IT 管理事项模块主要用于管理事项申请、审批等的全过程管理。
- 知识库管理:知识库管理模块主要用于 IT 知识的创建、保存、查询等的全过程管理。

27.6.2 与相关系统的集成

IT 服务管理平台是企业信息系统的重要组成部分,与 IT 资产管理系统、运行监控系统、维护检修系统、IT 运行管理系统等均有密切关系。企业应做好各平台系统程度整体规划,推进相关系统的集成整合。

- IT 资产管理系统:IT 服务管理平台中的配置、变更、问题、事件等流程涉及资产变更的,应及时在 IT 资产管理系统中更新。
- 运行监控系统:将监控系统的事件、问题,自动转发到 IT 服务平台中的事件、问题流程。
- 维护检修系统:对于维护检修中的配置项变化,应启动 IT 服务平台中配置、变更等流程。
- IT 运行管理系统:与 IT 服务平台具有高度相关性。

27.7 组织机构与人员

为落实以"用户为中心"的主动式服务,保证 IT 服务支持质量与用户满意度,企业需要建立与 IT 服务支持体系相匹配的 IT 服务支持组织机构和人员队伍。

27.7.1 IT 服务支持组织机构

企业应根据 IT 服务支持的内容和流程确定 IT 服务支持的岗位设置和职责分工,并按照相应岗位的要求配备所需的不同专业、不同层级的人员，组成专业分工下高效协作的 IT 服务支持队伍。IT 服务支持组织机构主要包括 IT 服务管理部门和 IT 服务支持中心等相关组织，以下简要介绍各个组织机构在 IT 服务支持中的价值定位与主要职责。

1. IT 服务管理部门

IT 服务管理部门为企业 IT 服务支持的归口管理部门，一般为企业的 IT 部门。主要负责建立企业统一的 IT 服务支持体系，优化 IT 服务支持流程及资源配置，不断提升 IT 服务质量和用户满意度，具体职责如下。

- 负责企业 IT 服务支持体系的规划与组织协调。
- 负责企业 IT 服务支持的设备和人力资源保障。
- 负责企业 IT 服务支持工作的协调与管理。

2. IT 服务支持中心

IT 服务支持中心负责 IT 服务支持工作的具体组织与落实，通常为 IT 部门中一个较为独立的团队，具体职责如下。

- 负责建立、健全 IT 服务支持体系、IT 服务目录、IT 服务流程。
- 负责为用户提供一站式的 IT 服务支持，保证 IT 服务质量。
- 负责 IT 服务支持人员的知识技能培训和能力提升。
- 负责 IT 服务支持体系的持续改进，不断提升用户满意度。

27.7.2 IT 服务支持岗位

IT 服务支持岗位设置通常与 IT 服务支持的内容和流程相关。从岗位类别的角度看，主要包括 IT 服务支持负责人、IT 服务支持主管、IT 服务支持专员等。

1. IT 服务支持负责人

IT 服务支持负责人负责企业 IT 服务支持全面的组织与管理工作，其主要职责如下。

- 负责 IT 服务支持体系的建立、健全及优化。
- 负责 IT 服务支持相关工作的组织、协调与管理。
- 负责 IT 服务支持的检查、指导与持续改进。

2. IT 服务支持主管

IT 服务支持主管负责各自服务领域内的 IT 服务支持工作的组织与管理，其主要职责如下。

- 负责所辖范围内的 IT 服务支持任务分派与服务质量管理。
- 负责所辖范围内的知识积累与人员培训、指导。

3. IT 服务支持专员

IT 服务支持专员负责职责范围内的 IT 服务支持工作，其具体职责如下。

- 负责 IT 服务支持申请的受理、工单分发、服务跟踪。
- 负责 IT 服务支持事项处理，并记录服务事项相关信息。
- 负责 IT 服务支持过程的知识积累。

27.8 IT 服务的组织与改进

为使 IT 服务支持满足不断变化的业务需求，帮助企业 IT 服务不断向更高阶段发展，需要建立有效的服务支持运营和流程改进机制，主要包括 IT 服务支持的组织与计划、服务评价与持续改进等方面的工作。

27.8.1 组织与计划管理

IT 部门应根据企业业务需求和 IT 服务水平现状，做好 IT 服务支持的策划规划和组织计划，分阶段推进 IT 服务支持转型。

第一阶段：重点是建设 IT 服务台的统一受理入口，完善 IT 服务支持的一线、二线支持的工作职责与界面划分，实现服务支持工作的平稳过渡和交接。

第二阶段：重点是提升 IT 服务工作的用户满意度，基于用户反馈，持续对现有服务流程进行评估和改进，优化流程节点、完善流程信息，提高流程效率。

第三阶段：重点是推广 IT 服务支持模式和流程，基于优化后的 IT 服务流程与模式，扩大 IT 服务支持转型的覆盖范围，形成企业统一、高效的 IT 服务支持体系。

27.8.2 服务评价

IT 部门通过定期开展 IT 服务评价，及时获知 IT 服务中的不足，持续提高 IT 服务的用户满意度。IT 服务一般可从服务可用性、便利性、及时性、有效性、主动性等 5 个方面进行评价。服务评价一般采用服务满意度调查的方式进行。用户满意度调查可采用工单调查和年度问卷调查两种方式开展，满意度等级可以设置为 1~5 分或从非常不满意到非常满意 5 个等级。

- ➢ 工单调查：在用户服务申请关闭后，向用户发出本次服务的满意度调查邀请，IT 部门可每月进行工单满意度评价分析。
- ➢ 年度问卷调查：在每年年底，可以采用向不同类别用户发放调查问卷的方式，获取用户对所使用的 IT 服务比较全面的满意度评价。同时，可根据实际情况，设置若干具有开放性的问题，获悉用户的最新想法，不断推出新的服务。

通过满意度调查，可以获知用户对现有 IT 服务的满意度。通过用户满意度反馈分析，不断推陈出新，持续改进服务流程，优化服务资源，更好地体现 IT 服务支持的支撑价值。

27.8.3 持续改进

IT 部门应对获取的用户服务满意度调查结果进行分析、总结，针对用户满意度较低的方面，制定 IT 服务支持改进方案。改进方案可参考以下内容。

- ➢ 明确的服务改进的目标。
- ➢ 详细的服务改进计划。
- ➢ 明确的服务改进的资源和条件。
- ➢ 明确的服务改进职责分工。

根据 IT 服务支持改进方案推进 IT 服务支持改进，并对改进后的效果进行评估，检查是否达到预期的目标，并根据改进效果评估情况推进 IT 服务支持工作的持续优化。

第五篇

网络空间安全

导读

本篇从网络空间安全的视角探讨企业全局网络安全重点事项,基于网络安全纵深防御与网络安全方法与框架的分析,探讨企业网络空间安全体系建设应遵从的使命约束、网络安全指导方针和目标应考虑的因素,给出网络安全体系建设与持续改进可供参考的框架与关键要素。

同时,针对"安全区域划分与边界防护""边界访问控制与策略措施""计算环境与应用系统安全""信息分级分类与数据安全""安全风险感知与事件处置"等网络安全重点事项,进行较为全面梳理分析,给出相关事项工作开展的方法与方案。并结合企业网络安全全局要求,提出可供参考的网络安全策略要素与框架,以期为企业的网络安全技术体系、安全管理体系、安全保障体系的建设与持续改进和网络安全运营管理提供参考。

第 28 章

定位、方法与重点关注

随着信息技术与企业业务融合的逐步深化，网络空间安全对企业战略与经营运作的影响逐步显现，加之政府对网络安全监管的逐步深化，网络空间安全已成为企业信息化发展中的重要管理事项。

28.1 网络安全面临的挑战

网络空间安全译自英文 cyberspace security，cyberspace 泛指计算机与网络的虚拟空间。在这虚拟的网络空间中存在各式各样引人注目的应用场景，虚拟的大千网络世界无奇不有，风险与机会同在。网络空间安全远大于网络安全带给人们的思考和想象空间，而现实网络世界中的安全风险几乎无处不在、令人防不胜防，用网络空间安全描述网络安全确实更为生动、准确。为语言表述简洁起见，以下内容使用"网络安全"代表"网络空间安全"。

28.1.1 网络安全的现状

近几年，国家相继发布《中华人民共和国网络安全法》《中华人民共和国数据安全法》《中华人民共和国个人信息保护法》等网络安全法律文件，发布了《关键信息基础设施网络安全保护条例》《网络安全等级保护条例（征求意见稿）》相关标准与规定，明确了经济社会主体的网络安全责任与义务。国家网络安全法律法规体系日趋完善，也意味着网络安全合规管理将成为企业网络安全不可忽视的管理事项。

网络安全形势日趋严重，网络攻击手段花样翻新、日新月异。勒索病毒、钓鱼邮件等攻击频频发生，面向社会个体的 APP 违法收集、贩卖个人信息情况严重，社交 APP 数据泄露风险突出。网络和信息系统中的重大漏洞风险依然较为严重，工业控制系统已成为被攻击、利用的重要对象，攻击事件频发。

同时，网络安全产品自身漏洞逐年增加。由于网络安全产品在网络安全防护体系中的重要支撑作用，相关漏洞一旦被不法分子利用，可能构成严重的网络安全威胁，值得密切关注。总体而言，网络安全风险呈逐年上升的趋势。

28.1.2 网络安全的挑战

企业网络安全威胁面临来自地缘政治和非法组织等的有组织攻击、"黑客"和犯罪团体等的利益驱使攻击、竞争者和媒体等的窃密攻击，也面临着来自内部有怨言的员工攻击和非恶意的粗心大意造成的损坏，网络攻击、病毒勒索、数据泄露、安全漏洞等网络安全威胁日益凸显。

网络攻击动机虽不尽相同，但攻击手段可大致分为被动攻击、主动攻击、物理临近攻击、内部人员攻击、产品分销攻击等类型。

- 被动攻击：被动攻击一般通过通信流量分析监视未被保护的通信信息，或通过破解弱加密通信信息，导致企业信息或数据的泄露，进而威胁企业的产品服务与市场竞争。
- 主动攻击：主动攻击一般包括攻破网络安全保护机制、引入恶意代码、窃取或篡改信息等方式，造成企业敏感数据资料泄露、数据被篡改或无法提供服务。
- 物理临近攻击：物理临近攻击是指未经授权的个人，通过在物理上靠近网络、系统或设施，越过相关网络安全防护而达到修改、收集或访问信息的目的。
- 内部人员攻击：内部人员攻击可分为恶意攻击或非恶意损坏。前者指内部人员的窃听、窃取或损坏信息的攻击；后者指由于员工粗心大意、无知或其他原因而造成的信息破坏。
- 产品分销攻击：产品分销攻击指在工厂生产或分销期间对硬件和软件进行的恶意修改。如在产品中引入恶意代码（比如后门），以便以后获得未经授权的系统访问。

形形色色的网络攻击给网络安全防护带来了诸多挑战，企业需要基于自身网络安全防护需要，构建有效的网络安全体系以应对日渐复杂的网络安全挑战。

28.2 网络安全纵深防御

"纵深防御"是概念，也是一种网络安全理念，不同的人员对之有不同的理解和解读。以下简要介绍从技术视角、管理视角和运行视角对"纵深防御"的网络安全解读。

28.2.1 技术视角的纵深防御

技术视角的纵深防御可理解为网络安全技术措施体系的防护策略解读，希望通过层层的安全技术措施防护，保证 IT 系统的资源安全。技术视角的纵深防御示意如图 28-1 所示。

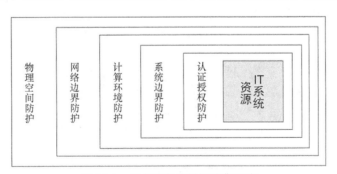

图 28-1 技术视角的纵深防御示意

技术视角的网络安全纵深防御通常包括物理空间防护、网络边界防护、计算环境防护、系统边界防护、认证授权防护，最后实现对 IT 系统资源的访问操作。体现的是通过层层的安全技术措施保护，保证 IT 系统资源的安全。

- 物理空间防护：保证所有 IT 系统资产处于安全受控的物理环境中，防止各类非授权人员与系统对 IT 系统的近距离接触或访问，从而保证 IT 资产物理安全。
- 网络边界防护：保证网络系统的外部边界和内部边界的安全，阻止非授权的跨网络边界访问，保证受控的跨网络边界访问和数据传输的安全。
- ➤ 计算环境防护：保证网络安全区域边界内的计算环境安全，保护各类 IT 系统避免遭受恶意软件、病毒、有害攻击、系统漏洞等的困扰，保证 IT 系统计算环境安全。
- ➤ 系统边界防护：保证 IT 系统运行环境安全，保证操作系统、中间件、数据库及相关支撑组件在运行过程中免受非授权访问或非法入侵的困扰。
- ➤ 认证授权防护：IT 系统应具有可靠的用户认证，确保用户身份的有效性。同时，应遵循最小授权原则赋予用户访问权限，并留有用户访问日志。

技术视角的纵深防御比较接近人们对纵深防御的字面理解。有关网络安全技术体系详细内容详见后续相关章节。

28.2.2 管理视角的纵深防御

管理视角的纵深防御可以理解为针对网络空间的安全管理要素的集合，希望通过全面的安全要素管控，保证 IT 系统的资源安全。管理视角的纵深防御示意如图 28-2 所示。

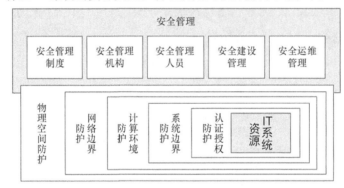

图 28-2　管理视角的纵深防御示意

管理视角的纵深防御通常包括安全管理制度、安全管理机构、安全管理人员、安全建设管理、安全运维管理等关键领域，以期通过针对关键领域的关键安全要素的管理，实现 IT 系统资源的安全。

- ➤ 安全管理制度：安全管理制度指组织的网络安全管理制度体系。企业应建立覆盖 IT 服务价值链的从网络安全策略、管理制度、管理细则到安全标准规范的 4 个层级管理制度文件体系，保证安全管理要素的全面覆盖、规范执行和全程可追溯。
- ➤ 安全管理机构：应建立、健全企业网络安全组织机构和岗位，全面落实网络安全控制、管理、操作相关方的责任与义务。
- ➤ 安全管理人员：应配备网络安全工作开展必需的人力资源队伍，满足网络安全工作所需的人员知识技能要求。
- ➤ 安全建设管理：基于企业信息化建设权责分工、建设管理流程和网络安全管理要素，夯实安全管理制度、严格建设安全管理，确保信息系统建设安全。
- ➤ 安全运维管理：基于企业信息系统运维权责分工、运维管理流程和运行安全管理要求，夯实安全管理制度、严格运行安全管理，确保信息系统运维安全。

管理视角的纵深防御体现的是管理要素的全面性，以期通过全面的安全要素管控，保证 IT 系统资源的安全。

28.2.3 运行视角的纵深防御

运行视角的纵深防御可以理解为在技术安全和管理安全的基础上，以保证企业信息系统运行安全为宗旨，通过全面的安全能力支持和有效的安全资源保障，保证 IT 系统的资源安全。运行视角的纵深防御示意如图 28-3 所示。

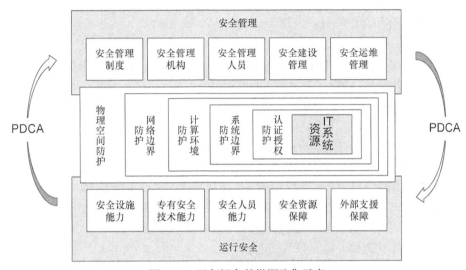

图 28-3　运行视角的纵深防御示意

运行视角以企业经营运作为始点，以企业信息系统运行安全为宗旨，以支撑保障为手段，统筹网络安全能力支撑和资源保障，并通过持续改进支撑企业网络安全的持续改进与水平提升，从而更好地支持企业信息化的可持续发展。

运行安全重点关注安全能力建设和安全资源保障，主要包括安全设施能力、专有安全技术能力、安全人员能力、安全资源保障、外部支援保障等内容。

> 安全设施能力：安全设施能力泛指安全技术措施体系能力和支持安全工作开展的支持设施能力。需特别关注安全支持设施能力建设，如流量数据采集分析设备、态势感知系统等的建设。

> 专有安全技术能力：专有安全技术能力泛指与企业 IT 系统或采用的安全产品相关的安全攻防技术能力。企业需要建立与 IT 系统攻防相关的深层级的攻击、防卫与灾难应对技术能力，确保经得起内外部网络攻击，并保证 IT 系统的业务连续性。

> 安全人员能力：网络安全人员应具备网络安全岗位履职所需的安全攻防专业技术能力与 IT 系统相关知识与技能。

> 安全资源保障：企业应为网络安全工作提供够用的资源支持，可以满足网络安全技术措施体系持续改进和安全管理工作开展所需的资源。

> 外部支援保障：企业应建立与自身网络安全格局匹配的外部支持与支援体系，确保外部安全资源和安全技术支持可以满足企业网络安全的日常与战时所需。

运行视角的纵深防御体现的是企业视角的网络安全体系建设，以期通过网络安全技术体系、管理体系和保障体系的建设与持续改进（如图 28-3 中的 PDCA），积极应对不断变化的网络安全环境，确保企业网络安全。

28.3 网络安全方法与框架

网络安全伴随 IT 应用而发展,相关方法和框架较多。从企业网络安全体系建设的视角看,可供参考的方法与框架有 IATF、ISO/IEC 27000、国家网络安全等级保护标准等相关文件。

28.3.1 IATF

IATF 是由美国相关安全机构组织专家撰写的。IATF 定义了信息系统保障过程以及系统中硬件和软件的安全需求,遵循纵深防御策略,对网络设施、边界、计算环境、支撑设施保护提出了防护需求,并得到广泛采纳。

IATF 主要内容包括以下几方面。

- 信息系统安全工程过程:信息系统安全工程过程描述了信息系统安全过程、安全防护目标与需求、设计、实施、评估,以及信息系统安全过程与其他过程的关系,如与采购过程、风险管理过程、生命周期支持过程、认证过程和鉴定过程等的关系。
- 安全技术对策:安全技术对策介绍攻击能力与攻击分类,提出了访问控制、加密、完整性、可用性及不可抵赖性等安全服务技术策略。介绍信息安全方案对策、系统互操作框架、密钥基础设施等知识与概念。
- 网络和基础设施防护:网络和基础设施防护描述了网络通信类型及网络服务基本安全要求。提出了骨干网可用性安全框架。介绍了无线网络安全、系统互联与 VPN 安全、VoIP 语音安全、多层级安全等基础设施安全防护策略。
- 边界/外部连接防护:边界/外部连接防护分析提出了包括防火墙、远程访问、门卫系统、网络监控、网络边界扫描、恶意代码防护、多层级安全等控制措施的安全保护策略与要求。
- 计算环境防护:计算环境防护主要讨论系统应用安全和计算环境的安全响应与检测。分析系统应用潜在攻击途径、检测方法、技术防护,提出系统应用安全框架及要求。
- 支撑基础设施:支撑基础设施分析了密钥管理基础设施/公钥基础设施关注的公钥证书管理和对称密码技术、服务和过程中的安全防护要求与解决方案。
- 战术环境的信息保障:战术环境的信息保障介绍了数据分类、数据存储保护、关键环境事项管理、网络可移动性和动态网络、账户分类管理、信息广播等安全保护建议。

IATF 为信息安全技术框架,虽然从发布到现在已有 20 年左右的历史,但其提供的细分领域安全框架仍然值得当今企业在进行信息安全技术体系构建和信息安全技术方案设计时参考。

28.3.2 ISO/IEC 27000

ISO/IEC 27000 为 ISO 发布的信息安全管理要求标准,其前身为英国的 BS 7799 标准,2005 年被 ISO 所采纳,推出 ISO/IEC 27001:2005。我国 2008 年将 ISO/IEC 27001:2005 转化为国家标准 GB/T 22080—2008(该标准现已被 GB/T 22080—2016 代替)。ISO/IEC 27001 标准是国际上最具代表性的信息安全管理体系标准。ISO/IEC 27001 最新版本为 ISO/IEC 27001:2013。现已形成以 ISO/IEC 27001 为核心的完整信息安全管理标准族,具体如下。

- 《基础和术语》(ISO/IEC 27000)。
- 《信息安全管理体系要求》(ISO/IEC 27001)。
- 《信息安全管理体系最佳实践》(ISO/IEC 27002)。
- 《信息安全管理体系实施指南》(ISO/IEC 27003)。
- 《信息安全管理测量》(ISO/IEC 27004)。
- 《信息安全风险管理指南》(ISO/IEC 27005)。
- 《信息安全管理体系认证机构要求》(ISO/IEC 27006)。
- 《信息安全管理体系审核指南》(ISO/IEC 27007)。

……

ISO/IEC 27001 是 ISO/IEC 27000 系列的主标准。从组织环境的角度，为建立、实施、运行、保持和持续改进信息安全管理体系规定了要求。ISO/IEC 27001：2013 标准基于 ISO 标准的 PDCA 章节架构组织内容，包括 10 章，标准正文包括组织的背景、领导力、计划、支持、运行、绩效评价、改进。ISO/IEC 27001：2013 以组织业务关系为主体，充分考虑到了组织自身及利益相关方的需求，将信息安全管理划分为 14 控制领域、113 个控制措施。

14 个控制域分别是安全方针，信息安全组织，人力资源安全，资产管理，访问控制，密码学，物理与环境安全，操作安全，通信安全，信息系统获取、开发和维护，供应关系，信息安全事件管理，信息安全方面的业务连续性管理，符合性。

ISO/IEC 27001 标准规定的要求是通用的，适用于各种类型、规模和特性的组织。各类组织可以按照 ISO/IEC 27001 的要求建立自己的信息安全管理体系。

28.3.3 网络安全等级保护标准

网络安全等级保护标准为国家发布的网络安全规定和标准，安全等级保护起源于 1994 年发布的《中华人民共和国计算机信息系统安全保护条例》和 1999 年发布的《计算机信息系统安全保护等级划分准则》。随着《中华人民共和国网络安全法》《中华人民共和国数据安全法》《中华人民共和国个人信息保护法》等国家网络安全法律文件的相继发布，网络安全等级保护标准迎来了新一轮的升版和完善。

网络安全等级保护相关标准如下。
- 《网络安全等级保护条例（征求意见稿）》。
- 《信息安全技术 网络安全等级保护基本要求》(GB/T 22239—2019)。
- 《信息安全技术 网络安全等级保护定级指南》(GB/T 22240—2020)。
- 《信息安全技术 网络安全等级保护实施指南》(GB/T 25058—2019)。
- 《信息安全技术 网络安全等级保护设计技术要求》(GB/T 25070—2019)。
- 《信息安全技术 网络安全等级保护测评要求》(GB/T 28448—2018)。
- 《信息安全技术 网络安全等级保护测评机构能力要求和评估规范》(GB/T 36959—2018)。
- 《信息安全技术 网络安全等级保护测评过程指南》(GB/T 28449—2018)。
- 《信息安全技术 网络安全等级保护测评评估技术指南》(GB/T 36627—2018)。

《网络安全等级保护条例（征求意见稿）》为落实国家网络安全法、执行网络安全等级保护的上层法规文件。其对各类组织实施网络安全等级保护提出了明确的要求。

- 国家实行网络安全等级保护制度，对网络实施分等级保护、分等级监管。
- 网络安全等级保护工作应当按照突出重点、主动防御、综合防控的原则，建立、健全

- 网络安全防护体系，重点保护涉及国家安全、国计民生、社会公共利益的网络的基础设施安全、运行安全和数据安全。
- ➤ 网络运营者应当依法开展网络定级备案、安全建设整改、等级测评和自查等工作，采取管理和技术措施，保障网络基础设施安全、网络运行安全、数据安全和信息安全，有效应对网络安全事件，防范网络违法犯罪活动。
- ➤ 根据网络在国家安全、经济建设、社会生活中的重要程度，以及其一旦遭到破坏、丧失功能或者数据被篡改、泄露、丢失、损毁后，对国家安全、社会秩序、公共利益以及相关公民、法人和其他组织的合法权益的危害程度等因素，网络分为5个安全保护等级。
  - 第一级，一旦受到破坏会对相关公民、法人和其他组织的合法权益造成损害，但不危害国家安全、社会秩序和公共利益的一般网络。
  - 第二级，一旦受到破坏会对相关公民、法人和其他组织的合法权益造成严重损害，或者对社会秩序和公共利益造成危害，但不危害国家安全的一般网络。
  - 第三级，一旦受到破坏会对相关公民、法人和其他组织的合法权益造成特别严重损害，或者会对社会秩序和社会公共利益造成严重危害，或者对国家安全造成危害的重要网络。
  - 第四级，一旦受到破坏会对社会秩序和公共利益造成特别严重危害，或者对国家安全造成严重危害的特别重要网络。
  - 第五级，一旦受到破坏后会对国家安全造成特别严重危害的极其重要网络。

《信息安全技术 网络安全等级保护基本要求》（GB/T 22239—2019）为实施网络安全保护的基础性文件，相较上一版本，通常将GB/T 22239—2019称为"等级保护2.0"标准。等级保护2.0标准的保护对象包括基础信息网络、信息系统、云计算、移动互联、物联网和工业控制系统。安全要求分为安全通用要求和安全扩展要求。

- ➤ 安全通用要求：该要求细分为技术要求和管理要求。其中技术要求包括"安全物理环境""安全通信网络""安全区域边界""安全计算环境""安全管理中心"；管理要求包括"安全管理制度""安全管理机构""安全管理人员""安全建设管理""安全运维管理"。
- ➤ 安全扩展要求：该要求包括云计算安全扩展要求、移动互联安全扩展要求、物联网安全扩展要求以及工业控制系统安全扩展要求。

网络安全等级保护标准作为国家网络安全的基本要求，所有组织均应遵循网络安全等级保护的法规标准要求开展组织的网络安全防护工作。

28.4 重点关注

网络空间安全通常涉及网络安全技术体系、网络安全管理体系和网络安全保障体系3个方面。企业应重视网络安全工作，大力推进网络安全技术体系、网络安全管理体系和网络安全保障体系的建设与持续改进，确保网络安全体系可有效支持企业信息化的可持续发展。

1. 做好安全技术体系加固完善

本着网络安全与信息化建设的同步规划、同步设计、同步建设的"三同步原则"，企业形成了初始的网络安全技术体系。企业IT系统应用的深化、网络安全环境带来的安全产品变革要求，以及网络安全管理深化等诸多因素，均要求网络安全技术措施的调整。及时推进网络安全技术体系的加固和完善，是确保网络安全技术体系满足网络安全环境要求，并有效支持企业信息化安全发展的重要举措，应重视并做好安全技术体系加固和完善的策划、规划与实施推进，确保企业网络安全技术体系与企业信息化整体架构的一致性和安全性。

2. 加强网络安全管理体系建设

网络安全管理体系是保证企业各项网络安全工作有序开展的基础，也是网络安全管理措施落地实施的重要抓手和依托，应重视网络安全管理体系的建设，健全企业网络安全管理体系。大力推进网络安全管理要素的精细化与规范化，通过安全管理要素的精细化，强化网络安全措施的落地生根，规避网络安全风险隐患。并伴随企业管理水平提升，推进基于流程的安全要素管理，通过安全管理流程，规范网络安全管理活动，提高网络安全管理要素执行的有效性。重视网络安全管理体系的有效性评估，逐步提升网络安全管理体系的充分性、适宜性和有效性。

3. 重视网络安全保障体系建设

网络安全保障体系是企业网络安全各项工作得以有效开展的基础支撑，应特别重视网络安全保障体系的建设。做好网络流量分析、态势感知等网络安全运行支撑平台的策划规划、需求梳理、系统设计与平台选型等工作，大力推进安全运行支撑平台建设。重视企业网络安全专有能力的梳理、筹划与能力建设推进，提升应对突发网络安全事件的应对能力。重视网络安全人员专业技能培训和企业全员安全意识培训。做好网络安全全局规划与资源筹划，落实网络安全所需的资源支持，并做好外部网络安全支援的筹划与落实工作。

第29章

网络空间安全体系设计

网络空间安全体系是企业信息化健康和可持续发展的重要支撑,是企业信息化体系的重要组成部分。企业应重视网络空间安全体系的建设与持续改进,重视IT系统运行安全,通过安全运行机制推进网络安全体系的完善和网络安全支撑能力的提升。

29.1 网络安全需求与要求

企业通常依托网络安全标准框架,以 IT 系统运行安全为宗旨,描述其网络安全需求与要求,以分层架构的形式展示其安全技术要求,以 IT 服务价值链的形式展示安全管理要素。

由于 ISO/IEC 27001 和国家网络安全等级保护标准属于普适标准,从企业落地适配的角度看,需要将普适标准要素转变为与企业应用场景相关的安全技术或管理要求。需要结合企业自身的业务管控、IT 系统架构和安全管理要求,通过将上述标准与企业 IT 系统架构适配,解决网络安全技术要素在企业 IT 系统架构上的落地,形成企业网络安全技术需求。通过与企业网络安全管理适配,解决网络安全管理要素在企业管理架构上的落地,形成企业的网络安全管理要求。基于安全技术措施和安全管理要求,为企业网络安全体系建设提供输入。

基于运行视角的纵深防御框架,以下从安全技术措施、安全管理要求和安全运行要求 3 个方面,探讨网络安全需求与要求。

29.1.1 安全技术措施

安全技术措施一般可细分为物理环境安全、网络环境安全、计算环境安全、应用安全、数据安全及接入安全等。以下简要介绍各细分领域安全防护要求。

> 物理环境安全:物理环境安全是指覆盖企业 IT 系统部署范围的安全,包括环境安全和设施安全。环境安全包括 IT 系统与设备部署的机房环境、设备间、布线环境等的安全防护;设施安全包括但不限于支撑设施及设备冗余等的安全防护。

> 网络环境安全:网络环境安全是指网络区域、网络边界、网络传输等的安全。包括但不限于网络区域安全、网络边界防护、网络传输安全、网络访问控制安全等要求。

> 计算环境安全:计算环境安全是指 IT 系统架构、系统设施、支撑设施到终端环境等的计算环境安全,包括但不限于 IT 系统架构安全、系统设施安全、支撑设施安全、终端环境安全等要求。

- 应用安全：应用安全是指系统应用维度的安全，包括但不限于加解密设施安全、用户安全、系统级的用户认证授权、日志审计安全等要求。
- 数据安全：数据安全是指 IT 系统中的数据安全，包括但不限于数据分级保护、数据存储安全、数据应用安全、数据备份恢复、数据生命周期安全等要求。
- 接入安全：接入安全是指 IT 系统中的各类设备、系统接入的安全，包括但不限于设备接入安全、系统接入安全、移动接入安全、物联网接入安全等要求。

29.1.2 安全管理要求

安全管理要求一般细分为安全管理机构、安全管理人员、安全管理制度、安全建设管理、安全运维管理等安全管理要求，各管理域细分要求参考如下。

- 安全管理机构：对应 ISO/IEC 27001 和国家网络安全等级保护标准中的网络安全管理机构要求，可结合企业实际情况，落实网络安全管理机构要求。
- 安全管理人员：对应 ISO/IEC 27001 和国家网络安全等级保护标准中的安全管理人员要求，可结合企业实际情况，落实安全管理人员要求。
- 安全管理制度：对应国家网络安全等级保护标准中的管理制度要求，可结合企业实际情况，建立安全策略、管理制度、操作规程、记录表单等构成的四层级安全管理制度体系。
- 安全建设管理：对应国家网络安全等级保护标准中的安全建设管理要求，可结合企业信息化建设管控实际情况，建立、健全安全建设管理制度。
- 安全运维管理：对应国家网络安全等级保护标准中的安全运维管理要求，可结合组织 IT 系统运维管控实际情况，建立、健全安全运维管理制度。
- 其他安全管理事项：结合企业信息化发展实际，补充、完善 IT 服务价值链其他环节可能影响 IT 系统和数据安全的相关事项，纳入企业网络安全事项管控范畴。

29.1.3 安全运行要求

从客观上讲，企业的网络安全管理是一个动态发展的过程。在这一动态发展过程中，既有相对静态的安全技术体系建设和安全管理体系建设，也有年复一年的网络安全的组织与计划、执行管控、评估改进的动态发展过程。ISO/IEC 27001 标准正文的"领导力""计划""支持""运行""绩效评价""改进"就是动态安全运行的体现。

安全运行要求是企业运营视角的网络安全体现，通常包括网络安全组织计划与执行和网络安全支撑保障体系建设两个方面。

- 网络安全组织计划与执行：这方面主要包括安全风险管理、安全规划与计划、安全运行管控、安全绩效评估与改进、信息安全报告等内容。
- 网络安全支撑保障体系建设：这方面主要包括安全设施能力建设、专有安全技术能力建设、安全人员能力建设、安全资源保障、外部支援保障等内容。

网络安全组织计划与执行通常包括企业所有的网络安全事项的规划设计、开发实施、改进完善、评估改进等各项工作的规划、计划、执行与控制。通过持续的网络安全运行改进，逐步提高组织网络安全水平和提升网络安全支撑能力。

29.2 网络安全参考框架

网络安全是一个涉及技术与管理、运营与管控的相互关联与支持的整体。企业需要建立与自身业务模式和信息化发展水平相适应的网络安全体系，并通过网络安全体系的持续改进与优化，安全、高效地支撑企业信息化战略和企业的经营运作。

29.2.1 网络安全使命与方针

网络安全体系是企业信息化建设的重要组成部分，通过网络安全体系的保驾护航，支撑企业信息化的健康和可持续发展。

1. 网络安全使命

企业网络安全价值定位如图 29-1 所示。

网络安全源自企业信息化战略，其使命是支撑企业信息化战略和 IT 系统的健康和可持续发展。应基于企业信息化战略和网络安全使命，确定网络安全方针与目标。而网络安全使命、方针、目标需要健全、有效的网络安全体系加以支撑。

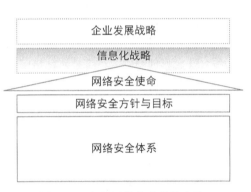

图 29-1 企业网络安全价值定位

网络安全使命通常表现为对企业 IT 系统和数据的保密性、完整性和可用性的支持，通常体现为网络安全、系统可用、信息保密、应用高效。

2. 网络安全方针

网络安全方针或网络安全指导思想通常为企业网络安全总体工作思路的文字表达，以期用简单明了的文字表述传递企业网络安全工作的顶层工作思路，用以指导企业网络安全各项工作的开展。

网络安全方针通常应体现企业战略的导向作用、风险驱动的工作原则、服务业务的基本宗旨、安全红线的管理思维，以及持续改进的成长过程。

- 企业战略的导向作用：以企业发展战略为指导，结合企业信息化发展进程，建立与企业发展相匹配的网络安全保障体系。
- 风险驱动的工作原则：基于安全风险驱动的原则，坚持技术与管理并重，推进网络安全技术体系与管理体系的建立和完善。
- 服务业务的基本宗旨：以服务业务应用为宗旨，预防为主、事前检测、事中处置、事后总结，逐步提升安全风险应对处置能力。
- 安全红线的管理思维：明确网络安全红线、底线，严格管理网络安全红线、底线，确保企业的 IT 系统和数据安全不受侵犯。
- 持续改进的成长过程：立足发展、重视运营安全，大力推进网络安全体系建设和持续改进，有序推进网络安全体系能力提升。

3. 网络安全目标

企业应基于信息化发展战略、信息化与网络安全现状，梳理、明确未来 3~5 年的网络安全发展目标，并基于网络安全发展目标，明确网络安全重点工作事项；基于工作事项目标、内容及关键需求，形成企业网络安全专项规划与计划。

网络安全目标是企业网络安全工作不可或缺的重要组成部分，网络安全目标可为网络安全工作提供目标引领，有助于企业有序推进网络安全工作的开展，避免网络安全工作的原地踏步或倒退。网络安全目标通常围绕网络安全技术体系、管理体系、支撑保障体系、运行安全管理等方面梳理形成。应注意网络安全目标与网络安全工作内容的一致性。

29.2.2 网络安全参考框架分析

基于前述的网络安全需求分析、网络安全使命定位和网络安全运行保障等企业网络安全要求，依据网络安全各要素之间的依托和支撑关系，可形成企业网络安全体系框架。企业网络安全体系通常包括安全技术体系、安全管理体系、安全支撑保障和安全运行管理 4 个部分，如图 29-2 所示。

图 29-2　企业网络安全体系

1. 安全技术体系

安全技术体系通常包括物理与接入安全、网络环境安全、计算环境安全、应用安全和数据安全等 5 个部分。网络安全技术体系通常表现为渐进发展的过程，从初期阶段关注高风险的安全技术措施的建设，到中期阶段关注技术体系的完整性，再到高级阶段关注安全防护的实效性。安全技术体系一般会经历从初始的安全体系建设、逐步改进，到务实支撑的发展过程。

2. 安全管理体系

安全管理体系通常包括安全管理机构、安全管理人员、安全管理制度、安全建设管理、安全运维管理等内容。网络安全管理体系是一个逐步改进的过程，初期应重点关注重大安全风险管理和网络安全合规管理要求，通过持续改进逐步提升网络安全管理体系的充分性、适宜性和有效性。

3. 安全支撑保障

安全支撑保障主要包括安全设施能力、专有技术能力、安全人员能力、安全资源保障、外部支援保障等内容。安全支撑保障是企业网络安全技术体系发挥价值、安全管理体系高效运作的重要支撑和保障。企业应重视安全支撑保障体系的建设。

4. 安全运行管理

安全运行管理主要包括网络安全风险管理和网络安全组织计划与执行两个方面。网络安全风险管理聚焦企业网络安全风险，针对企业 IT 系统，实行全面的安全风险管理，确保 IT 系统运行安全。网络安全组织计划与执行主要包括网络安全规划与计划、安全运行管控、安全评估改进、信息安全报告等内容。安全运行管理是企业推进各项网络安全工作的重要抓手，通过持续的网络安全运行改进，逐步提升企业网络安全支撑能力。

29.3 网络安全体系建设

网络安全体系建设主要包括网络安全管理体系、网络安全技术体系和网络安全支撑保障体系的建设。网络安全支撑保障能力建设与信息化支撑保障能力建设类似，此处不展开介绍。以下简要介绍企业网络安全管理体系建设和网络安全技术体系建设的相关内容。

29.3.1 网络安全管理体系

网络安全管理体系是企业网络安全管理要素的集合。由于存在管理要素的操作、管理、控制的制约关系，网络安全管理体系通常与企业网络安全管控职责分工有关，不同企业的网络安全管理体系略有差异。

1. 网络安全管理体系参考框架

企业管理体系文件通常体现为 5 个层级的管理层级划分：一层级文件为企业管理总则；二层级文件为各领域的总则，体现的是该领域的主要控制要素管理；三层级文件为领域关键环节的管理制度，体现的是关键管理要素；四层级文件为管理细则，体现的是关键要素作业流程；五层级文件为作业基准，各类流程、作业的标准、规范、模板、指南等。网络安全管理体系参考框架如图 29-3 所示。

网络安全管理制度体系通常分为安全管理策略，安全管理制度，安全管理细则和安全基线、标准、规范等 4 个层级。网络安全管理体系通常属于企业信息化管理体系的组成部分，安全管理策略和安全管理制度通常属于信息化领域的三层级文件。但由于安全管理策略涉及企业商业秘密的保密管理，有些企业会将安全管理策略中的部分管理要素纳入企业安全保密的管理范畴。由于涉及经营管控和组织机构分工，对于独立设置网络安全管理机构的企业，安全管理策略有可能升级为企业二层级管理文件，安全管理制度则为三层级文件。

企业网络安全管理制度体系通常会经过一个逐步细化的演进过程，应优先制定、发布企业网络安全管理策略，伴随能力提升，渐进编制、发布安全管理制度，安全管理细则和安全基线、标准、规范。各类文件定位简要介绍如下。

"**策略**"一般是指：实现目标的方案集合；针对形势发展的行动方针和方法。网络安全策略定位于以下几方面。

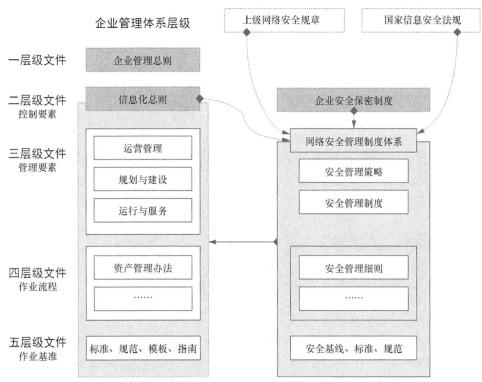

图 29-3 网络安全管理体系参考框架

- 定义企业的网络安全使命、方针、原则。
- 确定网络安全的组织机构、人力资源等基础保障。
- 主要网络安全管理对策,及关键领域网络安全应对方案。

"制度" 一般是指:共同遵守的规范、规章或准则;约束行为的规则、模式、方法。网络安全制度定位于以下几方面。

- 确定企业的网络安全技术与管理活动的行为规范、规章或准则。
- 明确网络安全的关键技术措施及相关约束规则。
- 网络安全的管理事项的规则、模式、方法。

"细则" 一般是指:事项执行的流程程序;技术措施的标准、模板;指南、样本、规范等。网络安全细则定位于以下几方面。

- 确定网络安全关键事项的作业流程、要求、责任分工等。
- 明确网络安全的关键技术措施的标准、规范、基线等。
- 必要的指南、样本、规范,为网络安全应急及相关操作提供指导、指引。

2. 网络安全管理原则

网络安全管理原则为企业网络安全方针指导下的网络安全工作应遵循的基本原则。可参考的网络安全管理原则如下。

- 主要领导负责原则:企业主要领导参与并确立企业统一的信息安全使命和方针,组织建立有效的网络安全队伍,配备落实网络安全资源保障,协调解决网络安全工作推进中的问题。
- 全员参与原则:企业信息化人员、信息系统使用人员共同参与网络安全工作,各负其责,并相互协同配合,确保企业信息系统和数据安全。

> 合规管理原则：以国家网络安全法律法规为根本，依托制度化的安全管理控制确保网络安全管理行为合规、管理内容合规、管理过程合规。
> 持续改进原则：坚持安全风险驱动、动态反馈、快速迭代，推进企业网络安全技术体系、管理体系和支撑保障体系的持续改进和能力提升。

3. 网络安全管理策略

网络安全管理策略简称网络安全策略，为企业网络安全工作的全局性指导文件，覆盖企业网络安全管理关键要素，主要包括网络安全总则、组织机构与人员、总体安全策略、安全技术管理、安全管理要求、安全运行要求等内容。有关网络安全策略的更多内容详见第 35 章。

网络安全策略遵循 PDCA 过程模型，通过网络安全策略的持续改进，适应并更好地支持企业网络安全各项工作的开展。

29.3.2 网络安全技术体系

网络安全技术体系是企业 IT 系统架构中涉及网络安全的技术要素的集合。网络安全技术体系通常以分层架构的方式体现。

1. 网络安全技术体系架构

基于前述的网络安全管理需求分析，网络安全技术体系主要包括与物理环境安全、网络环境安全、计算环境防护、应用安全、数据安全、接入安全等相关的技术措施。网络安全技术体系参考框架如图 29-4 所示。

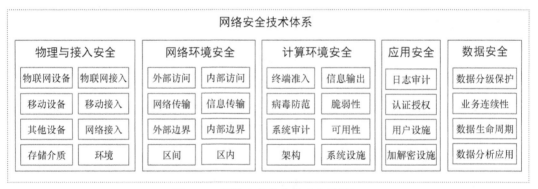

图 29-4 网络安全技术体系参考框架

由于物理环境安全体现为对企业 IT 架构物理层面的安全支持，而接入安全为 IT 系统应用的接入端的安全保障。接入安全与物理环境安全在企业 IT 架构中具有类似的作用，故此将物理环境安全和接入安全合并为物理与接入安全。

网络安全技术体系的各组成部分简要介绍如下。

> 物理与接入安全：物理安全主要包括物理环境安全和设备安全，其中设备安全可细分为物联网设备、移动设备、其他设备、存储介质等的安全；接入安全可细分为物联网接入安全、移动接入安全、网络接入安全和环境安全等。
> 网络环境安全：网络环境安全主要包括外部访问安全、内部访问安全、网络传输安全、信息传输安全、外部边界安全、内部边界安全、区间安全和区内安全等。
> 计算环境安全：计算环境安全主要包括终端准入安全、信息输出安全、病毒防范安全、脆弱性安全、系统审计安全、可用性安全、架构安全和系统设施安全等。

> 应用安全：应用安全主要包括日志审计安全、认证授权安全、用户设施安全和加解密设施安全等。
> 数据安全：数据安全主要包括数据分级保护安全、业务连续性安全、数据生命周期安全和数据分析应用安全等。

上述的网络安全技术措施仅供读者参考，企业具体的安全技术措施与企业信息化规模、发展水平、IT 架构等多种因素有关，应结合企业信息化实际和网络安全管理需求确定企业自身的网络安全技术措施。

2. 网络安全产品支撑框架

图 29-4 涉及的网络安全技术措施大多需要相应的网络安全产品的支持，通过安全产品支持以满足预期的网络安全要求。企业网络安全技术体系通常需要一组网络安全产品支持，常见的网络安全产品如图 29-5 所示。

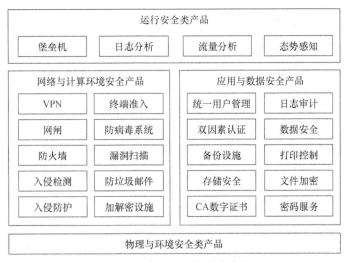

图 29-5 常见的网络安全产品

网络安全技术体系涉及的安全产品可概括划分为网络与计算环境安全产品、应用与数据安全产品、运行安全类产品和物理与环境安全类产品。从严格意义上讲，运行安全类产品和物理与环境安全类产品并不属于真正意义上的安全产品，只是用于与网络安全相关工作的支持。

> 网络与计算环境安全产品：这类产品主要包括防火墙、网闸、VPN 等网络边界隔离设施，入侵检测、入侵防护等边界与环境防护设备，加解密设施、防垃圾邮件、漏洞扫描、防病毒系统终端准入等安全产品。
> 应用与数据安全产品：这类产品主要包括 CA 数字证书、统一用户管理、双因素认证等用户安全产品，备份设施、存储安全等系统与数据安全设施，密码服务、文件加密、打印控制、数据安全等数据安全产品，以及日志审计等安全产品。
> 运行安全类产品：这类产品主要包括堡垒机、日志分析、流量分析、态势感知等 IT 系统运行安全类产品。
> 物理与环境安全类产品：这类产品主要包括机房监控、消防、门禁、设备高可用、链路冗余等物理与环境安全等类型的产品。

企业引进的网络安全产品品类和数量与企业网络安全水平呈正比例关系，网络安全水平越高，其对安全产品的支持需求也就会越大。应结合企业网络安全整体需求与要求，基于网络安全技术体系规划与设计要求，适时引入网络安全产品。

3. 网络安全技术体系建设

网络安全技术体系通常伴随企业信息化建设而形成。由于企业信息化初期通常缺少较为全面、系统的网络安全技术体系规划，普遍存在网络安全技术体系建设滞后于企业信息化发展需求。因此，重视网络安全技术体系建设是必要的。

企业网络安全技术体系建设应重点关注网络安全技术体系规划、安全产品评估选型、现有 IT 系统安全加固与完善等内容。

> 安全技术体系规划：企业外部的网络安全环境与企业信息化的应用需求通常处于动态变化中，这就要求网络安全技术体系必须能够适应不断变化的企业信息化应用环境，能够为企业信息化发展提供充分的安全保障。这就要求必须定期评估网络安全技术体系的适用性，必要时应及时推进网络安全技术体系的升级。

> 安全产品评估选型：虽然网络安全产品具有一定的通用性，但不同产品的功能体系与应用场景之间还存在差异，应重视安全产品的选型评估，确保选择的安全产品符合企业自身的安全应用场景。对于数据分析类产品更是如此，由于市场规模有限，产品成熟度普遍不高，应做好安全产品的评估、试用等前期验证工作。

> 现有 IT 系统安全加固与完善：企业网络安全通常面临内、外部的双重安全压力，网络安全需求呈不断上升的态势，加之网络安全产品成熟度不高、生命周期普遍较短，推进现有 IT 系统的安全加固和安全措施完善几乎是企业信息化常态化的工作。应重视并做好现有 IT 系统的安全加固和安全措施完善等工作。

29.4 网络安全运行改进

企业网络安全是一个动态发展的过程。为保证企业 IT 系统的网络安全处于受控的状态，需要将网络安全工作纳入企业信息化的全局管理范畴，通过年度规划与计划、过程管控、评估改进的全过程管理，推进网络安全水平的持续提升。

网络安全运行是指企业网络安全工作的规划、计划、实施、控制与改进的行动过程。网络安全工作对象包括但不限于安全技术体系、安全管理体系、安全支撑保障等相关内容。网络安全运行参考框架如图 29-6 所示。

网络安全运行管理通常以年度工作计划的形式推进实施，通过年度工作计划，将年度拟开展的网络安全技术措施改进、技术安全手段、管理措施改进、管理安全手段以及安全支撑保障等相关工作统筹规划，形成年度网络安全工作计划，组织推进年度网络安全计划的执行，做好年度重点工作管控，确保网络安全工作落到实处并达成预期目标。

图 29-6 网络安全运行参考框架

网络安全运行管理遵循 PDCA 过程改进模型，通过年度绩效评估，及时发现安全技术体系、安全管理体系和安全支撑保障等的薄弱环节；通过制定相应的改进计划，推进改进措施的落实实施，全面提升企业网络安全体系对企业信息化的支撑能力。

第 30 章

安全区域划分与边界防护

网络安全区域通常体现为企业网络安全区的等级划分和区内的安全域布局。通过合理的网络安全区域划分和适宜、有效的安全区域边界防护，实现对企业 IT 系统和数据的纵深防御保护。

30.1 网络安全区与域

网络安全区划通常基于网络系统承载的企业业务信息的安全等级确定，基于拟承载的业务信息安全保密等级与布局规划网络安全区等级和安全区布局。从业务的视角看，企业的业务信息保密等级划分决定企业的网络安全区划分。

30.1.1 网络安全区与网络安全域

IT 领域并无明确的网络安全"区"与"域"的划分，笼统以安全域替代所有的安全区与域。物联网、移动网络、工控系统、云计算技术等的普及，带来了大量的不同安全等级区域之间的互联互通需求，传统的网络安全域概念很难适应不同安全等级区域互联互通的边界防护与访问控制策略等的信息表达。

与信息分级分类类似，需要引入网络安全等级的概念，定义与业务信息保密等级匹配的网络安全等级区（简称网络安全区），形成与业务信息分级对等的网络安全区分级。同一等级的网络安全区为具有相同网络安全等级的网络空间。实行网络安全分区、分域管理，基于网络分区、分域，确定网络边界安全防护，制定网络边界访问控制策略，实行精细化的网络边界访问控制，确保企业网络区域安全。

企业常见的网络安全区有核心商密网络安全区、内部办公网络安全区、外部互联安全区、生产制造网络安全区、物联网网络安全区、移动网络安全区等。

不同的网络安全区具有不同的业务安全等级要求，应基于网络安全区等级和业务特点，细化网络安全域划分，建立与网络安全区域相匹配的网络安全防护体系和访问控制措施。同时，应明确不同网络安全区之间的互联原则与策略，基于互联原则与策略做好网络边界安全防护、确定访问控制策略、落实网络安全管理制度。

30.1.2 安全区域划分的目的与原则

网络安全区域划分属于企业网络安全基础支撑性工作，通过合理的网络安全区域划分，为上层 IT 系统部署提供网络安全区域环境支持。

1. 区域划分的目的

网络安全区域划分的目的是落实企业信息分级保护、IT 资产等级保护要求。依据企业网络承载的业务信息安全等级和支撑设施特点，合理划分网络安全区与安全域，通过适宜、有效的网络安全区、域的边界保护，实现业务运作支持和网络安全保护的有机平衡。

网络安全区域划分是实现企业信息系统等级保护的有效手段。通过层级化、网格化的安全区域划分，细化安全区、域边界防护，提高网络边界访问控制策略的针对性和有效性，进而提升企业网络安全边界掌控能力与安全保障水平。

2. 区域规划的原则

为了保证网络安全区域划分的"科学合理、安全有效"，企业网络安全区域划分应遵循以下原则。

> 安全等级区划原则：基于网络承载的业务信息资产保护等级布局，定义企业网络安全区等级，划分网络安全等级区。基于网络安全区划、安全风险与安全管理要求，细分网络安全区，据此形成企业网络安全区布局。

> 网络边界区划原则：按网络地理位置划分区域网络节点，确定区域网络节点边界，区域网络节点之间通过传输网络互联。与企业内部区域网络节点互联的边界称为内部网络边界，与外部机构网络互联的边界称为外部网络边界。

> 分类分级细化原则：在区域网络节点内部，采用资产分类、安全分级的方式细分安全域。资产分类维度通常可细化为应用服务域、计算资源域、安全管理域、运行管理域、终端系统域等；安全分级维度通常可细分接入域、计算域、传输域等。区域网络节点之间为网络传输域。

> 双向分级控制原则：采用访问需求端和资源服务端双向控制的原则。采取访问需求端出站和资源服务端入站的双向访问控制策略，对进出安全域边界的所有流量进行策略过滤检查，对非法访问行为和异常流量进行记录和审计。

基于上述的网络安全区域划分原则，梳理、分析企业网络安全区域划分需求，开展网络安全区、域划分的规划与改进。网络安全区域划分应具有良好的业务适应性和扩展的前瞻性。

30.2 安全区、域规划

网络安全区、域划分是企业网络区域布局的重要体现，是企业 IT 系统资产部署的重要基础。由于网络安全区域划分的先导性，其安全区域划分的合理性对企业网络安全全局发展影响深远。

30.2.1 网络安全区规划

网络安全区规划是企业信息化发展的产物。企业信息化发展初期，通常只涉及单一网络安全区，或外加与互联网的连接。随着移动网络、物联网等技术逐步融入企业的经营运作，多种不同的业务应用场景、系统交互模式带来的网络安全风险问题变得异常严峻，需要全面、系统地梳理企业信息分级保护需求和数字化环境下的业务布局、设施布局等的安全保护需求与要求，科学、合理地规划网络安全区，以便高效地支持网络安全防护和访问控制策略的实施。

1. 网络安全区需求

企业通常实行信息分级安全管理。国内外普遍采用核心商密信息、普通商密信息、内部受控信息、内部公开信息、外部公开信息的 5 级信息安全等级划分。企业需要建立与业务信息分级相协调一致的网络安全区划,以便通过有针对性的网络安全保护措施,更好地保护企业不同等级的信息安全。

- 核心商密信息保护:由于产品研发等核心商业秘密信息的高度敏感性,企业通常建立相对独立的产品研发专用网络用于处理核心商密信息,通过实施严格的输入输出管控,保护企业核心商密信息的安全。
- 普通商密信息、内部受控信息和内部公开信息保护:企业通常采用信息分类授权和业务相关性授权的方式保护该类企业受控信息的合规、高效、安全的应用。同时,保护这些信息免受企业外部的网络攻击和病毒等的影响。
- 外部公开信息保护:由于企业宣传、对外客户服务和外部协作均需依托公共互联网开展,为尽量减少来自公共网络的外部攻击风险,企业需要建立与互联网紧密连接的网络安全区,用以支持对外宣传、客户服务和外部协作等的应用。

除上述信息分级保护带来的网络安全区划以外,业务布局或设施布局等也会带来网络安全区划要求,主要有以下几点。

- 生产制造网络保护要求:一些行业领域对生产制造网络有明确的网络区域隔离要求。对于属于国家关键信息基础设施范畴的生产网络还应遵循国家《关键信息基础设施安全保护条例》的要求。设立独立的生产制造网络安全区不仅是为了合法规划,也有利于保护企业工业控制系统等的安全。
- 物联网安全保护需求:随着物联网应用的普及,不同应用目的的企业物联网逐步出现且与时俱进,物联网连接范围逐步扩大。由于联网设备类型、地点分布等带来的风险隐患较大,有必要将物联网作为独立的网络安全区加以管理,并特别关注物联网与其他网络安全区的互联安全。
- 移动技术快速发展,移动网络及应用发展迅猛,而其带来的网络安全风险不容忽视,以独立网络安全区的方式管理移动网络、移动接入和移动应用都是必要的。

网络安全区划分不同于安全域等级划分,基于网络安全区建立的边界防护措施与边界访问控制,远比基于安全域等级建立的边界防护措施与边界访问控制有更好的普适性,更有利于保护企业的网络安全。

2. 网络安全区规划模型

网络安全区规划通常体现为网络安全等级组网和网络边界划分,通常基于企业业务信息安全等级和业务布局带来的网络布局等需求确定网络安全区布局。基于网络安全区域规划原则,依据企业信息分级保护和安全风险等级,划分网络安全区。网络安全区规划可参考图 30-1 所示的模型。

基于企业信息分级保护要求,通常可将企业网络安全区划分为以下几种。

- 核心商密网络安全区:主要用于企业产品研发等高度敏感的核心商业秘密信息的处理。在该安全区内,通常实施严格的输入输出管控,以保护企业核心商密信息的安全。
- 内部办公网络安全区:主要用于企业普通商密信息、内部受控信息和内部公开信息的处理。在该安全区内,通常实施较为严格的信息授权访问控制和适度的输入输出控制,确保在保护信息安全和业务运作效率之间取得适当的平衡。

图 30-1　网络安全区规划参考模型

➢ 互联网外网安全区：主要用于承载企业内部互联网访问、市场宣传、对用户/客户的线上服务，以及外部合作伙伴的互联互通等的信息处理。应在满足企业对外服务与交互的同时，实施严格的网络安全防护和管控。

除上述按网络安全区以外，企业业务布局或设施布局带来的网络安全风险或合规管控要求，也会带来网络安全区划要求，主要有以下几方面。

➢ 生产制造网络安全区：设立独立的生产制造网络安全区，用于承载企业生产制造、工业过程控制等的生产制造全过程信息化、数字化运作与管理等的应用场景需求，保证生产制造过程安全，满足合规管理要求。

➢ 物联网网络安全区：由于物联网设备复杂、地点分散，其安全风险相较传统网络具有更多的不确定性，需要将物联网作为独立的网络安全区加以管理。

➢ 移动网络安全区：移动网络由于网络边界的不确定性，以及移动设备和移动接入等的安全风险，需要将移动网络作为独立的网络安全区加以管理，制定有针对性的安全防护和访问控制策略，确保移动接入和移动应用安全。

不同的网络安全区有各不相同网络安全风险，其网络安全区内的安全域划分和边界防护也不尽相同，应基于各自网络安全区的特点，做好各网络安全区的安全域规划和边界防护设计。

30.2.2　网络安全域规划

网络安全域规划通常体现为网络安全区内的 IT 资源与用户的分类、分组安全保护。通过网络安全域布局规划，为网络边界防护和边界访问控制提供支撑，更好地发挥网络安全域的纵深防御保护作用。

1. 网络安全域模型

从技术的视角看，网络安全域体现为基于网络 IP 地址的区域范围防护，基于网络空间中的需求与供给、服务与支撑的关系，实现针对各类 IT 资源和用户类别的分类安全保护。网络安全域划分模型如图 30-2 所示。

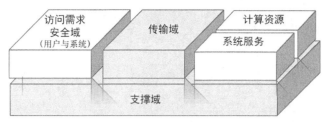

图 30-2　网络安全域划分模型

基于上述网络安全域划分模型，网络安全域通常可划分为访问需求安全域、系统服务与计算资源安全域、传输域与支撑域。

> 访问需求安全域：访问需求安全域为 IT 系统功能和数据的需求方，包括各类 IT 系统用户和对其他系统有服务调用需求的各类系统。可根据访问需求特征，将访问需求分组防护和管理。
> 系统服务与计算资源安全域：系统服务为面向访问需求方提供应用服务的 IT 系统，通过系统服务满足访问需求方对 IT 系统的功能和数据的访问；计算资源为面向系统服务提供支持的各类后端处理、平台服务、计算资源等的总称，计算资源一般不向访问需求方提供直接的访问服务。
> 传输域：传输域为访问需求方和 IT 系统服务方提供信息传递的连接网络，泛指从访问发起端到 IT 系统服务端的网络连接。为避免安全域交叉、重叠，此处的传输域仅指访问需求和系统服务之间的网络节点互联网络（如 VPN 接入、网络节点互联域等），不包括支持访问需求方的终端网络和 IT 系统服务的局端网络。
> 支撑域：支撑域为支持企业网络安全和 IT 系统运行的相关安全设施和运行设施等所在的网络区域。

依据上述的网络安全域划分模型，基于企业网络安全区的访问需求与供给、服务与支撑的实际情况，开展企业网络安全域划分规划。

2. 网络安全域需求

网络安全域需求通常包括 IT 资源与用户的分类保护需求、网络地域布局需求和网络互联的边界防护需求。

> IT 资源与用户的分类保护需求：由于安全域划分是网络安全管理诉求的表达，不同的网络规模、不同的信息化管理水平的企业，对访问需求安全域、系统服务与计算资源安全域、传输与支撑域会有不同的安全管理侧重，应结合实际，明确 IT 资源与用户分类管理需求与要求。
> 网络地域布局需求：企业网络通常由部署在不同地域的网络节点互联而形成，每个地域网络节点均具有一定的节点互联独立性。同时，各网络节点均存在需保护的 IT 资产或用户，需要遵从相同或相似的网络安全域保护规则。
> 网络互联的边界防护需求：应统一考虑本网络与其他内外部网络的互联安全保护，如与互联网连接的边界安全防护、与工控网络连接的边界安全防护、与核心商密网连接的边界安全防护、与物联网连接的边界安全防护等。

同时，应考虑与网络安全域规划有关的法规遵从及其他必要的网络安全事项。

3. 网络安全域划分

现实中的企业网络结构与架构千差万别，网络中的 IT 系统资产与用户需求也各不相同，其安全域划分也不尽相同。但从网络结构和安全防护的维度看，企业网络结构具有共性。典型企业网络结构模型如图 30-3 所示。

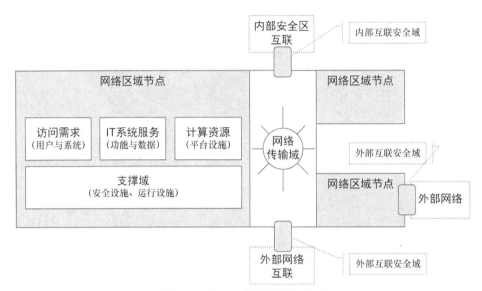

图 30-3　典型企业网络结构模型

基于企业网络结构的普遍共性，网络安全域规划通常包括网络地域节点规划、网络传输域定义、网际互联域规划、节点安全域规划和安全域全局统筹等内容。

> 网络区域节点规划：基于企业的网络区域布局定义网络区域节点名称、代码及必要的属性描述，明确网络区域节点安全指数。同时，明确网络区域节点外联边界及连接节点。对于同城不同地点的网络，因存在网络之间传输的物理安全因素，通常应按网络区域节点对待。对于超出物理环境安全边界的网络连接应考虑相应的安全保护措施。

> 网络传输域定义：网络传输域为连接网络区域节点的连接网络。传输域边界通常由与网络区域节点连接的防火墙构成。定义网络传输域名称、代码及必要属性描述，明确连接节点及接入要求。

> 网际互联域规划：网际互联域为本网络安全区与外部互联的安全域，通常包括内部安全区互联域和外部网络互联域。内部安全区互联域一般包括与核心商密网安全区互联、生产制造网络区互联、物联网区互联等的安全互联。外部网络互联域一般包括与互联网外网安全区互联、VPN网络接入、移动网络互联、企业之间网络互联等的外部网络互联；对于网络区域节点存在外部互联的情况，应按照网际互联域要求，规划外部互联域，设计外部边界保护。

> 节点安全域规划：开展针对网络区域节点的安全域规划，分析梳理访问需求、IT系统服务、计算资源布局，确定安全域布局。规划安全设施域和运行管理设施域，对安全设施和运行管理设施实施分域保护管理。

> 安全域全局统筹：基于企业网络安全区域节点布局与各节点安全域布局，以及跨节点访问需求与服务供给情况，完善安全域边界访问控制要求。

由于网络安全区域规划的基础性和前瞻性，开展网络安全区域规划时，应尽量做好对企业信息化发展的预测，基于企业信息化全局发展规划网络安全区域划分。

30.2.3　网络安全区域调整

网络安全区域防护是网络安全纵深防御的重要体现，企业应重视网络安全区、域边界防护体系的建设，遵从已确立的网络安全区、域划分规划，推进企业信息化发展过程中的网络系统建设，并做好 IT 系统网络空间部署方案的管控。同时，也应认识到，由于网络安全区域规划通常是企业信息化初期开展的工作，加之企业信息化发展的不确定性，应关注网络安全区域划分与企业业务发展和信息化发展的适配性，适时调整、完善网络安全区域划分。

触发网络安全区域调整的动因大多来自企业的网络安全纵深防御需求，通常包括以下几方面。

> IT 应用领域扩展带来的安全区调整：IT 系统承载的业务信息安全等级扩展，导致网络安全区域增加，或者由于如物联网等新 IT 应用带来网络安全区扩展需求。
> IT 系统分类保护带来的安全域调整：大量 IT 系统的投用以及访问需求的多样化，为更好地保护 IT 系统资产，需要细分、优化网络安全域划分，以便更好地保护 IT 系统和数据安全。
> 与外部网络互联带来的安全域调整：移动办公、线上服务及企业网络互联等带来的网络互联和安全区扩展，需要开展网络安全区域调整工作，以支持业务应用需求。
> 网络安全法规遵从带来的安全域调整：政府机构的网络安全监管逐步强化、细化，企业应做好网络安全法规的匹配性管理，及时推进网络安全区域划分与安全防护的调整与完善。
> 网络安全管理深化带来的安全域调整：企业网络安全管理通常是一个渐进发展的过程，企业应结合网络安全管理需要，推进网络安全域调整。

企业应建立常态化的网络安全区域规划适宜性的评估制度，重视网络安全区域划分、安全域边界防护和边界访问控制策略的持续改进，充分发挥网络安全区域对网络安全纵深防御的支撑作用。

30.3 安全域边界防护

依据前述的网络安全区域划分，基于网络安全区的安全等级和安全域边界的所处位置，确定安全域边界防护的安全目标与具体防护要求。基于安全域边界防护目标与要求，开展边界防护设计与运行管理。

30.3.1 安全域边界分类

网络安全区域布局与企业业务布局和地域布局密切相关。从网络边界分类的视角看，基于网络安全域划分模型和典型企业网络结构模型，通常可将网络安全域边界归纳为如下几类。

> 外部网络边界：该边界是指企业内部网络与外部网络相连接的网络边界，如企业内部网络与互联网的连接边界、通过互联网接入企业内部网络的 VPN 接入边界等。
> 内部互联边界：该边界是指企业内部网络与其他网络安全区连接的网络边界，如与互联网外部的连接边界、与工控系统网络的连接边界等。
> 传输域边界：该边界是指企业内部网络的各网络节点与传输域之间的网络边界。
> 支撑域边界：该边界是指企业内部网络的安全设施和运行设施等的网络边界。
> IT 资源保护边界：该边界是指用于保护 IT 系统服务和计算资源的网络边界。
> 用户端保护边界：该边界是指用于保护用户终端系统的网络边界。

不同类型的网络安全域边界有不同的安全目的与防护要求，应基于边界安全目的与防护要求，开展安全域边界防护设计。

30.3.2 边界防护基本原则

网络安全域边界防护是网络安全纵深防御的重要组成部分，应站在企业网络安全全局的视角，评估边界防护需求、审查安全防护方案、审视运行安全效果，满足边界安全防护、安全运行处置和安全追溯评估改进等的要求。边界安全防护应遵循以下基本原则。

> 安全有效原则：应确保边界防护方案可以有效应对潜在的边界安全风险，确保边界防护方案安全有效；基于边界防护方案选定的安全防护设备应完全满足边界防护设计要求，安全设施配备合理、有效；安全设备部署的初始化关键参数配置可有效应对潜在安全风险，可以确保边界防护的运行安全。

> 运行可控原则：安全防护设备的安全运行监控指标清晰明确，可为边界安全提供清晰的运行状态指示；设备提供的安全风险应对功能措施健全、有效、安全，可为安全管理人员提供足够的安全风险处置支撑；设备提供必要的应急处置功能或应急预案，确保应急状态下的安全风险可得到有效处置。

> 追溯可达原则：安全防护设备应提供完整的运行事态记录，可为运行状态安全分析提供充分的数据支持；设备提供的事件审计功能应清晰明了，能够满足边界防护的安全态势分析要求；设备应提供基本的安全事件追溯分析功能，可满足常用的安全风险分析要求。

应遵循安全有效、运行可控、追溯可达的基本原则，开展安全域边界防护设计。

30.3.3 安全域边界防护设计

基于上述的边界防护基本原则，简要介绍外部边界、内部互联、传输域边界、支撑域边界、IT系统资产保护、终端系统等的边界防护设计。

1. 外部边界防护设计

外部边界位于企业内部网络与外部网络连接的接口处。通过外部边界接口可实现企业内、外部网络之间的网络连接，进而支持应用层面的信息交互与业务协作。

外部边界防护与其访问需求密切相关，不同的访问需求会带来不同的安全风险，其安全防护要求也各不相同。由于外部边界直面来自企业外部的网络攻击，外部边界安全防护通常属于企业信息安全管理的重点关注事项。因此，外部边界防护应首先遵从企业信息安全策略有关边界防护的要求。外部边界防护设计通常遵从以下设计过程。

> 梳理、分析访问需求与安全风险：梳理外部边界的网络访问需求，形成网络访问需求清单；分析每种访问需求的潜在安全风险，形成外部边界安全风险清单。

> 明确安全目标与主要防护要求：结合外部边界安全风险，明确外部边界防护的安全目标，基于潜在的安全风险与安全目标，明确外部边界的安全防护要求。

> 开展边界防护设计与措施匹配：基于网络安全域规划与边界防护要求，结合网络安全产品与技术解决方案情况，完成边界防护技术方案设计，给出推荐的安全产品与技术的架构组合。

> 安全防护有效性的验证与确认：开展外部边界防护方案的可行性评估，验证方案的技术可行性，确认安全产品的运行可用性。

2. 内部互联防护设计

内部互联边界位于企业内部网络与其他网络安全区连接的接口处。通过内部互联接口可实现企业内部不同安全等级的网络区域的连接，进而支持应用层面的信息共享与业务协同。

内部互联边界防护与网络安全区等级、网络访问风险等级密切相关，不同类别的内部网络互联防护的关注点各不相同，内部互联边界防护通常体现为一事一议的专项安全防护设计。以下以内部办公网互联为例，简要介绍内部互联边界防护关注要点。

➢ 与核心商密网的互联：通常遵从"宽进严出"的原则，即从低等级安全区向高等级安全区的信息流动遵从"宽进原则"，从高等级安全区向低等级安全区的信息流动遵从"严出原则"。严格控制从高等级安全区向低等级安全区的信息流动。网络互联边界防护一般采用网闸设备，实行受控的信息交换。

➢ 与生产制造网的互联：首先应遵从国家网络安全法规和行业网络安全标准规范要求，其次应以保证生产制造网络安全为前提，严格管理网络访问需求。基于受控的网络访问需求和安全风险，开展网络互联边界防护设计，确保网络互联的安全、可靠运行。

➢ 与物联网网络的互联：物联网作为企业生产制造网络和内部办公网络的延伸，通常涉及内部办公网的互联。由于物联网的多样性，有些物联网设备的部署范围已超出企业物理可控的范围，导致其外部网络攻击风险大增。应充分考虑物联网网络互联带来的网络安全风险，尽量将物联网应用部署在物联网范围内，减少跨网访问需求。对于部署在物理安全可控范围内的物联网连接，可参照内部网络的设备（如门禁系统）进行管理。

内部互联边界防护设计应充分考虑安全风险和访问需求之间的平衡，满足必需的跨安全区域的信息共享与业务协同。同时，应减少不必要的网络互联访问。

3. 传输域边界防护设计

随着企业网络规模的扩展及联网节点的多样化，企业需要建立有效的网络节点传输机制，以满足网络传输和访问控制的双重要求。通常存在如下两种不同的网络传输解决方案。

➢ 传输自主控制型：依托物理或虚拟的联网链路，形成统一的企业传输网络。各接入网络节点利用接入边界设备自主控制网络访问，形成网络节点各自为政的访问控制格局。

➢ 传输统一控制型：依托物理或虚拟的联网链路，形成统一的企业传输网络。各接入网络节点设置统一管控的边界接入设备。各接入网络节点可配备自身的边界防护设备，管理其对外访问和对内访问。形成网络节点统一访问控制和各自负责的访问控制格局。

传输自主控制型适合于单一网络安全管理主体的组织，优点是网络节点接入简单，也可通过接入节点边界设备的统一管理，实现全网的网络安全访问控制；缺点是不适合大型的具有多节点互访需求的运行维护管理。

传输统一控制型适合于多个网络安全管理主体的网络组织，优点是传输网络安全性高，网络节点接入的适应性强，可满足全网复杂的多向访问管理控制；缺点是需增加传输接入边界设备，投资成本略高，运行维护管理较为复杂。

4. 支撑域边界防护设计

支撑域边界防护主要是指安全设施域和运行管理设施域的安全防护。支撑域边界防护遵循安全有效、运行可控、追溯可达的基本原则，通过有效的边界隔离措施，确保企业网络安全设施和运行管理设施免受企业内外部网络攻击。

➢ 网络安全设施边界：常用的网络安全设施主要包括防火墙、入侵检测、入侵防御、漏洞扫描、设备准入系统、防病毒系统、防病毒网关等设施。应设立独立的网络安全设施 IP 地址区域，利用防火墙建立网络安全设施域网络边界，基于安全设施与保护对象之间的 IP 地址、访问端口、许可协议等配置防火墙访问控制策略，实行精细化的访问控制管理。
- ➢ 运行管理设施边界：常见的运行管理设施主要包括堡垒机、IT 系统运行监控、运行维护管理等设施。应设立独立的运行管理设施 IP 地址区域，利用防火墙建立运行管理设施域网络边界，保护运行管理设施不受外界的干扰。

应重视网络安全设施和运行管理设施的安全保护，确保影响企业网络安全全局的关键节点的受控、安全。

5. IT 系统资产保护设计

IT 系统资产是网络安全纵深防御保护的重点，应基于网络区域节点的 IT 系统服务域和计算资源域布局，结合域内资源保护的访问需求和安全要求，确定边界保护策略和访问控制策略。基于边界保护策略，确定边界保护措施。

- ➢ IT 系统服务域边界保护：IT 系统服务域为面向前端提供 IT 系统服务的窗口，安全域边界保护应满足 IT 系统前端对服务访问所需的 IP 地址、端口、协议等的开放要求。应设立服务出口防火墙，所有的 IT 系统服务访问均通过出口防火墙实现对目标 IT 系统服务的访问。
- ➢ 计算资源域的边界保护：计算资源域为计算资源提供边界保护。基于计算资源域划分，在资源域出口设立出口防火墙，所有计算资产服务均通过出口防火墙实现。

应重视 IT 系统服务和计算资源的 IP 地址布局分立，逐步推进 IT 系统服务和计算资源的分域管理，最大限度地保护 IT 系统资源免受外界干扰。

6. 终端系统安全防护

终端系统安全域属于点多面广型，任何终端系统的安全风险均有可能影响企业的全网安全，因此终端系统安全防护对企业网络全局安全至关重要。终端系统保护通常包括两个方面，其一是终端系统接入安全，其二终端系统边界防护。

- ➢ 终端系统接入安全：终端系统接入安全是指终端系统相关设备、系统的接入安全。应确保企业网络空间中的所有软硬件设备的接入安全，即所有接入企业网络系统中的软硬设备、系统应得到管理许可和系统认证授权。这就要求在管理制度上，应建立 IT 系统软硬件设备与系统准入管理制度。在技术体系上，建立终端准入系统和可信认证系统。终端准入负责终端设备和系统的接入检测、认证授权，阻止非授权设备登录企业网络系统；可信认证系统负责 IT 系统局端设备或系统运行的接入检测和认证授权。从而保证企业网络免受非授权设备或系统的侵扰。
- ➢ 终端系统边界防护：终端系统边界防护是指终端系统安全域的边界防护。终端系统边界防护主要用于保护终端系统免受来自企业网络的攻击。同时，防止终端系统出现对企业内部网络的攻击。终端系统边界防护通常采用防火墙设备实现，防火墙出站策略基于终端系统的访问需求配置，通过出口防火墙的出、入访问控制策略配置，实现对终端系统的边界防护。

随着企业网络系统覆盖范围的逐步扩大、终端接入的多样化，建立有效的终端系统准入措施和边界防护措施势在必行。应重视并逐步推进终端系统安全防护的改进与完善，逐步提高企业全网安全防护水平。

第 31 章

边界访问控制与策略措施

边界访问控制是边界防护设施发挥安全保护效力的重要依托，边界访问控制的到位情况直接影响着网络边界安全防护的效果。应建立规则统一、安全可控、高效一致的网络边界访问控制与策略体系。

31.1 边界控制问题与难点

网络空间中的信息流动无处不在，其中既有正常的信息传输，也存在异常的网络攻击。在通过安全域划分建立面向不同保护对象的网络安全域边界后，如何发挥安全域的边界控制作用变得至关重要。

31.1.1 访问需求与边界控制

信息访问无处不在，既有网络安全域内部不同 IT 资产之间的信息互访，也有跨过网络安全域的信息访问。边界访问控制作为跨域信息访问的重要控制手段，在信息访问过程中发挥重要的允许或阻断作用。

1. 访问需求与控制

IT 系统中的用户访问往往需要穿过层层的管控措施才能达到指定的信息系统，实现对系统特定功能或数据的访问操作。这些管控措施包括但不限于终端计算机网络接入控制、目标地址的访问控制、目标系统的许可控制，最后达到目标信息系统，通过用户认证后进入系统，实现对目标系统功能和数据的访问。

上述的管控措施基本可以分为两种控制类型，一类是访问控制，一类是操作控制。

> 访问控制：访问控制是指针对访问申请的许可控制，通过访问申请的通过或禁止达到访问控制目标。上述中的网络接入控制、目标地址访问控制、目标系统的许可控制均为访问控制。访问控制一般为规则型控制，符合访问规则，允许访问；不符合规则，访问申请被拒绝。

> 操作控制：操作控制是指针对特定系统功能使用和数据操作的控制，通过操作控制意味着获得系统功能和数据的操作权限。操作控制一般由具体的 IT 系统赋予，并在其系统范围内有效。

在网络安全纵深防御体系中，目标 IP 地址的访问控制通常由各类网络边界设施的访问控制策略实现，从设备接入端网络的 VLAN 访问控制、核心交换层的路由控制、安全域出口的边界控制到资源边界的访问控制。为建立规范、高效、受控的访问控制策略，需要全面、系统地梳理受控的 IT 资产以及用户访问需求，建立规则统一、安全可控、高效一致的边界控制体系，进而有效支撑纵深防御安全。

2. 安全域边界控制

不同的网络安全区之间通常采用防火墙、网闸等安全设备实现隔离，而网络区内的安全域之间则普遍采用防火墙设备进行安全域边界控制。

防火墙设备一般提供访问控制/包过滤、认证鉴别、加密、网络地址转换、安全审计等功能。其中，"访问控制/包过滤"和"认证鉴别"主要用于访问控制；"加密"主要用于防火墙之间的数据传输安全；"网络地址转换"和"安全审计"主要用于追溯与处置。随着应用防火墙的普及，防火墙对网络边界的访问控制能力已从开放系统互联（Open System Interconnection，OSI）模型的网络层和传输层扩展到应用层（OSI模型的会话层、表示层、应用层）。

具体的网络边界控制，可基于特定的访问需求和企业网络安全访问控制策略，利用防火墙设备提供的地址、端口、协议、时间等的访问控制功能实现预期的访问控制效果。对于不同的网络边界控制设备，既要考虑各自边界的访问控制需求，也要考虑不同边界防火墙的访问控制策略一致性。

31.1.2 边界控制的常见问题

安全域边界控制通常与企业的信息化规模相关。信息化规模的不断扩大、信息资源与内外部用户访问需求的多样化，使边界访问控制变得越来越复杂，带来的边界控制问题也越来越多，典型问题如下。

- 访问策略越来越多，策略交叉冗余：随着用户访问需求的增加与多样化，需要在原有的边界访问控制策略上添加新的访问策略，久而久之，访问策略越来越多，策略交叉冗余。潜在风险为访问策略交叉冗余，导致访问控制精准性降低，加之访问策略清理不及时，导致访问策略的潜在安全风险增加，给恶意攻击者以可乘之机。
- 访问策略规范性差，维护改进困难：访问策略规范性不够，普遍缺乏访问策略的规范化定义，策略名称、策略配置不规范。用户访问需求也缺乏系统的梳理，缺少用户组定义。随着访问策略的逐步增多，访问策略的可维护性和可审计性越来越差。潜在风险为缺乏对访问控制的源地址和目标地址的系统性梳理，常常导致防火墙开放的访问资源范围过大及用户分组过粗，使IT系统和数据遭受攻击的风险增加。同时，不恰当的地址转换会导致攻击阻断和攻击溯源困难。
- 访问策略各自为政，全局管控效率低：随着信息化规模的不断扩大，从用户域、传输域到资源域一般会经过多道的安全域边界控制，而各道防火墙或访问控制设备之间普遍缺乏访问策略的统一规划，防火墙的访问控制策略普遍是各自为政，导致防火墙策略维护效率低，全局管理效率低。潜在风险为缺乏全局访问控制策略规划，导致边界访问控制策略一致性和有效性变差，访问控制不到位或过渡控制的情况时有发生。

31.1.3 边界控制的难点

企业普遍存在各式各样的安全域边界，有内部网络边界、外部网络边界、资源域边界、用户域边界等多种不同的边界访问控制类型。而要实现不同位置边界防护设施的访问控制策略的有效衔接和高效管理，确实面临诸多困难，如下所示。

- 缺乏访问控制模型方法支持，策略一致性制定难：边界防护设施的访问控制策略通常属于网络安全操作层面的安全事项，企业普遍缺乏明确的边界控制准则和访问控制策略配置要求，导致访问控制策略受个体因素影响较多，处于纵深防御体系中的不同位置的防护设施策略一致性通常较差。这种局面与缺少企业级的访问控制模型密切相关。由于缺少企业视角的用户、资源、授权的模型支持，难以建立统一的授权资源、用户访问的访问控制体系，难以建立企业全局的访问控制策略体系。

- 缺乏边界控制策略管理支撑，策略一致性维护难：大部分企业的边界控制策略是具有原则性的要求，即便开展安全策略评审，通常也是针对设备启用时的访问控制策略。由于缺乏长期的访问控制策略规划和全局访问控制一致性考虑，设备投入运行后，新增的访问需求与访问调整变得缺乏规则约束，导致时间越长，防火墙访问控制策略越凌乱。而要保证边界防护设施生命周期内的访问控制策略的安全受控，需要建立与之匹配的管理制度规范，并严格管理过程。同时，建立统一的访问控制策略集中管理平台也十分重要。
- 行业实践积累引用与借鉴难，控制规则积累提升慢：网络边界访问控制策略属于敏感信息，业界基于网络边界访问控制策略的总结与分享相对较少，可供借鉴和参考的行业最佳实践比较少，这就导致每个企业主要依靠自我摸索、学习总结，逐步提高网络安全边界管理水平。

31.2 边界访问控制模型

为有效解决边界访问控制存在的问题，解决边界访问控制难点问题，需要全面、系统地梳理适用于企业的全局访问控制需求，建立适合企业的网络边界全局访问控制模型。基于访问控制模型，开展 IT 系统资源与用户访问的梳理，为一体化的边界访问控制策略提供支撑。

31.2.1 IT 系统资源与访问需求

IT 系统资源多地域部署是大部分企业的常态选择，通常会形成以企业总部 IT 系统资源部署为主、分支机构部署为辅的主从式 IT 系统资源分布格局。超大型企业会形成以若干数据中心节点为支撑的 IT 系统资源部署格局。

为建立企业全局统一的边界访问控制体系，需要全面、系统地梳理 IT 系统资源与用户访问需求。从资源访问的视角看，IT 系统资源访问基本可以分为外部用户访问、内部用户访问、系统服务访问和系统探测类访问。

- 外部用户访问：外部用户通过与企业连接的网络访问企业的 IT 系统资源。体现为外部计算机系统透过企业外部网络边界，实现对目标 IT 系统资源的访问。
- 内部用户访问：是指用户通过终端计算机对 IT 系统资源的访问或对另外终端计算机的访问。体现为客户端软件通过终端计算机 IP 地址、端口和服务，实现对 IT 系统资源的访问。
- 系统服务访问：是指分布式部署系统的服务器之间的相互访问，以及因 IT 系统集成带来的系统接口服务访问。体现为软件进程透过 IP 地址、端口和服务实现的信息交换或接口服务等的信息交互。
- 系统探测访问：一般是指出于探测、监听等目的而开展系统访问服务，如漏洞扫描服务器对目标服务器的漏洞扫描等。

IT 系统资源保护与用户访问控制关系如图 31-1 所示。

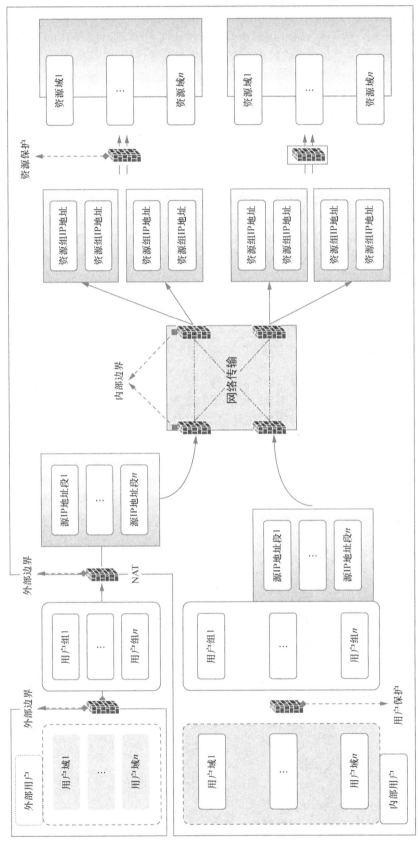

图 31-1 IT 系统资源保护与用户访问控制关系

1. 用户分组管理

外部用户：需要建立可追溯的外部用户管理策略。基于业务协作关系建立企业外协单位的用户访问清单，基于用户访问需求建立不同的用户组。外部边界防火墙启用网络地址转换（Network Address Translation，NAT）策略，根据访问的目标地址将源 IP 地址转换为不同的 IP 地址段，确保外部用户访问的可追溯。

内部用户：基于企业各类用户访问需求，梳理建立用户访问组，基于用户组建立用户访问的 IP 地址组。同时，新增访问用户优先选择添加到已有的用户组。如没有类似的用户访问组，新建用户组。

2. 资源组 IP 地址管理

基于 IT 系统资源所在的网络安全域，梳理各类 IT 系统资源的共性访问需求，并据此建立资源组 IP 地址。支持动态资源组，尽量减少单一资源访问。同时，应注重 IT 系统资源部署的安全优化，基于访问需求优化 IT 系统资源的安全域部署，同时避免后台计算资源外露。

31.2.2 边界访问控制模型分析

边界访问控制的本质是实现从源 IP 地址主机到目标 IP 主机访问的有效控制。要实现安全的用户访问和高效的边界控制，需要细分访问类型，建立基于访问类型的边界访问控制策略，降低 IT 系统资源访问风险。

全局边界访问控制策略的有效性有赖于科学的用户分组支持和合理的资源分组保障，依托边界防护设备的健全、有效的策略配置支持，实现从用户、用户组、网络边界、资源分组 IP 到 IT 系统资源的各层级访问控制策略的协调一致，形成企业全局一体化的用户访问控制策略。全局访问控制模型如图 31-2 示。

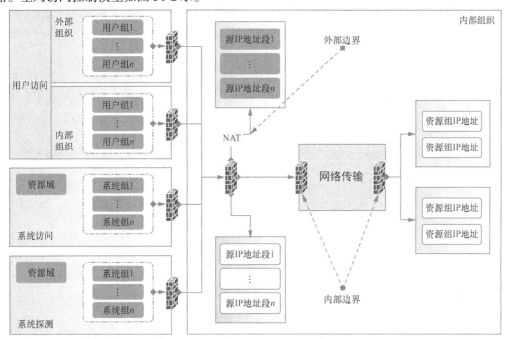

图 31-2 全局访问控制模型

➤ 建立全局访问需求列表：为保证用户侧防火墙到 IT 系统资源侧防火墙之间路径上的访问控

制策略的一致性，有必要建立企业全局访问需求列表，基于其管理维护各网络安全域边界防护设备的配置策略，提高企业边界访问控制策略的有效性和管理效率。

> 建立边界访问源 IP 地址：基于访问边界位置和全局访问需求，梳理边界访问控制需求，建立边界访问源 IP 地址（如终端计算机访问类源 IP 地址、系统服务访问类源 IP 地址、系统探测访问类源 IP 地址等）分类列表。

> 建立边界访问目标 IP 地址：基于资源边界位置和全局访问需求，梳理访问目标 IP 地址，建立边界访问目标 IP 地址（如终端计算机访问类目标 IP 地址、系统服务访问类目标 IP 地址和系统探测访问目标 IP 地址）分类列表。

> 确定访问控制策略：基于企业网络安全策略、边界访问需求与安全风险分析，确定边界访问控制策略，检查边界控制禁止列表，形成特定边界的访问控制实施策略。据此完成防火墙准入的策略配置。

基于网络安全策略要求，企业应建立清晰、明确的访问控制准则，并制定边界访问配置策略管理制度，确保访问控制策略配置到位、管理到位。

31.3　IT 资源与用户分组

边界访问控制的一致性和有效性取决于确定 IT 系统资源与用户分组的科学性和合理性。做好 IT 系统资源分组和用户分组定义是边界访问控制的重要基础性工作。

31.3.1　资源梳理与分组设计

资源分组直接影响访问控制效率。应做好 IT 系统资源的分组梳理，基于访问特征合理划分资源分组，做好定义资源分组定义，为访问控制提供资源分组支持。

1. IT 系统资源梳理

从图 31-1 可以看出，企业 IT 系统资源通常分布在不同的网络地域节点安全域，需要基于网络地域节点安全域梳理企业 IT 系统资源和用户分类表，形成企业 IT 系统资源服务访问列表，如表 31-1 所示。

表 31-1　　　　　　　　　　IT 系统资源梳理参考

IT 系统资源名称		访问类别				
		普通用户访问			系统访问	
网络节点	系统名称	内部用户访问	外部用户访问	临时访问	系统访问	接口访问
CC.BJ.01	邮件系统	全体员工	特批人员	特批人员		
	即时通信	全体员工	特批人员	特批人员		
	综合办公	全体员工	特批人员	特批人员		
	财务系统	全体员工	—	特批人员		
	人力资源	全体员工	—	特批人员		

IT 系统资源梳理通常包括针对普通用户访问、系统管理访问、系统访问等各类目标资源的梳理。普通用户访问通常可细分为内部用户访问、外部用户访问、临时访问等类别；系统管理访问一般包括系统管理和业务管理方面的访问；系统访问一般包括分布式部署之间的系

统访问、接口访问等。

基于各网络地域节点的 IT 系统资源梳理，可以形成企业全局的 IT 系统资源服务列表。

2．资源访问分组设计

资源访问分组设计通常以 IT 系统资源为源头，基于企业业务架构和访问分类，将用户细分至体现价值流程的业务单位和职能单位。对非全局性访问的 IT 系统资源，应落实到具体资源访问人员。将 IT 系统资源按网络地域节点的维度将资源按规模从大到小的顺序开展，形成企业的 IT 系统资源访问列表如表 31-2 所示。

表 31-2　　　　　　　　　　资源访问分组设计参考

IT 系统资源名称		访问类别		
^		普通用户访问		
网络节点	系统名称	内部用户访问	外部用户访问	临时访问
CC.BJ.01	设计信息系统	××设计院人员		
		××分公司设计人员		
		××协作单位人员		
		××项目部设计代表		

> 普通用户访问：以资源为纽带，梳理各单位的资源访问需求，按企业资源列表顺序列示各单位的资源访问需求。按访问对象范围对资源进行分组，形成通用访问组和专业访问组。通用访问组按通用办公需求形成全员访问组；专业访问组针对访问需求形成专业访问组。

> 系统访问梳理：梳理现有的 IT 系统部署方案，形成分布式部署的系统访问列表；梳理现有的系统集成接口情况，形成系统接口互访列表。基于上述梳理结果，形成系统访问资源列表。

> 建立资源访问 IP 地址组清单：基于前述的普通用户访问资源和系统访问资源梳理清单，形成资源 IP 地址组；根据组织命名规则，建立资源 IP 地址组台账。

3．定义访问资源列表

防火墙管控的访问对象统称为资源，为简化防火墙访问控制，应按访问用途实行资源分组管理，基于资源组进行防火墙访问目地地址的授权控制。

基于访问对象梳理资源，形成访问资源组。按用户访问和系统访问梳理访问资源，形成企业的 IT 系统资源分类。以适度、最小化同类资源需求定义资源 IP 组，为防火墙访问控制提供准确的目标 IP 地址。基于企业网络节点安全域定义用户访问分类组，形成基于安全域的用户访问分类列表，形成各网络节点安全域维度的用户访问的资源分类表，如下面的内容。

> CC.HQ 用户访问资源类。
> CC.HB 用户访问资源类。
> CC.ZZ 用户访问资源类。
> CC.PF 用户访问资源类。

……

说明：CC 为企业缩写，"."后的两个字母为分支机构缩写。

本着简化访问控制、提高边界管控效率的原则，基于角色的访问控制机理，根据共性资源访问需求，梳理形成面向用户的用户访问资源组，如表 31-3 所示。

表 31-3　　　　　　　　　　面向用户的用户访问资源组

序号	物理安全域	资源名称	资源对象	主要服务对象
1	CC.HQ 用户访问 资源	×××基础应用服务	邮件、即时通信系统	内部员工、核准的外部人员
2		×××全员应用服务	FA 系统、HR 系统、CM 系统	内部员工
3		×××全员应用服务	协同办公系统	内部员工、核准的外部人员
4		×××设计应用服务	设计系统、PDMS	设计人员、核准的内外部人员
5		×××项目管理服务	项目管理系统、进度计划系统	PM 人员、核准的内外部人员

基于企业 IT 系统资源的系统性梳理，便可形成企业统一的资源组台账。通过定期的资源组台账适应性评估，及时完善、优化用户访问资源组台账，可确保 IT 系统资产分组的适应性，为企业一体化、精细化的边界访问控制提供支撑。

31.3.2　用户梳理与用户分组

安全、高效的访问控制依托于恰到好处的用户分组和用户识别。为确保企业 IT 系统资源得到有效保护，需要开展用户梳理与用户分组工作。由于系统访问相对较少，访问需求梳理较为容易，以下重点阐述普通用户的梳理方法。

1. 用户梳理与分组

基于前述梳理的网络节点的 IT 系统资源访问清单，按用户访问的维度列示各单位用户组的资源访问需求，按对应的资源维度定义用户分组，形成通用用户组和专业用户组。

➢ 通用用户组：按通用办公访问需求梳理形成的用户组，如全体员工用户组、若干专用用户组。

➢ 专业用户组：按组织价值链维度梳理形成的用户组，如价值 1 用户组到价值 n 用户组。

基于普通用户组和专业用户组梳理清单，形成用户 IP 地址组。根据企业的访问控制策略命名规则，建立用户 IP 地址组台账。

2. 定义用户分组列表

按用户访问的维度列示企业各单位用户组的资源访问需求，形成通用用户组和专业用户组，据此建立企业的访问用户组列表。根据系统访问需求，补充形成企业完整的访问用户组列表。

常见的通用用户组如下。

➢ 全体员工用户组：可以访问企业的财务、人力资源、协同办公系统等，是每个员工都具有访问权限的组。

➢ 若干专用用户组：如基础应用用户组（如可以访问组织内部的邮件系统、即时通信系统、视频会议系统等），专用应用用户组（如可以访问组织的合同管理系统等）。

常见的专业用户组如下。

➢ 设计应用用户组：可以访问企业的设计管理系统、设计工具系统、设计计算系统等。

➢ 项目管理用户组：可以访问组织的项目管理系统、进度计划系统等。

……

基于上述访问用户组梳理成果，编制用户分组信息表，建立企业用户组台账。基于访问边界位置建立边界访问控制的用户组清单。

31.4 边界控制与管理

网络边界防护通常利用防火墙设备实现网络安全域之间的边界隔离和访问控制，以下简要介绍安全域边界防护与访问控制相关内容。

31.4.1 访问控制基本要求

充分利用防火墙的网络安全隔离功能和访问控制功能，基于 IT 系统资源分组保护需求，建立面向不同资源保护分组的访问控制策略体系，提高访问控制策略的一致性和有效性，降低 IT 系统和数据的安全风险。

- 遵循最小化准入原则配置防火墙策略，基于访问 IP 地址、端口与协议控制边界访问需求，实现精细化的防火墙访问控制管理。
- 结合防火墙访问需求变化实际，不断完善、优化访问控制列表。
- 至少保留 6 个月的防火墙运行日志，满足防火墙事件追溯和国家网络安全等级保护的要求。

外部边界防火墙应启用进站 IP 地址转换策略，实行一对一的 IP 地址转换管理，确保具备针对外部攻击的可追溯能力。网络边界访问控制应遵循以下基本准则。

- 网络主权原则：网络是有边界和主权的。网络的边界对应其支撑的企业业务管理边界，每个企业都有其各自独立的内部网络 IP 地址规划选择权，企业之间的协作应遵从网络主权原则。与企业外部单位的网络互联时，IP 地址设置应遵从各自组织的 IP 地址规划，资源提供方负责按自身规则转换 IP 地址，访问方应确保访问 IP 地址的真实、有效，确保资源访问的可追溯。
- 适度从严原则：基于访问类别，制定有针对性的访问准入策略。针对终端用户访问，实行基于用户组与资源组的访问控制。针对系统级访问，实行严格的访问 IP 地址列表控制，力求端口与协议控制有效。
- 明令禁止原则：边界控制应有明确的访问控制禁令，确保禁止事项得到落实。企业应根据业界已知风险和自身信息安全管理实践，建立适合企业需要的边界访问控制禁止列表，并根据安全事态动态更新禁止列表控制项清单。

31.4.2 防火墙策略配置

基于企业统一的 IT 系统资源分组和用户分组，建立企业集中管理的 IT 系统资源和用户分组数据库。建立企业边界访问控制禁止列表。基于边界访问控制类别，建立针对用户侧防火墙、资源侧防火墙、内部边界防火墙、外部边界防火墙等不同类型防火墙的访问控制策略。

- 用户侧防火墙：用户侧防火墙定位为保护用户终端资源不受侵犯。这类防火墙的管控重点是严格管理防火墙进站规则。原则上，应尽量减少对用户终端的资源访问，对允许的终端访问应严格控制源 IP 地址、访问类型和访问时长。同时，对防火墙的出站规则进行合规控制。
- 资源侧防火墙：资源侧防火墙定位为保护企业 IT 系统资源不受侵犯。这类防火墙的管控重点是严格管理防火墙进站规则。原则上，应尽量减少对企业 IT 系统资源的访问，对允许的访问应严格控制源 IP 地址、访问类型、访问端口和访问时长。同时，对防火墙出站规则进行合规控制。

> 内部边界防火墙：内部边界防火墙定位为网络传输控制。这类防火墙的管控重点是严格控制防火墙进站、出站规则，通过合规访问控制，减少访问控制风险。对允许的访问，应严格控制源 IP 地址、目标 IP 地址、访问类型、访问端口和访问时长等。

> 外部边界防火墙：外部边界防火墙定位为企业的外部网络边界控制。这类防火墙的管控重点是严格控制防火墙进站、出站规则，通过严格的外部访问控制，减少来自企业外部的信息安全风险。对允许的访问，应严格控制源 IP 地址、目标 IP 地址、访问类型、访问端口和访问时长等内容。外部边界防火墙负责将外部组织的 IP 地址转换为组织内部的 IP 地址段，确保外部访问的可追溯性。

基于防火墙的访问控制分类，结合防火墙具体位置和访问控制需求特点，做好防火墙的访问策略配置。同时，应注重 IT 系统运行过程中的新增用户和资源的需求管理，确保 IT 系统资源分组和用户分组对于边界访问控制的适宜性和有效性。

> 用户组定义：对无法添加到已有用户组的访问需求，应建立防火墙本地的新增用户组，满足新增用户类型的访问需求。原则上，所有用户访问均应通过用户组的方式实现。

> 资源组定义：对新增资源需求，应建立防火墙本地的新增资源组，满足用户访问需求。原则上，所有新增的资源访问均应通过资源组的方式实现。

> 新增用户组、资源组管理：企业应建立统一的用户组和资源组台账，统一管理、维护企业内部各边界防护设备的新增用户组和资源组。

定期梳理新增用户组和资源组台账，基于梳理情况将具有共性的用户组和资源组转化为企业的标准用户组和资源组，并将之应用于企业的边界访问控制。

31.4.3 访问控制策略管理

随着企业的业务调整与信息系统的发展，必然带来边界访问控制需求的变化。应及时做好边界访问控制策略的调整与优化，以便更好地支持企业信息化应用，确保企业 IT 系统和数据安全。

> 定期开展边界访问控制策略评估：随着时间的推移，网络边界访问策略在不断调整与增加，网络边界控制的有效性也在发生变化。因此，需要定期开展边界访问控制策略评估，通过评估活动及时完善边界访问控制策略。同时，结合边界访问控制实际情况，更新、完善企业 IT 系统资源分组和用户分组。

> 健全边界访问控制禁止列表：应根据企业商业秘密保护和网络安全总体要求，结合网络安全重大风险和边界访问控制实际，定期更新企业的边界访问控制禁止列表，为企业网络边界控制提出明确的禁止项。同时，将边界访问控制禁止项分解到各类网络安全域边界，为边界访问控制提供明确、具体的禁止要求（如勒索病毒常利用的 138、139、445 端口）。同时，发布高危端口（如远程桌面访问端口 3389 等）控制细则。

> 重视 IT 系统运行安全管理：网络边界控制是企业 IT 系统运行安全管理中的重要内容之一，边界访问控制到位情况直接影响 IT 系统和数据安全。应确保网络安全、运行安全与边界控制人员充分认识到边界控制的重要性。

第 32 章

计算环境与应用系统安全

IT 系统和数据安全离不开计算环境的安全保障，而 IT 系统自身的安全机制与措施则是保证 IT 系统和数据安全的最后防线。

32.1 计算环境安全

计算环境是企业 IT 系统提供服务和用户获取服务的网络空间环境，计算环境安全是 IT 系统价值实现和用户高效访问的重要基础支撑。

32.1.1 理解计算环境安全

"计算环境"并没有被广泛接受的统一定义，网络安全等级保护标准中虽然对"安全计算环境"提出了明确的指标要求，但并没有给出明确的"计算环境"定义。人们对"计算环境安全"的理解也不尽相同。

从一般意义上说，"环境"是个体与周围影响因素的关系表达。而"计算环境"通常是指计算个体（如 IT 系统）与周围计算影响因素的关系。由于计算个体本身也是计算环境的组成部分，它本身的脆弱性也会影响其他计算个体的安全。因此，计算环境安全既包括通用的计算环境安全要素，也包括计算个体脆弱性因素。计算环境安全参考模型如图 32-1 所示。

计算环境安全通常可划分为环境安全基础保障、IT 资产部署安全、环境运行安全、环境安全扩展保障等 4 个方面。

- 环境安全基础保障：环境安全基础保障主要包括设备准入管理（可信认证）、防病毒、入侵检测、漏洞扫描等计算环境安全基础保障类设施。
- IT 资产部署安全：IT 资产部署安全主要是指计算环境范围内的 IT 资产布局安全和集权管理安全。布局主要是指 IT 资产在网络安全域上的布局分布，合理的 IT 资产布局有助于降低 IT 资产暴露面，进而降低 IT 资产安全风险。集权管理主要是指授权集中管理的系统，集权系统一旦被攻破，通常导致大量其他信息系统的控制权丧失，进而造成 IT 系统滥用和数据泄露。
- 环境运行安全：环境运行安全主要是指 IT 系统运行期间的安全监控设施和资产脆弱性管理。安全监控设施用于安全风险的感知、分析、应对处置。脆弱性管理为针对 IT 资产脆弱性的发现、处置等的管理，以降低 IT 系统遭受攻击的可能性。
- 环境安全扩展保障：环境安全扩展保障为针对具体 IT 资产的安全风险而采取的有针对性的安全防护，通常包括边界防护措施、应用防护、访问控制和加解密设施等安全防护设施。

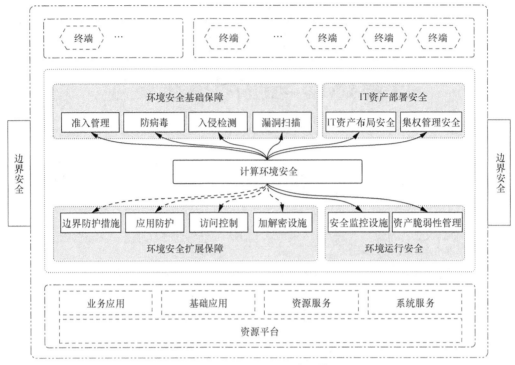

图 32-1 计算环境安全参考模型

计算环境安全的环境边界通常是指企业网络结构中的各区域网络节点边界。计算环境安全通常针对区域网络节点的安全环境防护进行设计，如同宏观环境、中观环境及微观环境一样，虽然企业各区域网络节点可以采用相同的计算环境安全方案，但对集团型企业，各区域网络节点也可以采用不同的计算环境安全方案。这也正是区域网络节点的独立性的体现。

32.1.2 计算环境防护原则

通常基于应用场景安全风险和安全要求，开展计算环境安全防护方案设计。计算环境安全防护设计通常遵循以下基本原则。

- 基于安全风险的纵深防御原则：依据计算环境安全风险与环境安全要求，基于纵深防御的原则，健全环境安全基础设施，配备安全扩展设施，合理规划 IT 资产部署和资产权限管理，配备运行安全监测设施，形成覆盖全范围、动静态相结合的安全的计算环境，为 IT 系统运行提供可靠、安全的计算环境支撑。
- 基于协同联动的安全部署原则：基于协同、联动的安全设施部署原则，注重同类安全设备的安全策略与感知信息的联动与不同类别安全设备的信息协同，形成覆盖计算环境范围内的各层级、各点位的安全设备信息的有效集成，实现安全策略配置下发、安全信息检测等的动态信息贯通，提高企业安全风险预测、检测、应对处置能力。
- 基于综合防御的运行安全原则：基于综合防御的原则，在安全技术设施的检测发现、响应控制的基础上，充分发挥运行安全管理在安全隐患发现、隐患处置计划、处置与跟踪、评估与反馈等方面的作用，及时消除 IT 资产脆弱性与安全隐患，抵御不断出现的安全威胁与风险，提升网络攻击防护能力，确保计算环境安全。

32.2 集权系统安全

集权系统承载了企业大量信息系统的授权信息。集权系统一旦被网络攻击者攻破,通常导致大量其他信息系统的控制权丧失,进而造成严重的 IT 系统影响和数据泄露。集权系统通常是网络攻击者的首选目标。

32.2.1 集权系统安全风险

企业集权系统通常包括域控制系统、统一认证系统、运行维护堡垒机等用户与授权集中的系统。集权系统面临的安全风险主要有以下几方面。

- 防病毒攻击:防病毒软件没有安装或配置不正确、病毒库未及时更新等原因,会导致集权系统病毒防范失效。攻击者通过物理导入、钓鱼邮件等方式向集权系统注入病毒,进而威胁集权系统安全。
- 漏洞攻击:攻击者可以利用集权系统中存在的系统漏洞攻击集权系统。某些高危漏洞可使攻击者提升自身权限,直接威胁集权系统安全。
- 特权账号风险:对集权系统中存在的默认特权账号如不及时清理,往往也会给攻击者以机会。
- 系统边界控制缺失:集权系统所在计算机的防火墙未被启用或设置不当,给攻击者提供了更多的攻击面。

同时,集权系统本身的部署方式与互联也会带来各不相同的安全隐患。由于集权系统的特殊地位,其往往会成为攻击者攻击的首选目标。而集权系统的"牵一发而动全身"的地位,决定了企业必须做好集权系统的安全防护。

32.2.2 集权系统技术防护

每个集权系统均有其各自的系统构成和部署特点。为保证集权系统的安全、可靠运行,应保证集权系统本身的技术先进性、部署架构的安全性和系统配置的安全性。

- 系统技术的先进性:无论是域控类的成熟产品,还是堡垒机或统一认证系统类的欠成熟类产品,均面临产品生命周期迭代带来的问题。因此,为保证集权系统安全,应确保集权系统的技术先进性,及时将集权系统升级到最新的产品版本,在满足集权系统定位需求的同时,更好地应对潜在的安全风险。
- 系统部署的安全性:集权系统多为分布式部署的系统,应确保系统部署环境的安全,包括但不限于部署架构安全、系统版本安全、系统环境安全、系统互联安全。集权系统应部署在较高安全等级的网络安全域中,确保网络环境安全。应使用安全、可靠的操作系统或支持软件版本,确保支撑系统安全。应配备有效的防病毒软件和设备准入管理,确保系统环境安全。集权系统的各节点互联或信息交互,应实现精细化的互联与访问控制,确保不会受到来自其他互联系统的攻击。
- 系统配置的安全性:开启集权系统的系统防火墙,基于集权系统访问控制要求,精细化针对集权系统的访问控制。严格限制未授权的端口访问和命令。

同时,应结合集权系统具体情况,做好集权系统的安全技术防护,确保集权系统技术安全。

32.2.3 集权系统安全管理

重视集权系统的运行安全管理，采取有效的安全技术与管理措施保证集权系统安全，主要安全管理措施包括堡垒机管理、系统脆弱性管理和系统运行监控。

> 堡垒机管理：结合企业IT系统运行维护实际，规划建立IT系统运行维护专用网络安全域，部署IT系统运行维护专用的堡垒机。依托堡垒机，开展对集权系统的管理维护。同时，发布集权系统管理细则，规范集权系统的运行维护管理。
> 系统脆弱性管理：强化集权系统的脆弱性管理。在系统投入前清理集权系统中的特权账号，对于必须保留的特权账户，应严格管理特权账户，消除特权账户隐患。定期开展集权系统漏洞扫描，及时安装漏洞修复补丁，形成常态化的漏洞修复处理机制。定期检查集权系统中的防病毒软件的有效性，发现问题及时处置。
> 系统运行监控：做好集权系统的运行监控，将集权系统纳入企业IT系统运行监控体系。定期检查集权系统中的运行日志，及时分析处理系统日志中的报警事态。根据集权系统具体情况，做好针对性问题分析与研判，确保集权系统运行安全。

集权系统承载着企业IT资产的授权访问信息，集权系统的安全保护直接关乎企业IT系统和数据安全。因此，应对集权系统安全给予充分的重视，并确保集权系统运行安全。

32.3 脆弱性管理

脆弱性是指在IT资产中存在的可能被利用造成损害的薄弱环节。脆弱性一旦被成功利用，就可能造成资产的损害。在网络安全领域，脆弱性一般是指IT资产的现有状态与其安全基准之间的差异。

32.3.1 脆弱性风险

脆弱性是与风险密切相关联的概念，《信息安全技术 信息安全风险评估规范》（GB/T 20984—2007）中的信息安全风险分析模型给出了信息安全风险中的威胁、脆弱性和资产的关系，如图32-2所示。

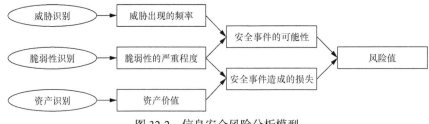

图32-2 信息安全风险分析模型

首先，通过威胁与脆弱性进行关联，分析威胁可利用的脆弱性而引发的安全事件，并分析安全事件发生的可能性；其次，通过资产与脆弱性进行关联，分析资产脆弱性引发的安全事件，并分析造成的损失大小。脆弱性通常用其被利用的可能性和造成的损失来表示其严重程度。

脆弱性一般可分为技术脆弱性和管理脆弱性两个方面。技术脆弱性包括与信息系统相关的物理环境、网络、主机、系统、应用系统、数据等IT资产的脆弱性。管理方面的脆弱性包括管理体系、管理运作等方面的脆弱性。技术脆弱性通常体现在 IT 架构、安全部署、系统防护、资源防护、应用防护、数据保护等方面，其中 IT 架构、安全部署、资源防护、应用防护、数据保护通常处于相对稳定的状态，即安全基准和现状相对稳定，采用风险管理办法可以满足企业信息安全管理的要求。而系统防护中的系统漏洞则可能随时产生，恶意代码和病毒则是系统防护的重要威胁。

从 IT 系统运行的视角看，系统漏洞、管理脆弱性中的弱口令是网络攻击的重要途径，被利用的可能性较高。因此，通常将漏洞、弱口令纳入常态化的脆弱性管理范畴，通过对 IT 资产脆弱性的分析、检测、修补等的管理，尽可能减少 IT 资产的脆弱性造成的负面影响。

32.3.2 漏洞管理

漏洞是已被证实的"缺陷"，是 IT 资产脆弱性的重要体现之一。网络安全漏洞通常经历漏洞发现和报告、漏洞接收、漏洞验证、漏洞处置、漏洞发布、漏洞跟踪到漏洞终止的过程。根据《信息安全技术 网络安全漏洞分类分级指南》（GB/T 30279—2020），网络安全漏洞分类是基于漏洞产生或触发的技术原因来划分的，主要包括以下几类。

> 代码问题：此类漏洞指 IT 产品和服务的代码开发过程中因设计或实现不当而导致的漏洞，可细分为资源管理错误、输入验证错误、数字错误、竞争条件问题、处理逻辑错误、加密问题、授权问题、数据转换问题、未声明功能等漏洞。
> 配置错误：此类漏洞指 IT 产品和服务或组件在使用过程中因配置文件、配置参数或因默认不安全的配置状态而产生的。
> 环境问题：此类漏洞指因受影响组件部署运行环境的原因导致的，可细分为信息泄露（日志信息泄露、调试信息泄露）、故障注入（运行环境参数导致代码、数据或执行错误）。
> 其他：暂时无法归入上述任何类别的漏洞。

基于漏洞被利用性、影响程度和环境因素，通常可将漏洞划分为超危、高危、中危和低危 4 个等级。

> 超危：漏洞可以非常容易地对目标对象造成特别严重后果。
> 高危：漏洞可以容易地对目标对象造成严重后果。
> 中危：漏洞可以对目标对象造成一般后果，或者比较困难地对目标造成严重后果。
> 低危：漏洞可以对目标对象造成轻微后果，或者比较困难地对目标对象造成一般严重后果，或者非常困难地对目标对象造成严重后果。

网络安全漏洞涉及企业 IT 资产的硬件、软件、协议等各个层级，其对企业网络安全的影响也是全方位的。网络攻击者往往利用 IT 系统中的漏洞，获得系统的控制权，进而达到攻击目的。而打补丁无疑是解决漏洞问题的最直接、最有效的方法，企业需要建立起从漏洞检测、验证、修复、审计的全过程漏洞管理机制，降低漏洞对 IT 系统资产的脆弱性影响，提升应对安全风险的保障能力。

> 漏洞检测设施建设：基于企业网络安全技术体系要求，建立、健全系统漏洞安全设施，能够满足对企业网络空间中的所有网络、安全设备、资源平台、应用系统等各层级硬件与软件的漏洞扫描，可实现不同地域漏洞扫描设备的集中统一管理，有效满足企业信息系统的漏洞扫描要求。
> 系统漏洞检测评估：制定漏洞扫描管理制度，明确漏洞扫描策略和扫描周期，落实漏洞扫描岗位责任。定期或不定期开展信息系统漏洞扫描工作，及时发现信息系统中的漏洞隐患。基于漏洞扫描结果，开展漏洞风险综合分析，从漏洞可利用性、漏洞危害、资产损失 3 个角度综合评估，提出漏洞修补方案。发布信息系统漏洞月度报告。

> 漏洞修补与管理：根据漏洞修补方案，开展漏洞修补验证与漏洞修补工作。对于终端设备系统漏洞，可以采用补丁管理系统自动分发的方式安装漏洞补丁。对于局端设备和系统，可结合漏洞验证情况，确定漏洞修补方式。漏洞修补完成后，应对漏洞修补的有效性进行验证。对于暂时无法修复的漏洞，应做好遗留漏洞的跟踪管理和相关资产的风险管理，并纳入脆弱性管理范畴，做好漏洞预警与管理。

漏洞是 IT 系统脆弱性的重要组成部分，应重视漏洞检测、修复、验证与审计的全过程管理，确保信息系统漏洞早发现、早处置，进而降低信息系统风险，提供信息系统运作安全保障水平。

32.3.3 弱口令防范

弱口令属于管理脆弱性的范畴，通常为与口令要求基准的比较而得出的评估结果。弱口令没有严格、准确的定义，口令的弱与不弱与基准要求有关。通常所说的弱口令是指容易被猜测到或被破解的口令。由于企业信息系统中的大量设备与系统通常采用用户名和口令的方式验证用户身份，而鉴于用户名的公开性，口令变成了身份验证的唯一标识，口令安全变得更为重要。而现实的企业内部网络环境中，弱口令一直是难以杜绝的带有普遍性的问题。

弱口令的常见情况如下。

> 空口令：没有设置口令。
> 默认口令：使用设备、应用或服务在开发或出厂时设置的初始口令（如 admin、system 等）。
> 简单口令：由简单数字或字母组成的口令（如 123、123456、666666 等）。
> 网络常见口令：在网络上广泛流传的常用口令（如 password、1qaz2wsx、zxcvbnm 等）。
> 规律口令：采取一定规则设置的口令（如单位简称+出生年月、特定意义字符+时间、姓名拼音+数字等，如 cppc1978、baidu@2018、zhangsan123）。

为减少弱口令带来的脆弱性影响，企业需要结合 IT 资产重要等级，发布口令管理策略与规则，并结合技术手段，启用口令配置策略，限制弱口令的出现。

同时，加强网络设施、安全设备、虚拟化平台、服务器系统、数据库系统、应用系统等局端管理员账号的安全管理，确保关键、重要 IT 资产的口令安全，避免相同口令的使用。定期开展 IT 系统运行过程中的弱口令检查，及时消除弱口令。

对于终端设备系统和员工邮箱、办公系统等的口令，可结合企业 IT 系统设施情况，考虑启用口令配置策略，严格要求口令复杂度。

由于用户认证涉及面广，仅靠口令复杂度保证用户认证安全，在带来用户抱怨的同时其效果也有限。如要从根本上改变依赖口令的用户认证困局，需要尽早推进基于数字证书的用户认证，降低对口令的依赖。

32.4 应用系统安全

应用系统安全通常围绕系统和数据的可用性、完整性、机密性展开，影响应用系统安全的因素通常可分为系统级安全、功能级安全、数据级安全 3 个层面。从生命周期的视角看，影响应用系统安全的环节主要包括应用系统的设计安全、开发安全、测试安全、部署安全，以及运行安全。由于运行安全涉及的内容较多，受限于篇幅，这里不展开介绍。以下简要介绍设计安全、开发安全、测试安全以及部署安全的相关内容。

32.4.1 设计安全

应用系统设计应充分考虑业务应用场景对系统的功能和性能的要求，通过合理的功能设计满足业务场景应用和用户系统交互要求。同时，应选择可靠的用户认证手段和严谨的授权机制，保证系统的机密性和数据完整性。采取合适的技术措施确保敏感数据安全，提供完备的系统日志记录以支持安全审计和责任追究。

1. 用户认证

用户认证是用户使用应用系统的必需凭证，企业所有系统均需建立有效的用户身份核验机制，确保用户身份的安全。常用的身份验证机制有"单因素身份认证""双因素身份认证""多因素身份认证"。

> 单因素身份认证：这是最简单的身份认证方法，通常依赖口令来确认用户身份，赋予用户对系统的访问权限。安全等级不高的系统广泛采用单因素身份认证。

> 双因素身份认证：双因素身份认证不仅需要用户名和口令，还需要第二种证明信息，即"用户知道的东西"确认身份，以确保认证的安全性。

> 多因素身份认证：多因素身份认证使用两个或两个以上相互独立的身份信息认证用户身份，以提高身份认证的可靠性。

企业应根据应用系统安全等级，确定与之匹配的用户认证方式。对于企业内部应用，推荐使用"数字证书+PIN"的方式认证用户身份，即"USB-Key 与口令验证"的方式。对于企业外部应用，推荐"用户 ID 和动态口令"的方式认证用户身份。动态口令可采用手机短信的方式获取。对于门禁、闸机等应用，可以采用指纹或人脸识别等方式认证用户身份。

同时，应明确认证失败处理策略，连续登录失败若干次后应锁定该账号，并告知用户认证失败。账号锁定后，可由系统管理员解锁，也可以在一段时间后自动解锁。

2. 用户授权

用户通过身份验证后，系统授予用户访问系统功能和数据的权限。授权决定了用户访问系统的能力以及可达到的程度。企业应建立一套完整的应用系统授权控制管理流程，基于业务所需的最小授权原则，赋予用户对系统的访问与操作权限。系统授权方案应获得企业相应管理层级的审批。

应用系统中待授权的资源种类繁多，通常有系统功能、页面、按钮、数据项、数据、流程、流程操作等各种资源。应用系统应建立有效的角色体系，基于业务应用场景划分用户角色，基于角色的作业需求配置角色的资源授权，通过角色的赋予实现其对系统资源组合的操作权限。通过为用户赋予角色实现对用户的系统授权。

同时，结合应用系统对应的人员业务角色，创建用户分组，基于用户组访问需求，为用户组赋予角色权限。之后通过将用户分配到用户组，实现用户组权限的继承。

通过应用系统中角色、用户组的建立，可简化应用系统的用户授权管理。同时，也有利于规范用户授权，避免直接资源授权带来的授权过大的潜在风险。

3. 敏感数据安全

每个应用系统均存在不同程度、不同种类的敏感数据问题，应关注应用系统的敏感数据保护。敏感数据通常可分为业务敏感数据和用户密码数据两类，应确保敏感数据的保密性和完整性。

> 业务敏感数据：对于业务敏感数据，应特别关注传输与存储安全。应采用加密处理技术，以加密的形式传输、存储业务敏感数据，确保数据的完整性、保密性及不可否认性。业务敏感数据的加密方式，建议采取以 3DES 密钥加密处理。对于无法进行加解

密处理的业务敏感数据，应采取适度分散存储等措施，提高数据窃取、窥视难度。
- 用户密码数据：用户密码通常包括用户登录密码和业务交易中的用户密码两种。用户密码应采取加密存储、加密传输等措施，确保密码数据的存储、传输安全。同时，应采取密码显示保护措施，显示设备的密码应以乱码的方式呈现，避免显示源码。

敏感数据安全应纳入应用系统安全评审范畴，安全方案评审期间，应评估敏感数据安全方案的安全性、可靠性与可行性，确保数据安全方案可有效保护应用系统的数据安全。

4. 系统日志

应用系统日志是用户与系统交互的记录，是业务交易与数据交互的系统印记。系统日志通常可用于交易分析、性能分析、故障排查、安全监控、系统审计、责任追究，以及系统运行分析。系统日志应满足以下基本要求。
- 日志的内容应尽可能详细、准确。系统日志设计应充分考虑为系统管理员和用户提供不同粒度的配置选项，以满足系统常态化运行和事态故障追踪分析等多种用途的日志分析需要。
- 提供操作系统、数据库等多层级的系统日志支持，以便更好地支持应用系统性能优化和故障诊断。
- 系统日志应有完整的时间记录，要求有日期和时间（精确到秒）。
- 支持多种格式的系统日志记录导出。

应用系统安全设计应通过信息安全专项方案审查，确保应用系统设计符合企业信息安全技术与管理要求。

32.4.2 开发安全

由于企业应用系统大多委托第三方开发实现，应做好应用系统开发期间的开发安全管理。严格遵守已确定的系统开发流程、项目管理流程和代码编制规范，推进各项开发工作。
- 应建立与软件开发任务、程序代码相匹配的开发文档，确保软件开发活动的可追溯性。
- 应提供完整的系统开发环境、测试环境和生产环境，程序代码与运行系统保持一致。同步提供模块详细设计、代码编制说明、产品手册、用户手册等配套文件。
- 软件发布前必须通过源代码扫描、测试、验证及管理审核等。

1. 开发环境安全

做好软件开发环境管理，确保软件开发设备接入安全、网络环境安全、系统开发平台安全。
- 严格管理软件开发服务器、个人计算机等，确保接入开发环境的设备与系统的安全。同时，做好开发环境的信息输入输出的管理。
- 做好软件项目文档、开发代码的版本管理和访问控制。
- 做好开发文档、代码的存储备份管理，以确保在发生意外时可有效恢复。

2. 源代码管理

做好执行源代码的安全检查与存档管理，确保所有历史版本可查、可用。默认设置必须能同时满足系统正常运行和系统安全两方面的要求。
- 禁止使用未经授权和验证的代码。使用第三方代码时，应对代码安全性进行评估和测试。
- 用户密码必须符合企业信息系统密码安全策略。在输入密码等敏感信息时，使用特殊符号来代替输入的字符，禁止以明文方式传递用户密码信息。
- 接收用户输入时，必须有数据合法性检查，并严格规定输入数据的长度。

- 应严格遵循失败即安全（Fail-Safe）原则，即当发生意外事故时，必须能自动切换到安全的保护模式。
- 所有警告或提示对话窗口，应使用准确、明了的描述性语言，并提供有关帮助超链接。

32.4.3 测试安全

基于软件系统结构和架构，把好软件测试有效性的检查关口。

1. 系统测试

应用系统测试通常包括单元测试、集成测试、系统测试、接收测试等测试工作。其中，单元测试、集成测试通常为软件发商按软件开发计划而开展的测试工作，系统测试则为开发方组织企业方参与的测试工作，接收测试通常为企业方组织的面向应用系统用户的系统验证性测试。

- 单元测试与集成测试：软件开发方编制测试方案与计划，企业方审查测试方案与计划，并根据企业管理需求，确定参与测试的方式与方法。单元测试与集成测试的测试结果应报请企业方审查。
- 系统测试：系统测试通常为应用系统的完整测试，一般包括但不限于功能测试、性能测试、安全测试及易用性测试等内容。系统测试的测试用例应覆盖应用系统的所有业务场景，性能测试应体现针对所有可能的性能瓶颈环节的压力测试，安全测试应覆盖应用系统安全设计确定的安全管理事项。测试方案与计划应通过企业方的审查，企业方按计划参与测试工作。应做好测试发现问题的记录、跟踪和处理。
- 接收测试：做好接收测试用例的策划，使之能够覆盖所有业务应用场景和业务数据边界。同时，作为应用系统需求的验证环节，应将业务满足度纳入接收测试环节中。做好接收测试发现问题的记录、跟踪和处理。同时开展测试问题的安全风险分析，基于安全风险，开展系统开发的安全整改。

2. 渗透测试

对于通过互联网对企业外部用户提供服务的应用系统，应开展应用系统的渗透测试。渗透测试是侧重于针对系统安全问题的测试。不同应用系统的具体渗透测试方法虽不完全相同，但大致过程类似，均分为信息收集、配置管理测试、认证测试、数据验证测试、授权测试等环节。

Web 应用渗透测试通常聚焦在如下安全隐患。

- 注入漏洞：注入漏洞可让攻击者将恶意代码植入目标应用系统中。如果 Web 应用允许用户将其输入的信息插入后端数据库，或使用 Shell 命令对操作系统进行调用，那么 Web 应用就可能会受到注入漏洞的影响。
- 身份验证失败：身份验证失败通常是由身份验证和会话管理控件的实施不当而引起的。攻击者通常采用诸如凭证填充、会话劫持、密码暴力破解，以及会话 ID URL 重写等方法，来模拟应用程序的合法用户。
- 敏感数据泄露：此类泄露原因主要包括敏感数据加密强度不足或外部攻击。外部攻击包括 SQL 注入、身份验证与访问控制的破坏，以及针对明文协议 HTTP、FTP 和 SMTP 传输数据等的网络攻击。
- XML 外部实体安全：攻击者通过 Web 应用的漏洞，干扰 XML 数据的处理。此类攻击往往会导致诸如拒绝服务、数据泄露、服务器端请求伪造等问题。
- 访问控制缺陷：访问控制缺陷通常会导致未经授权的信息泄露、数据被直接修改或破坏，以及业务功能偏离预期用途等情况。

通过攻击性渗透测试，可以发现常规系统测试无法发现的系统漏洞等薄弱环节。通过对应用系统抵抗攻击能力的测试，可发现问题，提前处置，进而提高应用系统的安全性。

32.4.4 部署安全

应用系统部署安全重点关注系统部署安全和上线安全检查。

1. 系统部署

基于企业 IT 架构布局，做好应用系统的系统部署规划，缩小应用系统暴露面，确保应用系统的部署安全。

- 部署环境安全：基于企业网络安全域划分，仅将面向用户提供交互服务的应用服务器部署在网络应用服务域，将数据库、中间件、系统支持等服务部署在网络资源域，尽量减少应用系统各服务器的暴露面，降低网络攻击风险。
- 计算平台安全：基于企业计算平台资源布局，根据应用系统的资源支撑需要，合理配置服务器、存储等计算平台资源，确保满足性能支持要求的同时，获得计算平台资源配置的高可用性和业务连续性支持，并留有足够的系统扩展空间。
- 系统安全：应保证应用系统的各类组件服务以及操作系统的安全可靠性，消除系统缺陷和脆弱性，启用操作系统防火墙策略，做好系统配置安全检查，确保支撑系统安全。
- 应用安全：启用用户认证、授权安全策略，合理配置应用系统日志，清理测试用户和测试数据，开展应用安全检查，确保应用系统安全。

做好应用系统上线的技术准备、人员准备、管理准备，确保可以有效支持应用系统的上线运行。

2. 上线检查

应用系统上线检查通常发生在项目建设部门和 IT 系统运行部门之间的责任转换环节。从系统运行视角可以将应用系统上线检查称为系统接产，从项目建设视角可以将其称为项目系统移交。无论是否存在建设与运行之间的责任转移，系统上线检查都是应用系统投入使用前必须开展的工作。

应用系统上线检查通常包括系统部署检查、系统安全检查、系统运行检查、项目交付物检查和人员培训检查共 5 个方面。

- 系统部署检查：系统部署检查是对系统的实际部署等情况与部署方案的核对检查。部署检查主要包括系统部署方案核对、操作系统版本核对、中间件软件版本核对和应用软件版本核对等内容。
- 系统安全检查：系统安全检查是对系统的安全层面进行的检查。安全检查主要包括系统漏洞检查、用户检查、审计日志功能检查和密码交接等内容。
- 系统运行检查：系统运行检查可确保系统能正常运行、使用、备份、恢复。运行检查主要包括系统运行情况检查、系统备份与恢复检查、应用层配置检查和数据检查等内容。
- 项目交付物检查：项目交付物检查是对系统建设过程中产生的交付物的交接检查。交付物检查主要包括源代码交接和文档交付物交接等内容。
- 人员培训检查：人员培训是建设方对 IT 系统运行服务方进行的关于系统的知识培训。人员培训主要包括 IT 系统运行人员培训和 IT 服务支持人员培训等。

通过上述的系统上线检查后，项目建设方与系统运行方可签署与"应用系统运维接产完工确认单"类似的凭证，标志项目系统的管理责任正式从项目建设方转移至系统运行方。

对于项目建设与系统运行一体化的企业，也应开展应用系统投入使用前的上线检查。虽然检查事项可以适当减少，但系统安全检查不能被裁剪。应通过系统上线的安全检查，将应用系统部署中的存在的漏洞、弱口令等安全隐患及时发现并消除。

第 33 章

信息分级分类与数据安全

"信息"是事物的表现或描述，可理解为业务层面的具有特定逻辑性和导向性的事物内容表达。数据是事实或观察的结果，是对客观事物的逻辑归纳，可理解为 IT 系统层面的事物性质、状态、关系的记录。信息是数据的内涵，数据是信息的表达。

33.1 信息分级分类

信息分级分类既是传统的业务信息管理与利用的重要手段，也是 IT 系统实现有效的数据安全等级保护和精细化的数据访问控制的基础。开展信息分级分类工作既是信息管理利用的业务需要，也是推进企业 IT 系统数据安全的重要支撑。

33.1.1 目标与原则

信息分级分类是相互关联的两个管理维度：信息分级通常属于企业保密部门的管理职责范围，通过信息分级可为信息保密提供分级管理基础；信息分类则通常属于企业档案部门的管理职责范围，通过信息分类可为信息资产的管理和利用提供分类基础。

1. **总体目标**

信息分级与分类的管理诉求虽然不完全相同，但承载对象的唯一性，决定了其目标的共性。企业信息分级分类总体目标通常可以表述为以下几方面。
- 满足企业信息资产的保密分级管理和信息档案的分类管理要求。
- 满足企业高效安全的信息资源利用和内外信息共享协作的需要。
- 支持企业数据生命周期安全和基于分类的 IT 系统数据访问控制。
- 遵从企业的信息与数据的治理要求和政策法规及机构监管要求。

2. **基本原则**

为达成企业信息分级分类的总体目标，需要基于企业业务运作和经营管理要求，开展企业信息分级与分类的梳理、分析、规划。信息分级与分类规划应遵从以下基本原则。
- 管理适用的原则：以信息管理目标为导向，以满足约定的分级、分类管理目标为原则，衡量信息分级的有效性和信息分类的科学性。
- 便于利用的原则：以便于信息高效利用为导向，衡量信息分级管理的信息获取便利性，以及信息分类遍历与检索的准确性和便捷性。
- 数据安全的原则：以支持数据安全为导向，衡量信息分级下的数据安全定级的可行性，以及信息分类对数据对象授权支持的可行性。

> 法规遵从的原则：以法规遵从为导向，确保信息分级与法规和监管机构要求的一致性，以及信息分类与企业治理相关要求的一致性。

33.1.2 信息分级

国务院国有资产监督管理委员会 2010 年 3 月印发《中央企业商业秘密保护暂行规定》的通知，明确了中央企业商业秘密根据泄露损害程度确定为核心商业秘密和普通商业秘密两级。同时，明确了属于企业商业秘密保护的范围。贵州省质量技术监督局 2016 年 9 月发布的贵州省地方标准《政府数据 数据分类分级指南》（DB 52/T 1123—2016），按照数据敏感程度，将政府数据等级划分为公开数据、内部数据、涉密数据。中国证券监督管理委员会 2018 年 9 月发布的《证券期货业数据分类分级指引》（JR/T 0158—2018），将数据安全等级从高到低划分为 4、3、2、1 共 4 个等级。中国人民银行 2020 年 9 月发布《金融数据安全 数据安全分级指南》（JR/T 0197—2020），将数据安全级别从高到低划分为 5 级、4 级、3 级、2 级、1 级共 5 个等级。

对企业而言，信息分级主要用于针对不同等级的信息采取不同的安全保护措施，规避因敏感信息泄露给企业造成重大损失。信息分级看似具有普遍性的管理需求，但与此相关的信息分级标准并不多见，国外与国内的情况类似。而开展信息分级工作，既是企业信息保密的业务需要，也是 IT 系统中的数据安全定级管理的重要依托。开展信息分级工作势在必行。

1. 信息分级参考

信息分级通常体现为信息的敏感度，即信息被允许知悉的范围，不同等级的信息有不同的知悉范围。就企业信息分级而言，可粗略分级为企业受控信息、企业内公开信息、企业外部公开信息。显然，企业受控信息范围过宽，有必要突出针对企业关键信息的管理，设立独立的核心商业秘密级。对于央企或国企，需要保持与《中央企业商业秘密保护暂行规定》的一致性，设立独立的普通商业秘密级也是必要的。除此之外，企业还会存在部分的受控业务信息。这样一来，通常可将企业信息从高到低划分为 5 级，即核心商业秘密、普通商业秘密、内部受控信息、内部公开信息、外部公开信息。对于非央企或国企，是否可以将"普通商业秘密"与"内部受控信息"合并管理呢？答案是可以。但从灵活性的视角看，保留 5 级划分，可能更有利于后续的数据安全定级管理。因此，推荐企业采用 5 级制信息分级，即从高到低划分为 5 级、4 级、3 级、2 级、1 级共 5 个信息安全等级，如表 33-1 所示。

表 33-1　　　　　　　　　企业信息分级模型

分级代码	分级名称	信息敏感度	损失影响	信息范围
L5	核心商业秘密	极度敏感的信息	可能使企业面临市场竞争、严重财务或法律风险等	发展战略、产品研发、财务信息等
L4	普通商业秘密	高度敏感的信息	使企业面临财务或法律风险	供应商合同、员工健康信息等
L3	企业受控信息	企业敏感的信息	可能会对企业的运营产生负面影响	合作伙伴信息等
L2	内部公开信息	企业一般性信息	非公开披露的信息被泄露，对企业有轻微的影响	销售手册、组织结构图、员工信息等
L1	外部公开信息	可公开披露的信息	已公开披露的数据得到传播	市场营销材料、联系信息、价目表等

企业可结合自身的信息分级命名习惯，定义本企业的信息分级代码、分级名称及相关的影响说明等内容，信息范围则建议按以下的信息定级方法确定（注：涉及国家秘密的信息不

在本书的讨论范畴）。

2. 信息定级方法

信息定级可以是基于感性的信息分类归属定级，也可以基于理性的梳理分析确定。建议以感性加理性的混合方式开展信息定级工作。对定级特征明确的信息类别，可直接指定信息级别。对定级特征不够明确的信息类别，可采取梳理分析的方式确定信息定级。

应基于信息敏感度的信息定级通过信息安全性遭到破坏后可能造成的影响（如可能造成的危害、损失或潜在风险等），分析影响对象和影响程度两个要素，确定信息定级。

- **影响对象**：企业信息安全性遭到破坏后的影响对象通常包括国家安全、公众权益、企业合法权益等。影响对象的确定主要考虑以下内容。
  - 影响对象为国家安全的情况。一般指信息的安全性遭到破坏后，可能对国家政权稳定、领土主权、民族团结、社会和市场稳定等造成影响。
  - 影响对象为公众权益的情况。一般指信息的安全性遭到破坏后，可能对公共设施、环境、交通等社会秩序、公众权利、人身自由等造成影响。
  - 影响对象为企业权益的情况。一般指信息的安全性遭到破坏后，可能对企业的生产运营、市场竞争、经济效益、声誉形象、公信力等造成影响。
- **影响程度**：影响程度指企业信息安全性遭到破坏后所产生影响的大小，从高到低划分为严重损害、一般损害、轻微损害和无损害。影响程度应综合考虑信息类型、信息特征与信息规模等因素确定。

基于对企业信息资产的全面梳理，可确定企业各类信息等级的信息范围。

33.1.3 信息分类

信息分类广泛应用于各类组织的档案管理领域，即档案管理分类。档案管理中的文档分类主要用于档案存储存放管理和档案借阅利用。其中档案借阅中的提档工作通常由档案专业人员完成，可以说，档案分类主要用户为档案部门。另一个与信息分类密相关的应用场景是企业的管理体系文件分类，通常覆盖企业的所有业务领域和管理领域。

信息分类通常属于企业的管理行为，必然与管理目的相关，这就导致了现有信息分类的局限性。从企业全局的视角看，信息分类应能有效支持企业各类信息的管理，可以满足不同管理目的对信息分类的要求，包括但不限于档案分类、管理体系文件分类、各单位信息管理、企业信息资源体系建设等对信息分类的要求，有效支撑各领域的信息管理、检索、共享、分析与应用。

1. 信息分类方法

通常，基于企业价值链，梳理、分析、定义企业的信息分类。

- 以价值流程、支持流程和控制流程为依托，梳理业务运作信息分类和经营管控信息分类需求。
- 基于业务运作与经营管控之间的关系，分析、确定企业信息的一级分类框架。
- 基于一级信息分类域的信息范围和内容构成，定义各个一级信息分类名称、代码、描述及关键属性等信息。
- 基于一级信息分类域的信息内容构成，确定二级信息分类，定义二级分类的名称、代码、描述及关键属性等信息。

以此类推，完成各领域的细分信息分类定义。

信息分类的细分程度应适度，并保持各信息分类域的适度统一，通常以三级信息分类为宜。三级信息分类可以满足绝大部分的管理要求。而信息利用的分类需求通常可采用基于信息分类和信息对象属性两种方式实现。信息分类规划时应做好信息分类设计与对象属性规划的协调配合，避免走入信息分类误区。

2. 信息分类参考

信息分类与业务价值链和企业架构密切相关，通常可分为业务运作和经营管控两部分，业务运作部分可细分为业务运行管理、业务作业活动；经营管控部分可细分为企业治理、战略管控、经营支持。可参考的企业一级信息分类如下。

> 【企业治理】[1]：公司治理、监察审计、内部控制、保密管理。
> 【战略管控】：战略绩效、投资管理、法律事务。
> 【运行管理】：项目管理、安全管理、质量保证、科技管理、合同管理。
> 【业务作业】：科技研究、产品设计、市场开发、物资供应、产生制造、产品交付、服务支持。
> 【经营支持】：组织机构、人力资源、资产管理、财务管理、文档管理、信息化、综合行政。
> 【经营支持】：企业文化、新闻宣传、党建管理、工会管理、共青团管理。

上述企业信息分类仅供参考。企业可结合自身的业务特点和管控架构，梳理、规划企业信息分类体系。

33.2 数据安全框架

数据正在经历从资源向生产要素的转变，数据安全对企业生产经营和发展的影响变得越来越大，企业应重视数据安全并加大数据安全保护力度，推行数据分级管理，有的放矢将数据生命周期安全落到实处。

33.2.1 数据安全框架分析

应遵循目标导向，基于数据安全目标与原则，开展数据安全分级与定级工作。数据安全框架如图 33-1 所示。

图 33-1　数据安全框架

---

[1]【】中的内容不属于信息分类内容，可理解为分类属性，用于表达其后的信息分类在企业架构中所处的位置。

应以信息分级分类为依托，基于数据安全目标与原则，确定企业的数据安全分级，并通过数据生命周期的安全管理，达成企业的信息保密性和高效信息利用的目标。同时，数据安全作为企业信息安全体系的组成部分，应与 IT 系统运维和组织保障密切相关。

33.2.2 数据安全目标与原则

数据安全旨在通过企业数据资产的梳理分析，建立适用的数据安全分级和有效的数据分级保护措施，并落实到数据生命周期各环节，健全完善数据安全保障体系，支持企业数据利用，确保企业数据安全。为防范数据安全风险，保证数据生命周期安全，数据安全通常应遵循以下基本原则。

- 分级保护原则：划分数据安全分级，基于数据安全分级制定数据安全保护策略与方案，明确数据生命周期安全防护要求，落实数据安全管控责任。
- 全程可控原则：落实数据安全等级防护技术措施和管控机制，确保数据保密性、完整性和可用性。落实数据分类授权和精细化的访问控制要求，确保数据访问安全、受控。
- 最小够用原则：基于最小授权的原则配置 IT 系统用户的数据访问授权。基于适宜、够用的原则审核用户的数据访问、导出、共享等数据使用申请。
- 合法正当原则：确保数据生命周期活动符合法规要求，数据采集、传输、存储、使用、销毁等活动符合业务、技术、管理的约定。

33.2.3 数据安全分级与定级

信息分级通常体现信息的敏感度，数据安全分级则是安全风险的体现。二者虽有关联，但并不完全等同，主要差异包括以下几方面。

- 信息分级：针对信息对象个体，通常以传统的文件为载体，主要用于个体文件的保护。保护手段为针对个体文件的知悉范围控制。
- 数据安全分级：针对数据类型，通常为针对特定分类数据集的安全定级，主要用于数据集的安全保护。保护手段为针对数据等级的全周期数据安全和运行安全保障。

二者的关联在于：二者通常属于对等的相同层级。但高等级的信息可以纳入低等级的数据安全定级中加以保护，对于中小型企业尤其如此，由于其高等级信息泄露造成的安全风险和信息化投资的约束，通常将高等级信息按较低的数据安全级别管理。因此，不应将信息等级和数据安全等级混为一谈。

1. 数据分级评估

数据安全影响评估应综合数据类型、数据内容、数据规模、业务特点、数据来源等因素，针对数据安全性（保密性、完整性、可用性）遭受破坏后所造成的影响进行评估。基于保密性、完整性与可用性的评估情况，形成最终的数据安全影响评估结论。

- 保密性评估：评价数据遭受未经授权的获取后造成的影响。评估内容主要包括数据泄露对企业及相关方的影响、泄露数据再利用对企业及相关方的影响。
- 完整性评估：评估数据遭受未经授权的修改或损毁造成的影响。评估内容主要包括数据未经授权修改或毁坏对企业及相关方造成的损害以及损害的严重程度、对企业合法合规的影响。
- 可用性评估：评价数据可用性造成的影响。评估内容主要包括数据访问中断对企业及相关方的损害以及损害的严重程度、数据访问中断对企业合法合规的影响。

基于数据安全分级评估结果，确定企业数据安全等级划分。数据安全分级数量应考虑与企业信息分级的相对匹配。

基于数据安全性遭受破坏后所造成的安全风险影响程度，推荐采用 5 级制划分数据安全等级，数据安全级别从高到低划分为 5 级、4 级、3 级、2 级、1 级。企业数据安全等级模型如表 33-2 所示。

表 33-2　　　　　　　　　　企业数据安全等级模型

分级代码	分级名称	安全风险等级	损失影响	数据范围
D5	关键数据	极大风险		
D4	重要数据	重大风险		
D3	业务数据	中等风险		
D2	一般数据	一般风险		
D1	公开数据	无风险		

上述的数据安全等级划分仅供参考。企业可结合自身的业务特点和 IT 系统数据情况，基于数据安全风险分析，梳理、确定企业数据安全分级。

2. 数据安全定级

数据安全定级应遵循以下原则。

- 合法合规原则：数据安全定级满足国家相关法律法规、监管机构、上级单位，以及企业治理等对数据安全等级定义的要求。
- 业务导向原则：依据企业信息分级分类及安全保密要求，基于数据安全风险分析和数据管理与利用等要求确定数据安全定级。
- 可执行性原则：应确保数据安全定级规则的可操作性和数据安全保护措施落地的可行性，应避免数据安全定级规则过于复杂。
- 差异化原则：应充分体现数据产生场景、应用场景，以及数据类型等带来的数据安全定级的差异，体现差异化数据安全定级。
- 时效性原则：数据安全级别具有一定的有效期限，企业应建立与数据安全定级和管理架构相适宜的数据安全定级变更管理机制。

企业可结合自身数据安全管理实际，明确数据安全定级基本原则，基于数据安全定级原则，完成企业所有数据的安全定级工作。

33.3　数据生命周期安全

数据生命周期是指在企业业务运作和经营管理过程中，对数据进行的采集、传输、存储、使用、销毁的整个过程。数据生命周期安全遵循数据安全基本原则，以数据生命周期过程为对象提出数据安全防护要求，确保企业全周期数据安全。

33.3.1　数据采集

数据采集是指在企业提供产品和服务、开展经营管理等活动中直接或间接获取数据的过程。数据采集过程存在数据伪造、数据篡改、数据泄露等数据安全风险。

数据采集过程涉及数据采集提取、数据转换、数据上传等过程。数据采集安全要求如下。
- 明确数据采集范围、类型、用途等要求，明确数据采集方的数据安全责任，确保数据采集的真实性和合法合规性。涉及外部的数据采集应确保与数据采集协议条款约定的一致性。
- 明确数据采集的安全要求，确保采集数据的完整性、真实性和可追溯性。
- 对 D4 级及以上的数据采集，应确保数据采集设备或系统的真实性。

33.3.2 数据传输

数据传输是指将数据从一个实体发送到另一个实体的过程，可分为内部数据传输和外部数据传输两种。在数据传输过程中存在数据传输中断、篡改、伪造及窃取等安全风险。数据传输安全要求如下。
- 确保数据传输工具的安全性，防止遭受恶意破坏、功能篡改、信息窃取等攻击。
- 采取传输认证方式，确保数据传输的双方是可信任的。采用数字签名、时间戳等方式，确保数据传输的抗抵赖性。采用密码或非密码技术等方式，确保数据的完整性。
- 对 D3 级及以上数据的传输，采取数据加密、传输通道安全或传输协议安全等方式传输数据。
- 应定期检查评估数据传输的安全性和可靠性。

33.3.3 数据存储

数据存储是指将数据进行持久化保存的过程，数据存储过程可能存在数据泄露、篡改、丢失、不可用等安全风险。主要数据安全要求包括数据存储安全和备份与恢复。数据存储安全要求如下。
- 应根据数据安全级别、量级、使用频率等因素，依据最小够用原则将数据分域分级存储。对不同区域间的数据流动进行安全管控。
- 应采取技术措施确保数据存储的完整性。对 D3 级及以上数据应采取技术措施保证存储数据的保密性。对 D4 级及以上数据应采用密码技术、权限控制等技术措施保证数据的完整性。
- 保存 D4 级及以上数据的信息系统，应满足网络安全等级保护 3 级要求。保存 D5 级的数据宜采用加密方式。

数据备份与恢复安全要求如下。
- 根据数据安全等级，制定数据备份策略和恢复策略。数据备份应基于多冗余策略，可采用磁带、磁盘镜像、磁盘冷备、热备、双活等技术实现。
- 对生产数据应提供本地数据备份与恢复功能，对关键数据应提供远程数据备份与恢复功能。
- 定期对备份数据的有效性和可用性进行检查，定期开展灾难恢复演练，确保数据可用性。

33.3.4 数据使用

数据使用是指对数据进行的访问、导出、展示、共享、开发测试、公开披露等活动。数据使用不应超出数据采集时所声明的目的和范围。在数据使用过程中存在数据非授权访问、窃取、泄露、篡改、损毁等安全风险。

1. 数据授权

数据授权指根据各类主体权责和信息分类授权对数据管理赋予权限的过程。数据授权安全要求如下。

- 根据主体角色、业务需要、信息分类授权等因素，按最小化原则确定数据管理权限，包括数据增加、查询、修改、删除的权限。
- 根据数据安全等级，确定数据授权控制的安全措施，保证数据生命周期的完整性和保密性。
- 数据授权方案应获得业务部门和数据安全管理部门的审批，必要时可征求数据采集部门的意见。

2. 数据访问

数据访问指各类主体对数据进行查询或变更的过程，数据访问控制安全要求如下。

- 根据数据安全等级，确定数据访问的身份认证安全等级，保证数据访问过程中的保密性和完整性。对 D3 级及以上的数据访问应进行身份认证。对 D4 级及以上的数据访问应采用数字证书或多因素方式认证主体身份。
- 对 D5 级的数据访问应建立访问权限申请和审核批准机制，并确保访问终端设备和系统的安全受控。
- 留存数据访问操作日志，定期开展数据访问审计，及时清理已失效的账号和授权。

同时，应严格管理特权访问，具体安全要求如下。

- 明确特权账号的安全责任人，严格限定特权账号的使用地点、使用场景和使用规则，健全特权账号审批授权机制，并配以多因素认证措施。
- 对 D3 级及以上数据的特权账号，应采取措施确保实际操作与授权操作的一致性。
- 确保特权账号无法对操作日志进行修改和删除，详细记录特权账号的访问过程和操作，配备事后审计机制。

3. 数据导出

数据导出是指数据从高等级安全域流动至低等级安全域的过程，如数据从生产系统导出到运维终端、移动存储介质等的情形。数据导出安全要求如下。

- 应根据最小够用原则，确定数据导出场景、导出数据范围和相应的权限控制规则。
- 对 D3 级及以上的数据导出操作应明确安全责任人，实行实名认证制，保存导出操作记录待查。
- 对 D4 级及以上数据的导出操作应采取审核批准机制，限定导出操作的网络地址范围。对导出数据应做脱敏处理，防止数据泄露。
- D5 级数据原则上不应导出，确需导出的，需经企业高层领导批准，并配以跟踪溯源机制。

4. 数据共享

数据共享是指数据在企业不同部门、集团企业之间，与外部单位之间的分享。数据共享包括企业内部数据共享和外部数据共享。内部数据共享安全要求如下。

- 应梳理数据共享的应用场景，明确各类应用场景的安全要求和责任部门，明确数据共享的目的、内容、时间、技术防护措施等内容。并建立相应的审核批准机制，留存相关记录。
- 原则上对 D3 级及以上的数据共享应进行数据脱敏处理，对 D4 级及以上数据不应共享。
- 数据共享前端工具应进行身份认证，并定期检查和评估前端工具的安全性和可靠性。

外部数据共享安全要求如下。

- 通常以合同或协议等方式明确数据共享的安全责任及义务，并约定数据共享的内容和用途、使用范围等。
- 定期对接收方的数据安全保护能力进行评估，确保数据接收方具备足够的数据安全保护能力，当数据接收方丧失数据安全保护能力时，应及时终止数据共享。
- 对 D2、D3、D4 级数据共享时，应对数据进行加密处理，采取数据标记、数据水印等技术，降低数据被泄露、误用、滥用的风险。定期对共享的数据进行安全审计。

5. 开发测试

开发测试是指使用数据完成软件、系统、产品等开发和测试的过程。开发测试安全要求如下。

- 应采取技术措施，保证开发测试环境数据与生产环境数据的有效隔离。数据获取方式应事先获得审批授权后方可开通。
- 对 D3 级及以上数据，应控制数据获取范围，并对数据进行脱敏处理，防止数据泄露。
- 对外部设备进行统一安全管理，制定开发测试安全审核流程，确保数据利用安全。
- 应对开发测试过程进行日志记录，并定期进行安全审计。

6. 数据公开

数据公开是指公开数据的行为。数据公开安全要求如下。

- 数据公开披露前，应对拟公开数据进行审核与审批。数据安全管理部门、业务部门对拟公开数据的合规性、业务需求、数据脱敏方案进行审核并记录。
- 应采取技术措施对公开的数据真实性与完整性进行安全防护，通过采取技术措施防范公开数据篡改风险。
- D3 级及以上数据原则上不应公开披露。

33.3.5 数据销毁

数据销毁是指对数据库、服务器和终端中的剩余数据以及硬件存储介质等采用数据擦除或者物理销毁的方式确保数据无法复原的过程。数据销毁安全要求如下。

- 应制定数据销毁操作规程，明确数据销毁场景、销毁技术措施，以及销毁过程的安全管理要求。数据销毁采取执行人和复核人的双人数据销毁制，并记录数据销毁过程。
- 存储介质如需继续使用，应采取多次覆写等方式安全地擦除数据，确保数据不可恢复。
- D4 级及以上数据存储介质不应移作他用，应采用物理方式销毁。对 D5 级数据存储介质的销毁宜参照国家及行业涉密载体管理有关规定处理。

33.4 数据安全管理

为保证数据生命周期安全，企业需要建立与之配备的数据安全组织保障和有效的信息系统运维机制，从而确保数据生命周期全过程的安全。

33.4.1 数据安全组织保障

数据安全组织保障包括数据安全组织机构、数据安全管理制度体系、人员管理和外部单位管理等内容。

1. 数据安全组织机构

企业应设立数据安全组织机构,建立覆盖决策、管理、执行、监督的自上而下的数据安全管理组织,明确组织架构和岗位设置,保证数据生命周期安全的防护要求得到有效落实。

- 设立高层领导者参加的领导小组,成员应至少包含主要部门的主要负责人。全面负责企业数据安全工作的统筹组织、指导推进和协调落实,保障数据安全工作所需资源。
- 明确数据安全管理部门。负责数据安全相关工作的实施组织与协调。制定、发布数据安全管理制度,组织推进数据安全定级工作,组织数据安全评估。
- 业务部门、信息化建设部门、IT 系统运行部门设置数据安全岗位,以落实各自部门的数据安全防护责任,负责各自部门的数据安全管理与控制。
- 应明确安全审计、合规稽核、风险管理等相关岗位,负责企业数据安全监督,履行数据安全审计、数据安全监督和数据安全风险管理等责任。

2. 数据安全管理制度体系

企业应建立统一的数据安全管理制度体系,明确各层级部门与相关岗位的数据安全工作职责,规范工作流程。数据安全管理制度体系要求如下。

- 基于企业数据安全风险管控策略,制定企业数据安全策略、方针、目标、原则。
- 制定数据安全管理制度及实施细则,确保数据安全管理制度覆盖企业的数据全生命周期。
- 识别并维护企业数据资产清单,明确数据安全定级。

3. 人员管理

企业应加强对数据安全相关人员的管理,具体要求如下。

- 人员录用及日常管理方面。应满足数据安全对员工录用、数据安全关键岗位保密协议的要求。签署数据安全岗位责任协议及保密承诺书。明确外部人员数据安全管理要求。
- 人员培训和教育方面。应制定数据安全相关岗位人员的安全专项培训计划,满足数据安全对知识技能、培训时长等的要求。
- 数据库管理员、操作员及安全审计人员等岗位应设立专人专岗,并实行职责分离,强化数据安全管理。定期开展对高安全等级数据接触者的安全审查。

4. 外部机构管理

企业应对参与数据生命周期过程中的第三方机构进行管理。具体安全管理要求如下。

- 建立第三方机构管理制度。建立第三方机构审查与评估机制,评估其数据安全保护能力是否满足企业要求。通过合同协议等方式对第三方机构和人员的数据使用行为进行约束。D3 级及以上数据的数据库不应交由外部机构运维。
- 应对接入和涉及的第三方产品和服务进行专门的数据安全管理,明确第三方产品或服务的接入条件,开展安全评估,签订合同协议。如产品服务发生变更,应重新验证确认。
- 针对第三方接入产品和服务的数据处理活动,进行必要的监视,并保留记录。

33.4.2 信息系统运行保障

信息系统运行保障是数据生命周期安全必不可少的组成部分,应加强在边界管控、访问控制、输出控制过程中的数据安全风险防控,做好数据安全监督检查。

1. 边界管控

信息系统运行过程中的边界管控安全要求如下。

- 按照"最小权限"原则严格控制数据访问权限，管控措施包括但不限于防火墙、入侵防御、应用安全防护、应用程序接口（Application Program Interface，API）防护、数据安全防护等。
- 在外联接入区和互联网区之间设置隔离设施，根据应用需求和数据传输需要开通访问授权，默认为禁止访问。跨边界数据传输应通过边界设备的受控接口进行。
- 在重要系统与其他网段之间应采取技术手段隔离，避免将重要系统部署在网络边界处与外部信息系统直连。
- 对使用 API 进行跨域数据流动的，应使用 API 防护技术，并进行身份认证。

2. 访问控制

访问控制策略安全要求如下。

- 依据"业务必需、最小权限、职责分离"的原则，以及数据类型与安全级别设计访问控制策略。明确重要数据系统的管理员身份标识与鉴别机制。
- 参考业务职能，确定业务应用系统中的各类用户角色。角色定义和权限设计应能够体现职责分离的原则。访问控制应符合网络安全等级保护的标准要求。
- 对 D3 级及以上数据的系统，应采用数字证书、多因素身份认证等技术鉴别用户身份，记录用户行为，以供事后审计。

3. 输出控制

数据输出安全要求如下。

- 基于"业务谁主管、保密谁负责"的原则，实行信息系统信息输入输出审批制。
- 禁用服务器和用户终端计算机的并口、串口、USB 接口等数据接口以及软驱、光驱等的数据输出，仅允许已授权的移动存储介质接入设备。

4. 安全监管

安全监管包括安全审计和安全检查。审计安全要求如下。

- 制定日志数据管理与安全审计规范，审计范围应覆盖每个有权使用数据的用户。审计记录留存时间应不少于 6 个月。
- 日志记录内容应包括时间、用户、IP 地址、操作对象、操作内容、操作行为和操作结果等相关信息。D4 级及以上数据的系统日志中不应出现业务数据。
- 定期开展对 D3 级及以上数据的生命周期全过程安全审计，审计记录应至少包括时间的日期和时间、事件类型、主体身份、事件内容、事件结果等。

企业定期或不定期开展数据安全检查评估，包括合规审查、安全巡检、安全评估等方面，安全要求如下。

- 建立数据安全检查评估机制，定期开展数据安全检查评估。
- 信息系统发生重大变化时，以及业务模式、运行环境发生重大变更时，或发生重大数据安全事件时，应及时开展数据安全评估。
- 每年至少应开展一次全面的数据安全检查评估，针对检查评估过程中发现的问题，指定责任部门，制定整改计划，并跟踪落实。

第 34 章

安全风险感知与事件处置

安全风险感知与事件处置是企业信息安全管理的中心工作。企业应建立起以信息安全风险为驱动的信息安全体制与机制,通过敏锐的安全风险感知和强大的事件处置能力,降低信息安全风险对企业运作和信息化运营的影响。

34.1 风险、事件、事态

风险无处不在。风险一旦转变为现实的事件,便形成了对企业信息化绩效的负面冲击。而在从潜在风险到具体有影响的事件的过程中,存在着多种不确定的影响因素。

34.1.1 信息化管理与信息安全

有关风险与事件,在客观上存在两个不同的视角,其一是信息化管理的视角,其二是信息安全的视角。二者之间既有一致性,也存在些许的差异。二者之间的异同如图 34-1 所示。

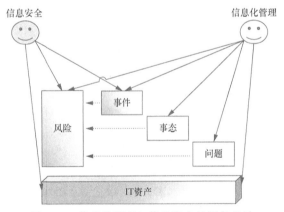

图 34-1 信息化管理与信息安全的视角差异

1. 一致性与差异性

从理论上讲,信息安全管理是信息化管理的一个子集,二者虽然是全集与子集之间的包含与被包含关系,但各自目标并不完全相同。信息安全管理通常以满足约定的安全管理要求为目标,信息化管理一般以满足约定的服务等级为目标。由于目标差异,二者各自的管理关注点并不完全相同。信息安全管理重点关注的是安全风险、风险应对、应急管理与事件处理等方面的内容,这是二者的一致之处。而信息化管理则在此基础上,还会关注 IT 系统运行中的事态管理和问题的管理。因为事态往往是事件的前兆,需要密切关注。而问题的未解特性,常常会导致很多的不确定性,也应给予关注。

2. 事态、事件、问题

事态、事件与问题为 IT 服务管理中的常用术语,均有其各自的定义和特定的内涵。

➤ 事态:事态是指被识别的系统、服务或网络的状态,通常表明一次可能的策略违规或措施失效,或者是一种可能与安全相关但不为人知的一种情况。以 Windows 系统日志为例,系统日志包括系统、安全、应用 3 类日志,而每类日志中通常存在数量不等的"信息""警告""错误"类的信息。其中"信息"类通常为系统交易的正常记录;"警告""错误"类通常预示着系统存在某种潜在风险,即通常所称的"事态"。
- 事件:事件是指信息系统运行中引起或可能引起服务中断或服务水平下降的活动。事件通常由单个或一系列有害的事态所组成,通常会危害 IT 系统运行和信息安全。对事件通常实行分级、分类管理。
- 问题:引发一个或多个故障的未知原因。IT 系统中的这种未知原因常常导致一起或多起事件的发生。通常将问题按影响范围、影响程度、紧急程度等进行分类、分级管理。问题通常与 IT 系统资产密切相关,并影响 IT 系统的服务交付。为了防止同类故障的重复发生,需要找出根本原因并酌情考虑是否根治。

34.1.2 事件分级与分类

基于事件分级、分类开展事件管理,是信息安全事件管理和信息化事件管理的通行准则。基于事件分级定义的一致性和事件属性的分类化关联,可更好地支持信息安全管理与信息化管理的有序衔接。

1. 基本原则

事件分级分类应遵循以下基本原则。
- 标准一致性原则:为满足企业外部网络安全监管和企业信息化管理的要求,应保持事件分级标准与法规标准的一致性,建议遵从《信息安全技术 信息安全事件分类分级指南》(GB/Z 20986—2007)定义企业的信息化事件分级与分类标准。
- 管理匹配性原则:在满足法规标准的分级分类框架的一致性前提下,应结合企业信息化管控的层级划分,适度细化事件定级,满足企业信息安全管理和信息化管理的双重管控要求。
- 事件因果匹配原则:围绕事件管理,应建立事件、原因及与 IT 资产之间的关联,满足事件管理、IT 资产管理、风险管理等不同维度的管理要求。

2. 事件分级

以事件发生造成的损失为衡量标准,定义事件分级。事件分级考虑的因素主要有信息系统重要程度、系统损失和社会影响。
- 信息系统重要程度:主要考虑信息系统所承载的业务重要性,以及对国家安全和经济社会的影响程度。一般可划分为特别重要信息系统、重要信息系统和一般信息系统。
- 系统损失:系统损失是指事件对信息系统的软硬件、功能及数据的破坏,导致系统业务中断和造成的损失。损失大小主要考虑恢复系统正常运行和消除安全事件负面影响所需付出的代价大小。一般可划分为特别严重的系统损失、严重的系统损失、较大的系统损失和较小的系统损失。
- 社会影响:社会影响是指事件对社会所造成影响的范围和程度,主要考虑国家安全、社会秩序、经济建设和公众利益等方面的影响。一般可划分为特别重大的社会影响、重大的社会影响、较大的社会影响和一般的社会影响。

从信息安全的视角看,可将事件划分为 4 个安全级别:特别重大事件、重大事件、较大事件和一般事件。从信息化管理视角看,需要将信息安全事件中的"一般事件"进一步细分,以便更好地满足信息化事件分级管理与精细化管理的需求。信息化事件与信息安全事件的关系如图 34-2 所示。

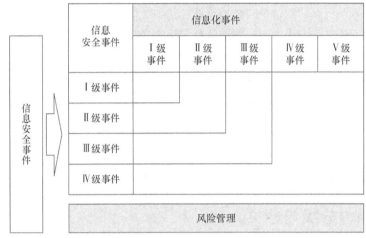

图 34-2　信息化事件与信息安全事件的关系

- 特别重大事件（Ⅰ级）：这类事件是指导致特别严重影响或破坏的信息安全事件。包括但不限于特别重要信息系统遭受特别严重的系统损失，或影响国家安全，或产生重大的社会影响。
- 重大事件（Ⅱ级）：这类事件是指导致严重影响或破坏的信息安全事件。包括但不限于特别重要信息系统遭受严重的系统损失，或重要信息系统遭受特别严重的系统损失，或产生较大的社会影响。
- 较大事件（Ⅲ级）：这类事件是指导致较严重影响或破坏的信息安全事件。包括但不限于特别重要信息系统遭受较大的系统损失，或重要信息系统遭受严重的系统损失，一般信息信息系统遭受特别严重的系统损失。
- 一般事件（Ⅳ级）：这类事件是指不满足以上条件的信息安全事件，包括但不限于特别重要信息系统遭受较小的系统损失，或重要信息系统遭受较大的系统损失，一般信息系统遭受严重或严重以下级别的系统损失。

上述的信息安全事件分级来自 GB/Z 20986—2007。应该说是国家网络安全视角下的信息安全事件分级划分。对企业而言，信息安全事件定级与企业信息系统的安全保护等级存在一定的关联，对于不涉及国家安全的信息系统，其信息安全事件定级应低于特别重大事件（Ⅰ级）。

因此，建议企业信息化事件定级以Ⅰ级、Ⅱ级、Ⅲ级、Ⅳ级、Ⅴ级划分为宜，基于企业信息化管理和信息安全管理要求，定义事件等级，并做好事件等级与国家信息安全事件等级之间的对应关系。并基于企业信息安全管控要求，明确信息安全管控的事件等级范围。

3. 事件分类

GB/Z 20986—2007 将信息安全事件分为有害程序事件、网络攻击事件、信息破坏事件、信息内容安全事件、设备设施故障、灾害性事件和其他信息安全事件等 7 个基本分类，每个基本分类包括若干子类。

信息化事件分类主要与管理诉求密切相关，不同的管理诉求、管理视角会形成不同管理维度的分类视图。企业应根据自身信息化管理和信息安全管理需求与要求，梳理分析信息化事件分类，形成结构化的事件分类体系，以便更好地满足事件管理，以及与事件相关的风险管理、资产管理和问题管理等需求。事件分类通常应遵循以下基本原则。

- 分类互斥原则：分类全面、系统、互不重叠。
- 管理一致性：保持不同管理维度的分类一致性，避免混淆。

- 体现权责关系：体现管理权责关系，便于分级管理与权责界定。
- 便于持续改进：充分体现事件属性特征，满足不同管理维度的持续改进要求。

事件（原因）、结果、资产之间有关联与转换关系，如图34-3所示。

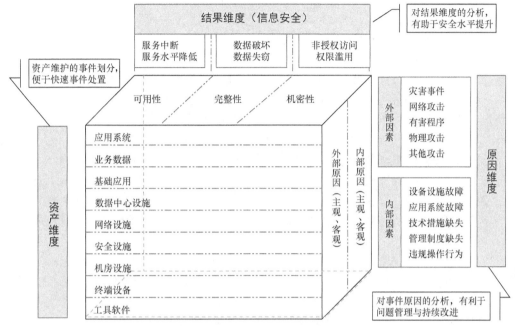

图 34-3　原因、结果、资产的关系模型

- 原因维度：原因维度是指信息安全事件的起因。原因维度通常可分为外部因素和内部因素。外部因素主要包括灾害事件、网络攻击、有害程序、物理攻击及其他攻击；内部因素主要包括设备设施故障、应用系统故障、技术措施缺失、管理制度缺失、违规操作行为等因素。目前的信息化事件分类主要从原因维度划分。
- 结果维度：结果维度是指信息安全事件造成的结果。结果通常体现在可用性、完整性、机密性方面遭受的损失。可用性损失主要体现在服务中断和服务水平降低；完整性损失主要体现在数据破坏和数据失窃方面；机密性损失主要体现在非授权访问和权限滥用。信息安全事件结果维度的完整信息记录和数据分析，有助于企业的信息安全水平的提升。
- 资产维度：信息安全事件导致的损失主要体现在IT系统资产和数据，应建立信息安全事件与IT系统资产之间的关联，使之能够满足企业信息化风险管理和IT资产管理与优化的需要。IT系统资产通常可划分为应用系统、业务数据、基础应用、数据中心设施、网络设施、安全设施、机房设施、终端设备、工具软件等类型。

完整、系统、适宜的信息化事件分级、分类体系，不但有利于信息安全事件管理，也有利于企业信息化风险管理和IT系统运行管理水平的提升，应给予充分的重视。

34.2　风险感知与风险应对

安全风险通常是驱动企业信息安全工作的主要因素，企业应建立健全信息安全风险感知、评估和应对的信息安全技术与管理体系，基于信息安全风险计划，推动企业信息安全各项工作的协调、有序发展。

34.2.1 风险管理策略

风险管理策略通常为企业信息安全策略的重要组成部分。通过风险管理策略，可明确企业应对信息安全风险的管理诉求和策略选择。信息安全风险危害通常体现在企业 IT 系统和数据的可用性、完整性、机密性方面遭受的损失。

- 可用性损失：可用性损失主要是指 IT 系统遭到破坏，导致的对承载业务的中断影响。随着 IT 系统对业务承载的逐步深化，企业业务运作对 IT 系统的依赖程度越来越高，IT 系统一旦遭到破坏，极易造成企业业务中断或受到不同程度的影响。
- 完整性损失：完整性损失主要是指 IT 系统中的数据遭到破坏或数据失窃。IT 系统数据已演变为企业重要的战略资产，很少有企业能够承受大规模的数据破坏或失窃的冲击。而伴随着信息化的发展、数据规模的扩大，数据的安全风险与日俱增。
- 机密性损失：机密性损失主要是指 IT 系统的非授权访问和权限滥用，进而带来 IT 系统的功能越权或数据知悉范围扩散。导致机密性损失的因素较多，既有内因，也有外因；既有主观因素，也有客观因素；既涉及技术设施，也涉及管理体系，点多面广，应对机密性损失风险困难重重。

应基于企业信息安全面临的可用性、完整性、机密性的风险挑战，明确企业信息安全工作目标和方针，进而为信息安全风险管理提供目标指引。信息安全风险管理策略通常为信息安全方针指导下的信息安全风险管理举措，通常包括风险识别、风险控制、风险处置等方面。

- 风险识别：识别可能影响企业 IT 系统和数据的可用性、完整性、机密性的各种因素，包括信息化技术体系、管理体系、运营体系中的各种影响因素，分析每个风险可能造成的损失大小、发生的概率等因素，形成量化的风险影响清单。
- 控制风险：采用分类施策的方式有效控制风险，通过专项改进措施，减小风险发生的概率。通过技术体系专项整改降低信息化技术体系风险；通过管理体系持续改进降低管理体系风险；通过运营体系专项改进降低信息化运营体系风险等。
- 风险处置：制定业务连续性计划和应急响应计划，通过预防措施的实施，降低风险造成的损失。以业务连续性为导向，夯实各环节的风险防控措施的有效性，确保数据安全可用、IT 系统可恢复、业务可持续。以应急响应为导向，做好应急响应的组织、人员、资源与支持等的保障。

34.2.2 风险管理计划

信息安全通常是企业信息化工作中较为独立的管理维度。虽然每个企业的信息安全管理范围存在些许差异，但总体而言，信息安全管理通常聚焦于信息安全技术体系和安全管理体系两个方面。对于规模较大的企业，也存在信息安全运营体系的问题。

信息安全工作一般围绕信息安全风险展开，风险管理计划通常是企业信息安全工作的主计划，虽然各个企业的"计划"的叫法各不相同，但其核心工作均围绕信息安全风险展开。信息安全风险管理计划作为信息安全部门的工作计划，通常包括年度信息安全要求与需求、信息安全策略与目标、年度信息安全重点任务、年度信息安全重点任务计划等内容。

1. 年度信息安全要求与需求

年度信息安全要求是指为满足国家机关、监管机构、上级单位等的信息安全要求而需开展的工作。伴随国家网络安全法规的发布及监管的深化，网络安全合规风险变得越发现实和严峻，企业需要积极应对，避免触碰红线。同时，上级单位的网络安全要求也必须满足。

年度信息安全需求则是指企业当前面临的信息安全风险带来的需要开展的信息安全工作。年度信息安全需求通常来自针对企业信息化技术体系、安全管理体系和安全运行体系的安全风险，基于对物理安全、网络边界与传输、计算环境安全、数据安全、应用安全等技术体系的安全风险分析，形成安全技术改进需求；基于安全管理体系的风险分析，形成安全管理体系改进需求；基于安全运行体系的风险分析，形成安全运行改进需求。

2. 年度信息安全策略与目标

基于年度信息安全要求与需求，结合企业信息安全工作方针与原则，确定年度信息安全策略与目标。通过"策略"对众多的需求与要求进行排序与选择，确定年度重点工作。"目标"则是选定工作应达成的结果要求。

年度信息安全策略应体现企业年度信息安全工作的轻重缓急，突出重点，为年度信息安全工作指明方向。年度信息安全目标通常为企业年度信息安全重点工作应达成的目标的综合表达。目标定义应尽可能符合 SMART 原则，既要清晰明确，又要简洁明了，以便为年度信息安全工作提供目标指引和工作约束。

3. 年度信息安全重点任务

基于年度信息安全策略与目标确定年度信息安全重点任务。需要说明的是，信息安全监督、检查、信息安全宣传应作为信息安全的常态化工作纳入信息安全重点任务中。因年度信息安全任务一般较多，通常以任务分类的方式组织重点任务。重点任务描述一般包括任务内容、任务目标、责任单位等内容。

任务分类：以分类任务总体目标的形式表示分类，如"全力推进重大风险防控措施到位"下设相关的信息安全风险防控专项任务。在表达任务分类的同时，为分类任务提供目标要求。

任务定义：以任务名称为统领描述重点任务，任务内容简单扼要、任务目标清晰明确、主责单位落到实处，避免争议。

4. 年度信息安全重点任务计划

年度信息安全重点任务计划通常包括重点任务分解计划和资源保障计划两个部分。重点任务分解计划主要包括任务分类、编号信息、任务名称、主要工作内容、衡量标准（含关键节点）、完成时间、责任单位、主要责任人等信息。资源保障计划为完成年度重点工作的组织保障、资源保障、资金保障及其他必要的支持计划等内容。

信息安全风险管理计划编制的主体通常为企业信息安全部门，但计划涉及的相关单位较多，既涉及 IT 系统运行、IT 系统建设、IT 服务支持等 IT 部门，也涉及安全保密、业务管理和用户使用等部门，应做好计划编制过程中的组织、协调与沟通，确保重大信息安全风险隐患不遗漏、计划工作有落实、资源配置有保障。

同时，应做好计划发布前的意见征集与修订，按企业计划文件发布流程发布年度信息安全风险管理计划文件，并做好相关的培训与宣贯工作。

34.2.3 安全风险应对

信息安全风险应对是一个比较宽泛的概念，它既可以是感知风险、发现风险后的风险分析、识别、确定应对方案、开展风险处置、事后的总结评估及持续改进，也可以是体系化的风险感知、风险防控体系设计、风险管理计划执行与控制、风险管理体系改进。企业需要按照"实战化、体系化、常态化"的思路，有效提升安全风险应对能力。以下简要介绍安全风险感知、安全风险通报预警、威胁情报共享、实战攻防演练、风险分析例会、总结评估与改进等体系化的风险应对内容。

> 安全风险感知：正如"风险管理策略"所述，信息安全风险的危害主要体现在企业 IT 系统和数据的可用性、完整性、机密性方面遭受的损失。虽然信息安全管理体系和信息安全运行体系存在影响安全风险的因素，但主体安全风险还是企业 IT 系统和数据中的潜在风险，而这种潜在安全风险更多的是以运行状态下的安全态势来体现的。如何感知运行状态下的 IT 系统健康状态、网络空间中的脆弱性隐患、流量背后的危险攻击呢？在常规安全技术设施的基础上，应建立起以日志采集分析、流量采集分析和安全产品信息集成为依托的态势感知系统，通过态势感知系统，动态感知 IT 系统和数据的安全风险，为快速的风险应对提供有效的支撑。态势感知系统是以各类安全管理对象、安全支撑系统、运行支撑系统为基础，通过各类日志、告警、流量、漏洞、配置等信息的采集和威胁情报的导入，开展安全风险评估与分析，实现全网的风险态势感知、合规性检查与风险管理等，并为威胁分析、攻击取证、应急响应与处置等工作提供支持。态势感知能力是企业网络安全风险闭环管理不可缺少的重要组成部分。

> 安全风险通报预警：安全风险通报预警主要包括安全预警通报和网络安全事件通报。安全预警通报包括安全漏洞信息、威胁情报信息、态势感知信息等内容，可通过国家及有关机构发布的安全预警信息和其他渠道获取的安全预警信息，经分析、研判形成；网络安全事件通报应结合安全事件分类和分级进行区别处置，及时将发生的网络安全事件通报相关单位和人员。通过建立安全监测预警和信息通报机制，可对全网安全风险进行预警，防止、降低安全风险造成的危害和影响。

> 威胁情报共享：威胁情报主要包含漏洞、资产、威胁、风险、运行和事件等多维度的安全信息与知识，以及经大数据分析形成的情报信息。威胁情报共享作为弥补攻防信息不对称的有效手段逐渐得到了广泛的应用，其应用场景一般包括攻击检测防御、攻击溯源追踪、事件监测与漏洞管理等场景，为企业的网络安全风险应对提供可参考、借鉴的有益信息。

> 实战攻防演练：组建专业攻击和防守团队，使用实战化网络攻击和防御技术，背靠背地模拟企业可能遭受的网络攻击。针对生产环境中的重要业务系统、核心数据存储和基础网络，从系统漏洞、访问控制、会话管理、配置管理、业务安全、身份认证等方面进行检测测试和威胁分析，查找存在的安全漏洞和风险隐患，有针对性地给出修复建议。实战攻防演练中要使用经过安全检测的专业网络安全产品和工具，并对攻击流量、IP 地址等数据进行监测和记录，以便在出现问题时进行回溯分析。通过定期实战化的网络攻防演练，有效提升企业网络攻击监测、防御、应急处置等风险应对能力。

> 风险分析例会：应定期或不定期召开相关各方参加的企业信息安全风险分析例会，分析、交流、更新企业信息安全风险，沟通、汇报、讨论年度信息安全风险工作执行情况，部署下一阶段信息安全风险管理安排。通过风险分析例会，及时处置潜在风险，解决风险管理计划执行中的疑难问题，确保风险管理各项工作落到实处。

> 总结评估与改进：信息安全风险管理是典型的管理行为，遵循管理过程改进规律。应及时总结风险管理过程中的经验与教训，及时将取得的技术与管理方面的经验与教训反馈到 IT 系统的技术设施和运营管理工作中，通过不断的经验积累和持续改进，逐步提升企业信息安全风险管理的技术能力和管理水平。

34.3 事件过程与分级管理

事件管理流程是 ITIL 服务管理中的一个核心流程,旨在通过事件响应与处置绩效的提升,提高企业 IT 服务水平,切实体现 IT 服务的创造价值。

34.3.1 事件过程模型

完整的事件管理过程通常包括事件管理制度、事态报告、事件评估、事件处置、事件总结、管理改进等过程,如图 34-4 所示。

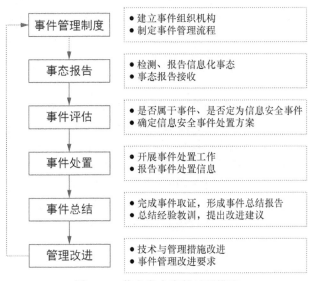

图 34-4 信息安全事件过程模型

- 事件管理制度:事件管理制度为典型的管理要素型制度文件,通常为企业信息安全策略下的针对事件的管理制度。应遵从企业管理制度文件编制要求,编制信息安全事件管理制度。
- 事态报告:事态报告方发现 IT 系统或服务中的异常,将之确认为信息化事态,填写信息化事态报告并提交到事态接收方,事态接收方登记事态报告信息。事态报告应尽可能保持事态信息收集的完整性,以便为事态评估与事件处置提供充分的依据。
- 事件评估:该过程通常分为第一次评估和初始决策、第二次评估和事件确认两个阶段。第一次评估通常由 IT 系统运行部门负责,事态报告接收人或事态报告处理人员对事态信息进行初步评估,或进一步收集信息以评估、确认是否为事件,如为事件,评估事件影响的安全等级,并上报到信息安全事件处置机构。第二次评估通常由信息安全事件处置机构负责,如果认定为信息安全事件,研究确定事件处置方案。
- 事件处置:按事件处置方案和责任分工开展事件处置工作,记录事件处置过程信息,报告事件处置信息。

> 事件总结：事件处置完毕后，编制事件处置总结报告，其中涉及的事件取证应能够满足权责划分和责任仲裁等的要求。总结经验教训，提出企业整体安全和事件管理需要改进之处，以及应汲取的经验与教训。
> 管理改进：将事件管理纳入企业管理体系改进的范畴，按企业管理改进要求开展事件管理改进评估，基于评估改进要求推进事件管理制度改进。

上述的事件过程模型中的事件管理制度和管理改进通常属于管理过程，而具体的事件过程通常仅限于事态报告、事件评估、事件处置、事件总结4个环节。

34.3.2 事件分级管理

事件管理的本质是追求安全、高效地处置IT系统运行过程出现的各类事态、事件，将事件对业务运作的影响降到最小，这就要求事件响应快速、处置高效。而事前有准备、事后要改进则是前提条件，同时，必要的能力、设施、资源也是达成事件管理宗旨的必要条件。

1. 基本原则

基于上述的事件管理目标与关键影响因素的分析，事件管理应坚持"事件分级规范化、事件响应流程化、事件管理分级化、事件处置预案化"的基本原则。

> 事件分级规范化：将信息化事件与信息安全事件统一分级、分类，明确事件名称、关键构成要素与内涵、造成的潜在影响，为事件定级和事件处置规范化提供基础。
> 事件响应流程化：将事态信息收集、事件损失分析、处置方案研判、处置及效果、信息报告、分析总结等过程模板化、规则化、流程化，规范事件响应、处置过程。
> 事件管理分级化：以事件管理分级化为导向，在统一事件信息管理的基础上，形成信息化事件和一般事件由IT部门自行处置、较大事件由信息安全事件执行小组处置、重大事件和特别重大事件由信息安全事件指挥小组负责的分级管理模式，提高事件响应处置效率。
> 事件处置预案化：实行事件处置预案化管理。对特别重大事件和重大事件实行应急预案管理，对较大事件实行处置流程管理，对一般事件实行操作手册管理。

通过规范化、流程化、分级化和预案化的事件管理，明确事件管控分工，提高事件响应与处置效率。

2. 事件分级

事件分级通常基于事件发生后对企业造成的损失来衡量，而事件造成的损失通常与信息系统的重要性和事件的破坏程度有关。

基于系统的重要性差异，通常可将企业的信息系统划分为3个重要等级：一级系统为企业核心业务系统，二级系统为重要的支持性系统，三级系统为辅助性支持系统。各级系统对应的数据及相关的支撑设施的重要等级等同于系统等级。

事件对IT系统和数据的破坏通常体现在可用性、完整性、机密性方面。

基于企业信息系统重要性和事件影响，定义事件安全等级划分。信息安全事件定级参考如表34-1所示。

3. 分层管理

坚持信息化事件与信息安全事件的一体化管理，以分级管理为导向，在统一事件信息管理的基础上，四级事件、五级事件按信息化事件由信息部门统一管理处置；一至三级事件纳入信息安全事件管理的范畴。

表 34-1　　　　　　　　　　　　信息安全事件定级参考

级别	可用性	完整性	机密性
一级事件	超过约定时长一级系统服务中断 超过约定时长二级系统服务中断	一级数据损毁、丢失、泄露超过约定的数量； 二级数据损毁、丢失、泄露超过约定的数量	一级系统、二级系统被非授权访问，特权账号授权滥用，造成严重后果的
二级事件	约定时长内的一级系统服务中断 约定时长内的二级系统服务中断	一级数据损毁、丢失、泄露在预定的数量范围； 二级数据损毁、丢失、泄露在约定的数量范围	一级系统、二级系统、安全设施被非授权访问，特权账号授权滥用，造成较为严重后果的
三级事件	约定时长内的二级系统服务中断 大范围、长时间的三级系统中断	影响较大的数据损毁、丢失、泄露	系统被非授权访问、普通账号授权滥用等，造成一定的损失
四级事件	约定时长内的三级系统服务中断 小规模范围的IT服务中断	终端设备的数据篡改或泄露	终端设备非授权访问
五级事件	终端设备服务中断	终端设备的数据丢失，损坏	—

信息安全事件实行分级管理，三级信息安全事件由IT部门牵头处置。一级、二级信息安全事件由企业信息安全事件处置机构统一管理，按企业应急管理体系的流程响应与处置。同时，应重视事件管理中的预案管理、信息记录与持续改进工作，并做好涉及外部监管的信息安全事件的合规管理。

- 应急预案：应急预案是事件风险评估、应急策略、信息系统恢复和重建、应急资源、人员分工等方面的行动计划和操作指引，应强化各类事件处置的预案化管理。
- 信息记录：推进建立企业统一的事态、事件数据库。重视事态信息收集、事件分析、应急策略、事件处置中的信息记录，注重经验反馈信息的关联与智能化分析，逐步提高事态、事件数据库对事件响应与处置的支持作用。
- 持续改进：重视应急演练与事件处置过程中的问题分析与经验总结，及时推进事件管理流程改进和预案改进，逐步提升信息安全事件响应与处置绩效。

34.4　应急预案与应急响应

企业应针对重大信息安全风险建立有效的应急管理体系。建立具有足够组织协调能力的应急组织机构处置重大信息安全突发事件，做好应急预案与应急演练，尽可能降低重大信息安全突发事件对企业经营运作的影响。

34.4.1　应急组织与应急准备

信息安全应急管理体系是指为有效防范和应对信息系统突发事件采取的系列措施，包括但不限于建立应急组织、配备必要的资源、编制应急预案、开展应急演练、处置应急事件、持续应急改进等内容。应急管理通常以企业管理制度文件的形式发布。

1. 应急组织体系

应急组织负责企业重大信息安全突发事件处置的领导、组织、协调与控制。企业信息安全应急组织的层级通常与企业信息化的发展水平相关，信息化发展水平越高，信息安全突发事件对企业的影响通常也就越大，相应的应急组织的管理级别也就会越高。信息安全应急组织负责人通常由企业级领导担任。应急组织体系一般分为应急决策小组、应急指挥小组、应急执行小组和应急保障小组。

- 应急决策小组：应急决策小组组长通常由企业负责人担任，信息安全事件相关领域的主管领导担任副组长，相关部门负责人为小组成员。应急决策小组负责应急管理体系建设，负责重大应急事宜处置决策。
- 应急指挥小组：通常由信息部门负责人任组长，相关部门主管领导为小组成员。应急指挥小组负责事件应急处置的指挥和调度，督导应急事件处置实施。
- 应急执行小组：由 IT 部技术人员、信息安全人员、相关业务人员组成。负责收集、分析事件相关信息和日志，识别系统恢复所需的必要资源，明确恢复优先级别等工作，为应急决策和指挥提供依据。
- 应急保障小组：由事件相关部门人员组成。负责应急所需人力、物力和财力等资源的保障，应急处置通报、报告和沟通协调等工作。

应急处置启动后，突发事件涉及的相关系统应启动各自的应急处置工作，根据应急决策或应急指挥小组的统一部署组织相关人员实施应急恢复工作。

2. 应急准备与保障

为有效应对重大信息安全突发事件，应提前做好与应急相关的准备和保障工作，包括但不限于以下几方面。

- 加强重要信息系统的高可用性建设，缩短信息系统中断后的恢复时间。
- 建立信息系统关键硬件设备的备份机制，确保应急处置的备份设备可用。
- 制作应急所需的数据、版本、配置、技术资料、应急预案等副本，配备业务操作和办公所需资源和备用资源，并确保其迅速可用。
- 建立应急资源的补充机制。

关键岗位须建立双人备份（A、B 角）制，并确保备份人员可用。定期组织应急预案和应急演练培训，确保应急执行人员具备岗位所需的知识和技能。

34.4.2 应急预案与应急演练

企业应根据重大信息安全潜在风险，编制事件处置应急预案，并定期开展应急演练。

1. 应急预案

应急预案通常包括总体应急预案和专项应急预案。总体应急预案是企业应对重大信息安全突发事件的总体方案，包括总体组织架构、各层级预案定位和衔接关系及对事件预警、报告、分析、决策、处理、恢复等的处置程序。专项应急预案为针对灾难事件场景的设计，明确不同场景下的应急流程和措施。专项应急预案通常包括以下内容。

- 应急组织及各部门、人员在预案中的角色、权限、职责分工。
- 信息传递路径和方式。

> 事件处置程序、风险控制措施、内外部沟通机制和联系方式。
> 应急处置完成后的还原机制。
> 信息系统和基础设施的恢复次序、恢复时间目标和恢复点目标。
> 第三方技术支持和应急响应服务机制。

应急预案通常根据信息系统的重要程度确定业务系统的应急响应级别,并通过定期审议、评估、更新、完善应急预案来确保其有效性。

2. 应急演练

信息部门应每年组织应急演练活动,以此检验应急预案的完整性、可操作性和有效性,验证业务连续性资源的可用性,提升突发事件的综合处置能力。应急演练计划应当考虑业务的重要性和影响程度,包括业务性质、业务时效性、用户范围、经济与非经济影响等。演练频率、方式应当与业务的重要性和影响程度相匹配。

以应急演练计划和应急预案为基础,开展应急演练。应急演练应选择在对业务影响小的时段进行,做好业务部门和IT部门的协调、配合,将外部供应商纳入演练范围。演练期间,应做好应急演练过程的信息记录。演练结束后,编写应急演练总结报告,并根据应急演练的经验总结及时完成应急预案的修订。

34.4.3 应急处置与持续改进

突发事件一旦发生,应按照应急预案启动突发事件处置程序。突发事件处置完成后,应及时完成事件处置总结报告,并做好后续的持续改进工作。

1. 应急启动与处理

发生影响系统运行的重大突发事件后,按照应急管理制度启动应急事件处置流程,严格按照应急预案或决策方案实施应急处理,尽快恢复系统运行。无法在约定时间内恢复系统运行时,应急决策小组应按照规定及时通知相关业务部门启动业务应急预案。

应急指挥小组成员现场指挥,参与应急的各单位人员根据统一安排开展紧急处置工作,并做好应急处理过程记录。需要外部单位技术支持时,协调联系服务供应商提供支持。应急处理过程中出现异常或应急预案、决策方案失效,应及时上报应急指挥小组,及时调整应急处置方案。

2. 事件总结与改进

应急状态结束后,应急执行小组编写应急处置过程分析报告,应急指挥小组组织召开事件处置总结分析会,形成事件分析总结报告,并根据改进要求推进应急管理体系改进。

定期开展信息安全应急响应工作评估,评估应急响应的有效性、投入资源的充分性、突发事件报告的及时性等内容。同时,将信息安全应急管理纳入企业全面风险管理范畴,建立应急管理长效机制,以保证应急管理工作的持续性和有效性。

第35章

网络安全策略框架与编制

企业通常需要发布体现其网络安全工作方针与目标、组织与分工、安全技术与管理要求的网络安全全局性指导文件,即企业网络安全策略管理文件,简称为网络安全策略。

35.1 定位、需求与要求

网络安全策略为企业网络安全管理的顶层策略,是企业网络安全管控要素的全面、系统的呈现。网络安全策略为企业的网络安全技术体系建设与网络安全管理工作开展提供导向与准则。

35.1.1 价值定位

网络安全策略处于网络安全管理制度的顶层,属于企业网络安全管理要素的控制层表达,用于为网络安全管理制度、细则、标准规范提供指引与约束。也意味着网络安全策略的管理要素表达通常属于具有目标性、规则性、指标性的文字表达,一般不涉及具体的工作流程步骤、表格内容等细节。但也应认识到,由于控制类管理文件的特殊地位,其可以有"任性"的一面,将管理流程、表格作为控制要素的组成部分提出也属正常。

ISO/IEC 27001 作为网络安全管理的实践总结,其安全管理要素无疑是企业网络安全策略的重要输入参考,而 GB/T 22239—2019 则为企业网络安全管理要素提供了具体的指标约定。同时,应认识到,由于标准规范的普适性和高度抽象,其网络安全管理要素与企业管理实际之间存在差异,通常无法将标准规范直接落地。需要将网络安全管理要素与企业的信息化管控流程相结合,将安全管理要素落实到具体的管控流程环节,从而实现对企业信息化活动的有效管理和控制。

35.1.2 需求与要求

网络安全管理需求与要求通常来自企业的网络安全风险管控要求、法规遵从要求和网络安全最佳实践。基于企业网络安全价值定位和网络安全运行框架,网络安全策略需求框架如图 35-1 所示。

上述的网络安全策略需求框架表明,网络安全需求与要求主要来自企业信息

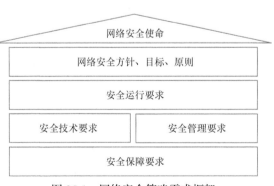

图 35-1 网络安全策略需求框架

化安全技术要求，安全管理要求，安全保障要求，安全运行要求，网络安全方针、目标与策略等方面。

- 网络安全技术要求：网络安全技术要求来自企业 IT 系统技术体系的网络安全风险防范需求。通常包括物理与接入安全要求、网络环境安全要求、计算环境安全要求、应用安全要求和数据安全要求，安全管理要素通常由针对各环节的安全风险分析确定。
- 网络安全管理要求：网络安全管理要求来自针对网络安全事项的管理需求。主要包括但不限于信息分级保护、安全区域划分、访问控制策略等的总体安全策略，物理与环境安全、IT 资产安全、安全产品管理等安全事项管理，以及网络安全管理机构、安全管理人员、安全管理制度、安全建设管理、安全运维管理等内容。
- 网络安全保障要求：网络安全保障主要包括网络安全能力保障与资源保障等方面的内容，相关要求通常以安全保障策略的形式存在。
- 网络安全运行要求：主要包括网络安全规划与计划、安全风险管理、安全事件与应急响应、网络安全监督与检查、网络安全绩效评估与改进等内容。
- 网络安全方针、目标与策略：作为企业信息化战略的承接，明确企业网络安全工作应采取的方针、目标、策略等内容。

网络安全策略需求与要求是企业网络安全管理诉求的体现，应基于企业信息化的安全风险分析与安全防控要求，确定网络安全管理要素。同时，应考虑网络安全法规遵从、企业治理及合同义务等带来的网络安全要求。

35.2 网络安全要素分析

ISO/IEC 27001 是 ISO 发布的网络安全管理体系标准，属于网络安全管理的最佳实践总结，企业网络安全管理体系建设应充分借鉴、参考 ISO/IEC 27001 提供的网络安全控制要素和网络安全管理过程模型。同时，GB/T 22239—2019 中的安全要素指标也有助于企业网络安全管理体系的落地。

35.2.1 ISO/IEC 27001 框架与管控要素

ISO/IEC 27001: 2013 为信息安全管理体系要求标准的最新版本，标准包括两部分，其一为组织建立、实施、运行、保持和持续改进信息安全管理体系应遵从的管理过程，其二为信息安全管理体系涉及的控制要素。ISO/IEC 27001 标准管控要素框架如图 35-2 所示。

管理过程主要包括标准文件中的第 4 章至第 10 章中的内容，即组织的背景、领导力、计划、支持、运行、绩效评估、改进。其中计划、运行、绩效评估、改进体现了信息安全管理体系的 PDCA 改进过程，组织的背景为组织信息安全管理的全局性输入，领导力与支持为组织信息安全管理体系提供全局领导与支撑保障。

控制要素主要包括标准"附录 A.1 控制对象与控制要素"中所列内容，包括 14 个控制域、114 个控制要素。14 个控制域分别是安全方针，信息安全组织，人力资源安全，资产管理，访问控制，密码学，物理与环境安全，操作安全，通信安全，信息系统获取、开发和维护，供应关系，信息安全事件管理，信息安全方面的业务连续性管理，符合性。

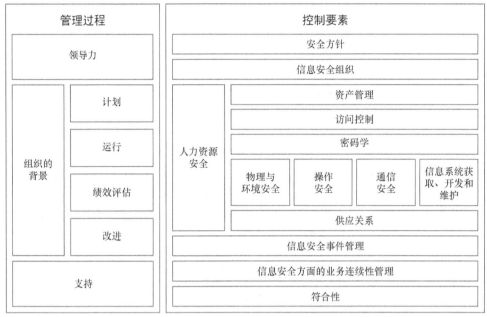

图 35-2 ISO/IEC 27001 标准管控要素框架

ISO/IEC 27001 标准规定：管理过程要求不能删减，控制要素可根据组织需求裁剪。

1. ISO/IEC 27001 管理过程要素

ISO/IEC 27001 标准第 4 章至第 10 章对信息安全管理体系涉及的管理过程进行了相关约定，为便于读者理解标准各管理环节要求，特将标准相关内容列入表 35-1 中以供参考。

表 35-1 ISO/IEC 27001 标准对信息安全管理体系涉及的管理过程的相关约定（节选）

管理环节	管理事项	管理要求
组织的背景	理解组织及其背景	组织应确定影响其信息安全管理体系预期结果的外部和内部因素
	理解相关方的需求和期望	组织应确定信息安全管理体系相关方的信息安全要求
	信息安全管理体系范围	组织应确定信息安全管理体系的边界和适用性
	信息安全管理体系	组织应建立、实施、保持和持续改进信息安全管理体系
领导力	领导和承诺	高层管理者应展示信息安全管理体系的领导力和承诺
	方针	高层管理者应建立信息安全方针
	组织角色、职责和权限	高层管理者应确保分配并传达了信息安全相关角色的职责和权限
计划	应对风险和机会的措施	组织应确定需要应对的风险和机会，定义并应用信息安全风险评估过程和风险处置过程
	信息安全目标和规划实现	组织应建立信息安全目标，并分解到相关职能和层级
支持	资源	组织应确定并提供建立、实施、保持和持续改进信息安全管理体系所需的资源
	能力	组织应确定影响信息安全工作的人员的必要能力
	意识	组织的人员应意识到信息安全方针、对信息安全的贡献及不符合的影响
	沟通	组织应确定有关信息安全管理体系在内部和外部进行沟通的需求
	文件记录信息	信息安全管理体系所要求的文件记录信息应予以控制

续表

管理环节	管理事项	管理要求
运行	运行的规划和控制	组织应规划、实施和控制满足信息安全要求所需的过程，确保信息安全目标的实现
	信息安全风险评估	组织应按计划执行信息安全风险评估，当发生重大变更时也应执行信息安全风险评估
	信息安全风险处置	组织应实施信息安全风险处置计划，并保留信息安全风险处置结果的文件记录信息
绩效评估	监视、测量、分析和评价	组织应评估信息安全绩效和信息安全管理体系的有效性
	内部审核	组织应按计划开展内部审核，确定信息安全管理体系的符合性
	管理评审	管理者应按计划组织信息安全管理体系的评审，以确保其持续的适宜性、充分性和有效性
改进	不符合和纠正措施	当发生不符合时，组织应对不符合做出反应，并确保不符合不再发生
	持续改进	组织应持续改进信息安全管理体系的适宜性、充分性和有效性

注：有关 ISO/IEC 27001: 2013 标准的管理过程与管理事项的详细内容可阅读标准原文。

2. ISO/IEC 27001 控制要素分解

ISO/IEC 27001 标准"附录 A.1 控制对象与控制要素"列出了组织信息安全管理体系涉及的 14 个控制域共 114 个控制要素。为便于读者理解标准各控制要素要求，特将标准相关控制要素摘录于表 35-2 中以供参考。

表 35-2　ISO/IEC 27001 标准关于组织信息安全管理体系涉及的控制域及控制要素（节选）

控制域	控制指标	控制目标
安全方针	A.5.1 信息安全管理指导	提供管理指导，以确保信息安全工作与业务要求和相关法律法规的一致性
信息安全组织	A.6.1 内部组织	建立管理框架，启动和控制组织内信息安全的实施和运行
	A.6.2 移动设备和远程工作	确保远程工作和移动设备使用的安全
人力资源安全	A.7.1 任用之前	确保雇员、承包方人员理解其职责，并考虑与角色的适配性
	A.7.2 任用中	确保所有雇员和合同方意识到并履行其信息安全责任
	A.7.3 任用终止或变化	将组织利益保护融入任用变化或终止处理流程中
资产管理	A.8.1 对资产负债	实现和保持对组织资产的适当保护
	A.8.2 信息分类	确保信息受到与其对组织的重要性保持一致适当级别的保护
	A.8.3 介质处置	防止存储在介质上的信息遭受未授权泄露、修改、移动或销毁
访问控制	A.9.1 访问控制的业务要求	限制信息与信息处理设施的访问
	A.9.2 用户访问管理	确保授权用户访问系统和服务，并防止未授权的访问
	A.9.3 用户职责	确保用户对鉴别信息负有责任
	A.9.4 系统和应用访问控制	防止对系统和应用的非授权访问

续表

控制域	控制指标	控制目标
密码学	A.10.1 密码控制	确保使用密码保护信息的保密性、真实性和完整性
物理与环境安全	A.11.1 安全区域	防止对组织信息和信息处理设施的未授权物理访问、损坏和干扰
	A.11.2 设备安全	防止资产丢失、损坏、失窃，或危及资产安全及组织的运营
操作安全	A.12.1 操作程序和职责	确保正确、安全地操作信息处理设施
	A.12.2 防范恶意软件	确保对信息和信息处理设施的保护，防范恶意软件
	A.12.3 备份	防止数据丢失
	A.12.4 日志记录和监视	记录事件并生成证据
	A.12.5 运行软件的控制	确保运行系统的完整性
	A.12.6 技术脆弱性管理	防止技术脆弱性被利用
	A.12.7 信息系统审计考虑	将审计活动对运行系统的影响最小化
通信安全	A.13.1 网络安全管理	确保网络及信息处理设施中的信息受到保护
	A.13.2 信息传输	保持组织内及与组织外的信息传输安全
信息系统获取、开发和维护	A.14.1 信息系统的安全要求	确保信息安全成为信息系统生命周期的组成部分，包括公共网络服务的信息安全要求
	A.14.2 开发和支持过程中的安全	确保在信息系统开发生命周期内设计与实施信息安全
	A.14.3 测试数据	确保测试数据安全
供应关系	A.15.1 供应关系安全	确保组织中供应商访问信息的安全
	A.15.2 供应商服务交付管理	确保信息安全和服务交付水平与供应商协议的一致性
信息安全事件管理	A.16.1 信息安全事件和改进管理	确保对信息安全事件进行持续、有效地管理，包括信息安全事态和弱点的沟通
信息安全方面的业务连续性管理	A.17.1 信息安全连续性	信息安全的连续性应嵌入组织的业务连续性管理体系
	A.17.2 冗余	确保信息处理设施的可用性
符合性	A.18.1 符合法律与合同要求	避免违反信息安全法律法规、合同义务及其他安全要求
	A.18.2 信息安全评审	确保信息安全依照组织策略和规程实施并运行

ISO/IEC 27001 标准规定的要求是通用的，适用于各种类型、规模和特性的组织。信息安全管理体系作为企业业务过程和管理架构的组成部分，应做好与企业管理体系的一致性整合，确保信息安全要素与组织业务过程、管理控制的紧密结合。

35.2.2 等级保护框架与管控要素

企业网络安全工作需要遵从国家网络安全等级保护要求。同时，网络安全等级保护要求也为企业网络安全策略的制定提供了有益的参考。GB/T 22239—2019 网络安全等级保护基本要求框架如图 35-3 所示。

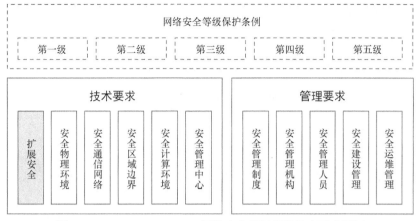

图 35-3　GB/T 22239—2019 网络安全等级保护基本要求框架

《网络安全等级保护条例（征求意见稿）》为 GB/T 22239—2019 的上层法规文件。网络安全等级保护要素要求与信息系统安全等级相关，安全等级从低到高的安全要素呈现递增的方式。以下以第三级安全要求为例，简要介绍其安全技术要求与安全管理要求。

1. **安全技术要求**

安全技术要求分为安全通用要求和安全扩展要求，安全通用要求分为安全物理环境、安全通信网络、安全区域边界、安全计算环境、安全管理中心共 5 个方面。安全扩展要求为针对云计算、移动互联网、物联网、工业控制系统提出的要求。

> 安全物理环境：包括物理位置选择、物理访问控制、防盗窃和防破坏、防雷击、防火、防水和防潮、防静电、温湿度控制、电力供应、电磁防护等方面的安全要求。
> 安全通信网络：包括网络架构、通信传输、可信验证等方面的安全要求。
> 安全区域边界：包括边界防护、访问控制、入侵防范、恶意代码和垃圾邮件防范、安全审计、可信验证等方面的安全要求。
> 安全计算环境：包括身份鉴别、访问控制、安全审计、入侵防范、意代码防范、可信验证、数据完整性、数据保密性、数据备份恢复、剩余信息保护、个人信息保护等方面的安全要求。
> 安全管理中心：包括系统管理、审计管理、安全管理、集中管控等方面的安全要求。

2. **安全管理要求**

安全管理要求分为安全管理制度、安全管理机构、安全管理人员、安全建设管理、安全运维管理共 5 个方面。

> 安全管理制度：包括安全策略、管理制度、制定和发布、评审和修订等方面的安全要求。
> 安全管理机构：包括岗位设置、人员配备、授权和审批、沟通和合作、审核和检查等方面的安全要求。
> 安全管理人员：包括人员录用、人员离岗、安全意识教育和培训、外部人员访问管理等方面的安全要求。
> 安全建设管理：包括定级和备案、安全方案设计、产品采购和使用、自行软件开发、外包软件开发、工程实施、测试验收、系统交付、等级测评、服务供应商选择等方面的安全要求。

- 安全运维管理：包括环境管理、资产管理、介质管理、设备维护管理、漏洞和风险管理、网络和系统安全管理、恶意代码防范管理、配置管理、密码管理、变更管理、备份与恢复管理、安全事件处置、应急预案管理、外包运维管理等方面的安全要求。

有关等级保护标准的具体安全技术与安全管理要求，可阅读 GB/T 22239—2019 原文。

35.2.3 网络安全标准运用

ISO/IEC 27001 和 GB/T 22239—2019 虽然同为与网络安全管理体系相关的标准，但其各自的定位并不完全相同。

- ISO/IEC 27001 作为网络安全管理最佳实践的总结，更侧重于网络安全体系与框架，其框架完整性较好，体现为具有明确的网络安全管理过程，即网络安全运行维度，可为企业网络安全运作提供参考。但由于该标准的适应范围过广，其管控要素落地存在较大的适配空间。
- GB/T 22239—2019 作为国家信息系统安全等级保护的法规要求，其侧重在不同安全等级的信息系统的安全保护，安全要素明确、指标要求具体，重在可实施、可验证。而其框架性要求则"一带而过"，并不具体。

本书无意评价上述标准的优劣，仅就梳理网络安全策略框架时，分析应如何充分利用各自标准的框架特点和要素构成，形成与企业架构和信息化实际相符合的网络安全策略体系框架。基于上述的分析，建议如下。

- 以 ISO/IEC 27001 为主，梳理网络安全策略框架；以 GB/T 22239—2019 为辅，补充完善网络安全策略框架。
- 以 GB/T 22239—2019 为主，梳理网络安全分类、安全管控要素与安全指标要求；以 ISO/IEC 27001 为辅，完善优化网络安全分类、安全管控要素与安全指标要求。

总之，网络安全策略应以企业网络安全风险为驱动，充分发挥网络安全标准的参考与指导作用，形成与企业架构和信息化实际相结合的网络安全策略体系，以便更好地指导企业开展网络安全工作。

35.3 网络安全策略框架

为充分发挥网络安全策略对企业信息化战略的支撑作用，在充分借鉴网络安全管理最佳实践的基础上，应密切结合企业 IT 应用和信息化管控流程，做好网络安全要素的管控落地，确保策略文件的适宜性、有效性和充分性。

35.3.1 策略设计基本原则

为充分发挥网络安全策略对企业网络安全工作的全局指导、管理与控制作用，需要解决网络安全最佳实践与企业管理架构和管理流程的对接，将网络安全管控要素落实到企业信息化具体流程中。网络安全策略体系应遵循以下基本原则。

- 标准一致性原则：以 ISO/IEC 27001 和国家 GB/T 22239—2019 等标准为指导，梳理形成企业网络安全策略体系框架。以企业网络安全需求与要求为驱动，兼顾网络安全法规和相关方的信息安全要求，形成与法规标准和相关方要求相一致的网络安全要素体系，确保企业网络安全管理的合法合规。

➢ 业务充分性原则：以企业战略和信息化战略为指导，梳理网络安全策略，形成企业网络安全方针与原则。基于企业管理架构和管理实际，明确企业的网络安全组织与分工，落实网络安全人员配置和人员安全管理事项。明确企业信息系统分级保护、访问控制等的网络安全保护策略，确保网络安全方针明确、职责明确、策略有效。

➢ 技术适宜性原则：以企业 IT 系统架构为依托，基于信息系统分级分类保护策略，明确网络安全区域划分和区域安全目标。基于企业网络安全区域划分，梳理分析 IT 系统架构的各层级安全技术风险，据此明确各网络安全区域的安全技术要素及安全控制要求，确保网络安全技术要素体系与企业网络安全目标的一致性和适宜性。

➢ 管理有效性原则：以企业 IT 服务流程管理为依托，基于企业信息化管理成熟度和信息安全风险分析，聚焦高风险关键要素，重视中风险重要因素、关注低风险一般要素，循序渐进，推进网络安全管理事项和管理要素的落地实施。重视网络安全监督检查与绩效评估，逐步完善企业网络安全管理体系，逐步提高网络安全管理水平。

基于上述网络安全基本原则，建立健全网络安全策略要素体系，并通过网络安全策略的持续改进，逐步提升企业网络安全策略的充分性、适宜性和有效性。

35.3.2 网络安全策略框架分析

基于 ISO/IEC 27001 的管控要素分类，同时参考 GB/T 22239—2019 中的安全通用要求的管控要素分类。基于通常的企业管控、IT 服务流程与 IT 系统架构实际，网络安全策略参考框架如图 35-4 所示。

图 35-4 网络安全策略参考框架

网络安全策略通常包括网络安全总则、组织机构与人员、分级分类保护、安全技术要求、安全管理要求、安全运行要求等6个方面。

1. 总则

描述企业的网络安全方针、目标与原则，阐述企业应遵循的网络安全法规、企业治理约定及合同义务等内容，定义网络安全所使用的术语，以及有关网络安全策略发布及其他必要的内容。

对应ISO/IEC 27001中的管理过程的"组织的背景"与"领导力"、控制要素中的"安全方针"等内容。对应GB/T 22239—2019中安全通用要求的"安全管理制度"中的相关内容。

2. 组织机构与人员

描述企业的网络安全组织机构及职责分工、岗位设置与人员配备、内部人员安全管理和外协人员安全管理等内容。

对应ISO/IEC 27001中的管理过程的"领导力"以及控制要素中的"信息安全组织""人力资源安全"的相关内容。对应GB/T 22239—2019中安全通用要求的"安全管理机构"和"安全管理人员"的相关内容。

3. 分级分类保护

阐述企业信息系统的分级分类保护、网络安全区域划分、总体访问控制和安全支撑保障等策略，描述安全策略执行应遵循的管理要求，如等级保护定级备案管理等。

对应ISO/IEC 27001中的管理过程的"支持"以及控制要素中的"资产管理""访问控制"的相关内容。对应GB/T 22239—2019中的"网络安全等级保护"的相关内容。

4. 安全技术要求

安全技术要求通常按网络安全区域划分阐述。不同的安全等级区划通常有不同的安全技术要求，按网络安全区域阐述安全策略要求，主要包括网络环境安全、计算环境安全、应用安全和数据安全等内容。由于物理与环境安全属于IT系统支持环境，且具有管理共性，通常将物理与环境安全纳入管理事项范围管理。

企业常见的网络安全区域通常有互联网外网安全区域、内部网络安全区域、核心商密安全区域等，可按网络安全区域划分，阐述安全技术要求。

对应ISO/IEC 27001中控制要素中的"资产管理""访问控制""密码学""操作安全""通信安全""信息安全方面的业务连续性管理"的相关内容。对应GB/T 22239—2019中安全通用要求的"安全通信网络""安全区域边界""安全计算环境""安全管理中心""扩展安全要求"的相关内容。

5. 安全管理要求

阐述IT服务流程中与安全相关的事项管理要求，主要包括物理与环境安全、IT资产安全、安全产品管理、安全基线与变更管理、信息化规划与建设安全、信息系统运行与服务安全等环节的安全事项管理要求。

对应ISO/IEC 27001中控制要素中的"资产管理""物理与环境安全""信息系统获取、开发和维护""供应关系""信息安全事件管理""信息安全方面的业务连续性管理""符合性"的相关内容。对应GB/T 22239—2019中安全通用要求的"安全物理环境""安全建设管理""安全运维管理"的相关内容。

6. 安全运行要求

阐述网络安全运行要求，主要包括网络安全规划与计划、安全事件和应急响应、网络安全监督与检查、网络安全绩效评估与改进等内容。

对应 ISO/IEC 27001 中的管理过程的"计划""运行""绩效评估""改进"的相关内容，以及控制要素中与安全运行有关的要素内容。由于 GB/T 22239—2019 的定位，其对安全运行并无明确的要求。

基于上述的网络安全策略框架，组织网络安全管控要素编制，可形成与企业组织架构、IT 服务流程和 IT 系统架构相衔接的网络安全要素管控体系。通过网络安全要素的全面、系统呈现，为企业网络安全工作推进提供规则与准则，进而有效支持企业网络安全工作的开展。

35.4 策略文件结构

网络安全策略文件属于企业网络安全管理的顶层文件，通常需要遵从企业管理文件编制规范，并遵从企业管理文件审批流程批准发布。由于网络安全策略与企业规模、业务布局、信息化发展水平等多种因素有关，本节内容仅供参考。

35.4.1 策略文件编制

网络安全策略文件覆盖范围广、内容条款多，除应遵循企业管理文件编制的通用规范以外，还应结合策略文件特点和文件读者类型，做好文件编制策划。

1. 文件内容组织

建议网络安全策略以章节分类、条款表达的方式组织策略文件内容、描述安全管控要素。
- 章节分类：以"章"的形式表示网络安全策略的一级分类，如"第一章 总则""第二章 组织机构和人员安全"等；以"节"的形式表示网络安全策略中的二级分类，如"第一章 总则"中的"第一节 目的与范围""第二节 网络安全方针与目标"等，以便于不同类型的读者快速定位其需查找的条款内容。
- 条款表达：以"条款"的形式阐述网络安全要素及安全要求，每个安全要素对应一个文件条款，避免条款与内容的随意拆分；跨章节统一条款编号，形成策略文件顺序编码的条款集合，为后续的安全要素引用提供唯一的条款序号标识。

2. 文件发布与更新

网络安全策略属于企业管理制度文件，按企业管理制度文件流程批准发布。网络安全策略文件的发布与更新通常遵循如下约定。
- 网络安全策略所基于的企业环境、组织、技术与管理等因素变化时，应及时完成相应调整，经批准后发布。
- 当发现策略文件在充分性、适用性和有效性方面存在不足时，应及时补充、完善，经批准后发布。
- 文件附录和附表可独立动态更新，不影响文件正文执行。
- 在不违背管理原则、不缺失关键管理要素的前提下，企业所属下级单位可根据工作需要制定本单位的管理制度。
- 策略文件通常由企业网络安全部门编制，并征询保密部门、信息技术部门及相关管理部门同意，经企业网络安全领导小组审核，由企业授权负责人批准签发。

35.4.2 策略文件结构参考

网络安全策略文件结构受多种因素影响，为便于读者建立网络安全策略体系，特提供如下网络安全策略文件结构供参考。具体的策略文件编制，可结合企业实际情况进行调整、裁剪、补充。

- 第一章　总则：主要内容包括目的与范围、网络安全方针与目标、网络安全法规遵从、文件发布与更新、术语和定义。
- 第二章　组织机构和人员安全：主要内容包括组织机构及分工、人员配备与职责、内部人员安全管理、外部人员安全管理。
- 第三章　IT资产安全管理：主要内容包括资产分类分级管理、资产标识、责任管理、资产配置与台账管理、资产获取与使用管理、数据资产安全管理。
- 第四章　物理与环境安全管理：主要内容包括办公场所物理安全管理、机房物理安全管理、设备间安全管理、设备的安全管理、通信线缆的安全管理。
- 第五章　用户标识与鉴别：主要内容包括身份标示符号、身份鉴别方式、口令设置要求、鉴别策略。
- 第六章　分级分类保护策略：主要内容包括安全分区分类策略、总体访问控制策略、安全域分级保护策略、安全域分级保护策略、安全支撑保障等策略。
- 第七章　内部网络安全域配置策略：主要内容包括网络安全策略、终端计算机安全策略、计算环境安全策略、应用安全策略、数据安全策略。
- 第八章　核心商密网安全域配置策略：主要内容包括网络安全策略、终端计算机安全策略、计算环境安全策略、应用安全策略、数据安全策略。
- 第九章　互联网外网安全域配置策略：主要内容包括网络安全策略、终端计算机安全策略、计算环境安全策略、应用安全策略、数据安全策略。
- 第十章　网络安全产品管理：主要内容包括网络安全产品的选型及采购、防火墙与网络隔离设施部署与防护策略、病毒与恶意代码防范产品部署与防护策略、漏洞扫描系统部署与防护策略、入侵检测与防御系统部署与防护策略、其他安全产品部署与防护策略要求。
- 第十一章　信息系统建设安全管理：主要内容包括信息系统策划安全管理、信息系统建设安全管理、工程过程的安全管理、信息系统验收安全管理。
- 第十二章　信息系统运行安全管理：主要内容包括系统上线与发布管理、用户管理与权限管理、配置管理、变更管理、系统脆弱性管理、安全产品运维管理、异常与故障管理、容量与可用性管理、运行风险管理、备份与恢复、信息交换管理、信息系统废止、外包服务管理。
- 第十三章　安全事件和应急响应：主要内容包括安全事件分类与分级、安全事件清单管理、事件报告与事件响应、事件总结与改进、应急预案与演练。
- 第十四章　网络安全运行管理：主要内容包括年度网络安全规划与计划（涵盖可用性、容量管理、符合性）、网络安全风险管理、网络安全监督检查、网络安全评估与改进、网络安全能力提升。

第六篇

信息化运营

导读

　　信息化运营是时常被企业 IT 应用所忽视的事项，而现实中的大部分企业信息化工作通过信息化运营环节才能得到有效落实。有效的信息化运营不但有利于企业各项信息化工作的有序开展，也有助于企业信息化水平和管控能力的快速提升。

　　本篇从信息化运营的视角探讨企业信息化工作运营涉及的全局重点事项，重点探讨"信息化年度规划与计划""信息化管理体系设计""信息化能力体系建设""信息化运营与管控体系"等重点信息化运营事项，以期帮助企业逐步建立以信息化年度规划与计划为依托，开展企业信息化工作的业务运作，逐步提升企业信息化运营水平与信息化管控能力。同时，为便于读者更好地把握信息系统的可持续发展，特提供"信息系统可持续发展探讨"以供参考。

第 36 章

定位、方法与重点关注

随着企业 IT 应用的逐步深化，企业的业务运作和经营管控对信息化的依赖越来越深，迫切需要建立与企业经营运作相适应的信息化运营管控机制，通过有效的信息化运营管控，更好地发挥信息化对企业战略与经营运作的支撑作用。

36.1 信息化运营定位

信息化运营体现为通过信息化工作计划、组织实施、过程管控、评价与改进的方式支撑企业信息化工作的开展与信息化价值的实现，一般包括信息化综合计划、信息化工作推进、信息化管控实施、评价与改进。

36.1.1 信息化综合计划

信息化综合计划一般可分为企业信息化全局计划、专项计划和年度工作计划 3 类。信息化全局计划一般以信息化规划、专项规划等形式呈现，属于企业全局类工作计划。专项计划一般属于针对特定领域的计划，与专项规划的差异在于，专项规划一般侧重在需求与方案的规划，专项计划侧重在目标分解与进度的推进。年度工作计划则以年度为周期，体现为对企业信息化年度需求、目标、策略与举措、进度安排与资源保障等的统筹安排。

企业应重视信息化全局计划的部署与安排，做好全局信息化事项的需求分析，明确信息化发展战略，做好信息化全局发展的计划统筹，为企业信息化全面发展提供计划支撑。同时，应重视年度计划筹划，以企业信息化战略为导向，通过全面、系统的年度信息化需求的梳理分析，基于信息化战略确定的优先级和行动策略确定企业信息化年度工作目标，基于年度信息化工作策略制定年度信息化推进计划，有条不紊地推进企业各项信息化工作。

36.1.2 信息化工作推进

为落实信息化综合计划的部署与安排，需要做好信息化综合计划推进所需的体制、机制与资源保障等相关事项的沟通、组织、管理和反馈。

做好与企业领导者和职能管理部门的沟通。协调推进企业信息化组织的改进完善，确保信息化体制与信息化工作的协调与匹配。同时，做好信息化所需人力、设施、资金等的资源保障协调，确保信息化资源保障可以有效支持各项信息化工作的开展。

做好信息化重点任务事项的组织与管理。做好重点任务事项的工作细分和进度安排，协调解决事项推进过程中的问题，确保各项重点任务有序执行。

健全、完善信息化运营反馈机制,及时解决信息化工作过程中的问题事项。完善企业信息化运营平台,充分发挥信息化平台对信息化运营的支持作用,提高信息化运营效率。

36.1.3 信息化管控实施

企业信息化的主要目标是为企业经营运作和员工工作提供支撑服务。应做好信息化战略事项、重要事项和网络安全事项的管理与控制。信息化战略事项一般包括企业治理要求的事项、信息化规划事项和信息化重大专项;信息化重要事项主要包括信息化架构管控、重点建设项目、标准规范等事项;网络安全事项一般包括企业网络安全要求、法规与标准遵从等内容的落实。

36.1.4 评价与改进

企业信息化运营遵循企业运营管理的基本规则,即遵循PDCA循环改进规律。应定期开展信息化评估工作,基于评估发现的问题,提出改进方案,并推进改进方案的落实。通过持续改进活动,逐步提高企业IT服务的质量与效率,更好地发挥信息化对企业经营运作的支持与支撑作用。

36.2 一般方法

信息化运营涉及的一般方法主要有年度规划与计划方法、管理体系构建方法。以下简要介绍相关方法,并提供相关方法索引,以尽可能帮助读者建立与信息化运营相关的知识框架。

36.2.1 年度规划与计划方法

"规划"与"计划"虽然词义相近,但各有侧重。"规划"侧重的是从需求的梳理识别到形成方案的推导过程;"计划"侧重的是从目标任务展开到计划安排的过程,强调的是计划安排。

信息化运营中的年度规划与计划一般包括两个部分:一是基于信息化需求的梳理分析,经过综合平衡,确定年度工作目标的过程;二是基于确定的年度信息化目标,通过具体的策略举措,形成计划和资源配置的过程。前者对应年度规划与计划的"规划"部分,后者对应其中的"计划"部分。

与规划相关的方法如下。

> "企业战略管理"类图书:这类图书很多,是理解战略管理的知识性读本,也是理解企业战略的基础,读者可根据自身需要选择性阅读。同时,加强自身对战略规划的研究、分析必不可少。

> 参加"企业战略规划"或"企业业务规划"项目培训和实践:参加本企业规划类咨询项目,可能是提升对规划理解和把握能力的最佳途径。读者通过这类咨询项目的培训、指导、讨论、论证等实际规划过程,可以加深对规划制定过程、驱动关系和规划核心要素的理解和把握,形成融会贯通的"企业规划"链条驱动关系和知识体系。

虽然与企业规划相关的知识读本有很多,但现实工作中的规划制定也并非一项简单工作,需要读者潜心研究、理解与"规划"领域相关的需求、需求选择、目标定义、战略与策略、计划与资源配置之间的驱动与约束关系,理解其核心要义,才可能制定出可有效指导业务发展的规划。

而"计划"编制则很宽泛,并不需要完整的方法指导,遵循业务逻辑支持与约束关系编制即可。

36.2.2 管理体系构建方法

信息化管理体系构建一般应满足两个方面的基本要求：一是应覆盖企业IT服务价值链所有环节的管理要素，二是应满足企业对管理文件体系的层级要求。

信息化管理体系构建可遵循的方法如下。

- ➢ 《质量管理体系 要求》（GB/T 19001—2016）。
- ➢ 《信息安全管理体系要求》（ISO/IEC 27001：2013）。

不同企业之间的管理体系层级差异较大，信息化管理体系可依据企业管理体系要求制定，此处不做参考方法推荐。

36.3 重点关注

信息化运营贯穿于企业运用IT的全过程，信息化运营的水平也直接影响企业IT资产价值的发挥和信息化投资绩效。而信息化年度规划与计划的指导性、资源配置的有效性和信息化运营掌控能力等对信息化运营水平有重要影响，应给予特别关注。

1. 关注年度规划与计划的指导性

充分发挥信息化年度规划与计划对企业信息化工作的指导作用。通过年度规划与计划编制，全面审视企业信息化存在的问题和面临的新挑战，统筹考虑确定年度工作目标和重点工作，将企业信息化发展的重点事项、优先事项纳入年度信息化工作计划中。

充分发挥信息化年度规划与计划对信息化工作推进的计划作用。通过年度规划与计划编制，统筹安排年度信息化工作，确保各项信息化工作的协调配合，避免信息化工作事项的交叉、冲突与无序。基于年度计划，有条不紊地全面推进企业信息化各项工作。

2. 关注资源配置的有效性

企业信息化运营需要大量的资源支撑与保障，既需要企业内部的资源保障，也涉及大量外部的IT支持，应注重信息化工作资源配置的有效性。

- ➢ 对于内部资源：全面梳理企业IT服务价值链各环节的资源需求，做好信息化资源统筹，形成信息化资源需求保障计划。做好与相关职能部门的协调沟通，落实信息化资源保障计划。
- ➢ 对于外部资源：全面梳理信息化建设支持、重要设备保修、重要IT系统技术支持、软件许可费用、系统优化改进、IT服务支持等方面的外部资源需求，做好项目费用申请和商务采购支持，确保按计划获取外部资源支持。

3. 关注运营掌控能力

企业信息化运营过程中既有计划事项的管理，也涉及非计划事项的运作，应特别关注信息化运营管理事项的掌控能力建设，关注例会制和风险管理，确保各项信息化工作沿正确的轨道行进。

- ➢ 例会制：应建立企业各层级信息化组织的例会制度，通过例会制度掌握信息化工作计划执行情况、变更情况及过程中的各种问题，及时发现问题，及时解决。
- ➢ 风险管理：建立信息化风险管理机制，建立基于风险的信息安全管理体系，基于风险的系统运行维护管理机制，逐步提升信息系统运行掌控能力。

第 37 章

信息化年度规划与计划

编制年度规划与计划是企业推进各领域工作的重要手段。信息化工作也是一样，应通过信息化年度规划与计划的编制，全面统筹企业信息化发展需求，通过全面的梳理、系统的规划、统筹的计划安排和资源配置，为全年信息化工作提供计划支持与指导。

37.1 价值定位与重点关注

年度规划与计划具有规划和计划的双重价值。规划价值在于通过全面的需求梳理和系统的能力分析，为年度目标设定提供输入；计划价值在于通过目标和任务分解，落实各项任务的计划安排，并提出保障计划。

37.1.1 价值定位

信息化年度规划与计划的价值既体现在针对企业年度信息化工作的全面统筹，也体现在针对各项信息化工作的有序安排。

1. 年度信息化工作规划

企业信息化是一个动态发展的过程，企业信息化规划中明确的信息化事项通常也只占年度信息化工作的一部分，大量的工作是应对企业信息化发展中的新问题、新需求。这些新问题、新需求包括但不限于以下几方面。

➢ 企业业务运作与管理提升带来的系统改进需求。
➢ 两化融合深化带来的业务数字化新增建设需求。
➢ IT 基础设施扩建及必要的架构调整优化等需求。
➢ 应对安全风险拟采取的 IT 系统安全加固等需求。
➢ IT 系统运行与维护必需的设备保修、技术支持、系统优化等支持保障需求。
➢ 其他必要的拟采购的外部 IT 服务支持需求等。

除此之外，伴随企业 IT 应用深化带来的信息系统集成、架构迭代、技术与业务标准规范编制，以及由于 IT 系统生命周期带来的软硬平台更迭、新技术应用等各种需求。

上述大量的信息化需求均需要全面的梳理、系统的分析，而企业信息化战略和资源配置策略的差异也会影响信息化年度目标的确定。因此，需要通过年度信息化规划这样的过程，统筹规划，据此确定企业信息化年度目标和重点任务事项。

2. 年度信息化工作计划

年度信息化工作计划则是基于上述的年度信息化工作规划确定的信息化年度目标和重点任务事项，编制的年度信息化工作安排。

在制定年度信息化工作计划时，需要均衡考虑企业信息化的 IT 系统现状、能力状况和资源保障情况，基于目标要求和企业信息化工作思路，确定年度信息化工作策略，落实完成各项信息化工作的举措和具体行动步骤，分析计划执行风险，制定风险应对计划。同时，做好必要的组织与资源保障计划。

信息化年度规划与计划作为企业信息化工作的重要抓手，应引起企业信息化从业者的充分重视，充分发挥其对企业信息化工作的指导和引领作用。

37.1.2 重点关注

为更好地发挥信息化年度规划与计划对企业信息化工作的指导作用，应特别关注以下规划与计划要点。

1. 确定年度目标及重点任务事项

应全面、系统地梳理企业全年信息化工作需求。通过全面、系统的需求梳理分析，形成拟开展的年度信息化工作清单，为年度信息化工作规划提供完整的需求输入。开展企业内部信息化能力分析，能力分析应覆盖 IT 服务价值链的各环节、主要管理领域，基于当前能力与目标能力的差异分析，明确信息化能力差距与改进方向。基于年度信息化需求和能力分析，开展针对信息化需求事项的优先级分析。基于已明确的信息化指导思想和原则，确定企业信息化年度工作目标和重点任务事项。

2. 明确年度信息化工作策略

年度信息化工作策略是企业年度信息化工作的折中准则。年度信息化工作策略一般覆盖规划建设、IT 系统运行、IT 服务支持、专项工程、网络安全、管理体系、能力体系等方面。年度信息化工作策略务求简单、明了、便于理解。通过年度信息化工作策略的概括性描述，为年度信息化工作指明方向和优先准则，更好地支持各项信息化工作的高效开展。

3. 制定重点任务举措及风险管理计划

基于年度信息化目标、重点任务和信息化工作策略，编制重点任务事项的推进举措和具体计划安排。重点任务举措一般以工作策略为统领，通过一组重点事项的实施执行，达成重点任务目标的实现。基于重点任务的举措计划可形成年度信息化重点任务里程碑计划，为年度信息化计划管控提供计划基准。同时，开展基于年度信息化目标的风险分析，形成年度信息化风险管理计划，风险要素应包含主要风险、风险来源、降低风险的对策和举措，以及必要的风险跟踪机制等内容。

4. 落实资源保障计划

信息化年度规划与计划的执行离不开资源保障的支撑，应切实做好年度信息化计划必需的组织保障、资源保障及必要的考核机制安排，确保为各项信息化工作开展提供充分的资源保障支持。应特别关注企业现有信息化组织的适配性，如需对信息化组织机构进行调整，需在年度规划与计划中完成组织机构的调整方案设计，并同步推进信息化组织机构的变革工作。

37.2 年度规划与计划框架

信息化年度规划与计划一般由企业信息化主体责任部门组织开展，通过主体责任部门履职的方式完成企业赋予的信息化职责。信息化年度规划与计划框架如图 37-1 所示。

第 37 章 信息化年度规划与计划

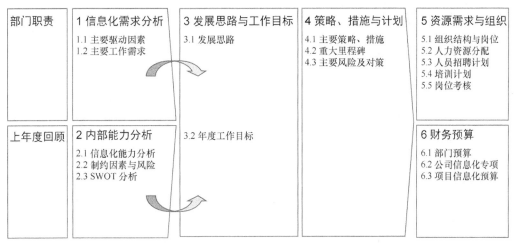

图 37-1 信息化年度规划与计划框架

年度规划与计划框架由两个初始条件和 6 个关键领域构成。初始条件包括部门职责和上年度回顾。部门职责描述其在企业 IT 服务价值链和信息化管理方面企业所赋予的职责情况；上年度回顾为部门上年度信息化履职情况的全面概括性描述，既有取得的成绩，也有存在的不足，为本年度信息化规划与计划编制提供背景信息。当企业内部多部门共同推进信息化年度规划与计划的编制时，此时的部门职责则是各相关部门信息化职责的汇总，上年度回顾则是多部门信息化工作情况的概括总结。

年度规划与计划框架 6 个关键领域包括信息化需求分析，内部能力分析，发展思路与工作目标，策略、措施与计划，资源需求与组织，财务预算 6 个方面的内容。

- 信息化需求分析：信息化需求分析主要包括年度信息化主要驱动因素和主要信息化工作需求与要求分析。
- 内部能力分析：内部能力分析主要包括信息化能力分析、IT 服务价值链能力分析、信息化制约因素与风险分析、SWOT 分析等方面的内容。
- 发展思路与工作目标：发展思路与工作目标主要包括信息化工作思路和年度信息化工作目标。
- 策略、措施与计划：策略、措施与计划主要包括策略与措施、重大里程碑、主要风险及对策等内容。
- 资源需求与组织：资源需求与组织主要包括组织结构与岗位、人力资源分配、人员招聘计划、培训计划和岗位考核等内容。
- 财务预算：财务预算主要包括企业信息化专项预算、部门预算等内容。

上述的年度规划与计划框架的 6 个关键领域具有很强的内在逻辑关系，应深刻理解其内在的驱动关系，形成完整、严谨的逻辑闭环。

信息化年度规划与计划框架为企业信息化年度工作计划的编制提供了有价值的参考，企业信息化从业者可着手尝试开展信息化年度规划与计划的编制，逐步养成良好的计划驱动的职业工作习惯。

37.3 主要计划事项的编制

基于上述的信息化年度规划与计划框架，以下简要介绍相关内容编制，为读者开展年度规划与计划编制提供参考。

37.3.1 编制思路

现实的企业运营中,大部分企业的年度计划属于常规的事项计划,年度计划中的规划属性通常较弱。开展信息化年度规划与计划编制本身就是一种创新,需要站在企业全局发展的角度,通过有效的规划与计划,驱动企业的信息化运作,更好地发挥 IT 应用对企业绩效提升和业务发展的支撑作用。信息化年度规划与计划通常需要清晰、明确的编制思路指引,可供参考的编制指导思想如下。

- 需求驱动,明确年度信息化的重点建设工作。
- 问题导向,确定 IT 服务工作重点改进事项。
- 积极主动,制定信息化年度目标与推进计划。
- 目标导向,强化规划的执行监督与过程管理。

上述的编制指导思想仅是样例,并无实际意义。年度规划与计划编制的指导思想需要基于企业信息化应用场景,结合企业信息化成熟度、年度信息化需求、指导思想、原则等诸多因素,由年度规划与计划编制主导者提出,用于引导、指导编制工作。恰到好处的编制指导思想不但有利于信息化全局需求的梳理,也有利于年度目标的确定和年度计划制定与执行。

37.3.2 年度信息化需求梳理

年度信息化需求梳理分析是年度规划与计划的重头戏。因信息化需求涉及面广,需要全面的梳理、系统的分析。企业年度信息化需求一般包括以下方面。

- 外部驱动:外部驱动主要包括企业的市场环境、产业链协作和政府监管等外部环境要求带来的信息化建设与改进需求,为此,需要密切关注与此相关的行业发展趋势、产业政策和法规环境等宏观要求,分析其可能带来的信息化需求。
- 内部业务驱动:内部业务驱动是企业信息化发展的核心驱动,应全面收集、系统梳理主体业务需求,确保企业的核心业务能够及时得到信息技术的有效支撑。同时,应注重发挥 IT 部门的技术引领作用,发掘潜在 IT 应用场景需求。
- IT 产品与技术驱动:IT 与产品快速发展,适时引入成熟的新技术 IT 产品,有利于提升 IT 设施对企业业务运作的支撑能力和支持效率。在年度规划与计划编制期间,需要开展新 IT 产品与技术的引入评估。
- IT 设施生命周期迭代:企业 IT 系统架构中的所有软硬件产品均有各自不同的预期使用寿命,及时更换达到使用寿命的 IT 设备在可靠性与经济性上都是值得的。在年度规划与计划编制期间,应充分考虑现有 IT 产品生命周期迭代或升级等的需求。
- 应用系统持续改进:业务驱动带来的一般属于较大规模的系统改造。除此之外,业务应用系统的局部扩展、完善、优化基本属于常态。在年度规划与计划编制期间,应充分考虑应用系统持续改进类需求。
- IT 系统架构与可用性改进:梳理、分析企业 IT 系统架构和可用性方面的改进需求,将需改进的工作纳入年度计划工作中。
- 设备保修与备用:初次采购的软硬件设备一般有 1~3 年不等的质量保证服务,对超过保修期的设备需要解决设备故障处置问题。出于可用性和经济性考虑,关键设备需要购买设备保修服务，非关键设备可以购买设备保修服务，也可以采用备品备件的方式解决。应将设备保修与备品备件纳入年度规划与计划的需求中。
- IT系统维护支持：充分利用社会IT服务资源解决企业IT系统运行维护中的部分问题是绝大部分企业的通行做法。应全面梳理IT系统运行所需的系统调优、疑难问题处置、专项攻坚等IT专业服务和系统巡检、技术支持等常规IT服务需求，并将其纳入年度规划与计划的需求中。
- IT系统运维改进：综合评估业务应用系统运维、IT基础设施运维、IT服务支持和信息化运营管理中的改进需求，形成运维改进需求。运维改进需求一般包括系统运行监控改进、系统维护检修改进、系统运行安全改进、运行管理改进等方面的改进需求。
- IT服务支持方面：梳理IT服务支持涉及的服务目录、服务响应、服务质量、服务平台以及服务资源保障等方面的需求，将其纳入年度规划与计划的需求中。
- 网络安全需求：梳理与企业信息安全相关的技术体系、管理体系及安全运行等方面涉及的改进需求，将其纳入年度规划与计划的需求中。
- 信息化管理需求：梳理企业信息化管理方面涉及的信息化组织架构、信息化管理制度、信息化预算与成本、信息化资产管理、信息化管理改进等方面涉及的改进需求，将其纳入年度规划与计划的需求中。
- 其他相关的需求：包括信息化公共管理、信息化考核评价、IT治理等方面的需求，为年度规划与计划提供必要的输入。

上述列出的企业信息化年度规划与计划的需求事项仅为参考示例。企业信息化规模、信息化组织架构以及信息化成熟度等众多因素都会影响年度规划与计划的信息化需求，读者可根据企业信息化实际情况，全面、系统地梳理信息化需求，为信息化年度规划与计划提供充分的需求输入。

37.3.3 内部信息化能力分析

内部信息化能力分析通常包括信息化能力分析、制约因素与影响、SWOT（S代表Strengths（优势）、W代表Weaknesses（劣势）、O代表Opportunities（机会）、T代表Threats（威胁））分析等方面。

1. 信息化能力分析

基于企业信息化水平现状和未来发展目标的评估，提出能力提升要求。可供参考的信息化核心能力一般包括业务能力、技术能力、管理能力和平台支撑能力4个方面。
- 业务能力：业务洞察力与业务变革推动力。
- 技术能力：IT运用与信息系统掌控能力。
- 管理能力：信息化运营管理能力。
- 平台支撑能力：运行管理平台等的支撑能力。

详细分析企业信息化规划建设、IT系统运行、IT服务支持、应用推广、网络安全、信息化管理等各环节的能力现状与差距，分析影响目标实现的关键因素，提出可行的能力提升路径。

2. 制约因素与风险

制约因素主要是指影响企业信息化推进或应用效果的各种不利因素，常见的信息化制约因素如下。
- 信息化组织保障不到位导致的制约信息化发展的因素，如IT人员编制过少带来的信息系统可用性和网络安全风险等问题。
- ➢ 信息化资源保障不到位导致的制约信息化发展的因素，如 IT 人员技术能力难以支持企业信息化发展等问题。
- ➢ 信息化机制保障不到位导致的制约信息化发展的因素，如业务部门与 IT 部门协作不顺畅、各自为政导致的对企业信息化发展的负面影响。

影响企业信息化推进或应用效果的因素较多，进行年度规划与计划编制时一般只关注主要影响因素（且通常是可以解决的因素）。应避免出现只提出问题不解决问题的情况。

3. SWOT 分析

SWOT 分析是规划工作通常采用的策略分析方法，通过 SWOT 分析为后续的策略选择提供支撑。信息化年度规划与计划中的 SWOT 分析也是一样，通过简要的 SWOT 分析，为后续的信息化思路、目标、策略的确定提供依据。

37.3.4 信息化工作思路与目标

信息化工作思路是指企业信息化全局发展工作思路，目标是指企业信息化年度工作目标，以下简要介绍相关内容。

1. 信息化工作思路

企业信息化工作思路主要包括企业信息化愿景、指导思想、阶段目标、基本原则、信息化架构等内容。按照通常的信息化战略划分，企业信息化愿景和指导思想属于企业信息化长远战略的范畴，它们是企业战略和信息化价值观的体现，具有长期性和稳定性，信息化年度规划和计划应遵循已达成共识的信息化指导思想。信息化阶段目标、基本原则、信息化架构一般属于企业信息化总体战略的范畴，具有相对的稳定性，也是信息化年度规划与计划应遵循的基本原则。

总体而言，对于具有成熟信息化战略规划的企业，信息化工作思路是对现有已形成共识的引用；而对于尚未形成稳定信息化工作思路的企业，则需要提出面向未来的信息化工作思路，以更好地指导企业未来的信息化发展。

信息化工作思路应该是严谨、审慎、具有指导意义的工作思路的概括性表达，应具有良好的企业 IT 服务覆盖性，并在一定范围内形成共识。

2. 年度信息化目标

年度信息化目标的确是一个复杂分析与评估的过程，这里既涉及需求分门别类与需求组合打包，也涉及既有的技术解决方案和信息化支撑能力、资源、制约因素的综合评估，需求优先级排序可参考图 37-2 所示的模型进行评估。

模型中的"需求驱动力"和"实施可行性"中的指标要素和指标要素所占权重可以结合企业自身情况确定。基于确定的需求优先级评价要素对已形成的信息化需求进行优先级排序，从而确定年度信息化重点事项、一般事项和关注事项等。

基于需求优先级排序和企业信息化工作思路与资源保障情况，确定信息化重点工作清单，据此梳理、分析、提升以形成年度信息化目标。

通常，年度信息化目标是一个从上向下和从下向上的多次迭代的过程，通过多次迭代形成最终的年度信息化目标。应注重迭代过程中的重点工作清单和年度信息化目标的匹配性，确保目标与工作内容的一致性。

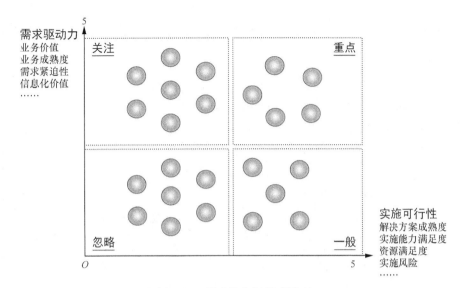

图 37-2　需求优先级排序模型

37.3.5　年度工作策略与措施

年度信息化需求梳理、内部信息化能力分析、信息化工作思路与目标属于通常的规划类内容。年度工作策略与措施、里程碑计划与风险管理、资源保障计划等内容则属于通常的计划类内容。

年度信息化策略与措施是指为达成年度信息化目标而采取的信息化工作策略和具体的行动举措。为清晰表达信息化规则策略，需要保持目标、内容、策略与措施之间的一致性。

1. 目标与内容的一致性

任何清晰的表达都需要框架的支持，通过框架将要表达的核心要义分解为若干部分，通过对每个部分关键内容的提炼形成该方面明确的核心要义表达，进而达到预期的表达目的。

信息化目标与内容的一致性需要表达框架的支持。基于企业 IT 服务价值链及其支撑保障需求，可梳理形成年度信息化目标框架。可供参考的年度信息化目标框架如图 37-3 所示。

信息化价值目标			
信息化建设目标	系统运行与交付目标	IT服务支持目标	专项工程目标
信息安全目标	能力体系目标		管理体系目标
信息化运营目标			

图 37-3　年度信息化目标参考框架

其中，信息化价值目标为年度信息化目标的总体描述，一般以信息化价值实现的方式表示。专项工程目标是指企业特定的信息化专项工程或重要事项的单独表述。具体年度信息化目标的描述可依照工作内容布局以突出需求主体的方式表述。

参考目标分类梳理信息化需求内容，形成信息化目标与信息化工作内容的对应关系，并保持目标与内容的一致性。

2. 目标与策略的一致性

策略一般为高度概括的、体现达成目标所采取的优先措施的表达，具有统一思路和行动步调的作用。策略对应目标，同时与工作内容密切关联，应保持策略与内容的一致性。

图37-4所示内容仅为参考样例，没有实际意义。传递的信息是恰当表述的年度信息化工作策略有利于明确工作导向、统一行动步调。

策略1：着眼未来，做好××××专项实施方案编制，推动××××专项相关标准规范预研与技术准备，奠定后续发展基础。

策略2：支持导向，做好应用系统改扩建的支持、协调与管理，有序推进IT基础设施的改扩建，统筹软件资产管理。

策略3：客户导向，全面梳理信息系统运维体系，深化系统监控与维护管理，做好服务支持，逐步提升客户满意度。

策略4：以风险管理和安全审计为抓手，促进涉密系统合规和非涉密系统应急能力提升，全面提升网络信息安全水平。

策略5：依托信息化管理平台，推进资产信息配置化、IT管理流程化、问题事件信息化，逐步提升管理体系有效性。

策略6：推进"两化融合"，开展全员信息化培训，加强IT人员专业培训，试点内部技术沙龙活动，开展外部技术交流。

图37-4 年度信息化总体策略样例

3. 策略与措施的一致性

策略需要一组措施支撑才能实现预期的策略目标，措施是策略对应目标之下的主要任务内容的行动计划。在年度信息化工作策略之下展开阐述主要信息化任务的行动计划。需要注意以下几点。

- 应明确完成工作拟采用的主要举措。
- 具体实施步骤应体现完成该项工作的主要里程碑活动，且时间明确、交付物清晰。

37.3.6 里程碑计划与风险管理

对年度信息化重点任务应制定明确的里程碑计划，确保信息化重点任务有计划、可跟踪、可考核。同时，应开展年度目标实现的风险分析，制定相应的风险管理计划。

- 里程碑计划：所有年度信息化重点任务均应纳入里程碑管理范畴，通过里程碑计划的制定为信息化运营提供计划控制基准，以便更好地支持企业级的目标管理和绩效考核。里程碑计划主要包括重点任务名称、年度内的主要里程碑节点、里程碑交付物、主要责任人等信息。里程碑计划信息主要来自对应重点任务的主要举措和具体实施步骤，应保持里程碑计划信息与前述信息的一致性。
- 风险管理：风险管理属于通用的管理手段。年度规划与计划中的风险管理主要用于规避计划执行过程中的各类风险，提前采用风险应对措施，减少对实现目标的影响。对照年度信息化分项目标，梳理、分析每个目标实现存在的潜在风险，形成年度信息化工作潜在风险清单。参考风险管理方法开展风险影响分析，选择"TOP5"或"TOP10"的风险纳入风险管理范畴。对纳入风险管理范畴的风险，编制风险应对计划。风险应对计划主要包括主要风险、风险来源、降低风险的对策和举措等内容。

37.3.7 资源保障计划

资源保障计划主要包括信息化组织、人力资源保障、经费保障等相关内容。

信息化组织保障包括年度信息化组织机构和岗位设置。应紧密结合年度信息化工作需求和可持续发展要求，对现有的信息化组织机构和岗位设置进行调整或优化，使之更好地匹配企业信息化实际工作要求。

人力资源保障主要体现在人力资源配置和专业技术能力建设方面，以便能够有效支持企业信息化各项工作的开展。对于现有人员无法满足信息化工作需求的，应明确岗位与人员能力要求，并编制人员招聘计划，根据人员能力提升要求编制年度信息化培训计划。

经费资源保障主要包括企业信息化专项预算及 IT 部门预算等内容。

37.4 编制过程与计划管理

信息化年度规划与计划是 IT 部门每年的例行工作，通过对年度信息化工作的全面梳理，形成年度信息化工作计划。

37.4.1 年度规划与计划启动

信息化年度规划与计划编制的启动时间与企业的财务年度划分密切相关，可根据企业年度计划安排，适时启动规划与计划编制工作。

1. **编制前期准备**

年度规划与计划前期准备工作主要包括以下几方面。
- 收集有关企业战略与业务发展相关的重要文件、业务部门已提出或有意向启动的信息化建设需求、本年度信息化问题与遗留事项清单等信息。
- 明确信息化年度规划与计划拟覆盖的范围，如业务范围、组织范围、地域范围等。
- 准备年度规划与计划编制拟采用的 PPT 模板。PPT 模板除基本的样式信息以外，应包括年度规划与计划报告的内容框架以及必要的编写提示。

2. **编制组织与分工**

年度规划与计划是企业信息化年度重要的文件，牵头人应该是 IT 部门的主要负责人。同时，由于计划内容覆盖企业信息化的方方面面，几乎涉及所有信息化关键岗位人员。编制的组织与分工应包括以下几个方面。
- 组长：IT 部门主要负责人。
- 成员：信息化关键岗位人员。
- 统稿人：负责计划文件的汇总与统稿。

3. **编制进度计划**

可按 2 个月时间安排计划编制进度。计划编制的主要工作一般包括项目启动会、需求分析、内部能力分析、思路与目标、策略与举措、资源保障计划、汇报与评审。

涉及人员多、耗时较长的主要集中在需求分析、策略与举措两个环节。需求分析一般需要 1 个月左右的时间。通常，"一上需求"约需 1 周时间，由于需求需要多次迭代，因此需求分析一般比较耗时。策略与举措的编制具有一定的难度，一般需要多次迭代。上述两项工作直接影响编制进度。

4. 编制启动会

召开编制启动会也是年度规划与计划编制的重要组成部分。计划编制启动会既有传统项目启动会的宣传、动员作用，也是计划编制的重要培训机会。

为提高计划编制效率，IT 部门主要负责人需要阐述年度信息化工作的基本思路、工作重心和设想，为年度规划与计划编制提供导向和重点关注事项。同时，结合案例介绍 PPT 模板的使用方法，提醒应注意的事项等。

37.4.2 上下双向迭代推进

由于年度规划与计划覆盖的范围广、涉及的人员多，通常需要上下双向多次迭代才能达成预期的结果共识。以下简要介绍计划编制过程。

1. 需求迭代

信息化主要负责人的高层级宏观需求视角和关键岗位人员的具体事项视角需要协调一致，才能实现年度信息化需求的全覆盖。而这种协调一致通常只能借助需求上交与意见反馈这样的多次迭代才能实现。

> 初始需求收集：关键岗位人员收集岗位责任范围的需求，形成文字表达的需求文件，跨部门需求应征得相关部门人员的认可，并填报到模板 PPT 文件中的相应部位。

> 需求汇总反馈：初始需求事项普遍存在各式各样的问题。共性问题有需求遗漏、需求不完整、描述深浅不一等。需求汇总后，基于信息化主要负责人的需求评估，将需求改进要求反馈至各关键岗位人员。出于共性问题分析和能力提升考虑，可以召开计划编制组会议，通过会议反馈需求改进要求。

> 补充需求收集：关键岗位人员根据需求改进要求补充完善后，提交"二上"需求事项。"二上"需求汇总后，信息化主要负责人给出需求评估意见。通常部分需求可基本满足要求，部分需求还需修改更新，提交"三上"需求事项。

> 需求完善固化：通过初审的信息化需求事项，由于需求来自不同的人员，需求描述的系统性、深浅度、术语、语言表述等均有差异，通常需要计划编制的统稿人对之进行修改、完善，从而完成年度规划与计划需求事项的固化。

2. 内部能力分析

内部信息化能力分析为企业视角的信息化能力分析，一般由 IT 部门主要负责人负责编写，或由计划编制的统稿人编写初稿、IT 部门主要负责人修改确定。

3. 目标与任务迭代

年度目标一般基于需求优先级评估和企业信息化总体要求等的综合评估，确定年度信息化重点任务，基于信息化重点任务提炼、形成年度信息化目标。

> 初始需求筛选：IT 部门主要负责人负责需求优先级评估的筛选评估要素及权责的确定；计划编制的统稿人负责年度任务筛选的组织与评估。可邀请信息化需求相关方、信息化关键岗位人员等利益相关方参与需求筛选评价，以尽可能反映各方诉求。

> 任务迭代与完善：从需求事项到年度任务有一个需求组合的过程，需求组合后形成年度任务，编写任务定义与描述，经审核后定版。

> 初始目标设定：统稿人员起草年度目标，提交 IT 部门主要负责人审核、修改。或 IT

部门主要负责人自行编写年度目标。
- ➢ 目标完善固化：年度初始目标确定后，随着计划编制的逐步深化，可能会带来年度工作任务等的调整，如果任务调整影响到年度目标，此时需要对年度目标进行调整完善。

4. 策略与举措

年度信息化工作策略一般由 IT 部门主要负责人编写。信息化工作举措和行动步骤一般由相关关键岗位人员编制。

- ➢ 初始举措编制：关键岗位人员编制各自的工作举措和具体行动计划，满足举措编制的基本要求。
- ➢ 举措迭代：关键岗位人员将举措和行动计划提交计划编制统稿人，统稿人基于举措的内容完整性、语言表达、行文格式及举措之间的内在关联等要求，提出修改意见。举措编制一般也会经历"二上二下"的修改过程。统稿后提交 IT 部门主要负责人审核，统稿人根据要求完成举措的修改。
- ➢ 里程碑计划编制：基于企业信息化全局管控要求，确定年度信息化重点管控事项。基于重点管控事项，编制年度信息化里程碑计划。里程碑计划信息来自前述形成的举措和行动计划，应保持里程碑计划信息和相关事项行动计划的一致性。
- ➢ 风险管理编制：根据企业或信息化风险管理要求，梳理、分析实现目标存在的潜在风险，形成年度信息化工作风险清单，编制风险应对计划。

5. 资源保障编制

通常 IT 部门主要负责人编制信息化组织与岗位设置内容，统稿人组织编制年度信息化人员招聘计划、培训计划及必要的资源与设施保障计划等相关内容。

6. 预算计划编制

按企业预算管理和信息化费用管理要求，编制信息化专项预算计划及其他相关费用预算计划。

37.4.3 评估与评审

不同企业对年度规划与计划的管理差异较大，一些企业有完善的年度规划与计划管理制度，另一些企业则采用传统的计划管理模式，通过层层上报，由企业管理层对年度计划进行审批。信息化年度规划与计划应遵从企业计划管理要求，履行年度规划与计划管理程序。

- ➢ 业务单元评审：信息化年度规划与计划报告初稿完成后，应邀请信息化相关业务部门和利益相关者参与信息化年度规划与计划报告的审核。审核可以采用评审会的方式进行，基于评审意见反馈，修改、完善信息化年度规划与计划报告，使其更好地反映企业信息化业务主体的需求与要求。同时，通过评审会这种形式，让业务部门更多地了解企业信息化发展思路与行动计划，可以大大激发业务部门对推进业务信息化的决心和信心，并改善 IT 部门与业务部门的协作与合作关系。
- ➢ 信息技术评审：业务单元评审一般聚焦在需求和计划层面，而年度规划与计划中也涉及部分 IT 方案、信息化架构等方面的事宜，有必要开展聚焦 IT 方面的信息技术评审。更广泛听取技术性意见与建议，有利于提高年度规划与计划的指导性。
- ➢ 企业级评审：无论企业是否有年度规划与计划管理制度，均应该向企业信息化主管领导或首席信息官做信息化年度规划与计划的全面汇报。通过全面、系统的汇报，使公司高层管理者掌握信息化发展的主要需求与行动方案，对信息化重点事项、计划安排、组织保障和资源保障要求有全面的了解，以便后续年度信息化工作的推进和关键难点事项的协调推进。

37.4.4 宣贯与修订

信息化年度规划与计划属于企业专项领域的年度计划，信息化年度规划与计划报告一般应由企业信息化主管领导签发。信息化年度规划与计划发布后，应开展计划宣贯并按需修订升版。

> 宣贯：信息化年度规划与计划编制的意义不仅在于计划文件的发布，通过计划编制过程中的需求、策略、举措等的多次上下迭代，可形成信息化管理者与信息化执行之间的信息化推进事宜的共识，而这种共识的形成无疑会大大消除信息化推进过程的不畅、不解与误解，有利于提高信息化工作绩效。同时，较大范围的信息化宣贯有利于相关人员更好地了解企业信息化全局、理解信息化目标与策略、掌握信息化工作推进过程中的侧重点和核心关注点，无疑有利于年度信息化工作的推进和年度目标的实现。

> 修订：应根据变化情况，适时对年度规划与计划做出修订升版。文件修订应遵从企业计划管理制度。一般可在年度中期做一次计划修订升版。

37.5 相关建议

信息化年度规划与计划是企业年度信息化工作部署的重要承载对象，规划与计划的指导性、全面性与可行性直接影响全面信息化工作的开展，应做好全员参与、规划宣贯、评估调整工作。

1. **全员参与**

好的年度规划与计划应实现企业信息化工作的全覆盖，而为保证年度信息化需求的全面性，全体信息化人员的参与变得尤为重要。不同岗位人员从不同的视角审视、提出信息化工作需求，从而避免造成关键信息化需求的遗漏。同时，年度规划与计划过程中的迭代沟通，无疑会提升全员对业务、技术和管理的认知、理解和把握能力，而这种认知、理解和把握能力的提升无疑有助于信息化团队能力的提升。

2. **规划宣贯**

信息化年度规划与计划文件是企业年度信息化工作部署信息的重要承载对象，需要将这些重要信息传递给每个需要掌握相关信息的人，举行信息化年度规划与计划宣贯会是实现这种信息传递的重要手段。通过宣贯会，将年度信息化整体需求、年度目标、信息化指导思想和年度工作策略等重要信息传递给每位员工，为员工日常工作中的折中判断提供参考准则，无疑有助于提升沟通效率和信息化工作绩效。

3. **评估调整**

应重视信息化年度规划与计划编制过程中的评估。无论是编制过程中的校对、审核，还是关键节点的评估，以及初稿形成后的征求意见评审，均有利于保证年度信息化计划的完整性、可行性和有效性，应给予充分的重视。同时，应注重年度规划与计划的中期评审。结合信息化年度规划与计划的执行情况，积极听取相关各方的意见，及时做好计划报告的修订升版，避免计划不合理带来的信息化推进风险和投资浪费。

第 38 章

信息化管理体系设计

为充分发挥 IT 应用对企业战略与经营运作的支撑作用，企业需要建立与业务相适应、与管理模式和发展规模相匹配的信息化管理体系，以保证企业各项信息化工作有序、规范、高效地开展，进而更好地支持企业信息化发展战略，并提高信息化投资有效性。

38.1 价值定位与一般规律

信息化管理覆盖企业 IT 服务全生命周期过程，既涉及两化融合发展的关键要素管理，也涉及与企业管理体系的衔接与融合。

38.1.1 管理层级与管理体系

为便于读者理解信息化管理，以下简要介绍与其相关的管理学概念。

1. 操作、管理、控制

从企业运营的视角看，为确保生产交付符合质量标准的产品，企业的业务流程管控一般可分为操作、管理、控制 3 个层级。

> **操作**：按规定的作业要求或程序，开展约定事项的作业工作。其中的"作业要求"一般来自管理层的管理制度，而"作业程序"一般为操作层的作业流程文件。操作层可以编制、发布责任范围内的约定事项作业流程文件，但必须遵从管理层的管理要求。

> **管理**：一般以管理要素的形式出现。承载管理要素要求的文件一般为企业的管理制度文件。管理制度文件一般由管理责任部门编制发布，通常也是其履行职责的重要标志。管理制度文件对操作层的管理深浅与管理者诉求密切相关。同时，管理层需要落实控制层的控制要素要求。

> **控制**：一般以控制要素的形式出现。控制要素呈现形式多种多样，常见的控制要素有关键指标控制、重要事项流程控制、关键事项控制。"控制"通常是独立于"管理主体"的第三方实行的风险防范性行为。对企业管理而言，履行控制责任的有内部控制部门和企业管理层。

"操作"与"管理"通常是一对一的关系，如果存在多头"管理"或"操作"，则属于职责不清。而"控制"则具有多层性，从企业的内部控制到上级企业控制，再到行业主管部门的控制等，控制要素需要在管理层和操作层进行层层落实。

2. 理解管理体系

企业管理体系是由企业各层级、各领域管理程序构成的协调、统一的整体。为保证企业各管理领域拥有共同的管理导向和规则，一般会发布"企业管理总则"，并使其处于企业管理体系文件的顶层。同时，位于企业管理体系顶层的还有企业治理要求及强制性国家法规等管理约束。通常，企业管理体系文件层级框架如图 38-1 所示。

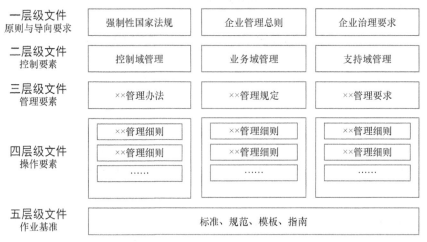

图 38-1　企业管理体系文件层级框架

基于上述的企业管理体系文件层级框架，企业管理体系文件一般划分为 5 个层级，分别如下。

- 一层级文件：该层级文件为企业管理原则与导向要求文件，一般包括企业治理要求、企业管理总则、强制性国家法规等内容。
- 二层级文件：该层级文件为各领域全局控制要求。该层级文件落实一层级文件要求，提出本领域全局管控要求。
- 三层级文件：该层级文件为各领域的细分领域的管理要素要求。
- 四层级文件：作业流程、规程。
- 五层级文件：标准、规范、模板、指南等。

企业管理体系文件通常遵从上述的管理体系文件层级划分，通过控制要素、管理要素、操作要素层层衔接，实现控制、管理、操作的纵向贯通。

38.1.2　信息化管理的一般规律

信息化管理体系与企业的产品服务、管理模式和信息化成熟度等多种因素有关，由于可参考与借鉴性不强，大部分企业的信息化管理体系建设都是自我成长的过程。在信息化发展的不同阶段，面临的信息化管理问题也各不相同。

- **信息化发展初期**：信息化队伍刚刚组建，受限于 IT 人力资源不足，以及 IT 从业人员对企业信息化价值链和管理域的认识不足，信息化管理体系主要体现在对当期特别关注事项的管理，如发布最基本的信息化建设项目管理、运行管理等制度。信息化管理体系的充分性、适应性和有效性均存在较大的差距。信息化建设与信息系统运行的质量和信息安全更多的是依赖 IT 人员的个人素质。由于此阶段的 IT 系统对企业业务的支持和影响有限，信息化管理体系存在的问题造成的影响不大。
- **信息化规模发展期**：信息化队伍小有规模，IT 从业人员对企业信息化价值链和管理域有初步的认识，信息化管理体系对关键事项管理的覆盖水平有一定的提高，体现在管理程序细分和信息安全管理制度等的发布，信息化管理体系的充分性有较大改善，适应性和有效性有改善，但不足依然存在。信息化工作绩效依赖 IT 人员个人素质的情况没有本质的改变。由于 IT 系统对企业业务的支持和影响较大，信息化管理体系的影响逐步显现。
- **信息化发展中期**：信息化队伍初具规模，IT 从业人员对企业信息化价值链和管理域的认识较为完善，信息化管理体系对信息化管理事项具有较高的覆盖水平，体现在信息化管理程序的层级性，基本形成了从管理制度、操作规程、标准规范的管理文件体系。信息化管理体系的充分性、适应性和有效性得到初步改善，但适应性和有效性方面的不足依然存在。由于 IT 系统对企业业务的支持和影响越来越大，迫切需要建立一套科学、规范、有效的信息化管理体系，以规避由于管理不到位带来的风险。
- **信息化高级阶段**：信息化队伍规模较大，企业 IT 系统越来越庞大，企业的业务运作和经营管理对 IT 系统的依赖越来越高。庞大的 IT 系统既需要专业化的 IT 团队支撑，也需要充分、适宜、有效的信息化管理体系支撑。信息化管理体系更多的是聚焦在管理体系的有效性，用以规范 IT 系统运行维护、快速应对各种突发事件，以便更好地支撑企业的经营运作。

总体而言，在企业信息化发展的不同阶段，信息化管理面临的问题不尽相同。应聚焦信息化管理的主要矛盾，及时解决企业信息化管理中存在的问题，稳步推进信息化管理体系完善。

38.2 信息化管理体系框架

信息化管理体系作为企业管理体系的组成之一，应遵从企业管理体系的层级划分和管理制度文件编制的一般原则。

38.2.1 企业 IT 服务价值链

从企业 IT 服务价值创造的视角看，企业 IT 服务流程可分为 3 个层级，即 IT 服务价值流程、支持流程和控制流程，如图 38-2 所示。

图 38-2 企业 IT 服务流程

1. IT 服务价值流程

IT 服务价值流程（IT 服务主流程）一般包括信息化规划与设计、建设实施、IT 系统运行、IT 服务支持、应用与改进。
- 信息化规划与设计。信息化规划与设计通常包括定期开展的 3 至 5 年的信息化发展规划、信息化专项规划或专项方案设计等内容。

- 建设实施。建设实施通常包括项目定义、产品服务采购，信息系统的新建、改进与扩展，以及信息系统运行期间的功能、性能与安全等方面的优化改进等内容。
- IT 系统运行。IT 系统运行包括信息系统运行监控、维护检修、信息安全管理，以及相关的 IT 资产、问题、事件处理等内容。
- IT 服务支持。IT 服务支持包括信息化用户培训、终端系统服务和局端系统应用支持，以及 IT 咨询服务等内容。
- 应用与改进。应用与改进包括已建成交付系统的上线应用、系统应用推广，以及为推进业务与 IT 深度融合而开展的 IT 系统持续改进等内容。

2. 支持流程

企业信息化工作也需要企业其他支持流程的支持，主要包括以下几方面。

- 财务预算支持。财务预算支持为信息化工作提供资金支持服务。信息化工作需要遵循企业的财务、预算、固定资产管理相关流程开展工作。
- 采购合同支持。采购合同支持为信息化工作提供对外委托项目的采购服务支持，以及合同管理相关支持服务。信息化工作需要遵循企业的采购与合同管理相关流程开展工作。
- 人力资源支撑。人力资源支持为信息化工作提供人力资源服务支持。信息化工作中有关人力资源政策需要遵循企业的人力资源相关规定开展工作。
- 文件档案支撑。文件档案支持为信息化工作提供文件与档案服务支持。信息化工作需要遵循企业的文件与档案管理相关规定与流程开展工作。

不同企业的信息化支持服务的内容和组织机构各不相同，可结合企业实际确定。

3. 控制流程

控制事项一般可分为计划控制事项、关键指标控制事项及流程控制事项。控制流程是指企业为规避业务运作和经营管理风险而设置的控制事项的操作流程，承担控制事项的责任部门为控制部门。信息化常见的控制流程包括以下几种。

- 安全保密管理。信息化工作应遵循企业的安全保密控制要求，将安全保密控制要求落实在 IT 服务流程的各环节。
- 企业战略管控。为保证各领域发展规划与企业战略一致性，确保企业战略在各领域发展规划的落地，企业信息化发展战略应遵从战略管控要求。
- 企业内控管理。内控管理流程一般是指企业规避生产经营风险而制定的关键事项控制流程。信息化工作应遵从企业内控管理要求，将相关内控事项要求落实到信息化管理流程中。
- 上级信息化管控。上级信息化管控泛指企业应遵守的外部单位提出的信息化管控要求。外部单位可以是企业投资方、监管机构、有信息化合同条款要求的协作方等。应将上级信息化管控要求落实到信息化管理流程中。

不同企业的控制流程事项各不相同，需要结合企业管控实际，做好控制流程梳理，并将其纳入企业的信息化管理体系中。

38.2.2 信息化管控模型

企业 IT 服务流程的 3 个层级划分反映出了信息化管控与企业管理之间的关系，以下简要介绍信息化管控要素及其相互关系。

1. 信息化管控模型分析

基于企业 IT 服务价值链和信息化管理与控制的关系，企业信息化管控模型如图 38-3 所示。

图 38-3 企业信息化管控模型

在上述的信息化管控模型中,双实线以上的部分体现的是企业管理约束,双实线以下的部分体现的是企业的信息化管控内容。

- IT 治理:IT 治理部分体现的是企业信息化治理要求,一般包括信息化治理架构、信息化章程、信息部门职责分工、上级信息化管控要求等内容。
- IT 系统服务:IT 系统服务体现的是针对 IT 服务价值流程的管理,一般包括信息化规划管理、信息化建设项目管理、IT 系统运行管理、IT 服务管理、应用推广管理。
- 信息安全:信息安全是信息化管理体系制定的约束性条件,包括信息安全组织机构、信息安全管理制度、信息安全管理细则和信息安全基线等内容。

信息化管理体系应依据上述的企业信息化管控模型关系,开展各自领域的管理程序编制,避免管理程序的重叠与冲突。

2. 关于适应范围

管理制度或程序都有其特定的适应范围,信息化管理体系也一样有其特定的适应范围。对于大型企业,普遍存在上级单位的信息化管理和下属机构的信息化管理的边界界定问题。

管理体系通常是针对特定独立法人的企业,即独立法人企业制定一套企业管理制度体系。对于信息化管理体系也是一样,即独立法人企业制定一套信息化管理体系,独立法人之下的各分支机构以信息化管理体系的组成部分的形式出现。

上级单位与企业之间为投资关系的,从理论上讲,上级单位的信息化管控要求一般通过董事会传导给企业,此时上级单位的信息化管控要求实则为企业信息化的治理要求,应按企业信息化治理要求加以满足。对于由上级单位全资投资的企业,即便存在董事会,形式的成分一般较多,在信息化管理体系构建时应充分考虑上级单位的信息化管理模式的要求。

38.2.3 信息化管理体系参考框架

信息化管理通常作为企业管理的独立管理域存在,而信息化管理领域中的信息安全控制要素通常作为企业安全保密的控制要素纳入企业安全保密的管理域中。基于前述的企业管理体系文件层级划分,企业信息化管理体系参考架构如图 38-4 所示。

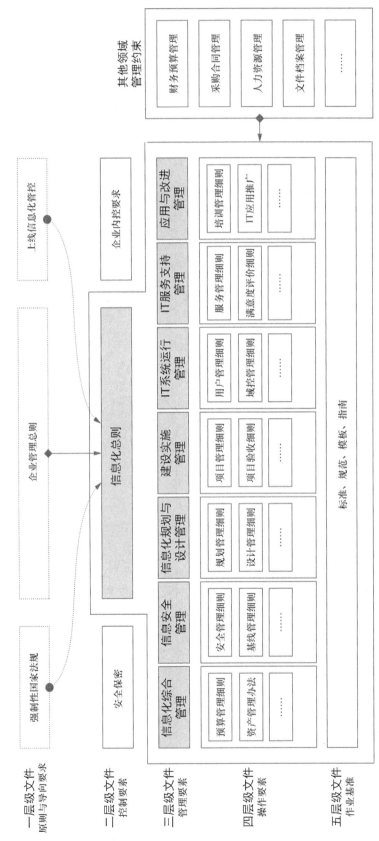

图 38-4 企业信息化管理体系参考架构

信息化管理体系文件的各层级文件说明如下。
> 二层级文件：二层级文件为信息化领域的顶层全局性管理文件。同时，该文件作为信息化管理域的控制要素为以下层级的管理文件提出了强制约束。信息化管理域顶层文件的名称可以是"信息化总则""信息化章程""信息化工作管理办法"等。
> 三层级文件：三层级文件为信息化领域的管理要素类文件。三层级管理文件可按 IT 服务价值链和信息化管控要素细分管理域。按 IT 服务价值链可划分为信息化规划与设计管理、建设实施管理、IT 系统运行管理、IT 服务支持管理、应用与改进管理等；按信息化管控要素可划分为信息化综合管理、信息安全管理等。三层级文件可以细化分层，但应保持细分层级的主从关系，确保各细分层级管理要素的遵从性和一致性。
> 四层级文件：四层级文件为信息化领域的作业流程操作规范文件。四层级文件一般用于支持三层级管理文件的管理要素在作业操作流程中的落地实施。四层级作业流程操作文件应结合信息化实际需求编制，务求客观，确保程序的可执行性。
> 五层级文件：五层级文件为信息化领域的标准、规范、模板、指南等。企业应重视信息化标准、规范、模板、指南的编制，坚持成熟一个、发布一个，尽可能为信息化工作的开展提供良好的基准支持。

38.2.4 管理制度编制的一般原则

影响信息化管理体系建设的因素很多，且与企业的信息化管理模式、信息化成熟度、信息化队伍能力等诸多因素密切相关。信息化管理体系编制应遵循以下一般原则。
> 管理匹配原则：应结合企业信息化权责分工和管理界面，做好信息化管理与企业控制要素的衔接，确保信息化管理制度与企业管理体系的融合与贯通，避免交叉、重复和遗漏。
> 业务适配原则：应结合企业信息化工作实际，做好信息化管理的细分领域划分，基于 IT 服务流程和信息化组织分工，做好信息化管理制度文件编制的协调与推进。
> 能力适配原则：充分考虑企业信息化团队的能力现状，结合企业信息化成熟度水平，优先编制信息化工作急需的管理程序，切实发挥管理程序对信息化工作的支撑保障作用。
> 持续改进原则：遵从企业质量管理评价、评审及改进要求，做好信息化管理程序的评估与改进，逐步提高信息化管理程序的充分性、适宜性和有效性。

38.3 主要信息化制度编制

基于企业信息化管理体系参考架构和各层级文件的管理定位，根据企业信息化管理与控制需求编制相关的管理制度文件。以下简要介绍信息化管理体系各层级文件的编制要点及注意事项。

38.3.1 信息化总则的确立

信息化总则或信息化章程为信息化管理体系的顶层文件，对应企业管理体系的二层级文件，常用的文件名称有"信息化总则""信息化章程""信息化工作管理办法"等，为简化表述，本书统称为"信息化总则"。

信息化总则为以企业 IT 治理和管理的视角提出的企业信息化全局性管理要求。文件内容应体现的是企业管理者的诉求，需要有管理的高度。同时，作为三层级文件的控制要素输入，管理诉求应该明确，不能过粗。信息化总则的总体要求可以概括为"有高度、有宽度、深浅适度"。

1. 总则内容框架

信息化总则为企业各管理域有关信息化工作的共同遵守的高层级准则，包括但不限于愿景、思路、原则、组织及关键环节的管控要素等内容，基本可划分为两类内容，一是基本原则类内容，二是关键环节控制要素类内容。

2. 基本原则类内容

基本原则类内容主要阐述企业信息化工作的导向和遵循的基本规则。信息化工作导向类内容一般通过企业信息化愿景和指导思想来体现。为企业信息化工作指明方向，明确信息化工作思路。基本原则一般通过信息化工作总体原则和信息化治理的组织架构来体现。

通常可根据企业战略支撑需求，确定企业的信息化愿景和指导思想。信息化发展目标一般不纳入信息化总则中。

3. 关键环节控制要素

关键环节控制要素一般按信息化价值链并结合信息化管理展开阐述。一般可以按信息化规划与架构管理、信息化计划与预算管理、信息化建设与改进管理、信息系统运行与维护、信息技术应用与推广、信息技术服务与支持、信息技术标准与规范、信息安全与保密管理、监督与责任等细分领域提出企业信息化管理要求。

> **信息化规划与架构管理**。信息化规划与架构管理应体现两化深度融合、体现企业战略驱动的信息化规划理念，明确企业信息化规划编制的参与方责任与分工、规划批准发布及其他与规划有关的约定等。明确企业信息化架构管控的原则或方法。

> **信息化计划与预算管理**。信息化计划与预算管理一般包括信息化年度规划与计划编制和年度计划执行管理、信息化年度预算编制和预算管理等内容。信息化年度工作计划与预算一般会纳入企业年度计划与预算管理的范畴。

> **信息化建设与改进管理**。信息化建设与改进管理一般包括信息化建设项目的目标要求、项目立项应遵循的规则、项目商务工作应遵循的规则、项目实施管理应遵循的规则、项目验收与移交应遵循的规则等。

> **信息系统运行与维护**。信息系统运行与维护一般包括信息系统接产核查、信息系统运行环境、信息系统资产及配置管理、系统运行监控、维护检修、系统运行安全和数据安全、应急响应机制与问题事件处置、第三方服务支持保障等内容。

> **信息技术应用与推广**。信息技术应用与推广一般包括企业对推进两化融合的态度、战略引领与业务驱动下的信息技术应用推进主体责任和支持责任、基于业务标准化的信息系统应用与持续改进、重视数据质量与数据利用等内容。

> **信息技术服务与支持**。信息技术服务与支持一般包括建立以用户为导向的信息技术服务支持体系、IT 服务事项目录、服务管理与服务记录、服务满意度调查等内容。

> **信息技术标准与规范**。信息技术标准与规范一般包括信息技术标准适用基本准则、信息技术标准规范体系规划、信息技术标准规范开发、评估改进等内容。

> **信息安全与保密管理**。信息安全与保密管理一般包括信息安全应遵循的法规制度、信

息安全指导思想与原则、信息安全管理体系建设、信息安全技术体系建设、信息安全监督检查、信息安全应急管理等内容。
- **监督与责任**。监督与责任一般包括信息化工作评价、考核、奖励、处罚等。

在确立信息化总则时，需要注意以下事项。
- **要素优先，合理分类**。结合企业管理实际，突出信息化要素管控，避免要素分类不清，尽量做到管控要素设置合理，要素分类科学、规范。
- **要素阐述，简明扼要**。管控要素的阐述点到为止，避免过多的细节展开。
- **结合实际，适时发布**。信息化总则作为信息化工作的全局性指导文件，对处于信息化发展初级阶段的企业的作用有限。随着企业信息化水平的提高，信息化总则的作用将越发凸显。建议结合企业实际适时发布。

38.3.2 信息化管理制度建立

基于信息化管理体系参考架构，信息化管理制度文件属于三层级的信息化管理要素类文件。信息化管理制度文件一般包括信息化规划与设计、建设实施管理、信息系统运行管理、IT服务支持管理、IT应用推广管理、信息安全管理与信息化综合管理等制度。以下简要介绍制度类文件编制。

1. **管理制度框架**

三层级管理制度文件一般分为总则、职责分工、管理要素、附则共4个部分。
- **总则**。总则一般包括制度文件的编制目的、文件适用范围、基本原则、术语定义等内容。
- **职责分工**。职责分工主要说明管理部门的职责、相关部门的职责。对有企业级信息化领导小组或工作组的，阐述领导小组或工作组的职责。职责描述是指对本制度管理范围内的管理事项执行过程中的相关职责的描述。
- **管理要素**。以最容易理解的维度阐述该领域中的管理事项。管理事项表达应准确、完整。
- **附则**。对制度文件的解释、生效等事宜加以简要说明。

2. **编制注意事项**
- **做好制度文件的结构划分**。根据企业信息化成熟度和企业规模，做好信息化管理制度的细分管理域的横向划分，务求充分体现信息化工作划分和管理诉求。同时，对中大型企业还应做好管理制度文件的纵向划分，不同的业务领域或不同的工作地域可能同时存在三层级管理制度文件，应确保三层级文件的顶层制度文件的唯一性，以保证管理制度的一致性。
- **坚持目标导向**。明确制度文件的管理目的，务求目标表述清晰、明了，能够反映该细分管理域的核心诉求。并基于明确的文件目标，组织本领域管理要素事项的编制。

3. **信息化建设管理制度参考**

信息化建设管理制度是信息化管理的基本制度，几乎排列在信息化管理制度发布的榜首。比较完整、典型的信息化建设管理制度一般包括总则、组织机构与职责、信息化建设年度计划管理、信息化需求管理、项目立项管理、项目合同商务、项目组织与计划管理、项目实施过程管理、数据准备、阶段验收与初步验收、试运行管理、最终验收与质保验收、项目费用支付、项目移交、项目总结、评价与考核、附则等内容。

4. 信息系统运行管理制度参考

信息系统运行管理制度是信息化管理的基本制度，企业信息化发展到一定规模后，一般会发布独立的信息系统运行管理制度。比较完整的信息系统运行管理制度一般包括总则、组织机构与职责、保密管理、配置管理与规程管理、运行监控与维护管理、变更管理与发布管理、数据管理、割接管理、机房管理、事件管理、运行安全管理、备品备件管理、外包管理、信息与报告、附则等内容。

5. IT 服务支持管理制度参考

IT 服务支持管理制度是信息化管理的基本制度，企业信息化发展到一定规模后，一般会发布独立的 IT 服务支持管理制度。比较完整的 IT 服务支持管理制度一般包括总则、组织机构与人员、IT 服务目录管理、IT 服务流程管理、IT 服务管理平台、IT 服务响应管理、IT 服务知识库、用户满意度考核等内容。

6. 信息安全管理制度参考

信息安全管理制度是信息化管理的基本制度，企业信息化发展到一定规模后，一般会发布独立的信息安全管理制度。比较完整的信息安全管理制度一般包括总则、组织机构及职责、安全域分类和总体访问控制策略、不同等级安全域的配置策略（包括网络安全、终端计算机安全、主机安全、应用安全、数据安全等策略）、信息资产安全管理、物理与环境安全管理、用户标识与鉴别管理、信息安全产品管理、信息系统建设安全管理、信息系统运行安全管理、信息安全检查与评估、信息安全事件和应急响应、附则等内容。

38.3.3 信息化操作规程编制

基于信息化管理体系参考模型，信息化操作规程文件属于四层级的信息化操作规程类文件。通常，信息化操作规程是信息化管理制度中确定的管理要素的具体作业流程化的描述，用于指导、规范具体管理事项的执行流程和作业规范。以下简要介绍操作规程类文件编制。

1. 操作规程框架

四层级操作规程文件一般分为目的、适用范围、术语定义、组织机构与职责分工、工作程序、相关文件、记录等部分。

- **目的**。本操作规程的用途和希望达成的目的。
- **适用范围**。本操作规程适用范围的说明。
- **术语定义**。本操作规程中涉及的专有术语与缩略语的说明。
- **组织机构与职责分工**。本操作规程涉及的部门或单位及其职责的描述。职责描述应与本操作规程管理范围的管理事项工作流程的职责分工的分类归集。
- **工作程序**。按本操作规程管理事项的作业流程描述，一般按流程过程划分小节，分层级描述作业操作流程和规范。
- **相关文件**。本操作规程相关文件说明。
- **记录**。本操作规程执行过程中形成的操作记录。

2. 编制注意事项

- **目标清晰，基于目标导向组织文件编制**。务求文件编制的目标表述清晰、明了，能够反映操作规程的核心诉求。并基于文件目标，组织管理事项操作规程的编制。

> **组织机构职责只是与本操作规程相关的职责**。基于操作规程中的职责梳理，汇总形成组织机构对应的职责。操作规程文件中的组织机构职责不是该组织机构在企业中的职责全集，只是与操作规程相关职责的汇总。

38.3.4 信息化标准与规范

基于信息化管理体系参考架构，信息化标准、规范类文件属于五层级的信息化工作基准支撑类文件。通常，信息化标准、规范涉及的范围较广，既包括通常的信息化标准、规范，也可以包括各类作业模板、技术指南、操作手册等文件，目的是为信息化管理工作提供工作基准支撑。

信息化标准与规范是企业信息化成熟度的标志之一，既要重视，也要结合实际量力而行。应紧密结合信息化工作需要，有计划、有组织地推进的信息化标准与规范文件编制。

38.4 管理评估与持续改进

信息化管理体系是信息化管理理念、管理诉求、管理成熟度等的综合体现，是确保企业信息化工作高效运作的重要支撑保障。各级信息化工作人员应高度重视信息化管理体系建设，大力推进信息化管理体系的持续改进。

38.4.1 管理体系评估与改进

信息化管理体系需要遵循企业管理制度要求，按企业质量管理要求推进信息化管理体系的评估与评审，做好信息化管理体系的充分性、适应性和有效性评估。并根据评估结果，大力推进信息化管理体系的持续改进，逐步提升信息化管理体系的充分性、适应性和有效性。

38.4.2 管理文件评估与改进

IT部门应充分重视信息化管理程序的充分性、适宜性和有效性，定期开展管理文件有效性评估工作，密切结合信息化工作中的规范化管理需求，以实际业务作业为基础，梳理形成作业操作规则，据此完善管理文件，确保发挥管理制度对信息化工作的指导作用。坚持小步快跑、快速升版，逐步提高管理文件的适宜性和有效性改进。

38.5 相关建议

管理文件是管理理念、管理诉求、管理成熟度等的综合体现，管理要素分类也较难完全标准化。本章提供的各层级管理文件的内容框架仅供编制相关管理文件时参考。

信息化管理体系是企业信息化管理能力的重要组成部分，也是企业信息化成熟度的重要标志之一。有关信息化管理体系建议如下：

1. 加强对管理体系知识的研究

在推进企业信息化工作的同时，应加强对企业管理理论的学习，结合企业管理实践，学懂、弄通企业管理各层级、各管理域之间的支撑与协作关系。同时，研究分析 COBIT 和 ITIL 等企业 IT 服务和 IT 治理业界参考框架，结合企业信息化管控的优先级，明确企业信息化管理体系完善的路径与方法。

2. 重视信息化管理体系规划

信息化管理体系覆盖面广、涉及技术深，为保证信息化管理体系各层级文件的管理要素衔接，以及相同层级各管理文件之间的管理范围衔接，需要结合企业信息化管理实际，适度超前地规划信息化管理文件的体系结构，确定管理文件层级架构及每份文件的管理要素分布，实现企业信息化管理要素"横向到边"的 IT 服务价值链覆盖和"纵向到底"的不同管理层级的管理要素的贯通，以支持企业信息化各项工作高效、合规地开展。

3. 重视管理体系的持续改进

受制于企业整体管理模式、信息化成熟度、信息化人员能力等多种因素的影响，信息化管理体系通常很难"一步到位"。因此，应高度重视信息化管理体系的持续改进，通过管理体系持续改进，逐步提高管理程序的充分性、适应性和有效性。同时，应坚持目标导向，务求管理文件的目标表述清晰、明了，能够反映操作规程的核心诉求，并基于管理文件目标组织管理事项和操作规程的编制，务求管理事项要求明确，操作流程可行、可控。

第 39 章

信息化能力体系建设

广义的信息化能力可以理解为企业信息化对企业战略和业务承载的支撑能力,即通过信息化投资使企业获得竞争能力的提升。狭义的信息化能力可以理解为发挥企业已有 IT 资产价值和 IT 潜能的能力,即通常意义上的企业信息化运营支撑能力。本章涉及的"信息化能力体系"为狭义的信息化能力,即企业信息化运营支撑能力。

39.1 能力需求与重点关注

企业通过产品服务获得价值回报。对于充满竞争的市场,并非所有的产品服务都能获得客户而实现价值创造。而要赢得客户,就要求产品服务本身应具有竞争优势、产品服务营销能够赢得客户订单、产品服务支持能够赢得客户满意,这就要求产品服务价值创造的每个环节均应具有市场竞争优势。而支撑上述市场竞争优势的能力,就是通常所说的企业核心竞争力(企业核心能力)。

39.1.1 企业核心能力及构件

企业核心能力与其提供的产品服务密切相关,不同行业领域的企业的核心能力各不相同。企业通常依据市场竞争情况的分析评估,确定企业核心能力构成,并据此推进企业核心能力提升工作。

1. 核心能力模型

从规划的视角看企业运作,可基本将企业信息化体系参考模型为 3 个层级体系,即业务体系、管理体系、能力体系,如图 39-1 所示。

图 39-1 企业信息化体系参考模型

➢ 业务体系:泛指企业实现与价值创造相关的价值流程、支持流程和控制流程的业务集合,即通过业务体系实现企业的价值创造闭环。

➢ 管理体系:泛指支撑企业价值创造实现的业务运作、经营管控和管理制度,即通过有效的管理体系保障价值创造的实现。

➢ 能力体系:泛指支撑企业价值创造实现的各种能力总和,即通过企业的核心能力和常规能力的组合支撑业务体系和管理体系的运作。

2. 核心能力构件

在上述的企业核心能力抽象模型中，企业核心能力通常包括 3 个主要方面，即专有技术能力、设施能力和人力能力。

- 专有技术：专有技术是指支撑产品创新、服务创新的专有技术。可以是支撑产品服务功能与性能差异化提升的专有技术，也可以是降低成本、提高性价比的专有技术。通过企业独到的专有技术，帮助企业获得市场竞争优势。
- 设施能力：设施能力涵盖的范围较广，不同企业的表现形式、形态也各不相同。可以是关键的制造加工设施，也可以是关键的产品研发工具平台等。当信息系统成为影响企业运营绩效的关键因素时，信息系统便成为设施能力的组成部分。
- 人力能力：人是企业运作的主体，不同岗位的人员对企业运作的影响各不相同。识别影响企业绩效的关键岗位，开展关键岗位人力能力要求与差异的分析，构建支撑企业产品服务市场竞争需要的人力资源能力体系至关重要。

由于企业产品服务的差异，企业核心能力的构件组成、表现形态等各不相同，对企业竞争力的影响程度也有所差异，企业应基于自身发展评估确定企业的核心能力构件。

39.1.2 信息化支撑能力

通常，可将信息化支撑能力划分为基础保障能力和核心支撑能力。信息化基础保障能力一般包括信息化组织保障、信息化资源保障、信息化管理制度保障、信息化标准规范等能力。企业信息化核心支撑能力一般包括信息化团队能力、信息化支撑设施能力、专有技术体系能力等内容。其中专有技术能力是指与企业 IT 系统相关的调整、优化与改造所需的能力。

与企业核心能力类似，为有效支撑企业信息化的健康和可持续发展，需要建立与企业信息化规模和发展水平相适应的信息化支撑能力体系。

39.2 信息化支撑能力框架

归根结底，企业信息化支撑能力与 IT 服务水平要求密切相关，不同的 IT 服务水平等级要求不同的信息化核心能力加以支撑。为充分发挥企业已有 IT 资产价值和 IT 潜能，更好地支撑企业战略、业务运营和创新发展，企业应重视信息化支撑能力体系的建设。

39.2.1 信息化支撑能力框架分析

如前所述，在信息化支撑能力中，除团队能力、支撑设施能力、专有技术能力等核心能力以外，信息化管理能力至关重要。信息化支撑能力与企业 IT 服务价值链之间的支撑关系如图 39-2 所示。

由于前面对信息化管理能力有全面、系统的阐述，此处不再阐述；专有技术能力与企业的技术平台体系密切相关，不具备共性探讨的基础，读者可结合企业信息化自身发展需求，梳理、分析关键能力需求，确定专有技术能力要素，制定符合企业信息化发展的专有技术能力提升措施和提升路径。以下重点讨论企业支撑设施能力和团队能力。

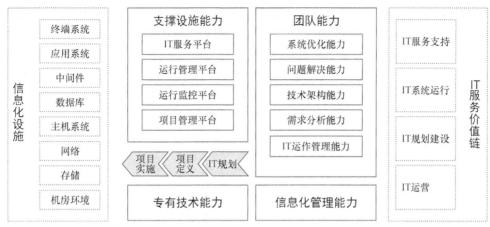

图 39-2　信息化支撑能力与企业 IT 服务价值链之间的支撑关系

39.2.2　支撑设施能力

企业需要构建与其信息化发展水平相适应的信息化支撑设施，通过有效的支撑设施支持，充分发挥 IT 资产价值，保证各项信息化工作高效、规范、安全地运作。信息化支撑设施一般包括信息化项目管理平台、运行监控平台、运行管理平台、IT 服务平台等。

- 项目管理平台：该平台承担信息化项目全过程管控和项目 IT 资产交付的双重职责。项目全过程管控通常包括项目定义相关文件的管理、项目范围与交付的管理、项目进度与质量控制、项目问题与风险管理、项目沟通与信息管理、项目接收与验收管理，以及多项目管控等相关内容；项目 IT 资产交付通常包括项目 IT 资产清单、资产配置、资产移交，以及与 IT 资产相关的质量检验、问题处置、变更等的管理。项目 IT 资产交付应能够满足"运营管理平台"对 IT 资产台账与资产配置等相关信息与数据的要求。

- 运行监控平台：该平台主要用于对在用 IT 资产全面、系统的运行状态进行监控。通过有效的运行监控，提升对 IT 系统运行状态的掌控能力，提早预警，及时处置。运行监控平台包括但不限于对 IT 终端系统、业务应用系统、中间件与数据库系统、服务器软硬件系统、网络设施、存储设施、安全设施和机房等物理环境的运行状态监控。通常，运行监控平台并非单一的物理系统或平台，一般由不同侧重的多个监控系统所组成，如侧重网络设备和服务器等硬件功能和性能监控的监控系统、侧重应用系统关键组件与服务的运行状态监控的系统、侧重网络流量数据检测的态势感知系统、侧重专有安全检测的监控系统等。需要结合企业 IT 资产情况，建立与其适配的运行监控平台，提升针对 IT 资产运行状态的态势感知能力。

- 运行管理平台：该平台承担企业 IT 资产生命周期管理和 IT 资产运行维护管理的双重职责。IT 资产生命周期管理通常包括 IT 资产台账与配置管理、资产服务保障、资产维护与变更、资产安全与可用性等相关内容，其中"IT 资产台账与配置管理"的初始数据应来源于项目管理平台的项目 IT 资产交付。IT 资产运行维护管理通常为企业 IT 运行团队的一体化运行维护管理平台，一般包括系统运行过程中的事件管理、问题管理、配置管理、变更管理、发布管理等。企业应致力于建立基于 IT 资产的一体化运行管理平台，在支持 IT 系统运行维护流程化、标准化、精细化管理的同时，更好地发挥 IT 资产的支撑与纽带作用。

➢ IT 服务平台：该平台主要用于为用户提供全过程的 IT 服务支持与管理。IT 服务平台是 IT 部门对外服务的窗口，用于 IT 服务内容发布、服务请求接收、服务分派与处理、服务记录与跟踪、服务评价与知识共享等。企业应大力推进 IT 支持服务化、服务交付流程化、服务评价指标化，健全、完善基于服务等级协议的用户导向的 IT 服务支持体系。

信息化支撑设施能力是企业信息化运作的重要基础支撑，也是企业信息化水平提升的重要抓手。企业应充分重视信息化支撑设施的能力建设，逐步提升信息化支撑设施对企业信息化运营的承载能力。

39.2.3 团队能力

团队能力直接影响企业信息化的应用格局和信息化的投资绩效。打造一支可有效支持企业信息化发展的信息化团队也并非易事，影响因素多种多样，并没有形成共识的捷径可走。通常，信息化团队能力建设应考虑 3 方面的因素：其一是关键领域知识与技能要求；其二是信息化团队人员知识与技能情况；其三是信息化组织架构。

➢ 关键领域知识与技能要求：基于企业 IT 服务价值链的能力需求分析，可以形成企业 IT 服务的关键能力要求。影响信息化规划建设绩效的关键能力主要是需求分析能力和技术架构能力。其中的需求分析能力既包括业务分析能力，也包括系统需求设计能力；而技术架构能力则包括从 IT 基础架构技术、操作系统技术、中间件技术、应用系统技术等 IT 系统架构各层级和各技术领域的 IT 与产品的应用与构建能力。同样，信息系统运行、IT 服务支持和 IT 运营等各领域均有各自的关键知识与技能要求。

➢ 信息化团队人员知识与技能情况：信息化岗位技能要求基本可分解为业务理解和需求分析能力、技术把握与技术架构能力、系统把握与问题解决能力、系统分析与优化实施能力、IT 项目运作与管理能力等 5 个方面。不同岗位对上述 5 个方面技能的要求各有侧重，可根据岗位职责范围确定具体岗位的知识与技能要求。并根据企业信息化发展要求，评估现有信息化团队人员在需求分析、技术架构、问题解决、系统优化和运作管理方面与目标要求的能力差距，为信息化岗位人员能力提升和信息化组织架构设计提供输入。

➢ 信息化组织架构：信息化组织架构与企业信息化发展成熟度密切相关。企业信息化初始建设期，信息化组织规模较小，信息化岗位通常按信息系统划分，实行资产全周期管理，单一岗位负责从规划、建设、运行和服务支持的全过程管理与服务。随着企业信息化应用水平的提高和信息化团队的扩大，为满足与日俱增的 IT 专业技术支撑能力要求，需要按照企业 IT 服务价值流程构建信息化组织架构、推进 IT 岗位专业化发展，以便更好地支持企业信息系统的安全、稳定、高效运行和 IT 运营的合规、高效。

信息化团队能力建设是一个动态发展的过程，企业应根据自身信息化发展要求，适时推进信息化组织模式变革，重视信息化团队能力建设，时刻保持信息化团队能力与企业信息化发展的匹配性。

39.3　支撑设施能力提升

信息化支撑设施能力是发挥企业 IT 资产作用的重要支撑保障，其伴随企业信息化的发展而建立并逐步提升和完善。

39.3.1 核心诉求与总体框架

如前所述，企业信息化支撑设施一般包括信息化项目管理平台、运行监控平台、运行管理平台、IT服务平台。支撑设施的各平台各有其不同的价值定位与核心诉求，同时，各平台又相互关联、互为支撑，共同协作支撑企业信息化的业务运作。

1. 核心诉求与要求

➢ 项目管理平台：该平台定位于承担信息化项目全过程管控的支持和项目IT资产交付的双重职责，其核心诉求是满足信息化项目管理和企业级的项目控制要求，同时还应满足IT系统运行对项目IT资产交付的要求。因此，项目管理平台应以项目管控绩效为目标，围绕项目定义和项目建设实施的关键影响因素，梳理、分析信息化项目管控的需求与要求。同时，应充分考虑IT系统运行对IT资产台账和生命周期管理的要求，据此形成项目管理平台需求，应避免过多的事务性管理。

➢ 运行监控平台：该平台是IT系统运行状态感知的重要技术支撑手段。由于企业IT系统架构的层级性和系统构成的多样性，存在多层级、多领域的系统运行监控，运行监控的对象可以是IT基础设施、操作系统、中间系统及应用系统等。应注重IT系统运行监控数据的集中、统一，通过集中统一的运行数据分析，更好地把握系统运行状态，为系统预警、维护、检修提供支持。

➢ 运行管理平台：IT系统运行管理是以企业IT资产为依托，以安全、可用性为核心开展各项IT系统运行维护管理工作。核心诉求之一是满足IT资产生命周期管理的需求与要求；核心诉求之二是满足IT系统运行维护管理的需求与要求。应基于上述两个核心诉求梳理、分析运行管理平台的需求与要求，据此形成运行管理平台需求，应避免IT资产管理功能缺失或过于简单。

➢ IT服务平台：IT服务平台是IT部门对外服务的窗口，应注重企业现有IT服务的梳理、整合与规范化，基于IT服务平台，形成统一的企业IT服务目录与用户支持入口。同时，应注重IT服务的知识积累、梳理与知识体系建设，并在合适的时机引入服务等级协议，更好地支持用户导向的IT服务支持体系建设。有关IT服务支持体系的更多内容详见"第四篇 运行与服务"。

信息化支撑设施建设应充分考虑上述的核心诉求与要求，结合企业信息化实际情况，统筹规划、有计划地推进信息化支撑设施建设，为企业信息化发展保驾护航。

2. 总体建设框架

信息化支撑设施中的项目管理平台、运行监控平台、运行管理平台、IT服务平台均有其各自价值定位。同时，各平台又相互关联、互为支撑，共同协作支撑企业信息化运营与可持续发展。信息化支撑设施总体框架如图39-3所示。

上述的总体框架并非严格意义上的建设框架，主要用于阐述各支撑设施之间的支撑关系。

➢ 项目管理平台：该平台定位于满足信息化建设项目的项目管理和项目控制需要，其形成的项目信息库可用于后续的信息化项目参考和能力提升。同时，项目形成的IT系统资产通过项目移交，转变为企业的IT系统资产，即项目管理平台的项目IT资产为运行管理平台的企业IT资产提供初始数据，这就要求项目管理平台必须满足运行管理平台对IT资产的数据管理要求。

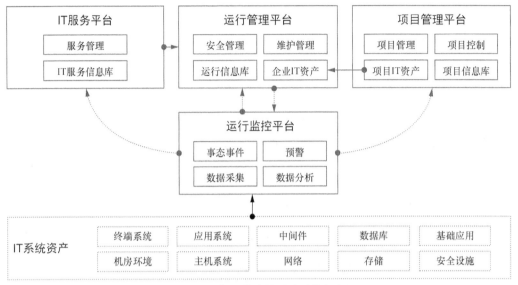

图 39-3 信息化支撑设施总体框架

- 运行监控平台：运行监控平台除满足系统运行监控的数据采集、数据分析、预警和事态事件管理等要求以外，还应为运行管理平台的维护检修提供必要的系统运行监控数据支持。同时，为 IT 服务平台的用户服务支持提供必要的系统运行状态数据。运行监控数据同时也是信息化项目管理改进的重要输入。
- 运行管理平台：其 IT 资产初始数据应来源于项目管理平台，后续的 IT 资产数据来自本平台自身，部分伴生数据来自运行监控平台。运行管理平台的企业 IT 资产数据应能够为运行监控平台提供高效、快捷的访问服务，以便为运行监控平台提供高效的问题追溯和预警分析支持。
- IT 服务平台：该平台除满足自身的 IT 服务支持需求以外，应能够为运行管理平台的系统维护管理和信息安全管理提供输入。

各支撑设施平台除上述的主要关联以外，也存在企业 IT 系统资产分类、编码、事件分类与定级等公共基础数据需求，应结合企业信息化支撑设施要求，统筹规划支撑设施建设。

39.3.2 支撑设施推进建议

信息化支撑设施是发挥企业信息化设施作用、减少信息化风险的重要支撑保障，而企业信息化发展的不同阶段对信息化支撑设施建设的迫切程度也各不相同。在保证全局统一的前提下，有序推进各支撑设施建设变得十分重要。

1. 统筹规划、分步推进

信息化支撑设施中的项目管理平台、运行监控平台、运行管理平台、IT 服务平台对企业信息化的支撑作用各有侧重，每个平台建设的驱动因素也不尽相同。要保证不同时期建设的平台之间具有较好的衔接，尽量避免不必要的推倒重来和投资浪费，统筹规划、分布推进无疑是行之有效的解决之道。

通过统筹规划，明确各支撑平台的建设定位、主要需求与要求、平台之间的接口关系和支撑设施平台总体架构，确定支撑平台建设应遵循的技术路线、技术架构，明确平台选型与成长路径等关键策略，为分步推进提供基础支撑。

2. 做好支持平台的选型

大部分企业的信息化支撑设施基于与其需求相近的软件平台构建，通过基于特定软件系统的配置与开发实施，满足企业的信息化支撑需求。受限于信息化支撑设施软件的市场规模，这类软件的产品成熟度普遍不高，可供选择的软件产品的功能体系和技术架构与企业需求之间往往存在较大的差距。

信息化支撑设施中的运行监控平台属于系统运行状态监控类软件，涉及针对不同设备、系统的运行状态监控，涉及较深的系统底层技术，技术难度较大，属于技术类软件。项目管理平台、运行管理平台、IT 服务平台对软件平台要求虽然各有侧重，但都属于通常的管理类软件，可以考虑选用统一的软件平台。不过，对运行监控平台独立选型为宜。

对于自主软件开发能力较强的企业，选择与支撑设施需求相近的开源类软件作为支持软件平台是不错的选择。通常，开源类软件聚焦核心技术问题的解决，与用户全局需求的差异较大，需要大量的客户化开发才能满足企业的自身需求，好处是扩展灵活。但对自主开发能力不足的企业，显然并不合适选择开源类软件作为支持平台。

3. 重视平台的持续改进

随着企业信息化的逐步发展，企业对信息化支撑设施的能力要求也会越来越高，这就要求相关的信息化支撑平台能够适应并支持这种不断增长的业务需求。同时也要求信息化运营部门重视并大力推进信息化支撑设施的持续改进，使之能够满足企业对信息化支撑能力的要求。

同时，IT 快速发展，新兴的系统运行监控技术与产品不断涌现，这就要求企业必须做好信息化支撑设施相关技术的跟踪与研究，做好新技术与新产品的分析与评估，适时引入新的系统运行监控与管理技术，不断提升对企业信息系统运行的掌控能力，更好地支持企业信息化的健康和可持续发展。

39.4 信息化团队能力提升

随着企业信息化水平的逐步提高，对信息化团队专业能力的要求也越来越高。企业需要重视信息化团队专业能力建设，逐步提升信息化团队对 IT 系统运行和 IT 应用的掌控能力。

39.4.1 组织架构与岗位设置

企业信息化是渐进发展的过程，一般会经历初始建设期、规模发展期及后续的信息化水平渐进提高的过程。信息化团队一般也会经历从无到有、从小到大的发展过程。信息化团队岗位的设置也会经历从早期的基于 IT 专业的建设、运营、服务一体化的责任分工，发展到按 IT 价值链领域、按 IT 专业的岗位职责分工，且随着信息化团队规模的扩大，信息化岗位分工会进一步细化，通过专业、高效的团队协作，支持企业信息化经济、安全、高效运营。

信息化组织架构模式直接影响信息化团队能力体系建设，应基于企业信息化发展水平和信息化管控模式，建立与之匹配的信息化组织架构。信息化组织架构设计应遵循"专业、高效、合规"的基本原则。

- 专业：以专业技术人员做专业技术工作为出发点，梳理企业信息化的岗位工作需求，明确信息化岗位工作需求清单。
- 高效：以岗位工作高效和岗位协作高效为出发点，开展企业信息化岗位设计，明确信息化工作岗位职责与岗位要求。
- 合规：以组织架构、岗位设置和人员配置等企业合规管理为出发点，开展企业信息化组织架构体系设计。

信息化组织架构设计一般应考虑企业的信息化发展水平、信息化管控模式、信息化服务模式等因素的影响，具体如下。
- 信息化发展水平：要求建立与之匹配的信息化专业技术力量。信息化发展水平越高，其对信息化专业技术能力的要求越高，也就要求更为细分的IT专业岗位设置。
- 信息化管控模式：企业信息化的内部分工直接影响信息化部门的权责范围和岗位设置，应遵从企业信息化管控模式，确定信息化岗位设置范围，避免岗位设置交叉。
- 信息化服务模式：信息化服务模式是指企业内部IT团队服务交付和外部IT供应商支持之间的匹配模式，倡导建立"掌控关键、适度外包"的企业信息化服务模式。

应基于企业管理实际和信息化发展要求，做好信息化组织架构的梳理分析和岗位体系设计，做好岗位职责梳理与岗位说明书编制，充分征求相关方和主管领导意见，基于企业信息化发展进程，及时推进企业信息化组织架构的调整优化。

39.4.2 关键岗位能力

企业IT服务价值链各领域对岗位能力要求各不相同，应结合企业信息化规划设计、建设实施、IT系统运行、IT服务支持与应用推广等领域的能力要求和现有能力的差距分析，推进信息化关键岗位的能力提升。

1. 专业知识与技能

不同的信息化岗位工作有不同的知识与技能要求，其中"知识"可以理解为"对知识内涵的理解能力"，"技能"可以理解为"对知识内涵的实现能力"。"知识"只有通过知识掌握者的实践、总结才能转变为"技能"。换言之，学习、实践、总结、提炼是将"知识"转变为"技能"必不可少的途径，所谓熟能生巧也是这个道理。归纳起来，企业信息化的专业知识与技能一般包括以下几方面。

- **需求分析知识与技能**：该知识与技能是指支持企业信息化需求分析与把握能力所需的知识与技能，通常包括与企业运营相关的战略与策略、流程与运营、组织架构、业务管控等理论知识与实战经验，产品规划与产品设计的知识与技能，业务能力与业务流程分析的知识与技能，系统需求分析与设计的知识与技能，以及需求驱动的IT基础设施建设的需求分析等知识与技能。
- **技术架构知识与技能**：该知识与技能是指支持企业信息化体系规划、方案与架构设计、技术体系构建与优化等能力所需的知识与技能，包括但不限于IT产品硬件架构与系统架构，操作系统层的各类系统的原理、架构及组成，主流数据库和各种类型的中间件的原理、架构、组成等相关知识，相关业务领域主流软件平台的架构、组成及应用场景等知识与技能。
- **问题解决知识与技能**：该知识与技能是指支持发现问题、分析问题、解决问题能力所需的相关知识与技能，通常包括企业IT架构各层级系统所涉及的产品与技术等知识与技能。同时需要更为完整、系统、深入的实现逻辑、方法、手段等知识与技能，以及必要的发现问题、分析问题、解决问题的思路与方法。
- **系统优化知识与技能**：该知识与技能是指支持系统改进、完善、调优等优化能力所需的相关知识与技能。在企业 IT 系统架构中，处于不同架构层级的系统有不同的优化能力要求。对于由标准化产品构成的系统，系统优化通常体现在系统架构的优化、部署参数的优化、产品参数的优化、产品配置的优化等层级；对于基于产品的配置开发形成的系统，系统优化除上述提到优化选项以外，配置与开发相关的每个层级和每个领域均涉及优化事项，因此系统优化知识涉及的知识的深度与广度均较大。而系统优化技能更是一个实践积累的过程。通常，企业信息系统的系统优化属于专业服务范畴。

> **运作管理知识与技能**：该知识与技能是指支持企业信息化项目建设、IT 系统运、IT 服务支持、信息安全、运营管理等所需的知识与技能，通常包括企业管理、项目管理、运营管理和信息安全管理等知识与技能，以及与其相关的法规、标准规范、业界最佳实践等知识。

上述仅罗列相关领域所需知识与技能，读者需要结合企业信息化自身情况，将上述的知识与技能场景化、清单化，为企业自身的信息化专业知识与技能提升提供框架和方向。

2. 关键岗位能力提升

由于岗位设置差异，不同的信息化岗位的知识技能要求各有侧重。企业信息化关键岗位通常包括规划设计、建设管理、运行维护、开发优化、服务管理、信息安全、运营管理等。

> **规划设计岗位**：以需求分析、技术架构的知识与技能为主体，满足信息系统规划设计对需求分析和架构设计的知识与技能要求。兼顾运作管理知识的学习与技能的积累，同时应具备基本的问题解决与系统优化的知识与技能。

> **建设管理岗位**：以需求分析、运作管理的知识与技能为主体，满足信息系统建设对需求分析和建设管理的知识与技能要求。兼顾技术架构知识的学习与技能的积累，同时应具备基本的问题解决与系统优化知识与技能。

> **运行维护岗位**：以问题解决、系统优化的知识与技能为主体，满足信息系统运行维护对问题解决和系统优化的知识与技能要求。兼顾技术架构知识的学习与技能的积累，同时应具备基本的需求分析知识与技能。

> **开发优化岗位**：以系统优化、问题解决的知识与技能为主体，满足信息系统优化对问题解决和系统优化的知识与技能要求。兼顾技术架构知识的学习与技能的积累，同时应具备基本的需求分析知识与技能。

> **服务管理岗位**：以运作管理、问题解决的知识与技能为主体，满足企业 IT 服务对服务管理的知识与技能要求。兼顾需求分析知识的学习与技能的积累，同时应具备基本的技术架构与系统优化知识与技能。

> **信息安全岗位**：以信息安全、技术架构的知识与技能为主体，满足信息安全体系规划、建设、运行对信息安全攻防的知识与技能要求，兼顾运作管理知识的学习与技能的积累，同时应具备较强的问题解决的知识与技能。

> **运营管理岗位**：以需求分析、运作管理的知识与技能为主体，满足企业信息化运营对信息化需求和运营管理的知识与技能要求。兼顾问题解决知识的学习与技能的积累，同时应具备基本的技术架构知识与技能。

上述的关键岗位知识技能要求可为企业信息化岗位知识与技能提升提供参考，读者可结合企业自身信息化岗位设置情况，基于岗位职责场景，梳理、明确岗位知识与技能要求，为岗位人员职业发展提供知识与技能发展路径参考。

39.5 相关建议

企业信息化发展离不开与之配套的信息化支撑能力的支持,而要充分发挥企业已有IT资产作用和IT潜能,必须重视信息化支撑能力体系的建设。

1. 重视信息化支撑设施能力建设

充分发挥信息化支撑设施对信息化规划建设、信息系统运行、IT服务支持和IT资产生命周期管理等各项信息化工作的支撑作用。应结合企业信息化实际情况,大力推进信息化项目管理平台、运行监控平台、运行管理平台、IT服务平台等信息化支撑设施的建设,构建与企业信息化发展水平相适应的信息化支撑设施,充分发挥信息化支撑设施对信息化业务运作和信息化投资有效性的支持作用。同时,应结合信息化水平提升需求,大力推进信息化支撑设施的持续改进与更新迭代,以便更好地满足业务与技术发展的需要。

2. 重视专有技术体系能力建设

专有技术对企业信息化的支撑作用至关重要,应特别重视专有技术体系能力建设。企业可根据IT系统资产架构构成情况,以IT系统服务交付水平等级为目标,基于影响系统安全、稳定、高效运行的关键影响因素分析,确定企业信息化专有技术体系的需求与要求,据此制定符合企业信息化发展的专有技术体系能力提升方案,明确专有技术体系能力提升措施和提升路径,有计划、有步骤地推进信息化专有技术体系能力建设。

3. 注重关键岗位人员能力提升

信息化团队能力是"质"与"量"的组合呈现,信息化团队能力既需要团队规模的支持,又需要关键岗位人员能力的支撑,通过关键岗位人员能力的提升支撑相关技术领域的水平提升。企业应建立以关键岗位为核心的岗位能力体系,逐步形成全局架构能力、领域技术能力、专项支持能力的三层级能力支撑体系。重视关键岗位人员的筛选和岗位知识与技能的规划,以培训引领、自我提升为主加大关键岗位人员的能力提升。同时,应重视关键岗位人员的外部引入,结合IT人员市场薪酬情况,做好企业内部IT人员薪酬体系与市场适配的协调与推进工作。

4. 充分利用外部信息化能力资源

无论是出于人员规模限制还是出于成本控制等的考虑,引入外部IT服务商支持开展企业信息化工作是大多数企业通行的做法。建议基于"掌控关键、适度外包"的原则,充分利用外部IT服务商支持开展企业信息化建设工作,可将IT系统运行和IT服务支持中的常规事务性工作和系统调优等非常态化工作,外包给外部IT服务商。

第 40 章

信息化运营与管控体系

在企业信息化的渐进发展过程中，如何有序推进各项信息化工作，充分发挥 IT 对企业战略和经营运作的支撑作用呢？企业信息化工作的组织、协调与控制的重要性不容忽视。

40.1 信息化运营与运营管控

信息化运营通常是指企业信息化工作的计划、组织、实施、控制的运作过程。由于企业 IT 应用的独特性，企业信息化运营模式各不相同，至今尚未形成达成共识的信息化运营模式。

40.1.1 信息化推进的常见问题

企业信息化是 IT 与企业经营运作的融合应用，不同企业有不同的应用场景，不同发展阶段有不同的应用诉求，不同企业信息化推进中的问题和面临的挑战也各不相同。站在两化融合应用的视角看，信息化驱动力不足、跨部门协调推进难、信息化管控不到位是企业信息化推进中普遍遇到的共性问题。

> 信息化驱动力不足：信息化驱动力不足具有普遍性，只是不同企业的表现形态或导致的结果有所不同。从企业的高层领导者、中层管理者到基层工作人员都有各自的两化融合认知，由于普遍缺乏对 IT 应用较为深入的研究，对两化融合认识不到位具有普遍性，只是不同层级人员认识不到位产生的影响有所差异。这种两化融合认识不到位导致的结果，既影响企业信息化战略和规划的有效性，也影响信息化建设的有序推进，还会影响 IT 系统的运行服务与持续改进。

> 跨部门协调推进难：随着信息化水平的提高，企业信息化平台逐步向集成化、一体化演进，形成"牵一发而动全身"的信息系统格局。而企业管理的组织架构权责分工和主责部门单一制不可避免地带来"各自为政"的局面，导致跨部门的协调推进困难具有普遍性。无论是 IT 部门主导还是业务部门主导信息化建设，往往需要 IT 部门与业务部门以及业务部门与业务部门之间的有效协调，"貌合神离"的跨部门协作不可避免地会影响信息化建设绩效和项目系统的应用效果。

> 信息化管控不到位：企业信息化工作中普遍存在当管不管、当控不控的现象。导致这种现象的原因多种多样，既有企业信息化管控权责错位、权责不清等，也有信息化管理体系不健全带来的管控事项约定和事项管控基准缺乏等，还有信息化团队能力不足带来的管控判断力和协调能力欠缺等，甚至有企业协作氛围欠佳等带来的管控意愿不足等。信息化管控不到位的负面结果较多，包括 IT 架构管控不到位带来的架构失控风险、信息化项目定义和建设实施管控不到位带来的项目建设风险和信息化投资贬

值，以及不符合法规的风险和网络安全风险等。

40.1.2　信息化运营管控及框架

上述的共性问题只是企业信息化发展中各类问题的缩影。为有序、高效地推进企业信息化工作，需要基于企业战略和业务架构，结合信息化战略，研究建立与企业架构相适宜的、有效的信息化管控模式，通过有效的信息化运营，更好地发挥信息化对企业战略和业务运作的支撑与承载作用。

企业信息化运营通常围绕企业的信息化建设实施、IT系统运行、IT服务支持、网络安全、IT系统架构和信息化战略管控等开展，依托信息化年度规划与计划开展相关的信息化事项管控。企业信息化运营管控框架如图40-1所示。

信息化运营管控一般可分为企业信息化的组织与管理、协调与沟通、控制与评估等管控事项。涉及的信息化事项主要包括信息化战略管控、IT系统架构、信息化建设实施、IT系统运行与服务支持、网络安全、人力与资源管理等相关内容。

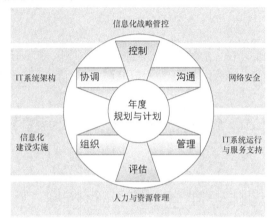

图 40-1　信息化运营管控框架

> 组织与管理：此处的"组织"是指为实现特定目标而形成的互相协作的集体或团体，即组织架构的概念。信息化组织架构是企业信息化运营的优先考虑事项，应通过建立适宜、有效的信息化组织架构，更好地支持企业信息化各项工作的开展，通过信息化运营驱动企业信息化组织架构的完善与优化。同时，企业应重视信息化管理体系的构建，通过建立和健全科学、适用、有效的信息化运营管理体系，更好地支持企业信息化各级组织和各项信息化工作高效、规范开展。

> 协调与沟通：为保证跨部门信息化工作的有效开展，除基本的流程与制度保障以外，应特别重视信息化重点事项的协调，通过有效的协调确保相关事项达到预期目的和要求。同时，应重视信息化工作中的各类问题和突发事项的沟通，及时解决信息化工作中存在的各类问题。

> 控制与评估：信息化控制与评估是企业信息化运营中的重要事项，应引起重视。信息化管控事项一般包括信息化战略管控、IT系统架构管控和网络安全管控等相关内容。

40.2　信息化组织与管理

组织保障是信息化工作有效开展的重要基础，应建立与企业管理架构和信息化发展水平相适应的信息化组织体系，并根据信息化发展需要不断调整、完善。同时，应注重信息化工作的体系化和管理的有效性，不断完善管理制度、优化管控措施，进而有效支撑企业信息化发展。

40.2.1　信息化组织体系建设

企业应建立覆盖企业IT服务价值链活动、信息化管控各层级的信息化组织体系，确保各项信息化工作的组织承办、管理控制、领导决策能够得到有效的信息化组织支持。

1. 组织架构层级

基于企业信息化运营管理和管控决策需求，信息化组织架构通常体现为三层级的组织架构模式，即信息化决策层、管理层、操作层。

- 决策层：该层承担企业经营管理者赋予的企业 IT 治理和信息化管控职责，负责企业信息化战略部署和信息化重大事项决策，包括但不限于信息化战略制定、信息化年度规划与计划审批、信息化年度预算审批、信息化立项审批以及信息化重大事项的审批等。决策层是企业信息化工作的最高领导与决策机构。
- 管理层：该层承担企业赋予的信息化运营管理职责，负责组织落实企业信息化战略，组织制订信息化总体规划、年度规划与计划，组织落实信息化工作开展所需的组织与资源保障，负责信息化规划与计划的执行管理和网络安全管理。管理层通常是企业信息化的组织策划、推进协调和管理控制的中枢。
- 操作层：该层承担企业赋予的信息化工作职责，负责所承担的信息化工作的策划、组织与推进。操作层应遵循企业 IT 治理、信息化管理和控制等规章制度的约定开展工作。操作层可以基于上位管理制度制定本工作领域范围内的工作程序，并保持与上位管理制度的一致性。操作层通常按企业 IT 服务价值链、业务领域、技术架构层级等领域或层级展开。

2. 组织架构模式

信息化组织体系是指不同层级的信息化组织单元组成的、具有内在管理与控制关系的组织集合。信息化组织体系的组织架构模式与企业规模与组织结构、信息化管控模式和信息化发展水平等因素密切相关。以独立法人企业为例，信息化组织架构模式通常体现为信息化领导机构、信息化管理部门、信息化工作部门这样的三层级组织机构。

- 信息化领导机构：通常以企业信息化领导小组的形式存在，组长多为企业主要负责人、信息化主管领导或首席信息官担任。从理论上讲，信息化主管领导或首席信息官应具备较强的 IT 系统全局架构能力和 IT 系统架构背景经验。通常，为弥补企业信息化领导小组技术能力偏弱的短板，部分企业在信息化领导小组下设立信息化专家组，将技术性较强的决策事项交由信息化专家组预审或决策。在实际的企业信息化实践中，并非所有的信息化决策事项均由信息化领导小组决策，如年度信息化预算、信息化立项审批等资金类的管理决策通常会纳入企业经营决策的范围管理。
- 信息化管理部门：企业通常会成立负责信息化管理的专业部门，由该专业部门负责企业信息化的全局统筹和推进管理。信息化管理部门一般为企业的一级部门，承担企业赋予的信息化运营管理职责。信息化管理部门作为企业 IT 服务支持部门，其组织结构设计与企业信息化布局、信息化管理模式、发展水平等密切相关，应充分考虑 IT 服务专业化、服务属地化、运作一体化等要求，按 IT 服务价值流程设置 IT 专业组织、按信息化地域分布设置属地化服务机构，通过 IT 专业组织和属地化服务机构的运作一体化，为目标用户提供快速、高效的 IT 服务。
- 信息化工作部门：该部门是指隶属于业务单元的业务信息化推进组织，也可以是按属地管理的信息化分支机构。信息化工作部门负责职责范围内的信息化筹划计划与组织推进。作为企业 IT 应用的前端和信息化管理部门的纽带，信息化工作部门的组织结构设计应充分体现对业务需求与要求的把握，并有利于信息化成果的应用和推广。同时，在组织结构上应保持与信息化管理部门的有效衔接，避免岗位设置重复、交叉。

对于由多法人企业组成的集团企业，信息化组织架构的设计与集团管控模式密切相关，应以集团管控的管控层级划分和管控权责界面为参考，规划集团企业的信息化管控层级与管控界面，明确"管""控"事项，基于管控事项清单设计集团级和企业级的信息化组织架构，二层级信息化组织架构设计同样遵循"IT 服务专业化""服务属地化""运作一体化"的信息化组织架构设计的基本原则。

40.2.2　信息化管理与制度建设

信息化管理是企业信息化相关工作的计划、组织、领导、协调、控制的集合，通过有效的信息化管理，达成预期的信息化目标。科学有规律、管理无定式，每个企业都有其独特管理风格和管理文化，这也导致信息化管理模式的多样性，信息化管理模式的差异也直接影响信息化管理绩效与成效。

1. 信息化的管理模式

正如在第 5 章中所介绍的企业信息化建设组织模式，4 类信息化建设模式（分散式 IT、战略指导型 IT、战略领导型 IT、集中式 IT）对应 4 种不同的信息化管理模式。

> 分散式 IT 管理模式：业务部门独立负责 IT 项目的立项、建设和运行，IT 部门提供必要的技术支持。各业务领域各自为政，按自身需求推进 IT 应用。此种模式的信息化管理通常聚焦在 IT 基础设施规划建设、IT 系统运行和 IT 服务支持等。网络安全管理主要聚焦在 IT 基础设施的网络安全。通常不具备实施企业信息化战略管控、IT 系统架构管控、人力与资源管理的条件。分散式 IT 管理模式广泛存在于企业信息化的初始建设期，在信息化规模发展期也不少见。

> 战略指导型 IT 管理模式：业务部门与 IT 部门具有初级的合作关系。业务部门是应用系统建设的主体部门，IT 部门通过信息化整体规划为业务部门提供指导，同时提供必要的技术层面支持。此种模式的信息化管理通常聚焦在信息化规划建设、IT 系统运行和 IT 服务支持、网络安全管理、人力与资源管理。由于采取的是业务部门与 IT 部门的联合 IT 管控，不完全具备实施企业信息化战略管控、IT 系统架构管控的条件。战略指导型 IT 管理模式广泛存在于信息化规模发展期。

> 战略领导型 IT 管理模式：在企业信息化领导小组领导下，IT 部门与业务部门紧密合作共同确定企业信息化架构、共同推进信息化建设工作。IT 部门负责企业整体信息化建设规划，按信息化实施路线推进业务应用系统建设，业务部门聚焦项目系统目标与需求，参与项目建设管理。此种管理模式可以满足企业信息化管理对信息化规划建设、IT 系统运行和 IT 服务支持、网络安全管理、人力与资源管理、信息化战略管控、IT 系统架构管控的要求。企业信息化发展到集成优化阶段需要引入战略领导型 IT 管理模式。

> 集中式 IT 管理模式：由 IT 部门统一管控和发起所有项目的立项、建设和维护，业务部门负责业务需求及相关需求确认、验证等工作。集中式 IT 管理模式是企业信息化管理的理想模式，但不一定适合每个企业的信息化管理。

企业信息化的不同发展阶段需要与之匹配的管理模式加以支撑，这就意味着企业需要根据信息化发展要求适时调整信息化管理模式，以便更好地匹配与支持企业信息化的发展要求。

2. 信息化管理与控制

企业需要基于其信息化管理模式和信息化发展水平，根据企业治理和战略管控要求，明确企业对信息化建设、IT 系统运行、IT 服务支持、IT 系统架构、信息安全管理、人力与资源保障、信息化战略管控等方面的管理事项或控制事项。

> 管理事项：管理事项通常是信息化管理部门为保证信息化工作有效开展而确定的信息化管理事项。信息化管理事项应力求明确具体、管理流程清晰可操作、管理规则易懂可评估。同时，应注重信息化管理事项的等级管理，优先做好重要事项的管理，避免管理事项大而全、面面俱到。
> 控制事项：控制事项通常是企业级信息化管控事项，管控需求通常来自企业治理、经营管控、风险与合规管理等方面的要求。控制事项一般由信息化管理部门代表公司起草并征求相关管理部门和领导的意见，由公司批准发布。控制事项与管理事项的要求类似，应避免控制事项泛泛而谈、不切实际。

总体而言，企业信息化管控通常遵从 COBIT 信息化治理和管理参考框架确定的关键要素，但在企业不同的信息化发展阶段，其信息化的管理和控制要求存在较大的差异，企业应根据自身信息化发展水平和信息化管控实际，做好信息化管控框架的管控要素的适应性裁剪，使其更好地满足企业自身信息化管控要求，以支持企业信息化发展。

40.3 信息化协调与沟通

企业信息化是 IT 与企业业务的融合应用，其中涉及企业的产品与服务、业务运作与经营管控等业务层面的事宜，也涉及 IT 应用相关技术、产品、架构、应用等相关内容，需要大量具体的协调与沟通，才能形成共识，更好地推进信息化各项工作。

40.3.1 信息化协调

企业信息化推进过程中，有些工作事项由单一责任部门承担，由责任部门负责工作事项的计划、组织、协调、领导与控制，通过部门内部的管理机制和领导推进完成各项工作，达成预期的工作目标。而有些工作事项涉及多个部门，有主要责任部门，也有支持参与部门，跨部门的工作执行、衔接、成果确定等事宜并非工作计划可以解决的，需要大量的工作协调才能保证跨部门信息化工作的有效开展。

应关注的信息化协调事项主要包括 IT 应用与 IT 战略的协调、信息化推进与项目定义的协调、信息化建设与项目需求的协调。

1. IT 应用与 IT 战略的协调

业务部门是企业 IT 应用的主体，应充分发挥业务部门在 IT 应用方面的主动性、积极性和主体责任。但也应认识到业务部门对 IT 实现和应用需求转化等方面认识的局限性，充分发挥 IT 人员对 IT 实现方案、架构扩展性等方面的技术优势。同时，IT 部门的 IT 应用宣传、培训、推进等技术领导性工作也同样重要。

上述业务部门的 IT 应用需求会转变为企业信息化战略和信息化规划的重要输入，在信息化战略和信息化规划期间应充分发挥信息化协调的作用，以多种形式做好业务层面、应用层面、技术层面、管理层面的协调，确保信息化战略与规划能够反映企业业务运作的核心诉求，以便规划确定的 IT 系统架构能够被业务部门广泛接受。

2. 信息化推进与项目定义的协调

信息化规划不同于信息化计划，信息化规划中列明的信息化建设项目和建设安排通常只是信息化年度计划的输入，能否纳入信息化年度工作计划并启动项目建设还存在较大的不确定性,特别是涉及多个业务部门的业务应用系统的建设启动更为困难。因此,做好信息化推进的协调至关重要,通过协调解决信息化推进中的各种疑虑与疑难问题。

同时,应注重纳入信息化建设计划的项目定义。无论是信息化规划已确定的项目,还是信息系统持续改进类的建设需求,其信息化项目定义均存在一定的调整空间。应高度重视项目定义期间的业务部门与IT部门的协调,做好信息化项目定义的需求可行性、技术可行性、实施可行性和经济可行性的分析与论证,做好项目定义的信息化事项管控。

3. 信息化建设与项目需求的协调

现实世界中不同企业的信息化建设模式各不相同,无论是IT部门主导还是业务部门主导的信息化项目建设,对项目建设中的跨部门协调都应给予足够的重视,应特别关注项目的需求分析与技术方案的协调沟通。

信息化项目需求通常包括业务需求、系统要求和用户交互3个方面,业务需求主要包括业务流程支持、能力提升支持、应用创新支持等方面导出的系统建设需求;系统要求主要包括信息安全、系统接口、运维管理等方面导出的系统建设要求。无论是业务需求、系统要求还是用户交互需求,均需要业务与技术相关部门的密切协作,才能保证项目需求的完整性、系统性和有效性,以便为信息化建设提供充分、有效的信息化需求支持。业务部门主导的信息化建设的项目技术方案也需要IT部门评审与支持,以确保企业IT架构的一致性。

40.3.2 信息化沟通

在企业信息化发展过程中,有规定事项,也有许多不确定问题。规定事项可以按照管理流程办理或多方协调解决,不确定问题则更多地需要相关方的密切沟通加以解决。需要关注的重点沟通事项主要有信息化应用的问题沟通、系统持续改进的问题沟通,同时,应注重树立服务导向的信息化文化。

1. 信息化应用的问题沟通

业务应用系统应用过程中普遍存在各式各样的问题,这也符合产品成熟度的一般发展规律:初始版本问题较多,只能达到基本可用的水平;改进后的第二个版本,通常只能达到用户的基本预期;第三个版本,才会有部分超出用户预期的产品表现(包括功能、性能、稳定性及用户友好性等方面)。

IT部门和业务部门应做好系统上线前的准备及问题处理的沟通,明确系统上线策略、做好问题解决的支持安排。重视系统上线期间的问题收集、分类管理、问题解决与原因追溯,建立定期沟通机制,做好问题解决情况通报及经验反馈。同时,应注重系统运行与使用过程中的问题收集与处理情况沟通,及时从系统层面解决存在的问题。

2. 系统持续改进的问题沟通

系统持续改进是解决信息系统问题的常用手段,持续改进需求一般涉及业务功能和性能方面的改进要求,也会涉及系统运行维护方面的改进要求。系统在持续改进的同时一般也会伴随系统的业务应用扩展等。

确定何时启动系统持续改进以及改进哪些内容,则需要全面、系统的谋划与策划,需要业务部门和IT部门之间的密切沟通。应通过沟通明确持续改进的目标与范围、主要核心诉求与需求,在明确目标、范围与关键需求后,启动系统持续改进的项目建议书编制及项目立项相关工作。

3. 服务导向的信息化文化

由于信息化建设的业务驱动关系,大部分业务应用系统建设由业务部门主导、IT部门参与。由于大部分企业的协作氛围并不浓厚，业务部门与 IT 部门的合作往往不够融洽，导致信息化建设交付的系统存在较多隐患。

导致合作不融洽的原因有多种，有些可归结于企业内部协作文化方面的问题，有些可归结于团队协作意识方面的问题，有些则属于个人协作方式的问题。但从企业 IT 服务的视角看，IT 部门作为企业运作的支持力量，应树立服务导向的信息化文化，通过有效的 IT 服务支持实现自身的价值创造。同时，应注重服务过程中的方式、方法与客户体验，做好信息化建设中的 IT 支持。

40.4 信息化控制与评估

信息化控制与评估是保证企业信息化健康和可持续发展的重要手段。信息化控制一般包括信息化战略一致性控制、网络安全与保密管控。信息化评估一般包括信息化监督检查和信息化风险评估。

40.4.1 信息化战略一致性控制

信息化战略通常包括信息化长远战略、总体战略和支撑战略（有关信息化战略的相关内容详见"第一篇 信息化战略"）。信息化战略一致性控制通常包括信息化战略一致性管控、架构一致性控制和合法合规控制。

1. 战略一致性管控

战略一致性管控通常是指信息化发展过程的各项信息化工作举措与信息化战略的符合性控制。战略一致性管控通常包括信息化长远战略与企业战略的一致性、信息化总体战略与信息化战略的一致性、信息化支撑战略与信息化战略的一致性等。

战略一致性管理通常依托信息化规划和企业信息化章程开展，通过信息化规划和企业信息化章程修编期间的信息化战略与企业战略的一致性管理，确保信息化战略可以有效支撑企业战略和企业经营运作。

战略一致性控制则通常依托信息化年度规划与计划展开，通过在年度规划与计划编制期间对企业信息化战略执行情况的分析，分析信息化战略执行中存在的问题，提出改进举措或措施。也可以以信息化战略一致性评估专项的方式开展，评估信息化战略执行中存在的问题，提出改进举措或措施。

2. 架构一致性控制

信息化架构主要包括应用架构、信息架构和技术架构，保持企业信息化架构的科学、高效有利于企业信息化的可持续发展和保证信息化投资有效性。

首先，IT 部门应尽可能明确信息化架构管控事项及事项基准，明确信息化架构管控的管控事项清单和管控优先级，以便为信息化建设部门提供明确、清楚的信息化架构管控要求和管控基准，提高信息化架构管控的可操作性。

其次，应加强信息化建设过程中的协调与沟通，充分利用 IT 部门在全局应用功能架构和 IT 方案设计的专业能力，在信息化建设过程中参与、影响、把握项目系统功能架构、数据架构、技术架构与企业整体架构的一致性，避免出现架构偏差。

3. 合法合规控制

随着国家网络安全法规、数据安全法规以及信息安全等级保护等信息化相关法律法规的发布，合法合规已成为企业信息化发展过程中不可忽视的要求，特别是与国家关键信息基础设施相关的企业。企业必须重视信息化过程中的合法合规控制，做好针对网络安全的法规遵从控制和针对业务应用的法规遵从控制。

> 网络安全法规遵从：信息化建设、运行与应用必须遵从国家网络安全法规、国家数据安全法规等法律约定的有关事项，遵从各级网络安全监管机构的规章制度和强制性标准要求。做好信息化建设过程中的合法合规控制，以及信息系统运营过程中的合规检查与改进。

> 业务应用法规遵从：在 IT 应用推广过程中，应特别重视国家法律法规对业务流程、业务数据、业务管控等的安全保密要求，务必将法律法规等监管要求落实到信息化建设的需求与要求中，通过信息系统固化监管要求，满足业务应用的合法合规要求。

40.4.2 网络安全与保密管控

企业 IT 应用必须满足企业对网络安全与保密管理的基本要求，并将网络安全与保密管理落实到企业信息化实际工作中。

1. 信息保密

信息保密是指确保信息只在约定的知悉范围内知晓。为实现有效的信息知悉范围管理，必须对企业的各类信息进行分级、分类管理，通过有效的信息分级、分类，为信息系统精细化的授权访问控制提供依据和可能，应放弃单纯依赖信息系统技术手段而实现信息保密的"幻想"。

信息化建设中应注重推进企业管理层面的信息分级、分类工作，只有业务层面的信息分级、分类工作到位，才能确保信息系统的信息保密。同时，应注重信息系统层面的用户、资源、授权等方面的技术措施到位，确保信息系统的信息完整性、可用性和保密性。

2. 网络安全

网络安全是企业信息化的重要管理维度，通常包括网络安全技术体系、网络安全管理体系、网络安全运营体系。从信息化运营的视角看，网络安全管控更多的是通过信息化运营与运营管控手段推进网络安全体系的持续改进，以便更好地支持企业信息系统安全、稳定、高效运行，充分发挥信息化带给企业的价值。

信息安全技术与产品发展变化快，应特别注重企业网络安全技术体系的持续改进，通过网络安全设施持续改进，确保网络安全设施可有效支持信息系统安全、高效地运行。同时，应不断分析、评估、总结企业信息系统运行中存在的安全风险和安全管理问题，大力推进网络安全管理体系的不断完善，逐步提高网络安全管理体系的充分性、适宜性、有效性；完善系统运行安全设施、推进系统安全改进，逐步提升企业信息系统运行安全管控能力。

40.4.3 信息化评估

信息化评估是企业信息化完善与改进的重要手段。通过信息化评估可发现企业信息化发展过程中存在的问题，针对存在的问题制定改进措施，进而推动企业信息化不断向更高的水平发展。

1. 监督检查

监督通常为管理主体之外针对管理主体的特定事项的检查，检查通常为主体针对自身工作事项的检查。应充分重视企业信息化的监督检查对信息化工作的督促和促进作用。

根据企业信息化全局管控需要，做好企业信息化的监督策划和组织，围绕企业信息化战略和痛点策划监督事项，做好信息化监督活动的组织和结果的分析，提出监督改进要求，并做好监督改进的跟踪与推进。

围绕企业信息化管控重点事项，做好针对信息化组织各层级和业务部门的信息化检查策划与计划，按计划推进信息化检查工作，总结信息化检查中发现的问题，提出针对存在问题的改进方案，重视问题整改的落实与跟踪反馈。切实通过信息化检查促进信息化工作的有效推进。

2. 风险评估

信息化风险评估是企业信息化工作的重要抓手。通过信息化风险评估可发现影响信息化工作绩效的潜在因素，相应制定有效的风险规避措施，降低风险对企业信息化的影响。通常，信息化风险评估包括年度信息化运营风险评估和网络安全风险评估。

> 信息化运营风险评估：信息化运营风险评估通常是信息化年度规划与计划的组成部分之一，在信息化年度规划与计划编制期间开展信息化运营风险评估工作，通过对运营风险的分析与评估，提出风险应对措施，进而降低风险对年度信息化工作目标的影响。
> 网络安全风险评估：网络安全风险评估是网络安全技术体系与管理体系改进的重要输入，通过网络安全风险评估提出信息化安全改进需求。通常，网络安全风险评估根据企业信息化安全全局需要开展，可以是针对企业全局的网络安全风险评估，也可以是针对局部安全域的安全风险评估。应做好针对网络安全风险改进措施的推进与跟踪。

40.5 相关建议

企业信息化运营既是有序推进企业信息化发展的重要支持过程，同时又是保证各项信息化工作符合预期发展的重要管控依托。

1. **积极推进运营体制、机制的完善**

企业信息化建设有其内在发展规律，应顺应企业信息化发展规律，建立与企业信息化实际相吻合的信息化运营体制与机制，通过有效的体制、机制保证信息化工作的高效运作，提高信息化运营效率、降低信息化协调沟通成本。

建立以信息化年度规划与计划为驱动的信息化运营机制，通过有效的年度规划与计划，驱动企业信息化工作稳步向前发展，做好信息化关键事项的管控。

2. **聚焦企业战略，加强内部协作**

聚焦企业战略和企业发展目标，以战略为引领、以目标为导向，组织驱动企业信息化建设，充分发挥业务部门在信息化建设中的业务驱动作用，大力推进企业数字化转型；发挥 IT 部门的 IT 应用引领和技术方案支持作用，密切合作做好项目定义。

业务部门和 IT 部门密切协作做好信息化建设项目的组织、推进，充分发挥业务部门的需求引领与挖掘作用和 IT 部门的技术方案的审核把关作用，做好项目组织管理、质量管理和项目交付管理，逐步提升信息化建设项目管控水平。

3. **培养服务导向的价值创造文化**

培养价值创造的文化氛围，倡导以价值创造作为实现个人价值和组织价值的重要评价标准，塑造团队成员共同努力完成团队目标的文化氛围。

以服务为导向，做好 IT 部门对业务部门的技术支持和服务支持，通过有效的 IT 与服务支持实现 IT 部门的价值创造。注重 IT 服务过程中的方式、方法与客户感受，充分发挥每个 IT 人员对企业信息化的支持作用。

第41章

信息系统可持续发展探讨

信息系统可持续发展是从面向未来发展的视角对企业信息化涉及的IT系统资产和数据提出的扩展性要求，是企业信息化规划、建设、运行与应用过程中不可忽视的重要要求。

41.1 业务连续性与可持续发展

可持续发展通常包括IT系统生命周期内业务运作的可用性、连续性和跨生命周期的延续性，以及IT系统中数据生命周期内的可用性、完整性和安全性。

41.1.1 业务连续性

业务连续性一般是指为有效应对重要业务运营中断事件，建立起的一整套应急响应、快速恢复的管理保障过程，包括策略、组织、方法、标准和程序。全球各个发达国家大多制定了业务连续性管理国家标准，如美国的 NFPA 1600、英国的 BS 25999、新加坡的 SS 540 标准。ISO 发布了《业务连续性管理体系要求》（ISO 2230）和《业务连续性管理体系实施指南》（ISO 22313）。我国于2013年发布了业务连续性管理体系国家标准《公共安全业务连续性管理体系 要求》（GB/T 30416—2013）。越来越多的机构和单位将业务连续性管理纳入组织日常运营管理的范围，中国银行业监督管理委员会（现中国银行保险监督管理委员会）发布的《商业银行业务连续性监管指引》是最具代表性和参考价值的业务连续性管理实践。

业务连续性也是 ISO 27001: 2013 中的重要管理要素，其中"业务连续性管理的信息安全方面"对业务连续性管理体系中应体现的"信息安全连续性"提出了明确的要求，具体要求如下。

- 信息安全连续性计划：组织应确定不利情况下的信息安全要求和信息安全管理的连续性。
- 实施信息安全连续性计划：组织应建立、文件化、实施和维护连续性管理的过程、规程和控制措施，以确保负面情况下的信息安全连续性级别要求。
- 验证、评审和评价信息安全连续性计划：组织应定期验证已制定和实施的信息安全业务连续性计划的控制措施，以确保负面情况下的控制措施的及时性和有效性。

业务连续性管理通常属于企业级的管控事项，IT部门必须建立起与企业业务连续性管理相适应的信息安全连续性管控体系，确保IT系统容量、可用性及灾难恢复能力能够满足企业的业务连续性要求。

41.1.2 可持续发展

从 1972 年斯德哥尔摩国际环境大会首次提出"可持续发展"的概念以来，可持续发展已成为理论界和产业界的热点话题。从可持续发展的文字构成来看，其"发展"表示事物由小到大、由简单到复杂、由低级到高级的变化，而"可持续"是指可以长久维持的过程或状态。可持续发展可理解为保持长期、渐进、稳步发展的一种平衡理念、策略与措施。

对信息系统的可持续发展而言，其"发展"既包含业务层面的 IT 应用范围从小到大、应用深度从浅到深的变化，也包含技术层面的 IT 系统从初始建设到持续改进、IT 架构从简单到复杂的变化。同时，可持续发展也包含信息系统中的数据从少到多、从单一结构到复杂结构、从低附加值到高附加值的变化。因此，信息系统的"可持续发展"是指信息系统的规划建设、运行使用、退役和数据的产生、存储、传递、利用到销毁的全过程的长期、渐进、稳步发展的理念、策略、方法与举措。

信息系统可持续发展包括 IT 系统的可持续发展和 IT 系统数据的可持续发展。

> IT 系统的可持续发展：可细分为 IT 系统生命周期内的可持续发展和 IT 系统生命周期迭代的可持续性。IT 系统生命周期的可持续发展重点关注 IT 系统建设与持续改进的可持续性，以及 IT 系统运行期间的容量管理和业务连续性管理，进而为 IT 系统所承载的企业业务运作提供长期、渐进、稳定的信息化支撑环境。

> IT 系统数据的可持续发展：IT 系统数据的从产生、存储、传递、利用到销毁的数据生命周期通常远长于 IT 系统的生命周期，这就要求既要保证 IT 系统生命周期内的数据的可持续性，也要保证数据在 IT 系统生命周期迭代过程中的可持续性，进而保证数据生命周期内的跨 IT 系统的可持续性。同时，还应关注数据在 IT 系统生命周期内的发展需求，关注数据格式、属性扩展、结构分解、查询检索、分析利用等的可用性。

因此，为保证信息系统的可持续发展，需要特别重视 IT 系统的生命周期管理和数据的生命周期管理，关注影响可持续发展的关键因素，通过影响可持续发展的关键因素的妥善解决，提高信息系统的可持续发展水平。

41.1.3 生命周期管理

在管理学中广泛引入的生命周期管理理念，用于描述各类事物的产生、成长、成熟到衰退的生命周期发展规律和管理对策等。生命周期管理广泛应用于各类产品的全过程管理，用于产品从开发、引进、成长、成熟到衰退等的生命周期各阶段的全过程管理。

IT 系统具有明显的产品生命周期特征，一般会经历 IT 系统的规划设计、建设实施、上线运行、完善优化到系统退役的生命周期过程，完全适用于生命周期管理模式。通过引入生命周期管理方法，实行从规划设计、建设实施、上线运行、完善优化到系统退役的生命周期全过程管理，有助于提高 IT 系统的可持续性，确保 IT 系统各阶段工作的有序开展和跨阶段的渐进性和稳步性，提升 IT 系统对企业业务运作的业务连续性支撑能力。

IT 系统数据同样具有生命周期特征，一般会经历从产生、存储、传递、利用到销毁的数据生命周期过程。由于数据生命周期通常远远长于 IT 系统生命周期，通过引入生命周期管理方法，有助于提高数据在 IT 系统生命周期内以及 IT 系统生命周期迭代过程中的数据一致性和可用性，从而更好满足数据可持续发展对数据格式、属性扩展、结构分解、查询检索、分析利用等的要求，更好地发挥数据资产对企业绩效提升和创新发展的支持作用。

因此，实行 IT 系统和数据的生命周期管理是提升信息系统可持续发展水平的重要管理手段，通过 IT 系统和数据的生命周期中的可持续发展的影响因素识别，采取有针对性的业务、技术、管理措施和举措，消除或降低可持续发展的负面影响，提高信息系统的可持续发展水平。

41.2　主要 IT 资产生命周期管理

企业通过持续的信息化建设，通常会形成大量的 IT 资产，不同的 IT 资产对可持续发展的影响也各不相同。因此，需要识别影响较大的关键 IT 资产，针对关键资产开展可持续性影响分析，并据此推进可持续能力提升。

41.2.1　关键 IT 资产识别

企业通过持续的信息化建设，通常会形成大量的信息化 IT 资产，包括但不限于以下几类。
- IT 基础设施：机房设施、网络及安全设施、服务器及存储备份设施。
- 应用基础设施：数据库、应用服务器、技术中台等。
- 基础应用：域控系统、邮件系统、即时通信、视频会议等基础应用。
- 业务应用：面向各类业务的业务应用系统、综合办公系统等应用系统。
- 终端设备：企业员工使用的各类信息化终端设备。

从 IT 系统架构的视角看，IT 系统应用通常由前端和局端构成。IT 系统应用的前端由 IT 终端设备构成，IT 系统应用的局端通常由 IT 基础设施层、应用基础设施层、业务应用层构成。由于终端设备为面向员工个人使用的信息化设备，其设备损坏仅影响特定的用户，对企业全局的业务连续性和可持续性的影响很小。而局端应用基础设施层通常为业务应用系统的重要底层支撑，通常由业务应用层规划设计确定，可合并到业务应用层开展可持续性影响分析。而 IT 基础设施层和业务应用层对企业业务的可持续性影响各不相同，可分开讨论。

从 IT 系统应用构建的视角看，IT 系统通常可分为基于标准化 IT 产品部署形成的基础应用系统和基于软件平台的客户化配置开发形成的业务应用系统两种类型。基础应用系统通常是跨行业、领域的通用 IT 产品应用，通常属于企业常规的基础性应用，对企业核心业务的可持续影响较小，按常规的 IT 系统生命周期管理即可。以下重点针对 IT 基础设施和业务应用系统进行可持续发展分析。

41.2.2　可持续性影响因素

IT 系统的可持续性通常包括 IT 系统生命周期内的建设实施、运行服务、持续改进过程中的可持续性和 IT 系统生命周期迭代的可持续性。影响 IT 系统可持续性的因素主要包括以下几方面。
- IT 系统建设实施的影响因素：该影响因素主要包括 IT 系统建设项目定义中的需求分析的完整性、技术架构的扩展性和平台软件的业务适应性。需求分析的完整性以及分期建设的初期项目定义对未来需求的预测直接影响 IT 系统的技术架构设计和平台软件选型，较严重的结果是后期建设推翻前期建设的系统，导致业务应用受到较大影响和信息化投资浪费。同时，技术架构设计和平台软件选型不当也会对 IT 系统的可持续性造成重要影响。
- IT 系统运行服务的影响因素：IT 系统运行服务中的容量管理和业务连续性管理影响所承载业务的可持续性。IT 系统容量主要是指满足特定性能要求下的业务交易承载能力。IT 系统容量的影响通常体现在忽视业务交易量增长或对业务交易量增长判断不足，导致 IT 系统性能下降或无法提供服务，进而影响业务应用。业务连续性管理不到位同样会导致 IT 系统服务水平下降或服务中断。
- IT 系统持续改进的影响因素：主要体现在系统持续改进的技术架构一致性和客户化开发的稳定性。持续改进中过大的技术架构调整无疑会影响 IT 系统整体架构扩展性，进而影响业务承载能力。持续改进中的客户化开发的稳定性也会影响业务应用的可持续性。
- IT 系统生命周期迭代的影响因素：IT 系统生命周期通常在 8~10 年，生命周期迭代意味着 IT 系统的技术架构迭代和平台软件更迭，影响 IT 系统可持续性的因素主要是技术架构设计和平台软件选型。同时，下一个生命周期的业务变革也是不容忽视的重要需求输入。

上述的 IT 系统可持续发展因素应得到足够重视，并被纳入相关工作环节的考虑范畴。应尽量消除其负面影响因素，以提高 IT 系统的可持续发展潜能。

41.2.3　可持续改进对策

基于前述的关键 IT 资产识别和影响因素分析，探讨 IT 基础设施和业务应用系统的可持续发展应对对策。

1. IT 基础设施

IT 基础设施直接或间接影响 IT 系统承载业务的可持续性。其中，机房设施为 IT 系统物理运行环境保障，以需求驱动的方式保持满足需求即可，可忽略其对 IT 系统可持续性的影响。

- 网络及安全设施：网络及安全设施为 IT 系统提供连通和应用安全环境，直接影响 IT 系统的可用性和业务连续性。由于该类设施由成熟的 IT 产品集成形成，常规的项目定义、建设实施、持续改进、生命周期迭代的业务与技术管理即可满足承载业务的可持续性要求。需重点关注的是运行期间的可持续性要求，关注网络链路冗余切换的可操作性和链路带宽的满足度，确保网络链路的性能和可用性。同时，应关注安全设施的安全保障能力。
- 服务器及存储备份设施：服务器及存储备份设施为 IT 系统应用的直接承载单元，应重点关注其计算与存储资源的供给能力，确保为上层应用提供充足的资源支撑。备份设施是 IT 系统业务连续性的重要支撑设施，应按业务连续性要求做好备份设施的运行维护管理。

2. 业务应用系统

业务应用系统是业务可持续性的直接承载者，其生命周期内的建设实施、运行服务、持续改进和系统生命周期迭代各环节均会影响其所承载业务的可持续性发展，应密切关注各环节的影响因素，并采取措施加以消除或削弱。

- IT 系统建设实施对策：该对策特别关注项目定义中的需求分析的完整性、技术架构的扩展性和平台软件的业务适应性。确保需求分析的完整性，有关需求完整性的内容可参见"第三篇 建设与管理"；确保 IT 架构的匹配性和扩展性，IT 架构详细内容可参见"第一篇 信息化战略"；确保平台软件的业务适应性，有关平台软件选型的内容可参见"第二篇 技术与方案"。
- IT 系统运行服务对策：该对策特别关注 IT 系统容量和业务连续性对所承载业务的可持续性影响。通过信息化年度规划的 IT 系统容量需求评估做好系统容量扩展计划，确保 IT 系统容量能够满足业务交易量增长的要求。同时，做好 IT 系统的业务连续性管理，确保 IT 系统服务满足约定的服务水平要求。
- ➢ IT 系统持续改进对策：该对策特别关注持续改进项目的技术架构和应用开发方案的评审，规避持续改进带来的对 IT 系统可持续性的负面影响。
- ➢ IT 系统生命周期迭代对策：该对策特别关注生命周期迭代的技术架构设计和平台软件选型。尽量保证 IT 系统数据迁移的平滑过渡。同时，关注业务变革需求。

41.3 重要数据生命周期管理

随着企业信息化的发展，其 IT 系统中形成的数据量也越来越大，有必要对 IT 系统中的数据进行重要性识别，基于数据资产重要性等级采取有针对性的保护措施，以充分发挥数据资产对企业创新和可持续发展的支撑作用。

41.3.1 关键数据资产识别

IT 系统中的数据多种多样，既有业务数据、系统数据，也有大量冗余的备份数据。从企业战略的视角看，可将业务数据细分为核心业务数据、经营管理数据、战略与决策数据。通常可将核心业务数据视为关键数据资产，将经营管理数据视为重要管理数据资产，对战略与决策数据可按关键数据资产管理。

从业务过程的视角看，业务数据可细分为业务输入类数据、业务过程数据、业务成果数据。通常将业务成果数据纳入关键数据资产管理，而输入类数据和过程数据是否纳入关键数据资产管理取决于合规管理要求。

企业关键数据资产通常包括以下几类。
- ➢ 核心业务成果数据。
- ➢ 企业财务与合同数据。
- ➢ 人力资源档案数据。
- ➢ 其他的重要数据。

41.3.2 可持续性影响因素

IT 系统数据管理的思路与方法多种多样，比较具有代表性的是数据资产管理协会（Data Asset Management Association，DAMA）发布的数据管理知识体系（Data Management Body of Knowledge，DMBoK），其战略一致性模型较为恰当地表达了信息和数据在业务和 IT 之间的桥梁、纽带作用，如图 41-1 所示。

DAMA-DMBoK 战略一致性模型的中心是数据和信息之间的关系。信息与业务战略和数据的操作使用相关，数据与信息技术和流程相

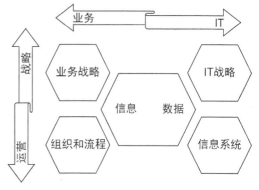

图 41-1 DAMA-DMBoK 战略一致性模型

关联，通过信息到数据的传承与组合，实现业务战略与IT战略的协调一致。DAMA-DMBoK将数据管理划分为11个知识领域，分别是数据架构、数据建模和设计、数据存储和操作、数据安全、数据集成和互操作、文件和内容管理、参考数据和主数据、数据仓库和商务智能、元数据管理、数据质量、数据治理知识。上述的数据管理知识领域划分可为企业数据管理体系提供有益的参考。

IT系统数据一般会经历数据从产生、存储、传递、利用到销毁的数据生命周期过程，IT系统数据可持续性应重点关注跨IT系统的数据共享和IT系统生命周期迭代的数据可用性。影响IT系统数据可持续性的主要因素包括数据格式、数据标准和数据质量。

- 数据格式：数据类型多种多样，不同的IT系统会以不同的数据格式产生、存储和利用数据，如非结构化的文件格式、三维模型格式、地理信息格式等。数据格式直接影响跨系统的数据共享应用。
- 数据标准：数据标准是影响跨IT系统数据共享的另一重要因素。数据标准的影响范围甚广，涉及跨IT系统数据的各个层级，从信息模型、模型分解结构、元数据、主数据到数据对象等多个层级，而标准化的数据表述是跨IT系统数据共享的基本要求。
- 数据质量：数据是客观事实的表达。数据本身的完整性、真实性和有效性存在缺陷，无疑会直接影响IT系统数据价值。

41.3.3 可持续发展对策

为充分利用IT系统数据资产价值，应针对影响IT系统数据可持续性的数据格式、数据标准和数据质量，采取有针对性的改进措施消除或削弱其对数据可持续性的负面影响，以便更好地支持跨IT系统的数据共享和IT系统生命周期迭代的数据可用性。

- 数据格式对策：针对不同类型的数据，在各自软件或应用专有格式的基础上，定义多方适用的通用标准格式；关注国际、国家相关数据格式标准，优先采用业界标准数据格式。数据格式选定应充分考虑IT发展带来的不确定性，确保数据格式在更长的时间内的可用性。
- 数据标准对策：做好数据架构规划，应在信息模型、信息模型分解、数据对象、对象关联、元数据、主数据到数据应用展现等多个层级，形成标准、规范的数据体系。并基于数据架构制定跨IT系统的数据交换标准，同时建立与企业数据架构匹配的数据治理与管理体系。
- 数据质量对策：建立与数据产生流程相匹配的数据质量管理流程，制定数据质量控制的标准和规范，开展数据质量测量、监控和数据质量的评估、评价。同时，大力推进与数据质量相关的数据标准、IT系统、质量控制和管理体系等方面的持续改进。

参考文献

[1] 美国项目管理协会. 项目管理知识体系指南（PMBOK 指南）[M]. 6 版. 北京：电子工业出版社，2018.

[2] 高福春. 企业数字化转型之策[J]. 中国核工业，2020(10)：3.

[3] 王丹，高福春. 建立数字化思维，实现智能核电站——专访高福春[J]. 中国核电，2020，13(1)：4.